AF625854

NO LOVE ZONE • BONUSSTORY

DIE LEGENDE VOM HASEN

DANBI

papertoons

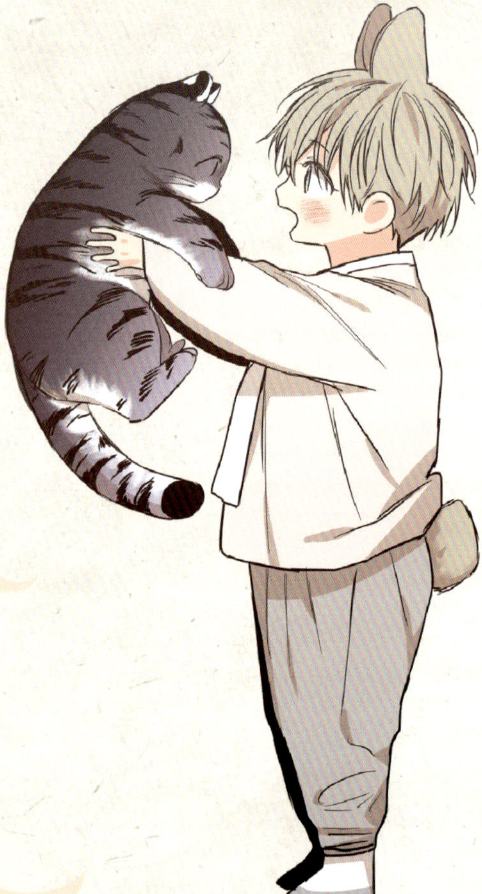

INHALT

KAPITEL

1

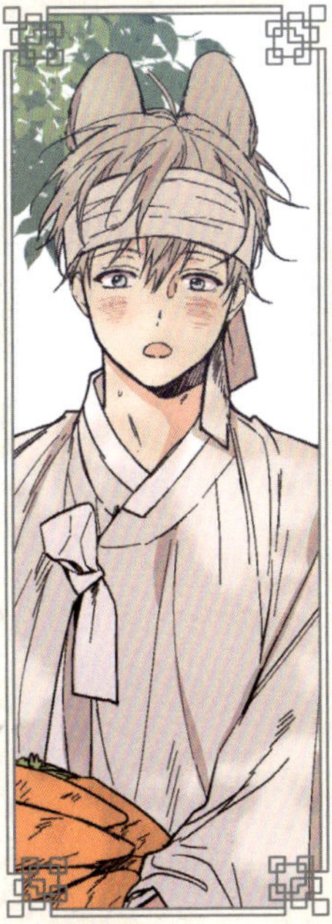

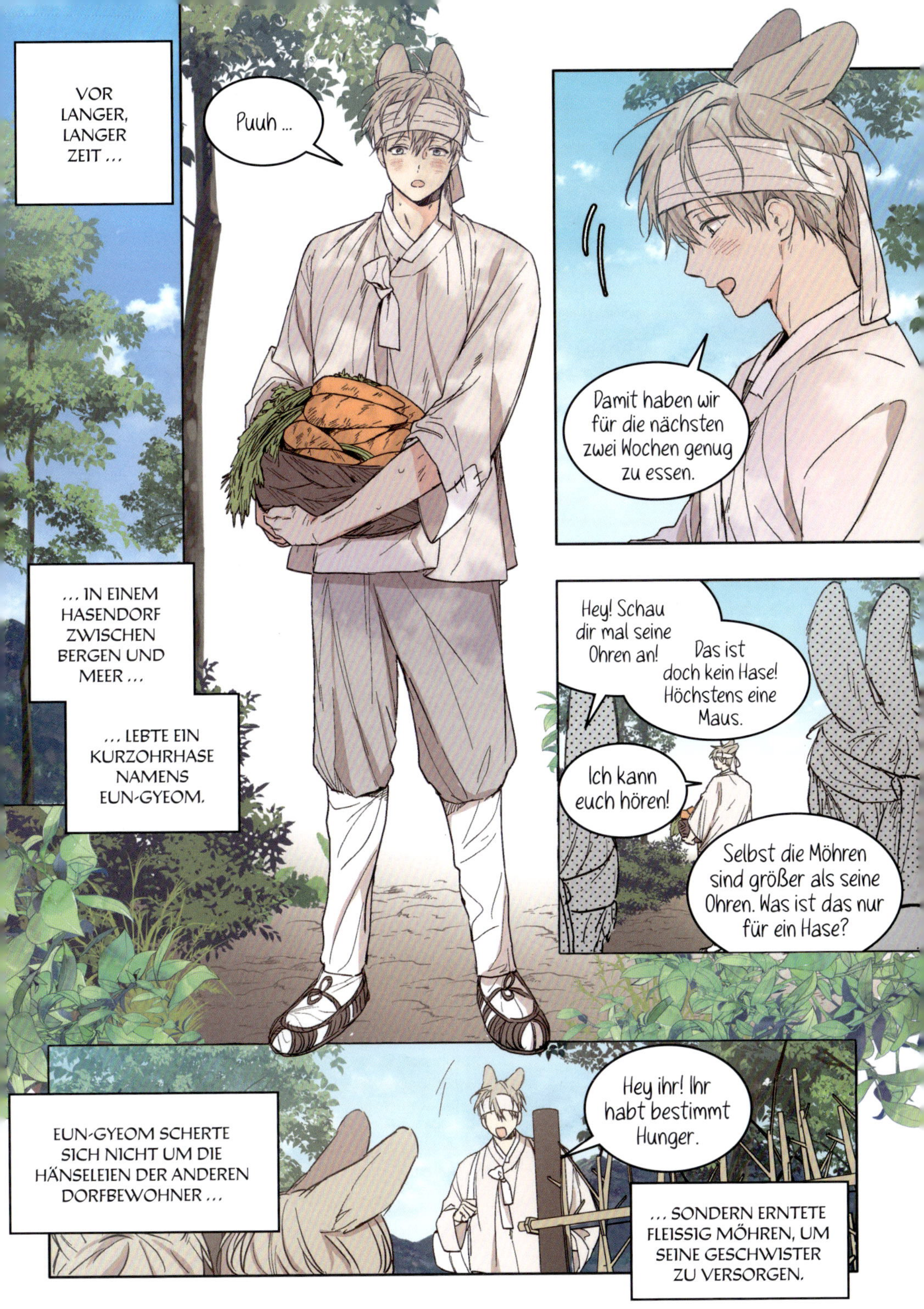
VOR LANGER, LANGER ZEIT …
Puuh …
Damit haben wir für die nächsten zwei Wochen genug zu essen.
… IN EINEM HASENDORF ZWISCHEN BERGEN UND MEER …
… LEBTE EIN KURZOHRHASE NAMENS EUN-GYEOM.
Hey! Schau dir mal seine Ohren an!
Das ist doch kein Hase! Höchstens eine Maus.
Ich kann euch hören!
Selbst die Möhren sind größer als seine Ohren. Was ist das nur für ein Hase?
EUN-GYEOM SCHERTE SICH NICHT UM DIE HÄNSELEIEN DER ANDEREN DORFBEWOHNER …
Hey ihr! Ihr habt bestimmt Hunger.
… SONDERN ERNTETE FLEISSIG MÖHREN, UM SEINE GESCHWISTER ZU VERSORGEN.

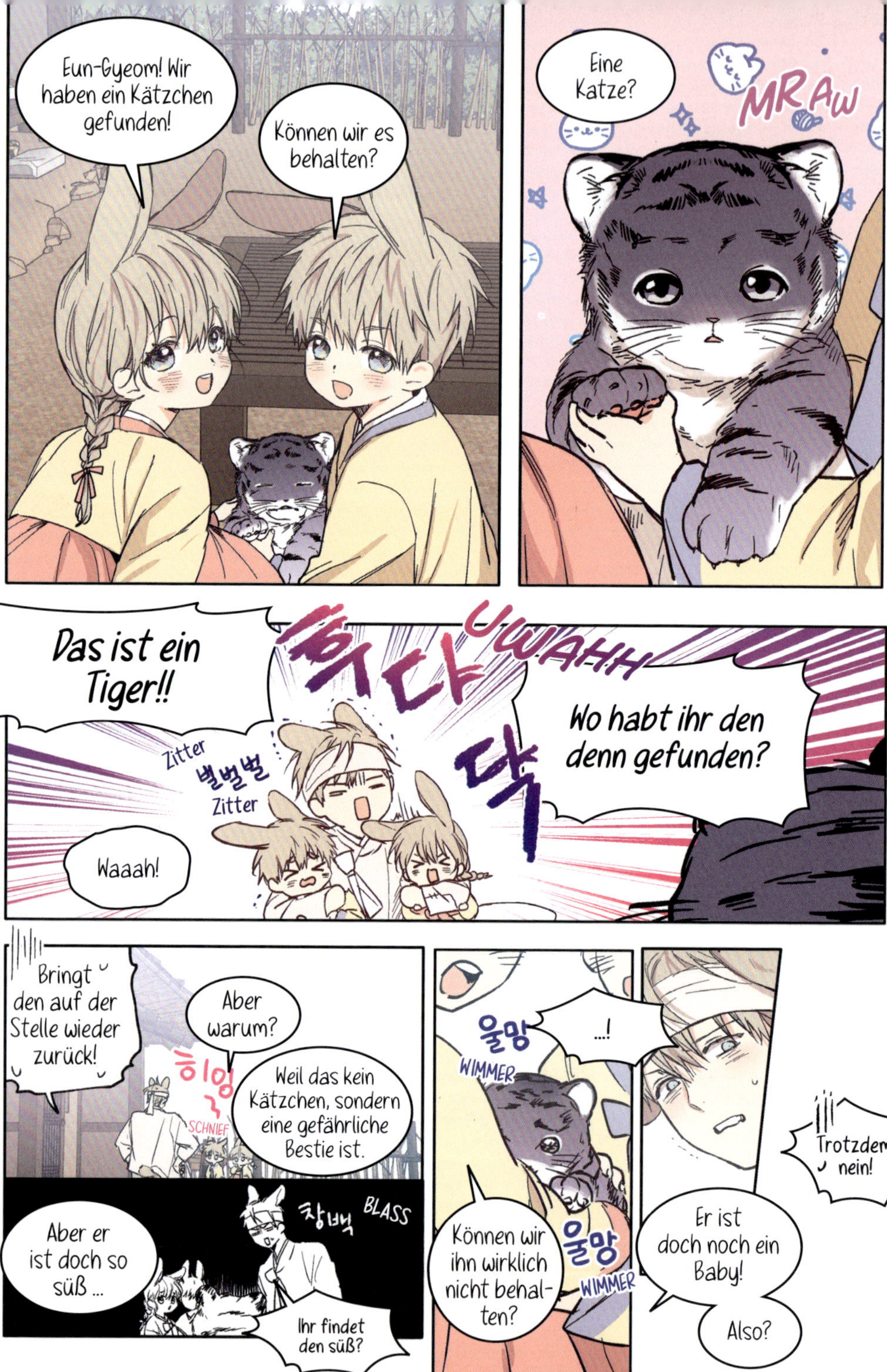
Eun-Gyeom! Wir haben ein Kätzchen gefunden!
Können wir es behalten?
Eine Katze?
MRAW
Das ist ein Tiger!!
UWAHH
Wo habt ihr den denn gefunden?
Zitter
벌벌벌
Zitter
Waaah!
Bringt den auf der Stelle wieder zurück!
Aber warum?
히잉
SCHNIEF
Weil das kein Kätzchen, sondern eine gefährliche Bestie ist.
Aber er ist doch so süß ...
창백
BLASS
Ihr findet den süß?
울망
WIMMER
...!
Können wir ihn wirklich nicht behalten?
울망
WIMMER
Trotzdem, nein!
Er ist doch noch ein Baby!
Also?

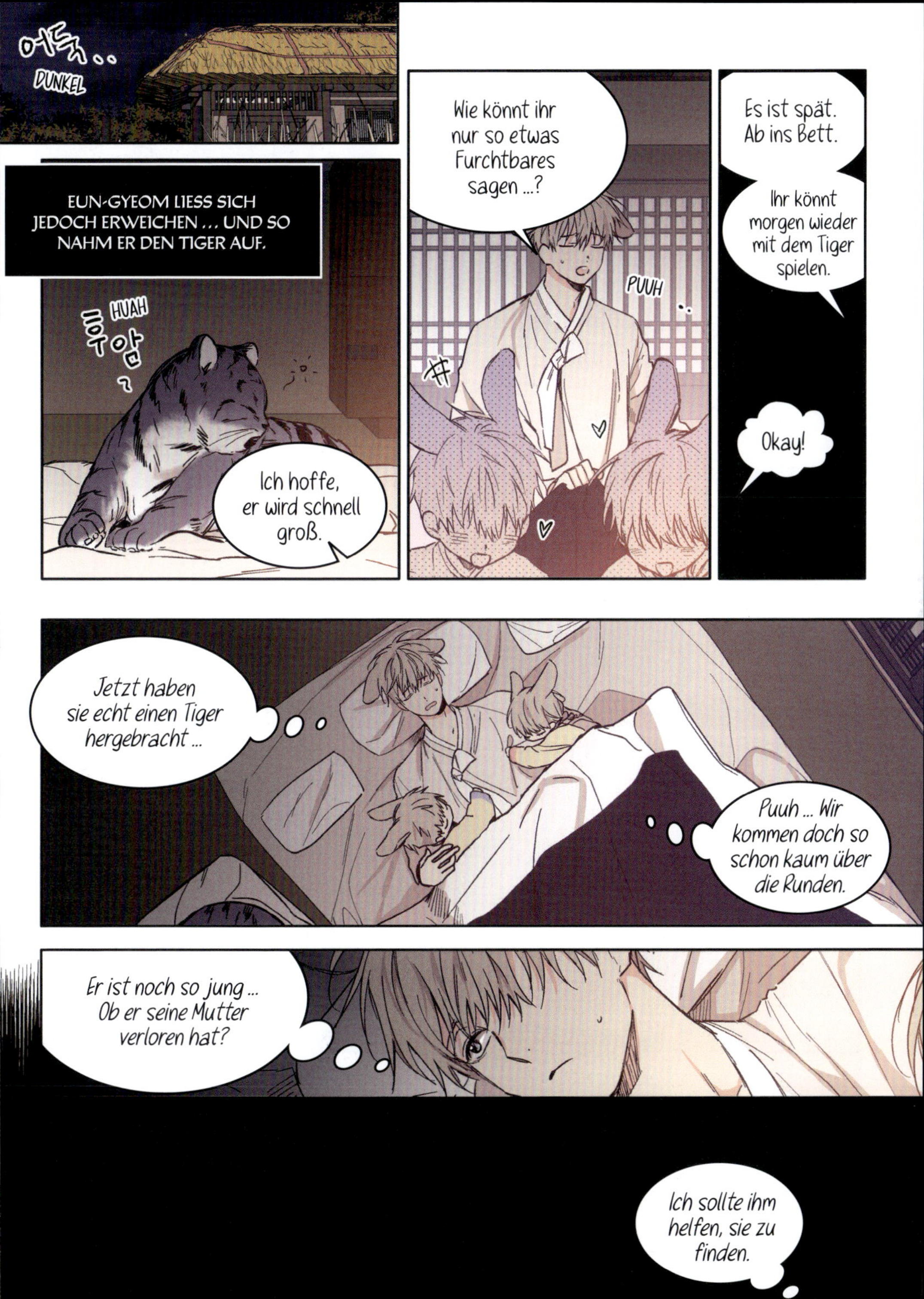
어둑..
DUNKEL
EUN-GYEOM LIESS SICH JEDOCH ERWEICHEN … UND SO NAHM ER DEN TIGER AUF.
후암
HUAH
Ich hoffe, er wird schnell groß.
Wie könnt ihr nur so etwas Furchtbares sagen …?
PUUH
Es ist spät. Ab ins Bett.
Ihr könnt morgen wieder mit dem Tiger spielen.
Okay!
Jetzt haben sie echt einen Tiger hergebracht …
Puuh … Wir kommen doch so schon kaum über die Runden.
Er ist noch so jung … Ob er seine Mutter verloren hat?
Ich sollte ihm helfen, sie zu finden.

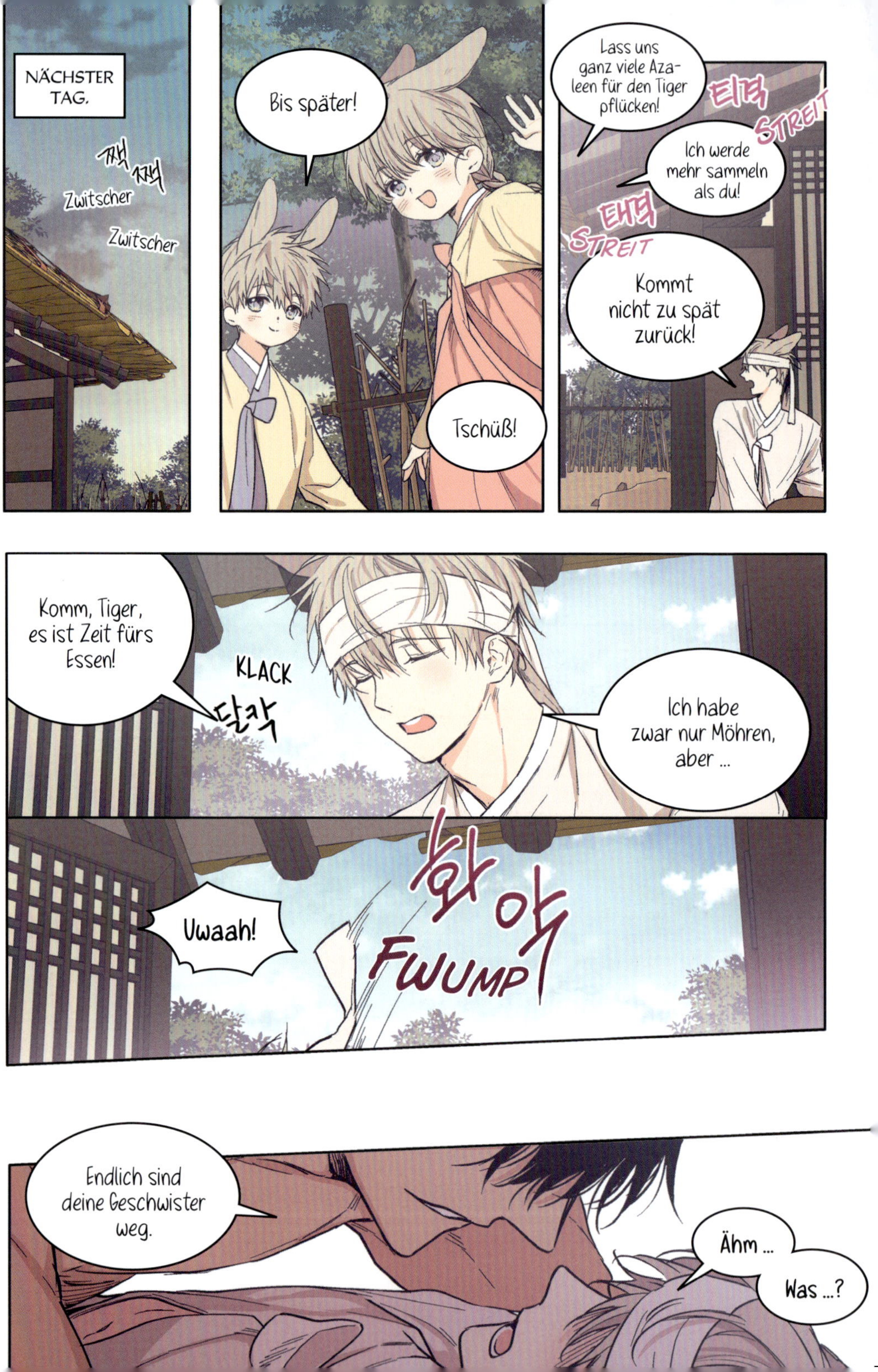

NÄCHSTER TAG.
짹 짹
Zwitscher
Zwitscher
Bis später!
Tschüß!
Lass uns ganz viele Azaleen für den Tiger pflücken!
티격
STREIT
Ich werde mehr sammeln als du!
태격
STREIT
Kommt nicht zu spät zurück!
Komm, Tiger, es ist Zeit fürs Essen!
KLACK
달칵
Ich habe zwar nur Möhren, aber ...
화악
FWUMP
Uwaah!
Endlich sind deine Geschwister weg.
Ähm ...
Was ...?

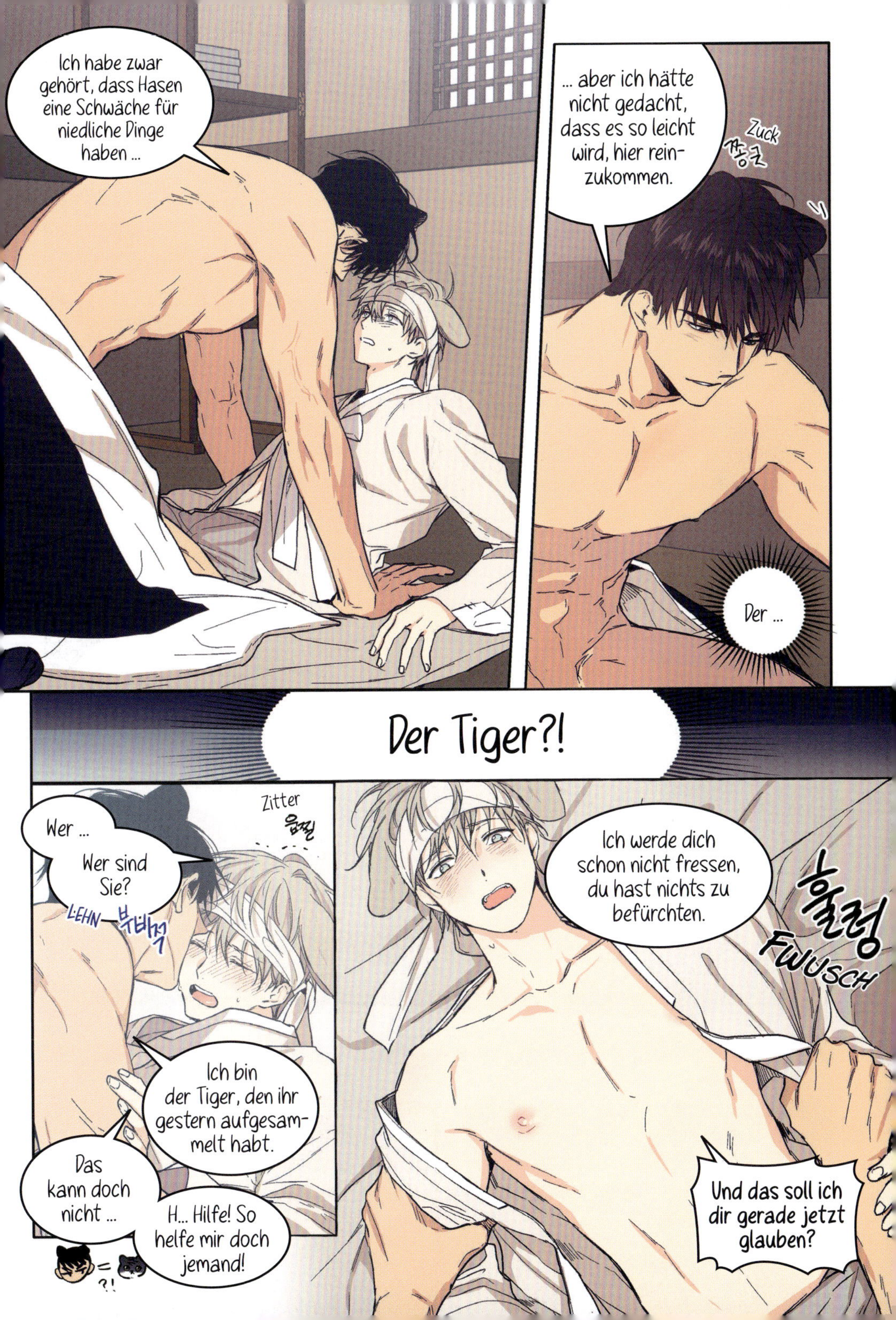

Ich habe zwar gehört, dass Hasen eine Schwäche für niedliche Dinge haben ...
... aber ich hätte nicht gedacht, dass es so leicht wird, hier reinzukommen.
Zuck
쫑긋
Der ...
Der Tiger?!
Wer ...
Wer sind Sie?
Zitter
움찔
LEHN
부비적
Ich bin der Tiger, den ihr gestern aufgesammelt habt.
Das kann doch nicht ...
H... Hilfe! So helfe mir doch jemand!
?!
Ich werde dich schon nicht fressen, du hast nichts zu befürchten.
훌렁
FWUSCH
Und das soll ich dir gerade jetzt glauben?

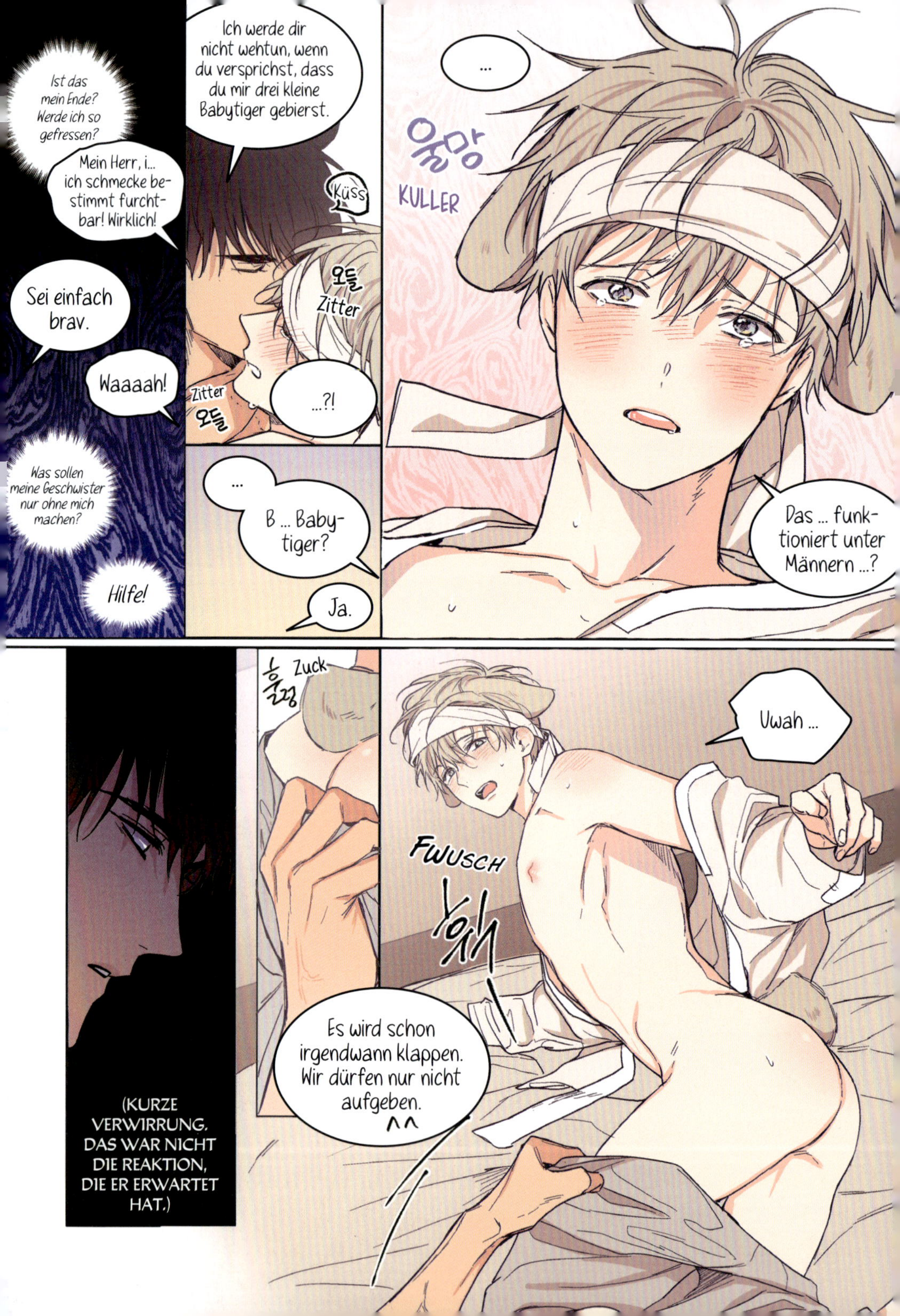
Ist das mein Ende? Werde ich so gefressen?
Mein Herr, i... ich schmecke bestimmt furchtbar! Wirklich!
Sei einfach brav.
Waaaah!
Was sollen meine Geschwister nur ohne mich machen?
Hilfe!
Ich werde dir nicht wehtun, wenn du versprichst, dass du mir drei kleine Babytiger gebierst.
Küss
오들
Zitter
Zitter
오들
...?!
...
B ... Babytiger?
Ja.
...
울망
KULLER
Das ... funktioniert unter Männern ...?
Zuck
(KURZE VERWIRRUNG. DAS WAR NICHT DIE REAKTION, DIE ER ERWARTET HAT.)
Uwah ...
FWUSCH
Es wird schon irgendwann klappen. Wir dürfen nur nicht aufgeben. ^^

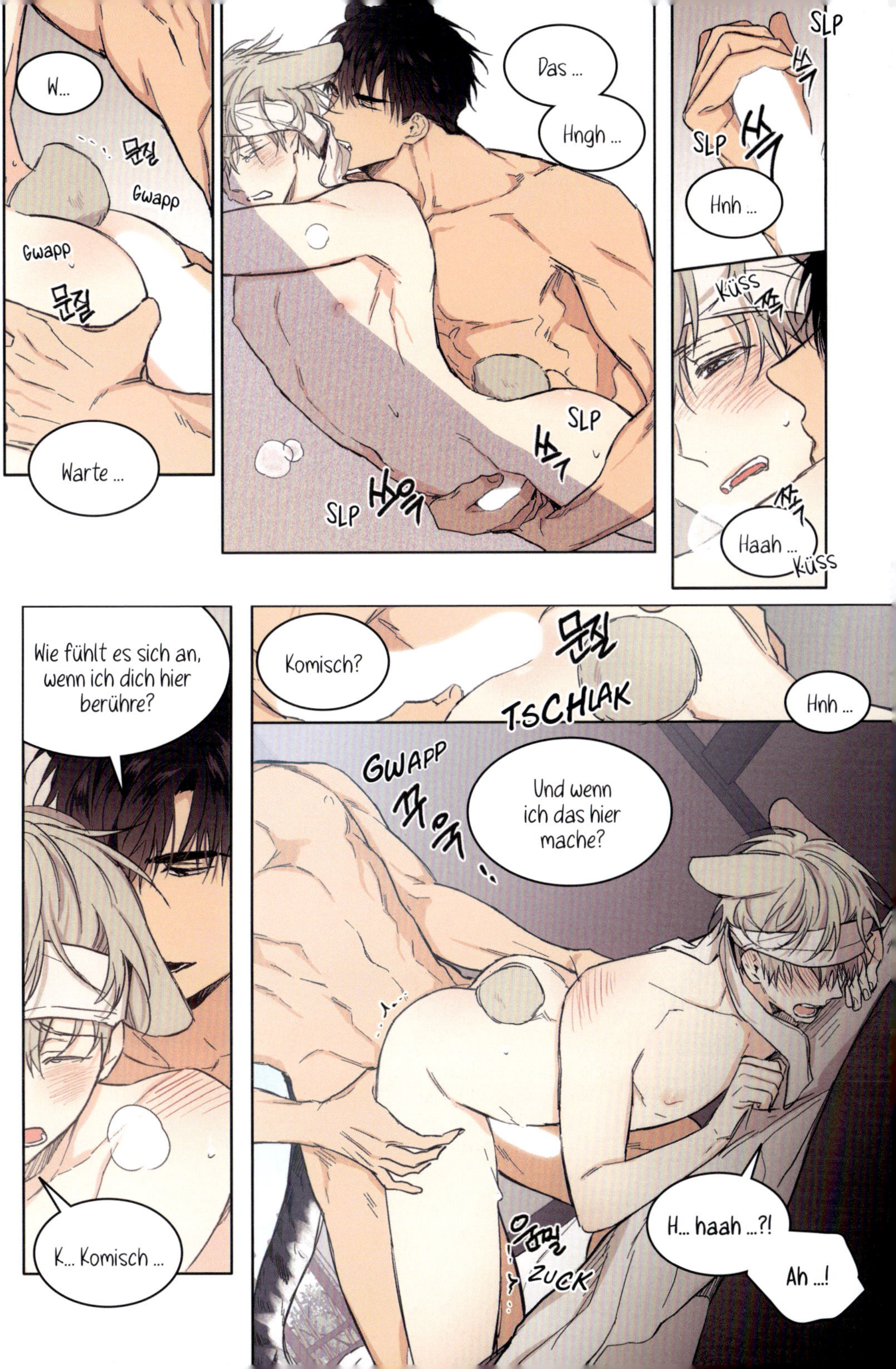
W...
문질
Gwapp
Gwapp
문질
Warte ...
Das ...
Hngh ...
SLP
SLP
SLP
SLP
Hnh ...
Küss
Haah ...
Küss
Wie fühlt es sich an, wenn ich dich hier berühre?
K... Komisch ...
Komisch?
문질
TSCHLAK
Hnh ...
GWAPP
Und wenn ich das hier mache?
ZUCK
H... haah ...?!
Ah ...!

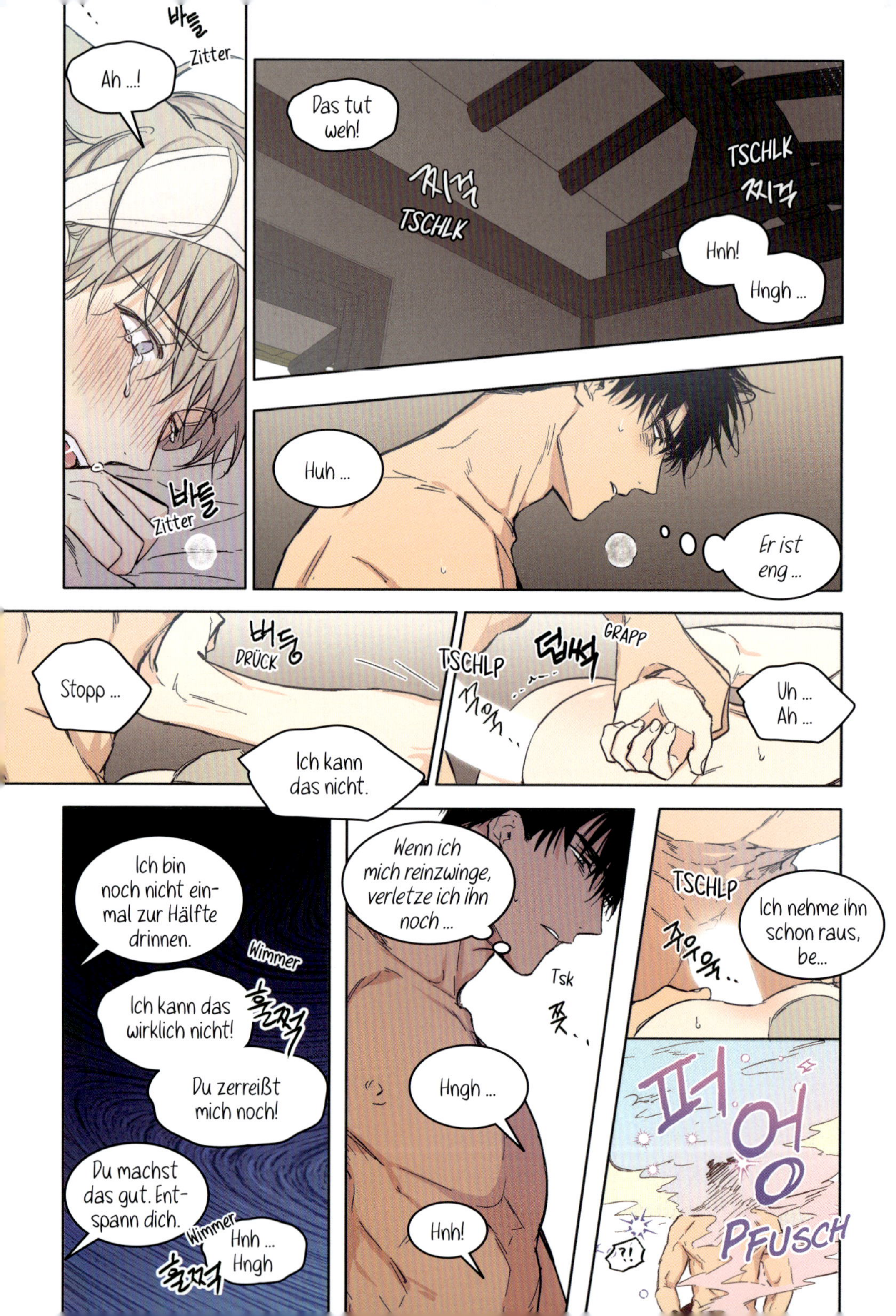

바들
Zitter
Ah ...!
Das tut weh!
찌걱
TSCHLK
TSCHLK
찌걱
Hnh!
Hngh ...
바들
Zitter
Huh ...
Er ist eng ...
Stopp ...
버둥
DRÜCK
Ich kann das nicht.
TSCHLP
덥썩
GRAPP
Uh ... Ah ...
Ich bin noch nicht ein-mal zur Hälfte drinnen.
Wimmer
Ich kann das wirklich nicht!
훌쩍
Du zerreißt mich noch!
Du machst das gut. Ent-spann dich.
Wimmer
Hnh ... Hngh
훌쩍
Wenn ich mich reinzwinge, verletze ich ihn noch ...
Tsk
쯧...
Hngh ...
Hnh!
TSCHLP
Ich nehme ihn schon raus, be...
펑
PFUSCH
?!

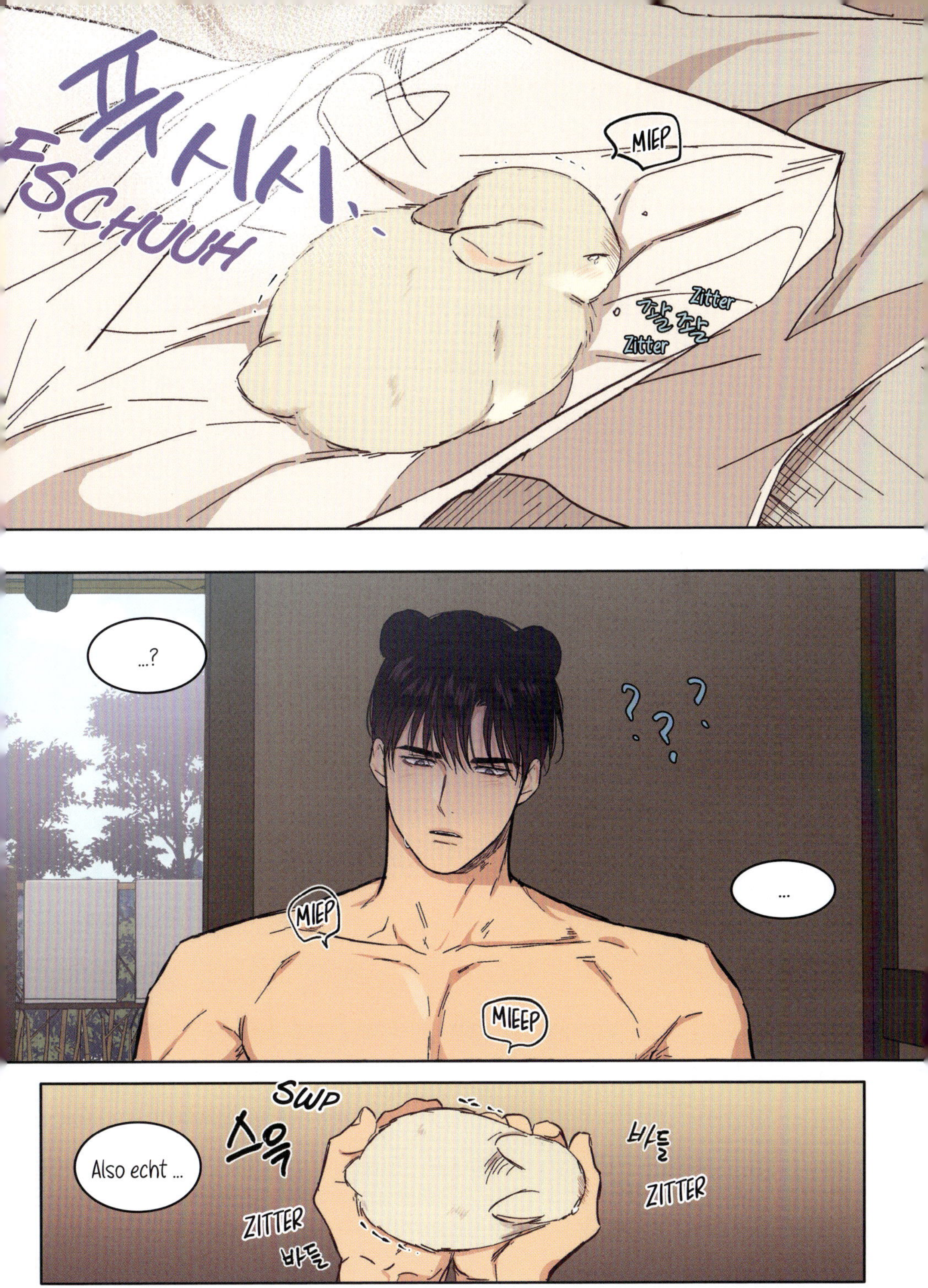
푸시시
FSCHUUH
MIEP
쫄 쫄
Zitter
Zitter
...?
MIEP
...
MIEEP
스윽
SWP
Also echt ...
바들
ZITTER
ZITTER
바들

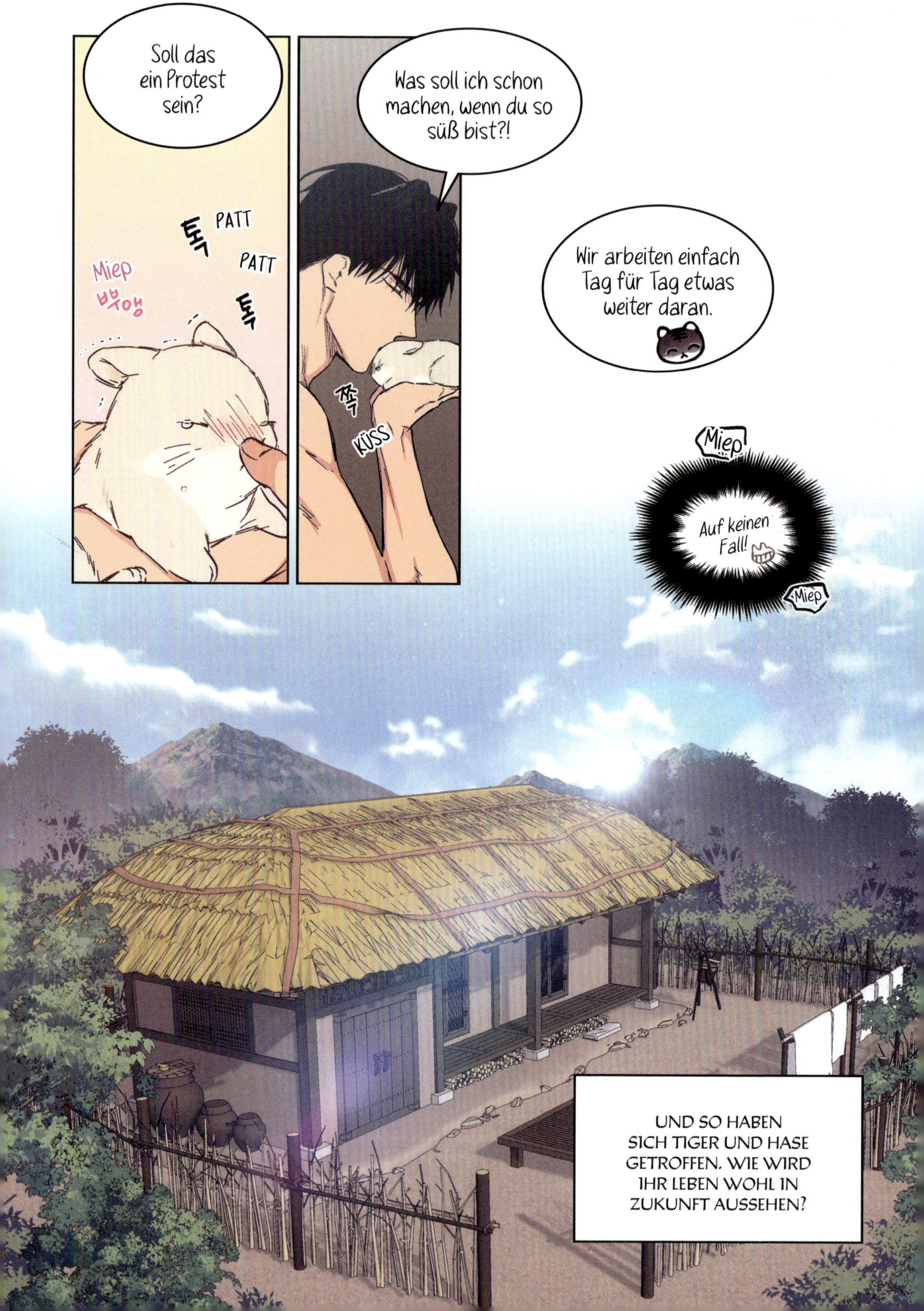
Soll das ein Protest sein?
PATT
PATT
Miep
빠앵
Was soll ich schon machen, wenn du so süß bist?!
KÜSS
Wir arbeiten einfach Tag für Tag etwas weiter daran.
Miep
Auf keinen Fall!
Miep
UND SO HABEN SICH TIGER UND HASE GETROFFEN. WIE WIRD IHR LEBEN WOHL IN ZUKUNFT AUSSEHEN?

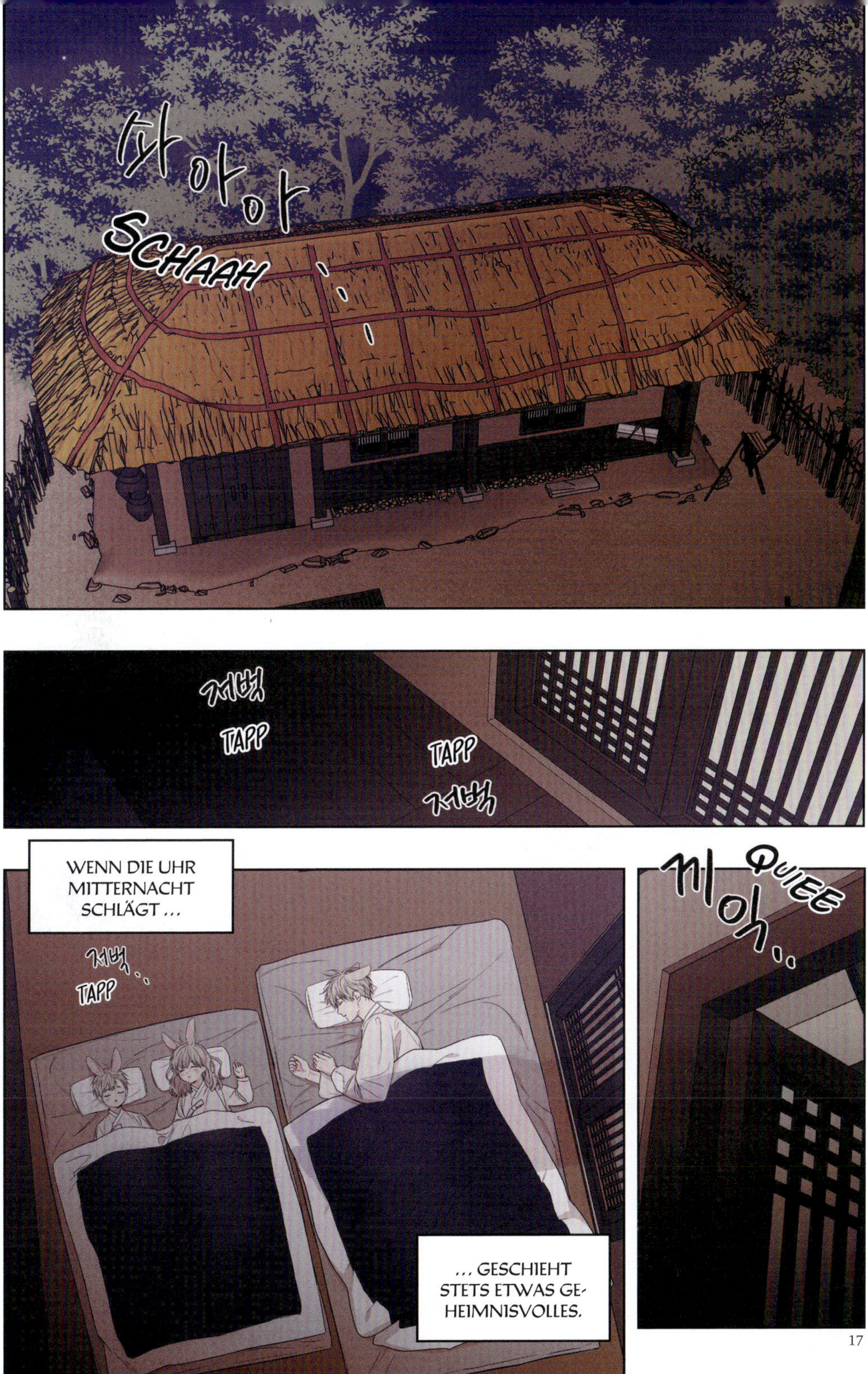

솨아아
SCHAAH
저벅
TAPP
TAPP
저벅
WENN DIE UHR MITTERNACHT SCHLÄGT ...
저벅..
TAPP
끼익..
QUIEE
... GESCHIEHT STETS ETWAS GE-HEIMNISVOLLES.

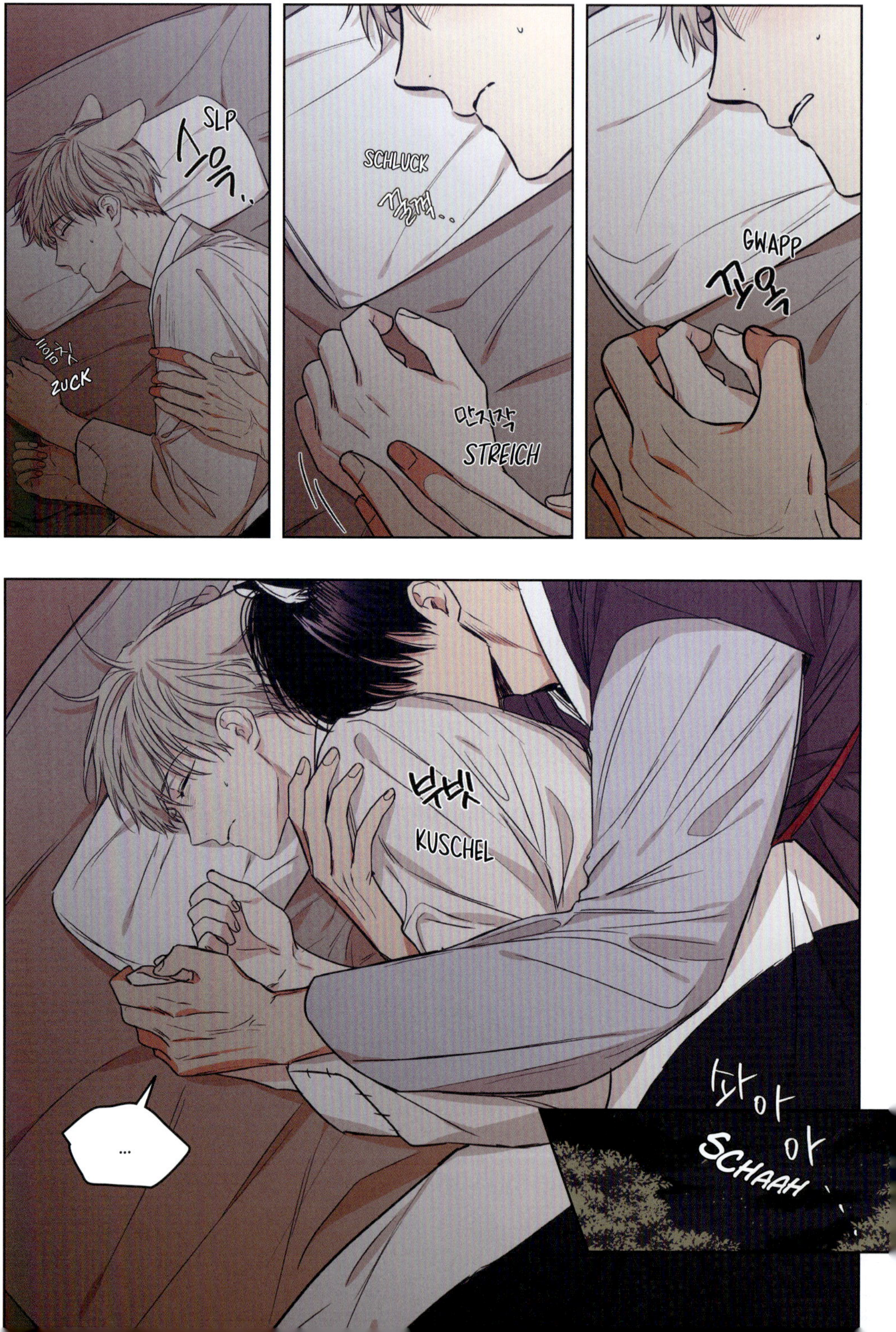

SLP
스윽..
움찔
ZUCK
SCHLUCK
꿀꺽..
만지작
STREICH
GWAPP
꽈악
부비
KUSCHEL
...
쏴아아
SCHAAH

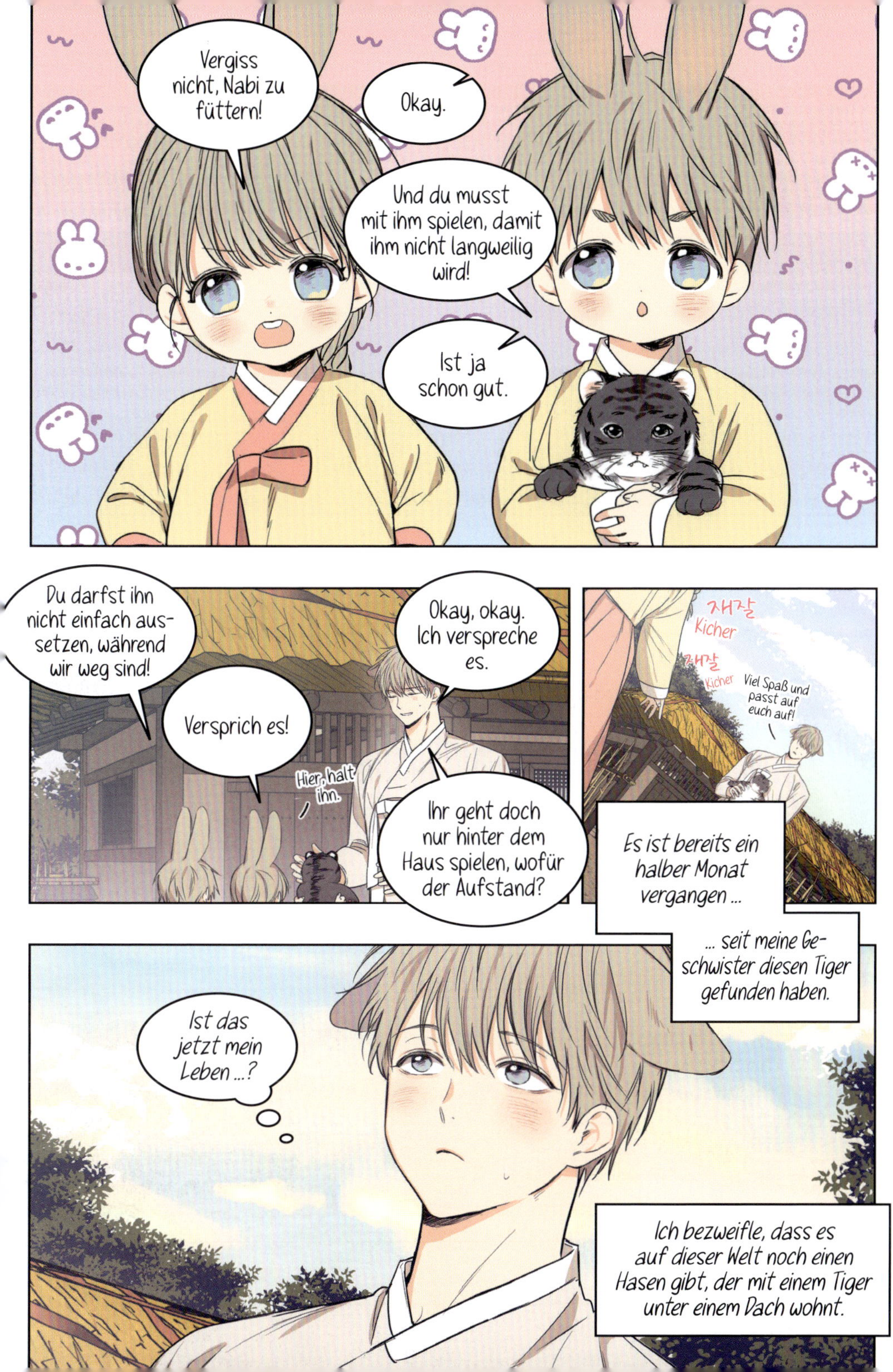
Vergiss nicht, Nabi zu füttern!
Okay.
Und du musst mit ihm spielen, damit ihm nicht langweilig wird!
Ist ja schon gut.
Du darfst ihn nicht einfach aus-setzen, während wir weg sind!
Okay, okay. Ich verspreche es.
Versprich es!
Hier, halt ihn.
Ihr geht doch nur hinter dem Haus spielen, wofür der Aufstand?
재잘
Kicher
재잘
Kicher
Viel Spaß und passt auf euch auf!
Es ist bereits ein halber Monat vergangen ...
... seit meine Ge-schwister diesen Tiger gefunden haben.
Ist das jetzt mein Leben ...?
Ich bezweifle, dass es auf dieser Welt noch einen Hasen gibt, der mit einem Tiger unter einem Dach wohnt.

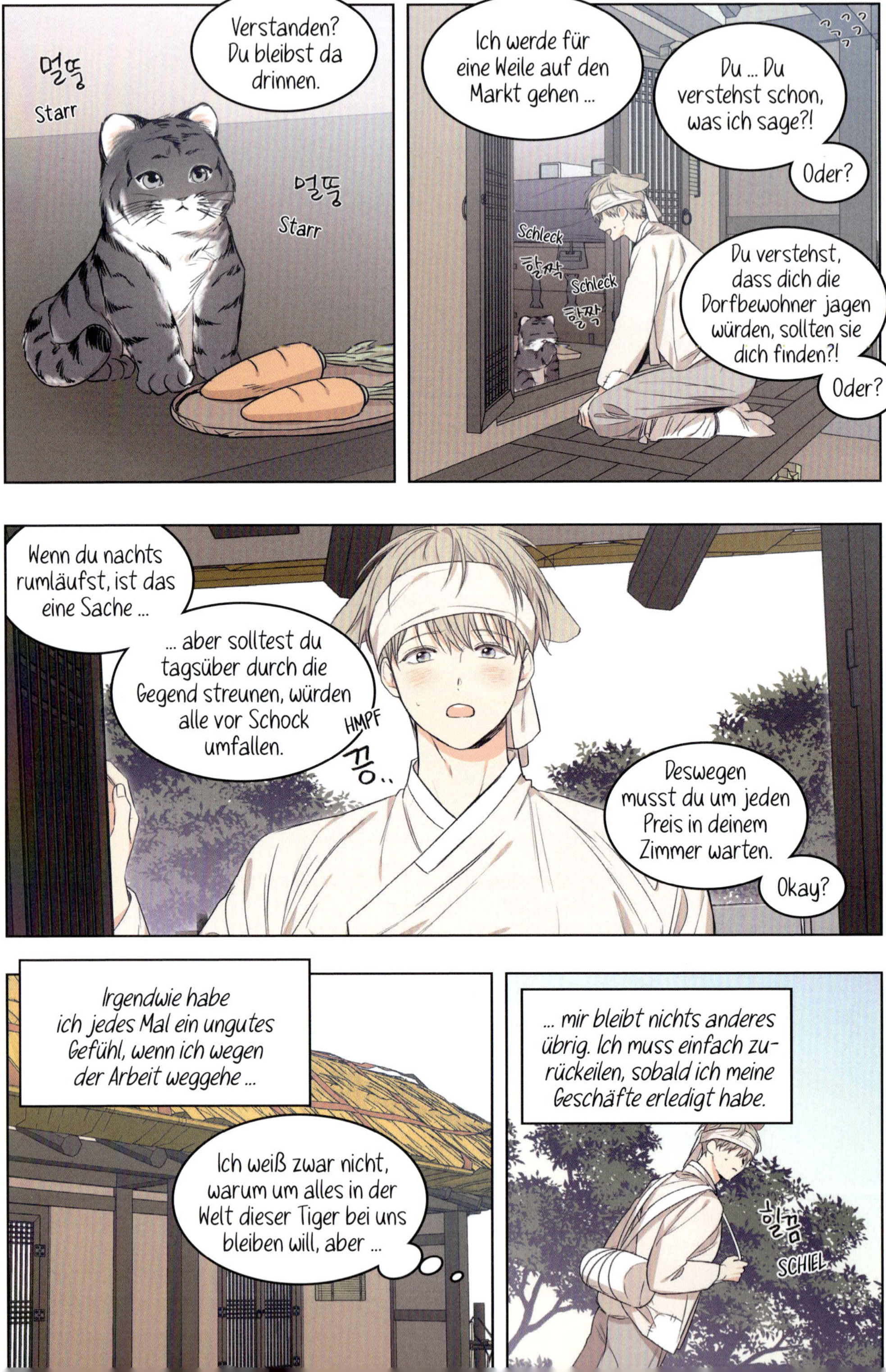

멀뚱
Starr
Verstanden? Du bleibst da drinnen.
멀뚱
Starr
Ich werde für eine Weile auf den Markt gehen ...
Du ... Du verstehst schon, was ich sage?!
Oder?
Schleck
할짝
Schleck
할짝
Du verstehst, dass dich die Dorfbewohner jagen würden, sollten sie dich finden?!
Oder?
Wenn du nachts rumläufst, ist das eine Sache ...
... aber solltest du tagsüber durch die Gegend streunen, würden alle vor Schock umfallen.
HMPF
끙..
Deswegen musst du um jeden Preis in deinem Zimmer warten.
Okay?
Irgendwie habe ich jedes Mal ein ungutes Gefühl, wenn ich wegen der Arbeit weggehe ...
Ich weiß zwar nicht, warum um alles in der Welt dieser Tiger bei uns bleiben will, aber ...
... mir bleibt nichts anderes übrig. Ich muss einfach zurückeilen, sobald ich meine Geschäfte erledigt habe.
힐끔
SCHIEL

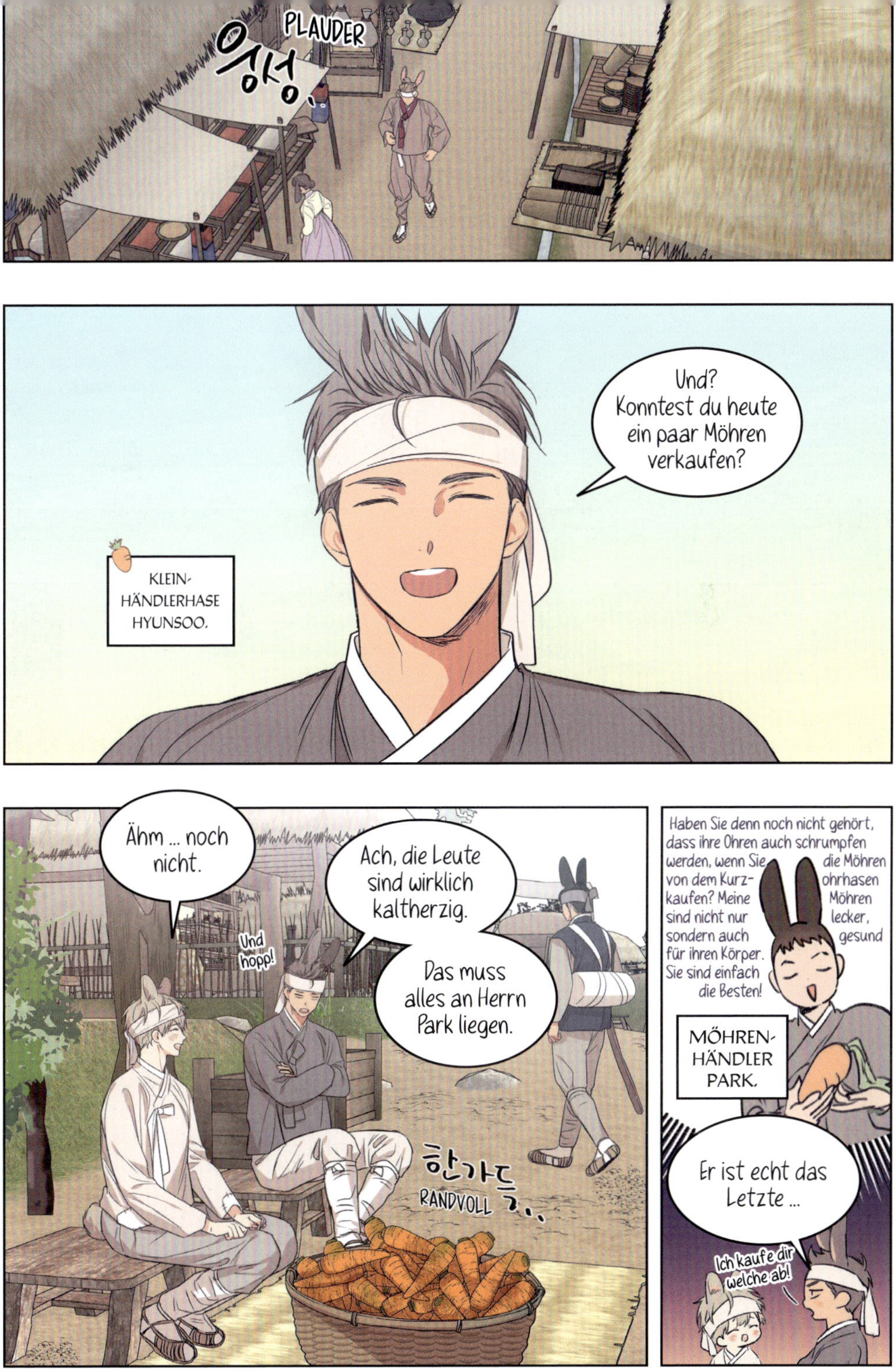
웅성,
PLAUDER
Und? Konntest du heute ein paar Möhren verkaufen?
KLEIN-HÄNDLERHASE HYUNSOO.
Ähm ... noch nicht.
Ach, die Leute sind wirklich kaltherzig.
Und hopp!
Das muss alles an Herrn Park liegen.
한가득..
RANDVOLL
Haben Sie denn noch nicht gehört, dass ihre Ohren auch schrumpfen werden, wenn Sie die Möhren von dem Kurzohrhasen kaufen? Meine Möhren sind nicht nur lecker, sondern auch gesund für ihren Körper. Sie sind einfach die Besten!
MÖHREN-HÄNDLER PARK.
Er ist echt das Letzte ...
Ich kaufe dir welche ab!

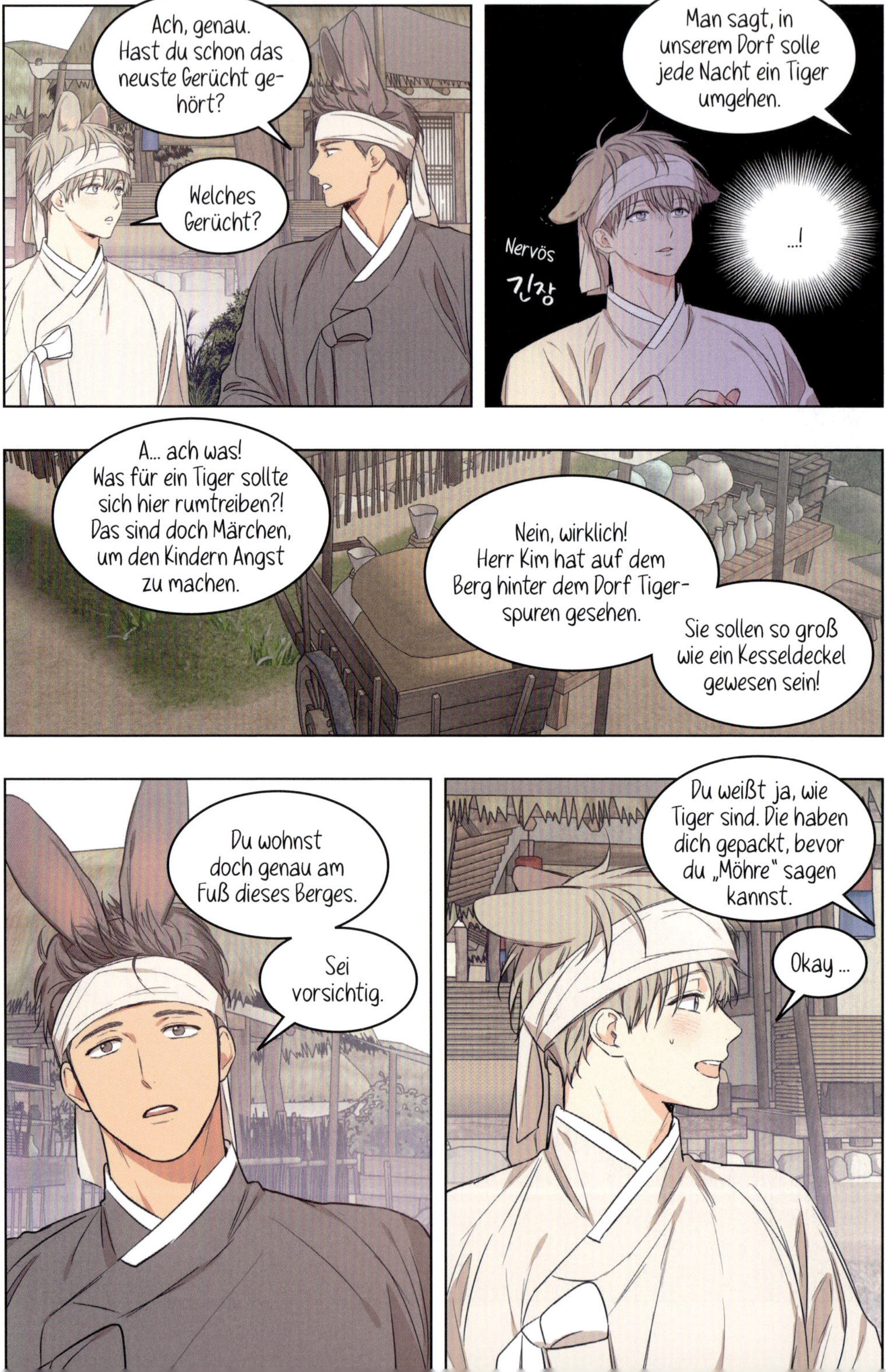
Ach, genau. Hast du schon das neuste Gerücht gehört?
Welches Gerücht?
Man sagt, in unserem Dorf solle jede Nacht ein Tiger umgehen.
Nervös
긴장
...!
A... ach was! Was für ein Tiger sollte sich hier rumtreiben?! Das sind doch Märchen, um den Kindern Angst zu machen.
Nein, wirklich! Herr Kim hat auf dem Berg hinter dem Dorf Tigerspuren gesehen.
Sie sollen so groß wie ein Kesseldeckel gewesen sein!
Du wohnst doch genau am Fuß dieses Berges.
Sei vorsichtig.
Du weißt ja, wie Tiger sind. Die haben dich gepackt, bevor du „Möhre" sagen kannst.
Okay ...

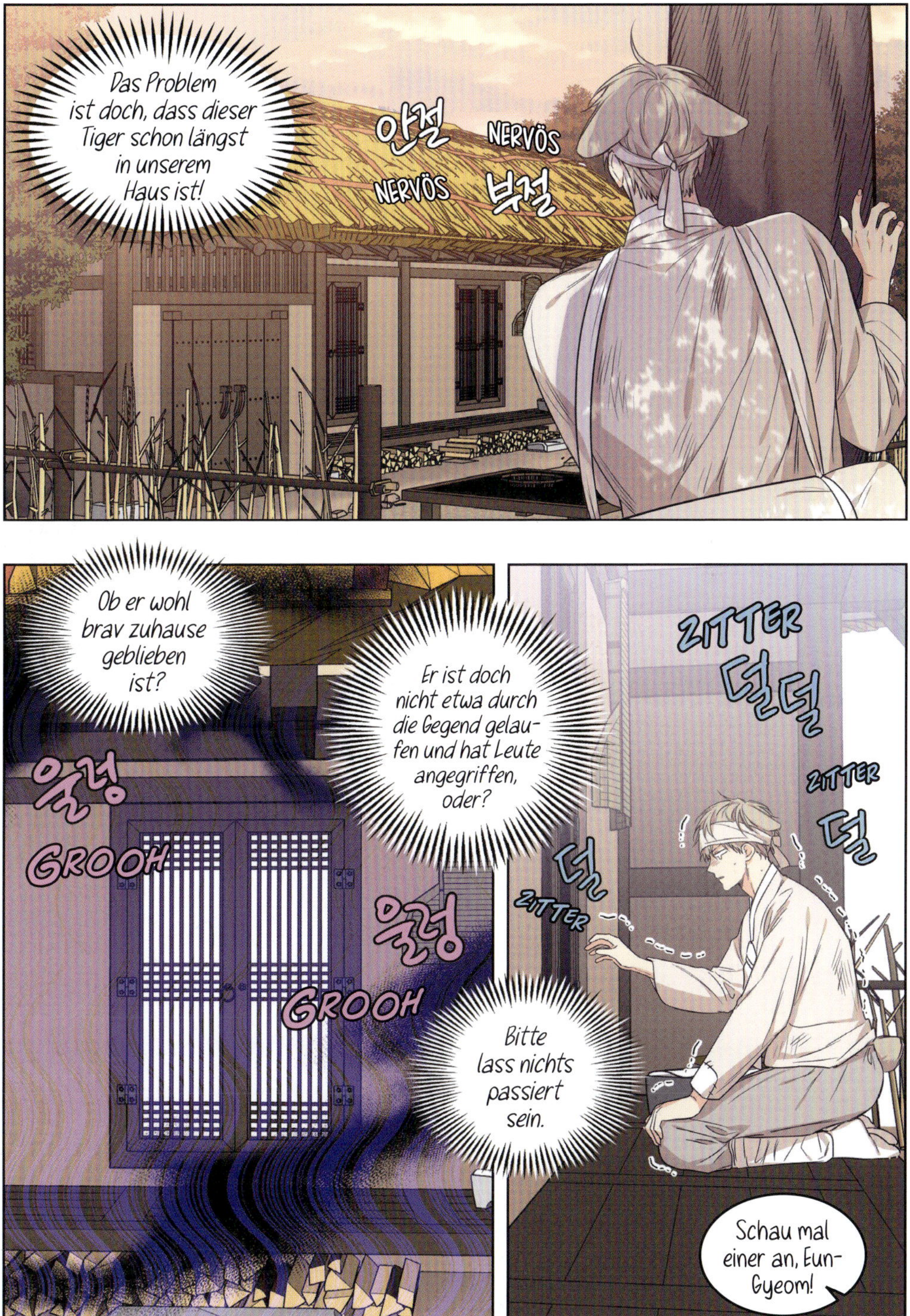

Das Problem ist doch, dass dieser Tiger schon längst in unserem Haus ist!
안절
NERVÖS
NERVÖS
부절
Ob er wohl brav zuhause geblieben ist?
Er ist doch nicht etwa durch die Gegend gelau-fen und hat Leute angegriffen, oder?
ZITTER
덜덜
울렁
GROOH
ZITTER
덜
덜
ZITTER
울렁
GROOH
Bitte lass nichts passiert sein.
Schau mal einer an, Eun-Gyeom!

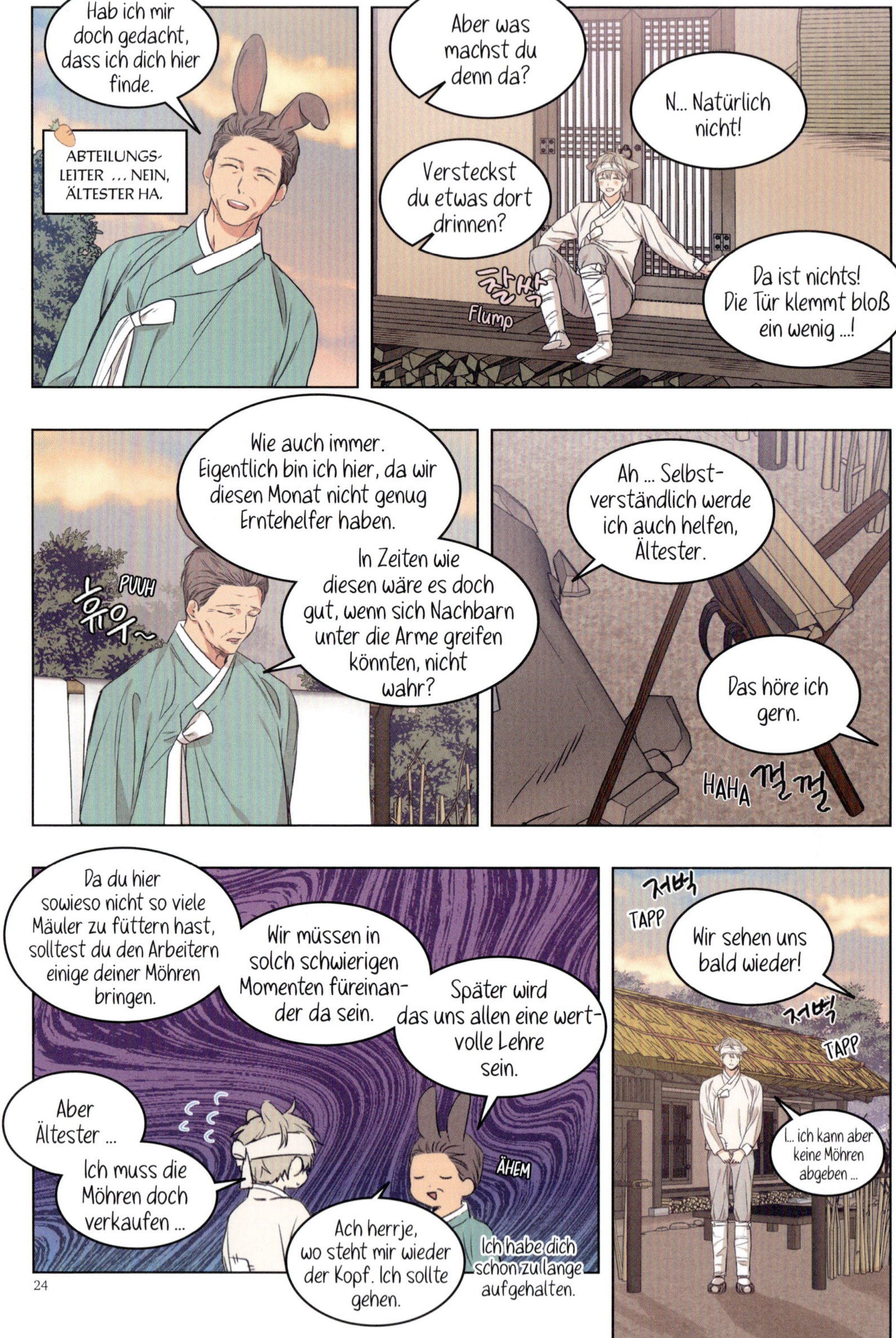
Hab ich mir doch gedacht, dass ich dich hier finde.
ABTEILUNGSLEITER ... NEIN, ÄLTESTER HA.
Aber was machst du denn da?
N... Natürlich nicht!
Versteckst du etwas dort drinnen?
찰싹
Flump
Da ist nichts! Die Tür klemmt bloß ein wenig ...!
Wie auch immer. Eigentlich bin ich hier, da wir diesen Monat nicht genug Erntehelfer haben.
휴우~
PUUH
In Zeiten wie diesen wäre es doch gut, wenn sich Nachbarn unter die Arme greifen könnten, nicht wahr?
Ah ... Selbstverständlich werde ich auch helfen, Ältester.
Das höre ich gern.
HAHA 껄껄
Da du hier sowieso nicht so viele Mäuler zu füttern hast, solltest du den Arbeitern einige deiner Möhren bringen.
Wir müssen in solch schwierigen Momenten füreinander da sein.
Später wird das uns allen eine wertvolle Lehre sein.
Aber Ältester ...
Ich muss die Möhren doch verkaufen ...
ÄHEM
Ach herrje, wo steht mir wieder der Kopf. Ich sollte gehen.
Ich habe dich schon zulange aufgehalten.
저벅
TAPP
Wir sehen uns bald wieder!
저벅
TAPP
I... ich kann aber keine Möhren abgeben ...

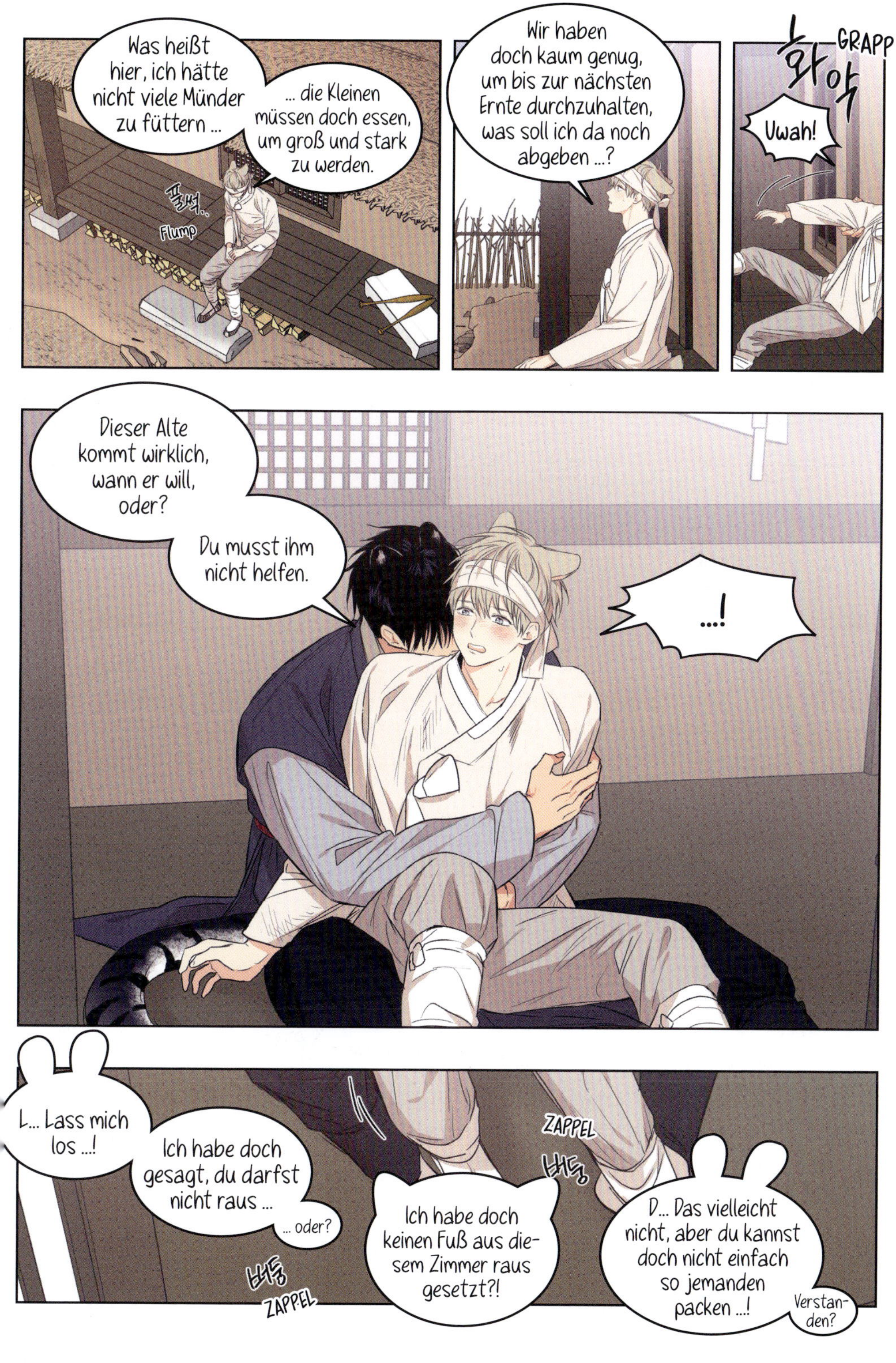
Was heißt hier, ich hätte nicht viele Münder zu füttern ...
... die Kleinen müssen doch essen, um groß und stark zu werden.
풀썩
Flump
Wir haben doch kaum genug, um bis zur nächsten Ernte durchzuhalten, was soll ich da noch abgeben ...?
화악
GRAPP
Uwah!
Dieser Alte kommt wirklich, wann er will, oder?
Du musst ihm nicht helfen.
...!
L... Lass mich los ...!
Ich habe doch gesagt, du darfst nicht raus ...
... oder?
버둥
ZAPPEL
Ich habe doch keinen Fuß aus diesem Zimmer raus gesetzt?!
ZAPPEL
버둥
D... Das vielleicht nicht, aber du kannst doch nicht einfach so jemanden packen ...!
Verstanden?

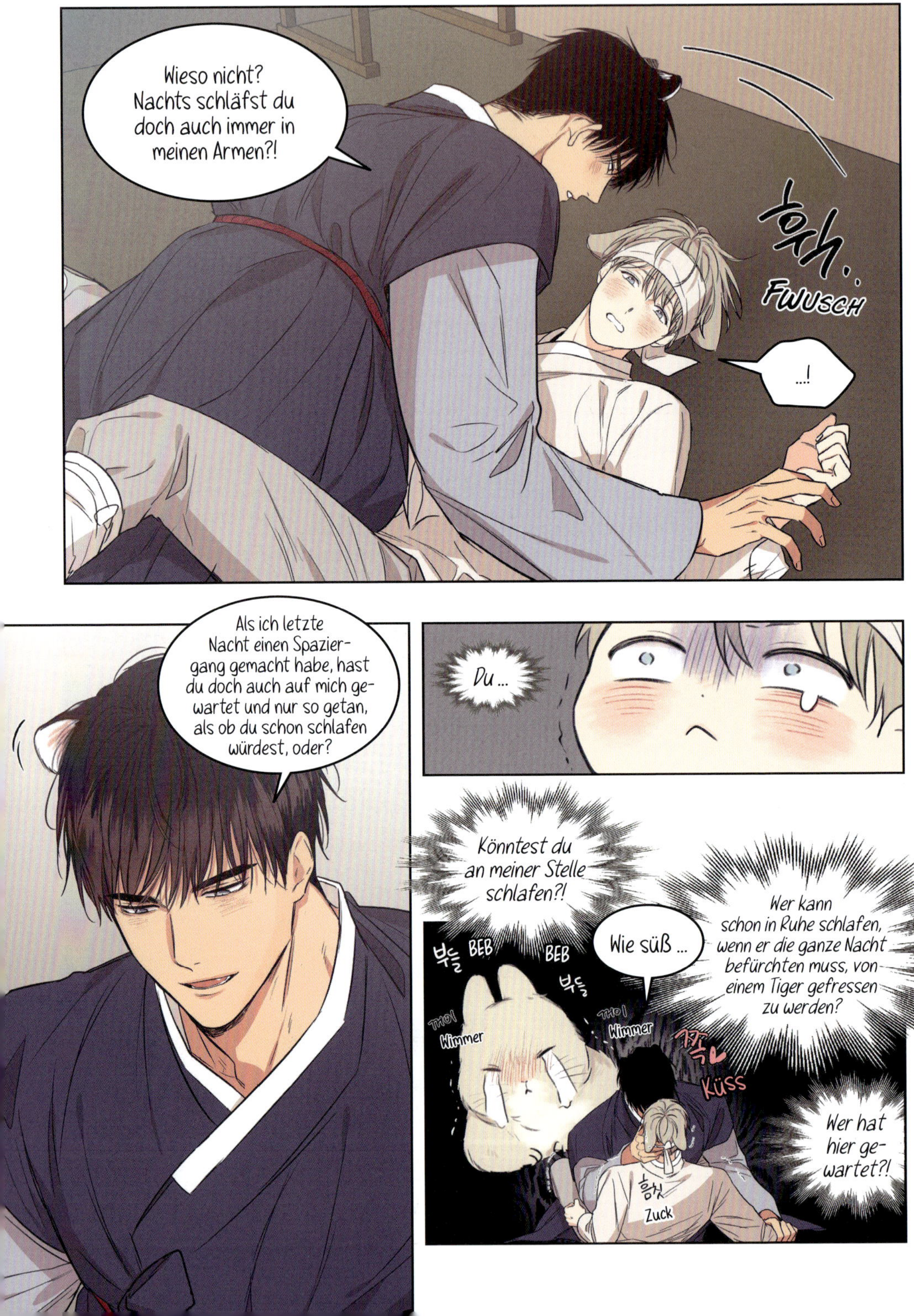
Wieso nicht? Nachts schläfst du doch auch immer in meinen Armen?!
훅..
FWUSCH
...!
Als ich letzte Nacht einen Spaziergang gemacht habe, hast du doch auch auf mich gewartet und nur so getan, als ob du schon schlafen würdest, oder?
Du ...
Könntest du an meiner Stelle schlafen?!
Wer kann schon in Ruhe schlafen, wenn er die ganze Nacht befürchten muss, von einem Tiger gefressen zu werden?
부들 BEB
BEB 부들
Wimmer
Wimmer
Wie süß ...
쪽
KÜSS
Wer hat hier gewartet?!
흠칫
Zuck

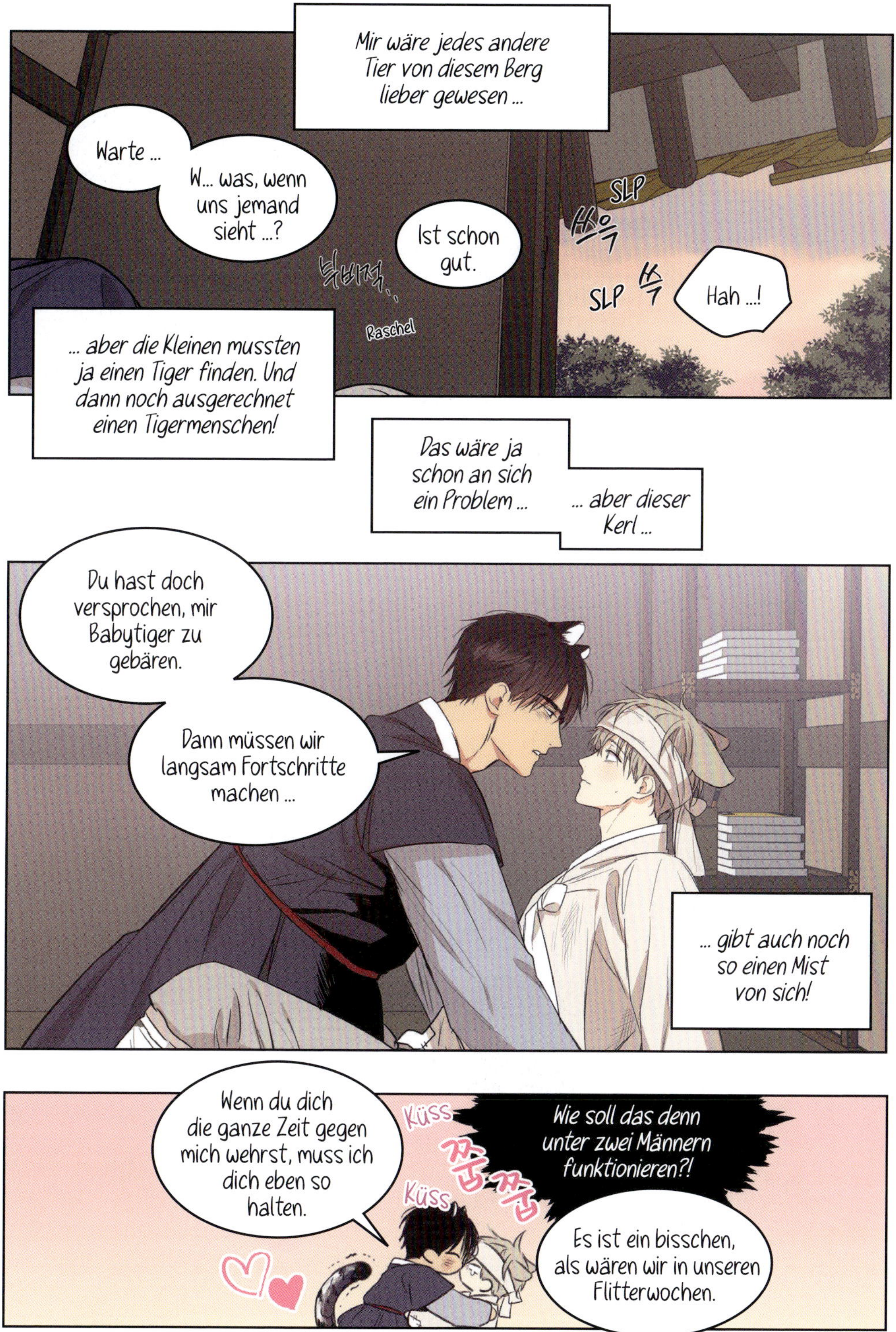
Mir wäre jedes andere Tier von diesem Berg lieber gewesen ...
Warte ...
W... was, wenn uns jemand sieht ...?
Ist schon gut.
Raschel
SLP
SLP
Hah ...!
... aber die Kleinen mussten ja einen Tiger finden. Und dann noch ausgerechnet einen Tigermenschen!
Das wäre ja schon an sich ein Problem ...
... aber dieser Kerl ...
Du hast doch versprochen, mir Babytiger zu gebären.
Dann müssen wir langsam Fortschritte machen ...
... gibt auch noch so einen Mist von sich!
Wenn du dich die ganze Zeit gegen mich wehrst, muss ich dich eben so halten.
Küss
Küss
Wie soll das denn unter zwei Männern funktionieren?!
Es ist ein bisschen, als wären wir in unseren Flitterwochen.

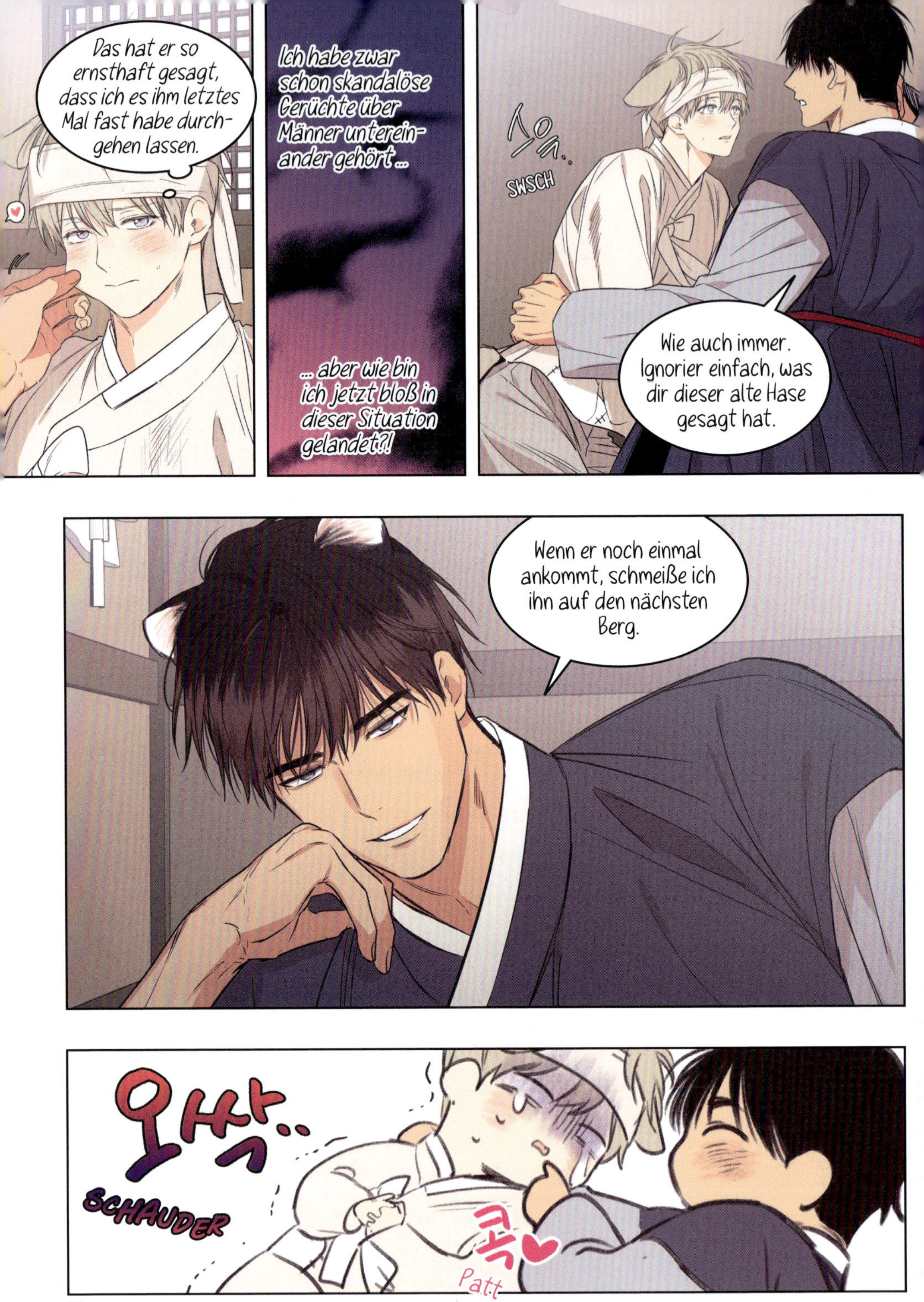
Das hat er so ernsthaft gesagt, dass ich es ihm letztes Mal fast habe durchgehen lassen.
Ich habe zwar schon skandalöse Gerüchte über Männer untereinander gehört ...
... aber wie bin ich jetzt bloß in dieser Situation gelandet?!
SWSCH
Wie auch immer. Ignorier einfach, was dir dieser alte Hase gesagt hat.
Wenn er noch einmal ankommt, schmeiße ich ihn auf den nächsten Berg.
SCHAUDER
Patt

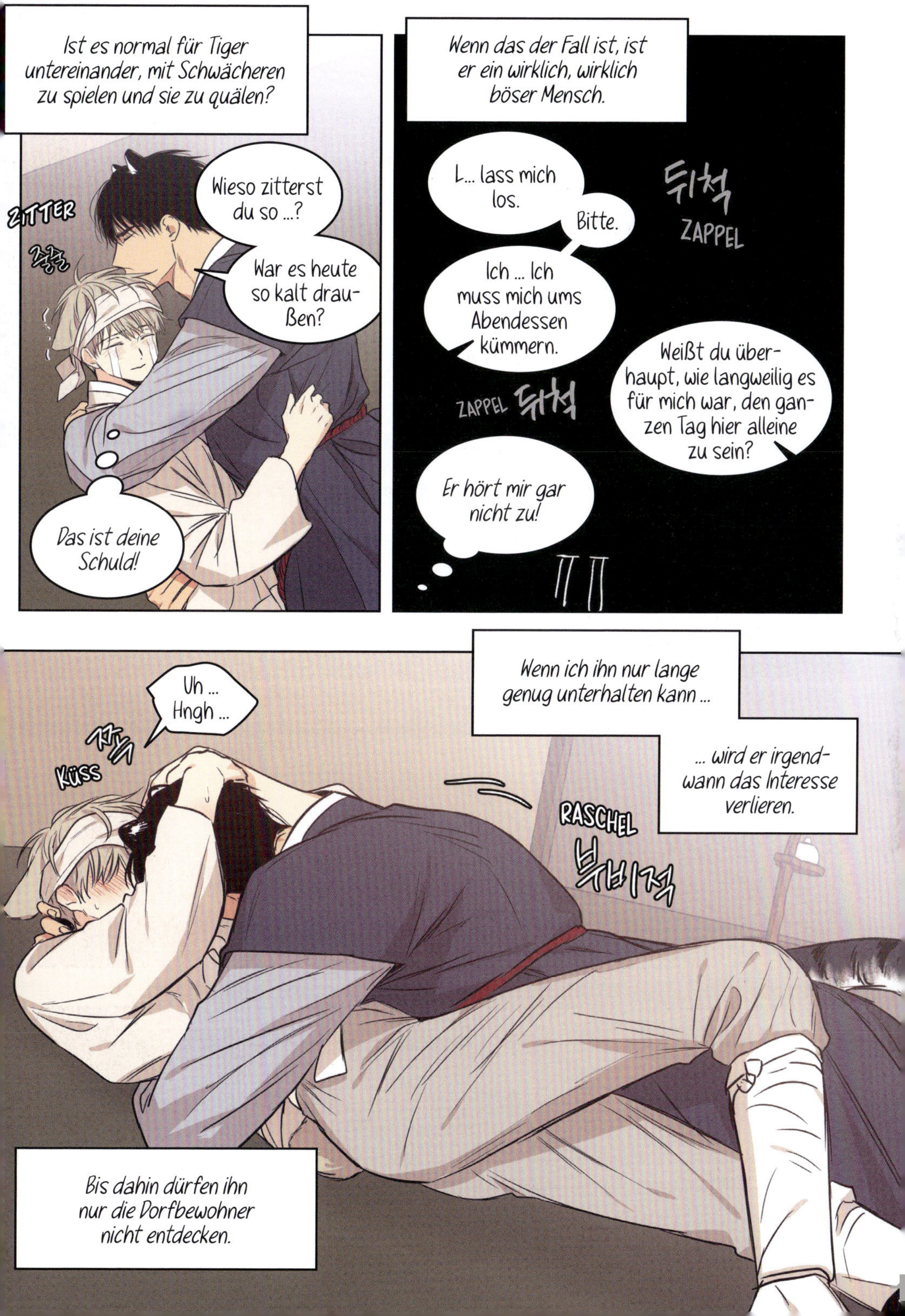

Ist es normal für Tiger untereinander, mit Schwächeren zu spielen und sie zu quälen?
ZITTER
Wieso zitterst du so ...?
War es heute so kalt draußen?
Das ist deine Schuld!
Wenn das der Fall ist, ist er ein wirklich, wirklich böser Mensch.
L... lass mich los.
Bitte.
뒤척
ZAPPEL
Ich ... Ich muss mich ums Abendessen kümmern.
ZAPPEL 뒤척
Weißt du überhaupt, wie langweilig es für mich war, den ganzen Tag hier alleine zu sein?
Er hört mir gar nicht zu!
ㅠㅠ
Uh ... Hngh ...
Küss
Wenn ich ihn nur lange genug unterhalten kann ...
... wird er irgendwann das Interesse verlieren.
RASCHEL
부비적
Bis dahin dürfen ihn nur die Dorfbewohner nicht entdecken.

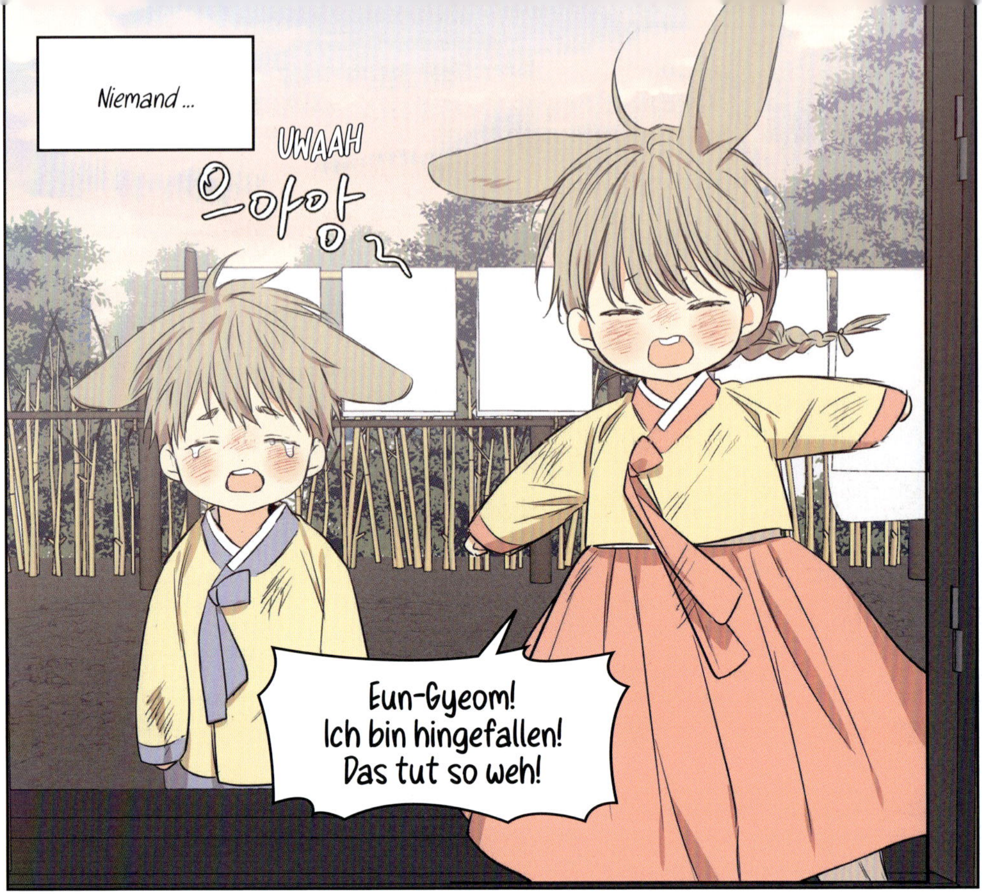
Niemand ...
UWAAH
으아앙~
Eun-Gyeom!
Ich bin hingefallen!
Das tut so weh!

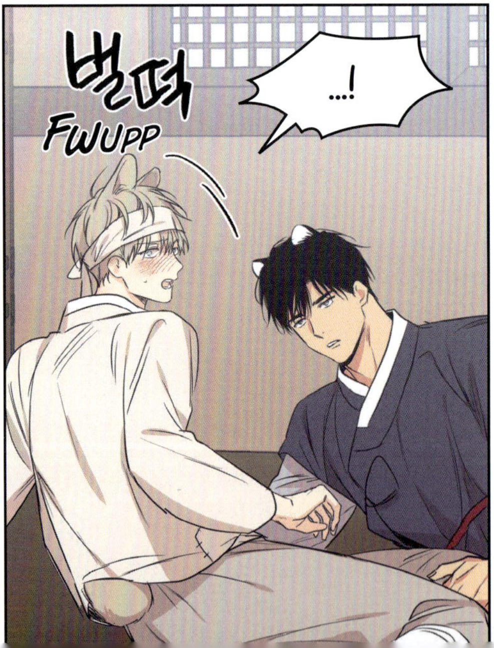
벌떡
FWUPP
...!

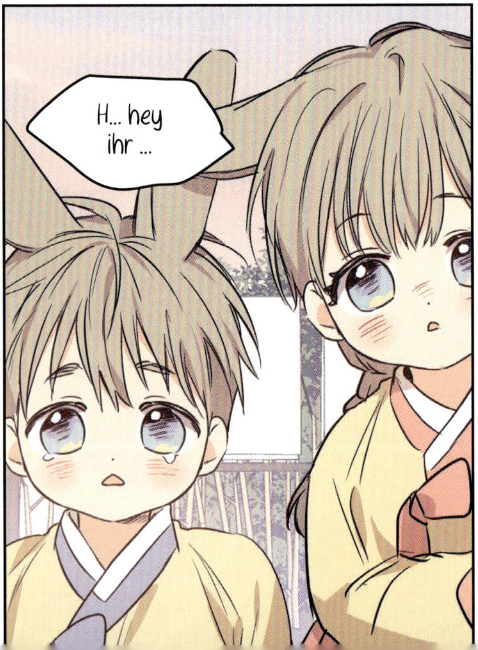
H... hey
ihr ...

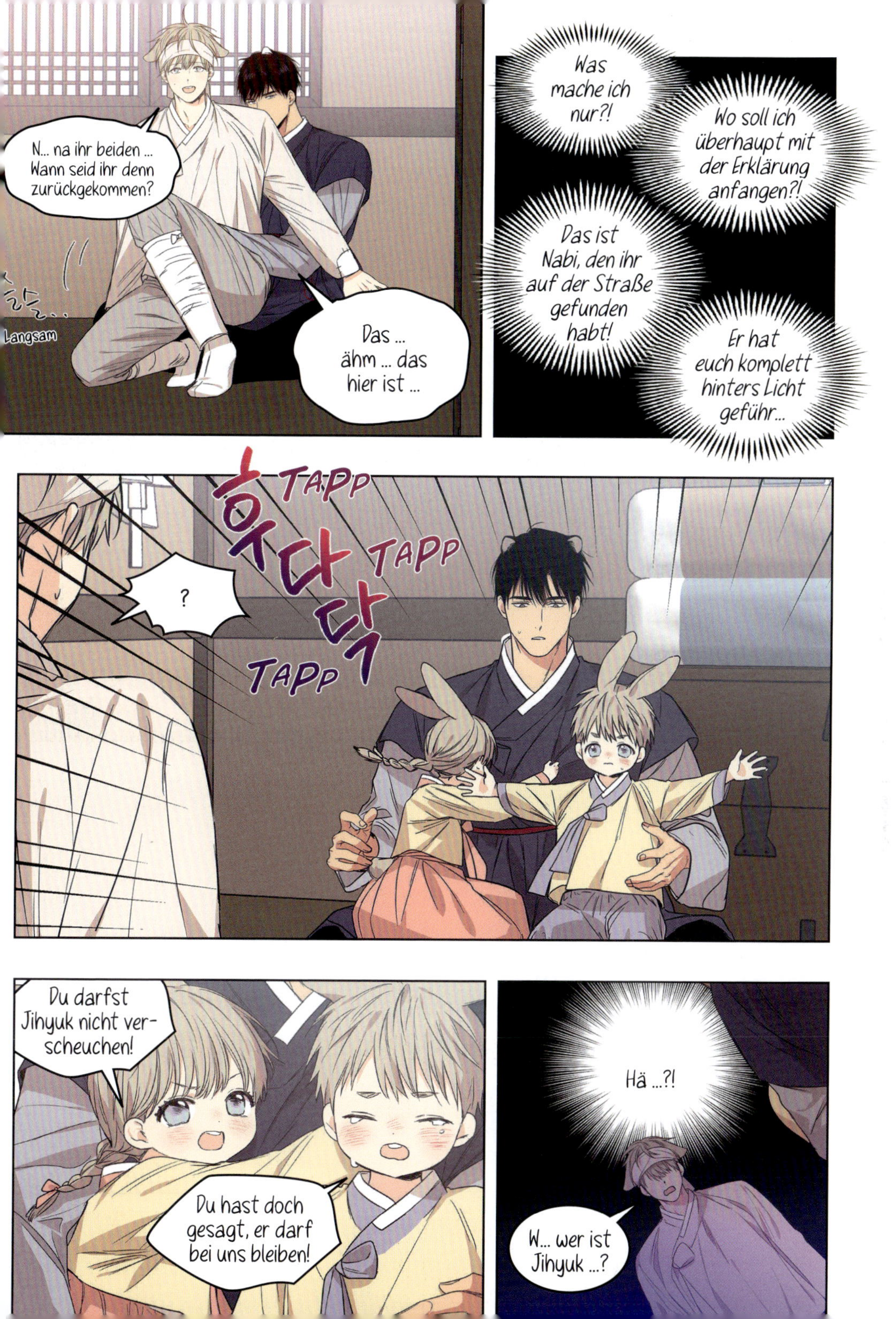
N... na ihr beiden ... Wann seid ihr denn zurückgekommen?
스윽...
Langsam
Das ... ähm ... das hier ist ...
Was mache ich nur?!
Wo soll ich überhaupt mit der Erklärung anfangen?!
Das ist Nabi, den ihr auf der Straße gefunden habt!
Er hat euch komplett hinters Licht geführ...
후다닥
TAPP
TAPP
TAPP
?
Du darfst Jihyuk nicht verscheuchen!
Du hast doch gesagt, er darf bei uns bleiben!
Hä ...?!
W... wer ist Jihyuk ...?

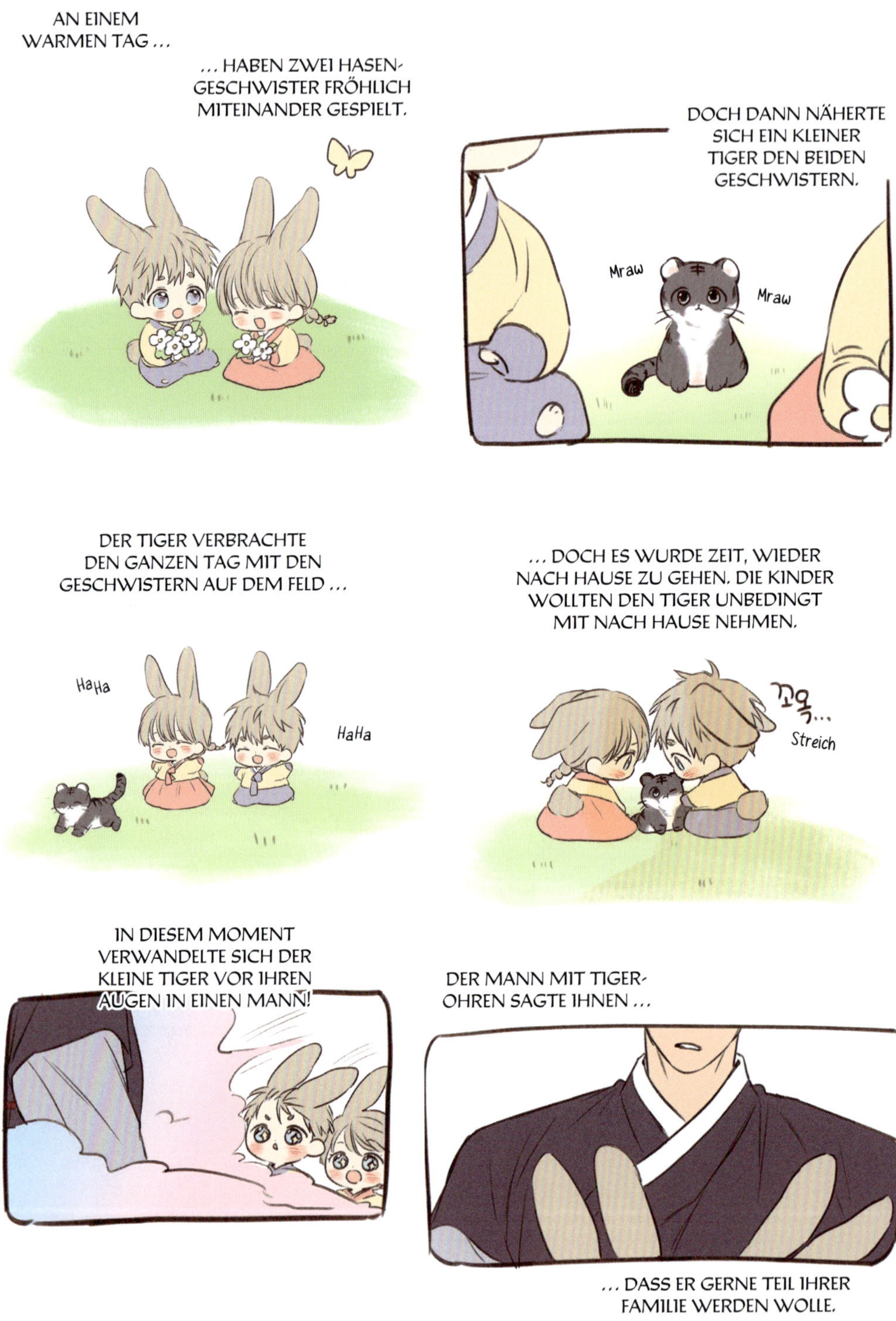
AN EINEM
WARMEN TAG …
… HABEN ZWEI HASEN-
GESCHWISTER FRÖHLICH
MITEINANDER GESPIELT.
DOCH DANN NÄHERTE
SICH EIN KLEINER
TIGER DEN BEIDEN
GESCHWISTERN.
Mraw
Mraw
DER TIGER VERBRACHTE
DEN GANZEN TAG MIT DEN
GESCHWISTERN AUF DEM FELD …
HaHa
HaHa
… DOCH ES WURDE ZEIT, WIEDER
NACH HAUSE ZU GEHEN. DIE KINDER
WOLLTEN DEN TIGER UNBEDINGT
MIT NACH HAUSE NEHMEN.
꼬옥…
Streich
IN DIESEM MOMENT
VERWANDELTE SICH DER
KLEINE TIGER VOR IHREN
AUGEN IN EINEN MANN!
DER MANN MIT TIGER-
OHREN SAGTE IHNEN …
… DASS ER GERNE TEIL IHRER
FAMILIE WERDEN WOLLE.

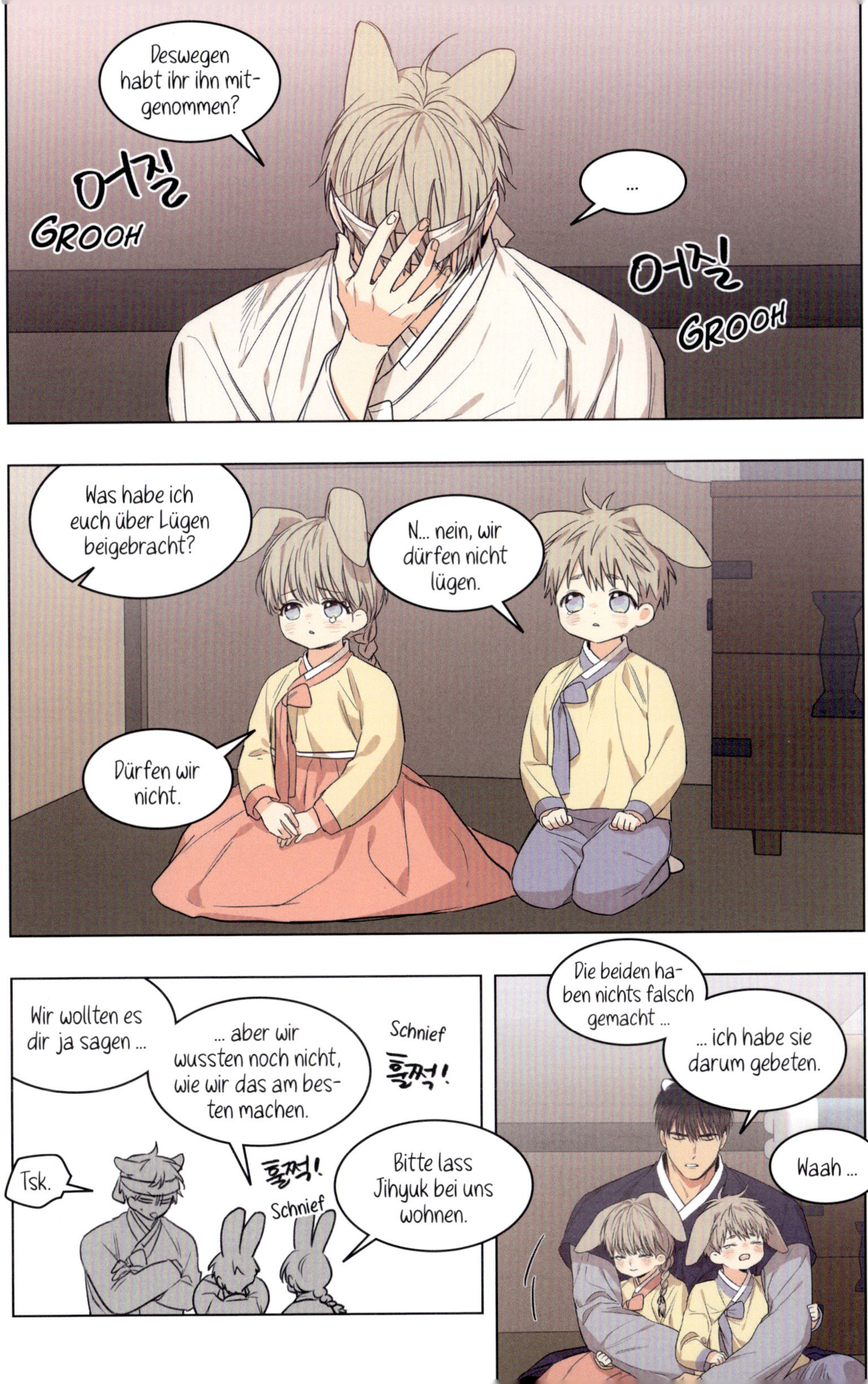

Deswegen habt ihr ihn mit-genommen?
어질
GROOH
...
어질
GROOH
Was habe ich euch über Lügen beigebracht?
N... nein, wir dürfen nicht lügen.
Dürfen wir nicht.
Wir wollten es dir ja sagen ...
... aber wir wussten noch nicht, wie wir das am bes-ten machen.
Schnief
훌쩍!
Tsk.
훌쩍!
Schnief
Bitte lass Jihyuk bei uns wohnen.
Die beiden ha-ben nichts falsch gemacht ...
... ich habe sie darum gebeten.
Waah ...

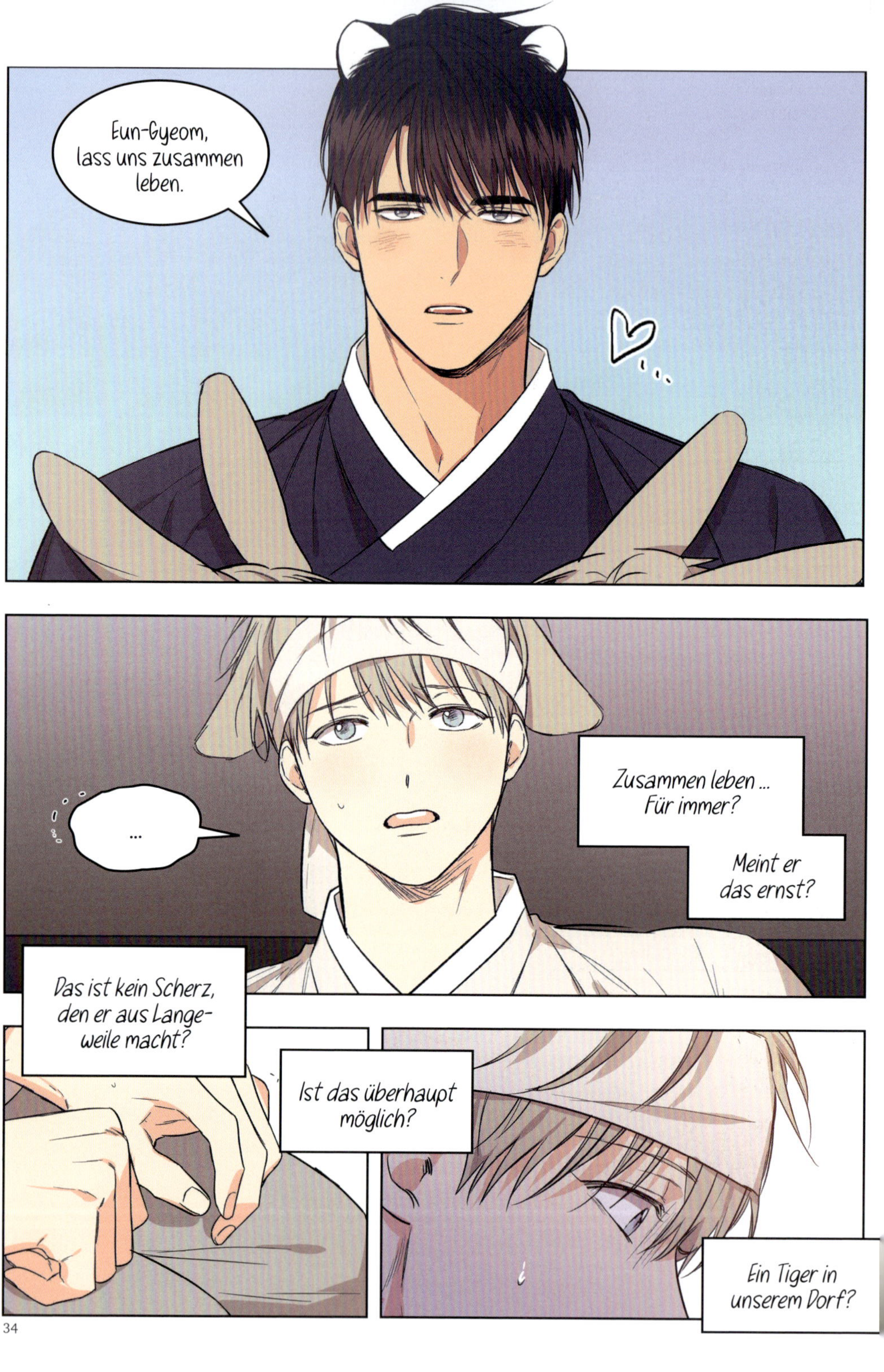
Eun-Gyeom,
lass uns zusammen
leben.
...
Zusammen leben ...
Für immer?
Meint er
das ernst?
Das ist kein Scherz,
den er aus Lange-
weile macht?
Ist das überhaupt
möglich?
Ein Tiger in
unserem Dorf?

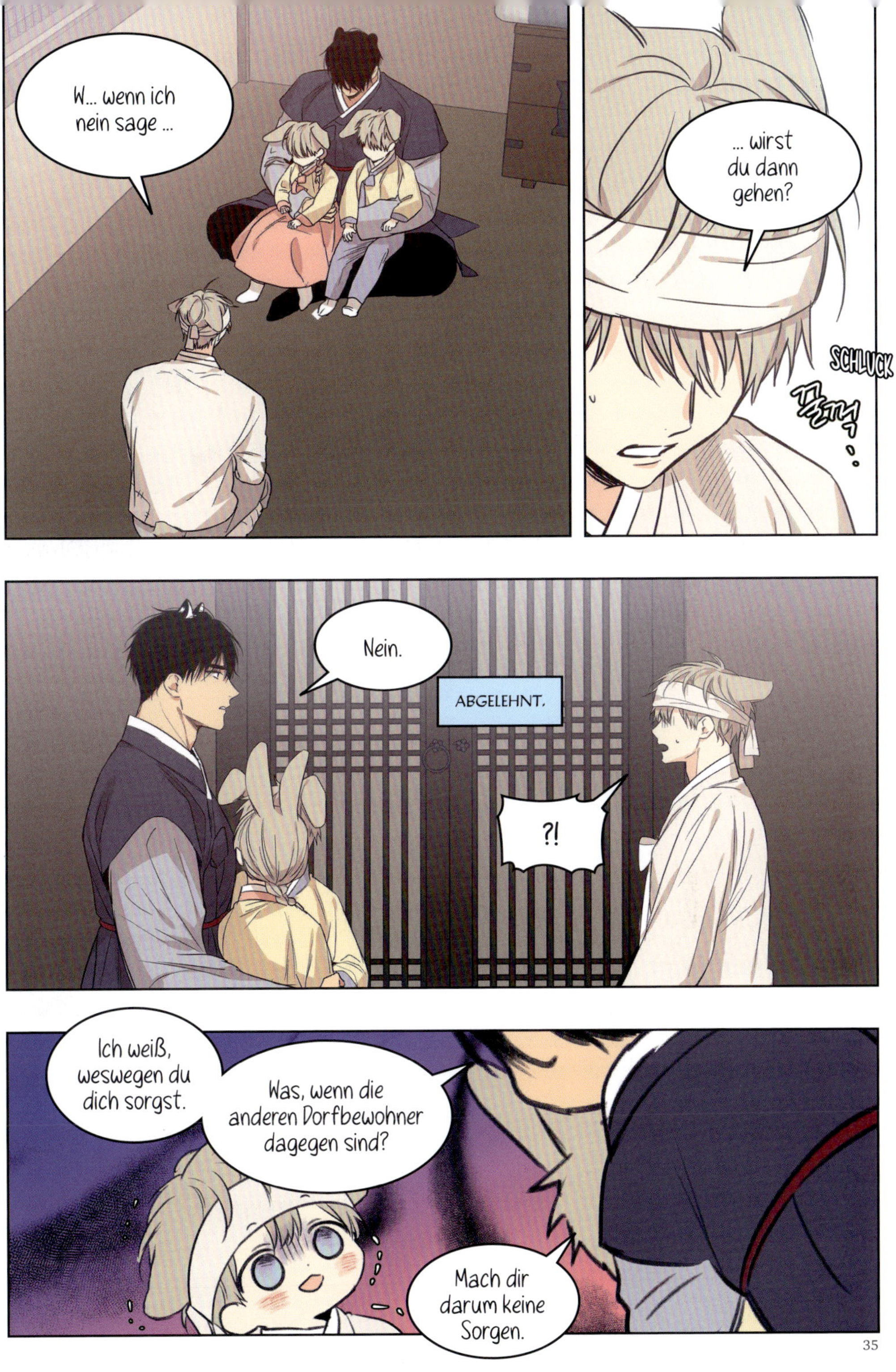
W... wenn ich nein sage ...
... wirst du dann gehen?
SCHLUCK
꿀꺽
Nein.
ABGELEHNT.
?!
Ich weiß, weswegen du dich sorgst.
Was, wenn die anderen Dorfbewohner dagegen sind?
Mach dir darum keine Sorgen.

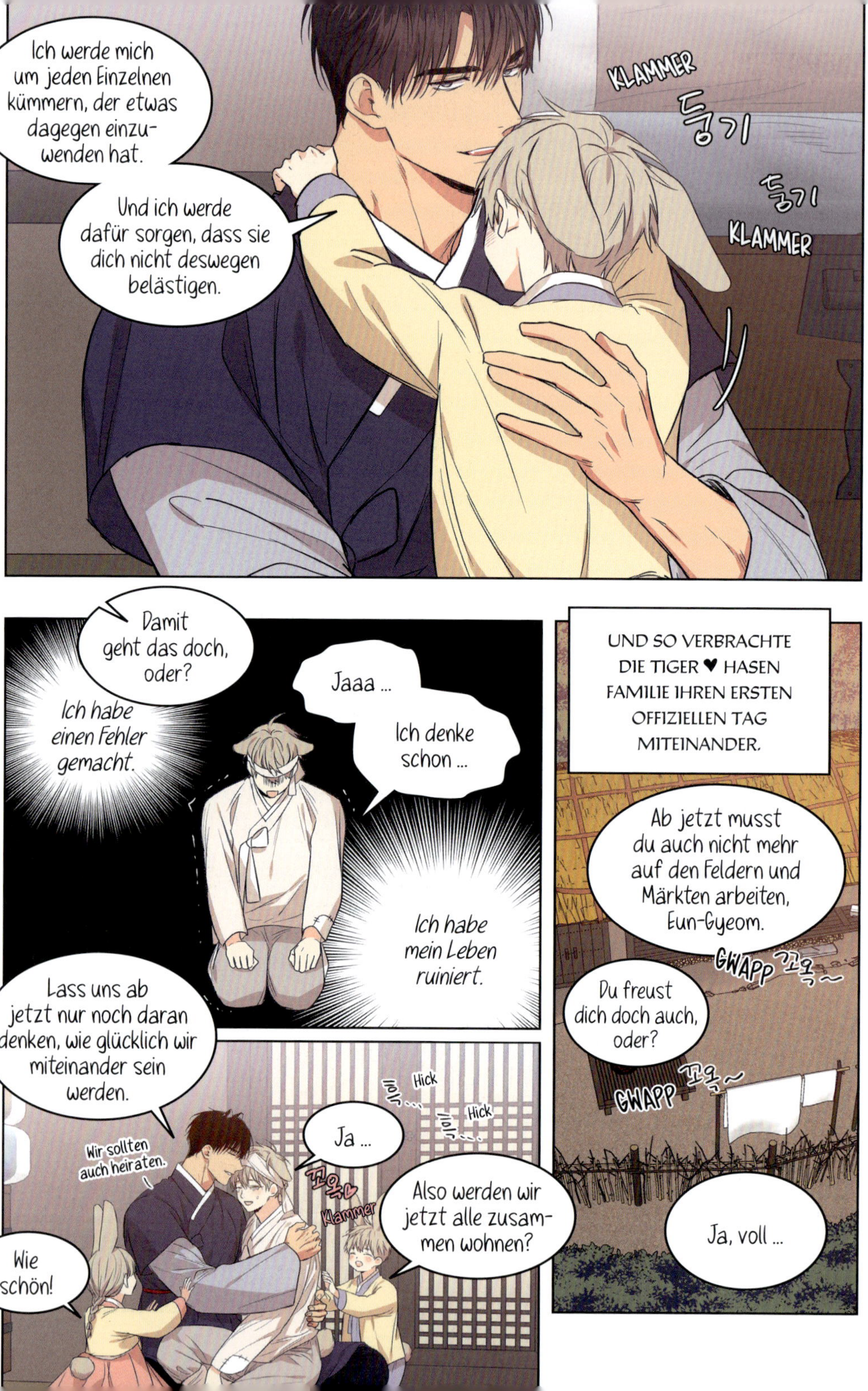
Ich werde mich um jeden Einzelnen kümmern, der etwas dagegen einzuwenden hat.
Und ich werde dafür sorgen, dass sie dich nicht deswegen belästigen.
KLAMMER
둥기
둥기
KLAMMER
Damit geht das doch, oder?
Ich habe einen Fehler gemacht.
Jaaa ...
Ich denke schon ...
Ich habe mein Leben ruiniert.
Lass uns ab jetzt nur noch daran denken, wie glücklich wir miteinander sein werden.
Hick
Hick
Ja ...
Wir sollten auch heiraten.
Klammer
Also werden wir jetzt alle zusammen wohnen?
Wie schön!
UND SO VERBRACHTE DIE TIGER ♥ HASEN FAMILIE IHREN ERSTEN OFFIZIELLEN TAG MITEINANDER.
Ab jetzt musst du auch nicht mehr auf den Feldern und Märkten arbeiten, Eun-Gyeom.
GWAPP 꼬옥~
Du freust dich doch auch, oder?
GWAPP 꼬옥~
Ja, voll ...

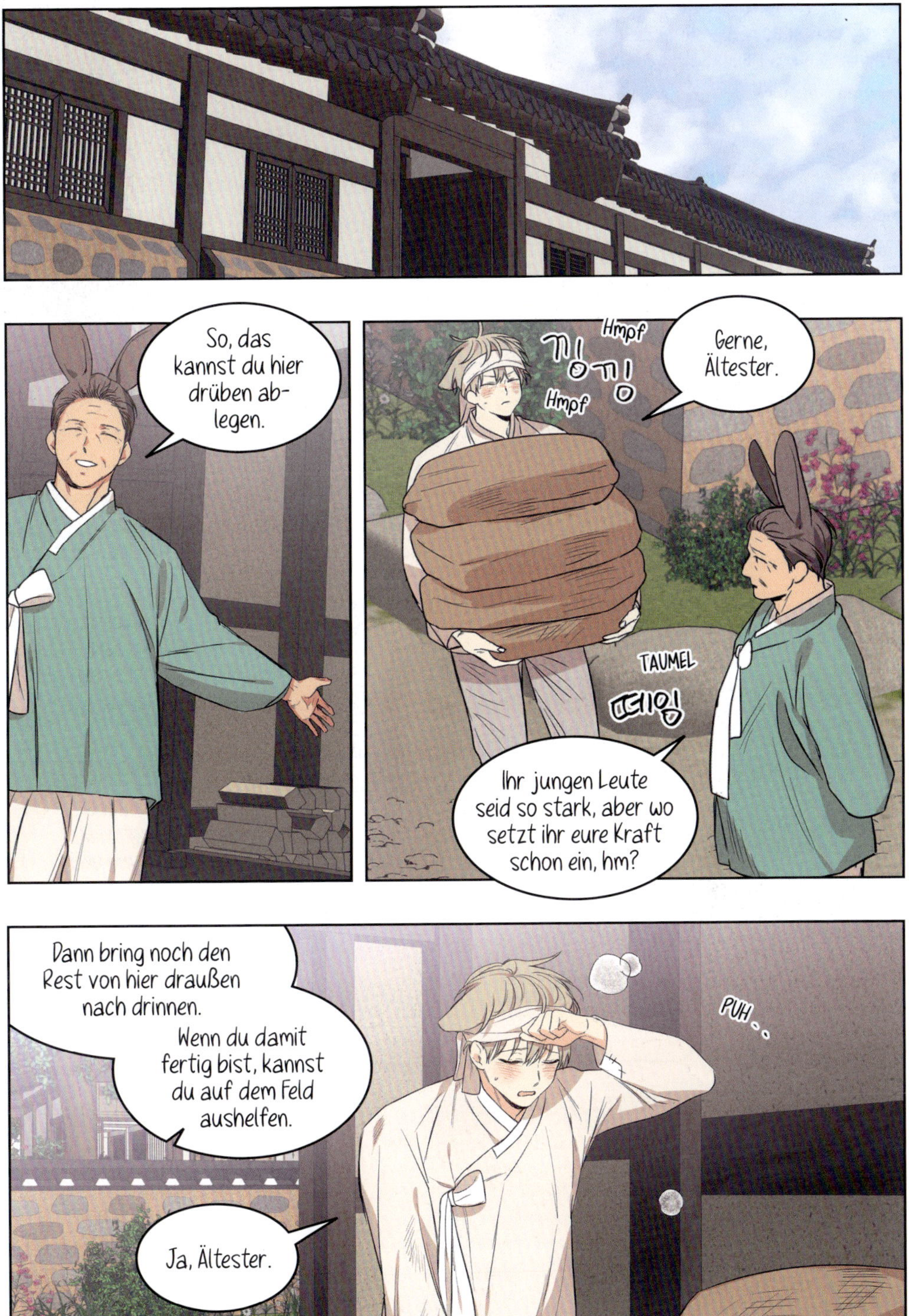

So, das kannst du hier drüben ablegen.
Hmpf
낑낑
Hmpf
Gerne, Ältester.
TAUMEL
떼잉
Ihr jungen Leute seid so stark, aber wo setzt ihr eure Kraft schon ein, hm?
Dann bring noch den Rest von hier draußen nach drinnen.
Wenn du damit fertig bist, kannst du auf dem Feld aushelfen.
PUH ..
Ja, Ältester.

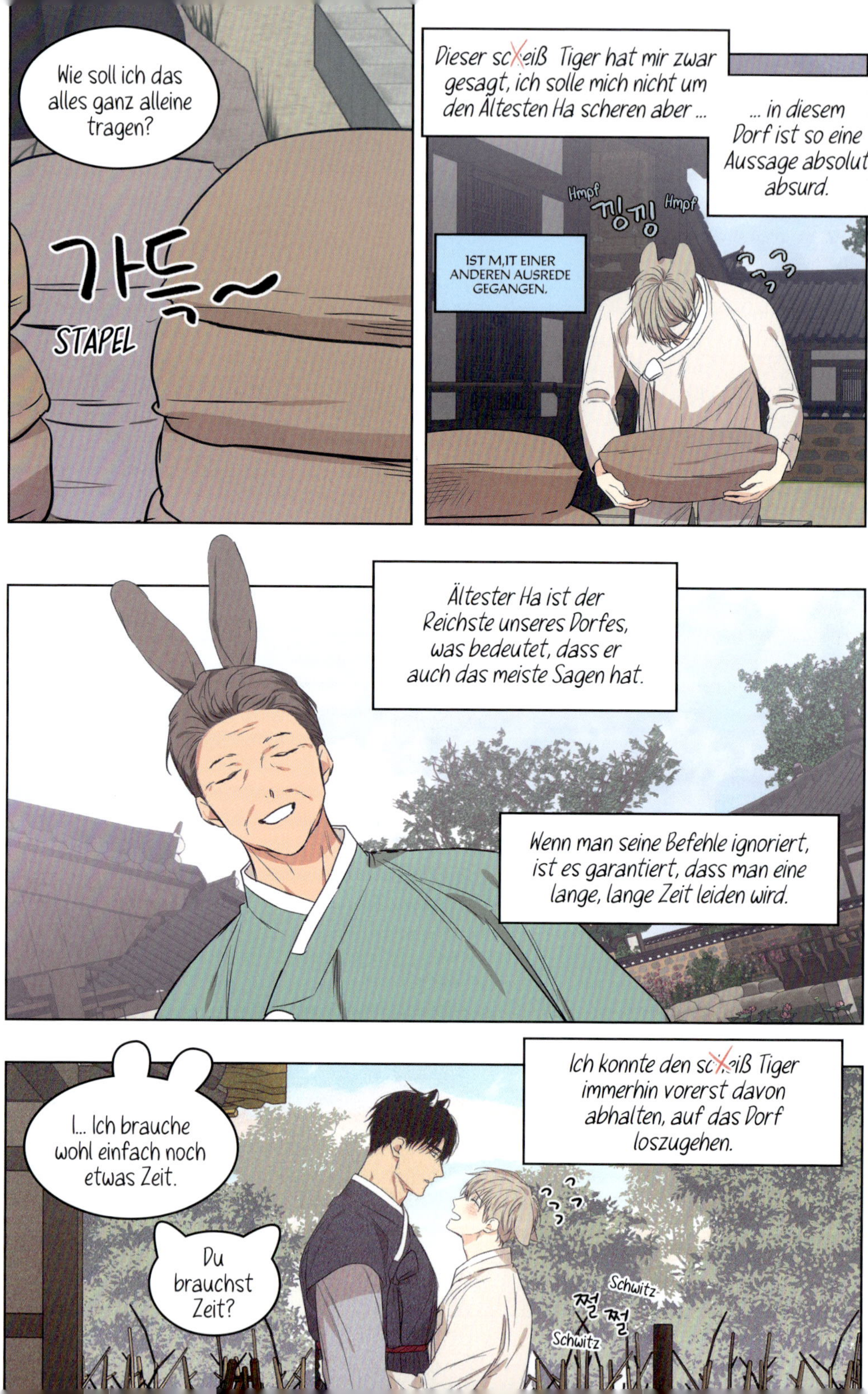

Wie soll ich das alles ganz alleine tragen?
가득~
STAPEL
Dieser scXeiß Tiger hat mir zwar gesagt, ich solle mich nicht um den Ältesten Ha scheren aber ...
... in diesem Dorf ist so eine Aussage absolut absurd.
Hmpf
찡찡
Hmpf
IST M,IT EINER ANDEREN AUSREDE GEGANGEN.
Ältester Ha ist der Reichste unseres Dorfes, was bedeutet, dass er auch das meiste Sagen hat.
Wenn man seine Befehle ignoriert, ist es garantiert, dass man eine lange, lange Zeit leiden wird.
I... Ich brauche wohl einfach noch etwas Zeit.
Ich konnte den scXeiß Tiger immerhin vorerst davon abhalten, auf das Dorf loszugehen.
Du brauchst Zeit?
Schwitz
쩔
쩔
Schwitz

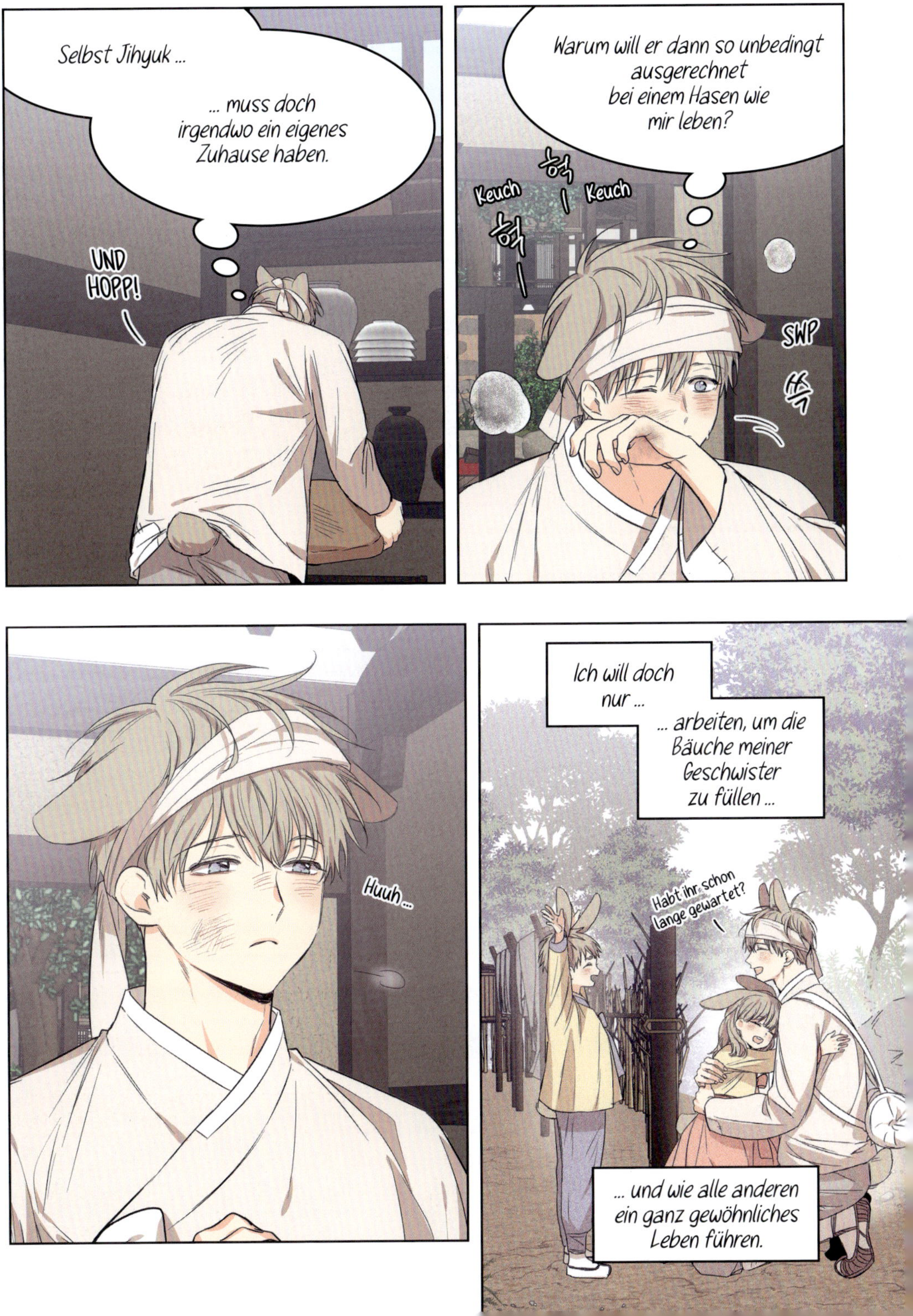
Selbst Jihyuk ...
... muss doch irgendwo ein eigenes Zuhause haben.
UND HOPP!
Warum will er dann so unbedingt ausgerechnet bei einem Hasen wie mir leben?
Keuch
헉
Keuch
헉
SWP
쓱
Huuh ...
Ich will doch nur ...
... arbeiten, um die Bäuche meiner Geschwister zu füllen ...
Habt ihr schon lange gewartet?
... und wie alle anderen ein ganz gewöhnliches Leben führen.

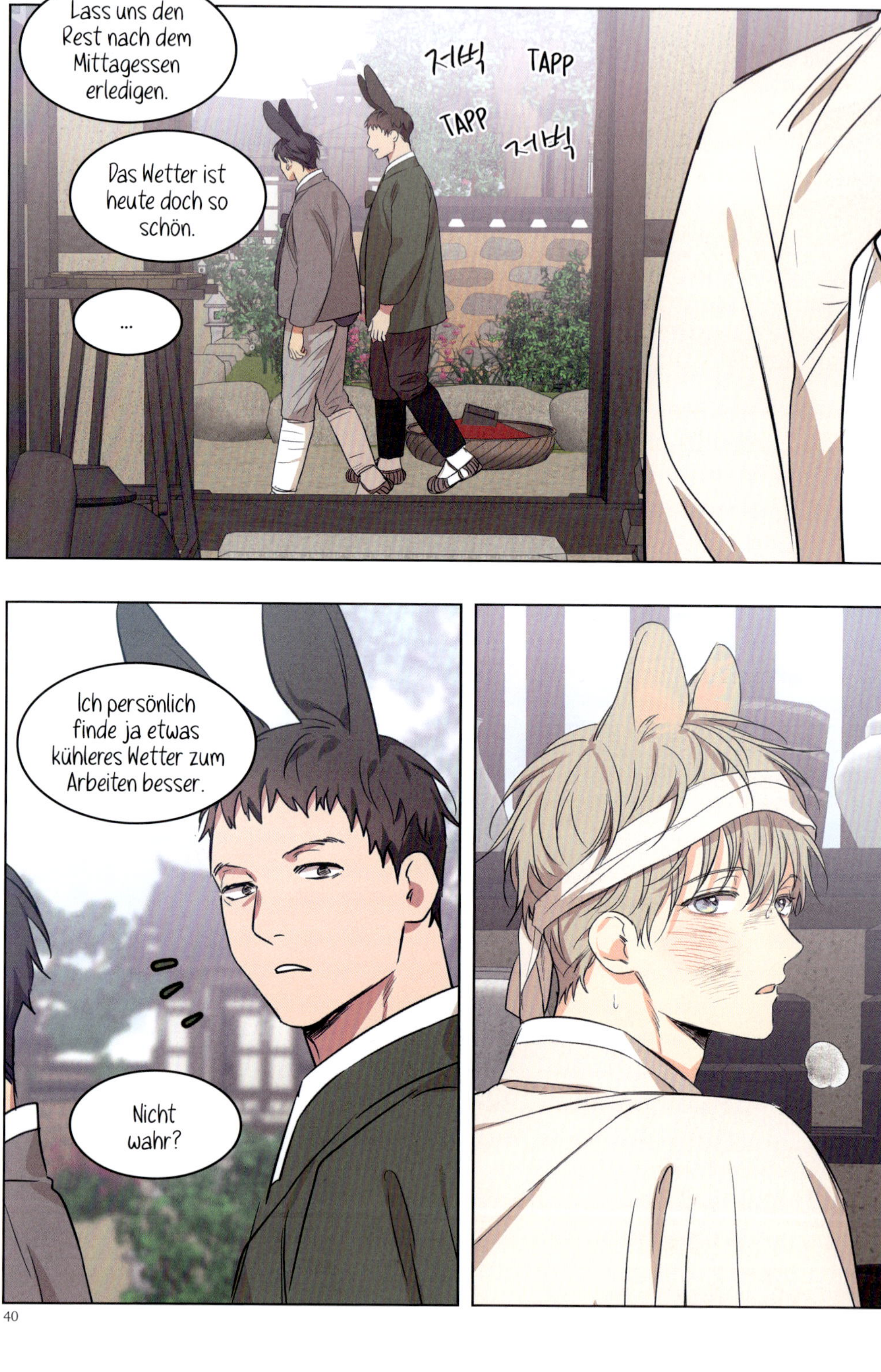
Lass uns den Rest nach dem Mittagessen erledigen.
저벅
TAPP
TAPP
저벅
Das Wetter ist heute doch so schön.
...
Ich persönlich finde ja etwas kühleres Wetter zum Arbeiten besser.
Nicht wahr?

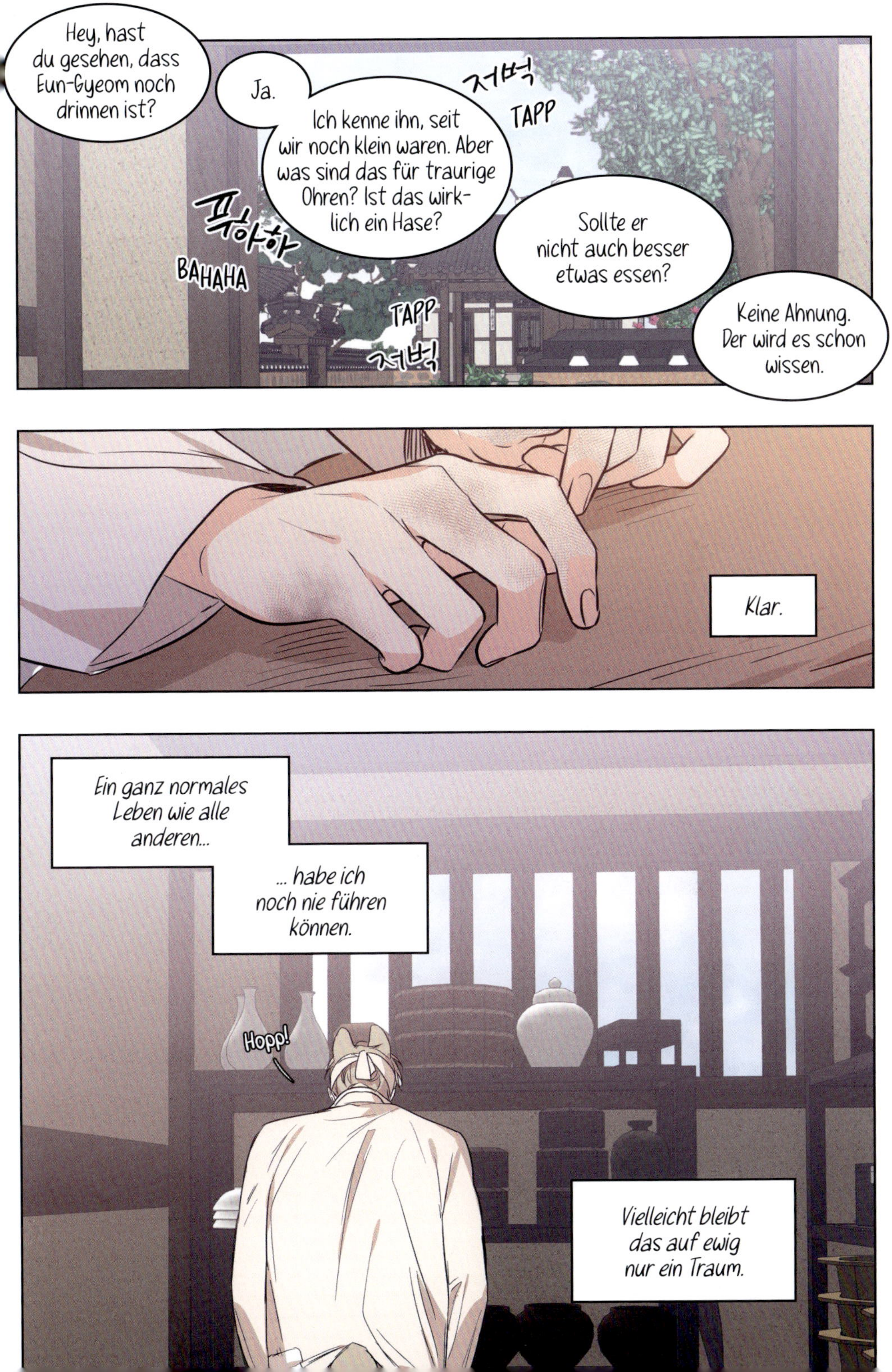
Hey, hast du gesehen, dass Eun-Gyeom noch drinnen ist?
Ja.
Ich kenne ihn, seit wir noch klein waren. Aber was sind das für traurige Ohren? Ist das wirklich ein Hase?
저벅
TAPP
푸하하
BAHAHA
Sollte er nicht auch besser etwas essen?
TAPP
저벅!
Keine Ahnung. Der wird es schon wissen.
Klar.
Ein ganz normales Leben wie alle anderen...
... habe ich noch nie führen können.
Hopp!
Vielleicht bleibt das auf ewig nur ein Traum.

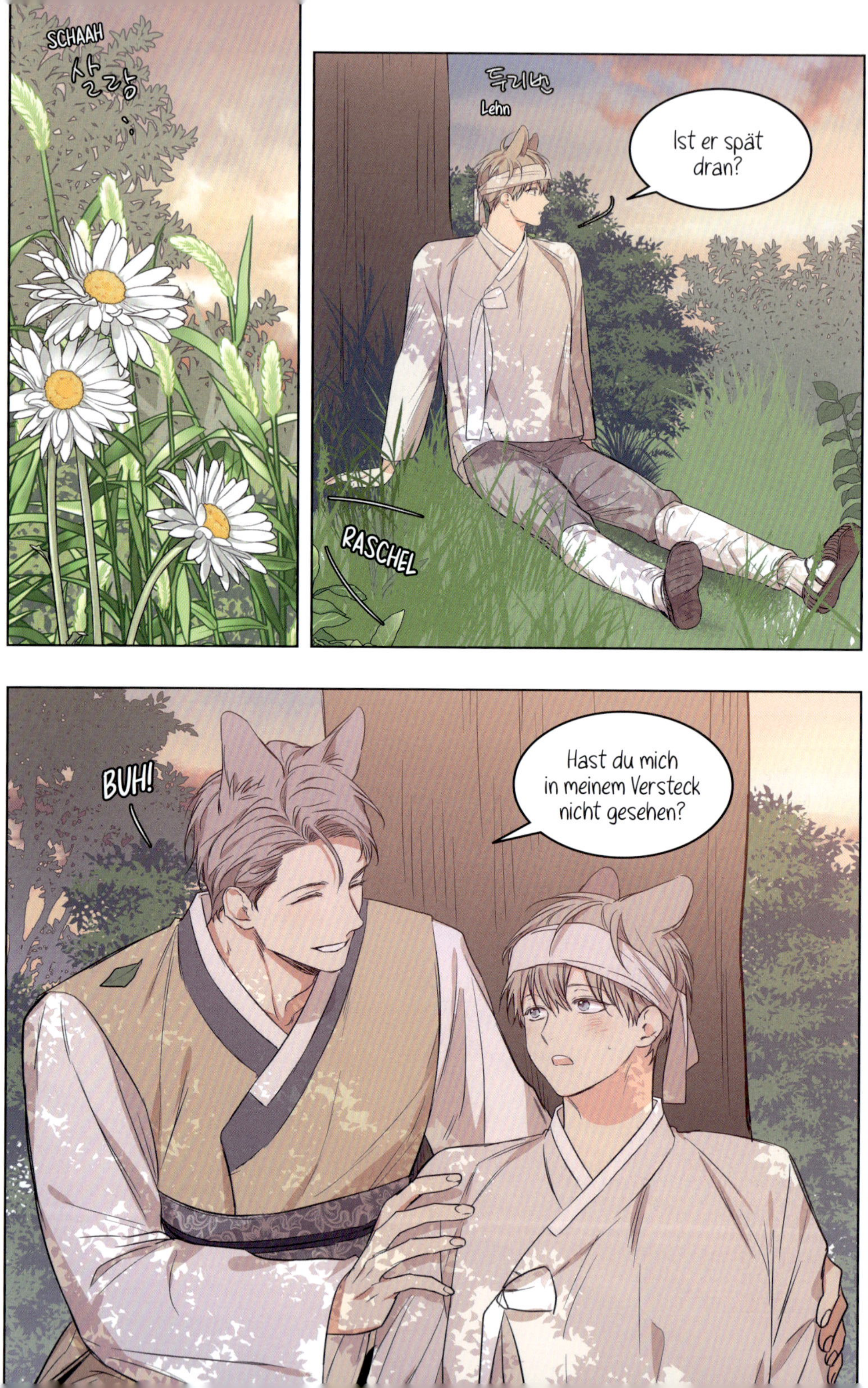
SCHAAH
살랑
두리번
Lehn
Ist er spät dran?
RASCHEL
BUH!
Hast du mich in meinem Versteck nicht gesehen?

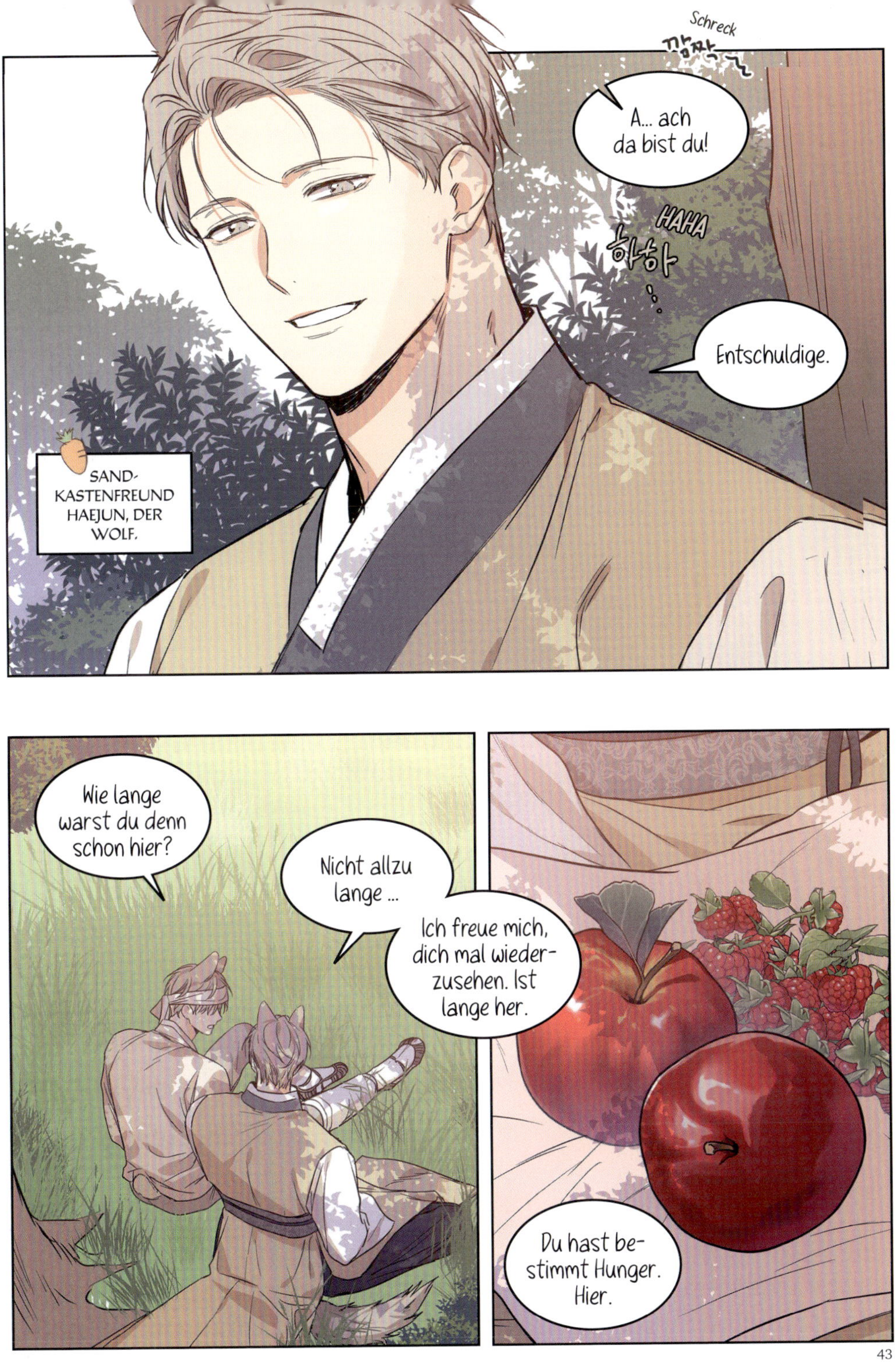

Schreck
깜짝
A... ach
da bist du!
HAHA
하하
Entschuldige.
SAND-
KASTENFREUND
HAEJUN, DER
WOLF.
Wie lange
warst du denn
schon hier?
Nicht allzu
lange ...
Ich freue mich,
dich mal wieder-
zusehen. Ist
lange her.
Du hast be-
stimmt Hunger.
Hier.

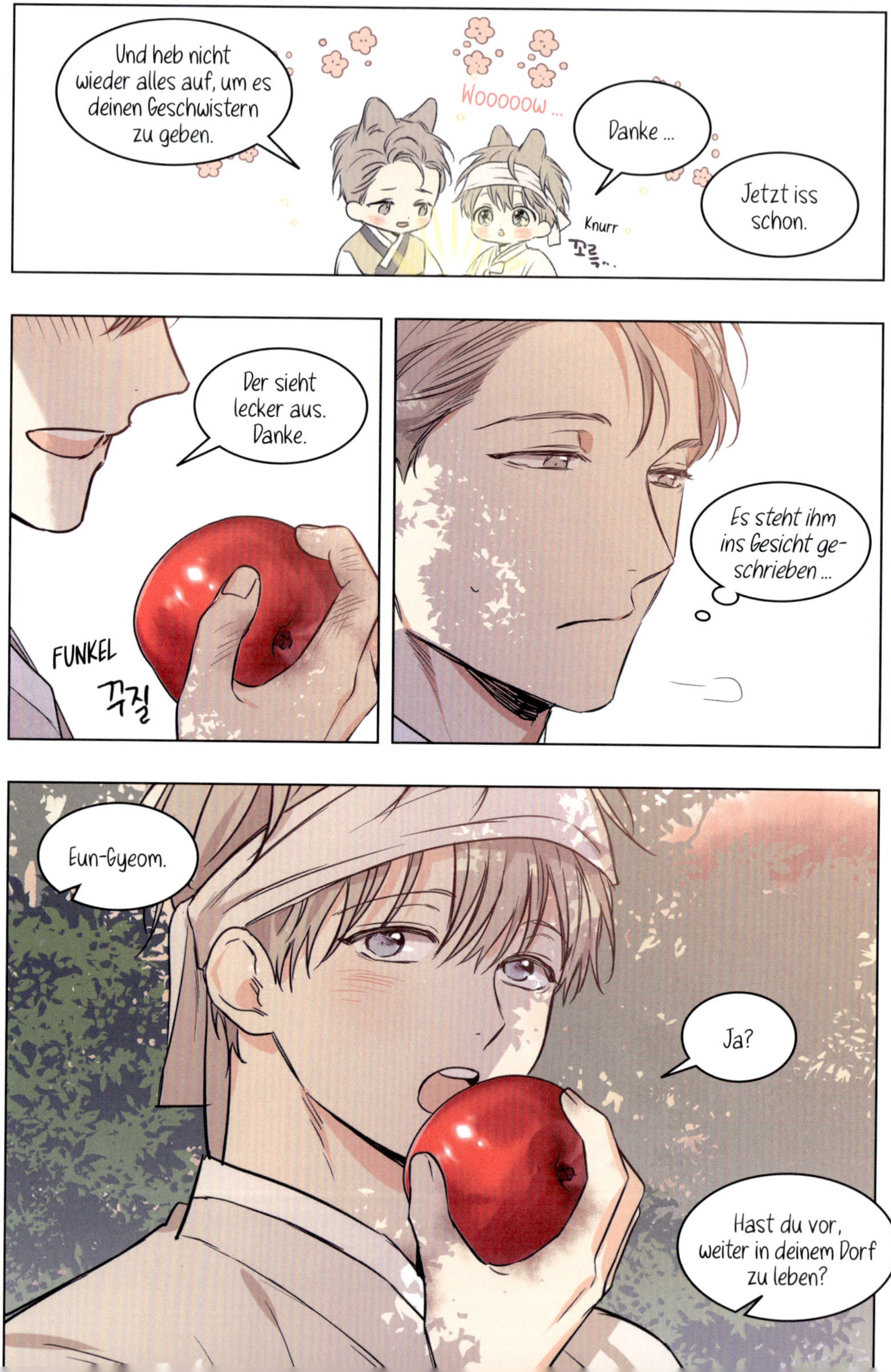
Und heb nicht wieder alles auf, um es deinen Geschwistern zu geben.
Woooooow ...
Danke ...
Knurr
꼬륵..
Jetzt iss schon.
Der sieht lecker aus. Danke.
FUNKEL
꾸질
Es steht ihm ins Gesicht ge-schrieben ...
Eun-Gyeom.
Ja?
Hast du vor, weiter in deinem Dorf zu leben?

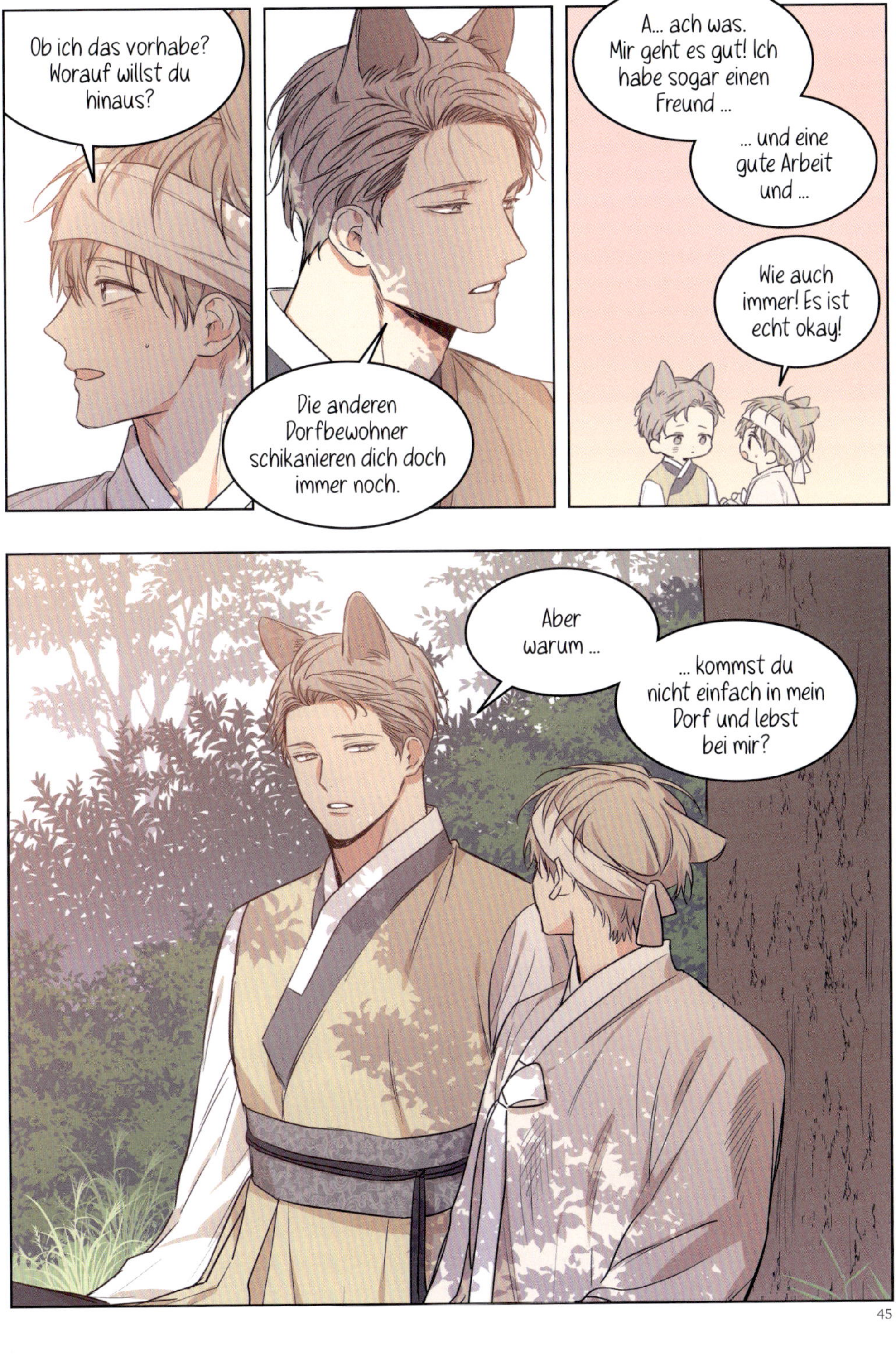
Ob ich das vorhabe? Worauf willst du hinaus?
Die anderen Dorfbewohner schikanieren dich doch immer noch.
A... ach was. Mir geht es gut! Ich habe sogar einen Freund ...
... und eine gute Arbeit und ...
Wie auch immer! Es ist echt okay!
Aber warum ...
... kommst du nicht einfach in mein Dorf und lebst bei mir?

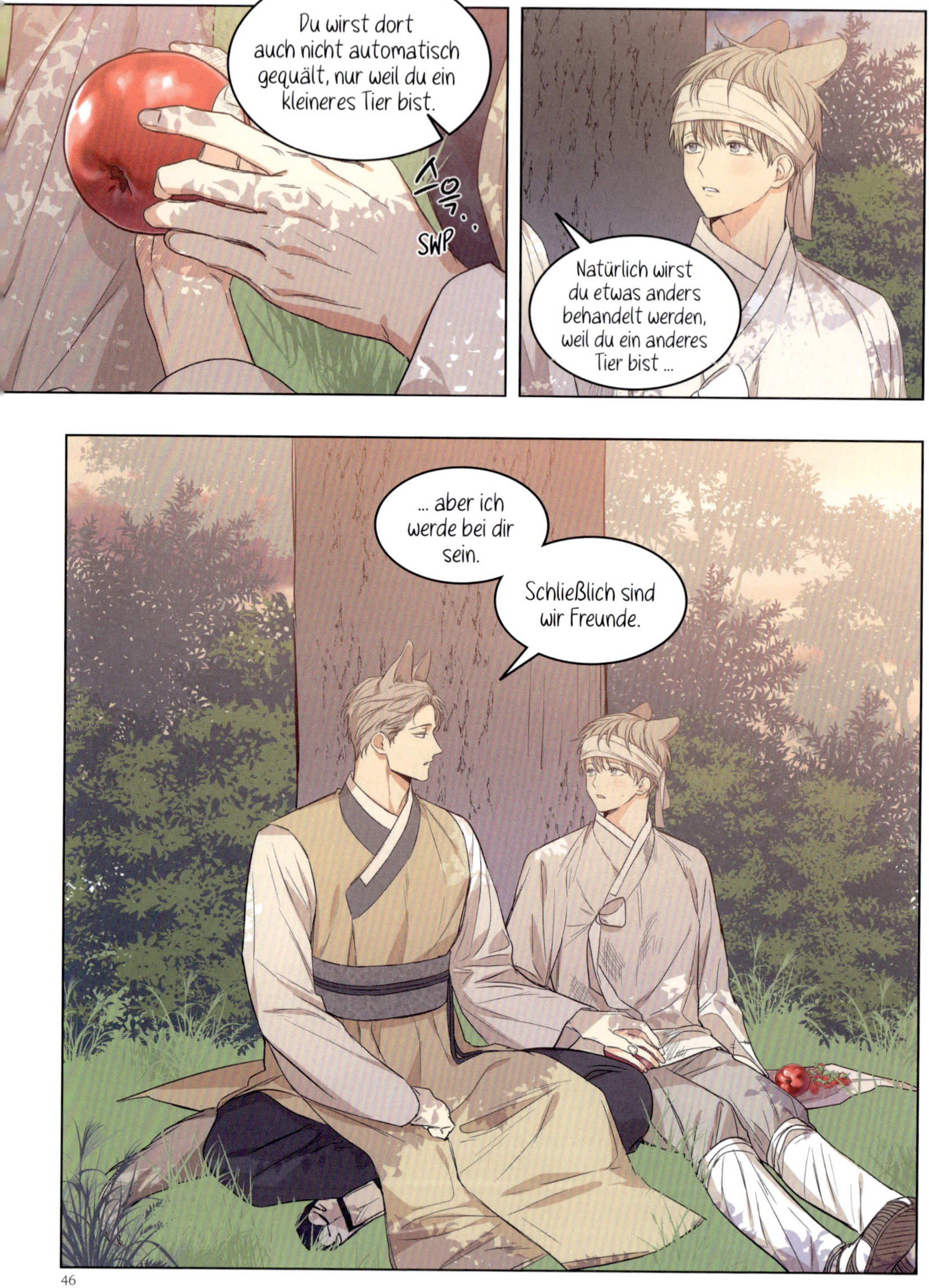

Du wirst dort auch nicht automatisch gequält, nur weil du ein kleineres Tier bist.
SWP
Natürlich wirst du etwas anders behandelt werden, weil du ein anderes Tier bist ...
... aber ich werde bei dir sein.
Schließlich sind wir Freunde.

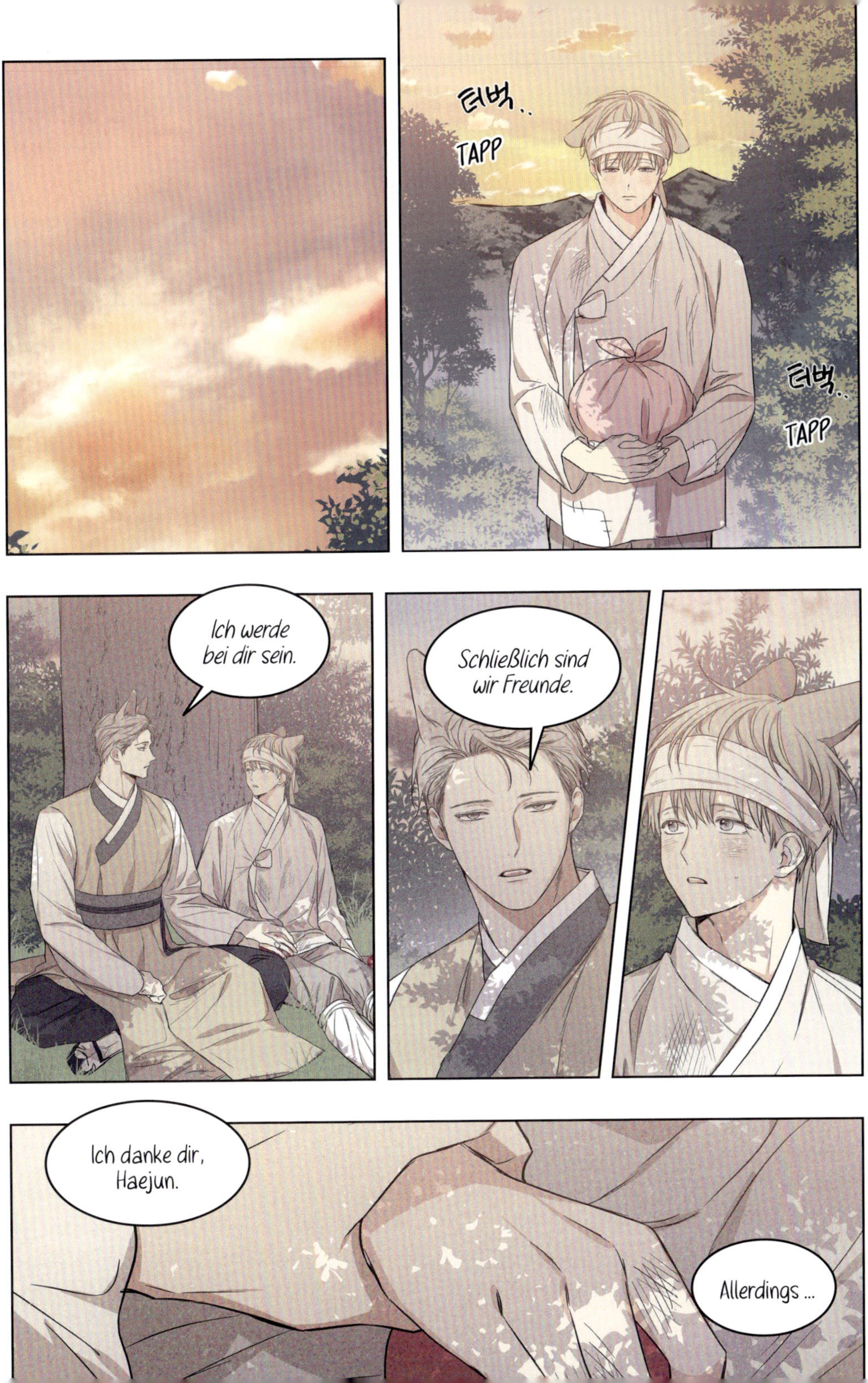
터벅..
TAPP
터벅..
TAPP
Ich werde bei dir sein.
Schließlich sind wir Freunde.
Ich danke dir, Haejun.
Allerdings ...

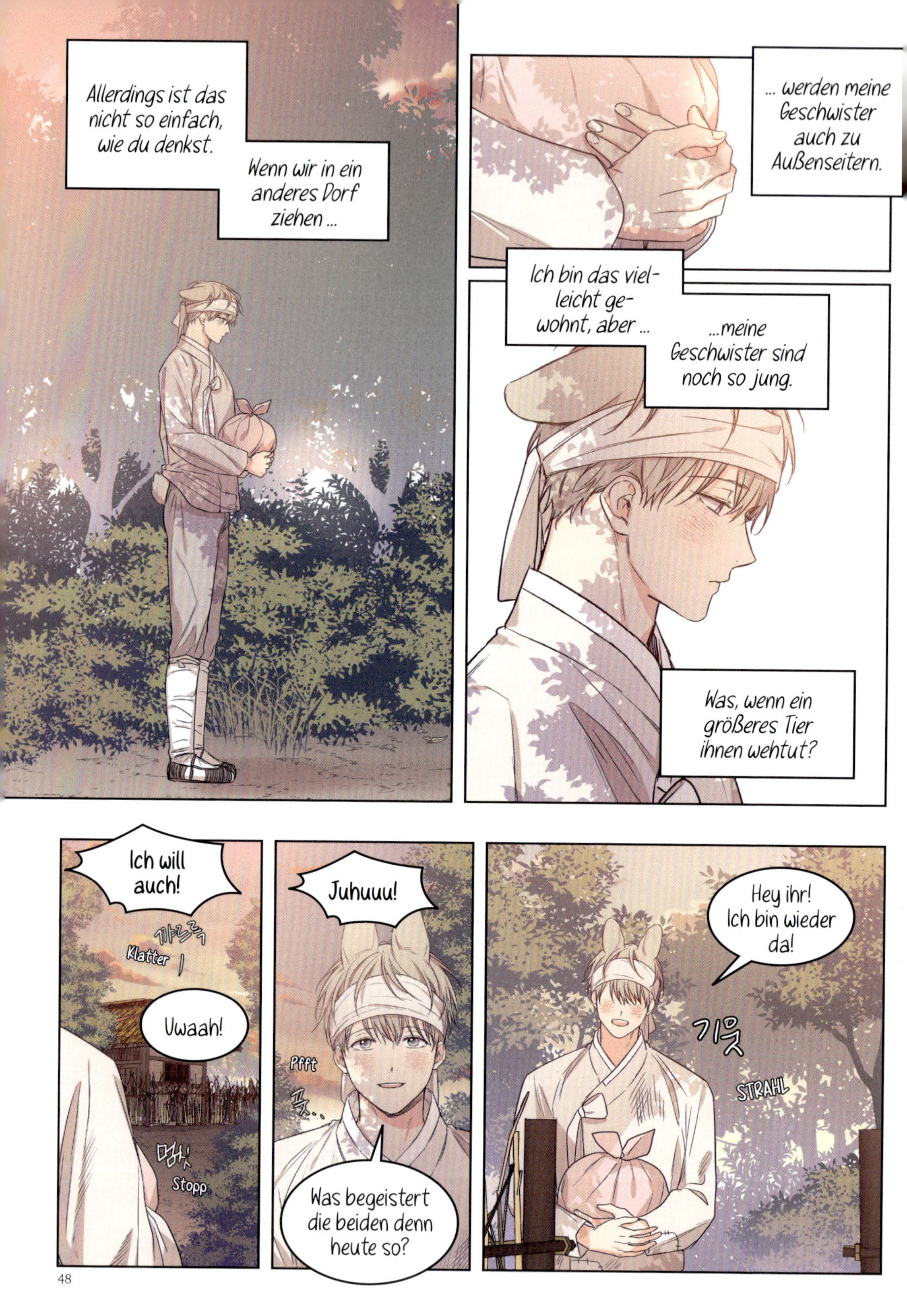

Allerdings ist das nicht so einfach, wie du denkst.
Wenn wir in ein anderes Dorf ziehen ...
... werden meine Geschwister auch zu Außenseitern.
Ich bin das vielleicht gewohnt, aber ...
...meine Geschwister sind noch so jung.
Was, wenn ein größeres Tier ihnen wehtut?
Ich will auch!
까르르
Klatter
Uwaah!
멈칫
Stopp
Juhuuu!
Pffft
풋
Was begeistert die beiden denn heute so?
Hey ihr! Ich bin wieder da!
기웃
STRAHL

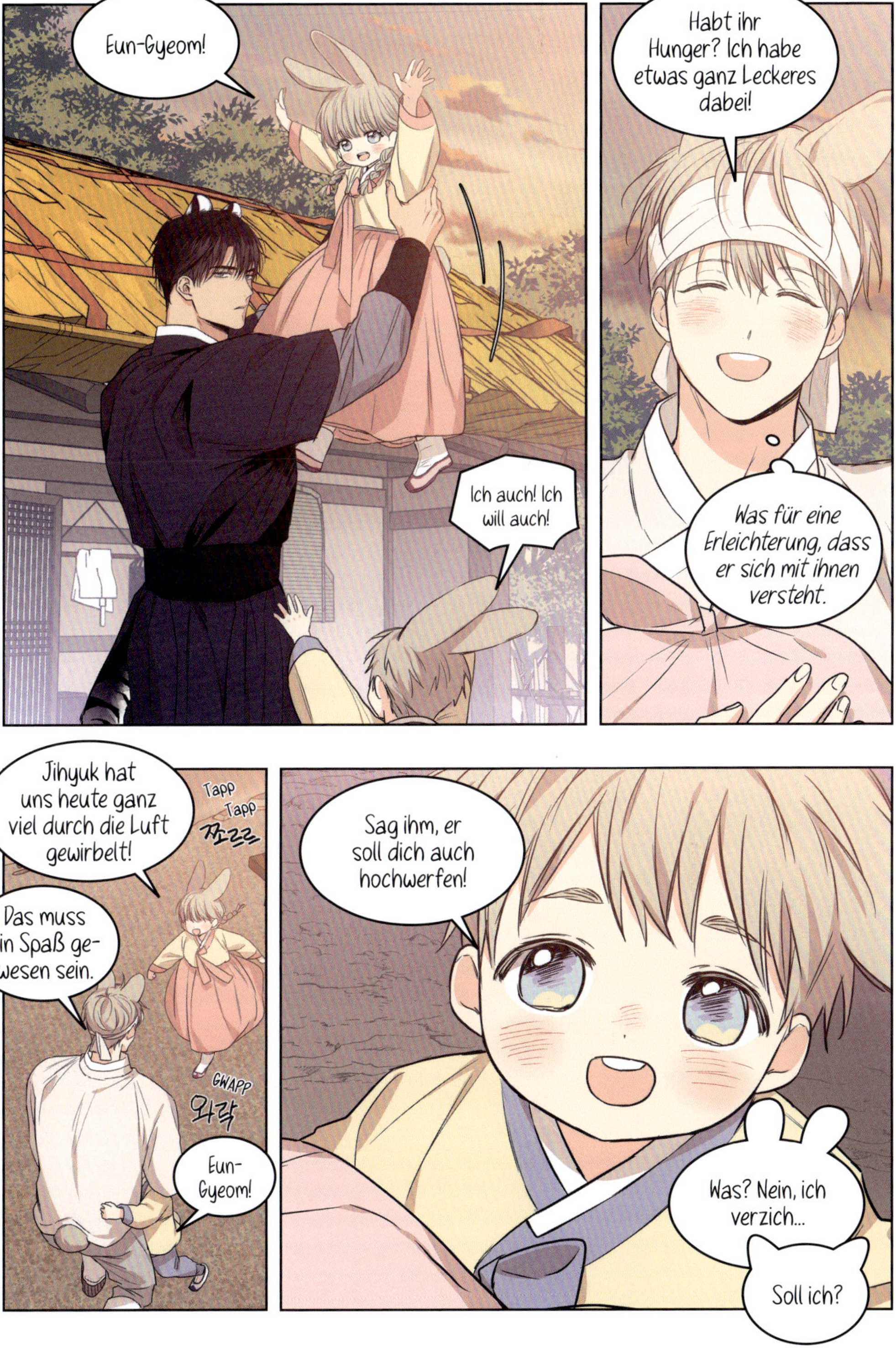
Eun-Gyeom!
Ich auch! Ich will auch!
Habt ihr Hunger? Ich habe etwas ganz Leckeres dabei!
Was für eine Erleichterung, dass er sich mit ihnen versteht.
Jihyuk hat uns heute ganz viel durch die Luft gewirbelt!
Tapp Tapp
쪼르르
Das muss ein Spaß gewesen sein.
GWAPP
와락
Eun-Gyeom!
Sag ihm, er soll dich auch hochwerfen!
Was? Nein, ich verzich...
Soll ich?

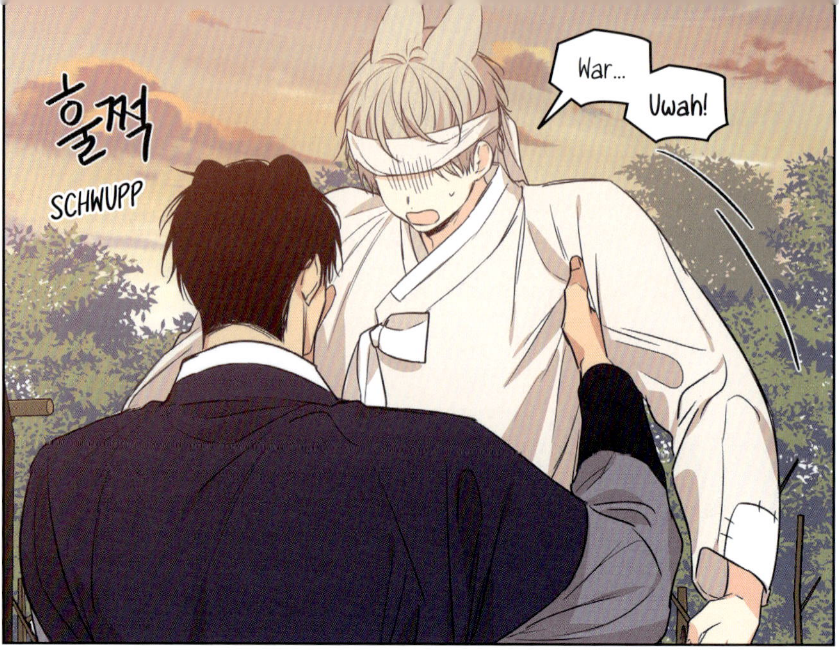

훌쩍
SCHWUPP
War...
Uwah!

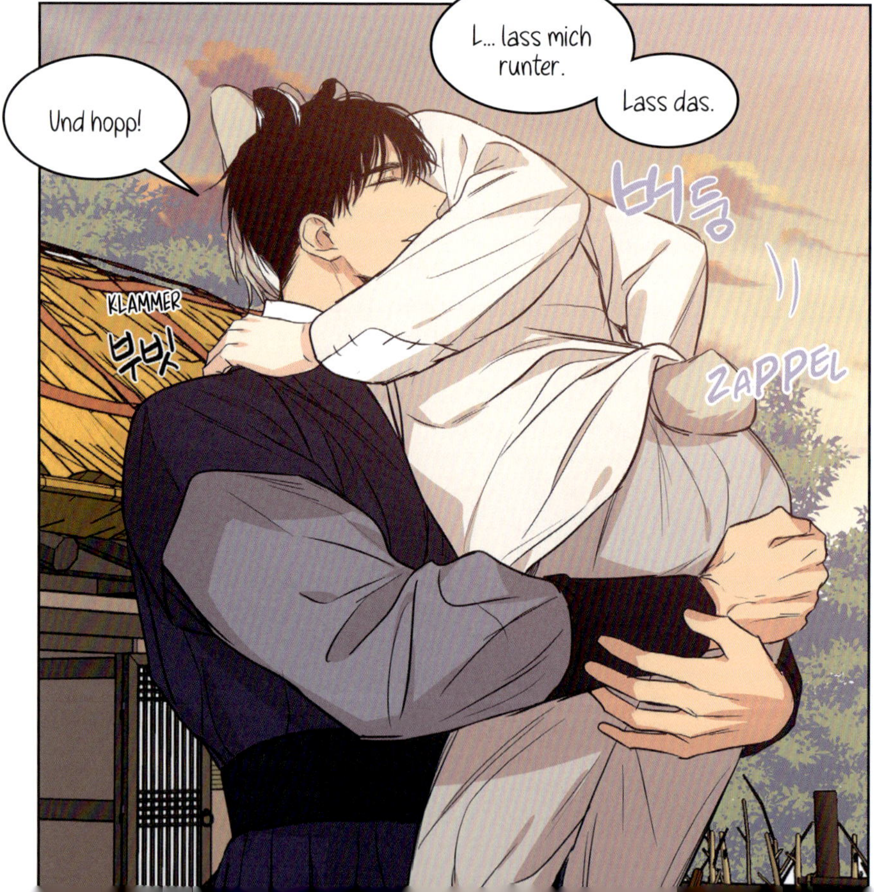

L... lass mich runter.
Lass das.
Und hopp!
버둥
ZAPPEL
KLAMMER
부빗

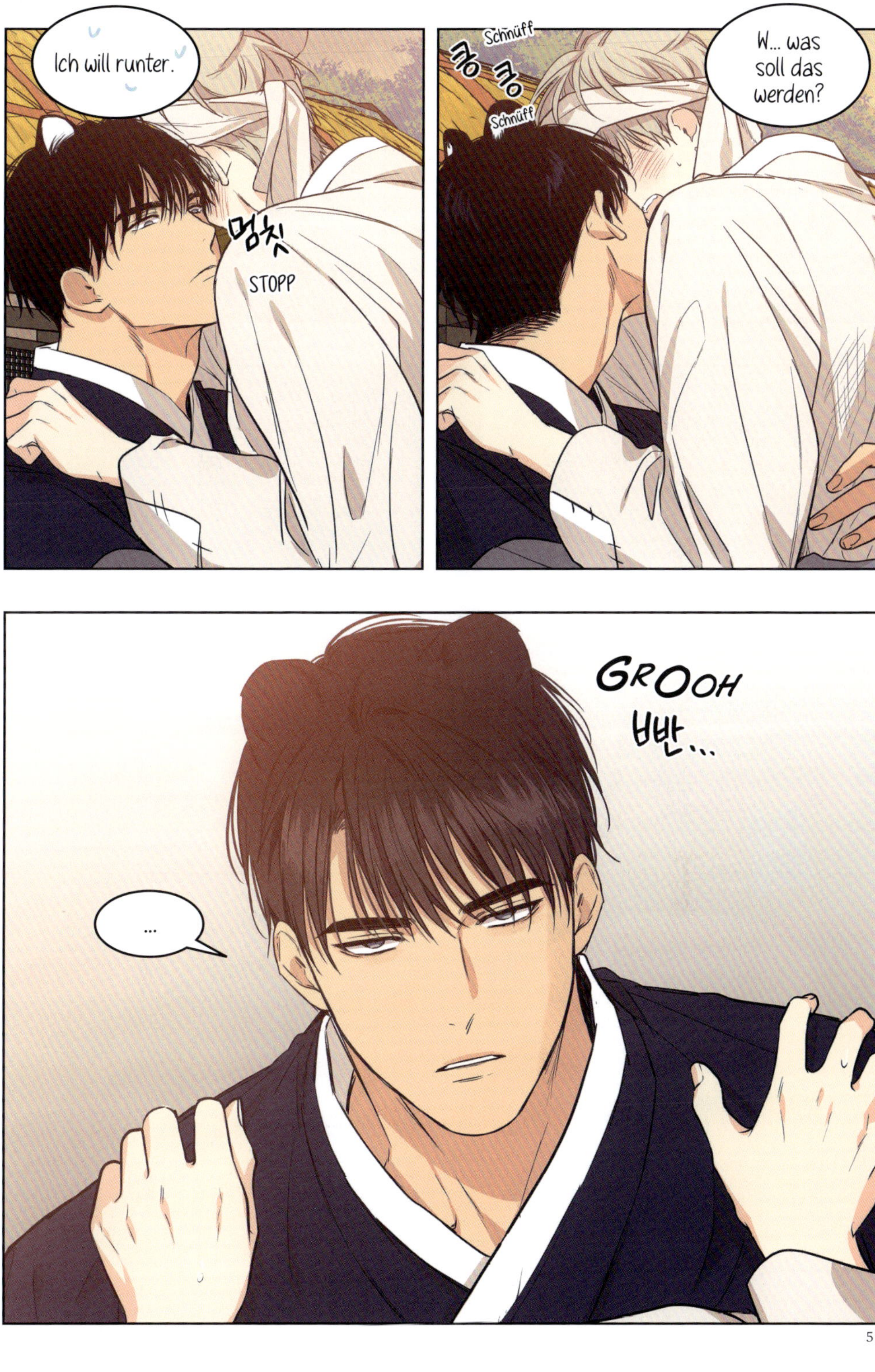
Ich will runter.
멈칫
STOPP
Schnüff
쿵 쿵
Schnüff
W... was soll das werden?
GROOH
빠안...
...

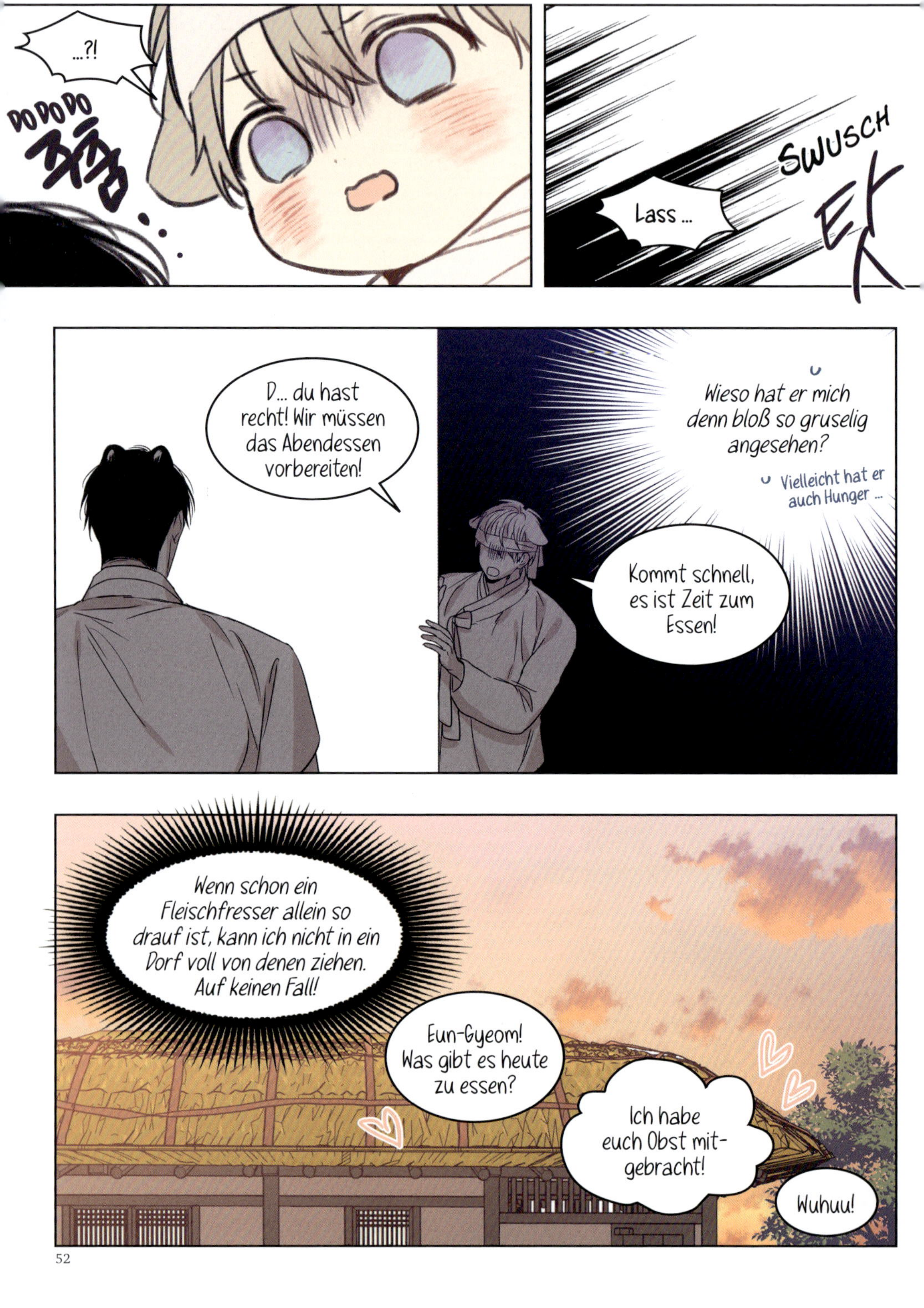
...?!
DODODO
Lass ...
SWUSCH
D... du hast recht! Wir müssen das Abendessen vorbereiten!
Wieso hat er mich denn bloß so gruselig angesehen?
Vielleicht hat er auch Hunger ...
Kommt schnell, es ist Zeit zum Essen!
Wenn schon ein Fleischfresser allein so drauf ist, kann ich nicht in ein Dorf voll von denen ziehen. Auf keinen Fall!
Eun-Gyeom! Was gibt es heute zu essen?
Ich habe euch Obst mitgebracht!
Wuhuu!

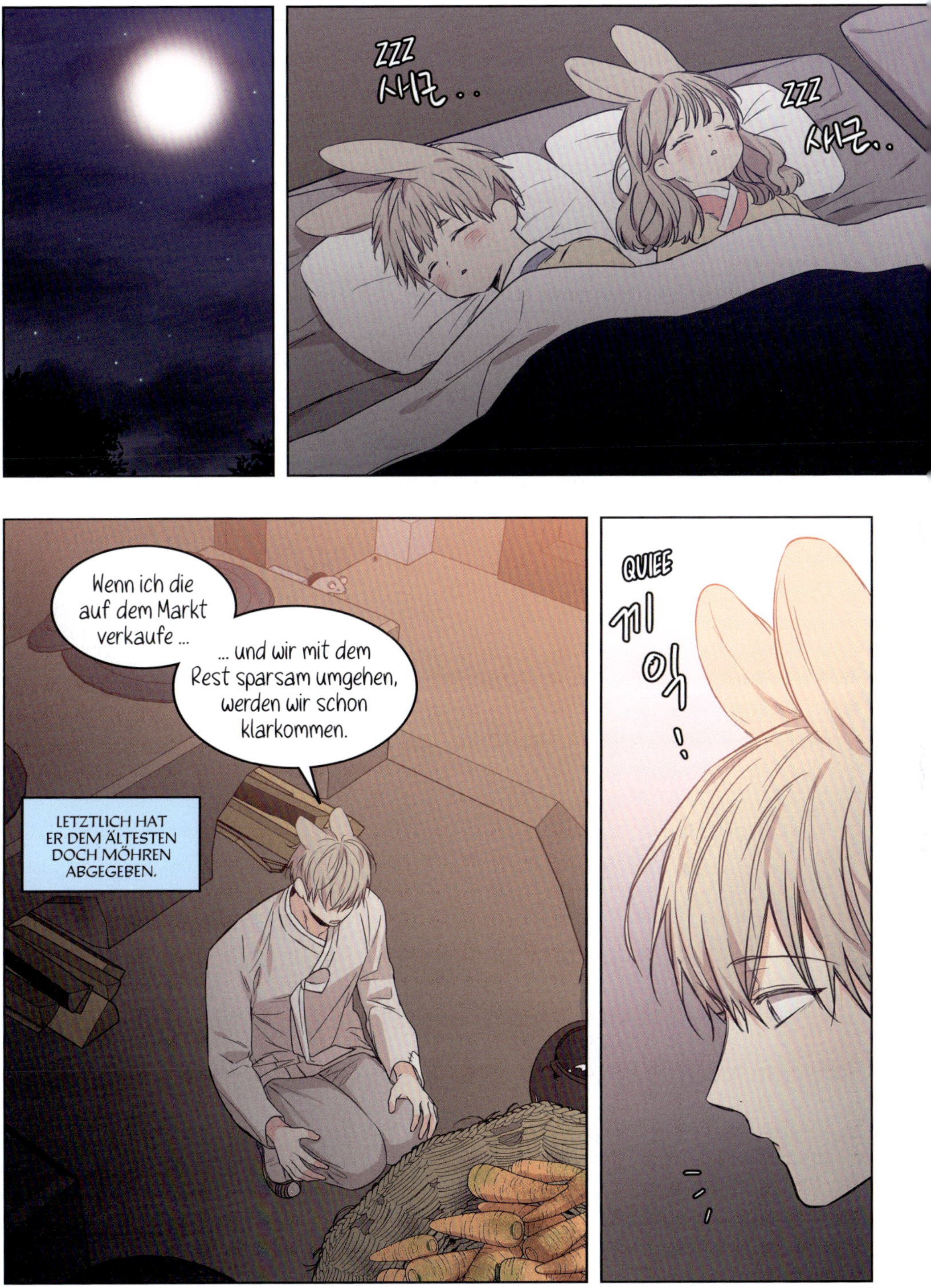
ZZZ
새근..
ZZZ
새근..
Wenn ich die auf dem Markt verkaufe ...
... und wir mit dem Rest sparsam umgehen, werden wir schon klarkommen.
LETZTLICH HAT ER DEM ÄLTESTEN DOCH MÖHREN ABGEGEBEN.
QUIEE
끼악!

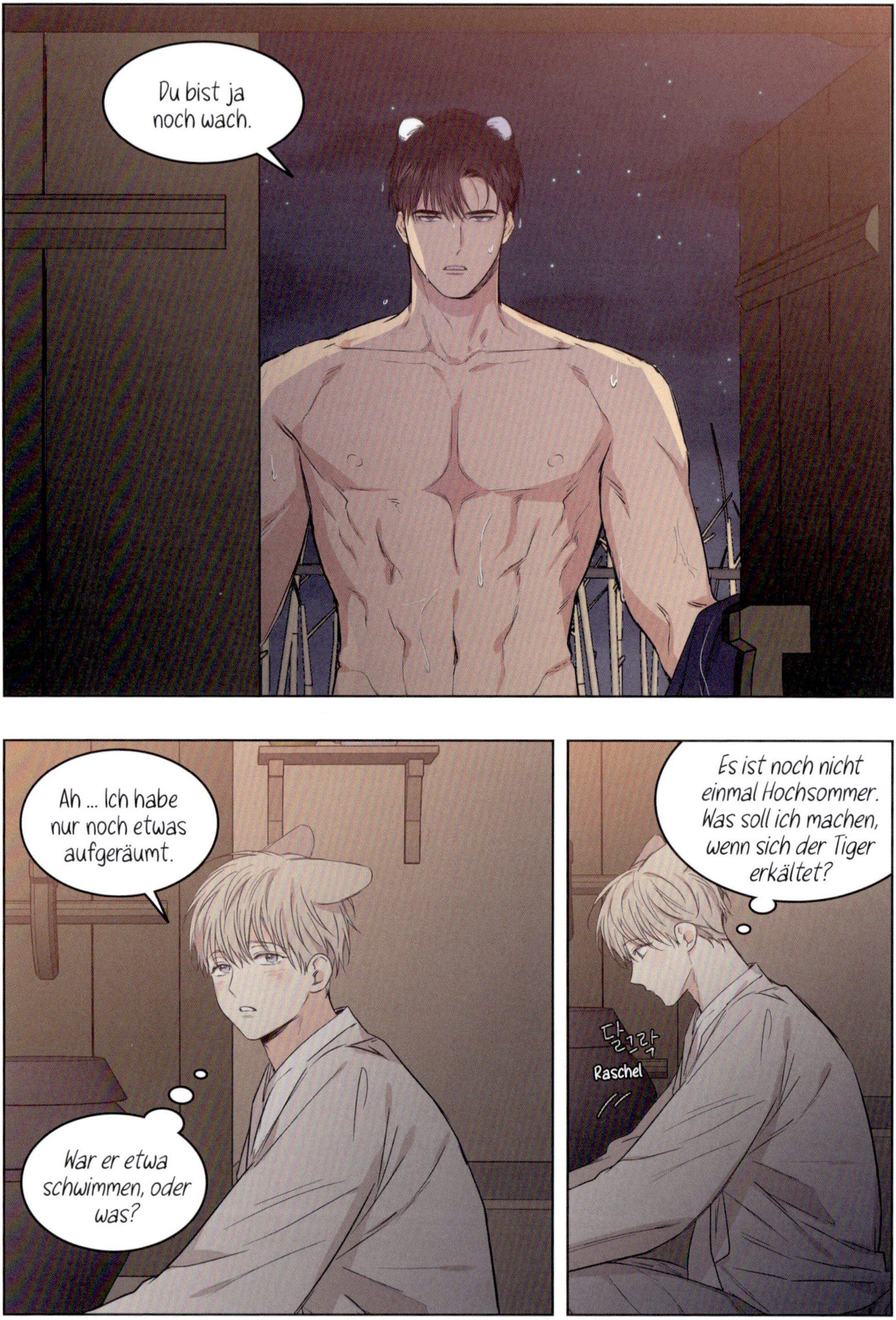
Du bist ja noch wach.
Ah ... Ich habe nur noch etwas aufgeräumt.
War er etwa schwimmen, oder was?
Es ist noch nicht einmal Hochsommer. Was soll ich machen, wenn sich der Tiger erkältet?
달그락
Raschel

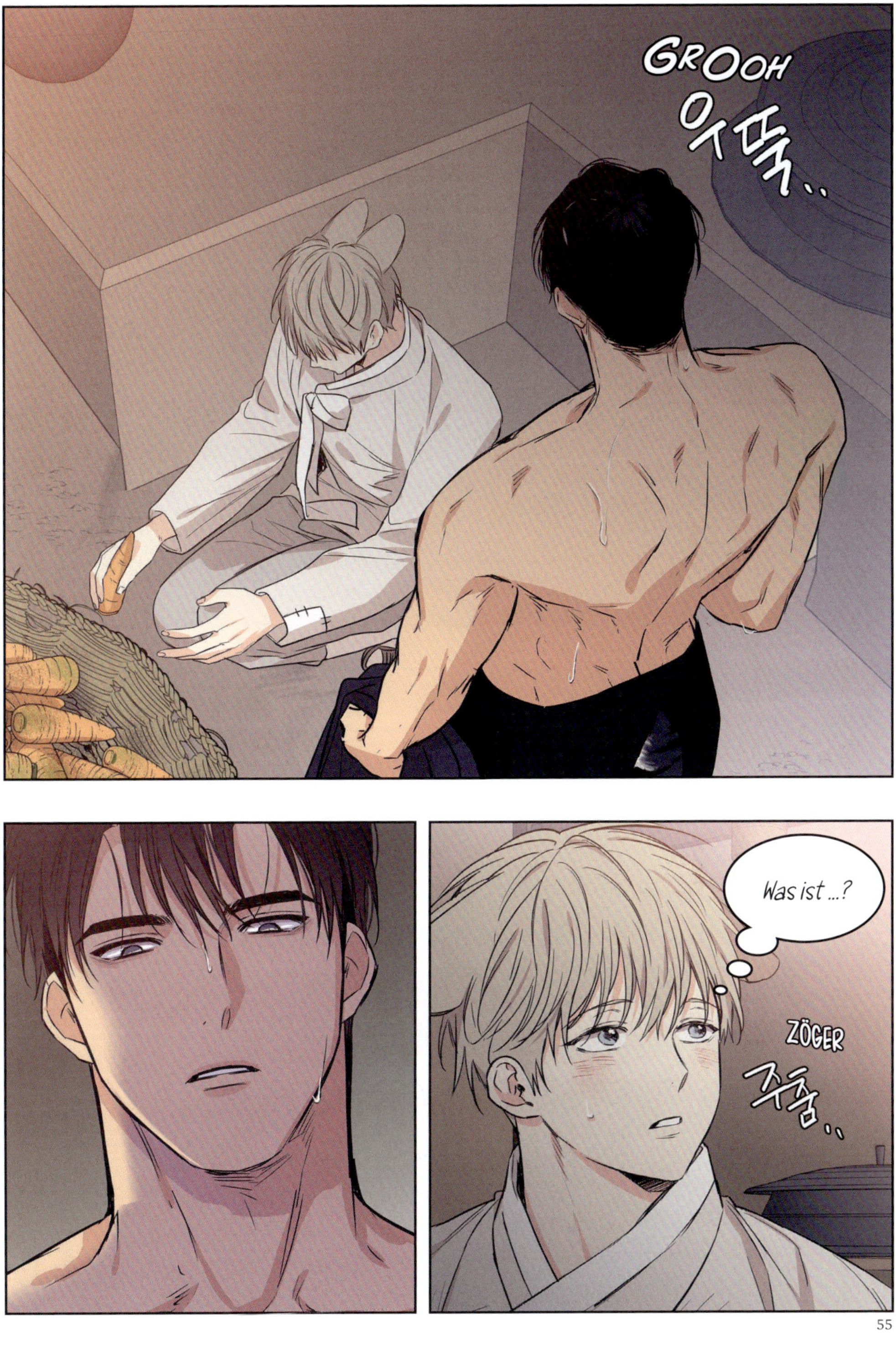
GROOH
우뚝..
Was ist ...?
ZÖGER
주춤..

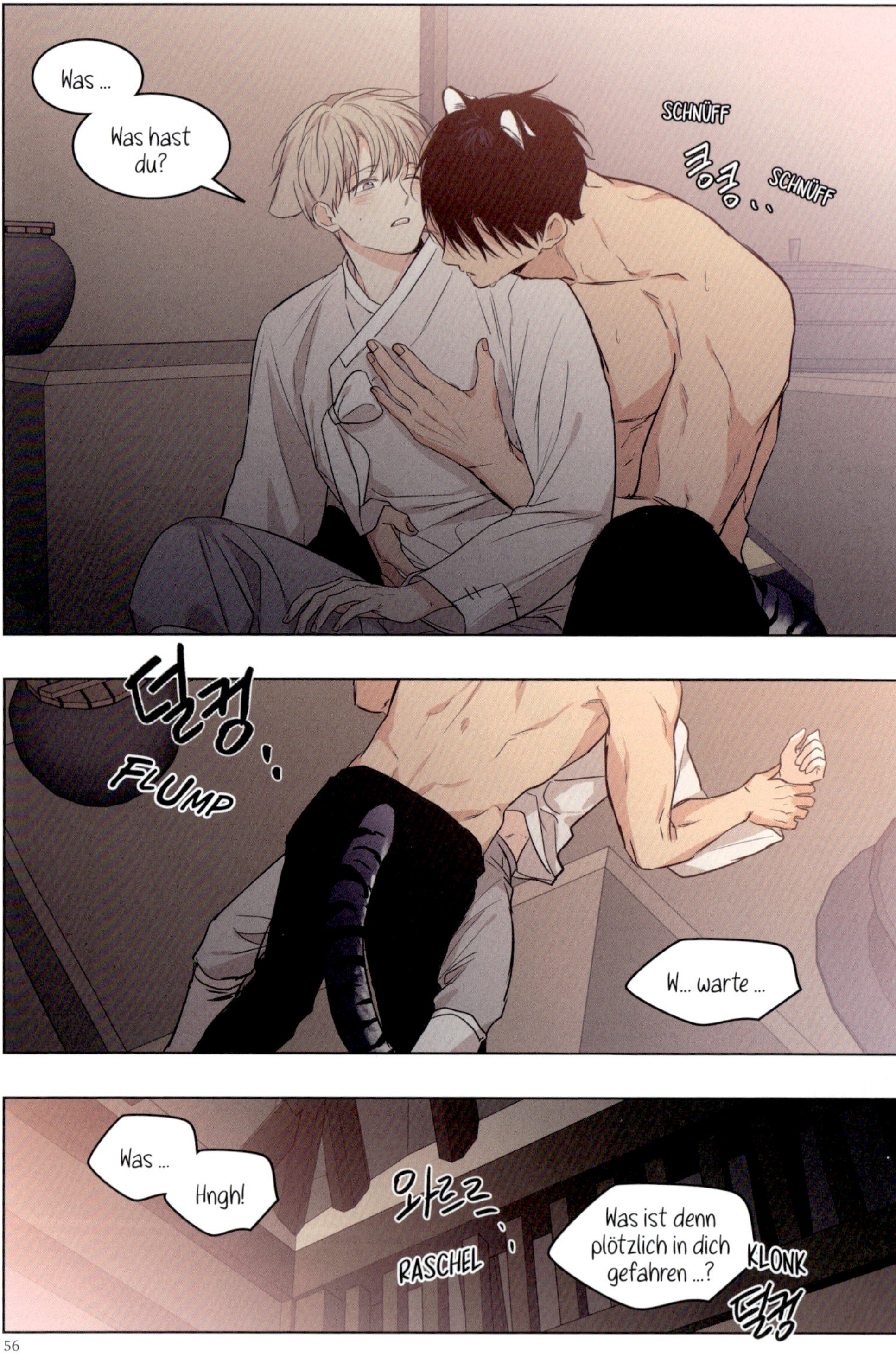

Was …
Was hast du?
SCHNÜFF
킁킁
SCHNÜFF
덜컹
FLUMP
W… warte …
Was …
Hngh!
와르르
RASCHEL
Was ist denn plötzlich in dich gefahren …?
KLONK
덜컹

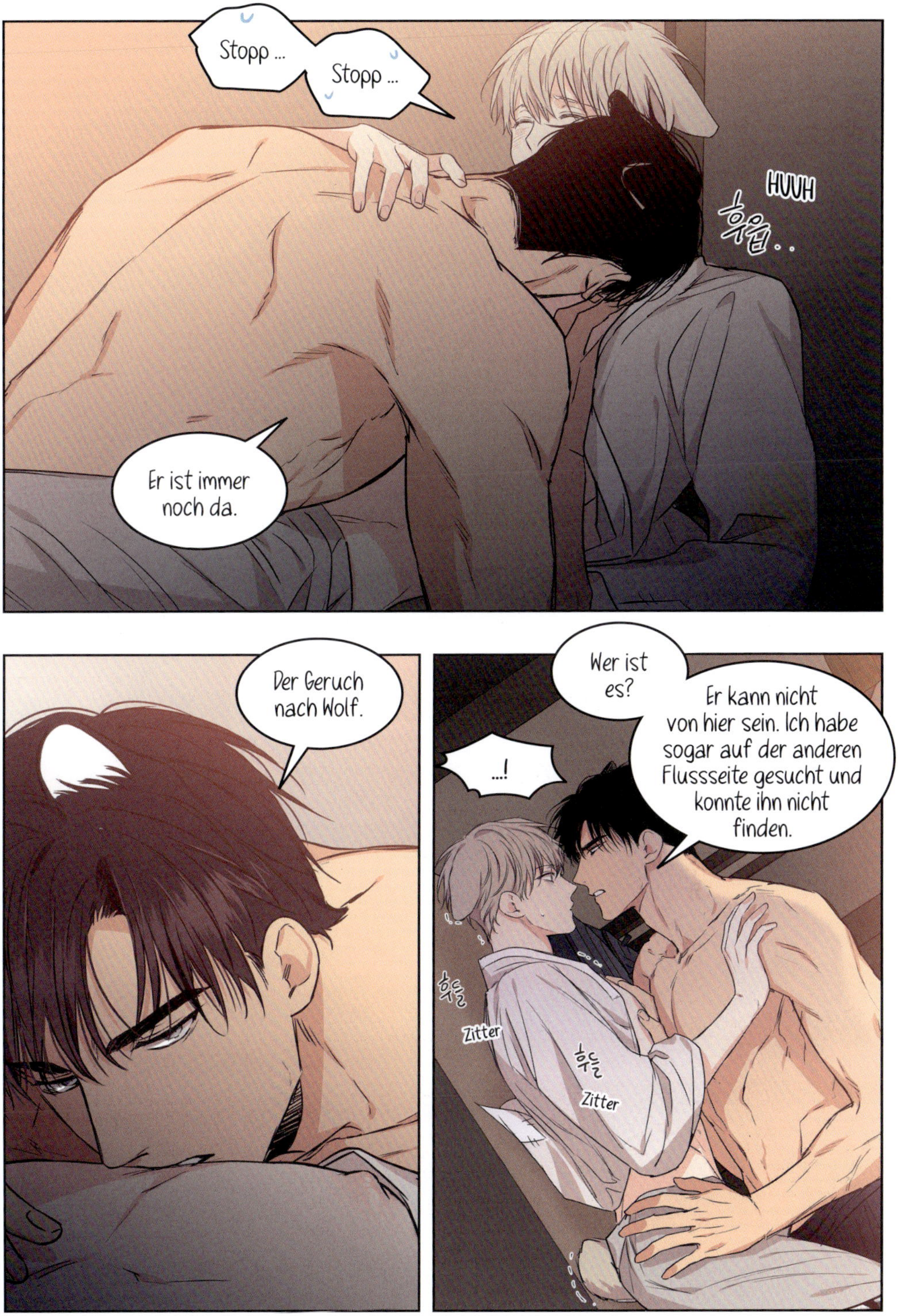
Stopp ...
Stopp ...
HUUH
후읍..
Er ist immer noch da.
Der Geruch nach Wolf.
Wer ist es?
Er kann nicht von hier sein. Ich habe sogar auf der anderen Flussseite gesucht und konnte ihn nicht finden.
...!
후들
Zitter
후들
Zitter

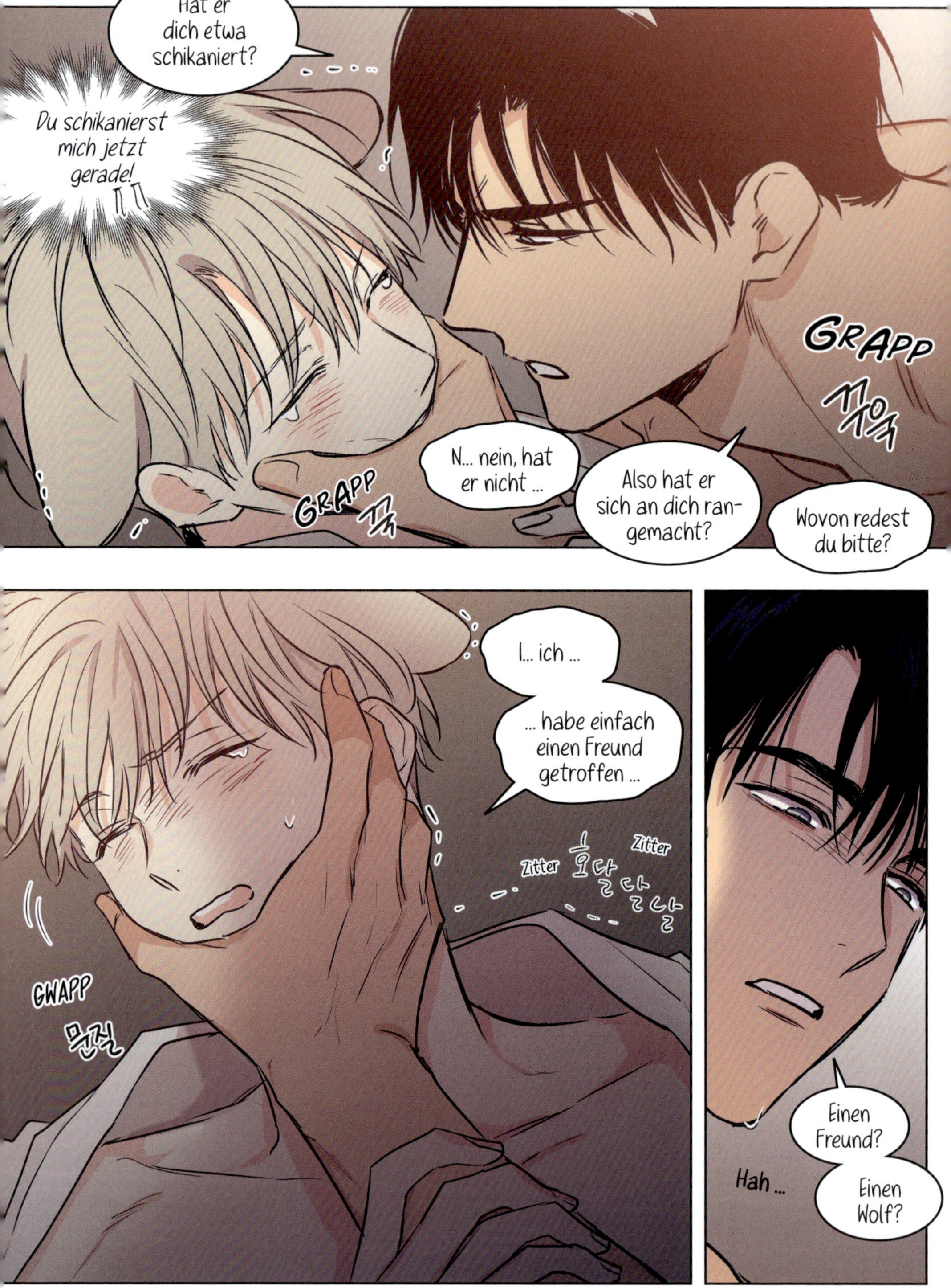
Hat er dich etwa schikaniert?
Du schikanierst mich jetzt gerade! ㅠㅠ
GRAPP
N... nein, hat er nicht ...
Also hat er sich an dich rangemacht?
Wovon redest du bitte?
GRAPP
I... ich ...
... habe einfach einen Freund getroffen ...
Zitter
Zitter
GWAPP
Einen Freund?
Hah ...
Einen Wolf?

KAPITEL

2

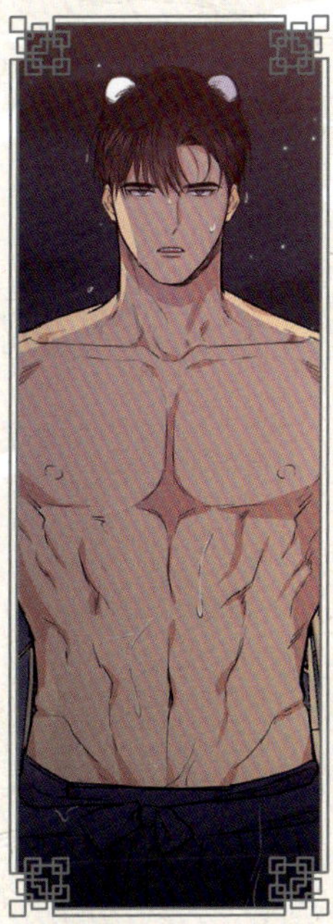

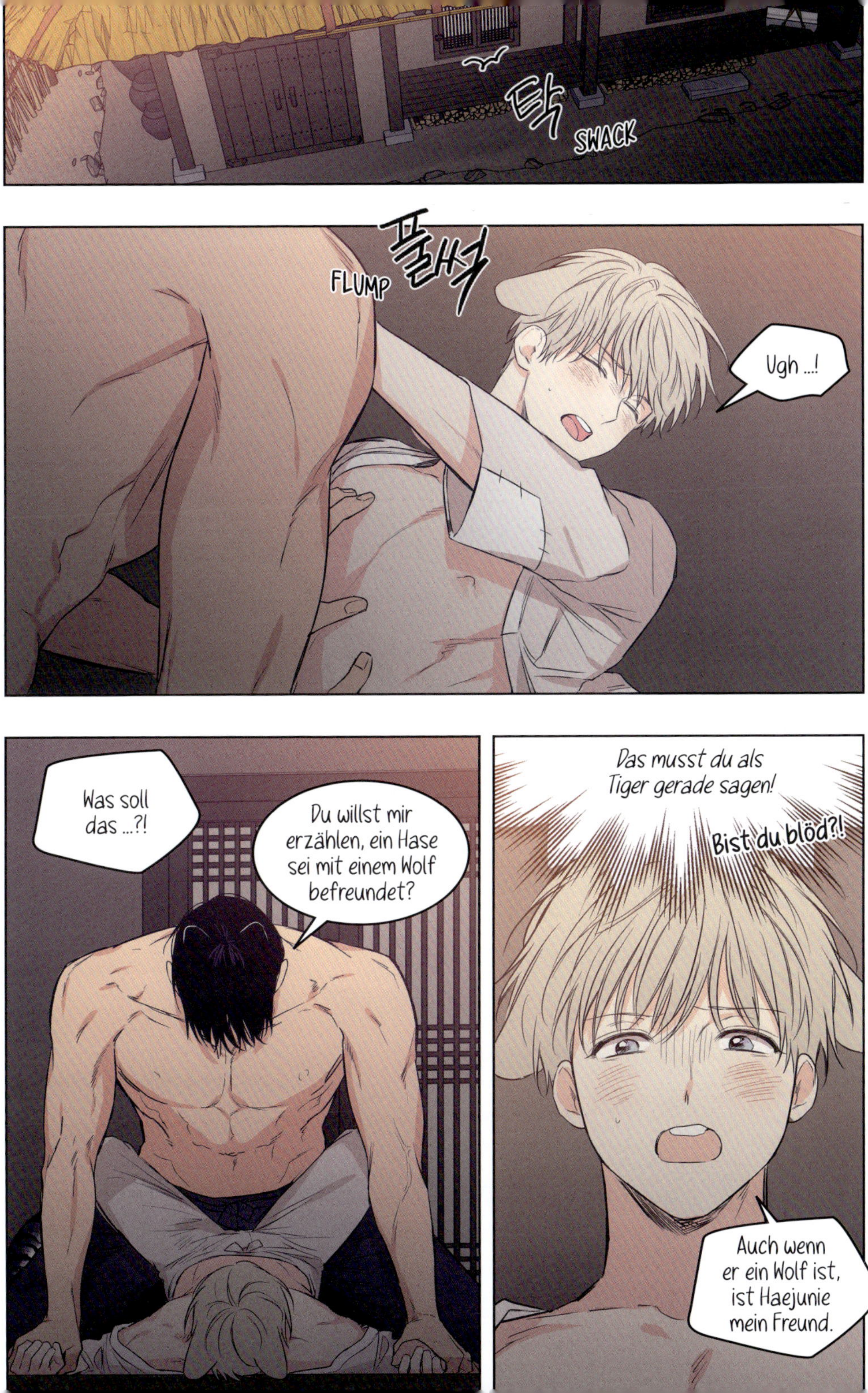
탁
SWACK
풀썩
FLUMP
Ugh ...!
Was soll das ...?!
Du willst mir erzählen, ein Hase sei mit einem Wolf befreundet?
Das musst du als Tiger gerade sagen!
Bist du blöd?!
Auch wenn er ein Wolf ist, ist Haejunie mein Freund.

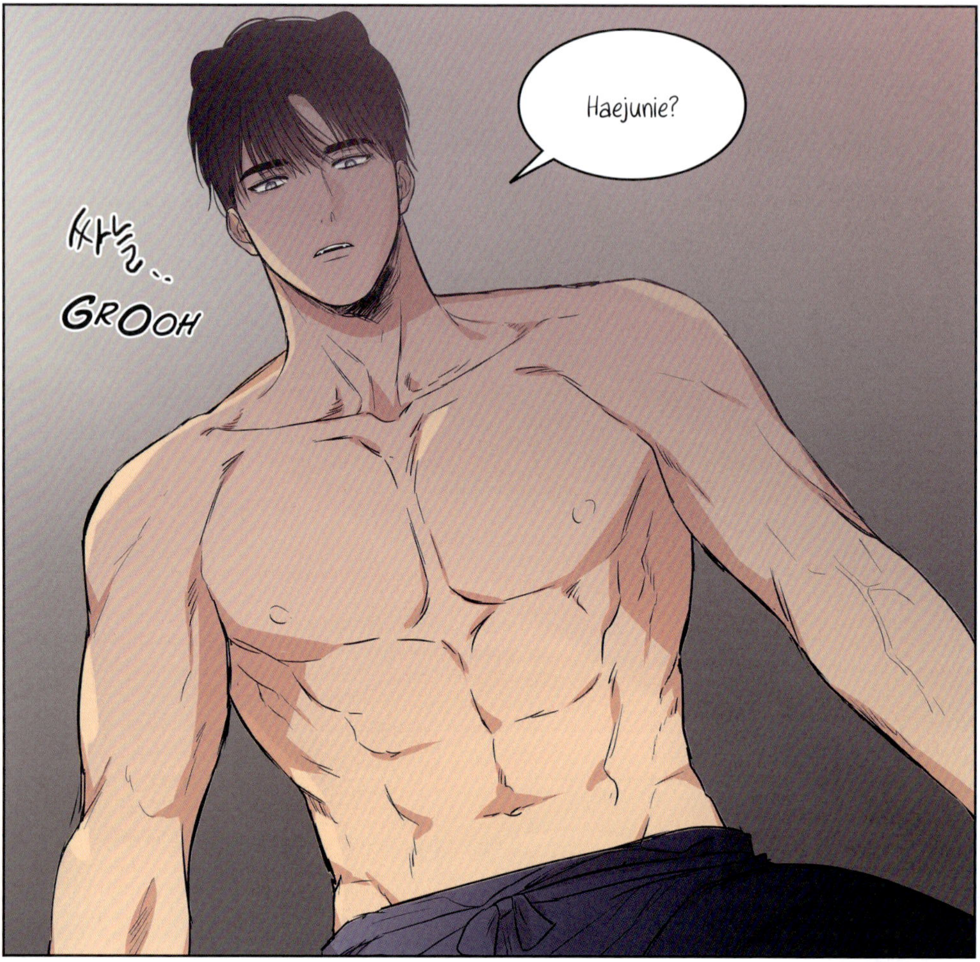
Haejunie?
싸늘..
GROOH

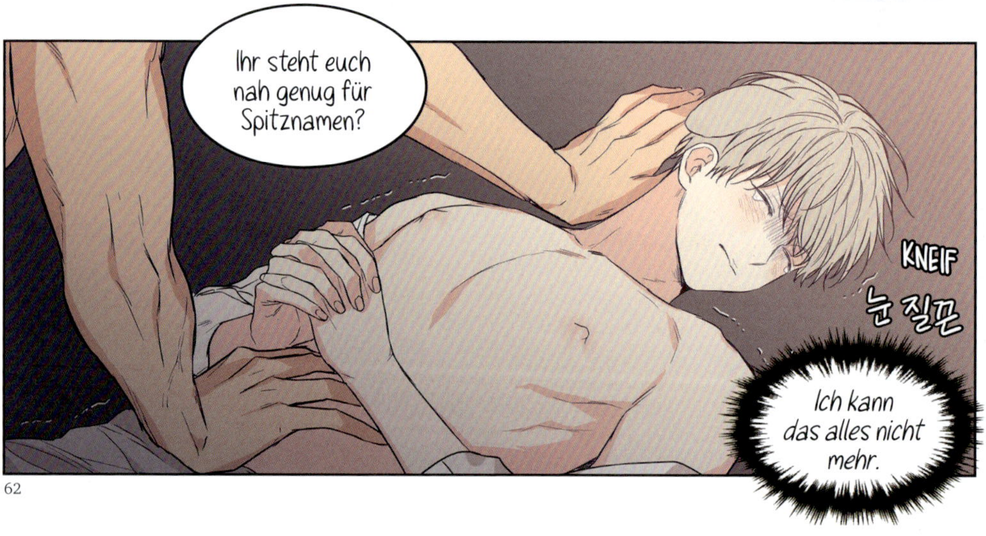
Ihr steht euch nah genug für Spitznamen?
KNEIF
눈 질끈
Ich kann das alles nicht mehr.

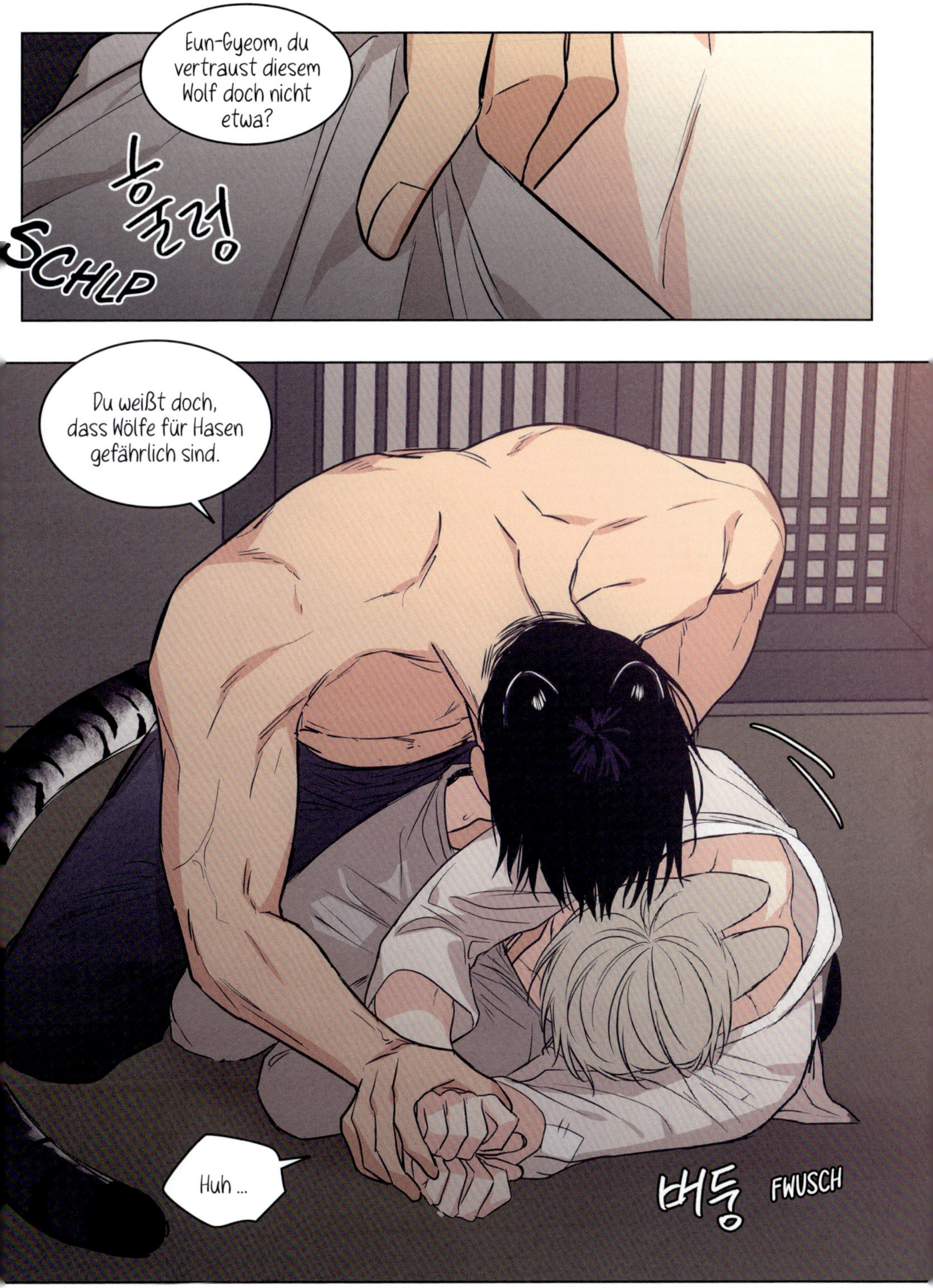
Eun-Gyeom, du vertraust diesem Wolf doch nicht etwa?
슬러렁
SCHLP
Du weißt doch, dass Wölfe für Hasen gefährlich sind.
Huh ...
버둥
FWUSCH

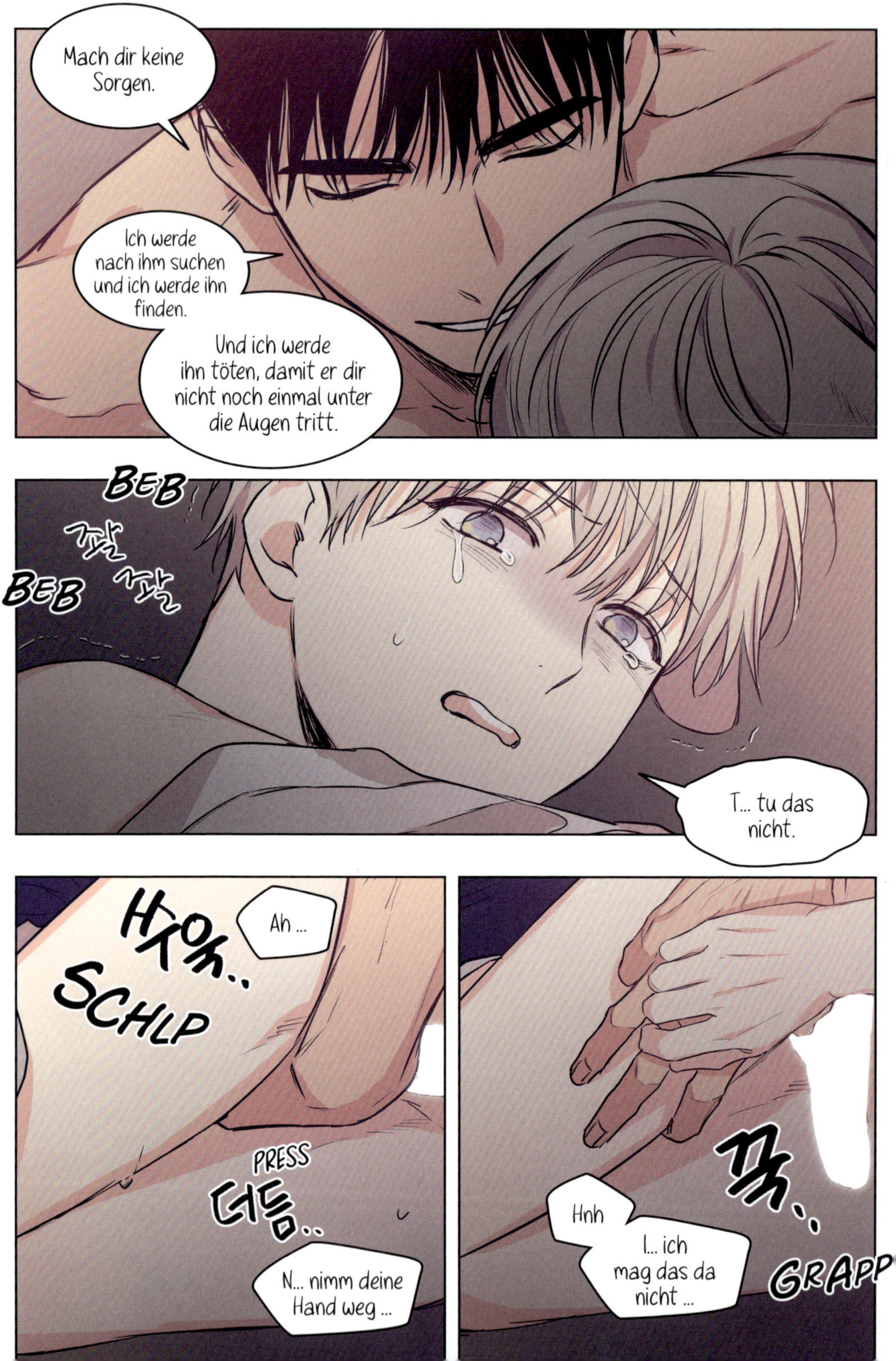

Mach dir keine Sorgen.
Ich werde nach ihm suchen und ich werde ihn finden.
Und ich werde ihn töten, damit er dir nicht noch einmal unter die Augen tritt.
BEB
BEB
T... tu das nicht.
SCHLP
Ah ...
PRESS
더듬..
N... nimm deine Hand weg ...
꾹..
GRAPP
Hnh
I... ich mag das da nicht ...

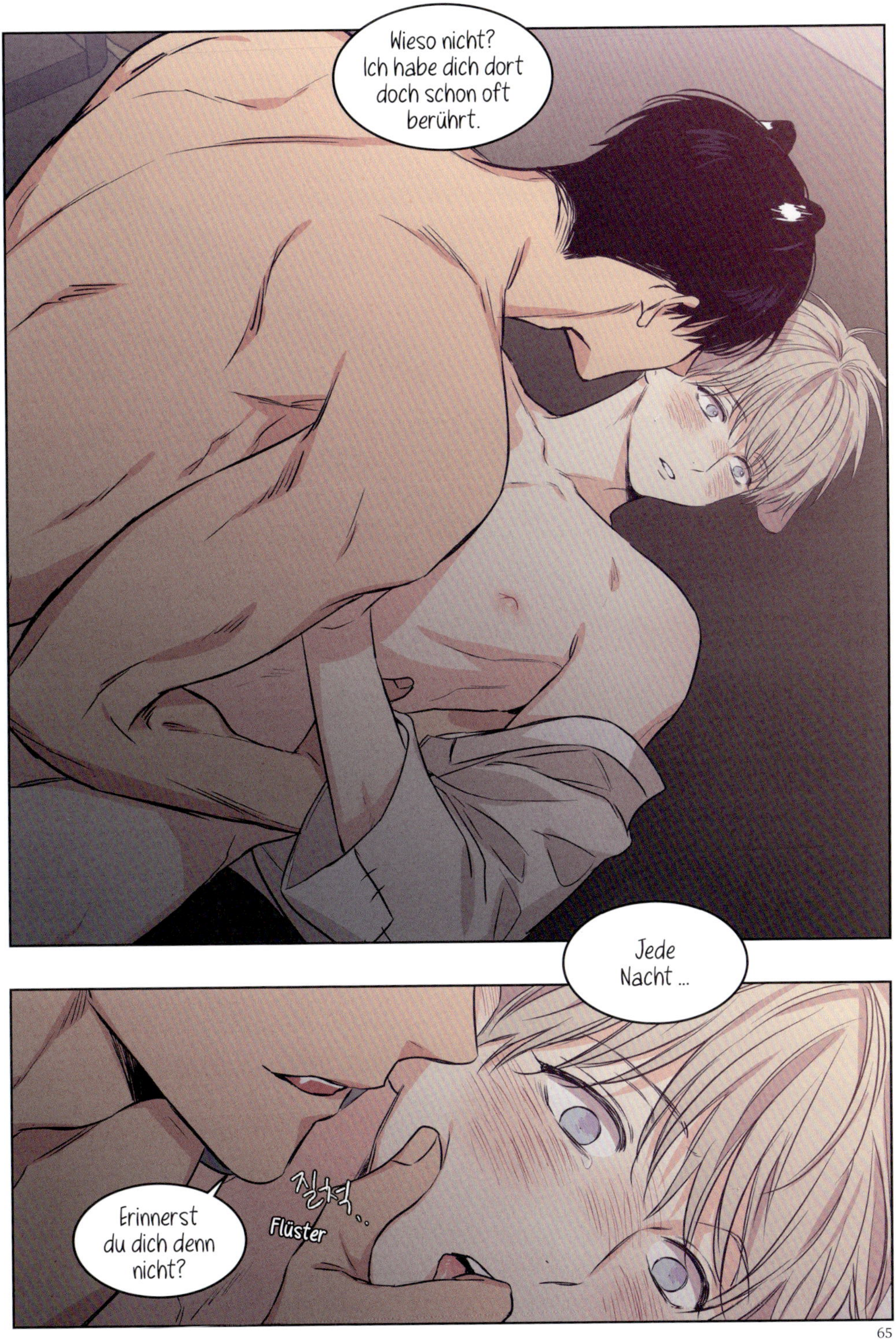
Wieso nicht? Ich habe dich dort doch schon oft berührt.
Jede Nacht ...
질척
Flüster
Erinnerst du dich denn nicht?

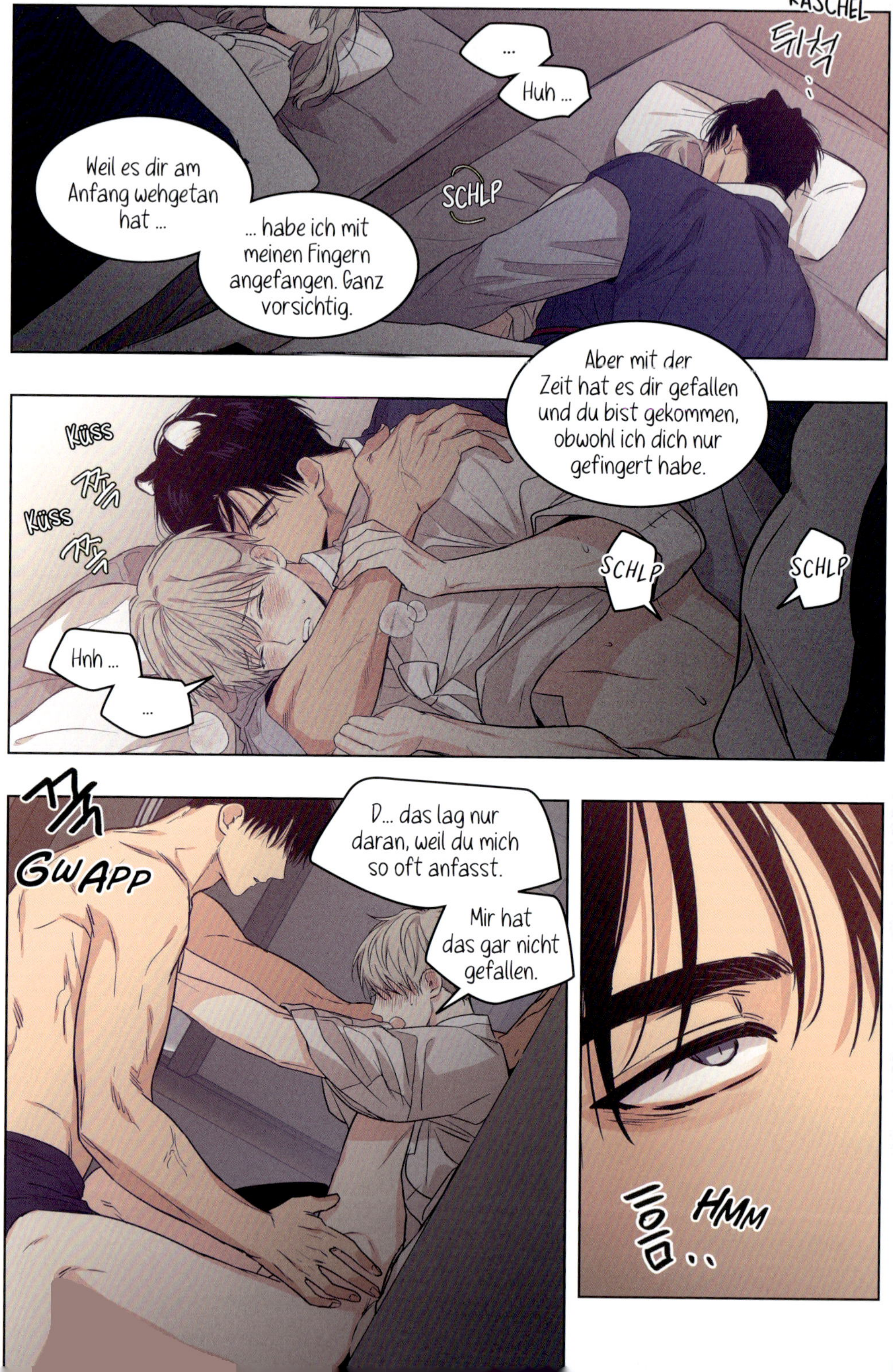
RASCHEL
뒤척
...
Huh ...
Weil es dir am Anfang wehgetan hat ...
... habe ich mit meinen Fingern angefangen. Ganz vorsichtig.
SCHLP
Aber mit der Zeit hat es dir gefallen und du bist gekommen, obwohl ich dich nur gefingert habe.
Küss
Küss
SCHLP
SCHLP
Hnh ...
...
GWAPP
D... das lag nur daran, weil du mich so oft anfasst.
Mir hat das gar nicht gefallen.
HMM
흠..

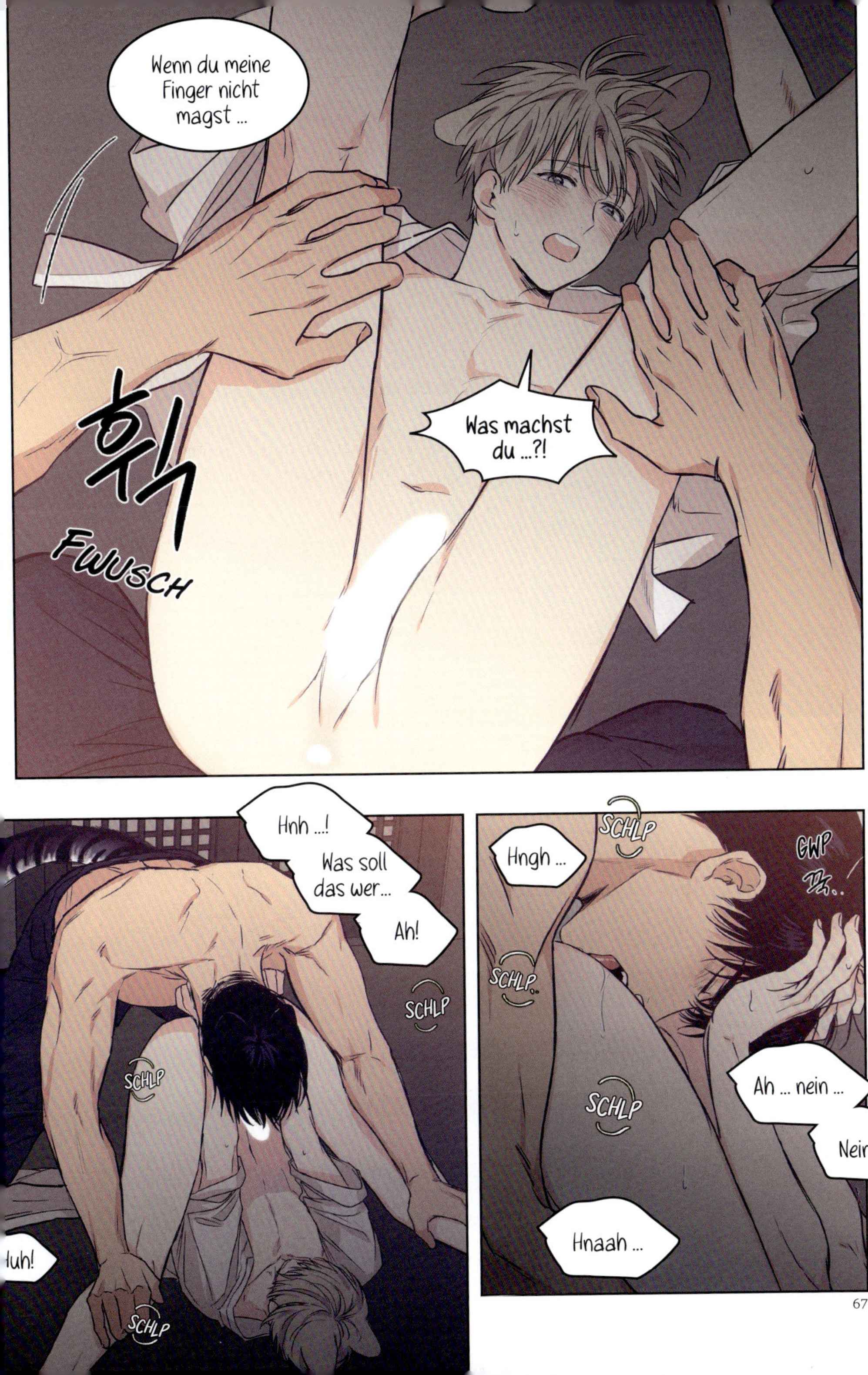

Wenn du meine Finger nicht magst ...
Was machst du ...?!
휙
FWUSCH
Hnh ...!
Was soll das wer...
Ah!
SCHLP
SCHLP
uh!
SCHLP
SCHLP
Hngh ...
GWP
SCHLP
Ah ... nein ...
Nein.
SCHLP
Hnaah ...

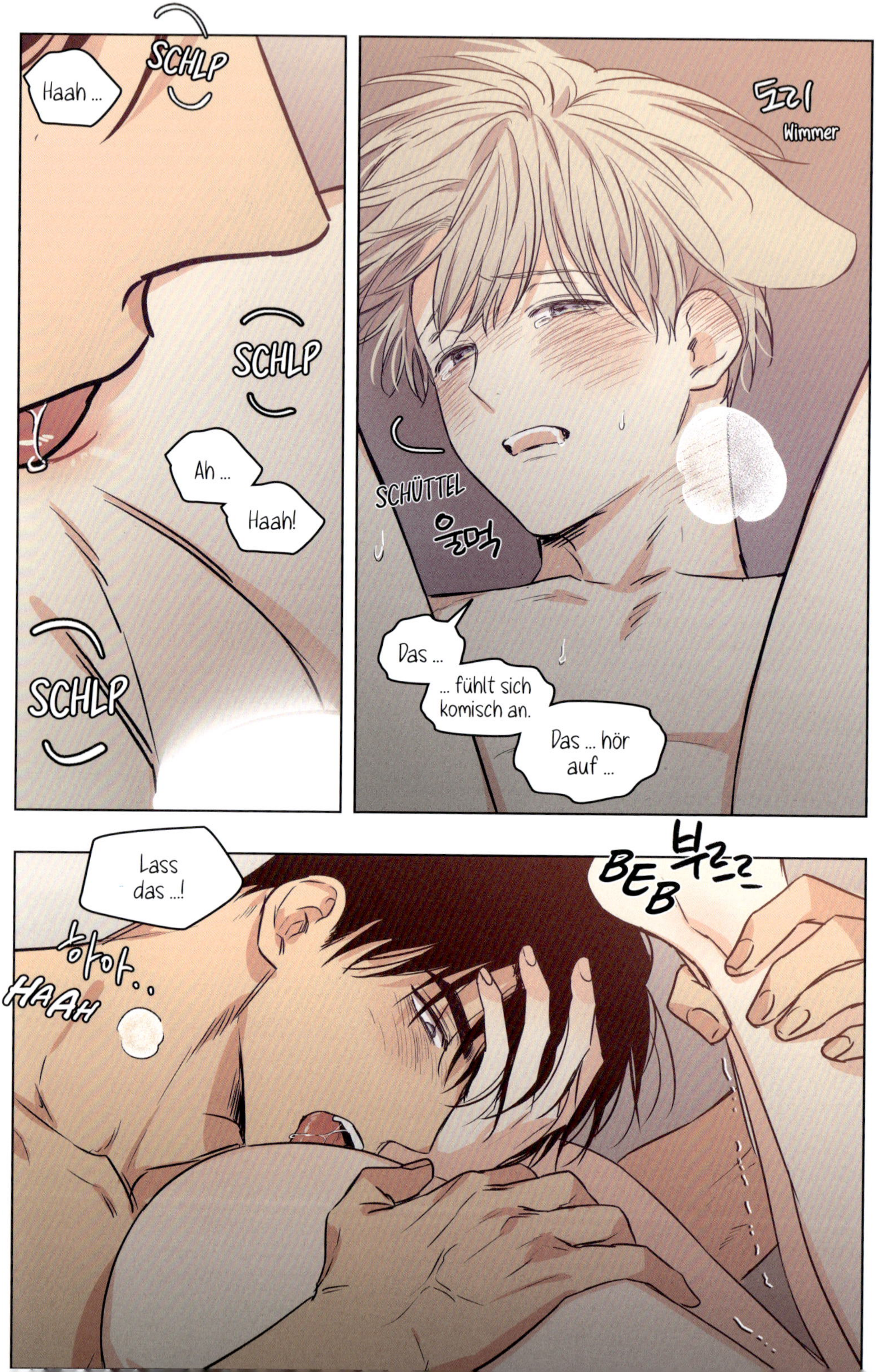
SCHLP
Haah ...
SCHLP
Ah ...
Haah!
SCHLP
도리
Wimmer
SCHÜTTEL
울먹
Das ...
... fühlt sich komisch an.
Das ... hör auf ...
Lass das ...!
하아..
HAAH
부르르
BEB

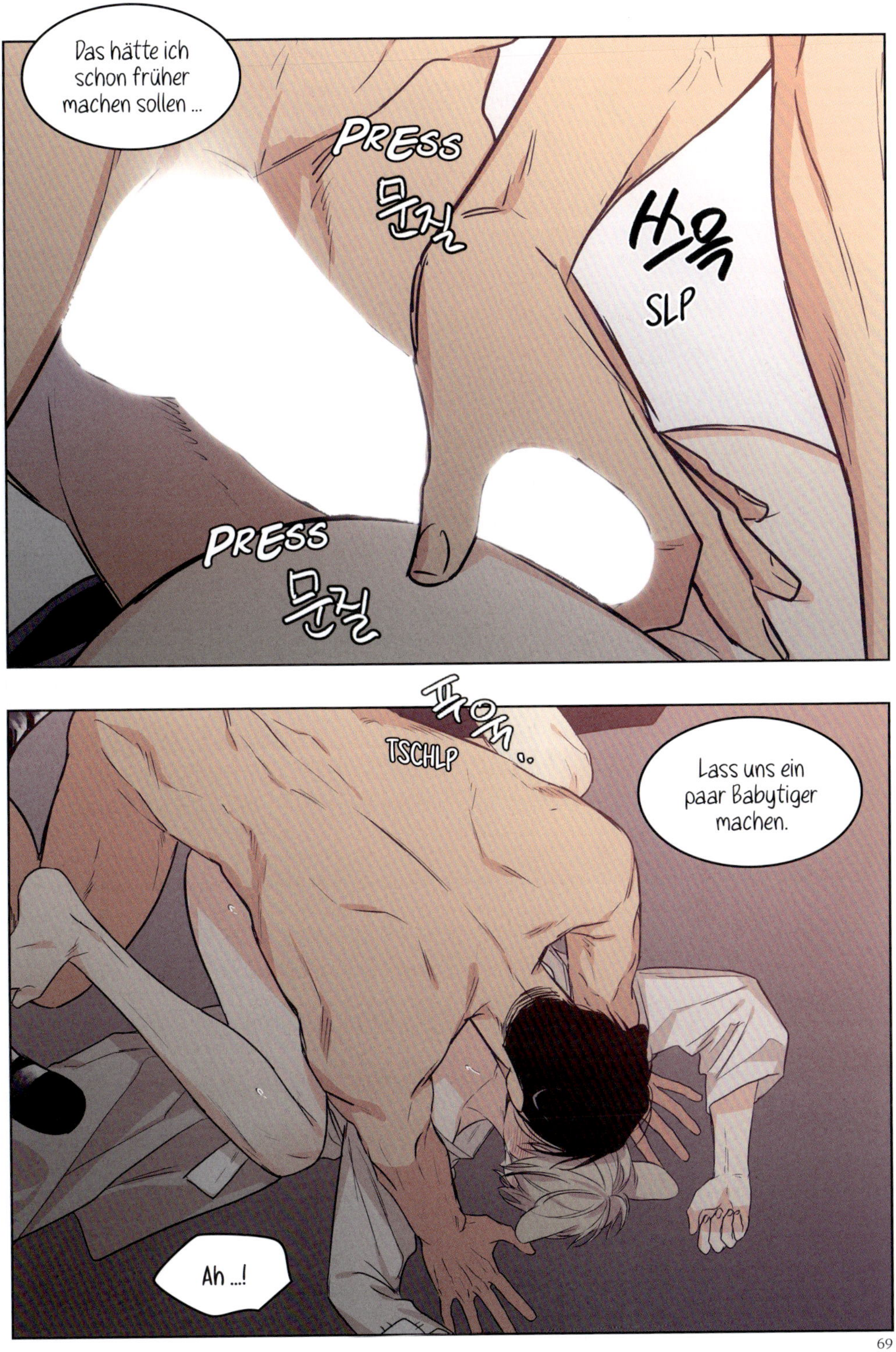
Das hätte ich schon früher machen sollen ...
PRESS
문질
스윽
SLP
PRESS
문질
푸욱..
TSCHLP
Lass uns ein paar Babytiger machen.
Ah ...!

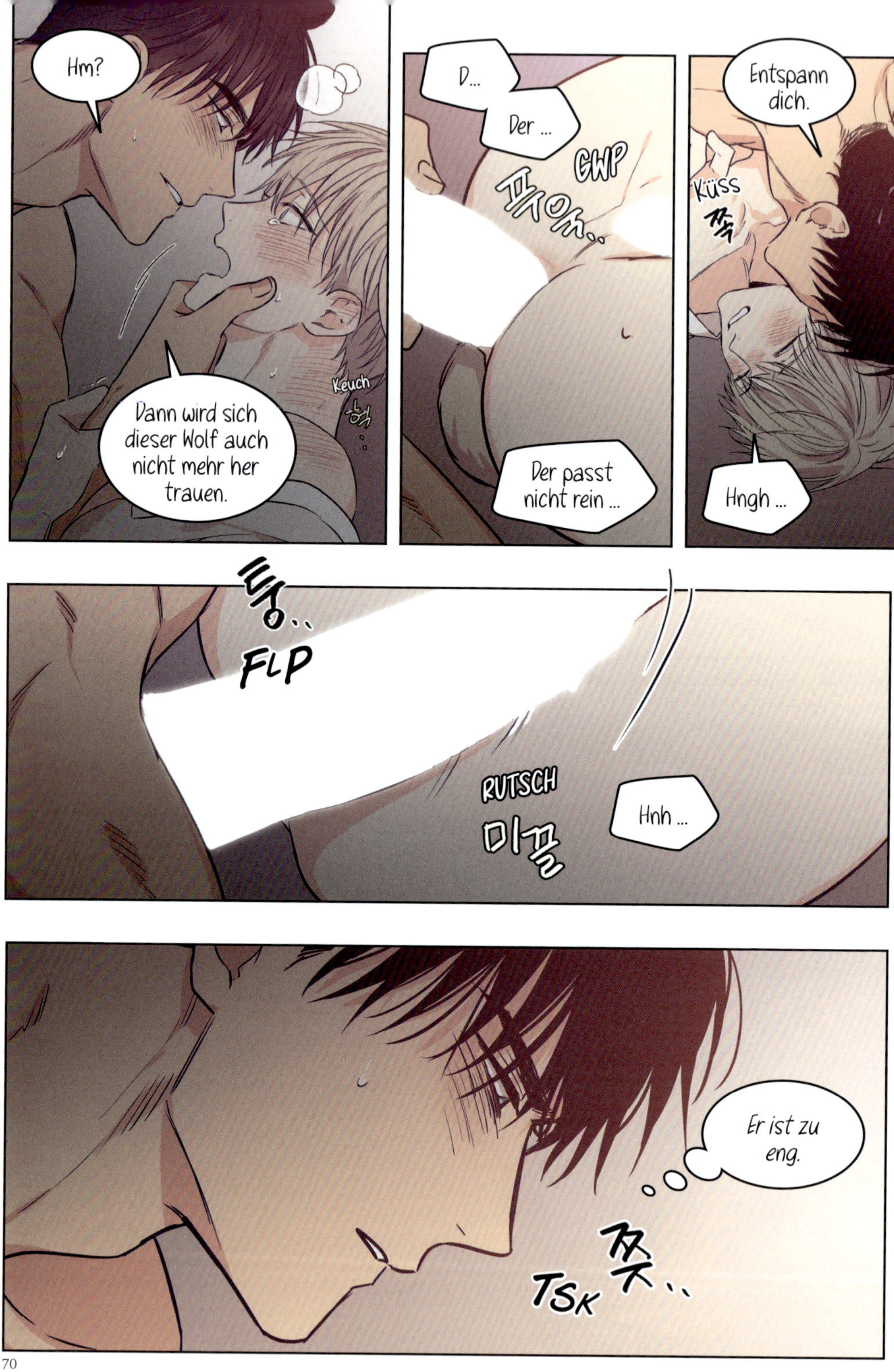
Hm?
Dann wird sich dieser Wolf auch nicht mehr her trauen.
Keuch
헉
D...
Der ...
GWP
프아아..
Der passt nicht rein ...
Entspann dich.
Küss
쪽
Hngh ...
퉁..
FLP
RUTSCH
미끌
Hnh ...
Er ist zu eng.
쯧..
TSK

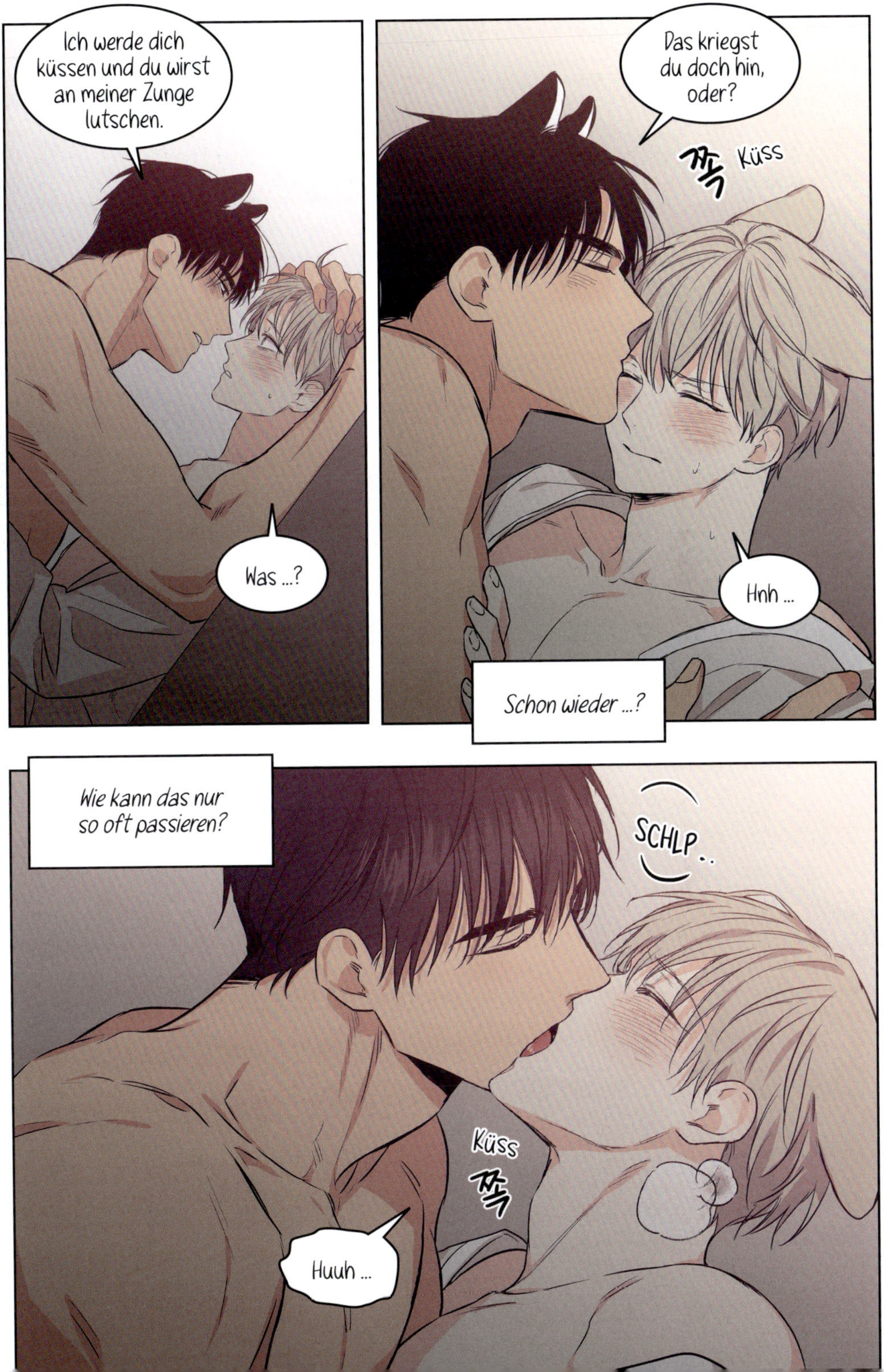

Ich werde dich küssen und du wirst an meiner Zunge lutschen.
Was ...?
Das kriegst du doch hin, oder?
쪽 Küss
Hnh ...
Schon wieder ...?
Wie kann das nur so oft passieren?
SCHLP ..
Küss 쪽
Huuh ...

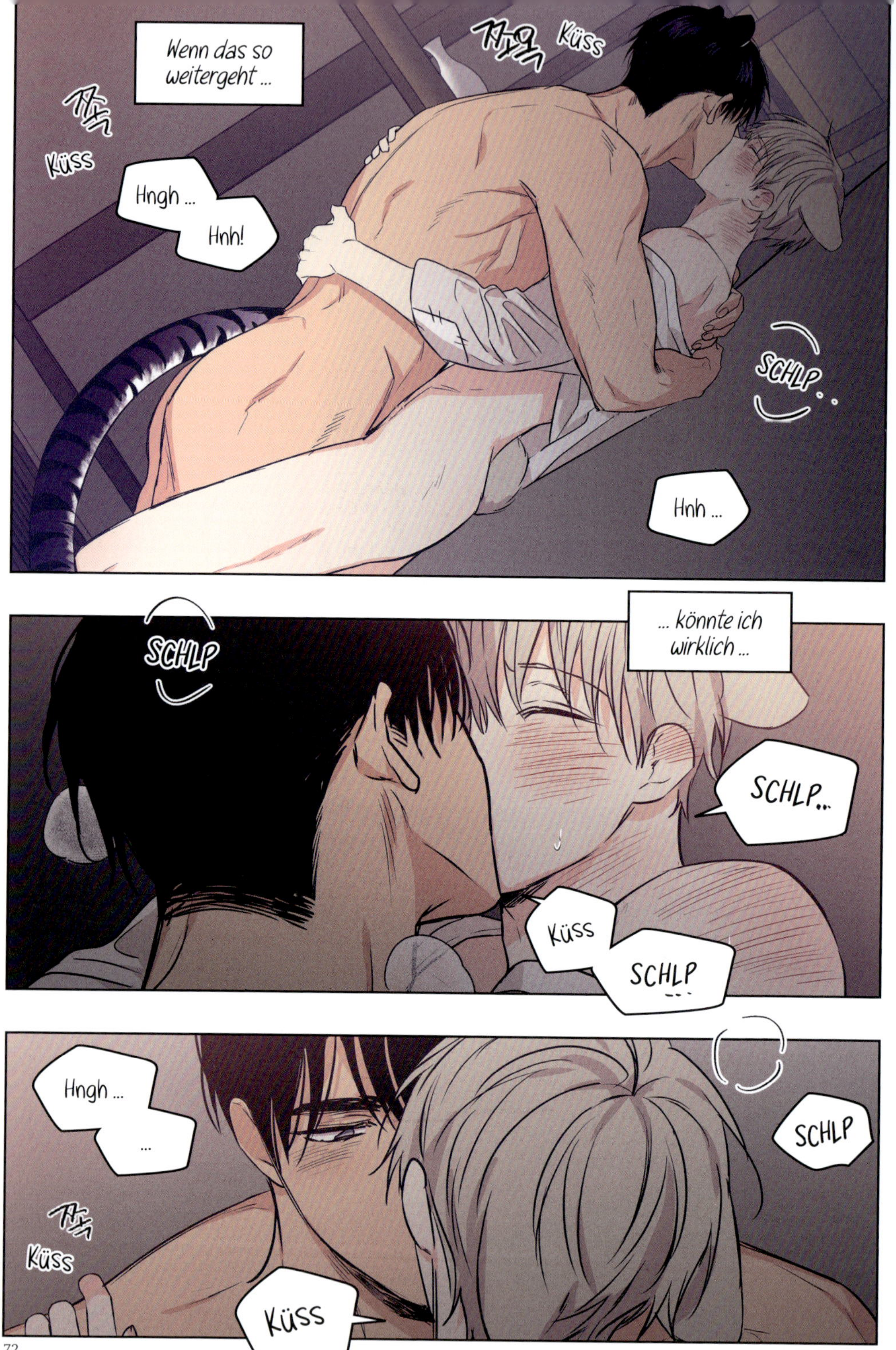
Wenn das so weitergeht ...
쪼옥
Küss
쪽
Küss
Hngh ...
Hnh!
SCHLP...
Hnh ...
SCHLP
... könnte ich wirklich ...
SCHLP...
Küss
SCHLP...
Hngh ...
...
SCHLP
쪽
Küss
Küss

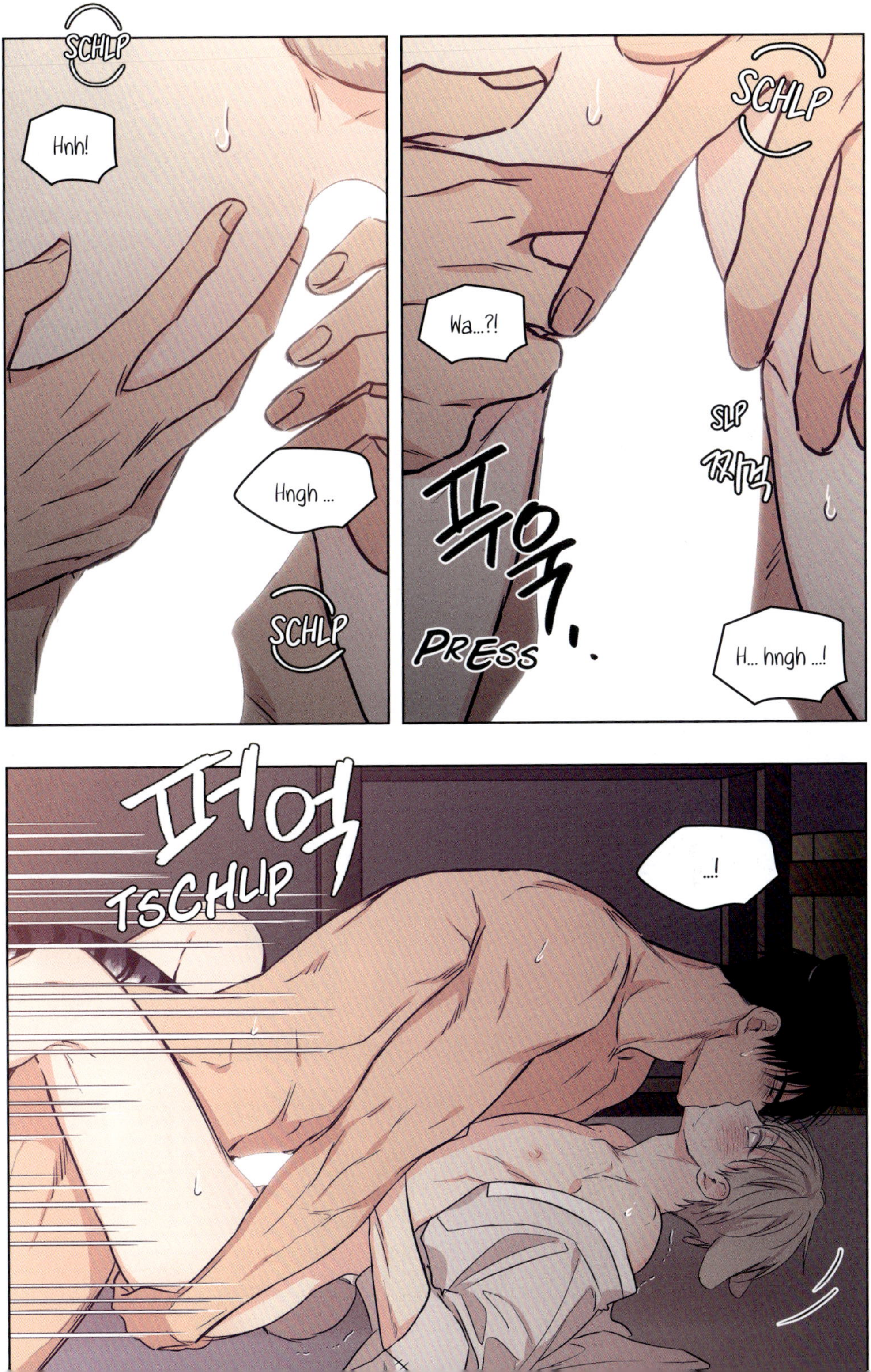
SCHLP
Hnh!
Hngh ...
SCHLP
SCHLP
Wa...?!
SLP
찌걱
푸욱
PRESS
H... hngh ...!
퍼억
TSCHLIP
...!

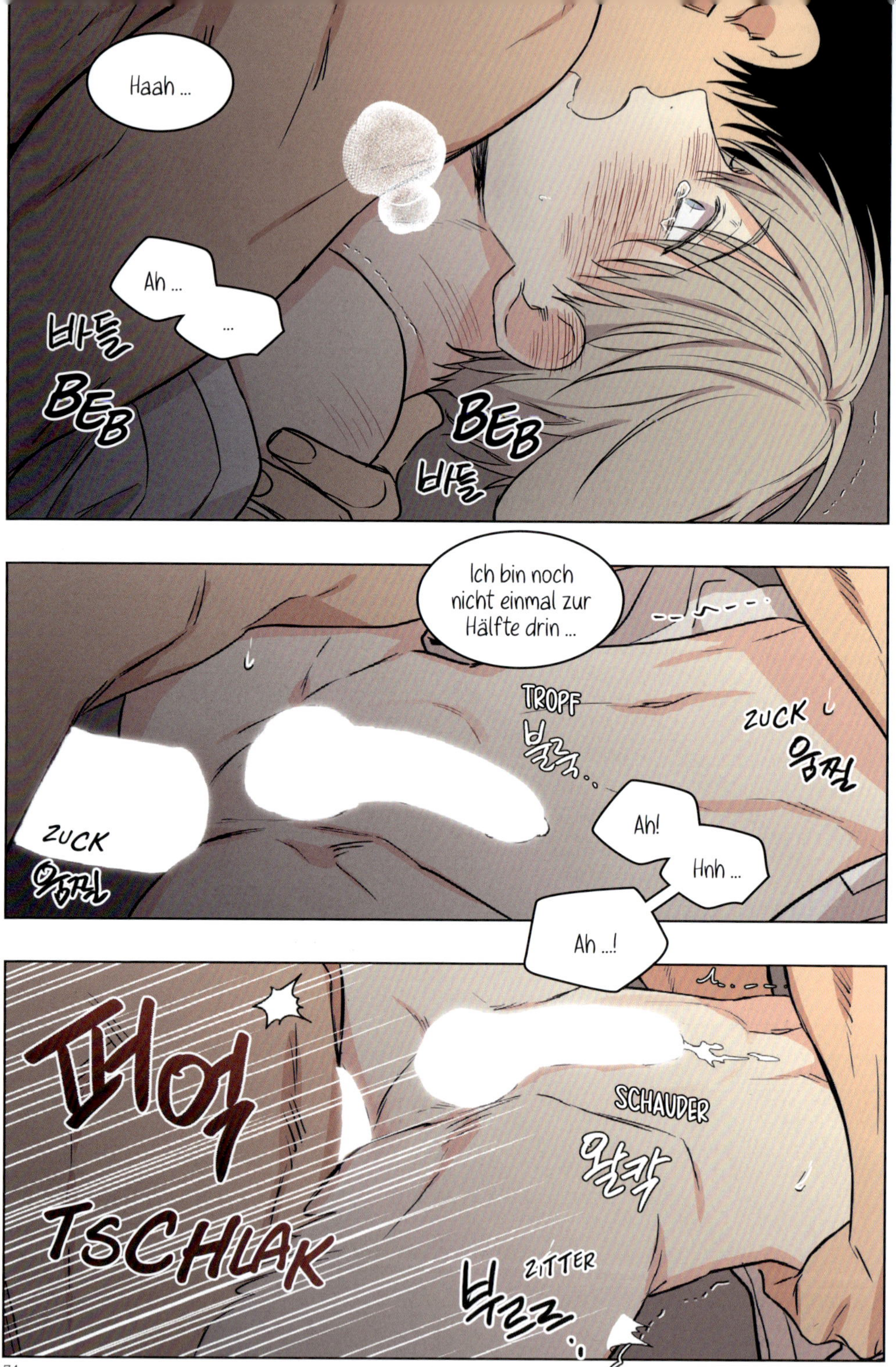
Haah ...
Ah ...
...
바들
BEB
BEB
바들
Ich bin noch nicht einmal zur Hälfte drin ...
TROPF
ZUCK
움찔
ZUCK
움찔
Ah!
Hnh ...
Ah ...!
퍼억
TSCHLAK
SCHAUDER
왈칵
ZITTER
부르르

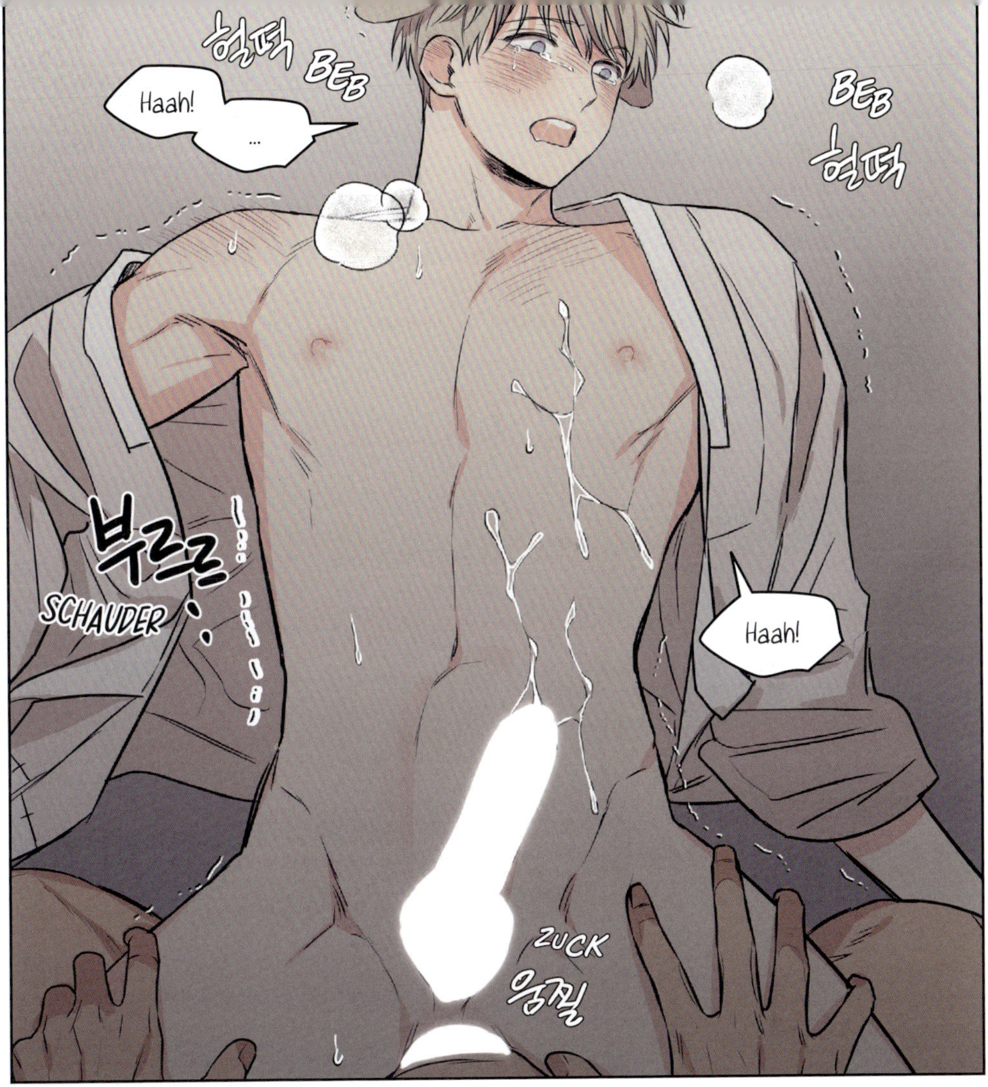
헐떡
BEB
Haah!
...
BEB
헐떡
부르르
SCHAUDER
Haah!
ZUCK
움찔

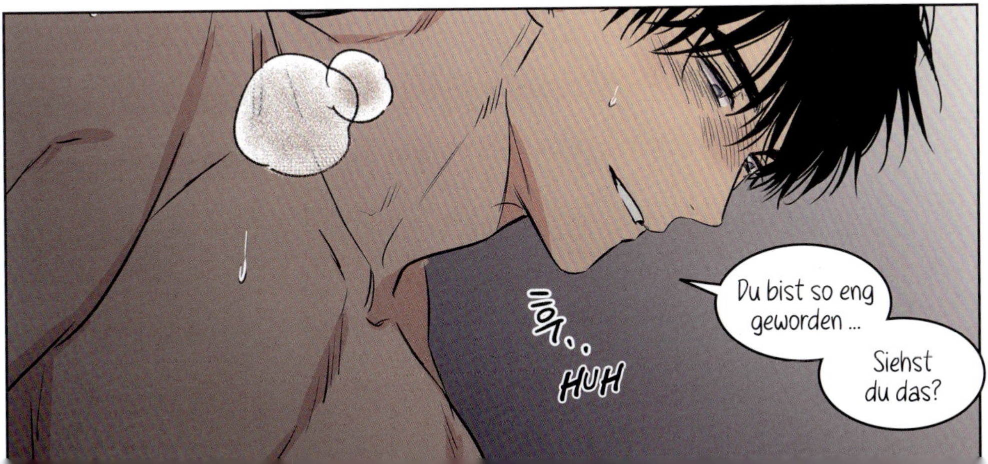
흑..
HUH
Du bist so eng geworden ...
Siehst du das?

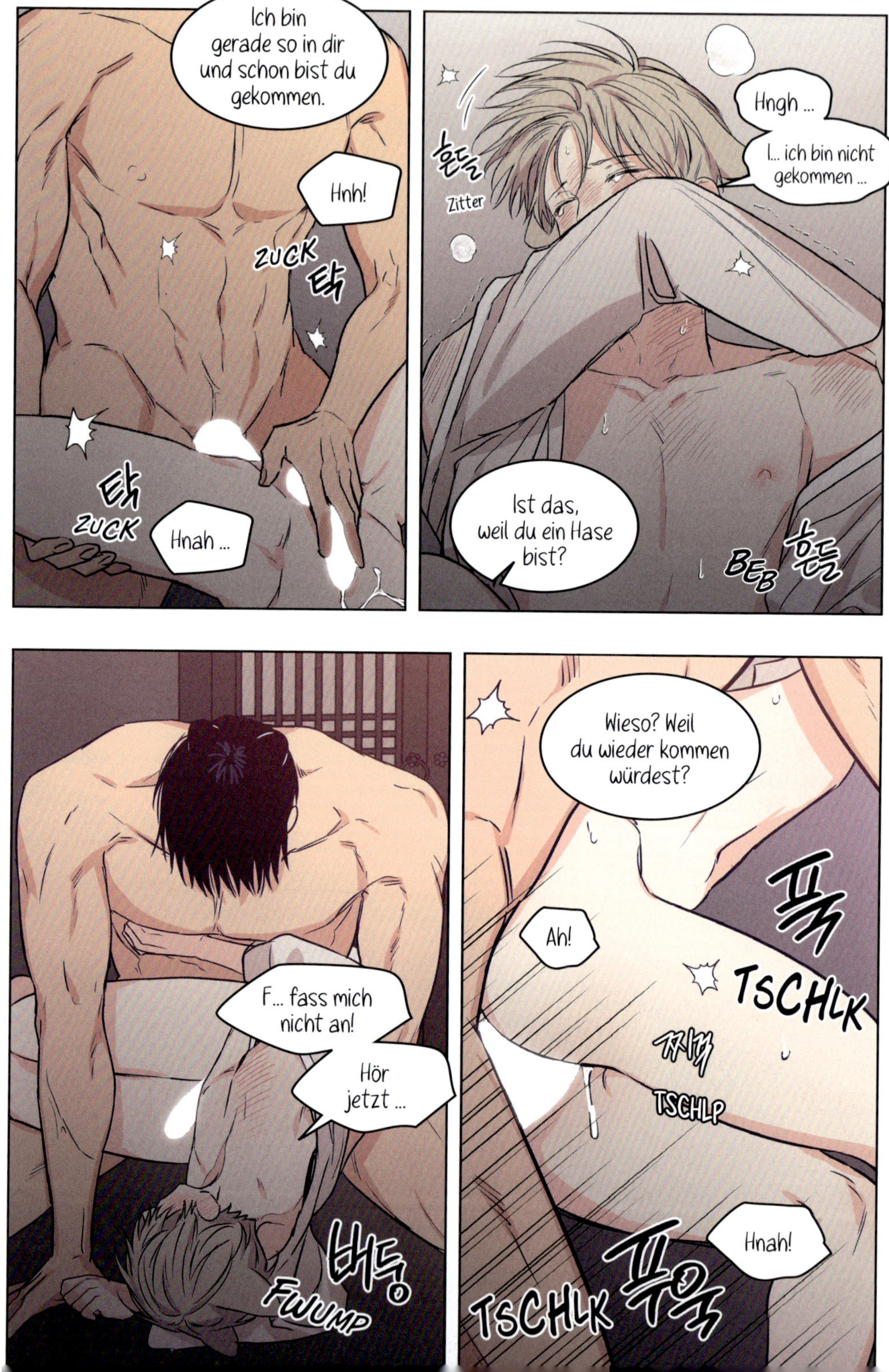
Ich bin gerade so in dir und schon bist du gekommen.
Hnh!
ZUCK
탁
탁
ZUCK
Hnah ...
흔들
Zitter
Hngh ...
I... ich bin nicht gekommen ...
Ist das, weil du ein Hase bist?
BEB
흔들
F... fass mich nicht an!
Hör jetzt ...
버둥
FWUMP
Wieso? Weil du wieder kommen würdest?
푹
Ah!
TSCHLK
찌걱
TSCHLP
Hnah!
TSCHLK
푸욱

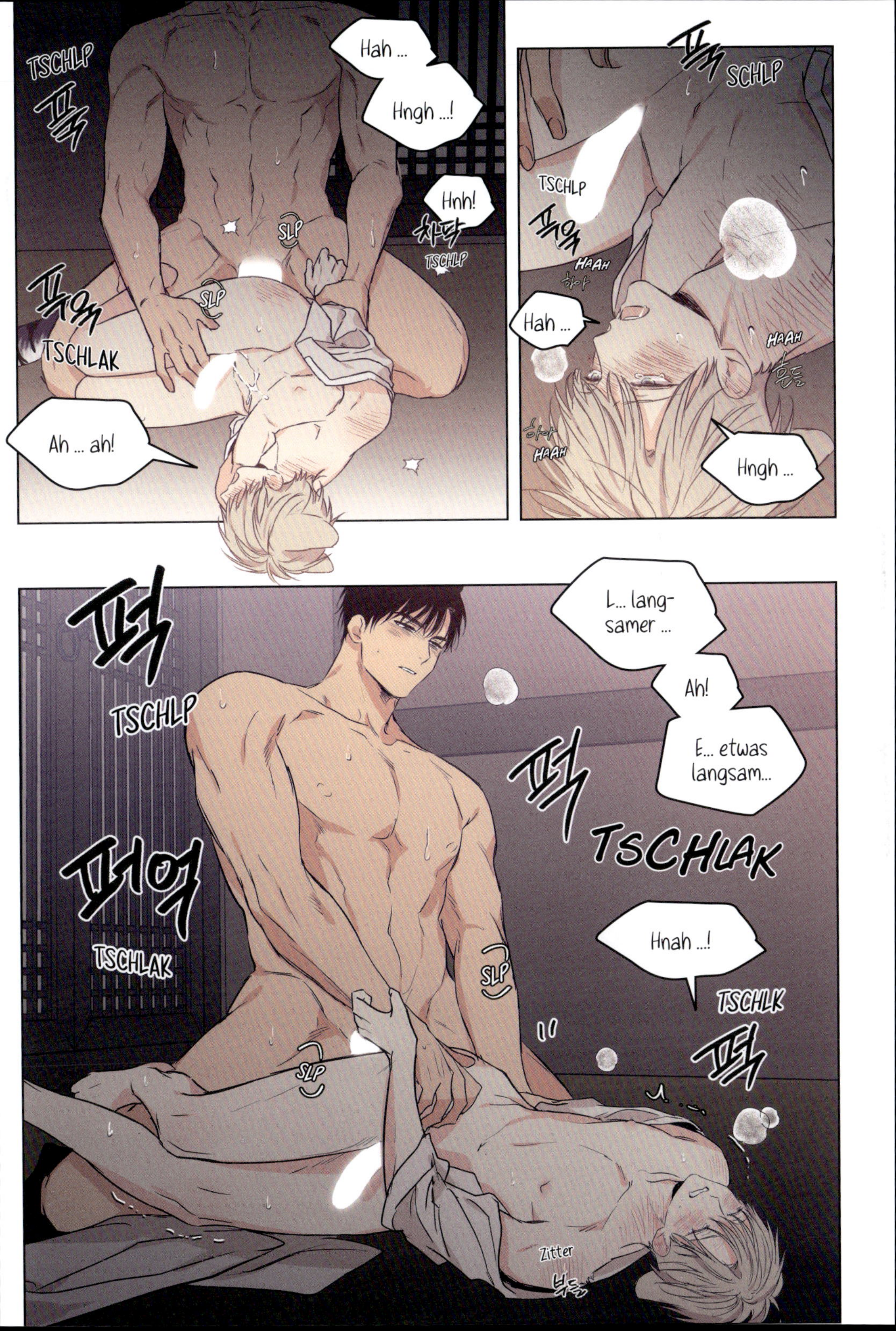

TSCHLP
푹
Hah ...
Hngh ...!
Hnh!
차딱
TSCHLP
SLP
SLP
푸욱
TSCHLAK
Ah ... ah!
푹
SCHLP
TSCHLP
푸욱
HAAH
하아
Hah ...
HAAH
흐듭
하아
HAAH
Hngh ...
퍽
TSCHLP
L... lang-
samer ...
Ah!
E... etwas
langsam...
퍽
TSCHLAK
퍼억
TSCHLAK
Hnah ...!
SLP
SLP
TSCHLK
퍽
Zitter
부들

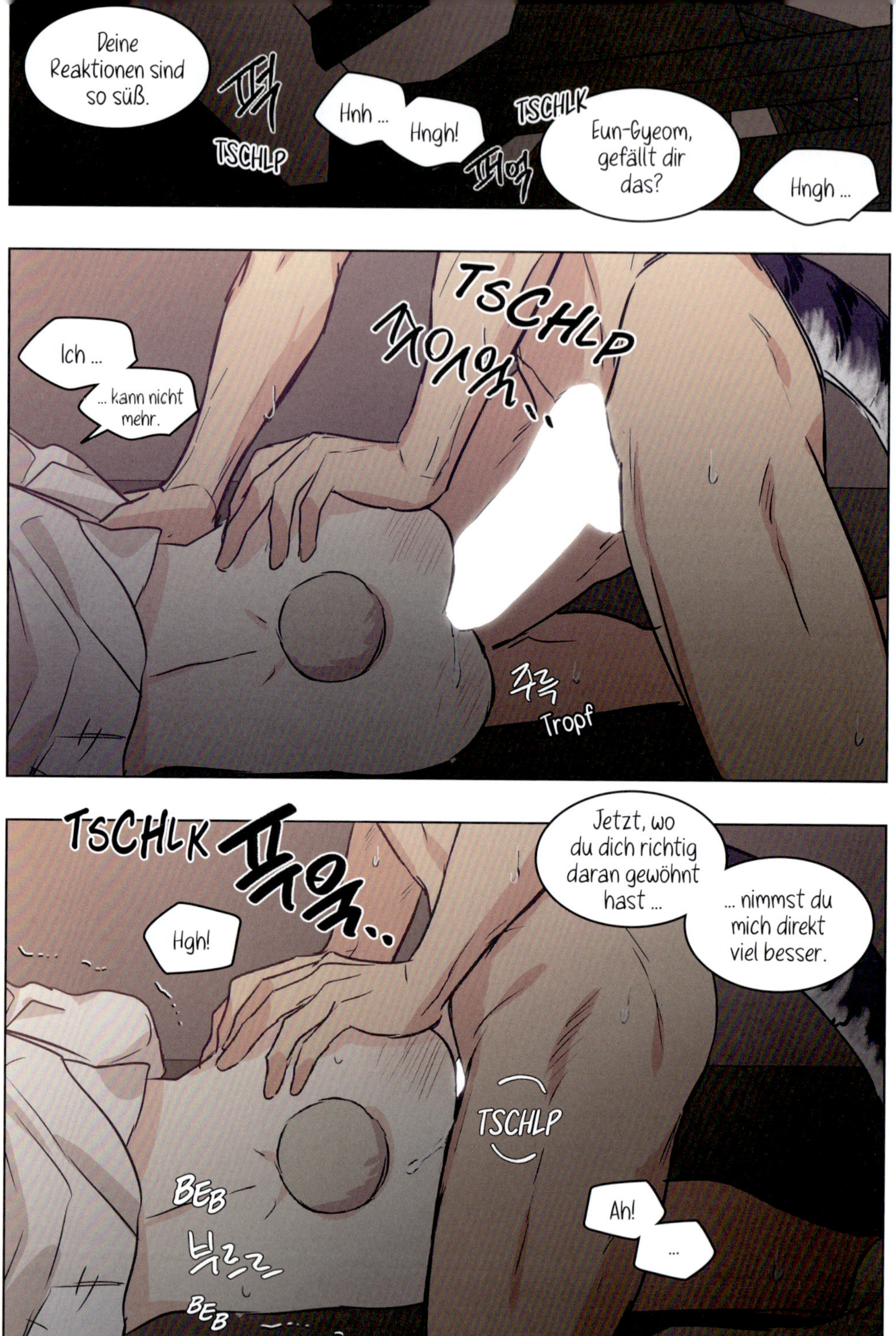
Deine Reaktionen sind so süß.
TSCHLP
Hnh ...
Hngh!
TSCHLK
Eun-Gyeom, gefällt dir das?
Hngh ...
TSCHLP
Ich ...
... kann nicht mehr.
Tropf
TSCHLK
Hgh!
Jetzt, wo du dich richtig daran gewöhnt hast ...
... nimmst du mich direkt viel besser.
TSCHLP
BEB
BEB
Ah!
...

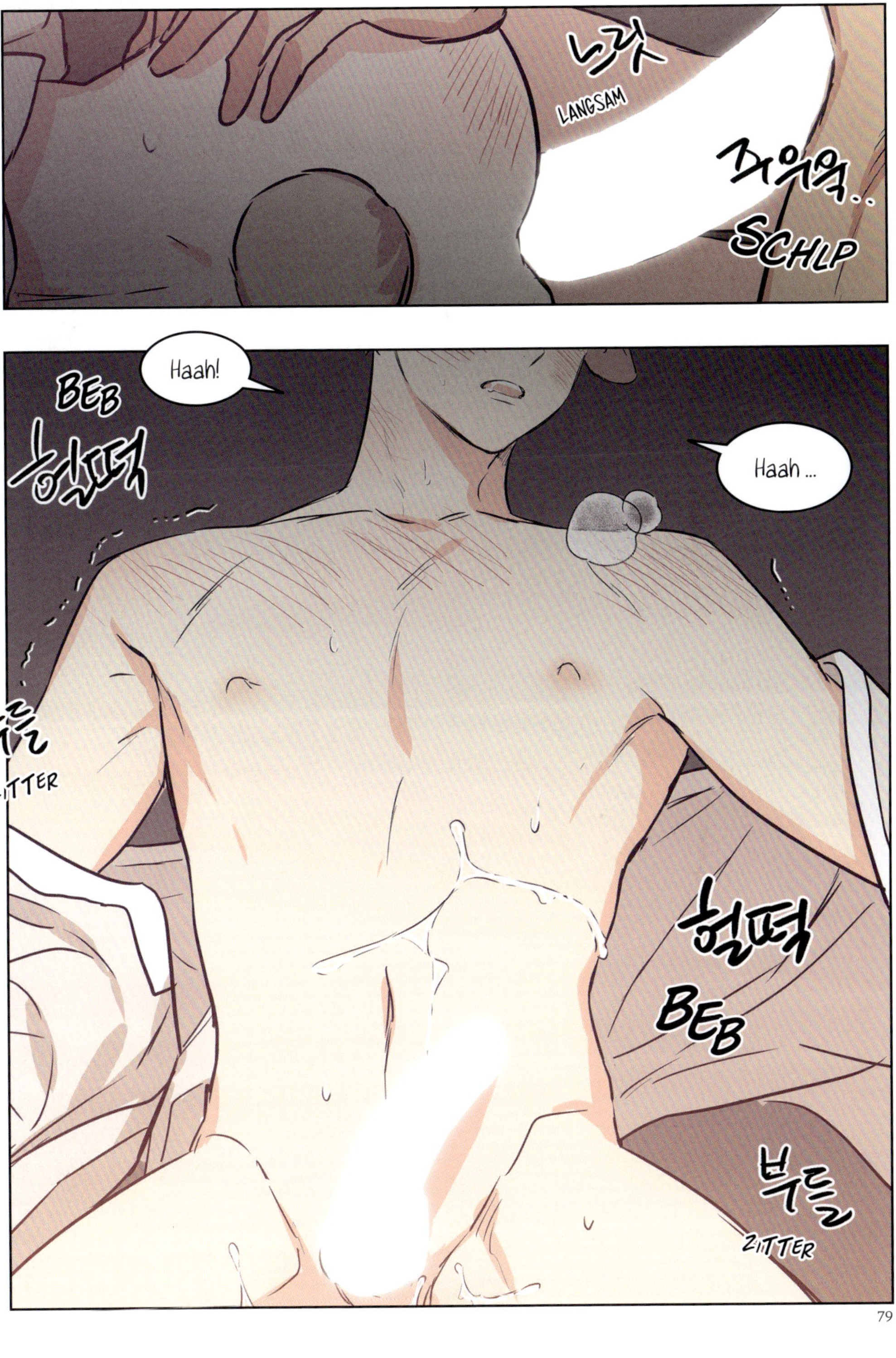
느릿
LANGSAM
즈으윽..
SCHLP
BEB
헐떡
Haah!
Haah ...
부들
ZITTER
헐떡
BEB
부들
ZITTER

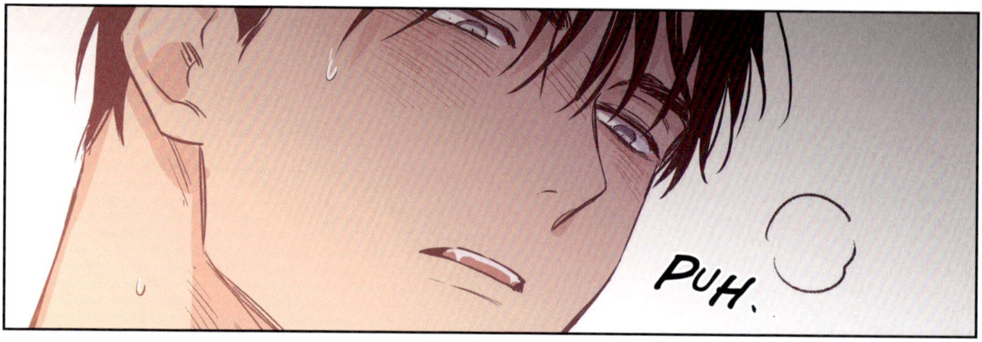
PUH.

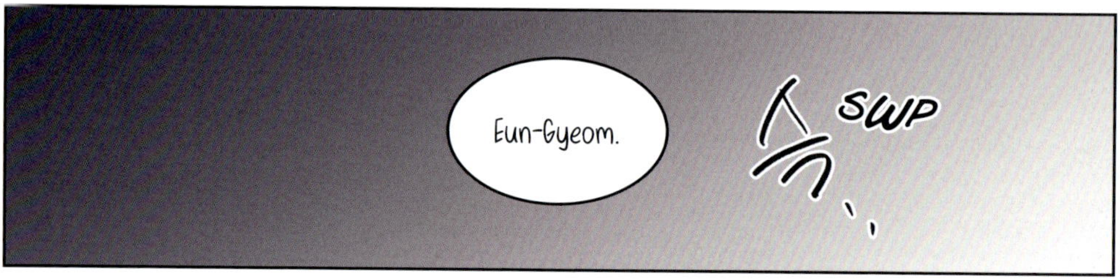
Eun-Gyeom.
SWP

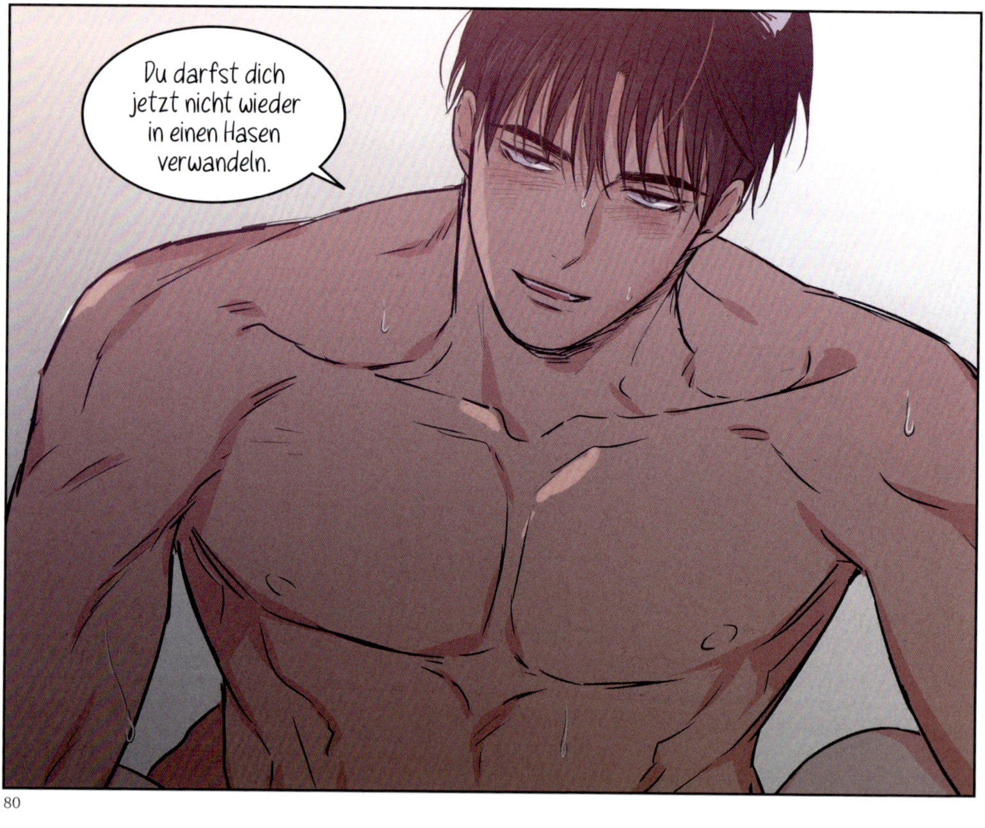
Du darfst dich jetzt nicht wieder in einen Hasen verwandeln.

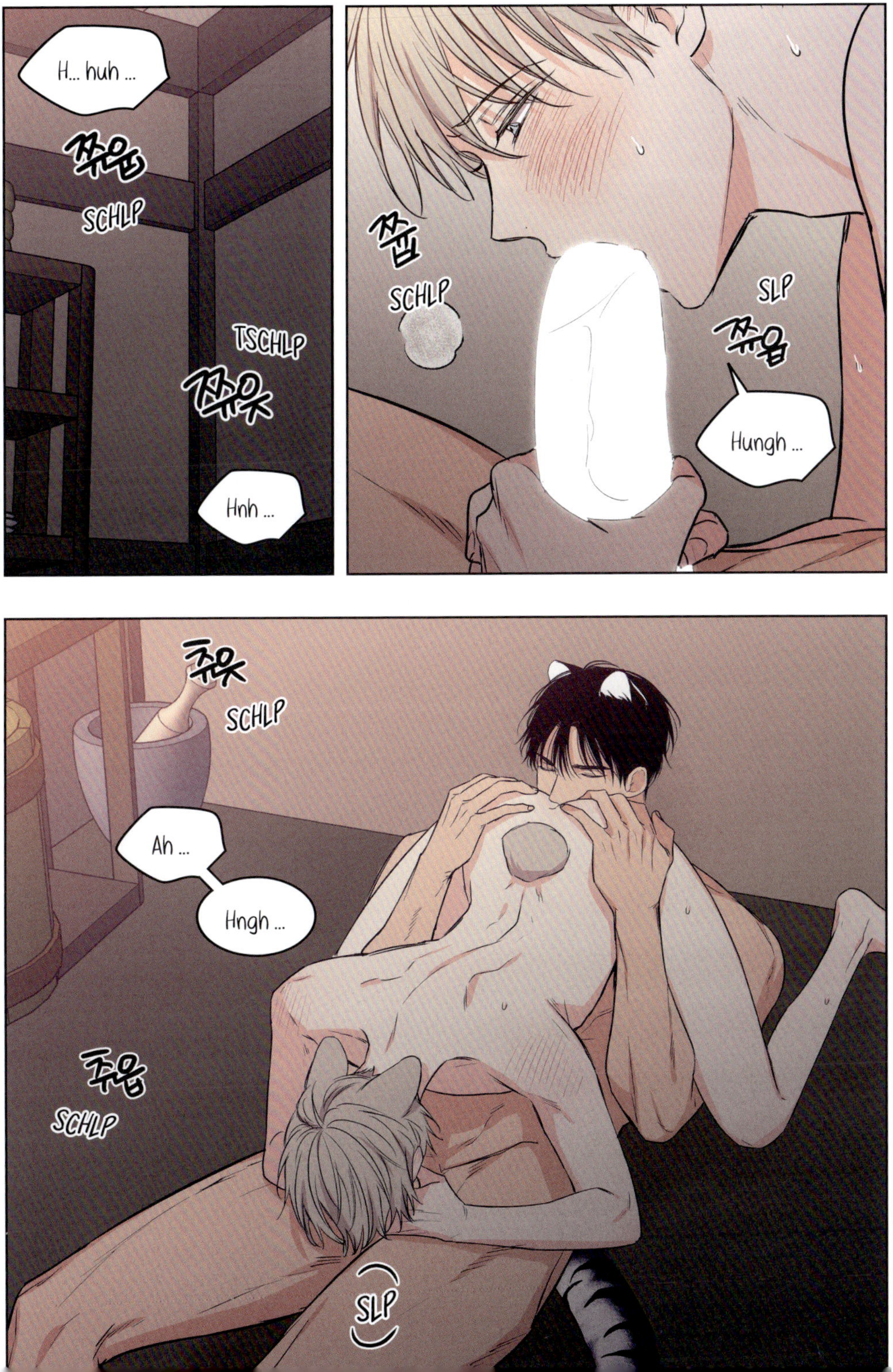
H... huh ...
SCHLP
TSCHLP
Hnh ...
SCHLP
SLP
Hungh ...
SCHLP
Ah ...
Hngh ...
SCHLP
SLP

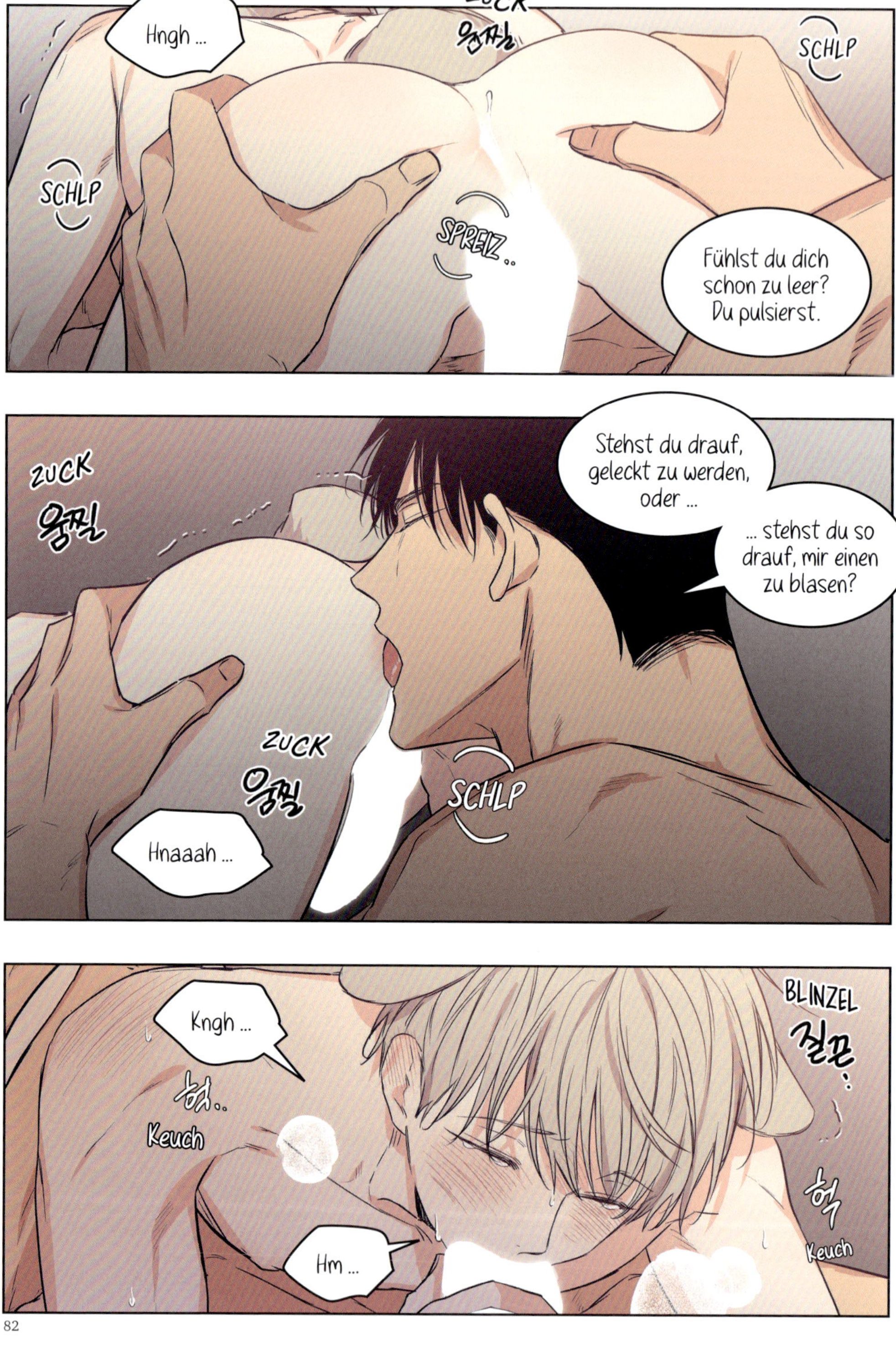
Hngh ...
ZUCK
움찔
SCHLP
SCHLP
SPREIZ ..
Fühlst du dich schon zu leer? Du pulsierst.
ZUCK
움찔
Stehst du drauf, geleckt zu werden, oder ...
... stehst du so drauf, mir einen zu blasen?
ZUCK
움찔
SCHLP
Hnaaah ...
Kngh ...
헉..
Keuch
BLINZEL
질끈..
Hm ...
헉
Keuch

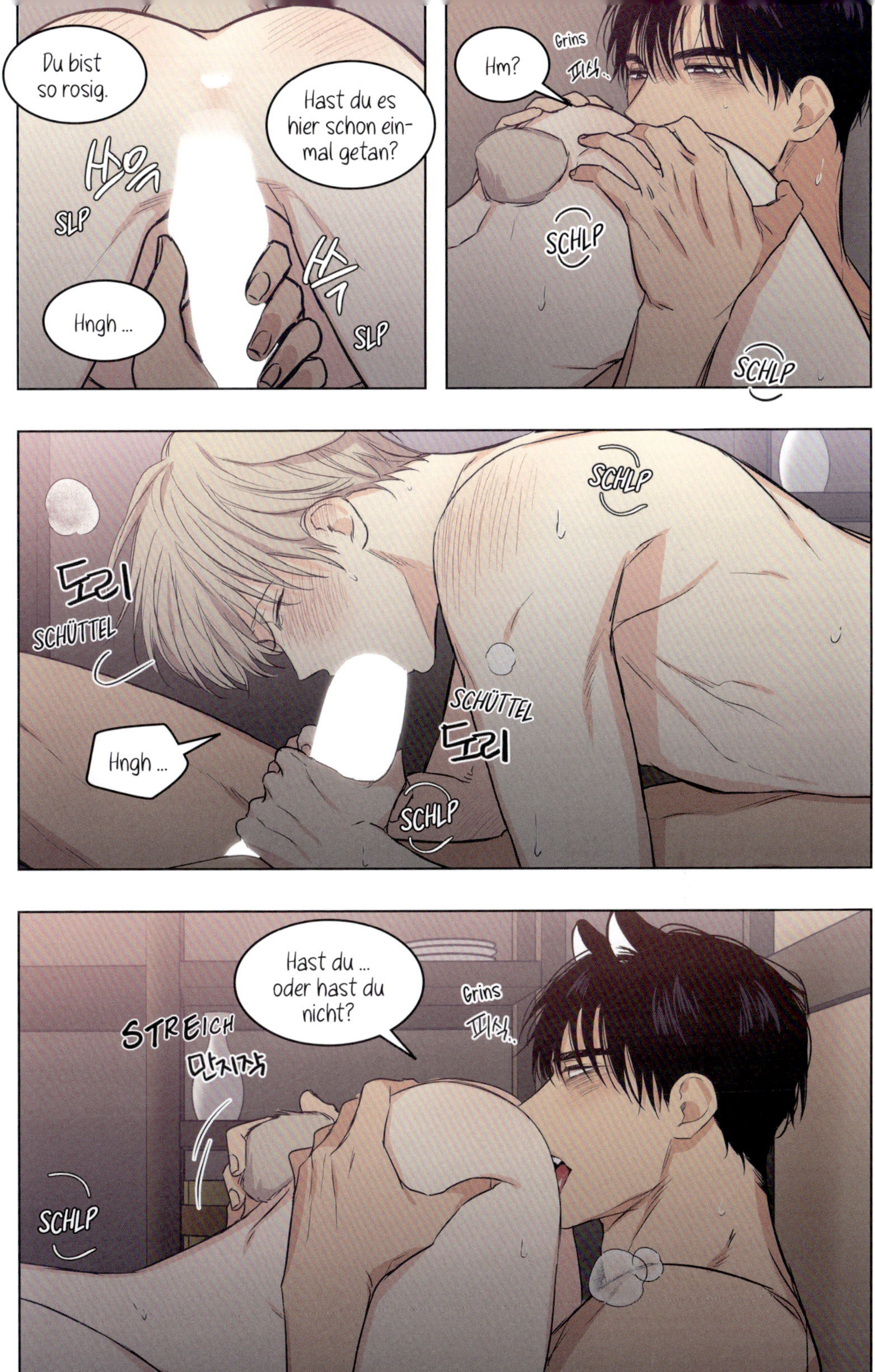

Du bist so rosig.
Hast du es hier schon einmal getan?
SLP
SLP
Hngh ...
Hm?
Grins
SCHLP
SCHLP
SCHLP
SCHÜTTEL
Hngh ...
SCHÜTTEL
SCHLP
Hast du ... oder hast du nicht?
Grins
STREICH
SCHLP

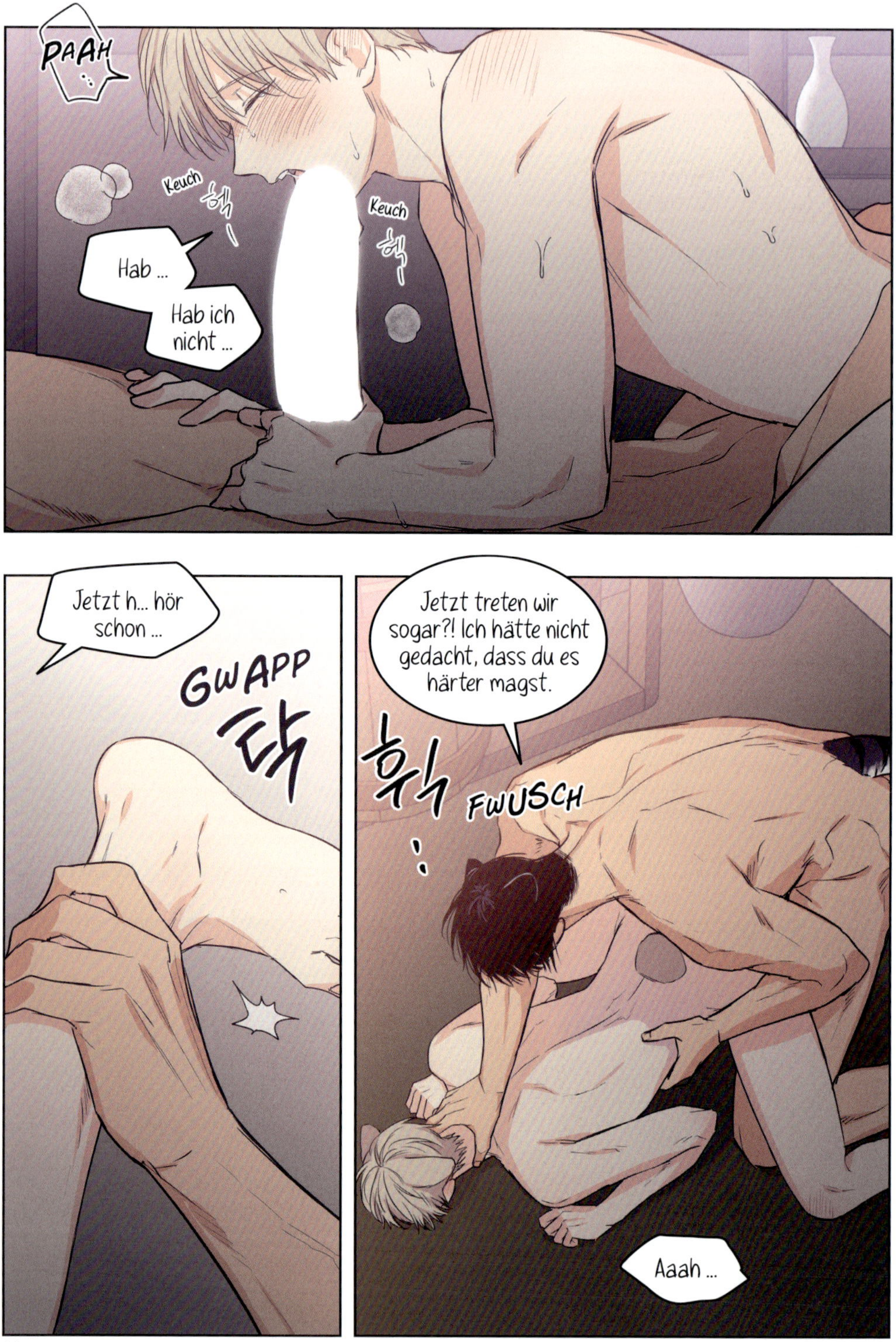
PAAH
Keuch
헥
Keuch
헥
Hab ...
Hab ich nicht ...
Jetzt h... hör schon ...
GWAPP
탁
Jetzt treten wir sogar?! Ich hätte nicht gedacht, dass du es härter magst.
훅
FWUSCH
Aaah ...

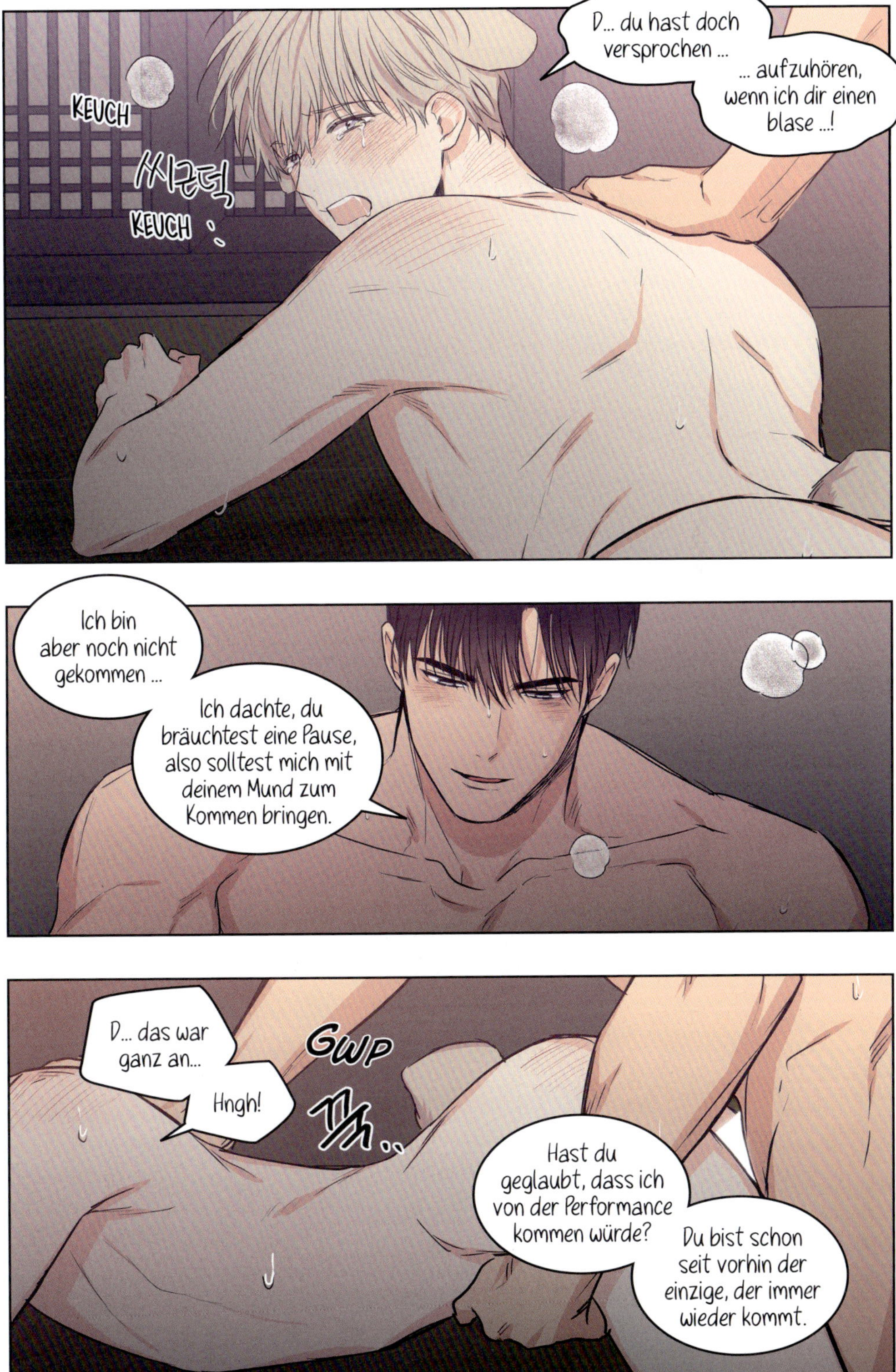

D... du hast doch versprochen ...
... aufzuhören, wenn ich dir einen blase ...!
KEUCH
씨근덕
KEUCH
Ich bin aber noch nicht gekommen ...
Ich dachte, du bräuchtest eine Pause, also solltest mich mit deinem Mund zum Kommen bringen.
D... das war ganz an...
Hngh!
GWP
Hast du geglaubt, dass ich von der Performance kommen würde?
Du bist schon seit vorhin der einzige, der immer wieder kommt.

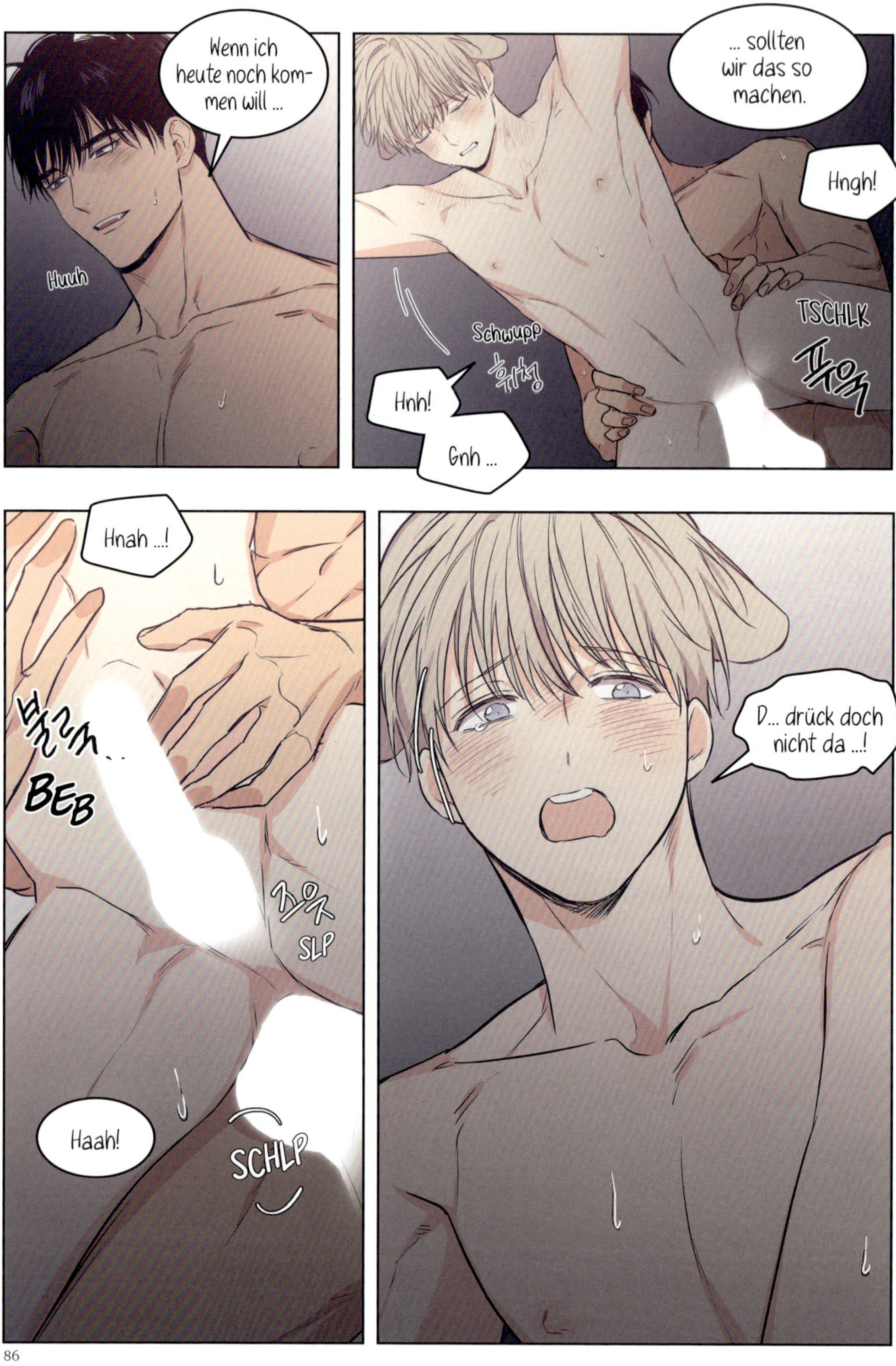
Wenn ich heute noch kommen will ...
Huuh
... sollten wir das so machen.
Hngh!
TSCHLK
Schwupp
Hnh!
Gnh ...
Hnah ...!
BEB
SLP
Haah!
SCHLP
D... drück doch nicht da ...!

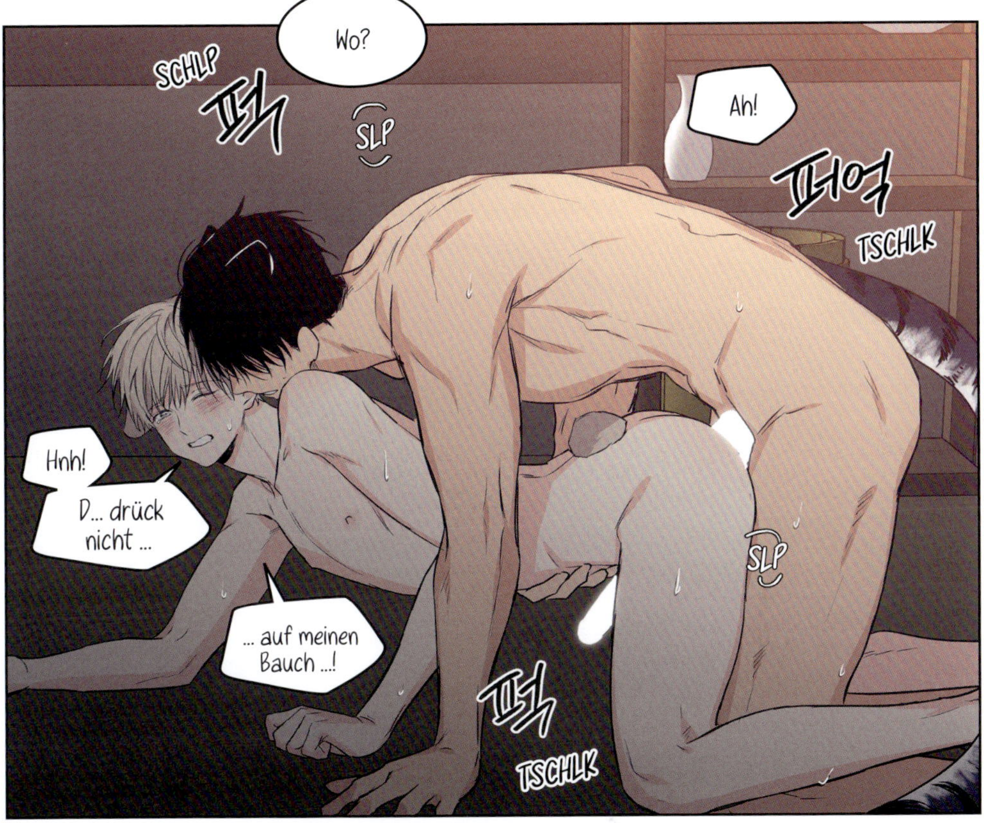
Wo?
SCHLP
퍽
SLP
Ah!
퍼억
TSCHLK
Hnh!
D... drück nicht ...
... auf meinen Bauch ...!
SLP
퍽
TSCHLK

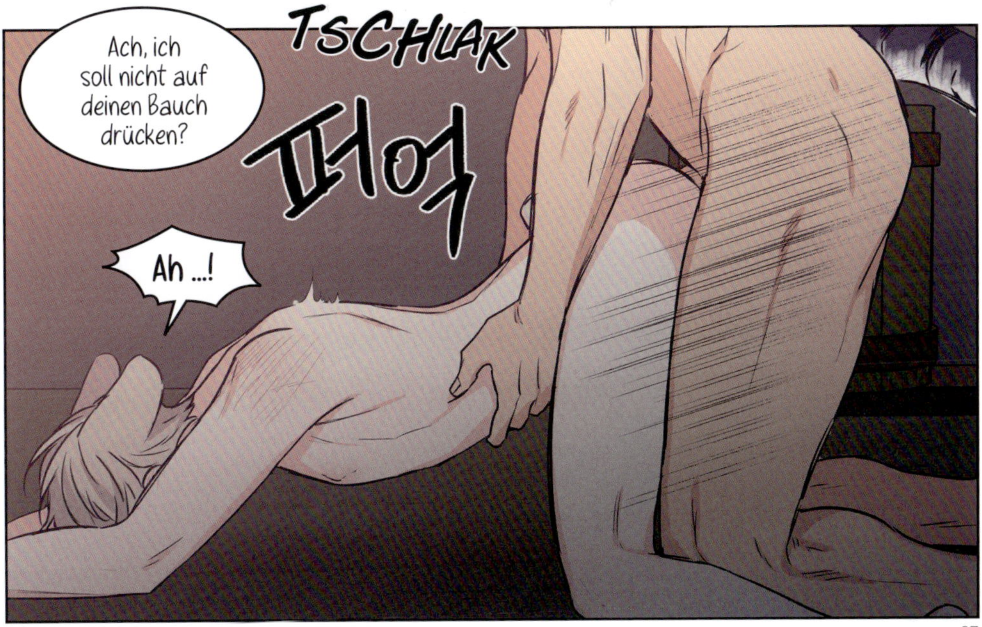
TSCHLAK
Ach, ich soll nicht auf deinen Bauch drücken?
퍼억
Ah ...!

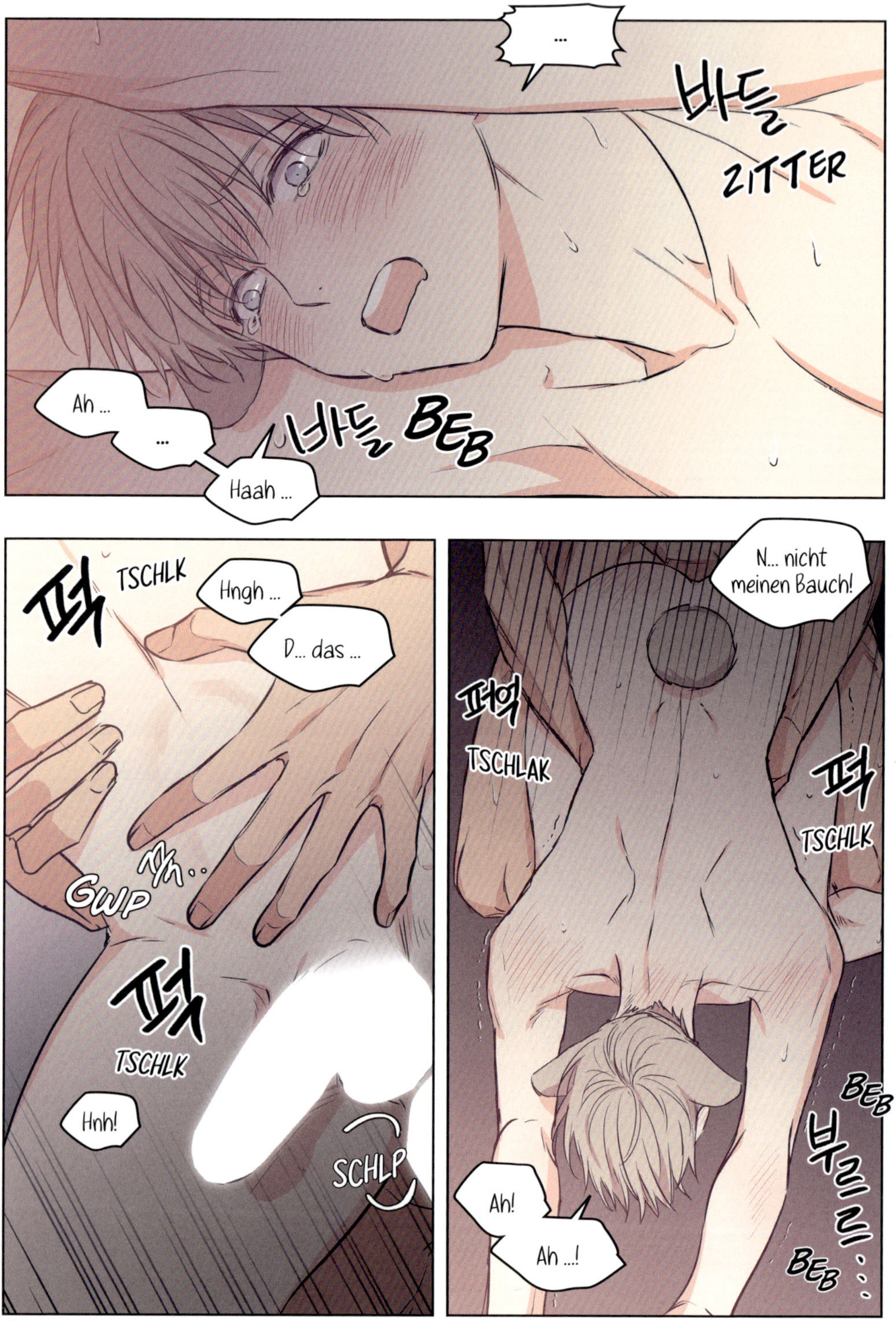
...
바들
ZITTER
Ah ...
...
Haah ...
바들
BEB
퍽
TSCHLK
Hngh ...
D... das ...
GWP
퍽
TSCHLK
Hnh!
SCHLP
N... nicht meinen Bauch!
퍼억
TSCHLAK
퍽
TSCHLK
BEB
부르르
BEB
Ah!
Ah ...!

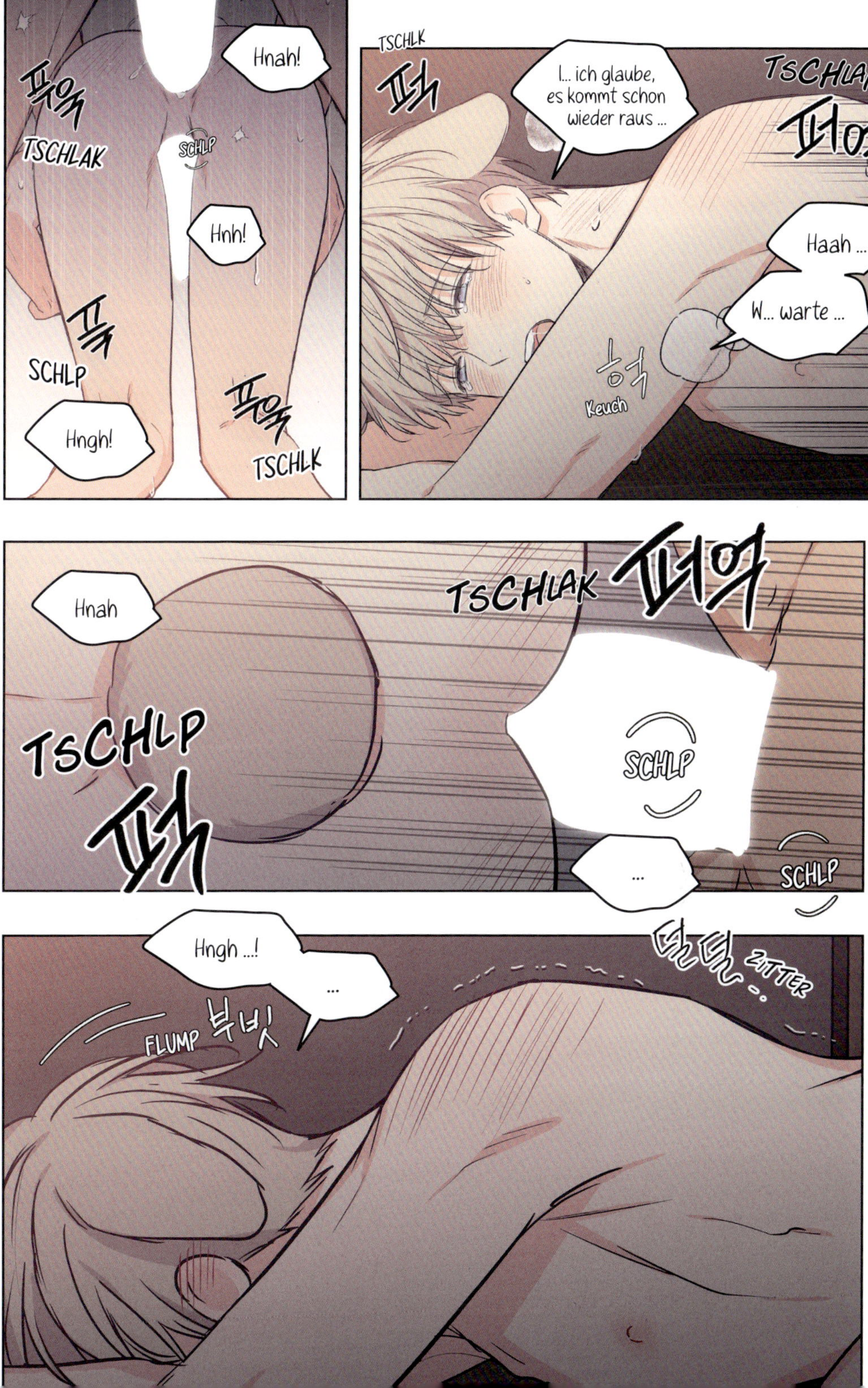
Hnah!
퓩욱
TSCHLAK
SCHLP
Hnh!
퓩
SCHLP
퓩욱
TSCHLK
Hngh!
TSCHLK
퍽
I... ich glaube, es kommt schon wieder raus ...
TSCHLAK
퍼억
Haah ...
W... warte ...
헉
Keuch
Hnah
TSCHLAK
퍼억
TSCHLP
퍽
SCHLP
...
SCHLP
Hngh ...!
...
FLUMP
부빗
덜덜
ZITTER

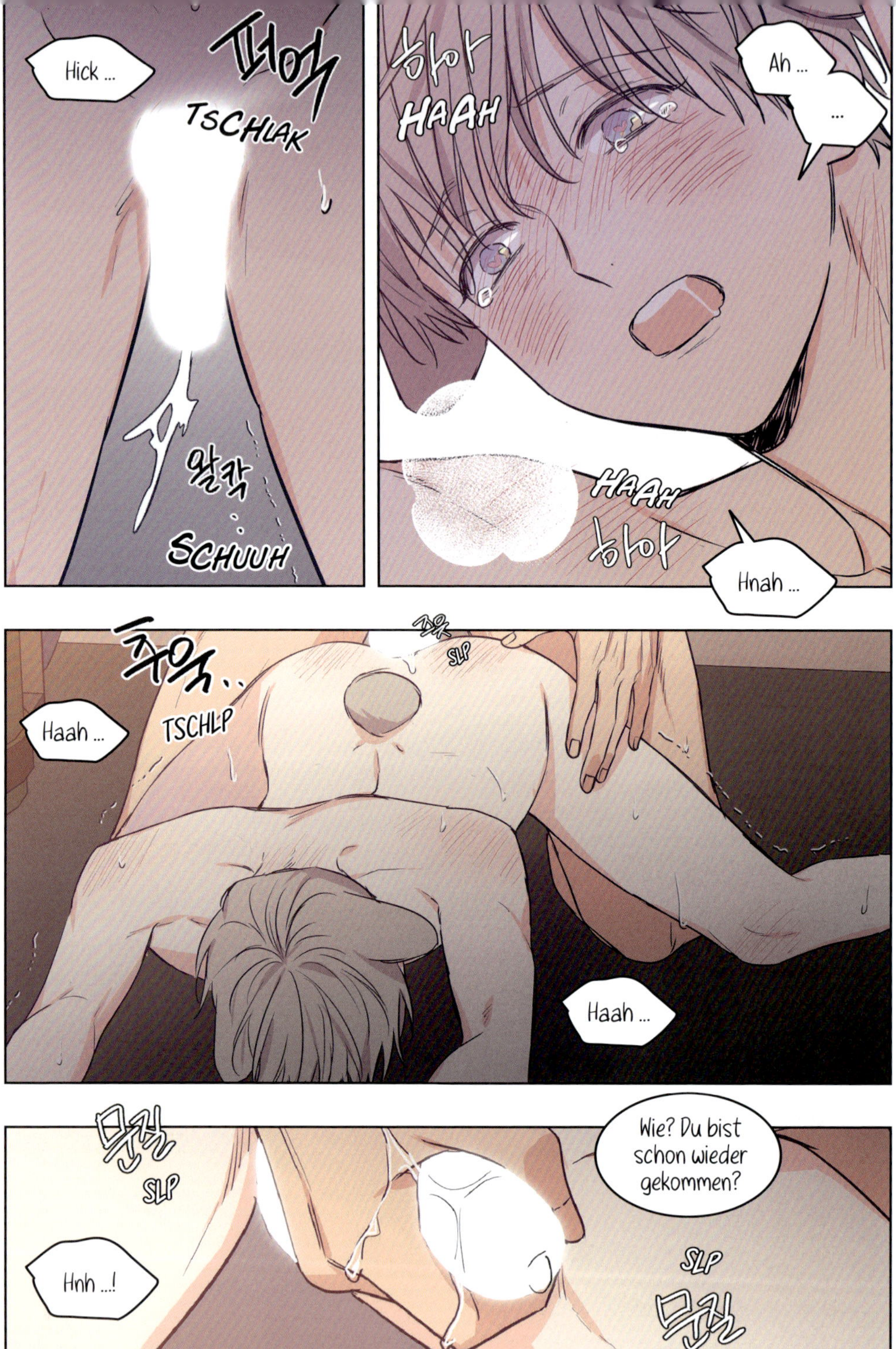

Hick ...
펴억
TSCHLAK
왈칵
SCHUUH
하아
HAAH
Ah ...
...
HAAH
하아
Hnah ...
SLP
TSCHLP
Haah ...
Haah ...
문질
SLP
Wie? Du bist schon wieder gekommen?
Hnh ...!
SLP
문질

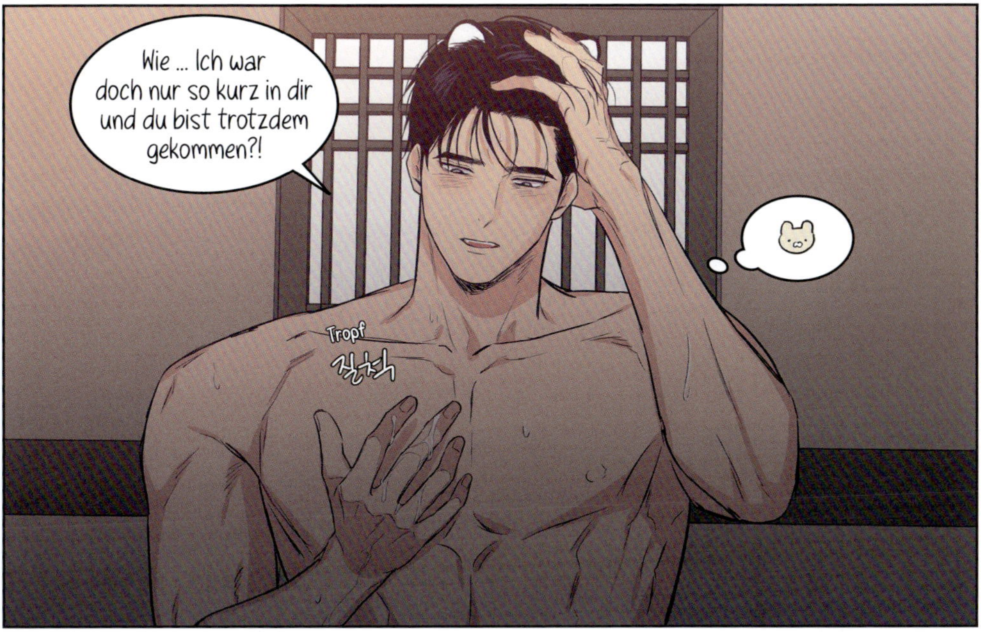
Wie ... Ich war doch nur so kurz in dir und du bist trotzdem gekommen?!
Tropf
질척

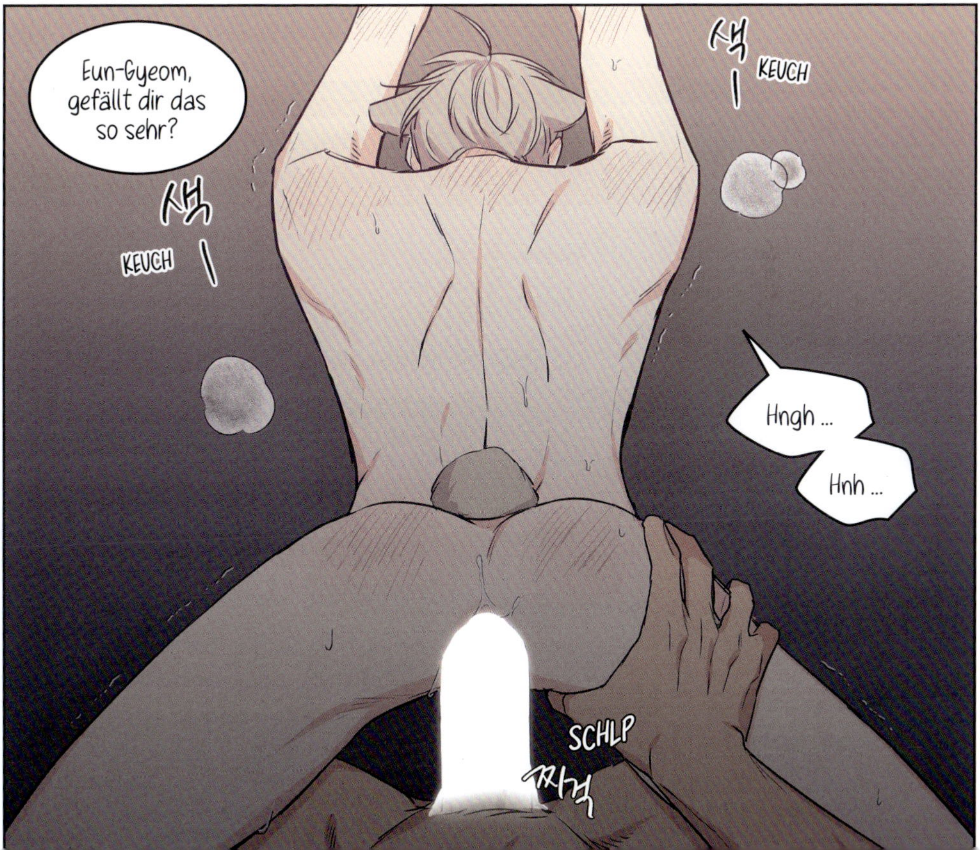
Eun-Gyeom, gefällt dir das so sehr?
색-
KEUCH
색-
KEUCH
Hngh ...
Hnh ...
SCHLP
찌걱

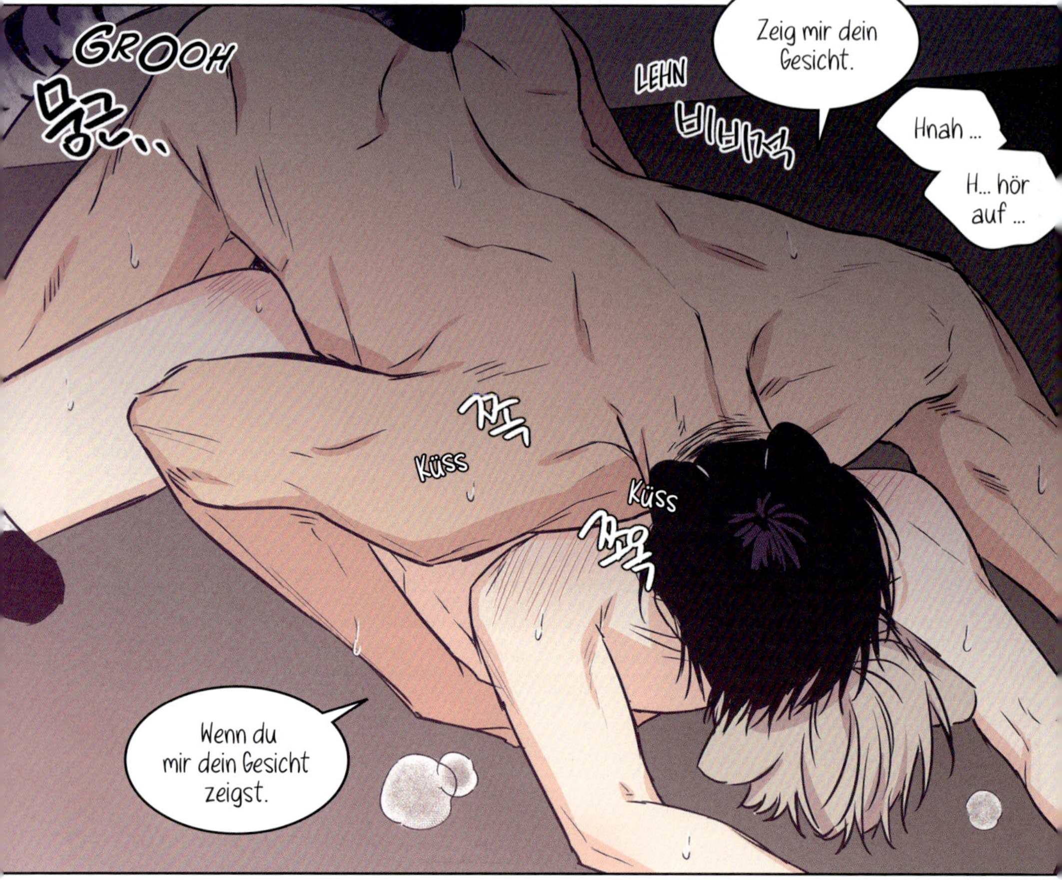
GROOH
LEHN
비비적
Zeig mir dein Gesicht.
Hnah ...
H... hör auf ...
Küss
Küss
Wenn du mir dein Gesicht zeigst.

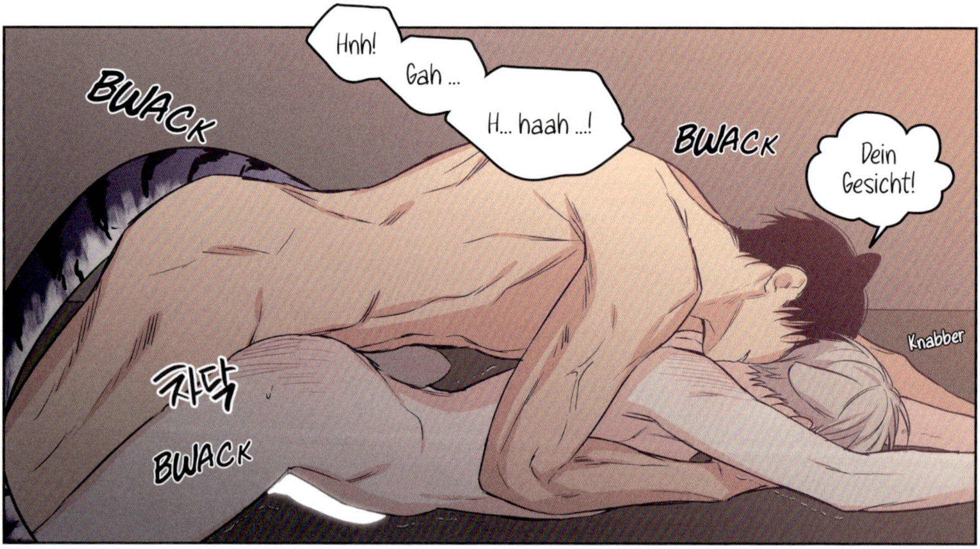
BWACK
Hnh!
Gah ...
H... haah ...!
BWACK
Dein Gesicht!
Knabber
BWACK

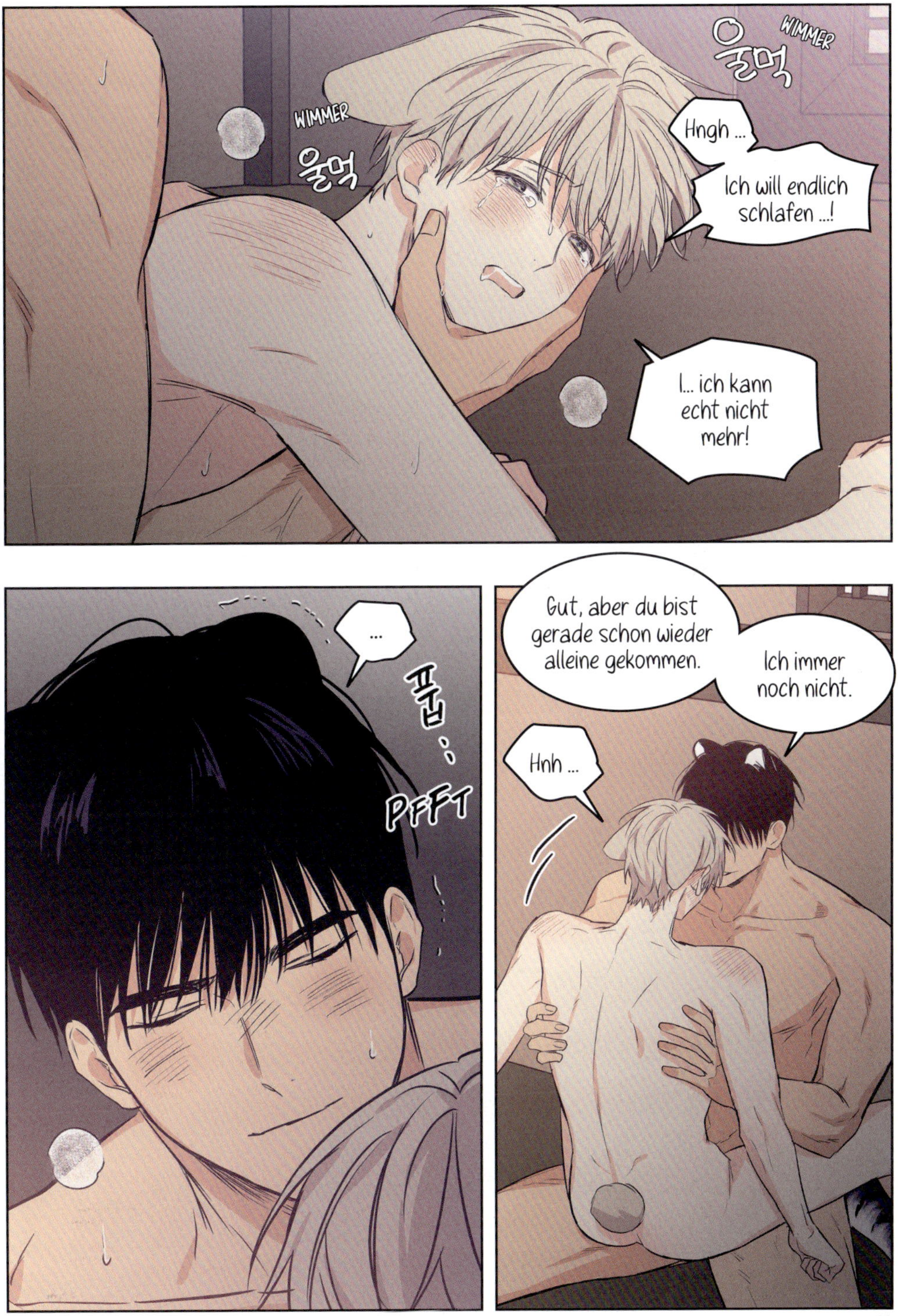
WIMMER
울먹
WIMMER
울먹
Hngh ...
Ich will endlich schlafen ...!
I... ich kann echt nicht mehr!
...
풉
PFFT
Gut, aber du bist gerade schon wieder alleine gekommen.
Ich immer noch nicht.
Hnh ...

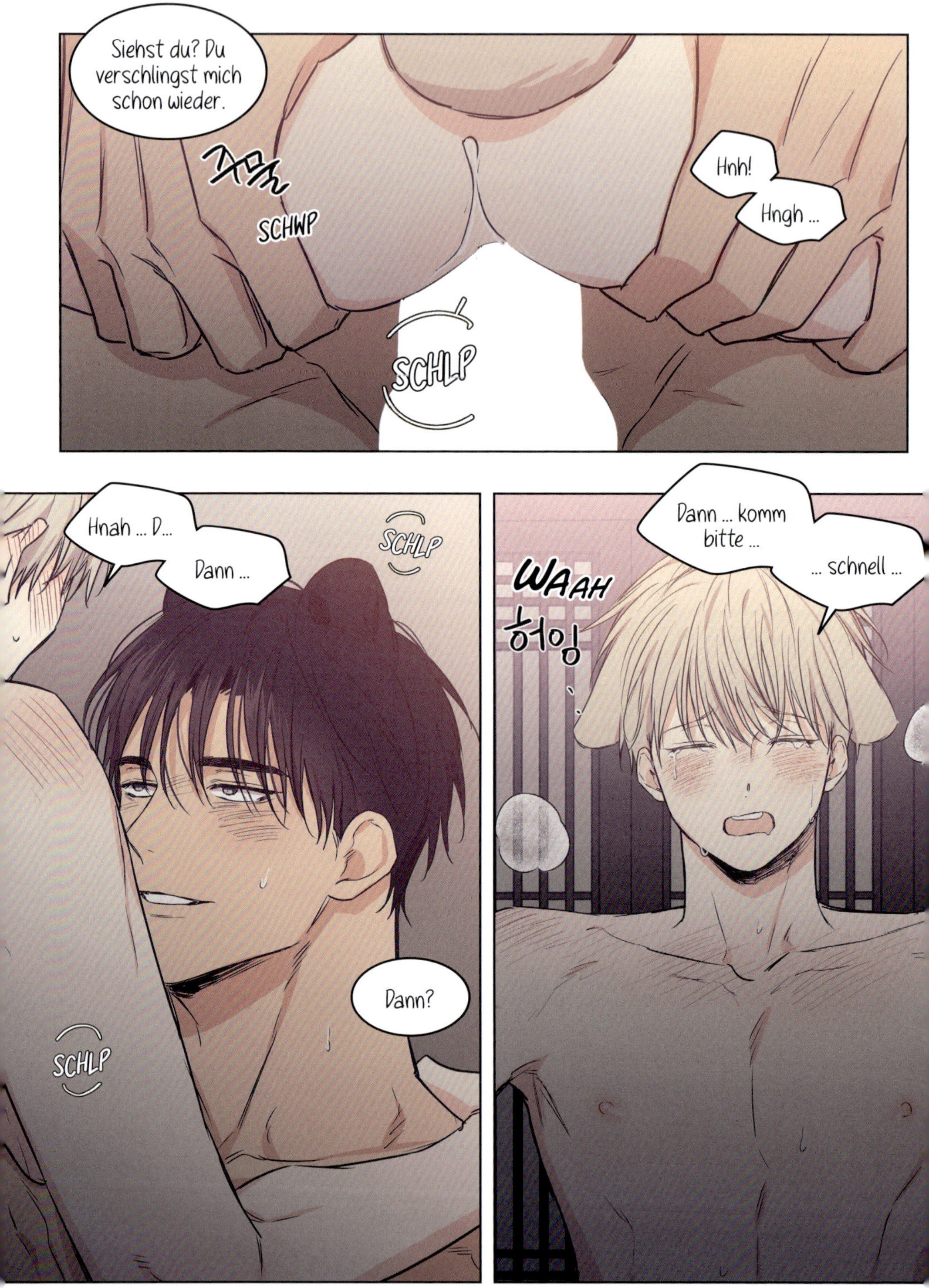

Siehst du? Du verschlingst mich schon wieder.
주물
SCHWP
Hnh!
Hngh ...
SCHLP
Hnah ... D...
Dann ...
SCHLP
Dann?
SCHLP
Dann ... komm bitte ...
... schnell ...
WAAH
허잉

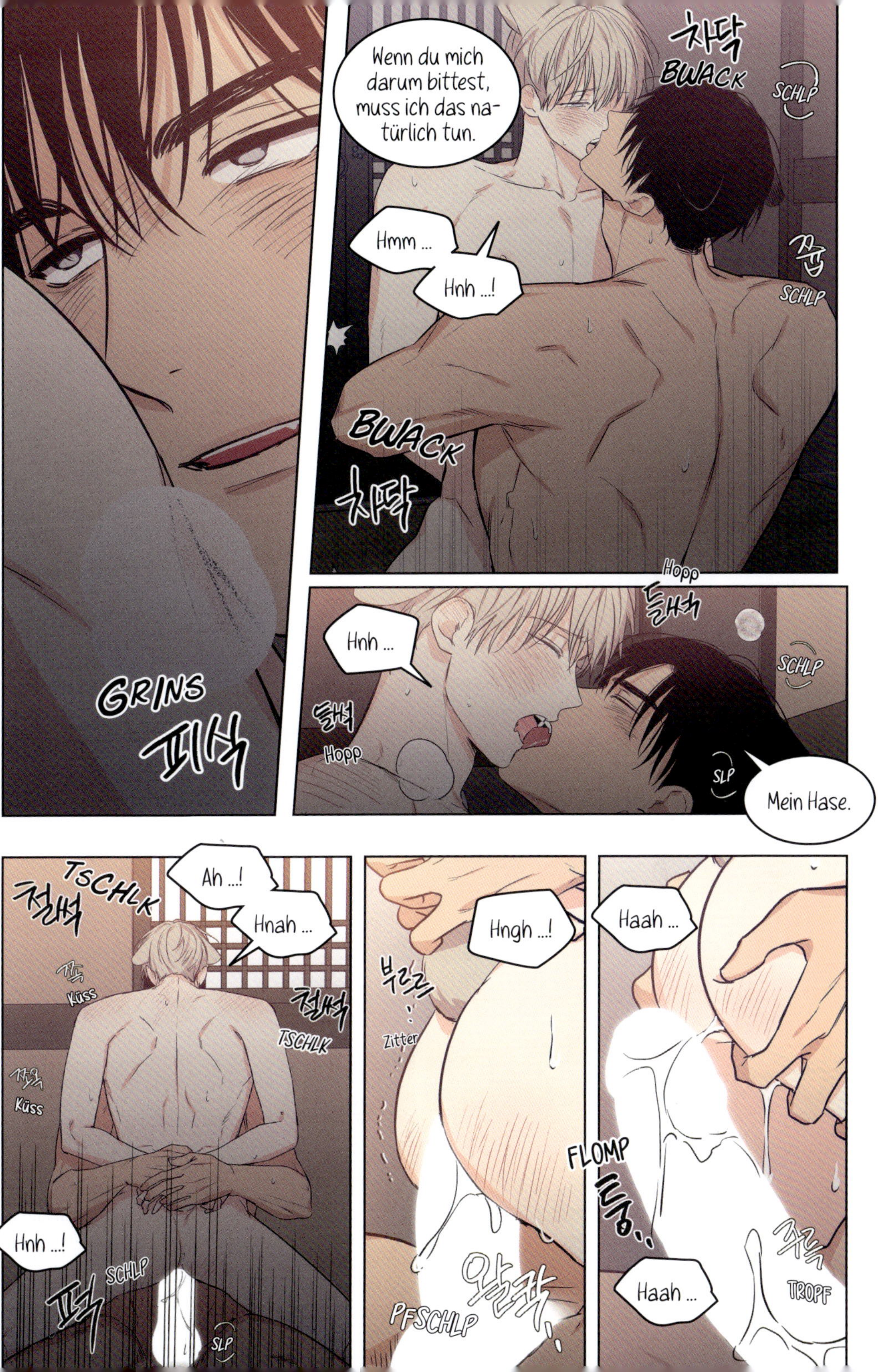

GRINS
피식
Wenn du mich darum bittest, muss ich das natürlich tun.
차닥
BWACK
SCHLP
Hmm ...
Hnh ...!
SCHLP
BWACK
차닥
Hopp
SCHLP
Hnh ...
Hopp
SLP
Mein Hase.
TSCHLK
철썩
Ah ...!
Hnah ...
Küss
철썩
TSCHLK
Küss
Hnh ...!
SCHLP
SLP
Hngh ...!
Zitter
FLOMP
PFSCHLP
Haah ...
Haah ...
TROPF

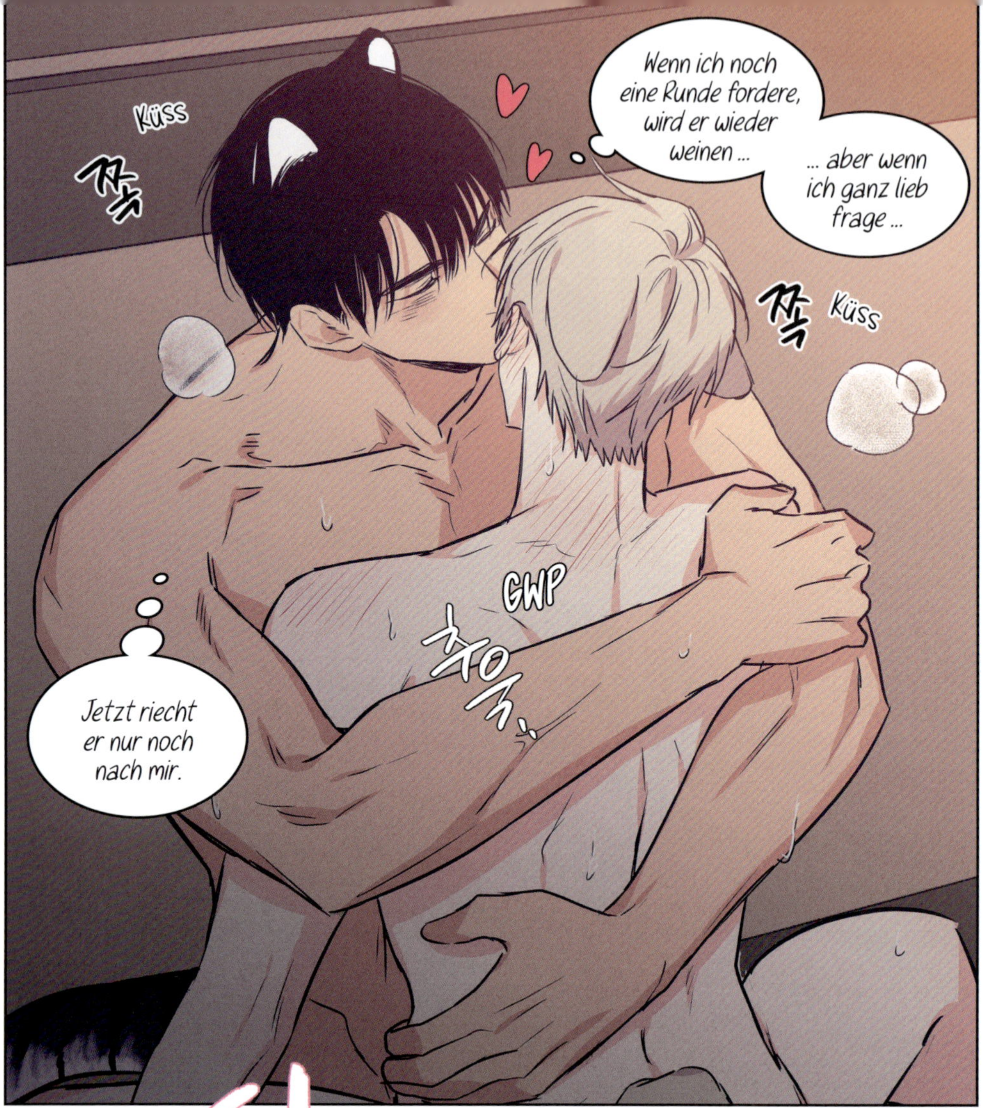
Küss
쪽
Wenn ich noch eine Runde fordere, wird er wieder weinen ...
... aber wenn ich ganz lieb frage ...
쪽
Küss
GWP
Jetzt riecht er nur noch nach mir.

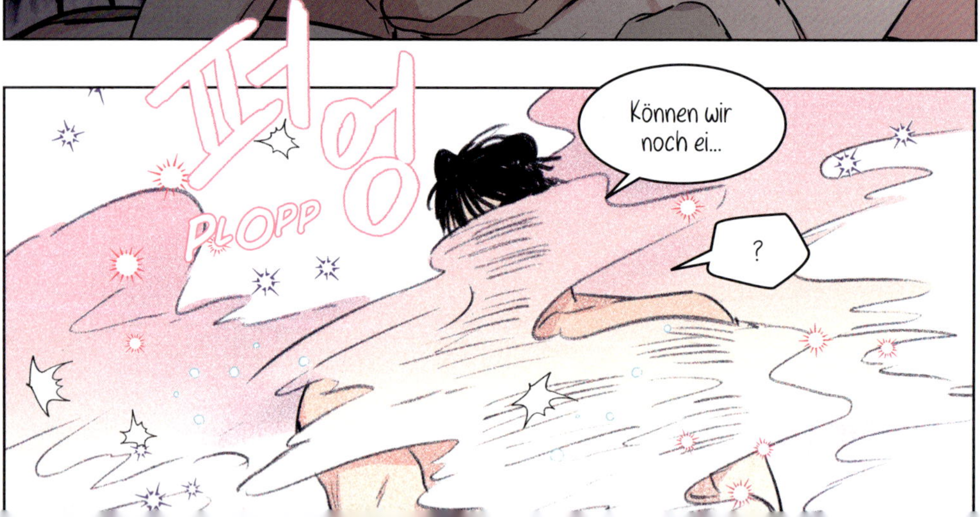
펑
PLOPP
Können wir noch ei...
?

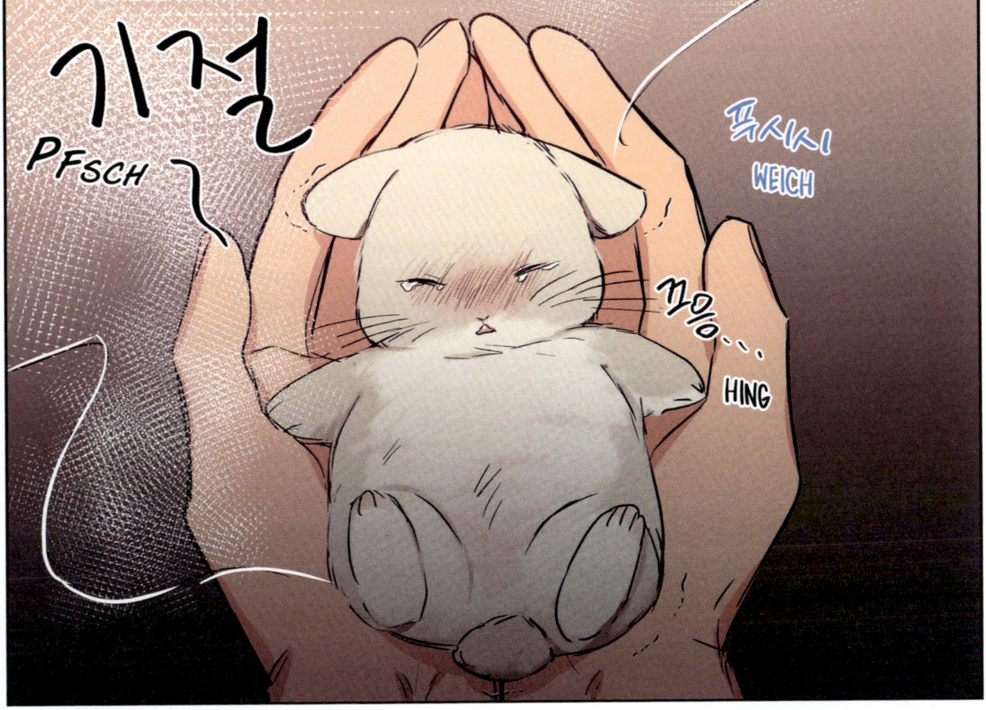
기절
PFSCH
푸시시
WEICH
끄응...
HING

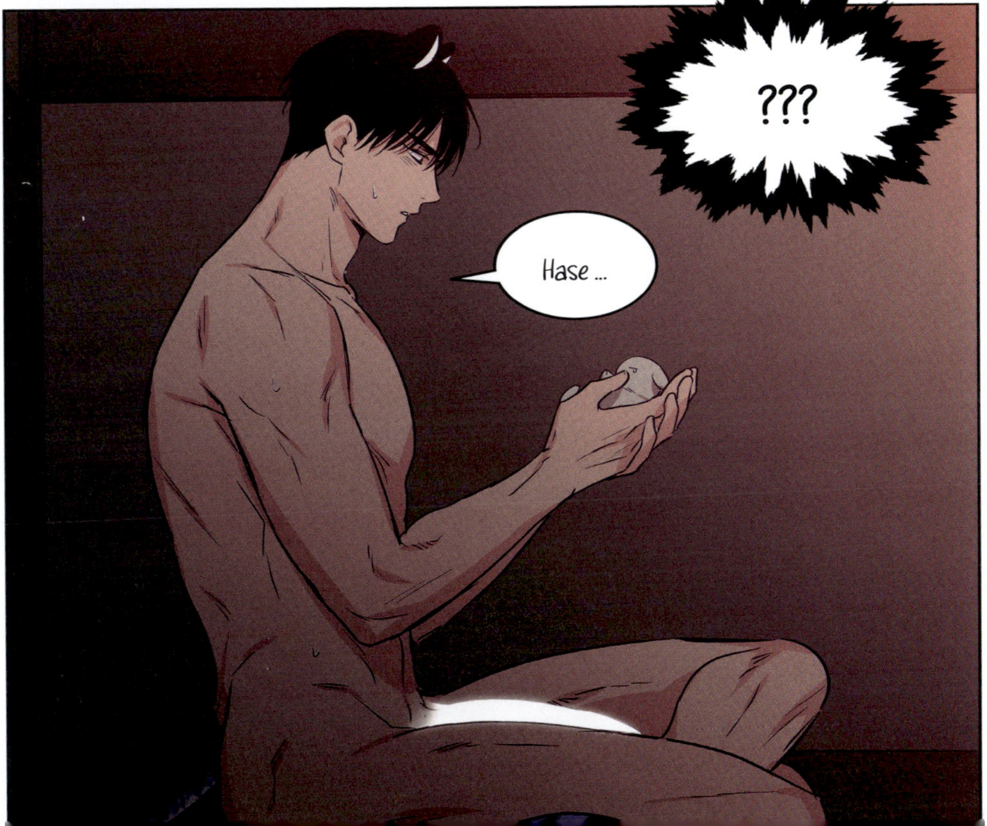
???
Hase ...

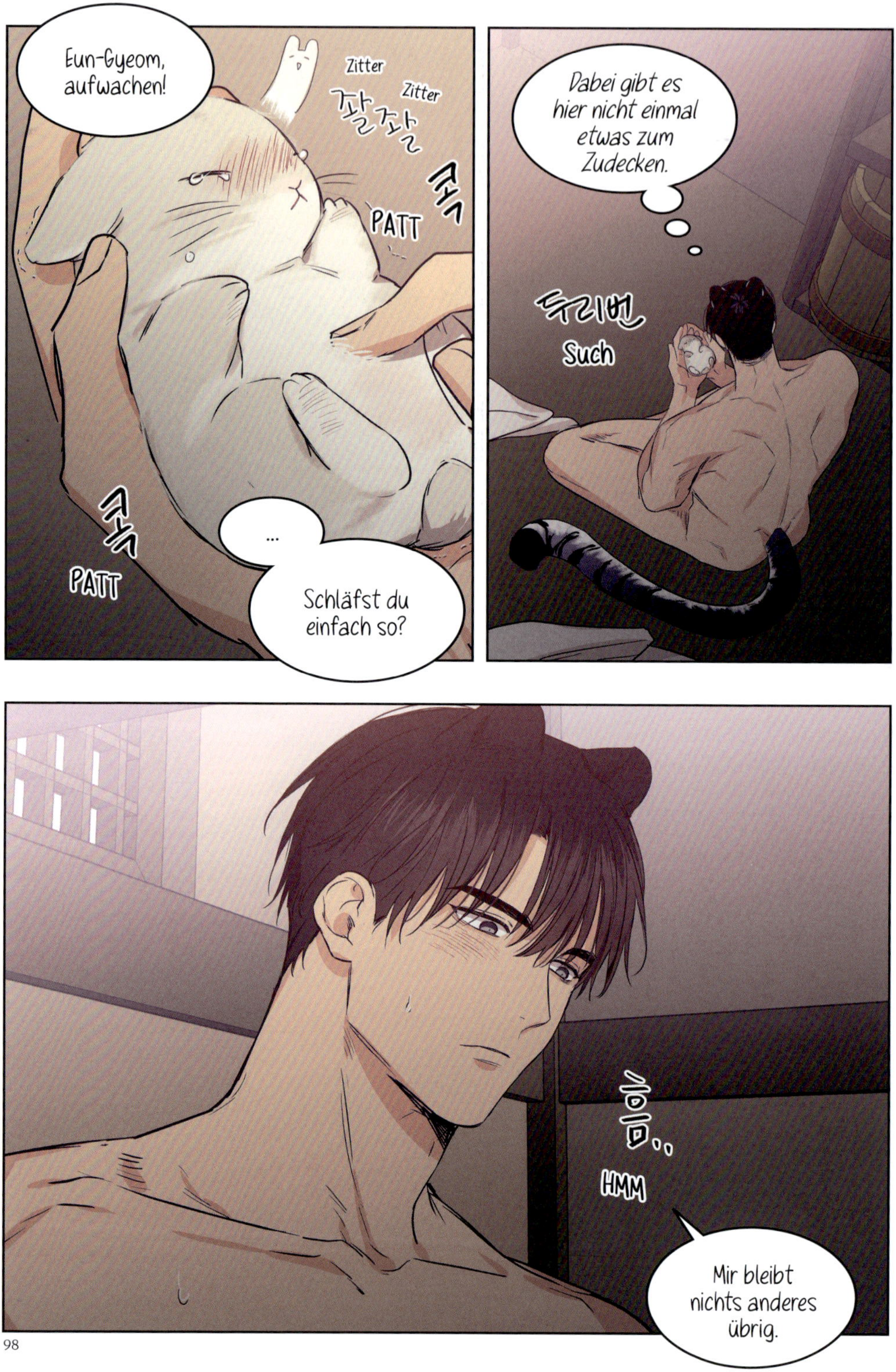
Eun-Gyeom, aufwachen!
Zitter
Zitter
콕
PATT
콕
PATT
...
Schläfst du einfach so?
Dabei gibt es hier nicht einmal etwas zum Zudecken.
두리번
Such
흠..
HMM
Mir bleibt nichts anderes übrig.

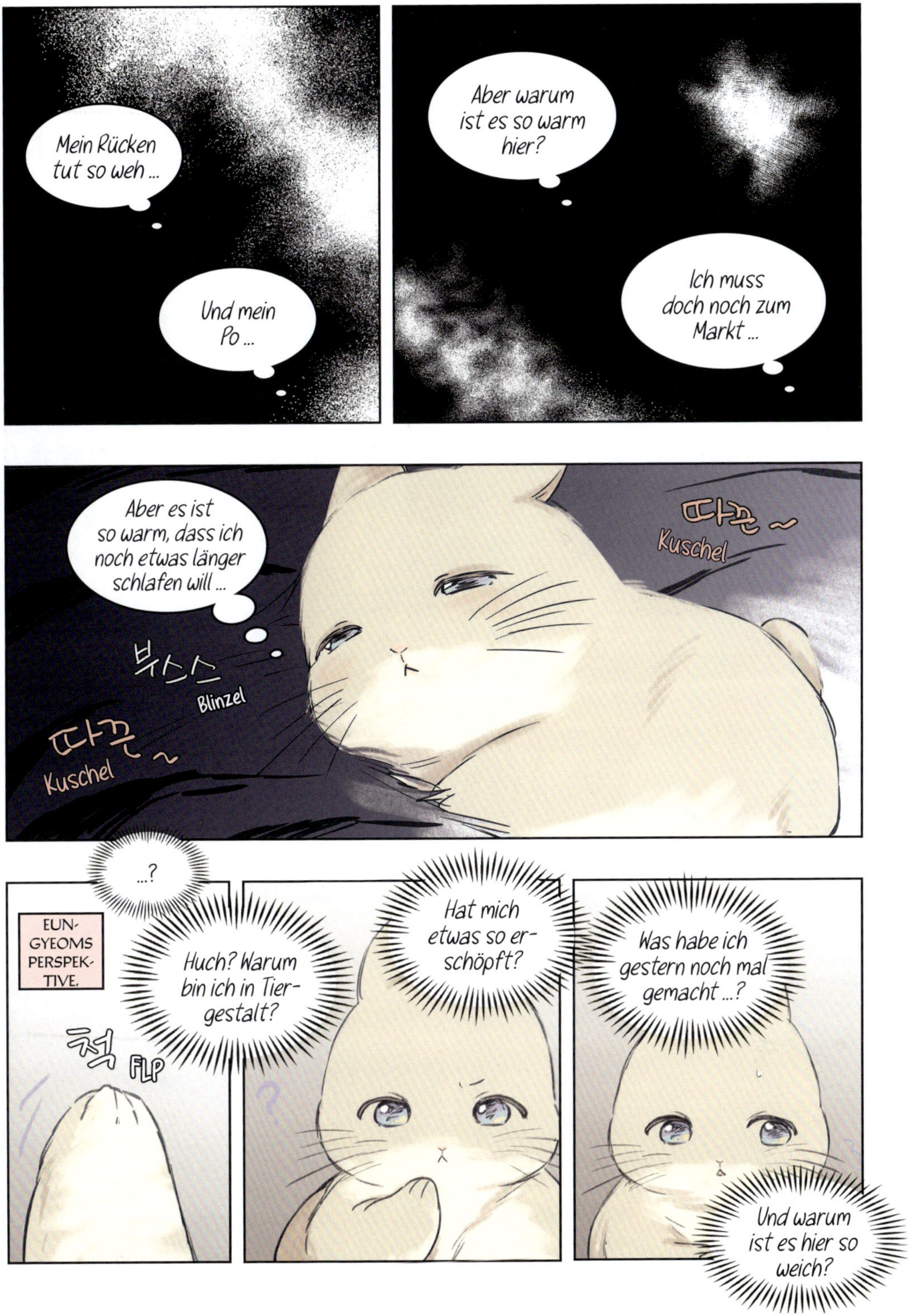
Mein Rücken tut so weh ...
Und mein Po ...
Aber warum ist es so warm hier?
Ich muss doch noch zum Markt ...
Aber es ist so warm, dass ich noch etwas länger schlafen will ...
따끈 ~
Kuschel
부스스
Blinzel
따끈 ~
Kuschel
...?
EUN-GYEOMS PERSPEK-TIVE.
Huch? Warum bin ich in Tier-gestalt?
척
FLP
Hat mich etwas so er-schöpft?
Was habe ich gestern noch mal gemacht ...?
Und warum ist es hier so weich?

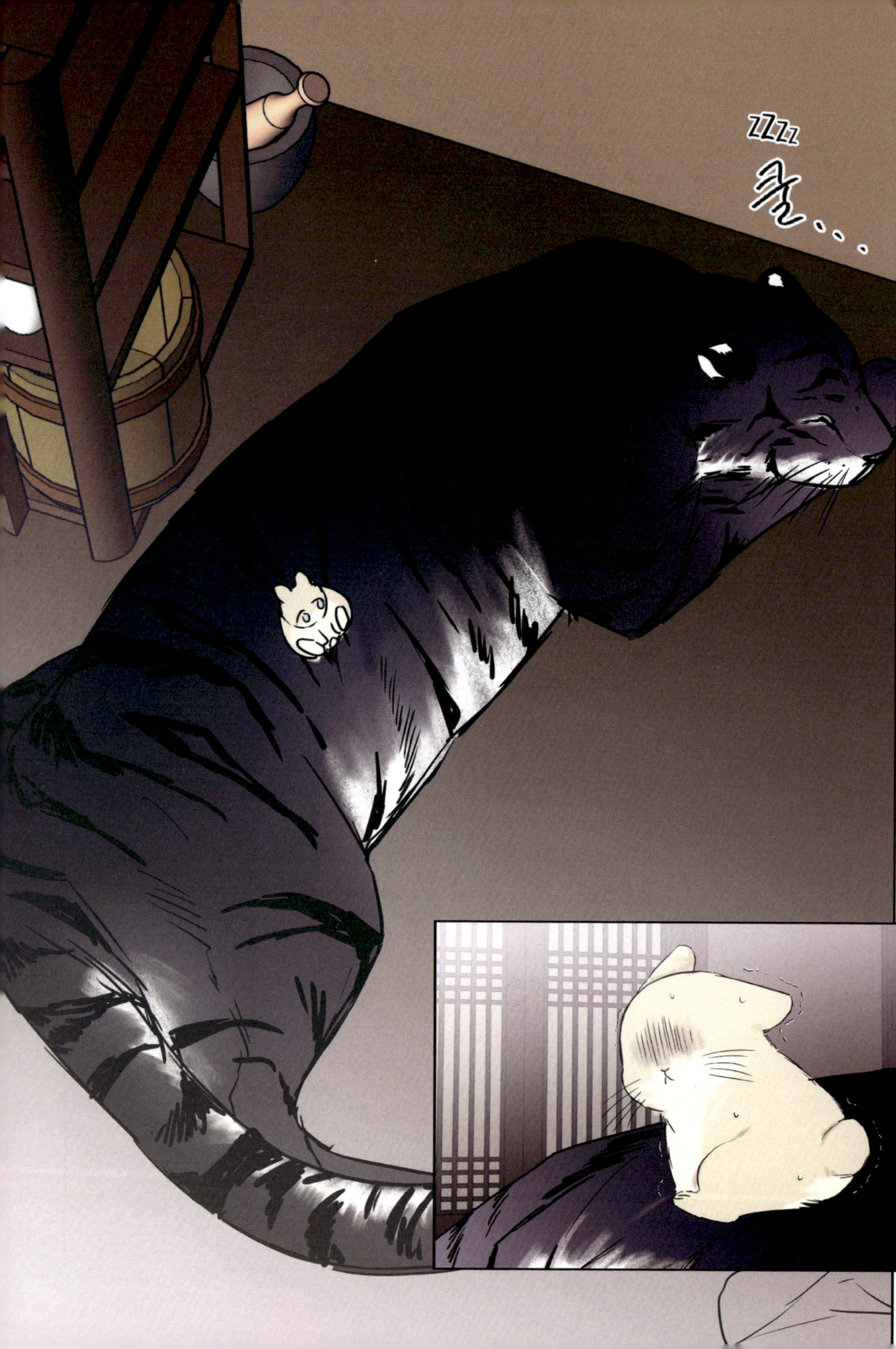
zzzz
쿨...

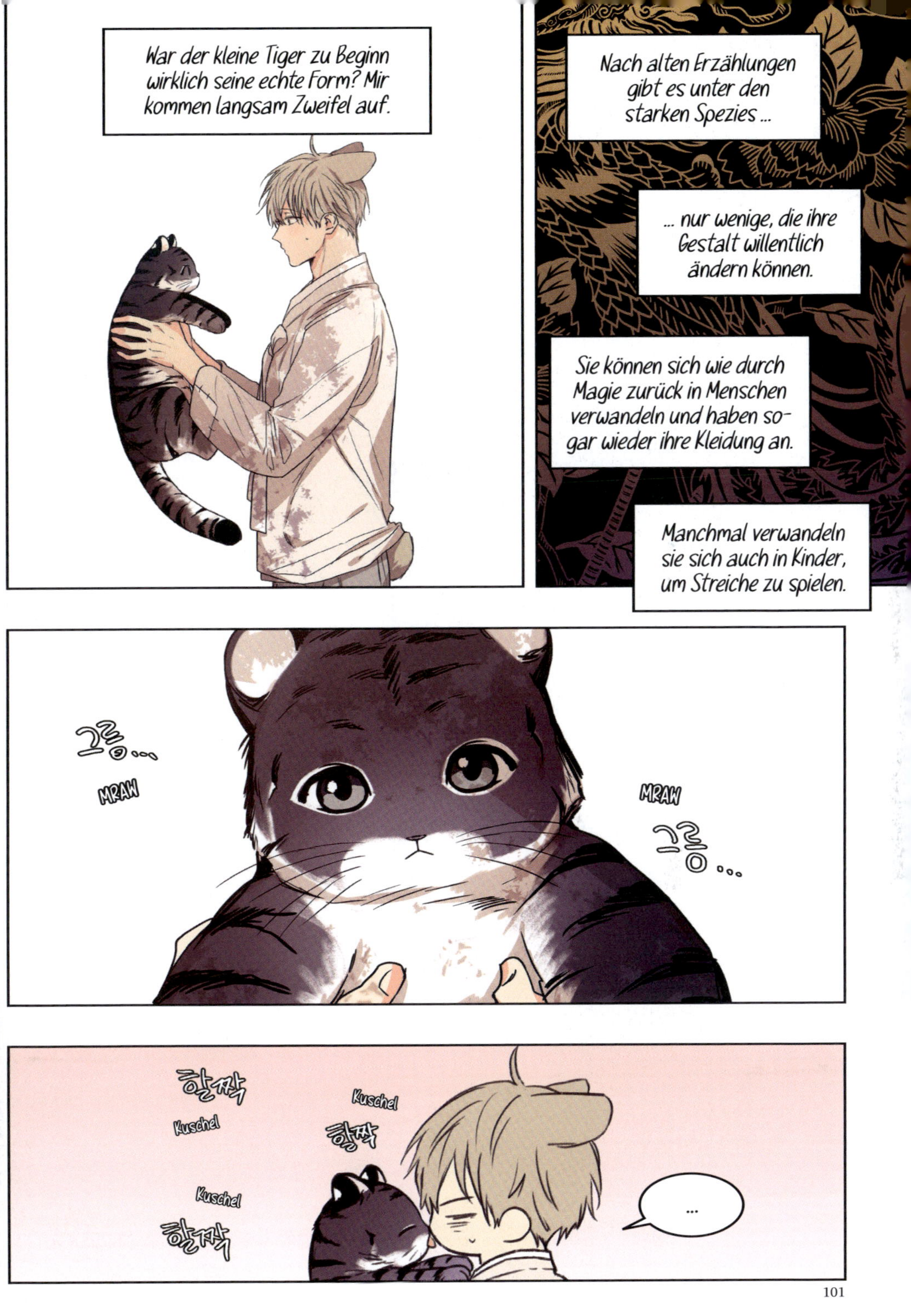
War der kleine Tiger zu Beginn wirklich seine echte Form? Mir kommen langsam Zweifel auf.
Nach alten Erzählungen gibt es unter den starken Spezies ...
... nur wenige, die ihre Gestalt willentlich ändern können.
Sie können sich wie durch Magie zurück in Menschen verwandeln und haben sogar wieder ihre Kleidung an.
Manchmal verwandeln sie sich auch in Kinder, um Streiche zu spielen.
그릉...
MRAW
MRAW
그릉...
할짝
Kuschel
Kuschel
할짝
Kuschel
할짝
...

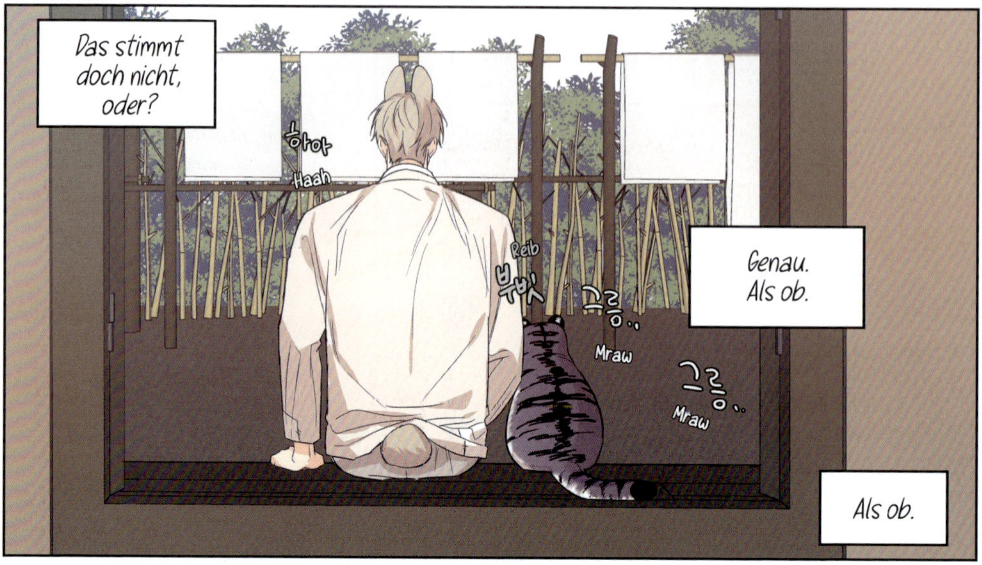
Das stimmt doch nicht, oder?
하아
Haah
Reib
부빗
그릉..
Mraw
그릉..
Mraw
Genau. Als ob.
Als ob.

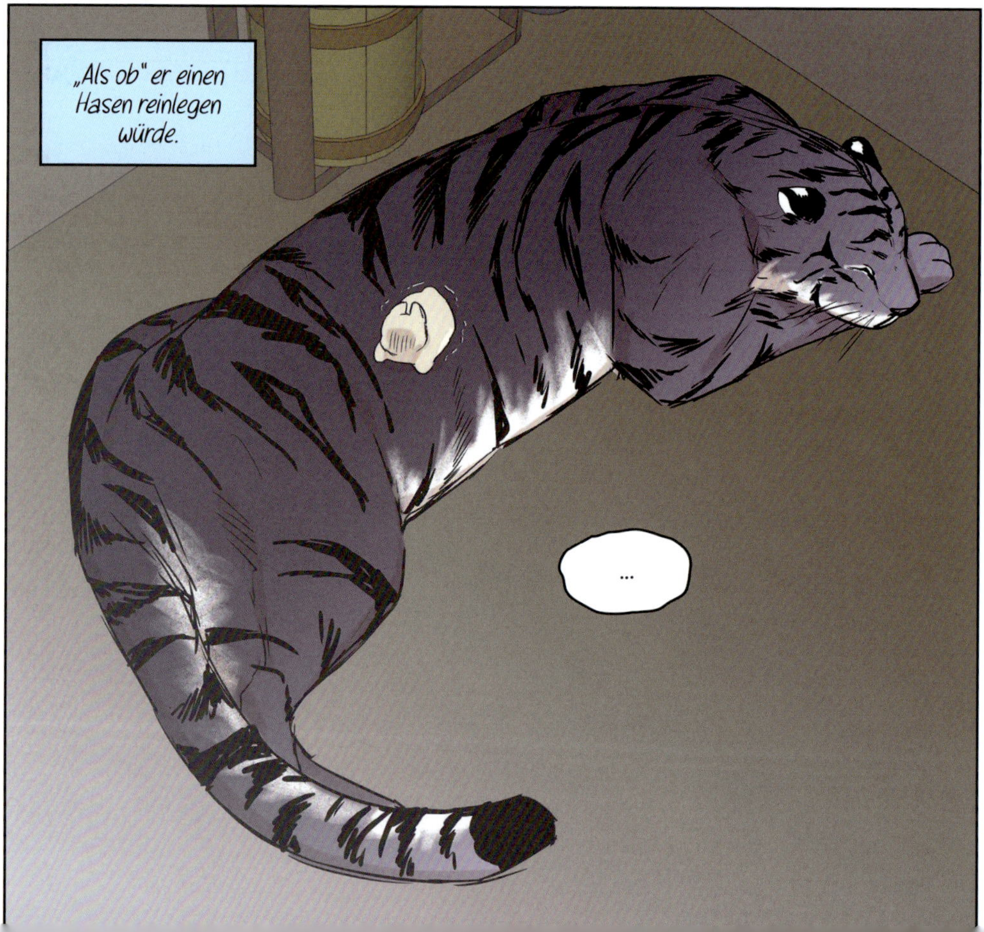
„Als ob" er einen Hasen reinlegen würde.
...

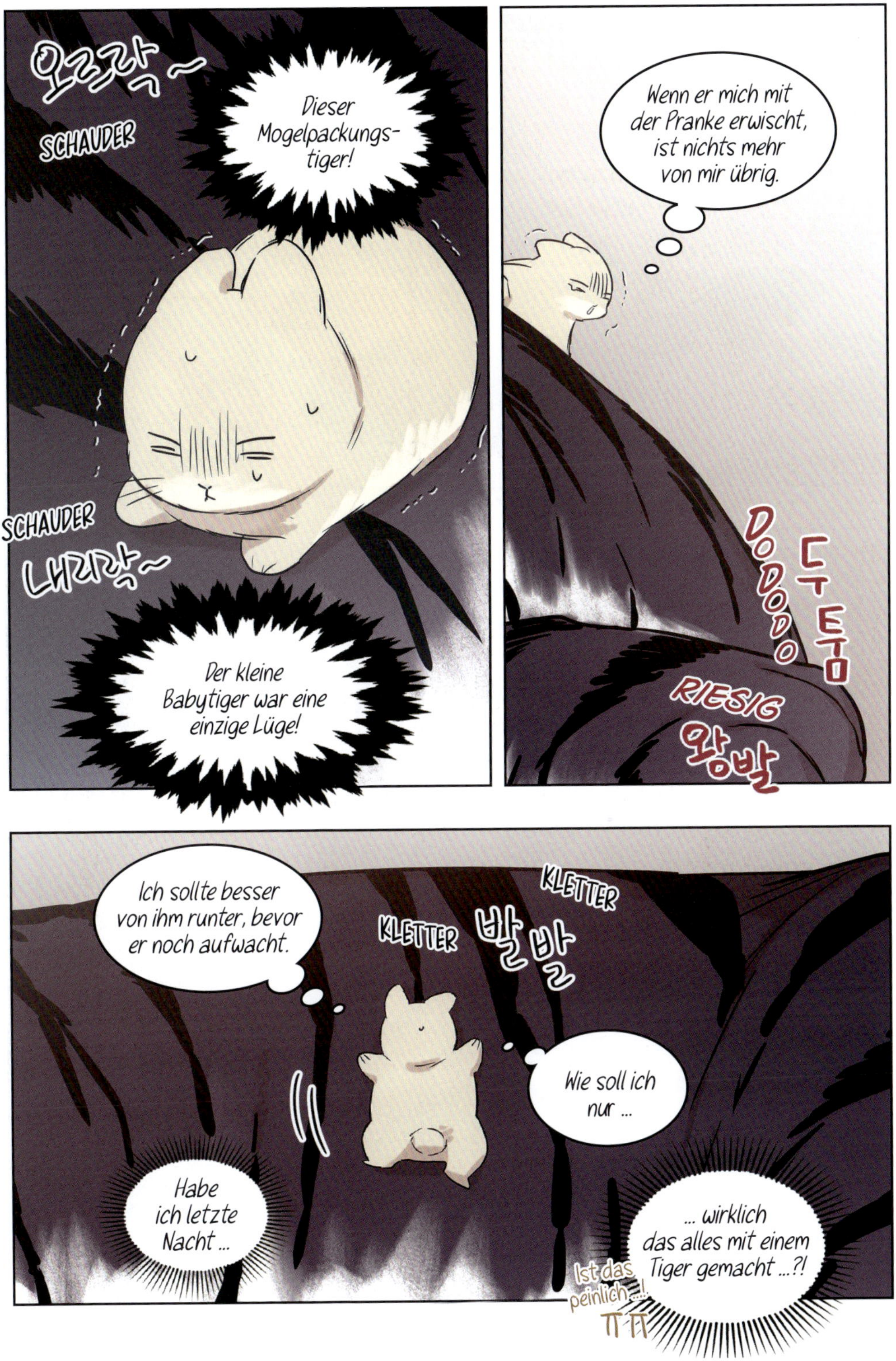
오르락~
SCHAUDER
Dieser Mogelpackungs-tiger!
SCHAUDER
내리락~
Der kleine Babytiger war eine einzige Lüge!
Wenn er mich mit der Pranke erwischt, ist nichts mehr von mir übrig.
DODODO
두두두
RIESIG
왕발
Ich sollte besser von ihm runter, bevor er noch aufwacht.
KLETTER
KLETTER
발발
Wie soll ich nur …
Habe ich letzte Nacht …
… wirklich das alles mit einem Tiger gemacht …?!
Ist das peinlich …!
ㅠㅠ

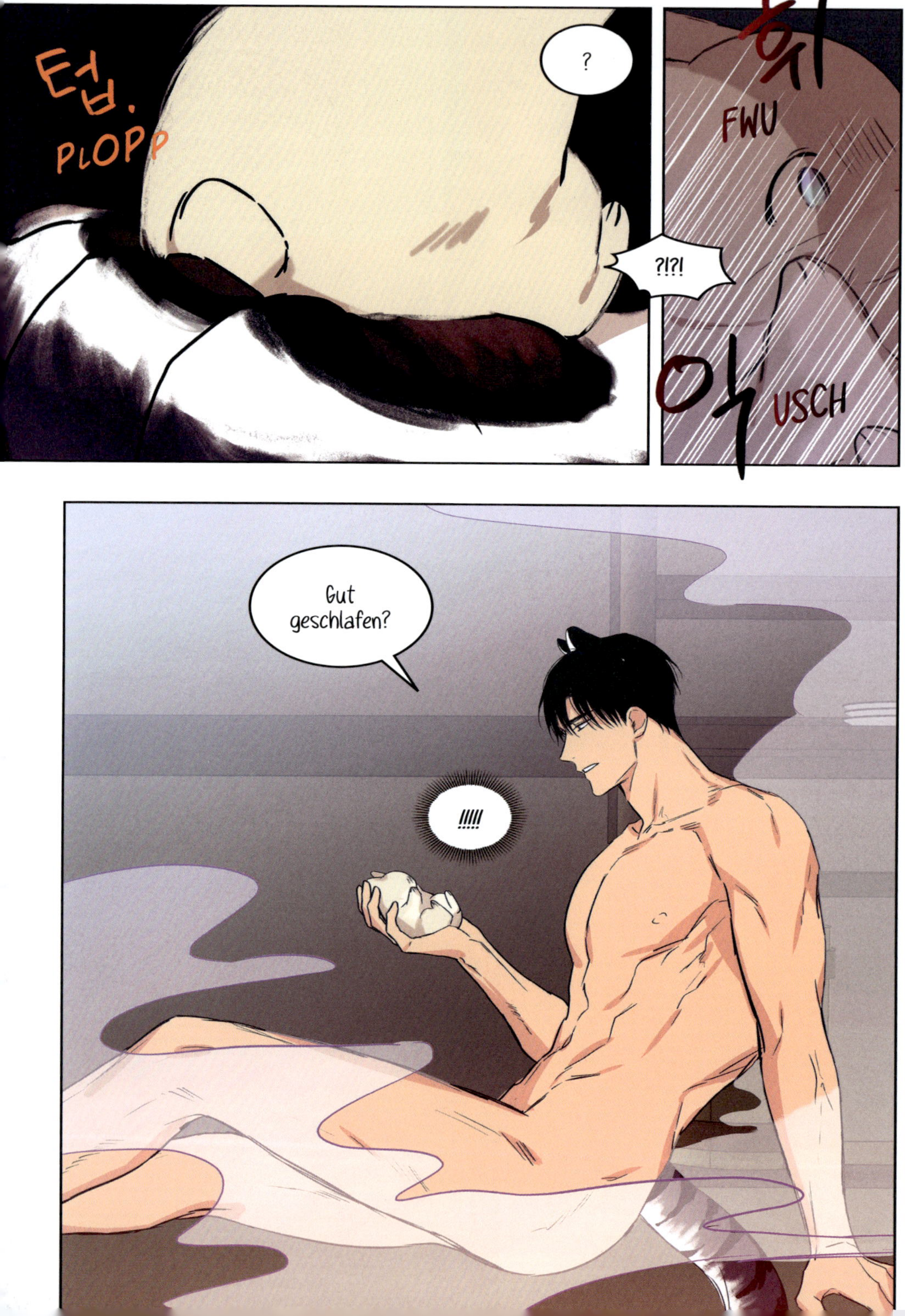

텁.
PLOPP
?
?!?!
휘
FWU
악
USCH
Gut geschlafen?
!!!!!

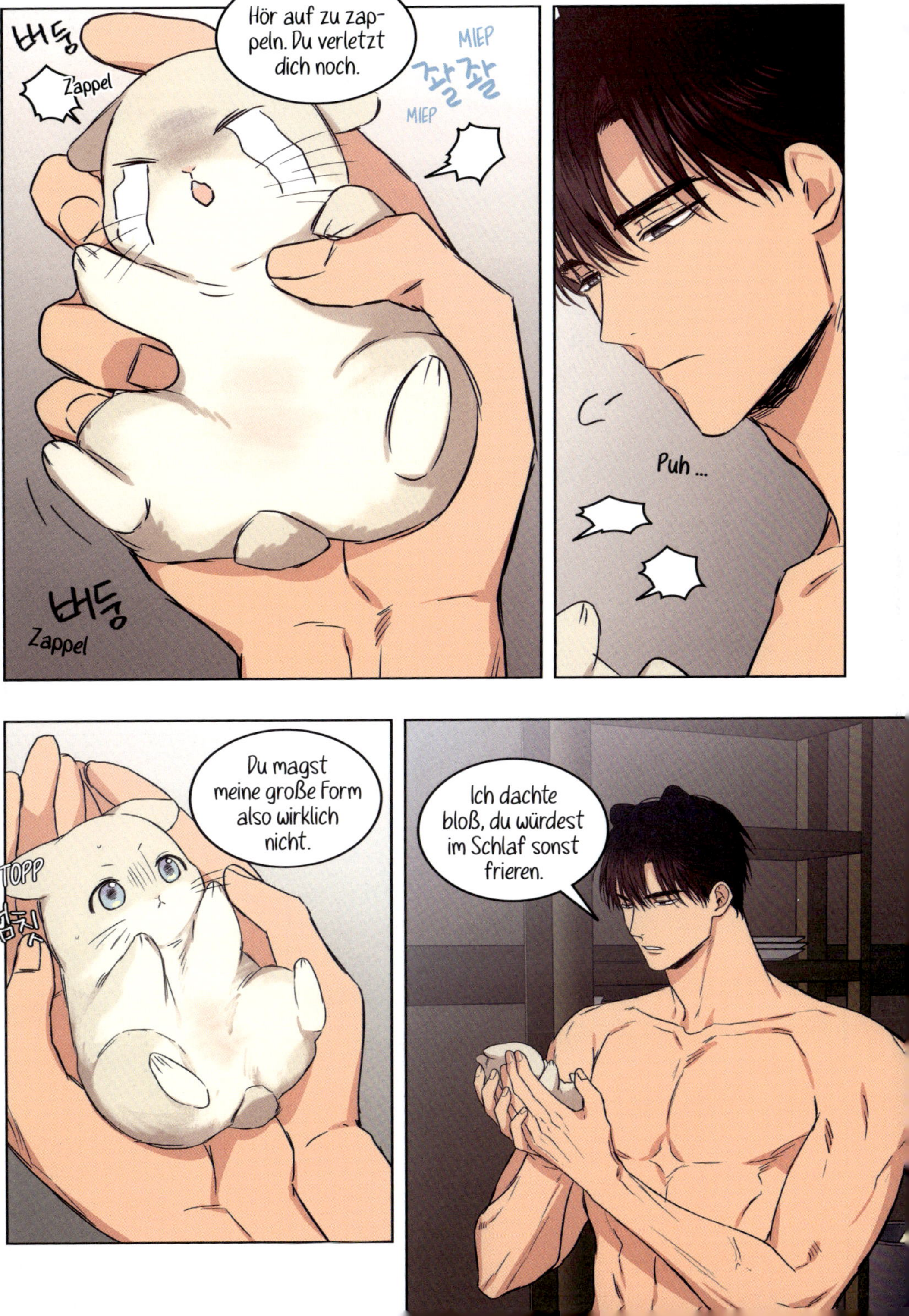
버둥
Zappel
Hör auf zu zappeln. Du verletzt dich noch.
MIEP
쫄쫄
MIEP
버둥
Zappel
Puh ...
Du magst meine große Form also wirklich nicht.
STOPP
움찔
Ich dachte bloß, du würdest im Schlaf sonst frieren.

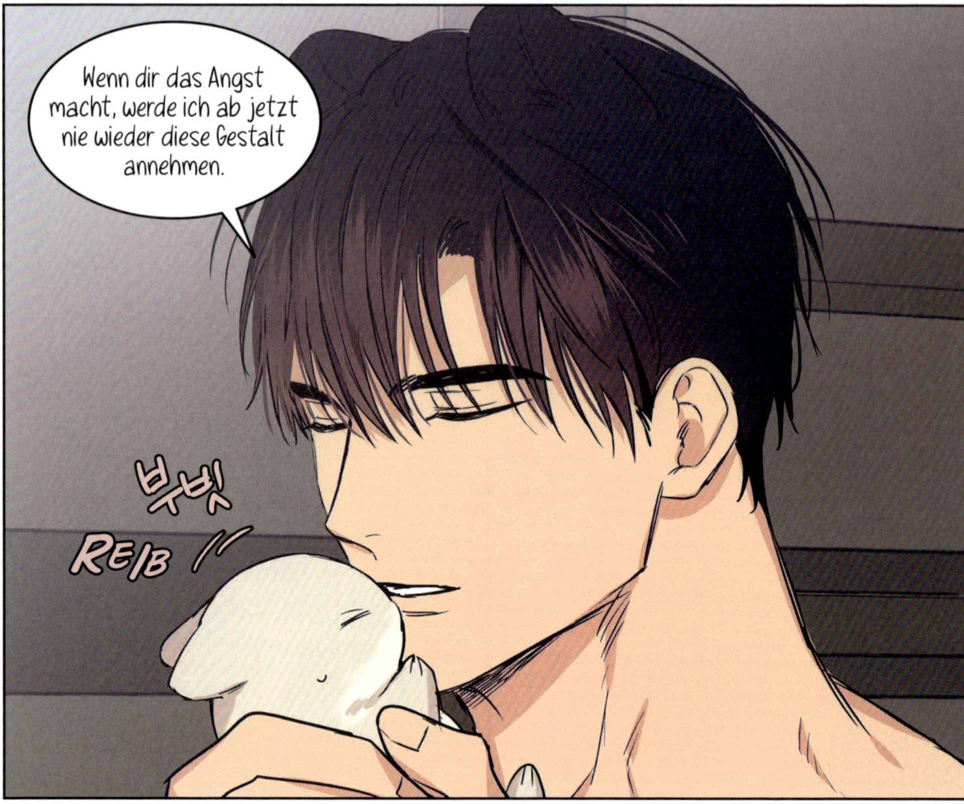
Wenn dir das Angst macht, werde ich ab jetzt nie wieder diese Gestalt annehmen.
부빗
REIB

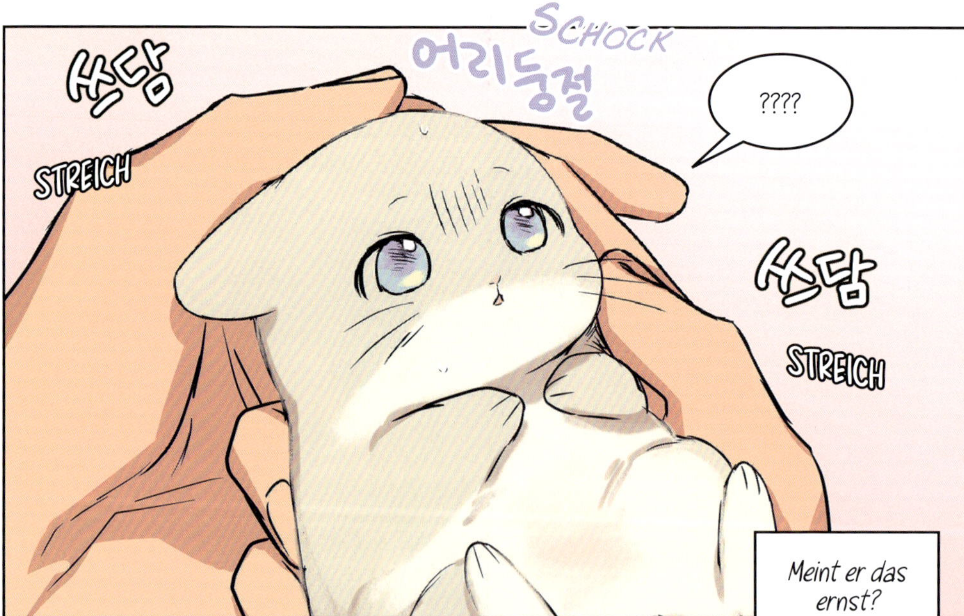
쓰담
STREICH
SCHOCK
어리둥절
????
쓰담
STREICH
Meint er das ernst?

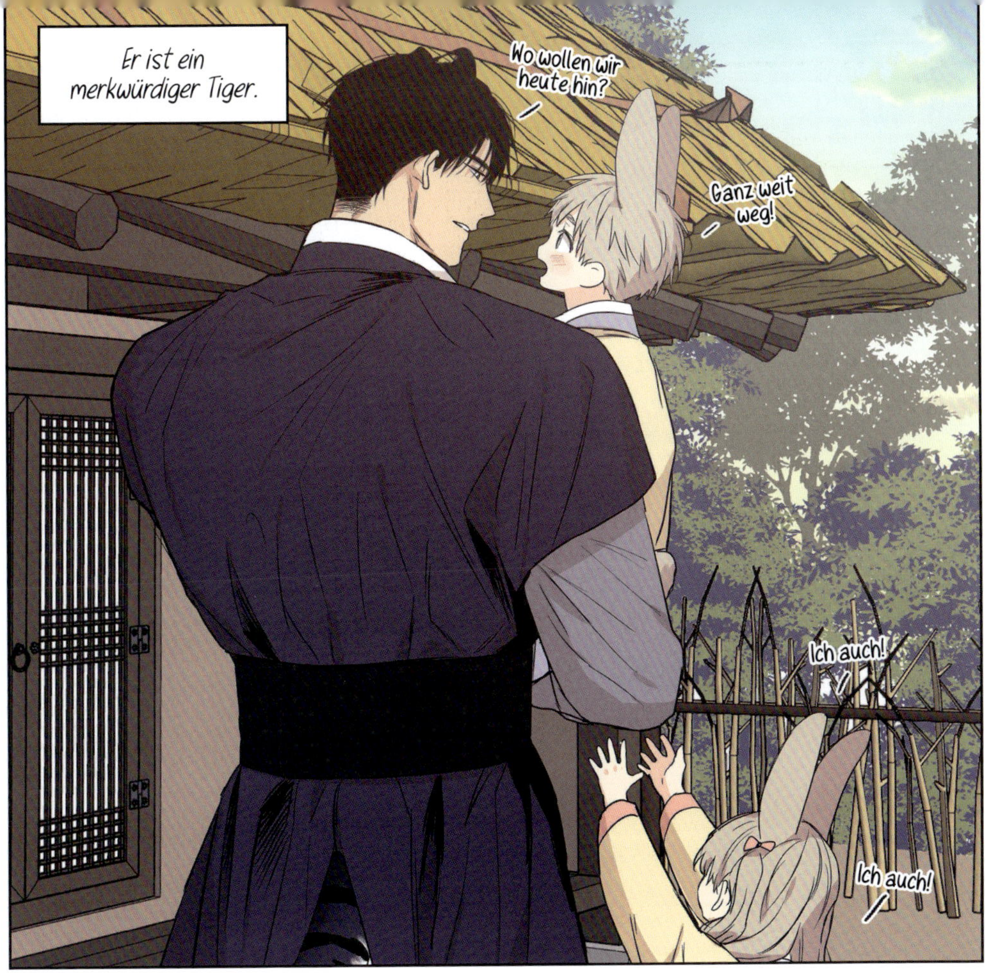
Er ist ein merkwürdiger Tiger.
Wo wollen wir heute hin?
Ganz weit weg!
Ich auch!
Ich auch!

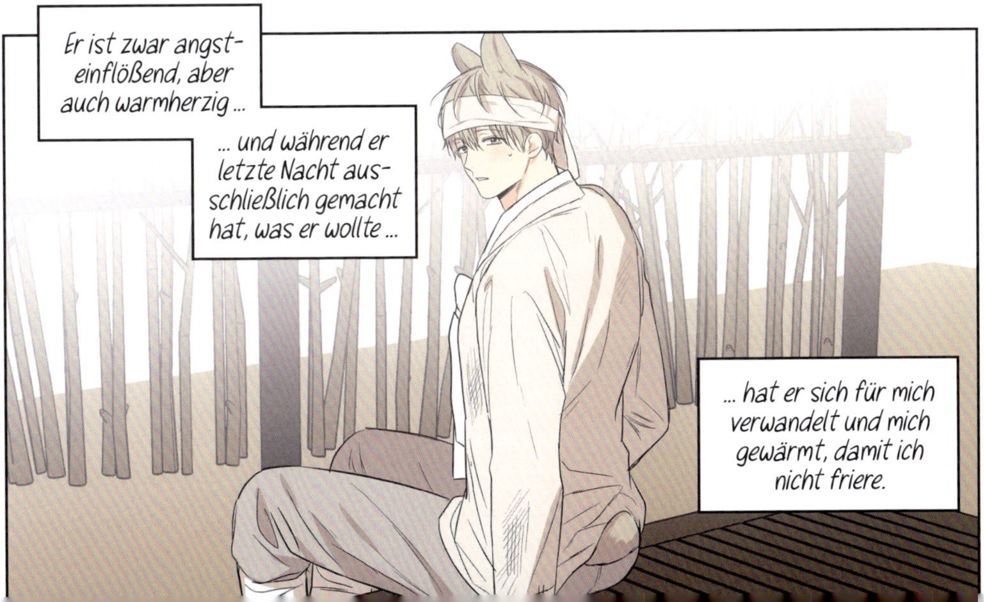
Er ist zwar angst-einflößend, aber auch warmherzig ...
... und während er letzte Nacht aus-schließlich gemacht hat, was er wollte ...
... hat er sich für mich verwandelt und mich gewärmt, damit ich nicht friere.

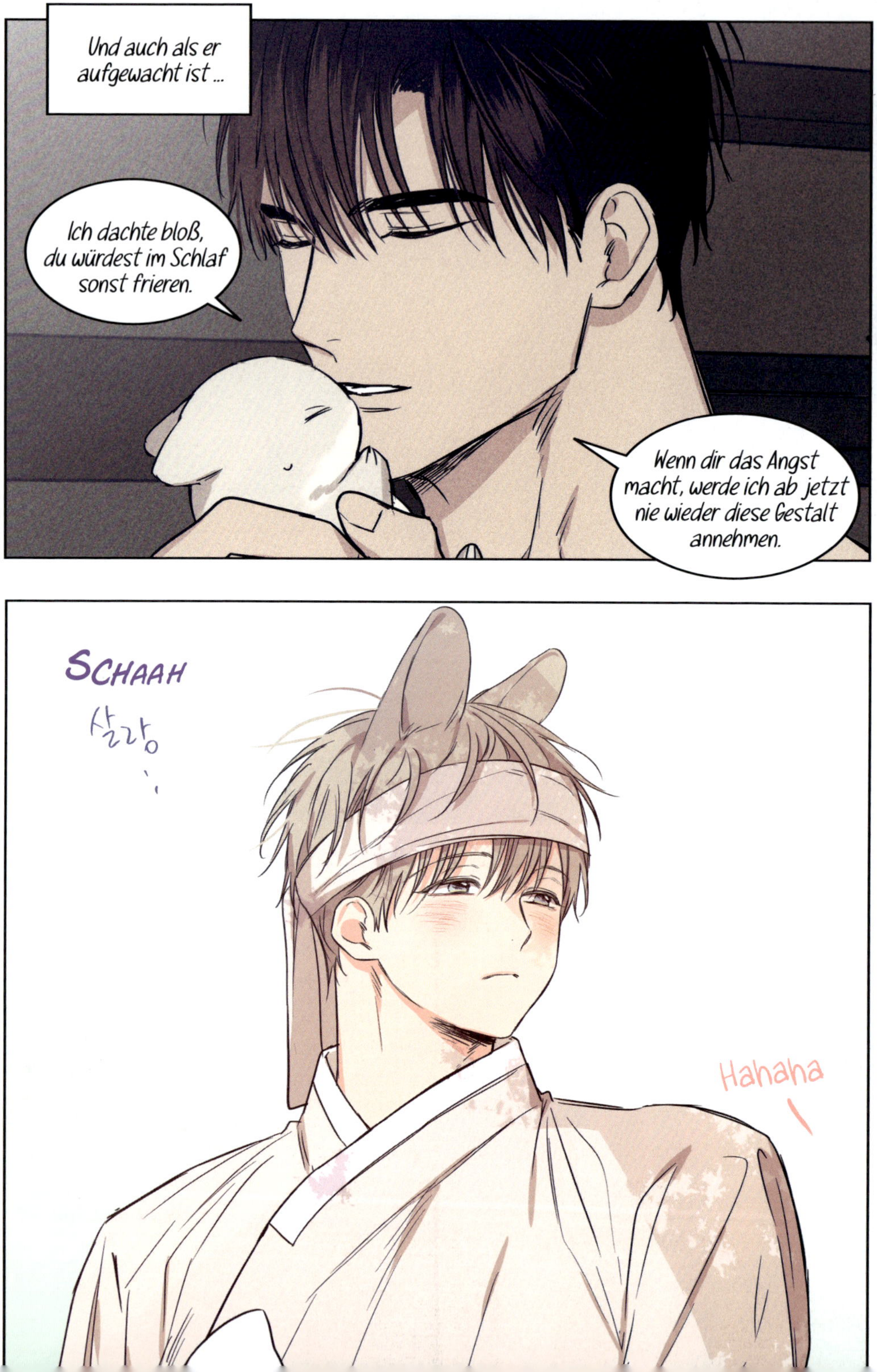
Und auch als er aufgewacht ist ...
Ich dachte bloß, du würdest im Schlaf sonst frieren.
Wenn dir das Angst macht, werde ich ab jetzt nie wieder diese Gestalt annehmen.
SCHAAH
샬랑
Hahaha

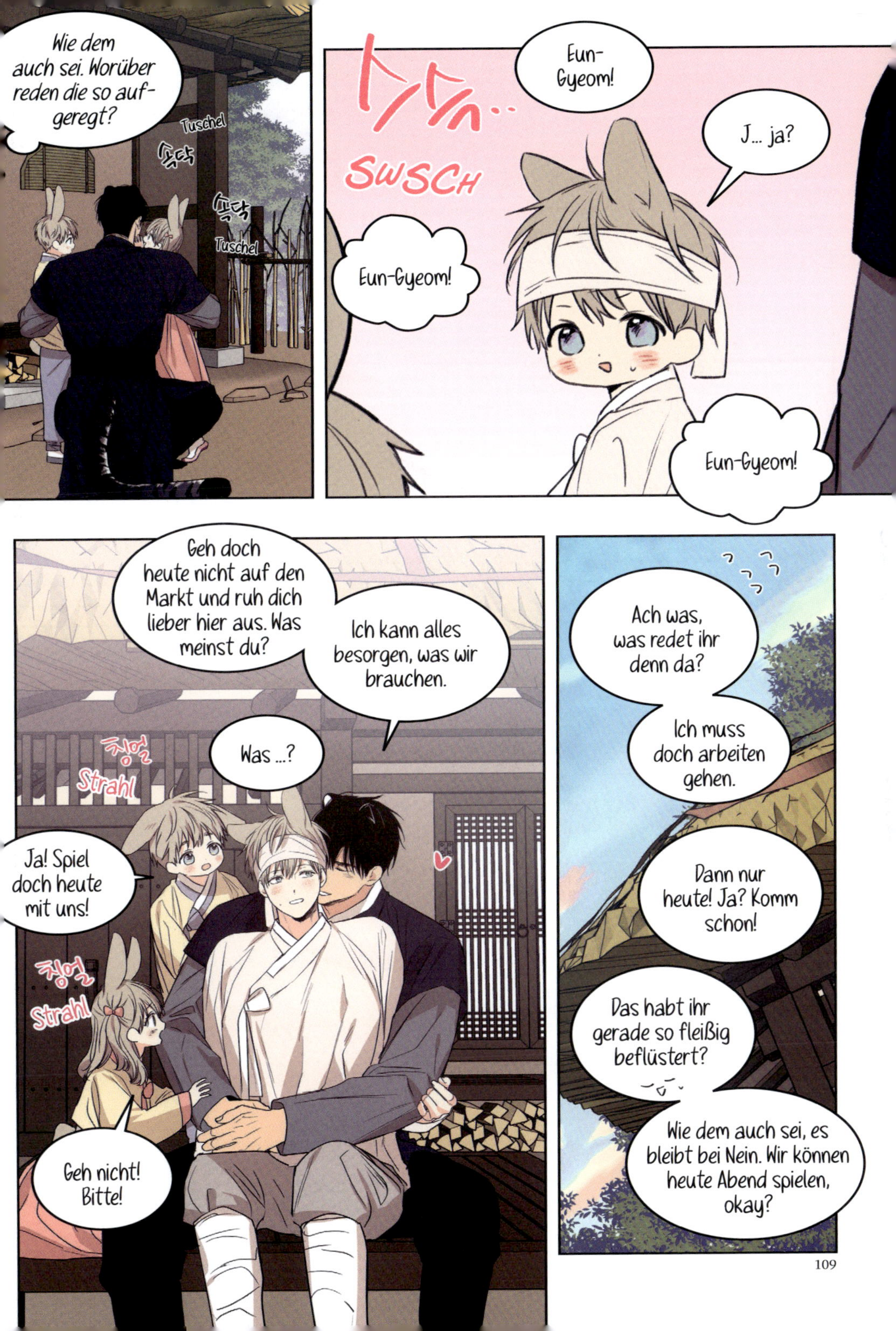
Wie dem auch sei. Worüber reden die so aufgeregt?
속닥
Tuschel
속닥
Tuschel
Eun-Gyeom!
SWSCH
J… ja?
Eun-Gyeom!
Eun-Gyeom!
Geh doch heute nicht auf den Markt und ruh dich lieber hier aus. Was meinst du?
Ich kann alles besorgen, was wir brauchen.
Was …?
징얼
Strahl
Ja! Spiel doch heute mit uns!
징얼
Strahl
Geh nicht! Bitte!
Ach was, was redet ihr denn da?
Ich muss doch arbeiten gehen.
Dann nur heute! Ja? Komm schon!
Das habt ihr gerade so fleißig beflüstert?
Wie dem auch sei, es bleibt bei Nein. Wir können heute Abend spielen, okay?

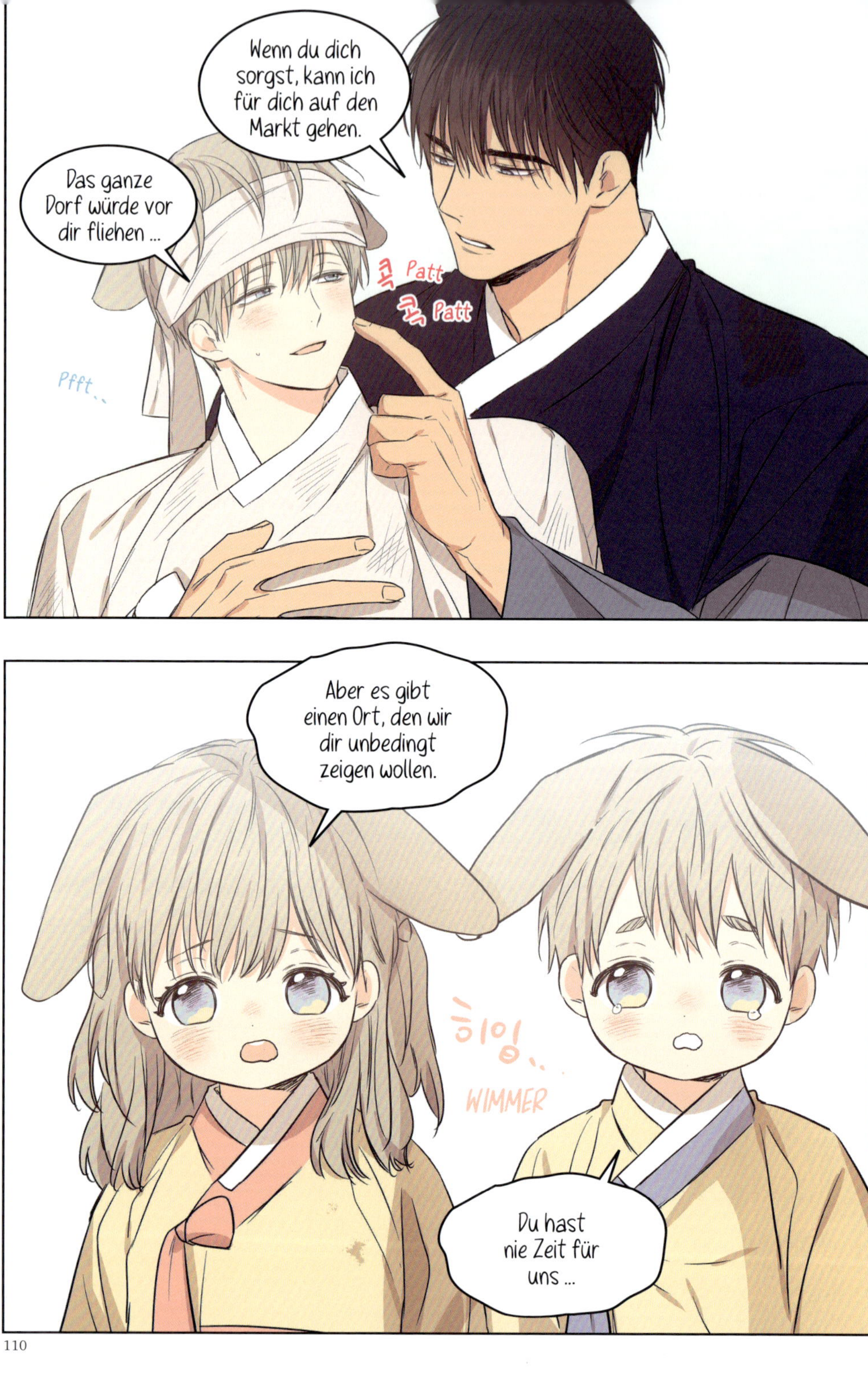
Wenn du dich sorgst, kann ich für dich auf den Markt gehen.
Das ganze Dorf würde vor dir fliehen ...
콕 Patt
콕 Patt
Pfft..
Aber es gibt einen Ort, den wir dir unbedingt zeigen wollen.
히잉..
WIMMER
Du hast nie Zeit für uns ...

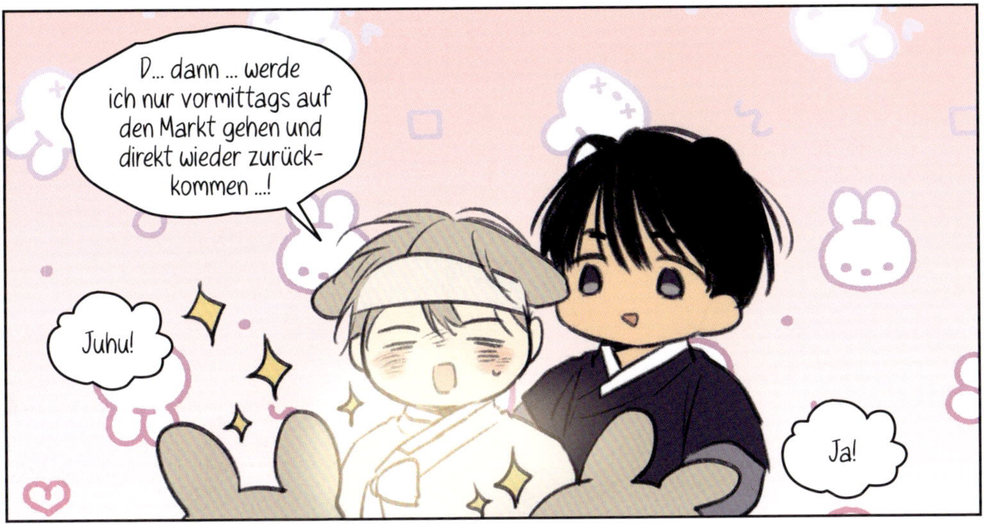
D... dann ... werde ich nur vormittags auf den Markt gehen und direkt wieder zurückkommen ...!
Juhu!
Ja!

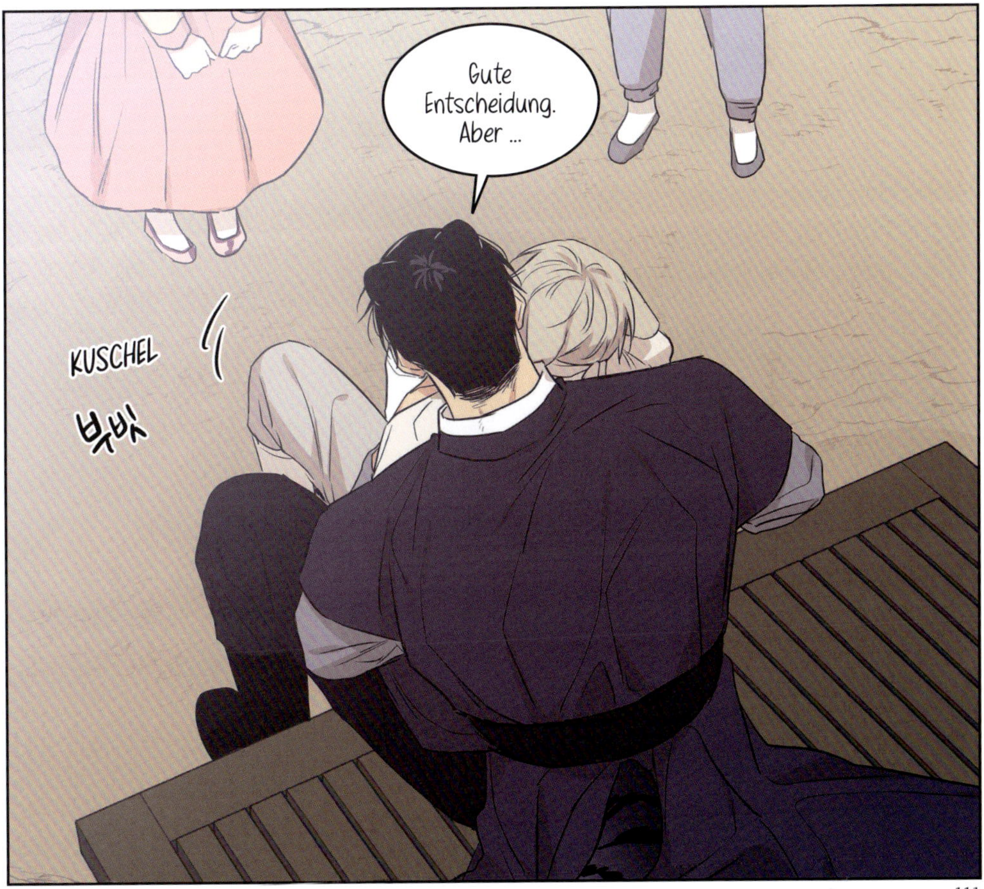
Gute Entscheidung. Aber ...
KUSCHEL
부비

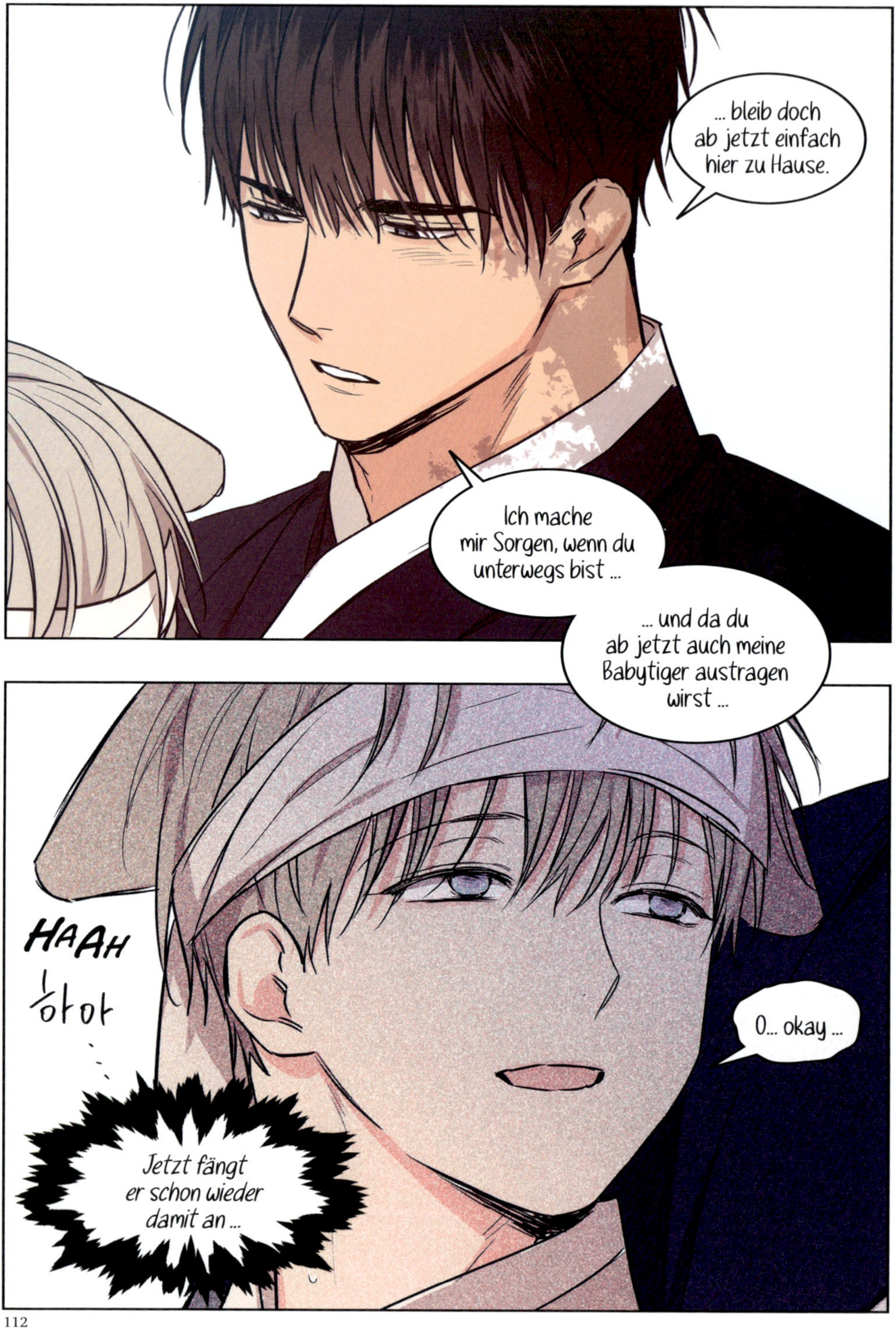

... bleib doch ab jetzt einfach hier zu Hause.
Ich mache mir Sorgen, wenn du unterwegs bist ...
... und da du ab jetzt auch meine Babytiger austragen wirst ...
HAAH
하아
O... okay ...
Jetzt fängt er schon wieder damit an ...

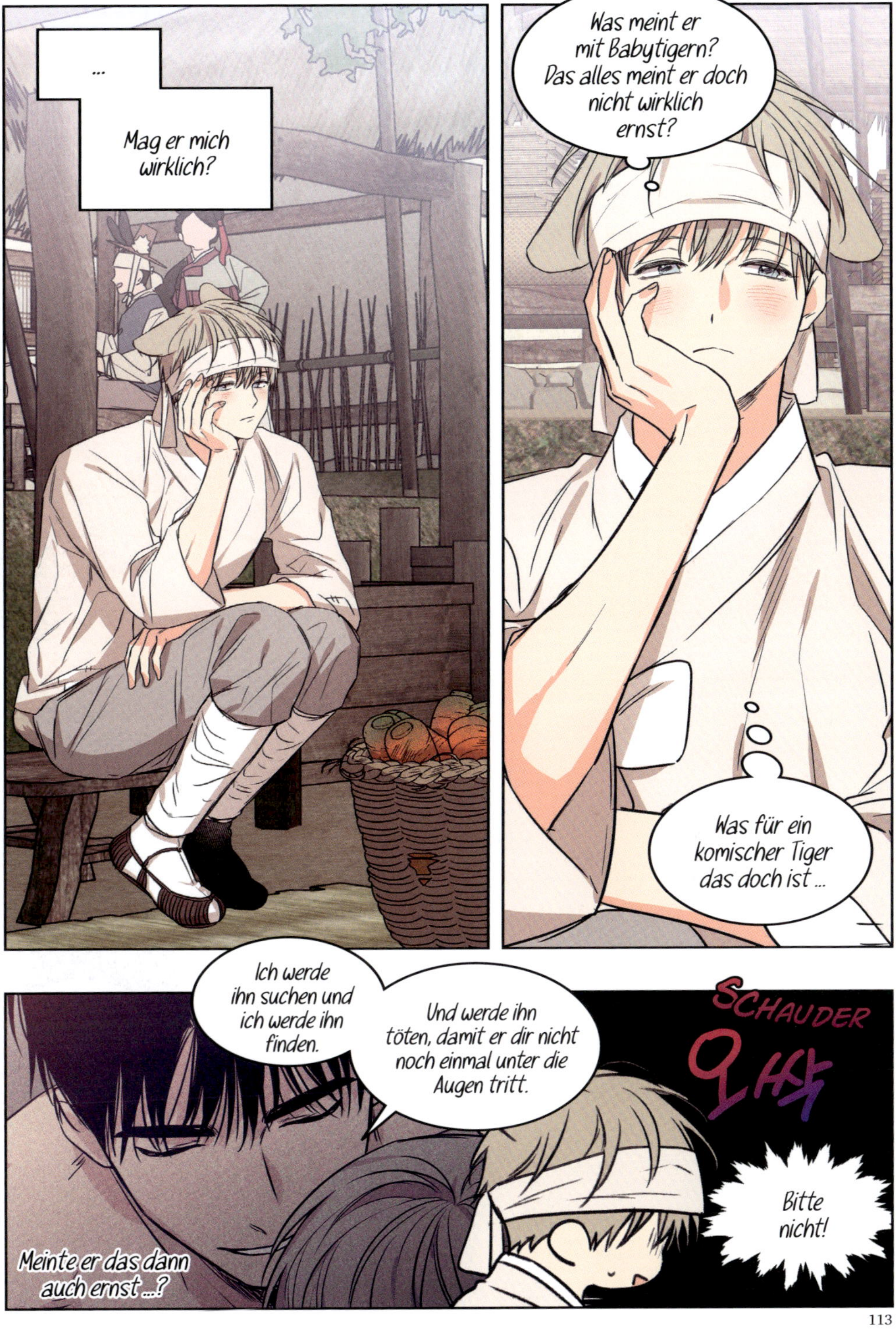
...
Mag er mich wirklich?
Was meint er mit Babytigern? Das alles meint er doch nicht wirklich ernst?
Was für ein komischer Tiger das doch ist ...
Ich werde ihn suchen und ich werde ihn finden.
Und werde ihn töten, damit er dir nicht noch einmal unter die Augen tritt.
SCHAUDER
오싹
Bitte nicht!
Meinte er das dann auch ernst ...?

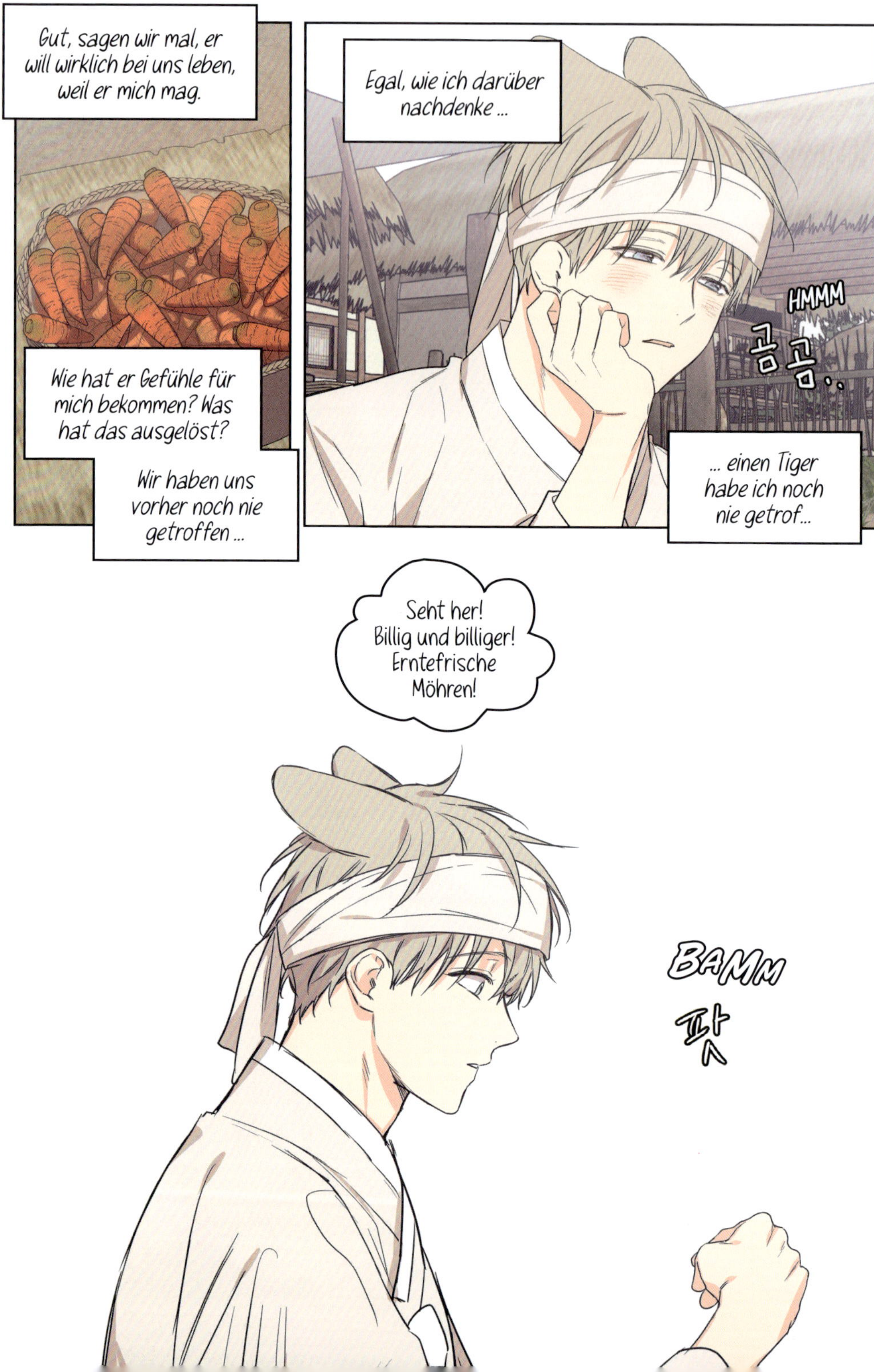
Gut, sagen wir mal, er will wirklich bei uns leben, weil er mich mag.
Wie hat er Gefühle für mich bekommen? Was hat das ausgelöst?
Wir haben uns vorher noch nie getroffen ...
Egal, wie ich darüber nachdenke ...
HMMM
곰곰..
... einen Tiger habe ich noch nie getrof...
Seht her! Billig und billiger! Erntefrische Möhren!
BAMM
팍

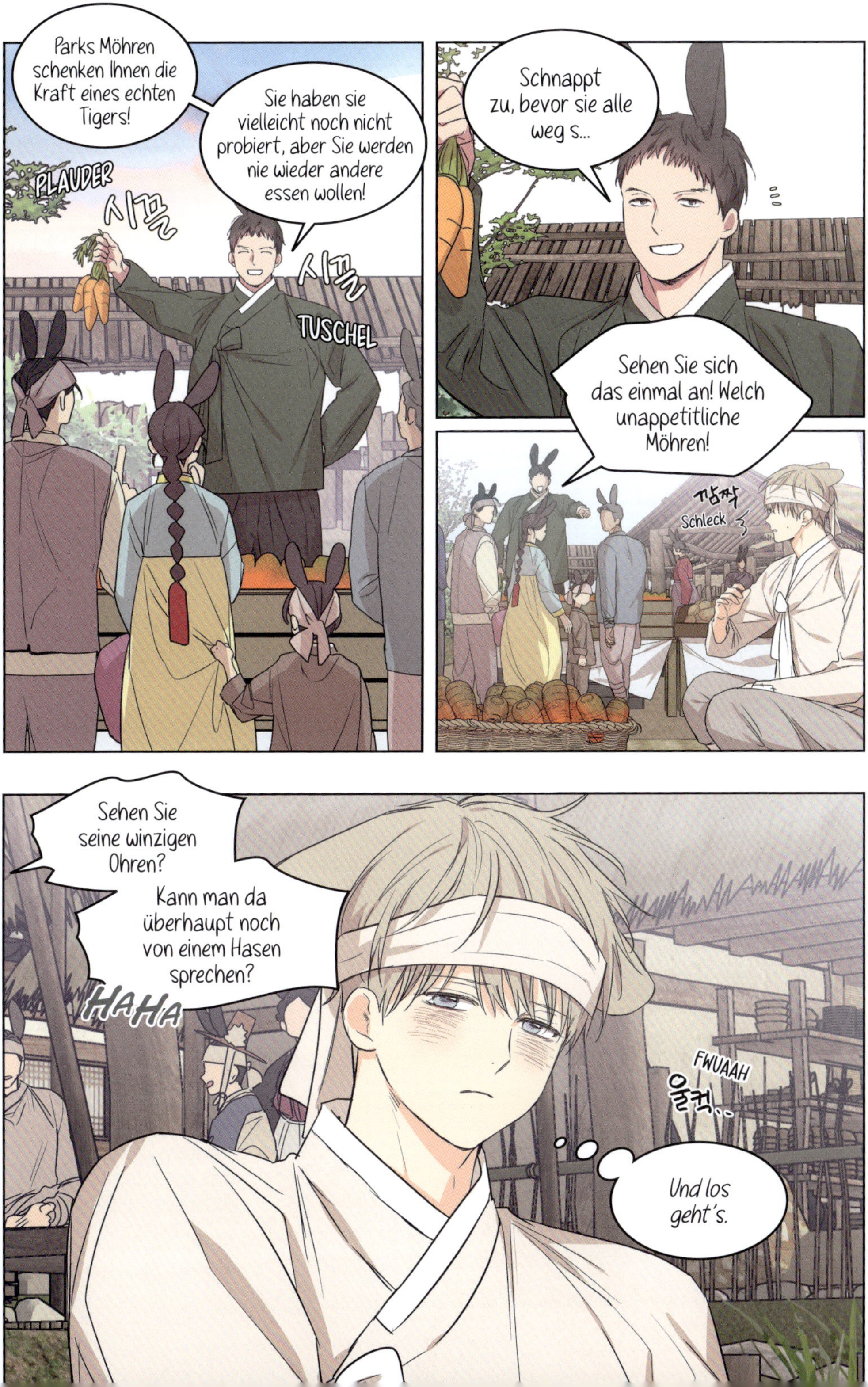
Parks Möhren schenken Ihnen die Kraft eines echten Tigers!
Sie haben sie vielleicht noch nicht probiert, aber Sie werden nie wieder andere essen wollen!
PLAUDER
시끌
시끌
TUSCHEL
Schnappt zu, bevor sie alle weg s...
Sehen Sie sich das einmal an! Welch unappetitliche Möhren!
깜짝
Schleck
Sehen Sie seine winzigen Ohren?
Kann man da überhaupt noch von einem Hasen sprechen?
HAHA
FWUAAH
울컥..
Und los geht's.

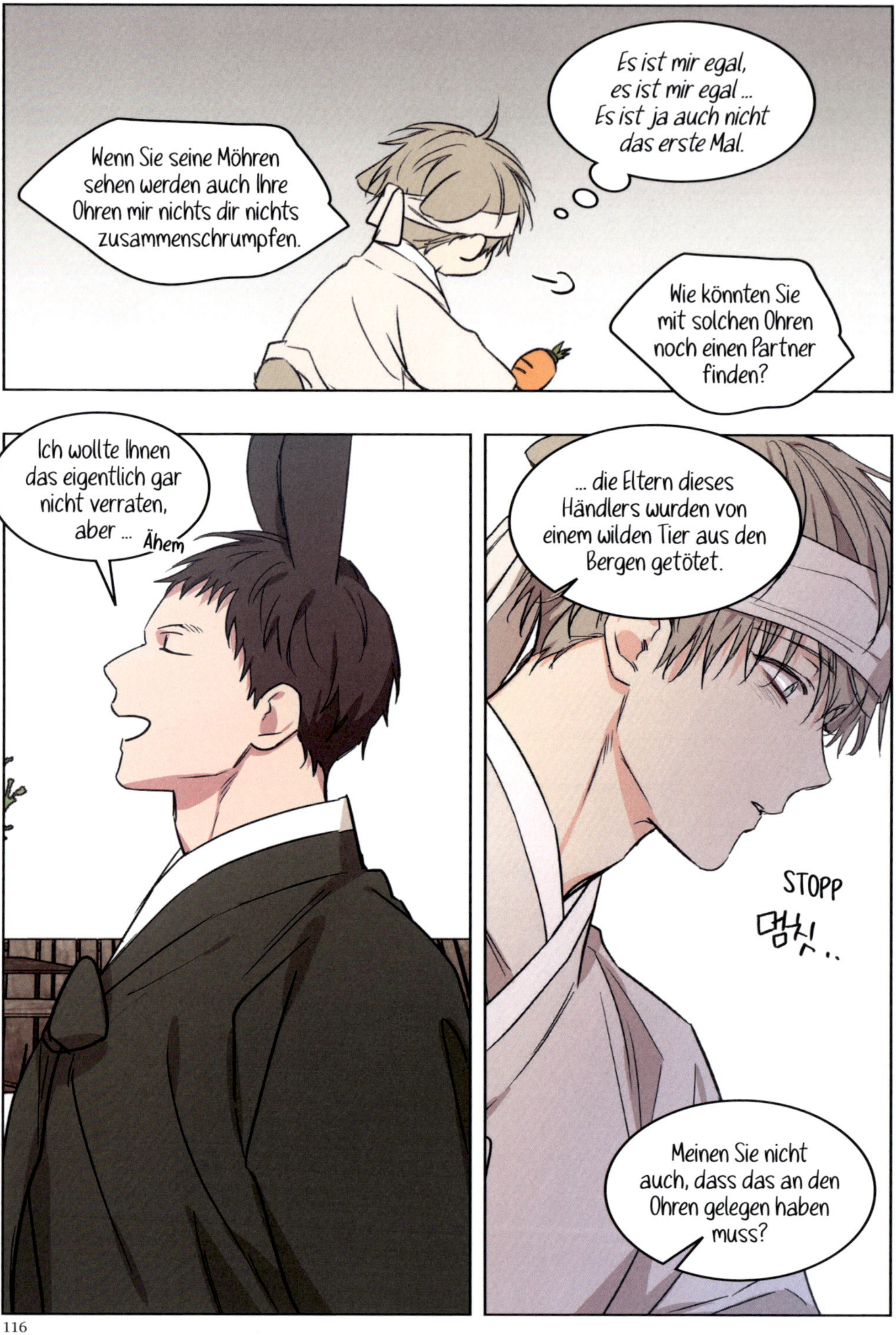
Wenn Sie seine Möhren sehen werden auch Ihre Ohren mir nichts dir nichts zusammenschrumpfen.
Es ist mir egal, es ist mir egal ... Es ist ja auch nicht das erste Mal.
Wie könnten Sie mit solchen Ohren noch einen Partner finden?
Ich wollte Ihnen das eigentlich gar nicht verraten, aber ... Ähem
... die Eltern dieses Händlers wurden von einem wilden Tier aus den Bergen getötet.
STOPP
멈칫..
Meinen Sie nicht auch, dass das an den Ohren gelegen haben muss?

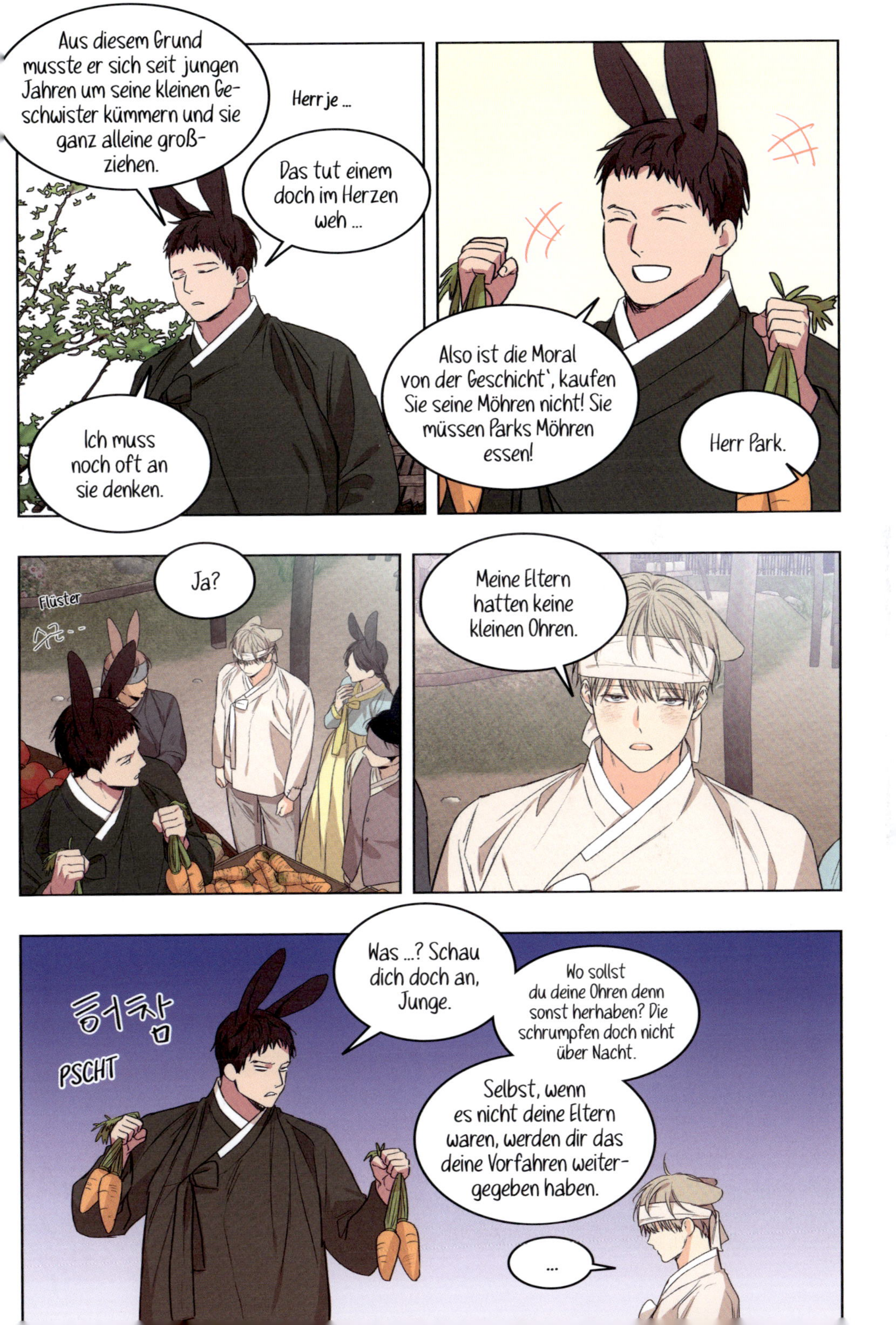
Aus diesem Grund musste er sich seit jungen Jahren um seine kleinen Geschwister kümmern und sie ganz alleine großziehen.
Herr je ...
Das tut einem doch im Herzen weh ...
Ich muss noch oft an sie denken.
Also ist die Moral von der Geschicht', kaufen Sie seine Möhren nicht! Sie müssen Parks Möhren essen!
Herr Park.
Flüster
Ja?
Meine Eltern hatten keine kleinen Ohren.
PSCHT
Was ...? Schau dich doch an, Junge.
Wo sollst du deine Ohren denn sonst herhaben? Die schrumpfen doch nicht über Nacht.
Selbst, wenn es nicht deine Eltern waren, werden dir das deine Vorfahren weitergegeben haben.
...

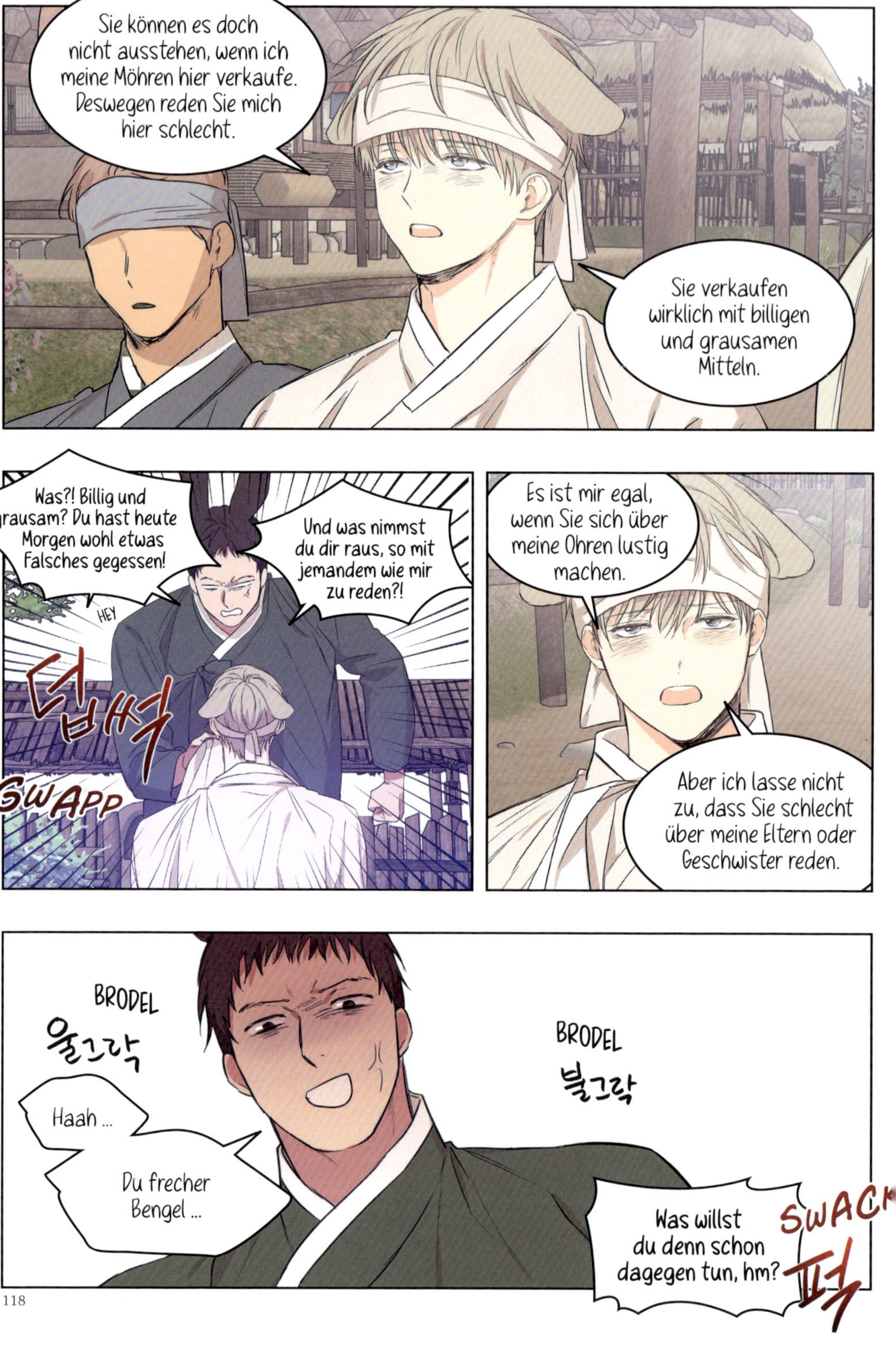
Sie können es doch nicht ausstehen, wenn ich meine Möhren hier verkaufe. Deswegen reden Sie mich hier schlecht.
Sie verkaufen wirklich mit billigen und grausamen Mitteln.
Was?! Billig und grausam? Du hast heute Morgen wohl etwas Falsches gegessen!
HEY
Und was nimmst du dir raus, so mit jemandem wie mir zu reden?!
덥썩
GWAPP
Es ist mir egal, wenn Sie sich über meine Ohren lustig machen.
Aber ich lasse nicht zu, dass Sie schlecht über meine Eltern oder Geschwister reden.
BRODEL
울그락
BRODEL
불그락
Haah ...
Du frecher Bengel ...
Was willst du denn schon dagegen tun, hm?
SWACK
퍽

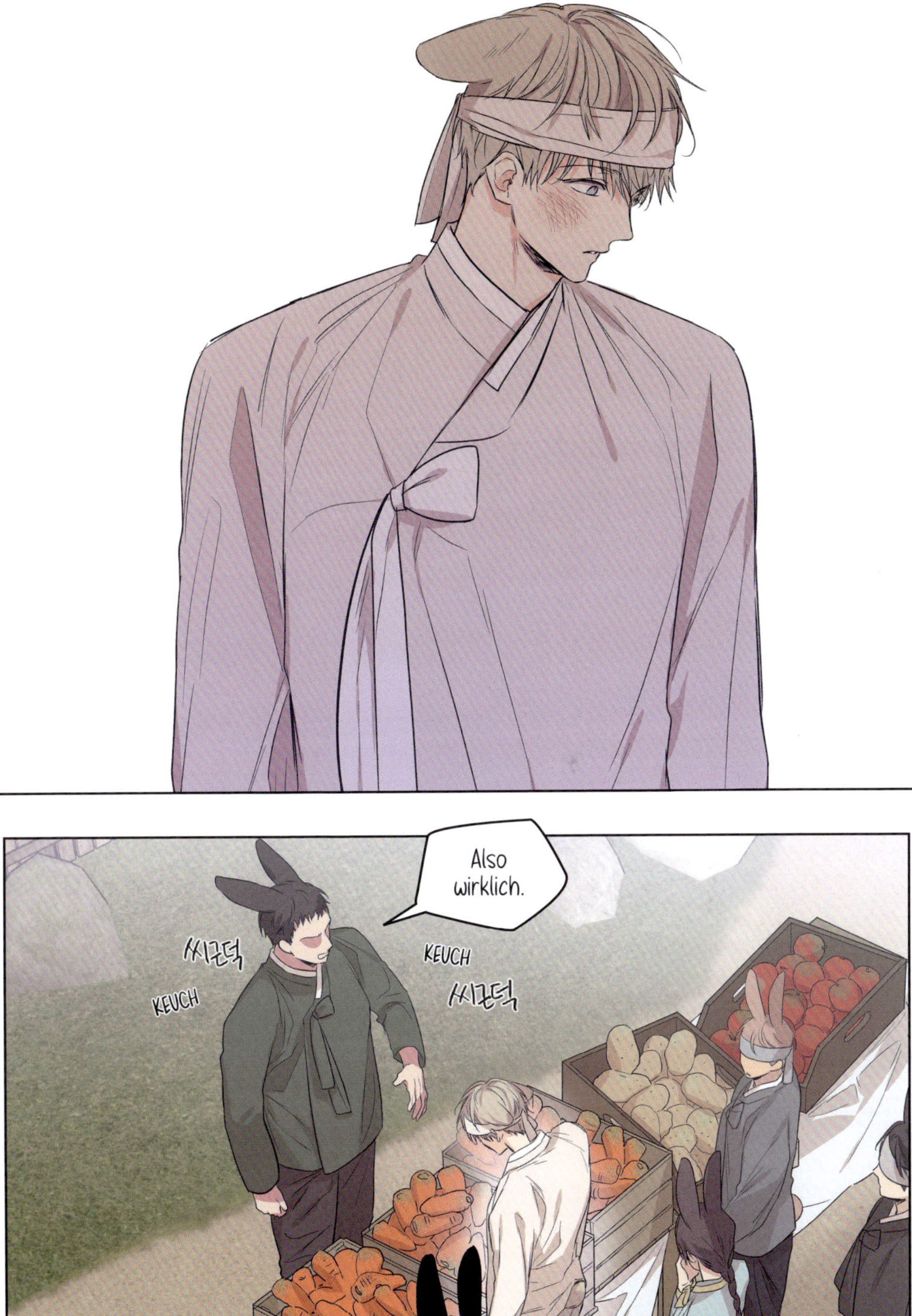
Also wirklich.
씨근덕
KEUCH
KEUCH
씨근덕

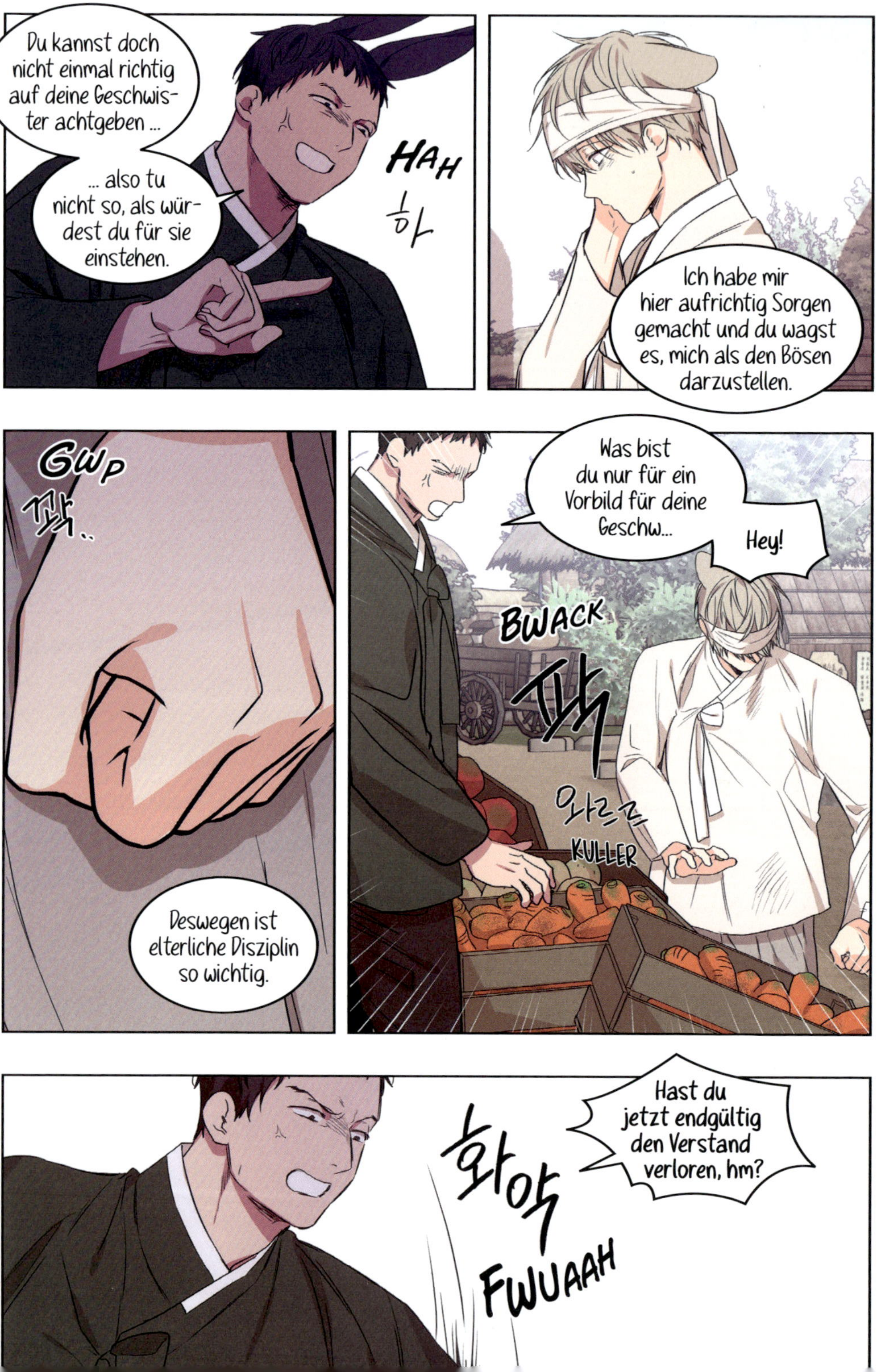
Du kannst doch nicht einmal richtig auf deine Geschwister achtgeben ...
... also tu nicht so, als würdest du für sie einstehen.
HAH
하
Ich habe mir hier aufrichtig Sorgen gemacht und du wagst es, mich als den Bösen darzustellen.
GWP
꽉..
Deswegen ist elterliche Disziplin so wichtig.
Was bist du nur für ein Vorbild für deine Geschw...
Hey!
BWACK
팍
와르르
KULLER
Hast du jetzt endgültig den Verstand verloren, hm?
화악
FWUAAH

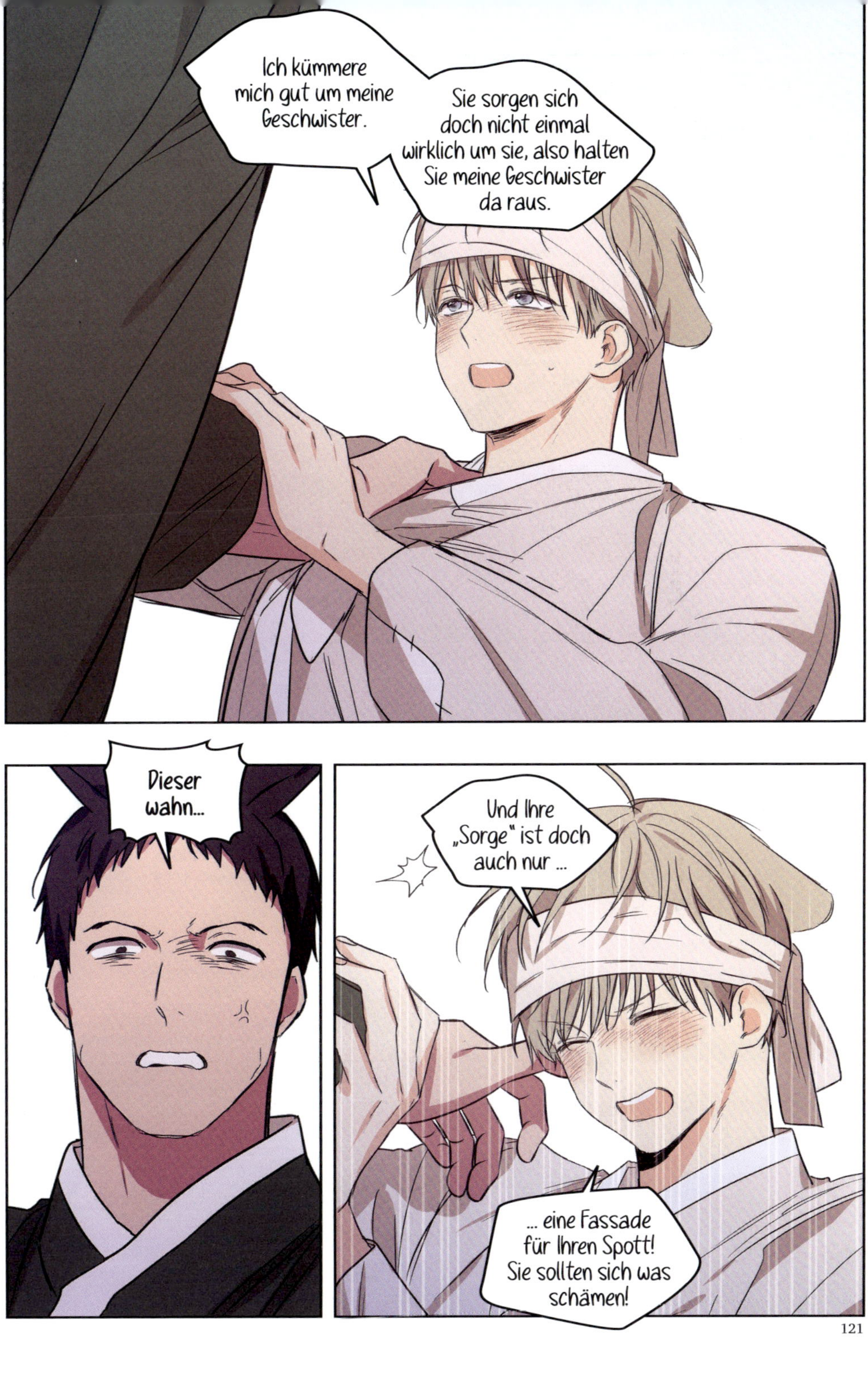
Ich kümmere mich gut um meine Geschwister.
Sie sorgen sich doch nicht einmal wirklich um sie, also halten Sie meine Geschwister da raus.
Dieser wahn...
Und Ihre „Sorge" ist doch auch nur ...
... eine Fassade für Ihren Spott! Sie sollten sich was schämen!

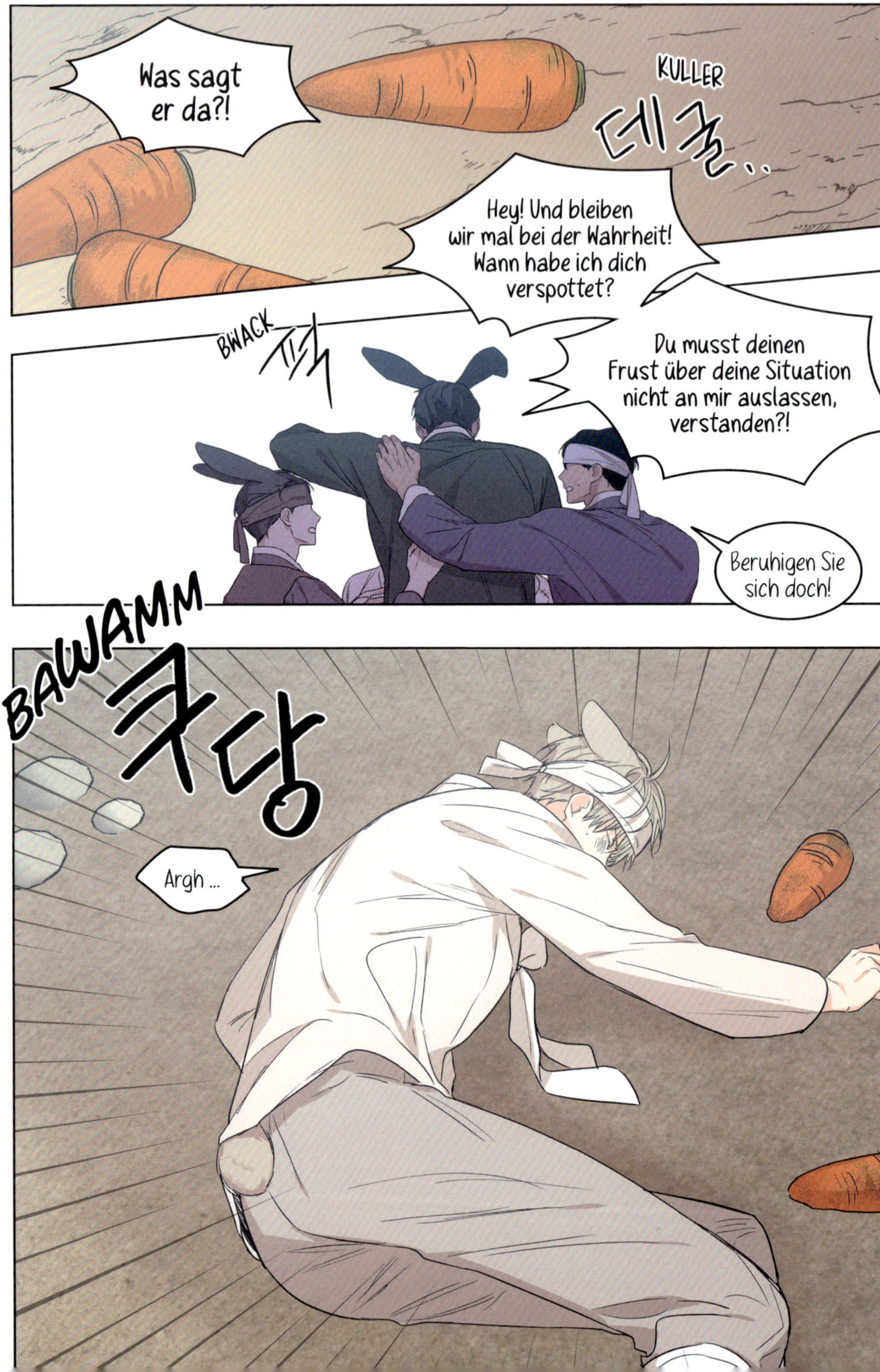

Was sagt er da?!
KULLER
데굴..
Hey! Und bleiben wir mal bei der Wahrheit! Wann habe ich dich verspottet?
Du musst deinen Frust über deine Situation nicht an mir auslassen, verstanden?!
BWACK
Beruhigen Sie sich doch!
BAWAMM
쿠당
Argh ...

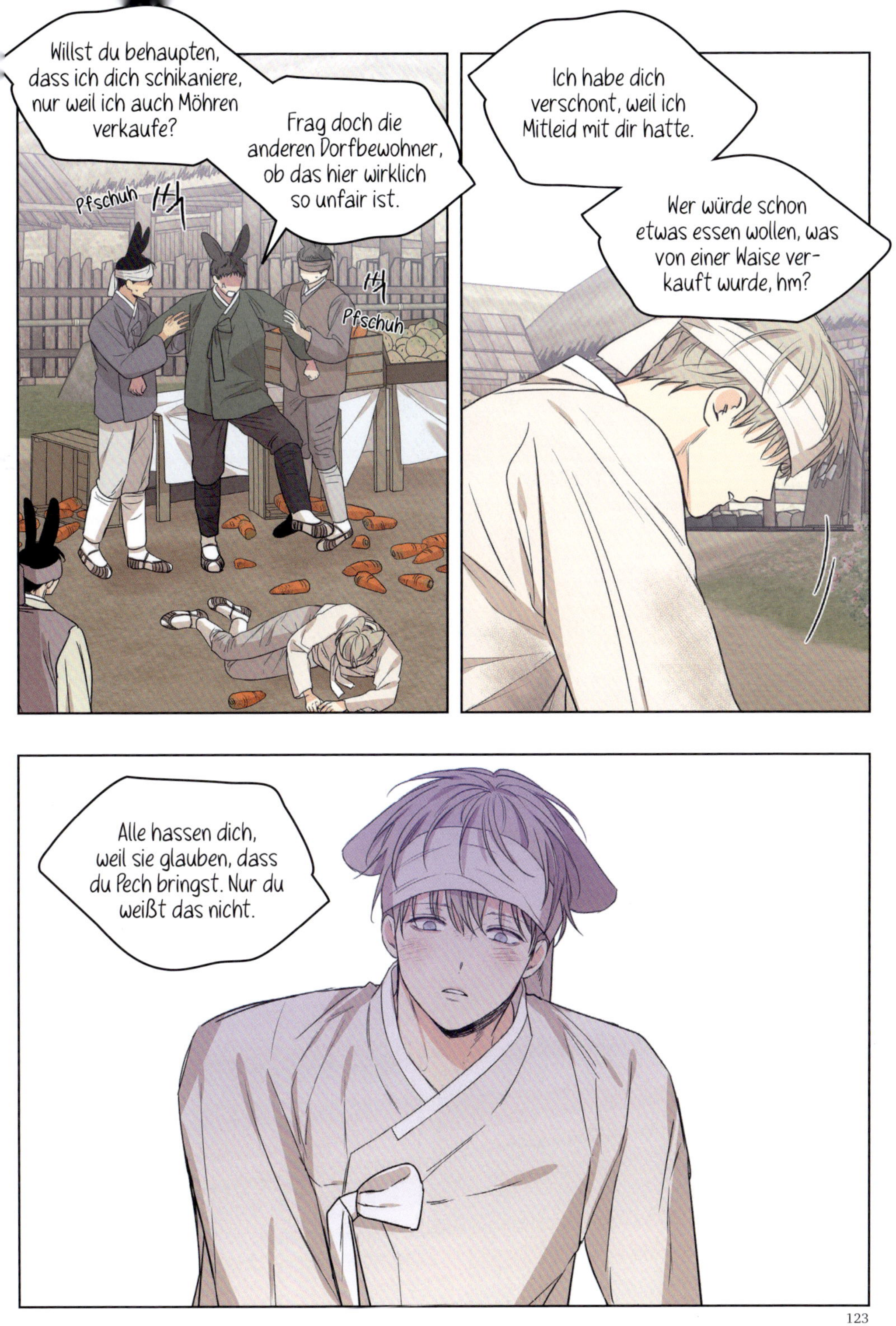
Willst du behaupten, dass ich dich schikaniere, nur weil ich auch Möhren verkaufe?
Frag doch die anderen Dorfbewohner, ob das hier wirklich so unfair ist.
Pfschuh
Pfschuh
Ich habe dich verschont, weil ich Mitleid mit dir hatte.
Wer würde schon etwas essen wollen, was von einer Waise verkauft wurde, hm?
Alle hassen dich, weil sie glauben, dass du Pech bringst. Nur du weißt das nicht.

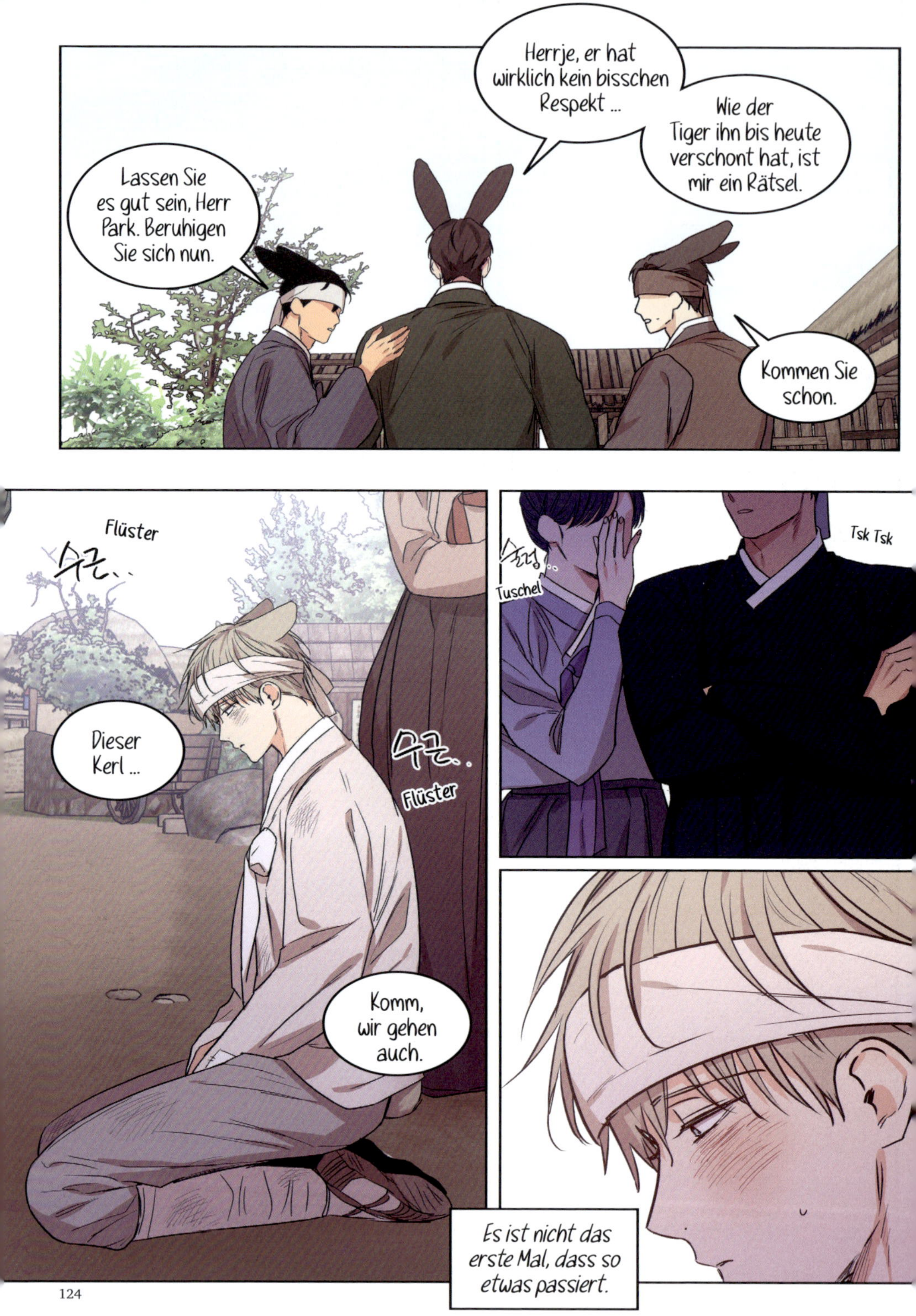
Herrje, er hat wirklich kein bisschen Respekt ...
Wie der Tiger ihn bis heute verschont hat, ist mir ein Rätsel.
Lassen Sie es gut sein, Herr Park. Beruhigen Sie sich nun.
Kommen Sie heute schon.
Flüster
수군..
Dieser Kerl ...
수군..
Flüster
Komm, wir gehen auch.
Tuschel
Tsk Tsk
Es ist nicht das erste Mal, dass so etwas passiert.

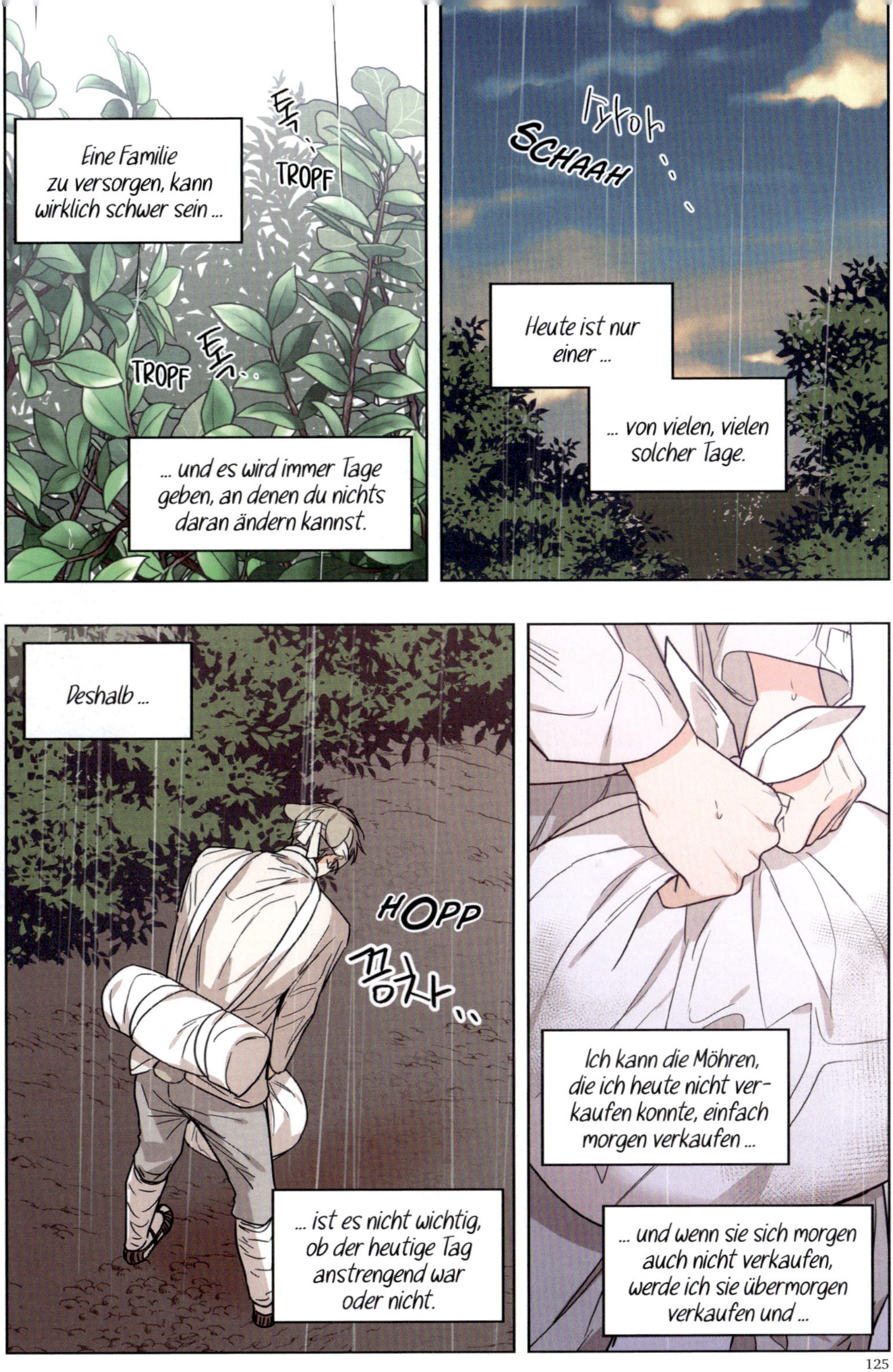
Eine Familie zu versorgen, kann wirklich schwer sein ...
톡...
TROPF
톡...
TROPF
... und es wird immer Tage geben, an denen du nichts daran ändern kannst.
쏴아...
SCHAAH
Heute ist nur einer ...
... von vielen, vielen solcher Tage.
Deshalb ...
HOPP
끙차..
... ist es nicht wichtig, ob der heutige Tag anstrengend war oder nicht.
Ich kann die Möhren, die ich heute nicht verkaufen konnte, einfach morgen verkaufen ...
... und wenn sie sich morgen auch nicht verkaufen, werde ich sie übermorgen verkaufen und ...

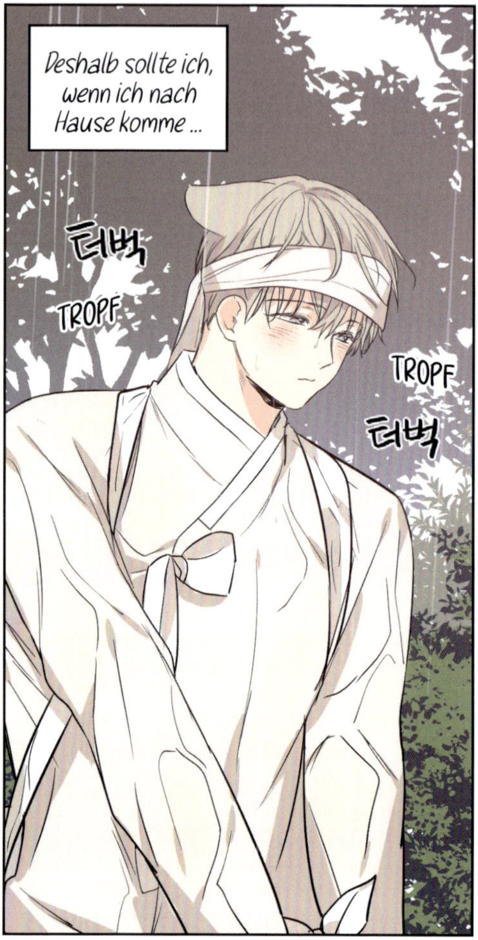
Deshalb sollte ich, wenn ich nach Hause komme ...
터벅
TROPF
TROPF
터벅

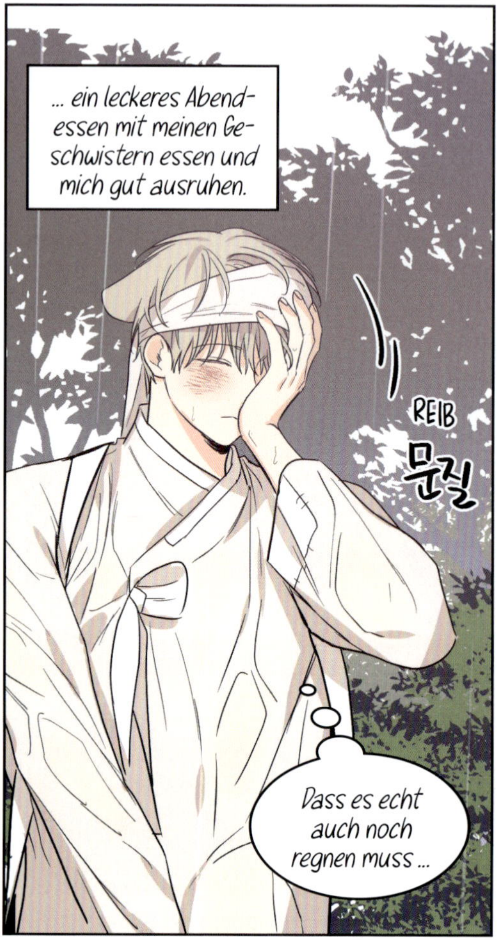
... ein leckeres Abendessen mit meinen Geschwistern essen und mich gut ausruhen.
REIB
문질
Dass es echt auch noch regnen muss ...

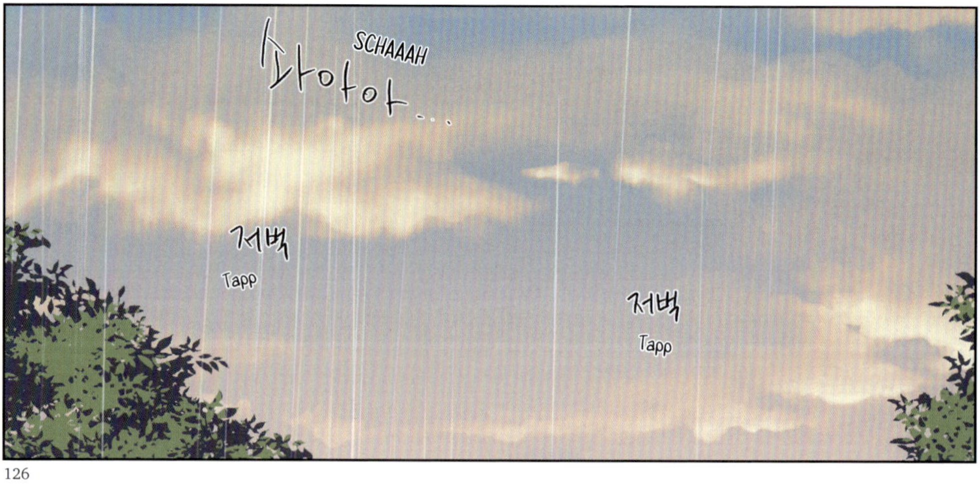
쏴아아...
SCHAAAH
저벅
Tapp
저벅
Tapp

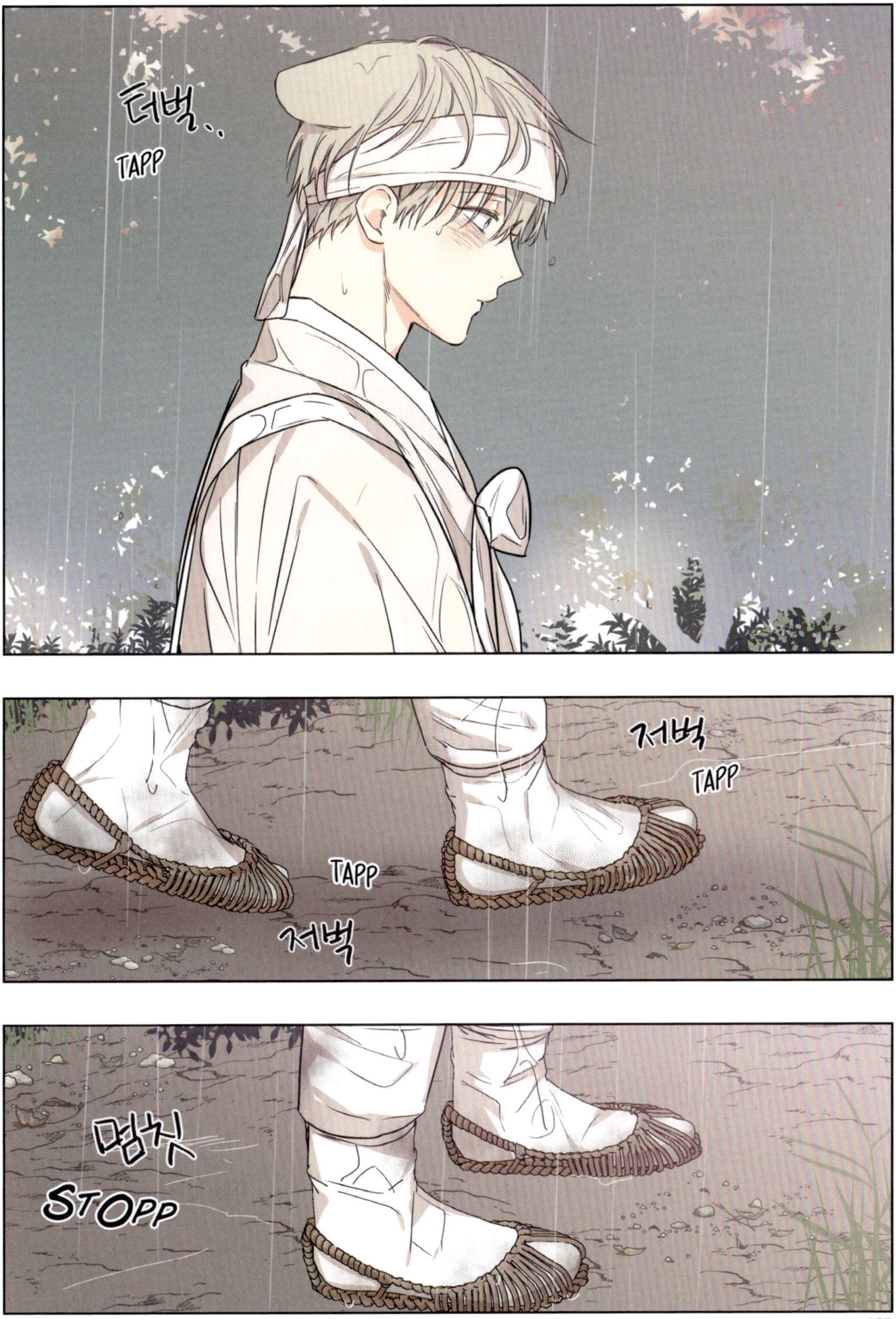
터벅..
TAPP
저벅
TAPP
TAPP
저벅
멈칫
STOPP

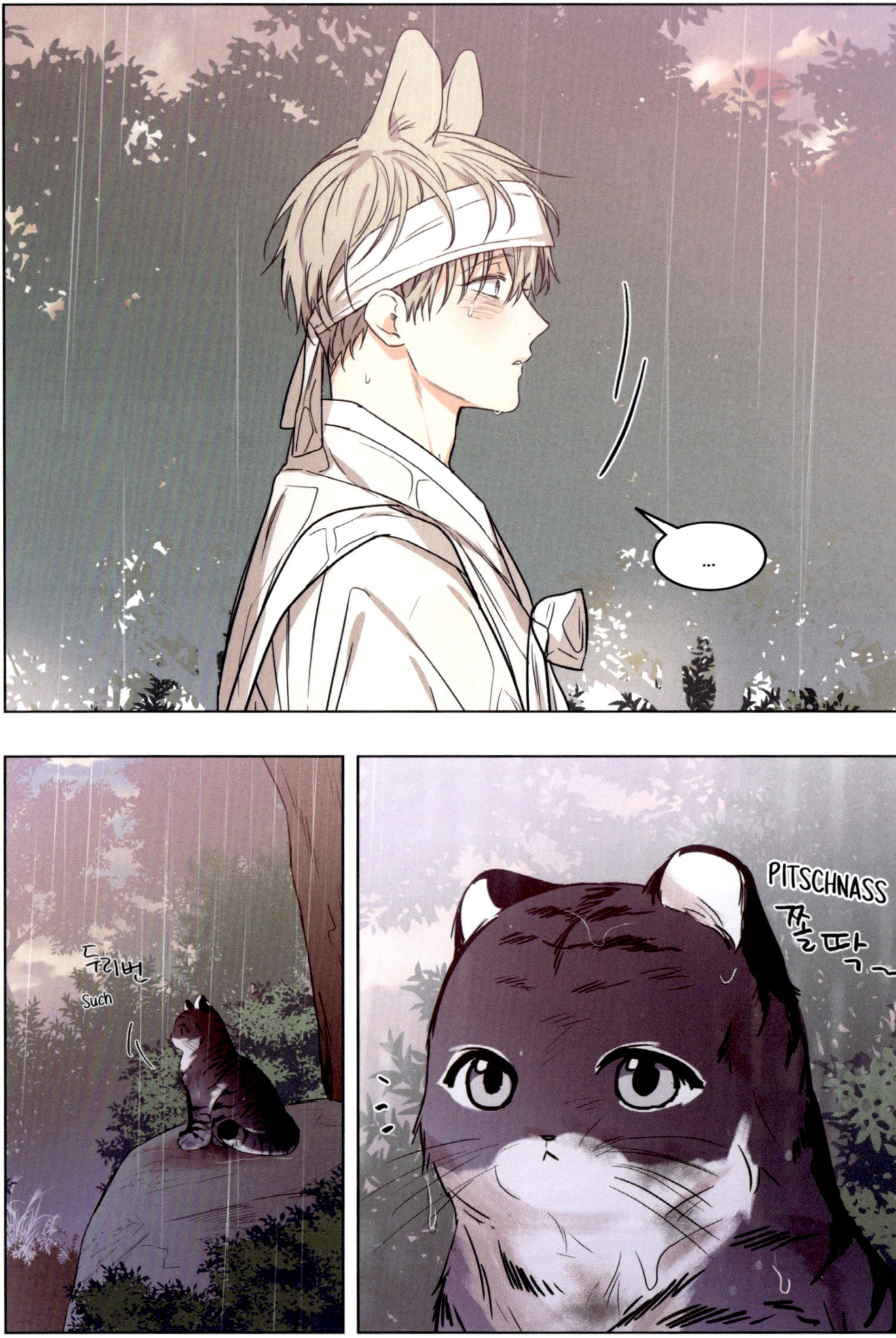
…
두리번
Such
PITSCHNASS
쫄딱~

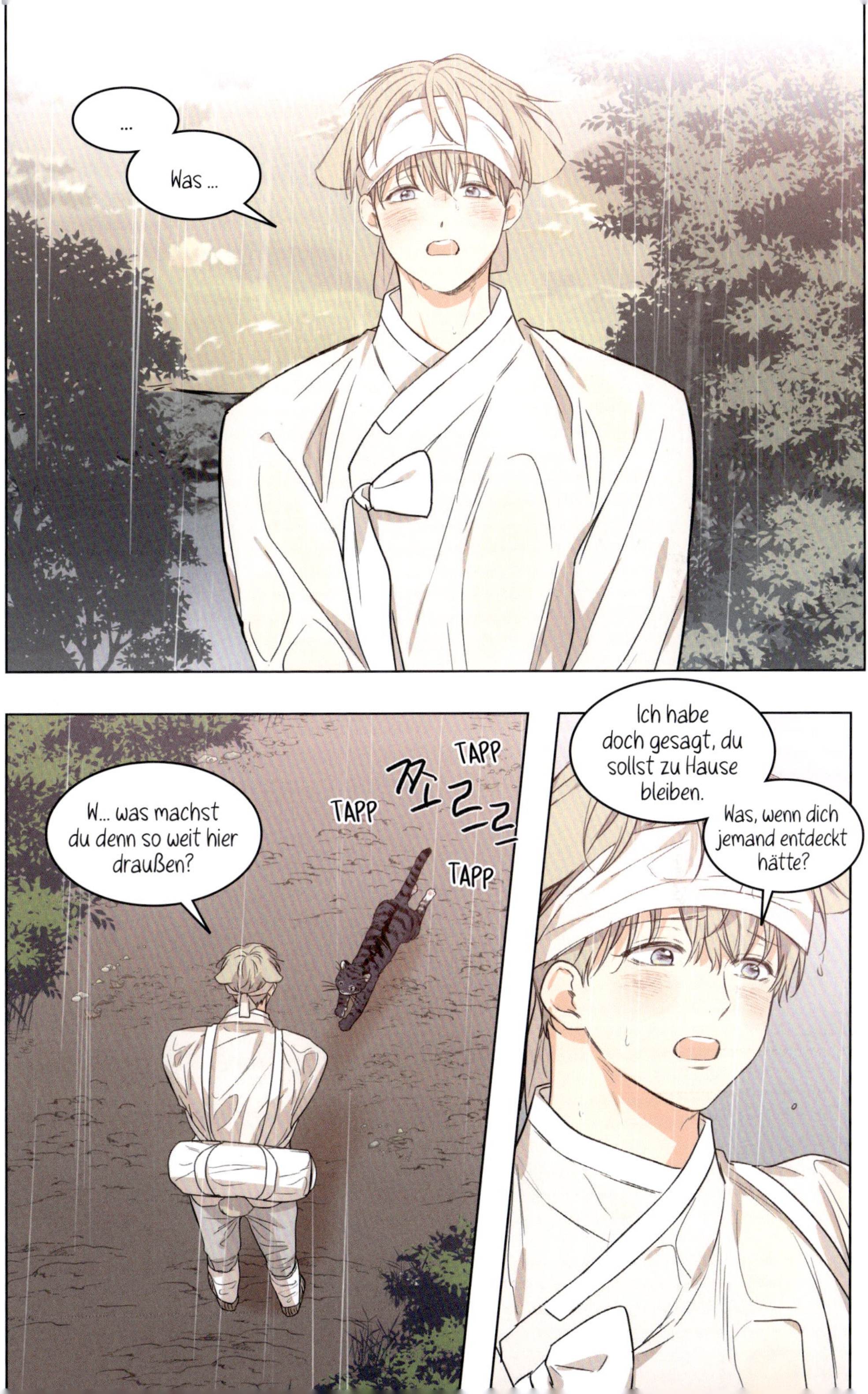
...
Was ...
W... was machst du denn so weit hier draußen?
TAPP
쪼르르
TAPP
TAPP
Ich habe doch gesagt, du sollst zu Hause bleiben.
Was, wenn dich jemand entdeckt hätte?

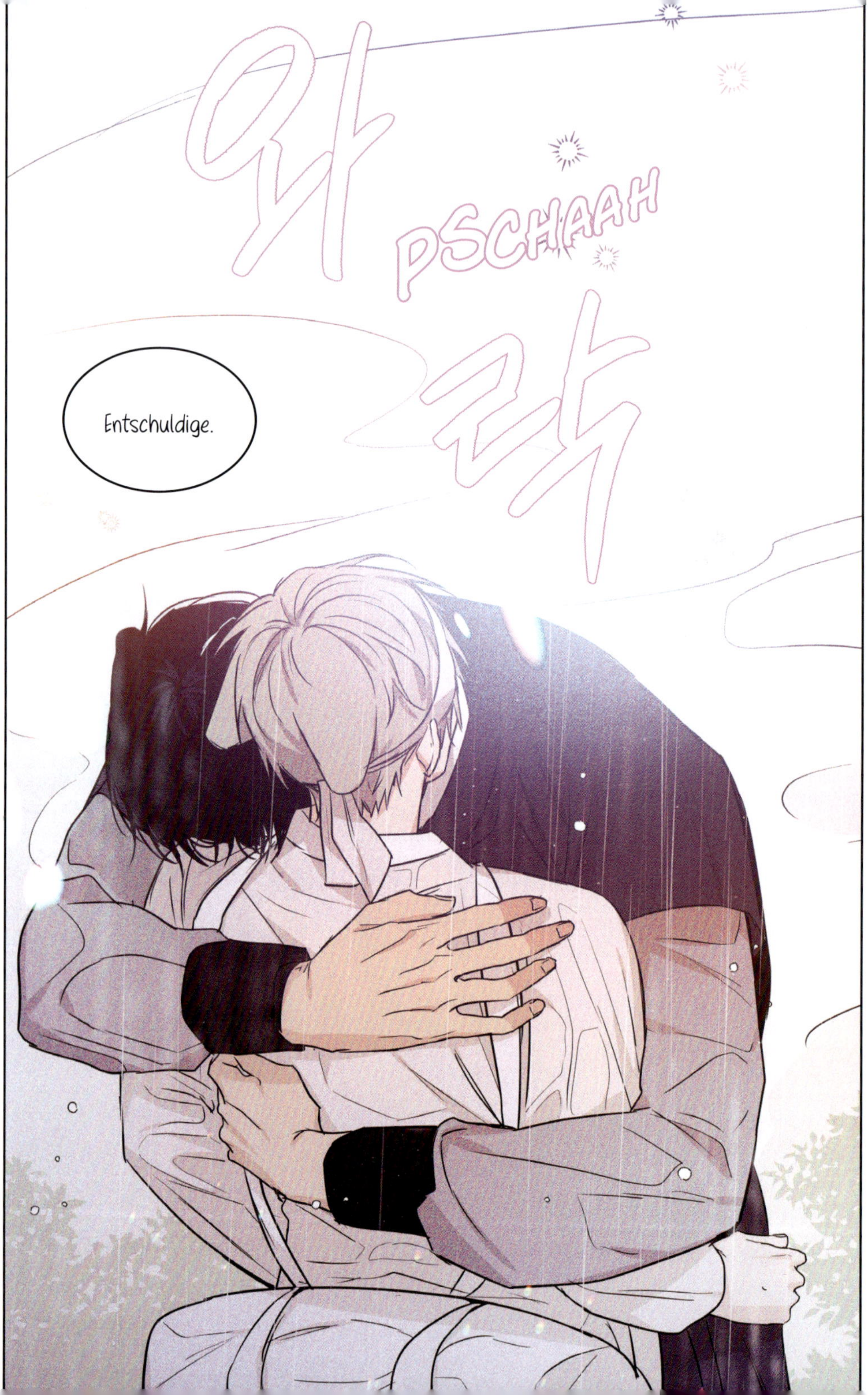

PSCHAAH
Entschuldige.

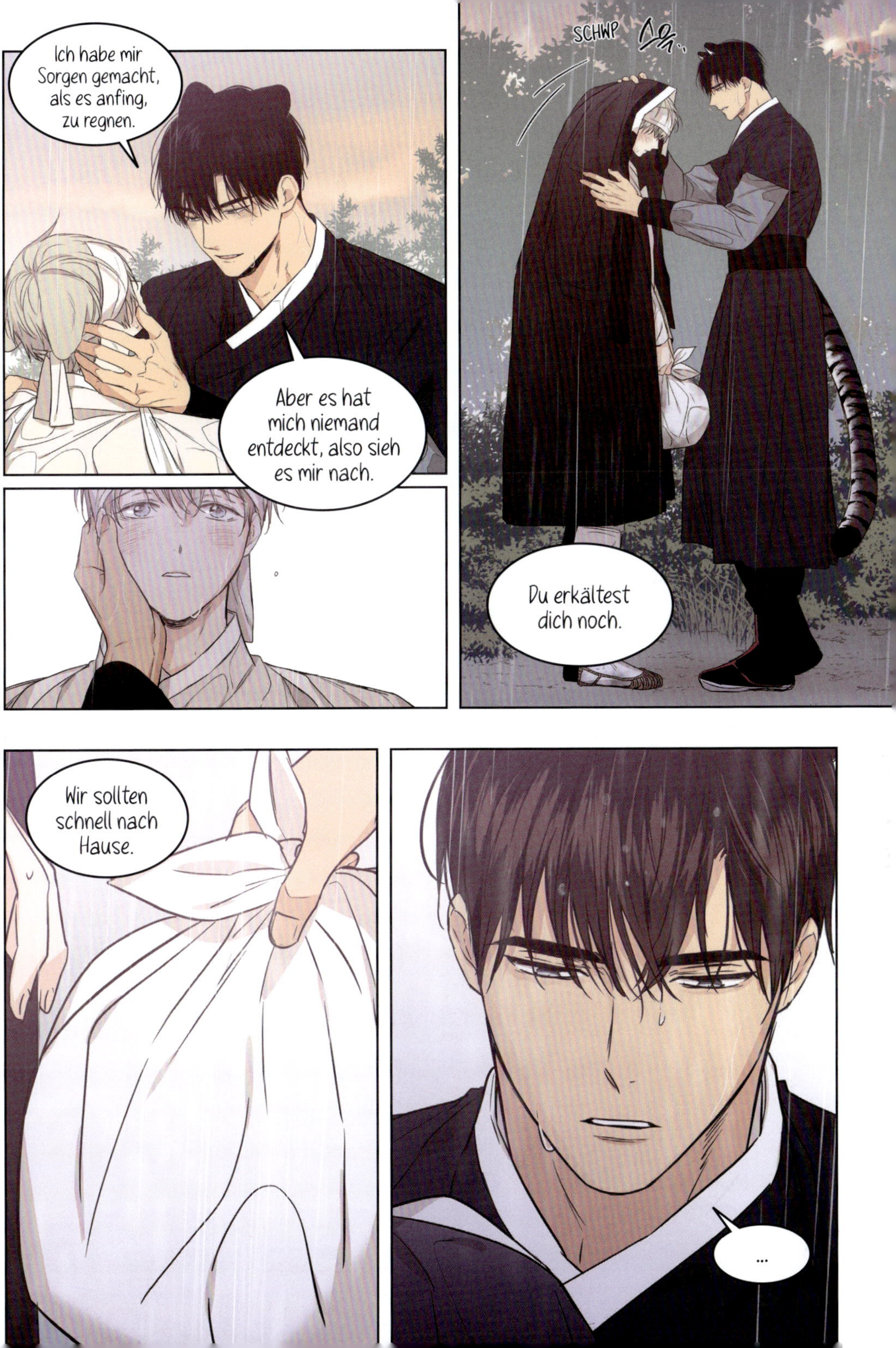
Ich habe mir Sorgen gemacht, als es anfing, zu regnen.
Aber es hat mich niemand entdeckt, also sieh es mir nach.
SCHWP
Du erkältest dich noch.
Wir sollten schnell nach Hause.
...

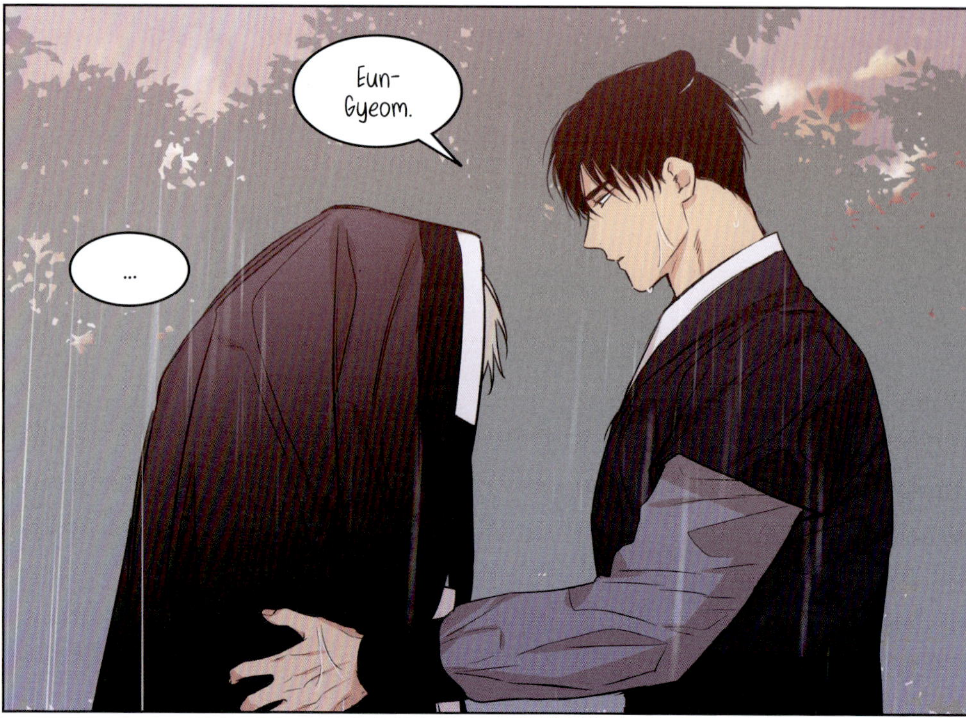
Eun-
Gyeom.
...

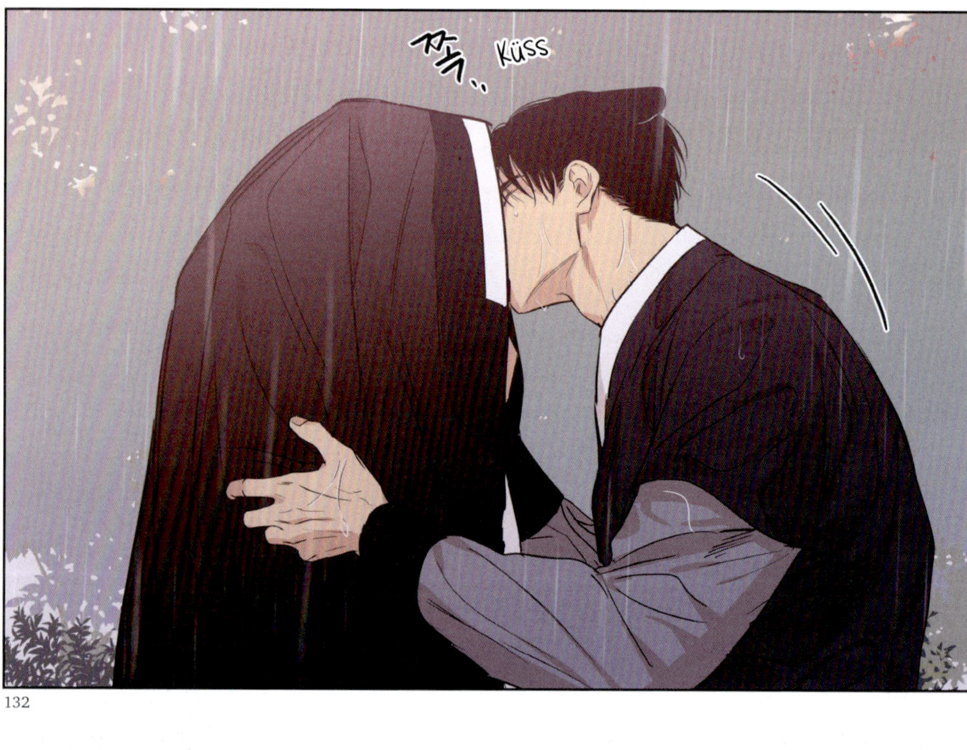
쪽..
Küss

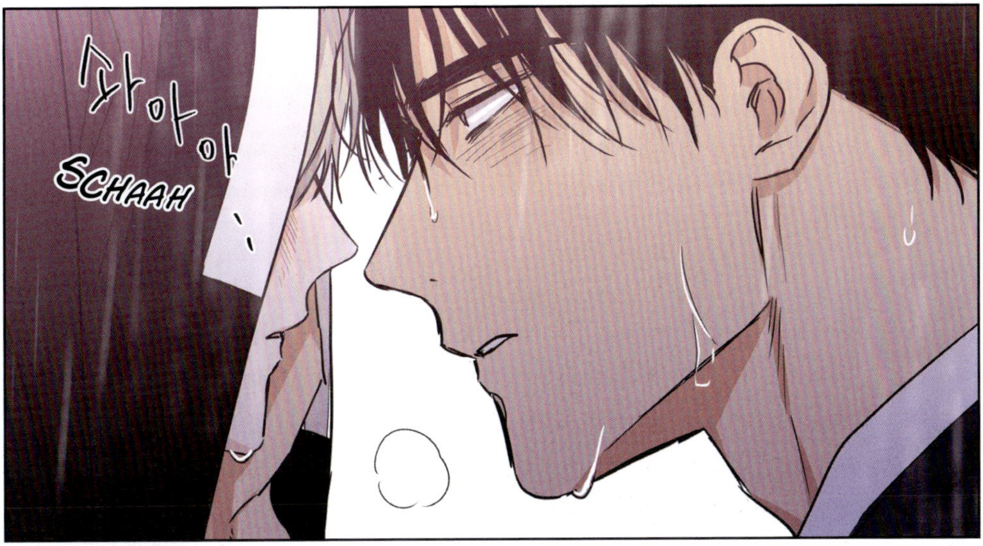
솨아아
SCHAAH
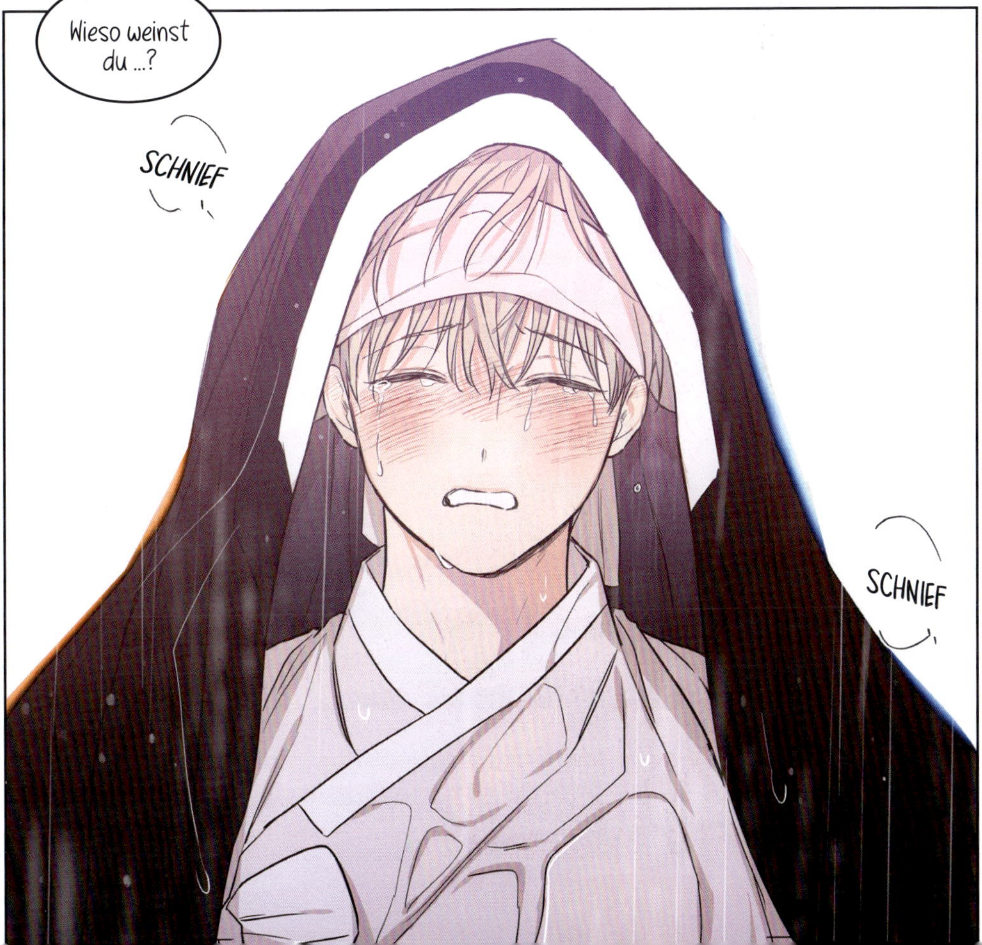
Wieso weinst du ...?
SCHNIEF
SCHNIEF

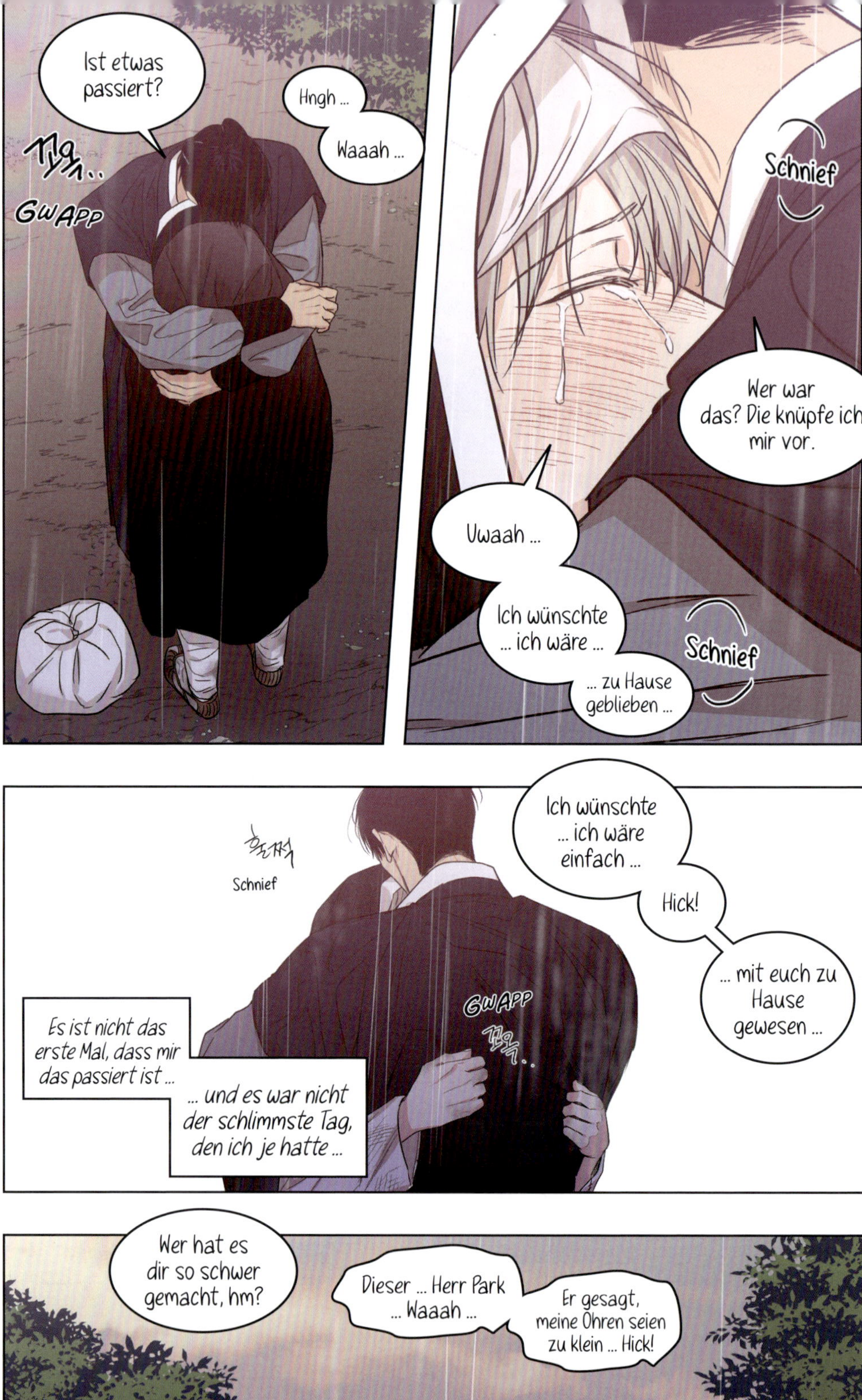
Ist etwas passiert?
Hngh ...
Waaah ...
GWAPP
Schnief
Wer war das? Die knüpfe ich mir vor.
Uwaah ...
Ich wünschte ... ich wäre ...
Schnief
... zu Hause geblieben ...
Schnief
Ich wünschte ... ich wäre einfach ...
Hick!
... mit euch zu Hause gewesen ...
GWAPP
Es ist nicht das erste Mal, dass mir das passiert ist ...
... und es war nicht der schlimmste Tag, den ich je hatte ...
Wer hat es dir so schwer gemacht, hm?
Dieser ... Herr Park ... Waaah ...
Er gesagt, meine Ohren seien zu klein ... Hick!

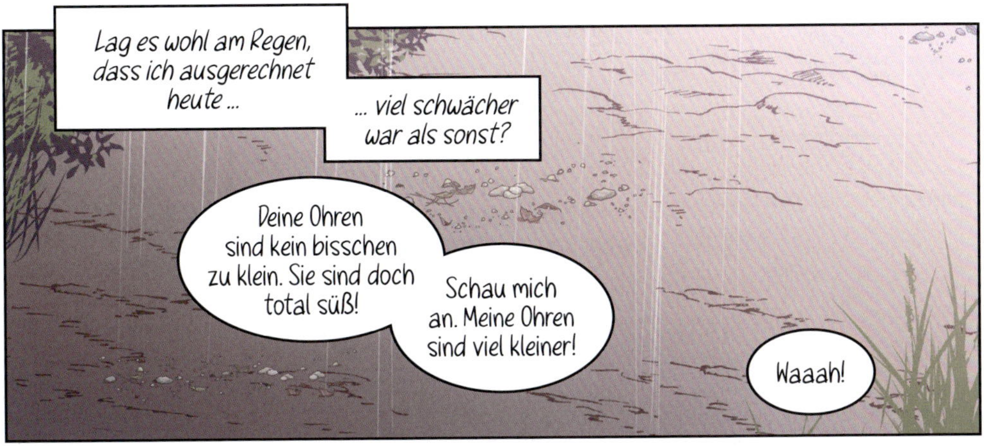
Lag es wohl am Regen, dass ich ausgerechnet heute ...
... viel schwächer war als sonst?
Deine Ohren sind kein bisschen zu klein. Sie sind doch total süß!
Schau mich an. Meine Ohren sind viel kleiner!
Waaah!

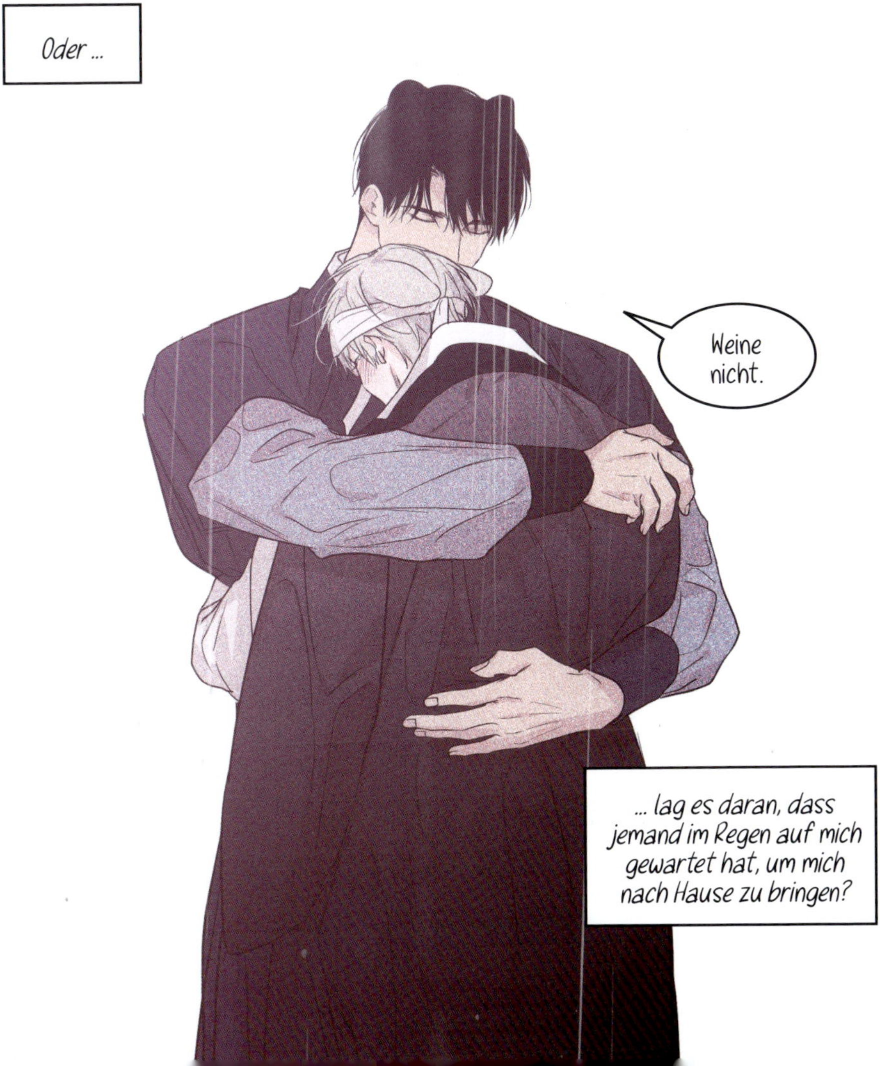
Oder ...
Weine nicht.
... lag es daran, dass jemand im Regen auf mich gewartet hat, um mich nach Hause zu bringen?

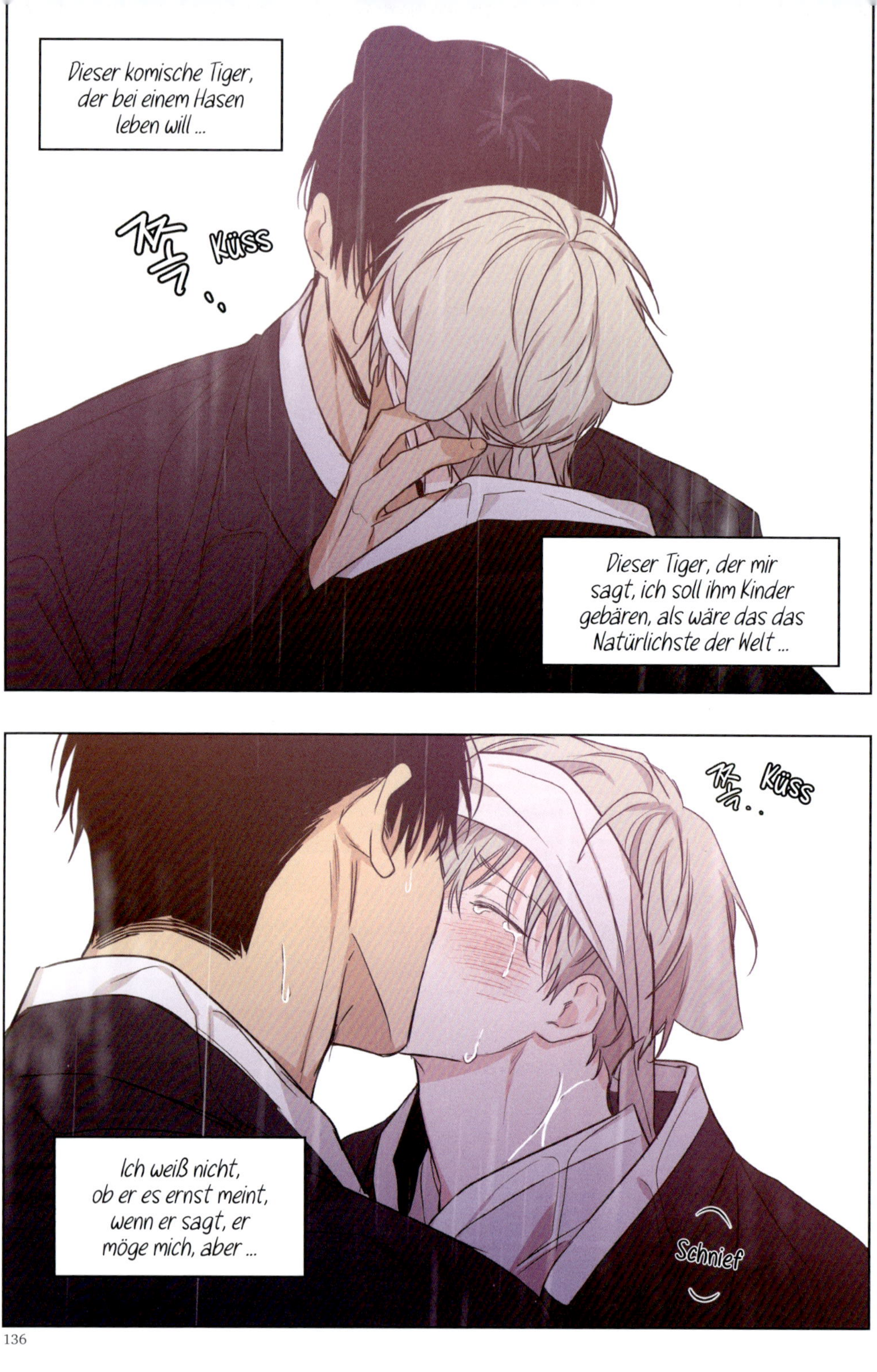
Dieser komische Tiger, der bei einem Hasen leben will ...
Küss
Dieser Tiger, der mir sagt, ich soll ihm Kinder gebären, als wäre das das Natürlichste der Welt ...
Küss
Ich weiß nicht, ob er es ernst meint, wenn er sagt, er möge mich, aber ...
Schnief

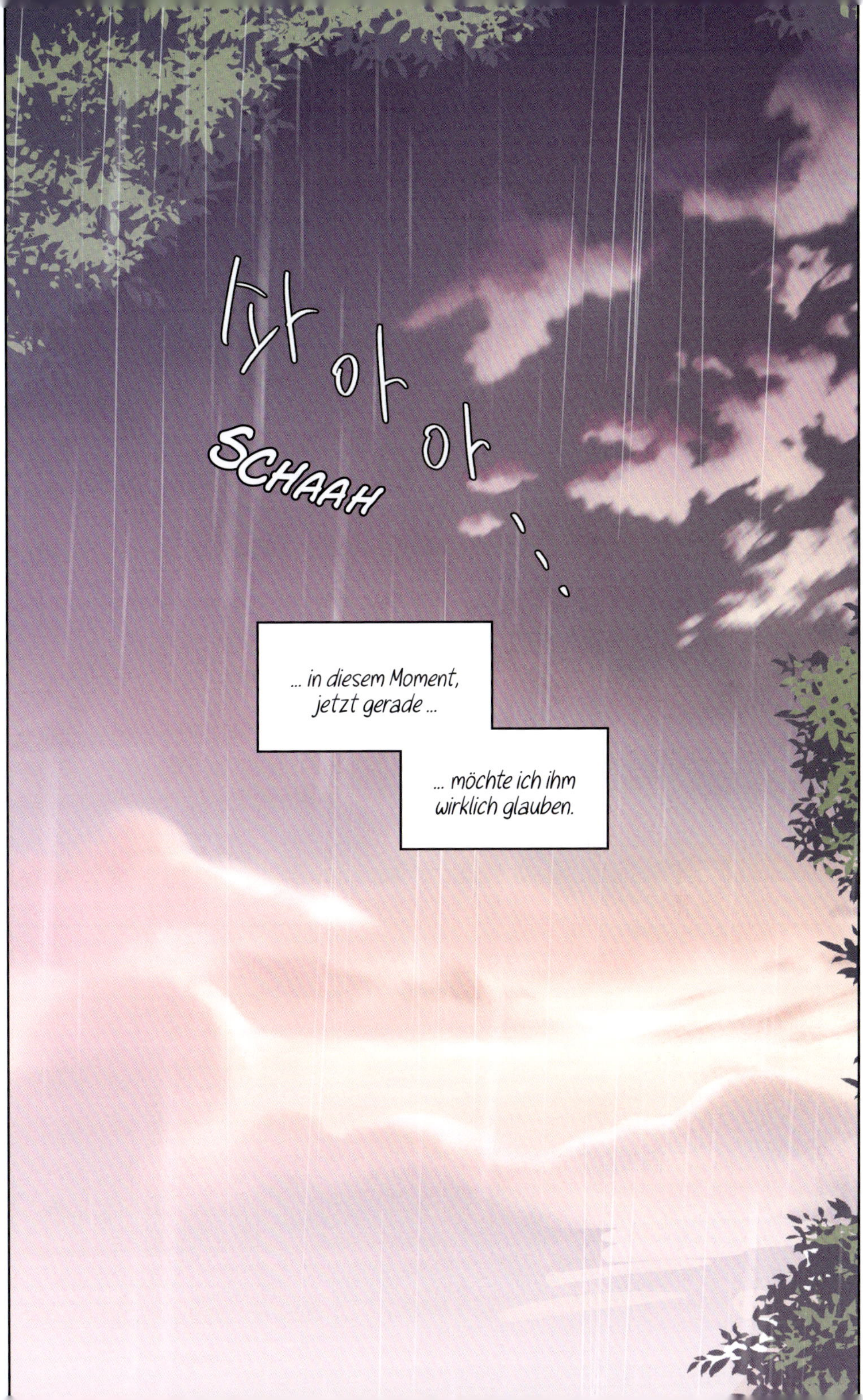
샤아아
SCHAAH
... in diesem Moment, jetzt gerade ...
... möchte ich ihm wirklich glauben.

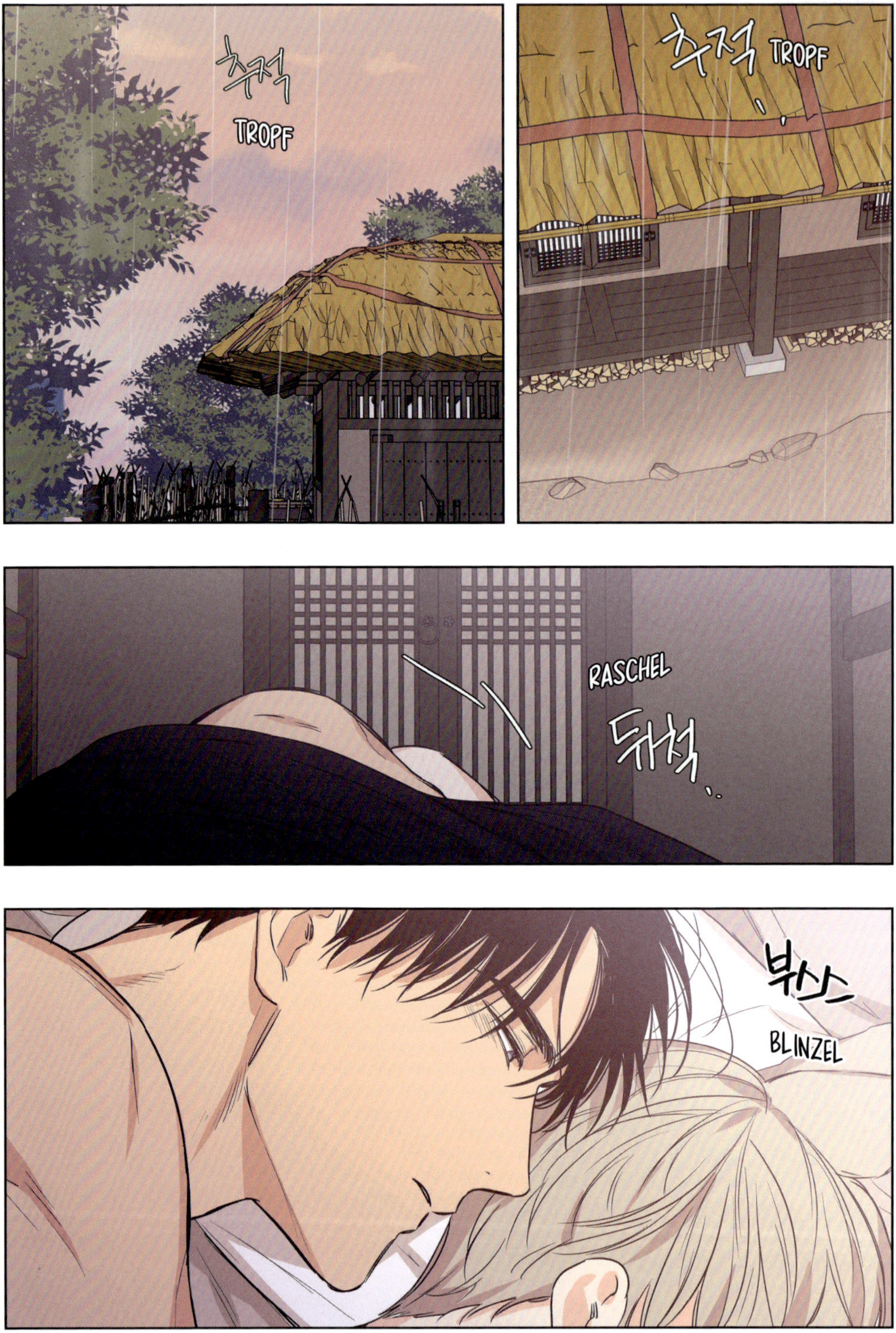
추적
TROPF
추적 TROPF
RASCHEL
뒤척
부스스
BLINZEL

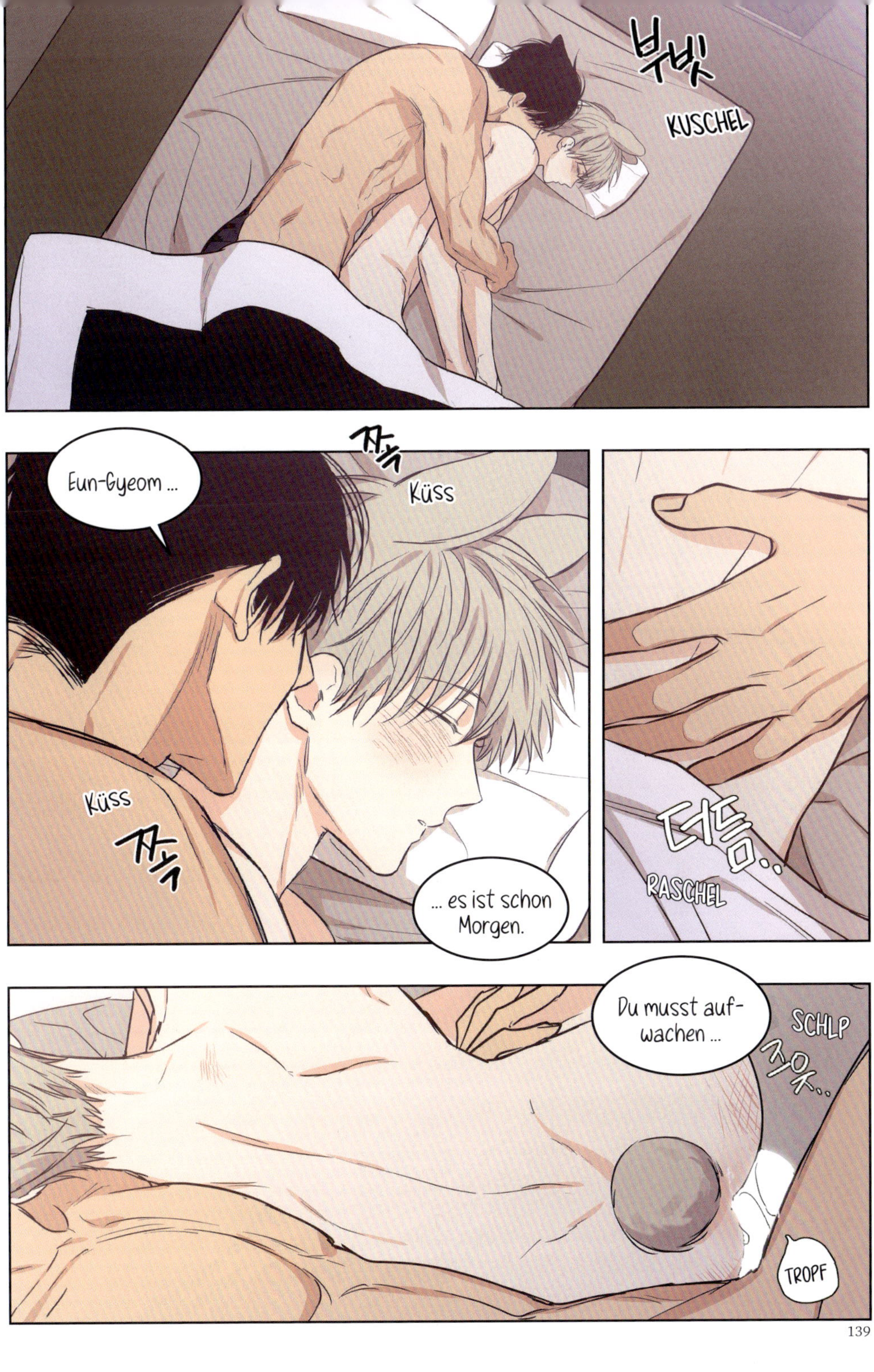

부빗
KUSCHEL
Eun-Gyeom ...
쪼옥
Küss
Küss
쪼옥
... es ist schon Morgen.
더듬..
RASCHEL
Du musst aufwachen ...
SCHLP
주욱..
TROPF

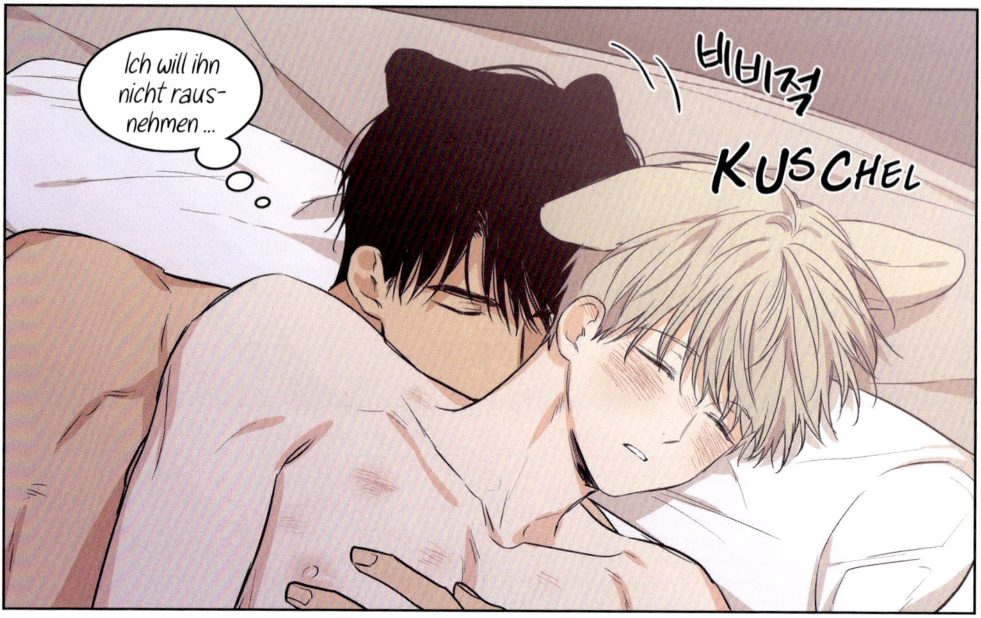
Ich will ihn nicht raus-nehmen ...
비비적
KUSCHEL

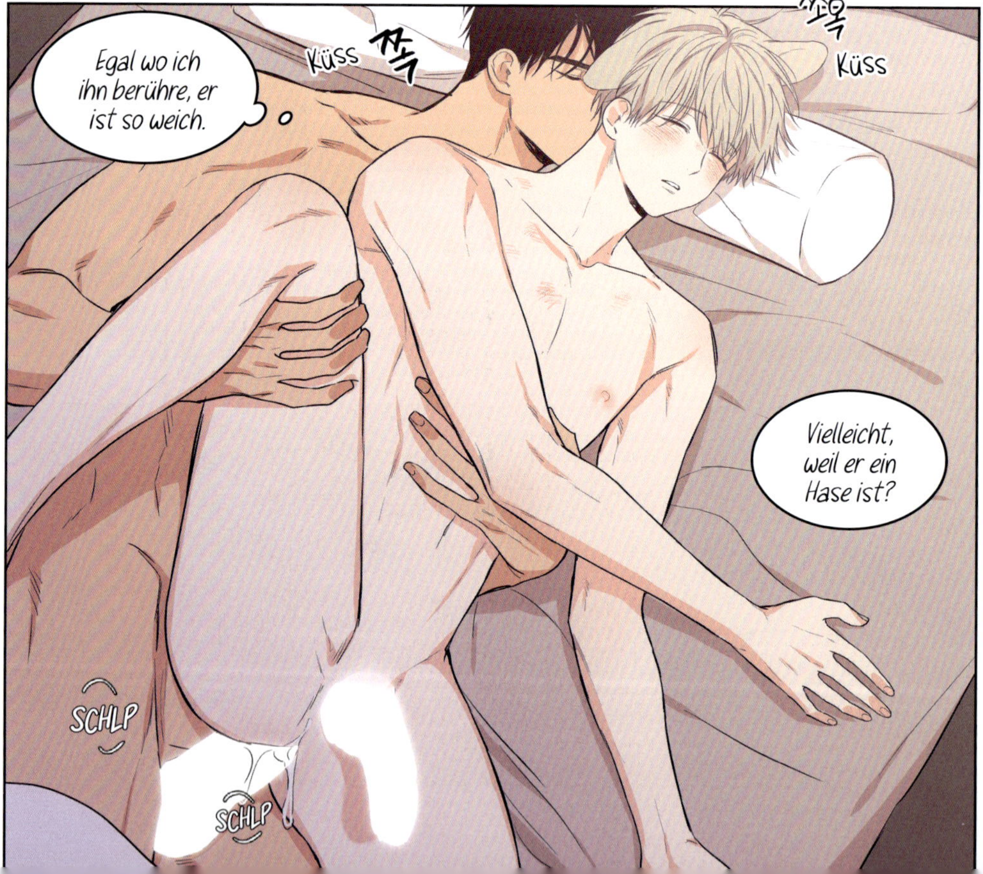
Küss
쪽
쪼옥
Küss
Egal wo ich ihn berühre, er ist so weich.
Vielleicht, weil er ein Hase ist?
SCHLP
SCHLP

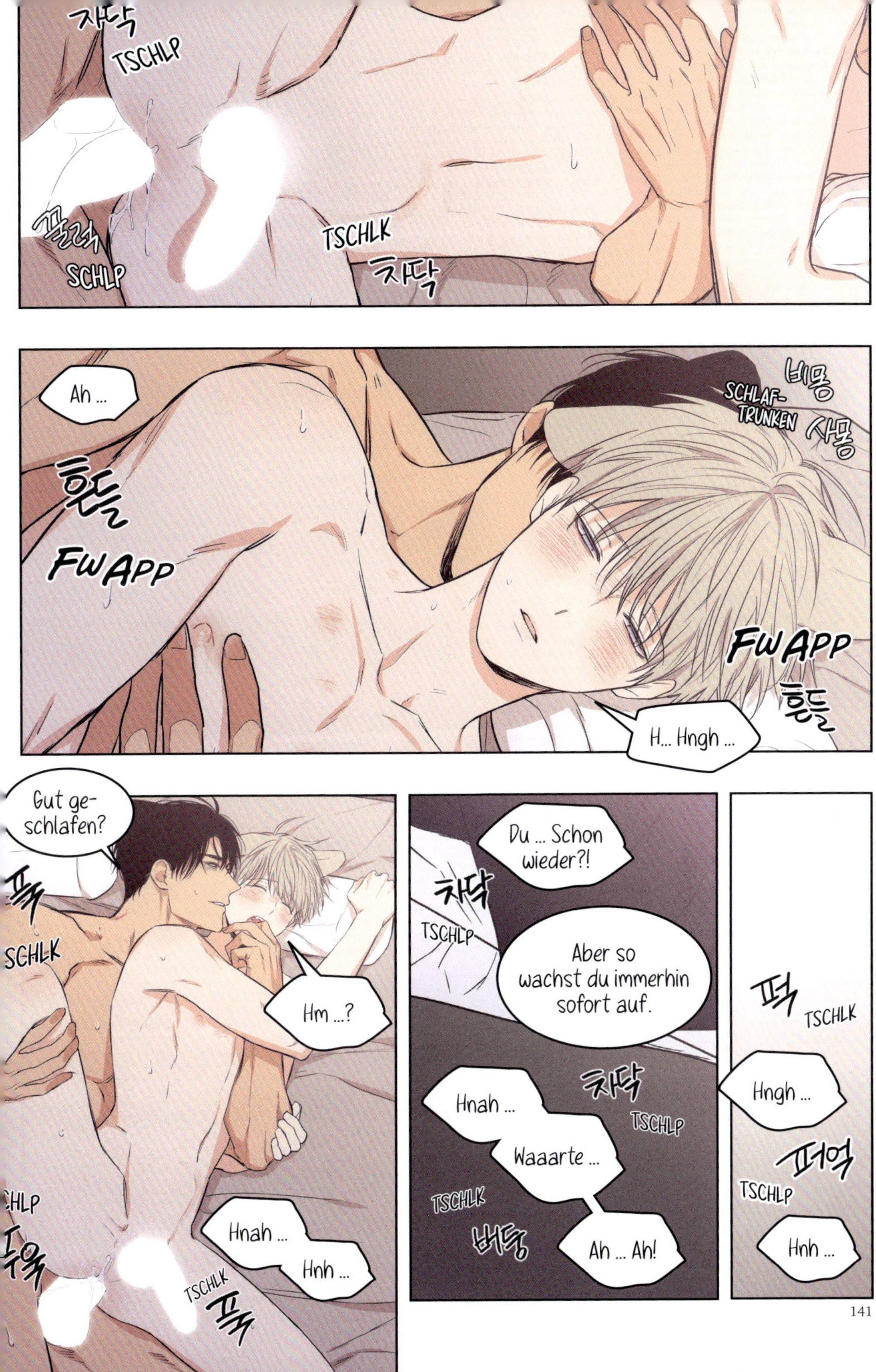

자닥
TSCHLP
풀럭
SCHLP
TSCHLK
차닥
Ah ...
흔들
FWAPP
비몽
SCHLAF-TRUNKEN
사몽
FWAPP
흔들
H... Hngh ...
Gut ge-schlafen?
푹
SCHLK
Hm ...?
HLP
Hnah ...
Hnh ...
TSCHLK
푹
Du ... Schon wieder?!
차닥
TSCHLP
Aber so wachst du immerhin sofort auf.
Hnah ...
차닥
TSCHLP
Waaarte ...
TSCHLK
버둥
Ah ... Ah!
퍽
TSCHLK
Hngh ...
퍼억
TSCHLP
Hnh ...

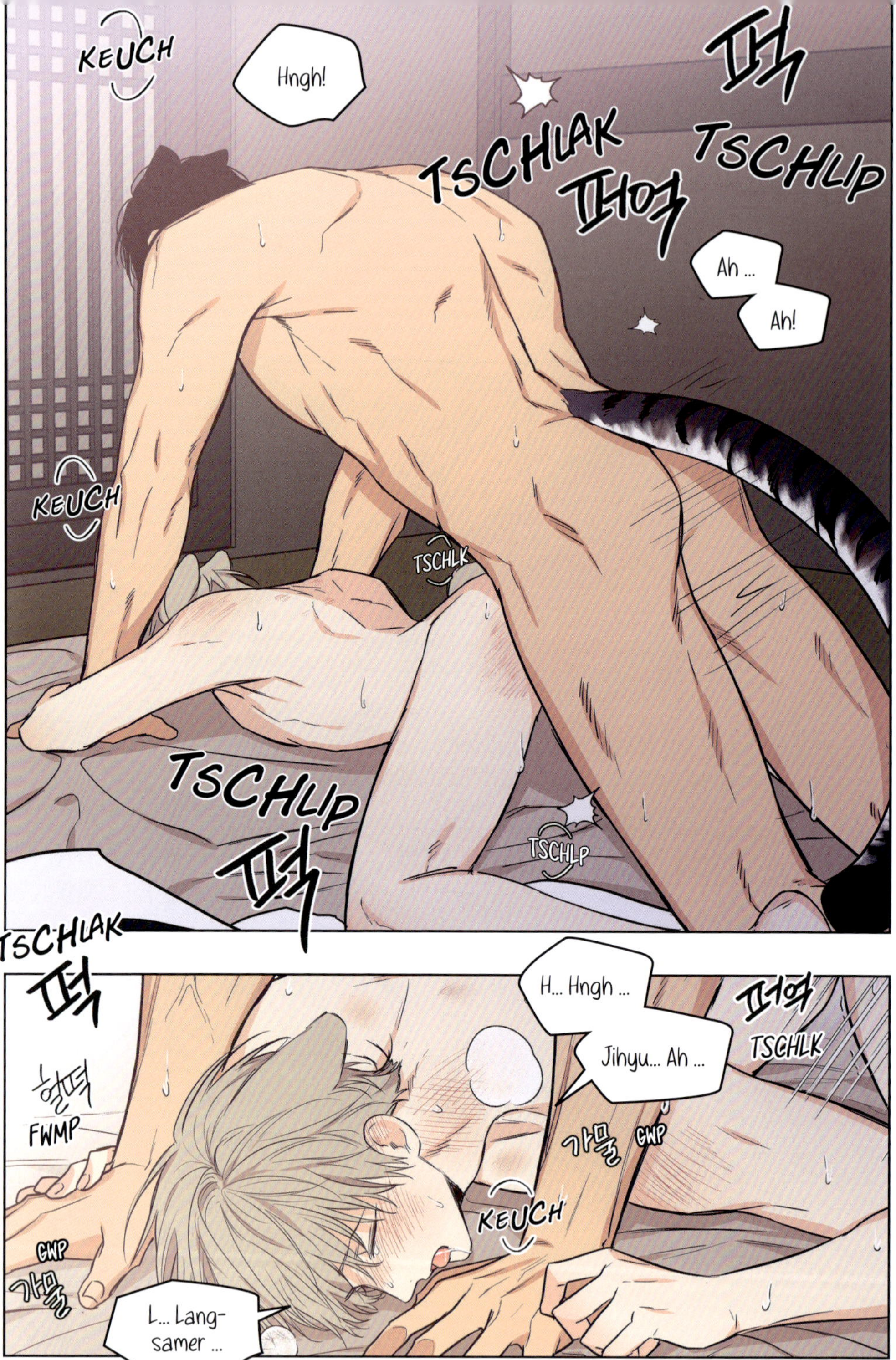
KEUCH
Hngh!
퍽
TSCHLAK
TSCHLIP
퍼억
Ah ...
Ah!
KEUCH
TSCHLK
TSCHLIP
퍽
TSCHLP
TSCHLAK
퍽
H... Hngh ...
Jihyu... Ah ...
퍼억
TSCHLK
헐떡
FWMP
가물
GWP
KEUCH
GWP
가물
L... Lang-
samer ...

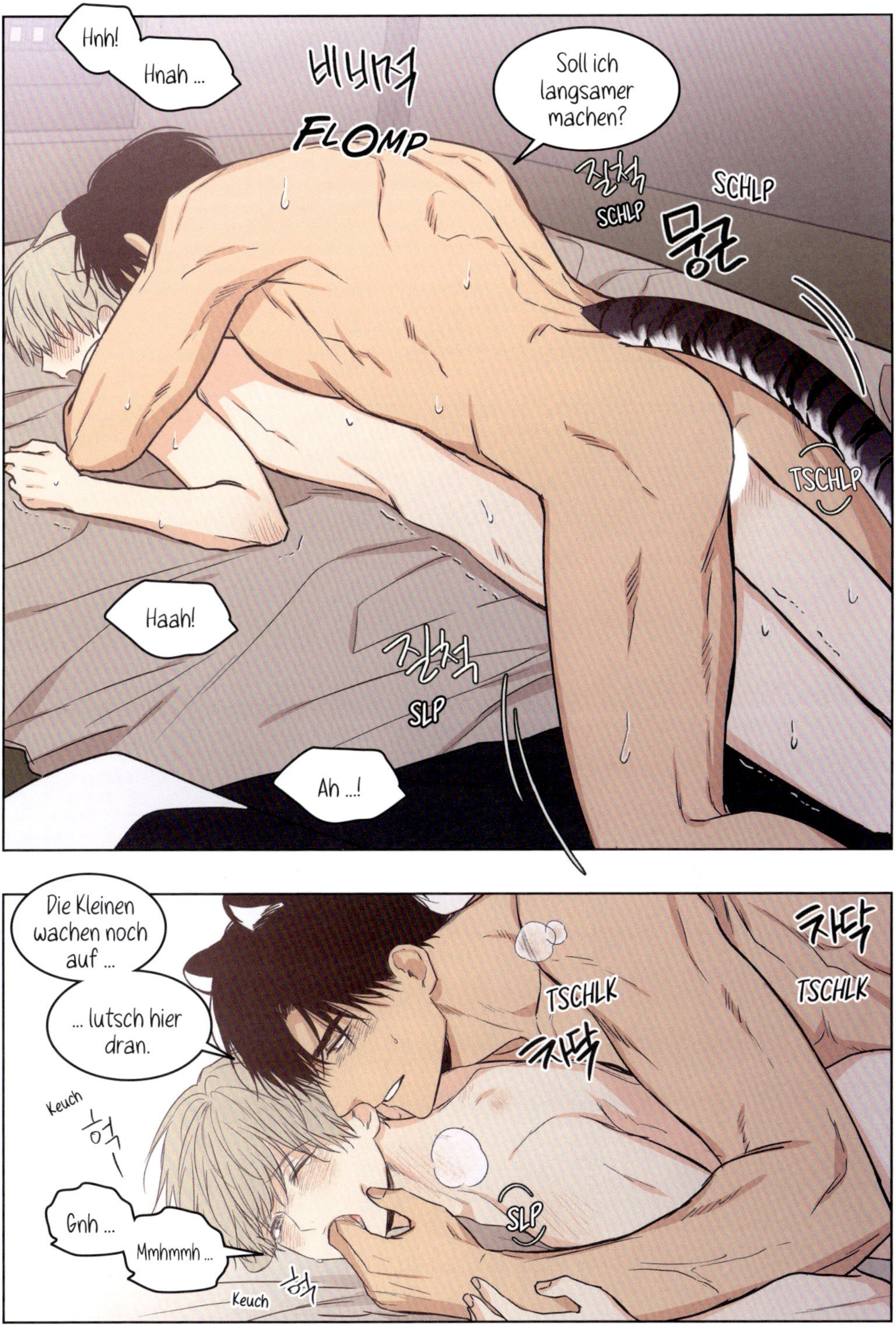
Hnh!
Hnah ...
비비적
FLOMP
Soll ich langsamer machen?
질척
SCHLP
SCHLP
뭉근
TSCHLP
Haah!
질척
SLP
Ah ...!
Die Kleinen wachen noch auf ...
... lutsch hier dran.
차닥
TSCHLK
TSCHLK
차닥
Keuch
헉
SLP
Gnh ...
Mmhmmh ...
Keuch
헉

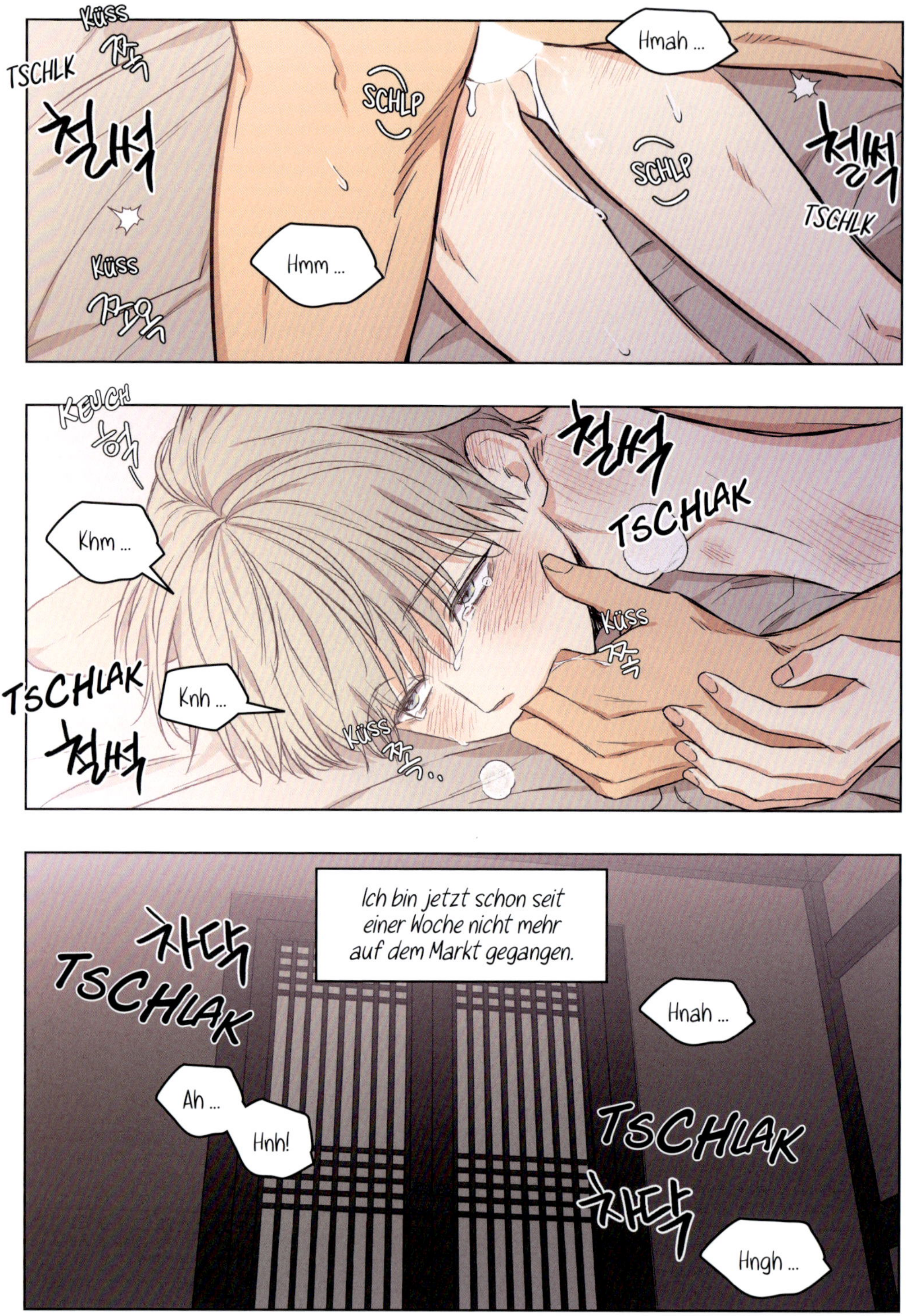
Küss
쪼옥
TSCHLK
철썩
Küss
쪼옥
Hmm ...
SCHLP
Hmah ...
SCHLP
철썩
TSCHLK
KEUCH
헉
Khm ...
철썩
TSCHLAK
Küss
쪽
TSCHLAK
철썩
Knh ...
Küss
쪽..
Ich bin jetzt schon seit einer Woche nicht mehr auf dem Markt gegangen.
차닥
TSCHLAK
Hnah ...
Ah ...
Hnh!
TSCHLAK
차닥
Hngh ...

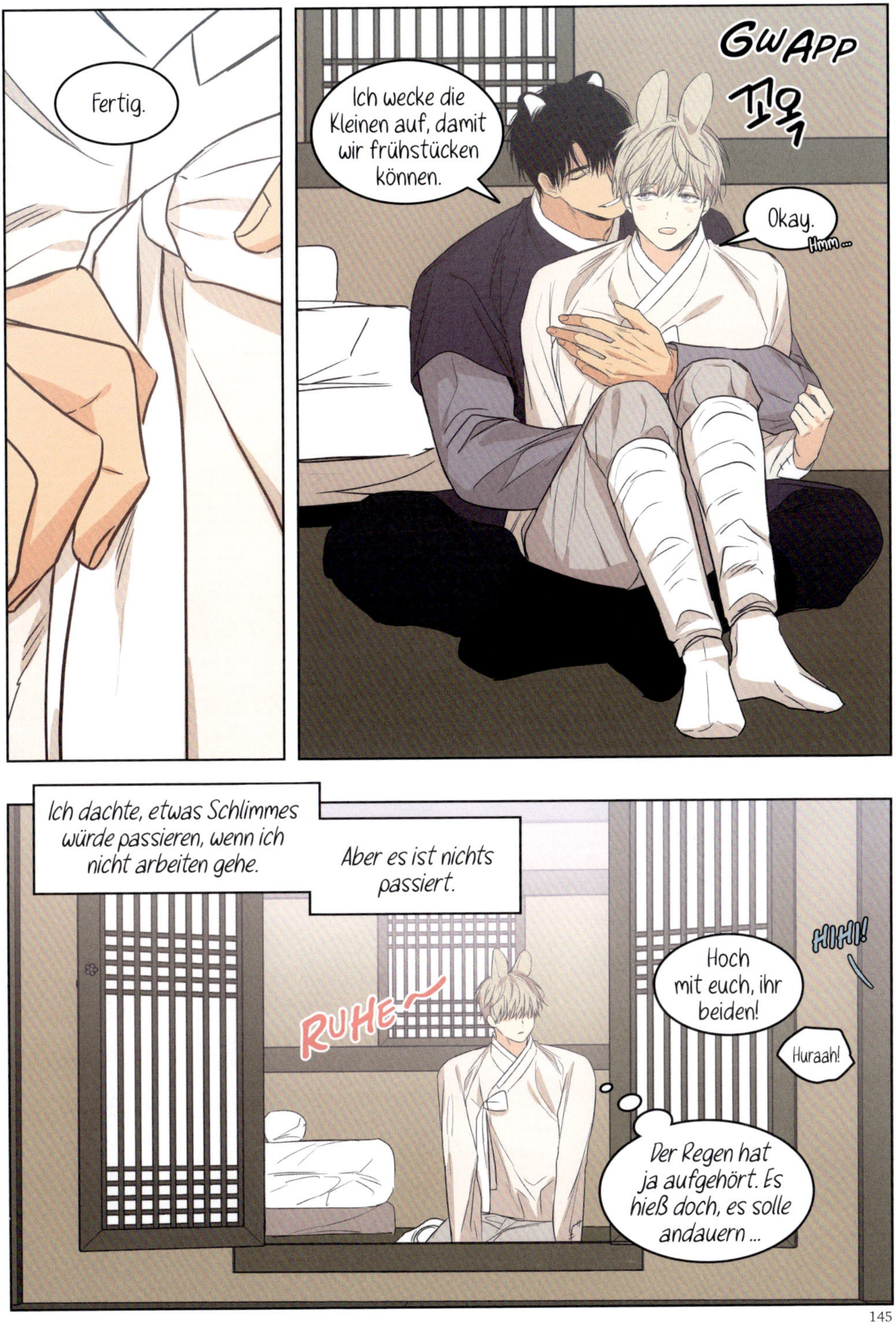
Fertig.
GWAPP
꼬옥
Ich wecke die Kleinen auf, damit wir frühstücken können.
Okay.
Hmm ...
Ich dachte, etwas Schlimmes würde passieren, wenn ich nicht arbeiten gehe.
Aber es ist nichts passiert.
HIHI!
Hoch mit euch, ihr beiden!
Huraah!
RUHE~
Der Regen hat ja aufgehört. Es hieß doch, es solle andauern ...

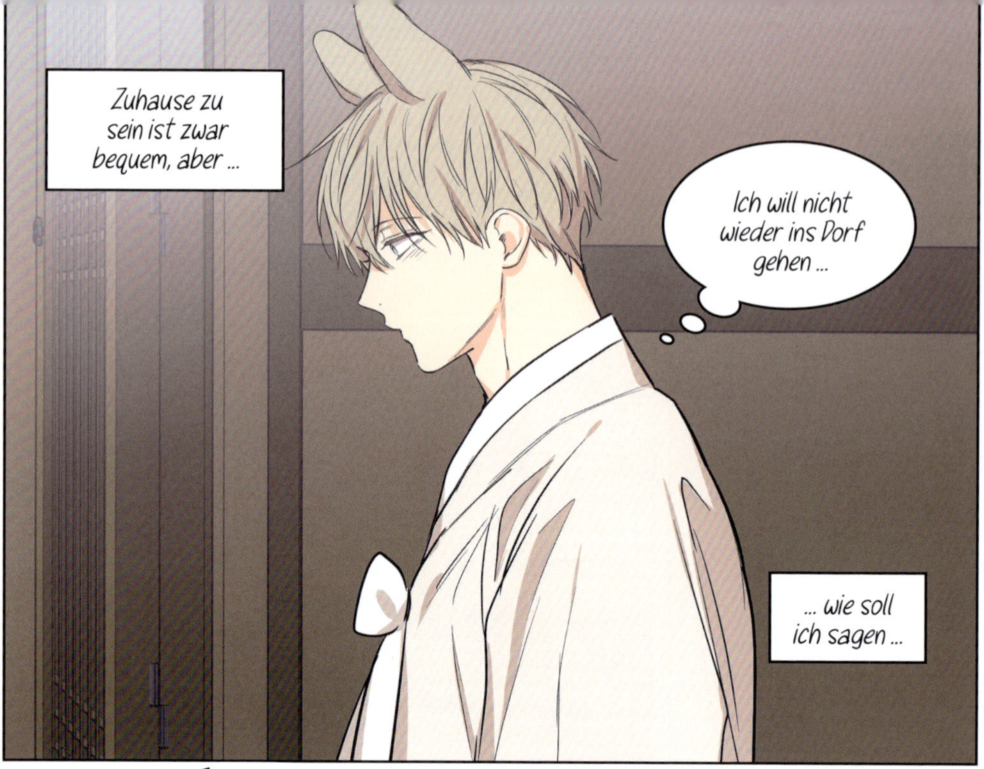
Zuhause zu sein ist zwar bequem, aber ...
Ich will nicht wieder ins Dorf gehen ...
... wie soll ich sagen ...

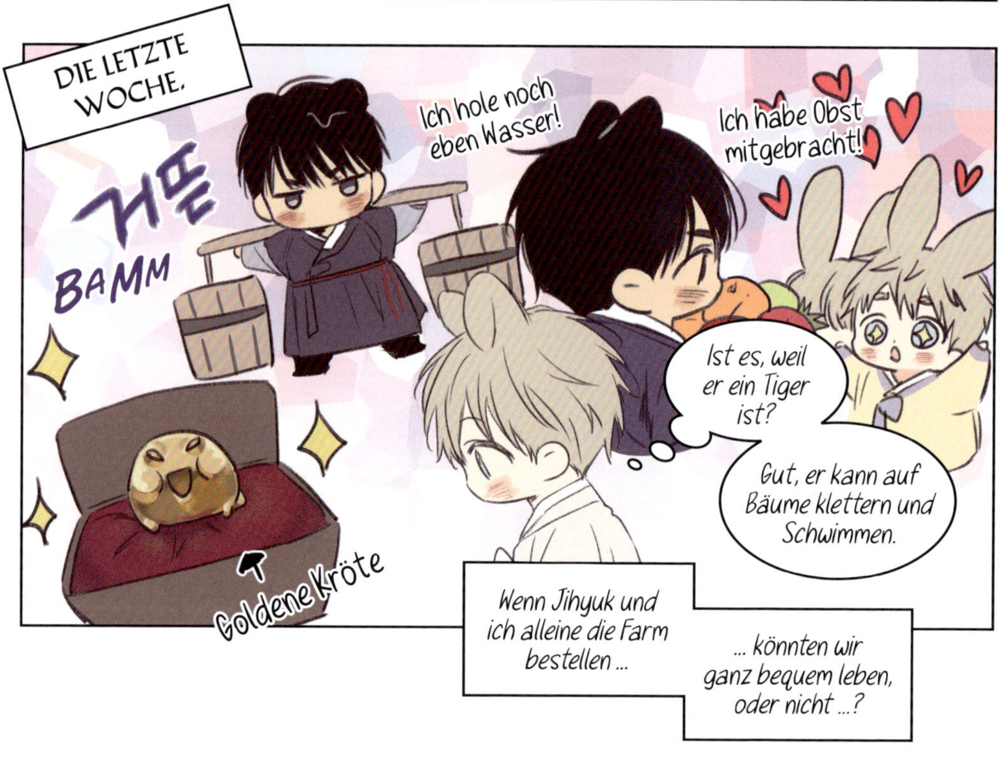
DIE LETZTE WOCHE.
거뜬
BAMM
Ich hole noch eben Wasser!
Ich habe Obst mitgebracht!
Goldene Kröte
Ist es, weil er ein Tiger ist?
Gut, er kann auf Bäume klettern und Schwimmen.
Wenn Jihyuk und ich alleine die Farm bestellen ...
... könnten wir ganz bequem leben, oder nicht ...?

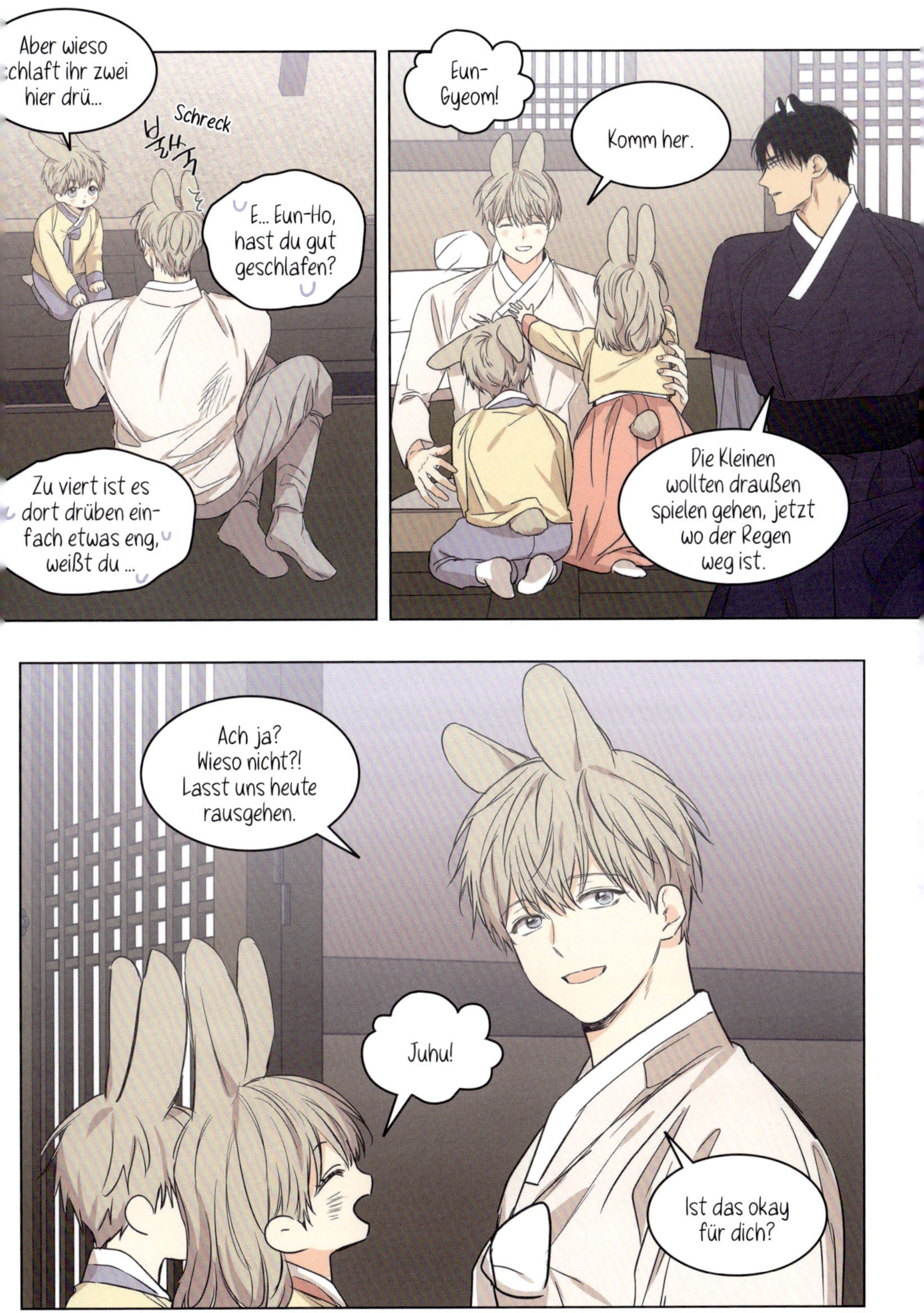
Aber wieso schlaft ihr zwei hier drü...
Schreck
E... Eun-Ho, hast du gut geschlafen?
Zu viert ist es dort drüben einfach etwas eng, weißt du ...
Eun-Gyeom!
Komm her.
Die Kleinen wollten draußen spielen gehen, jetzt wo der Regen weg ist.
Ach ja? Wieso nicht?! Lasst uns heute rausgehen.
Juhu!
Ist das okay für dich?

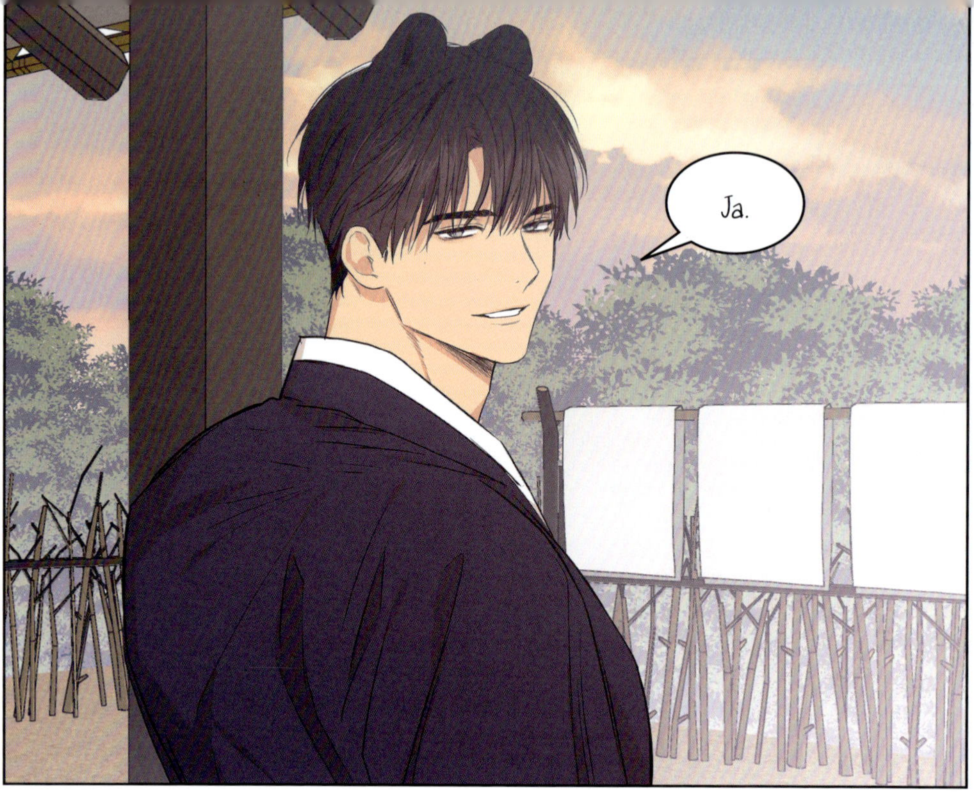
Ja.

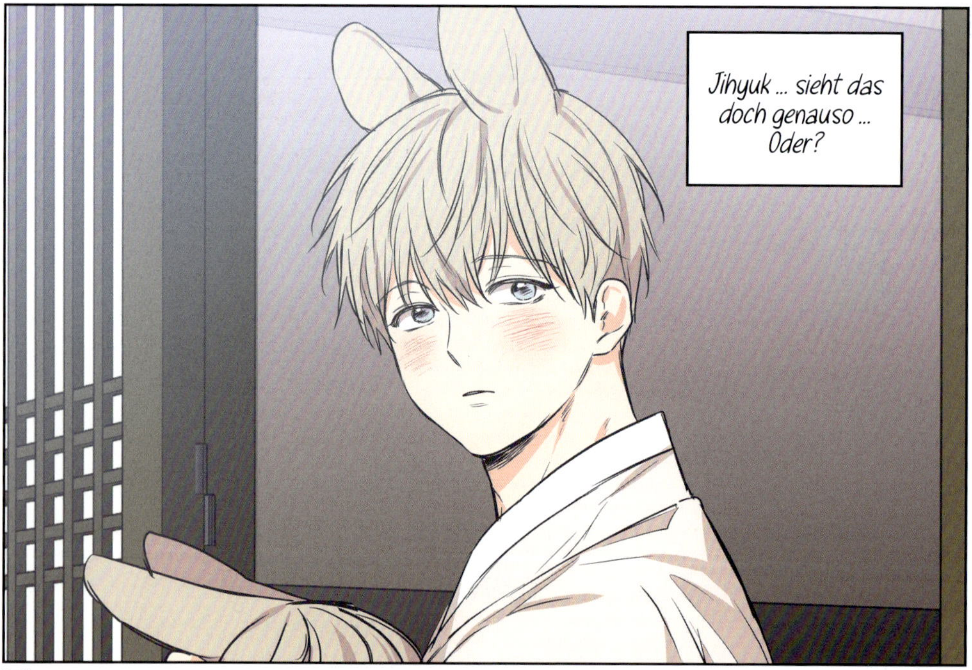
Jihyuk ... sieht das doch genauso ... Oder?

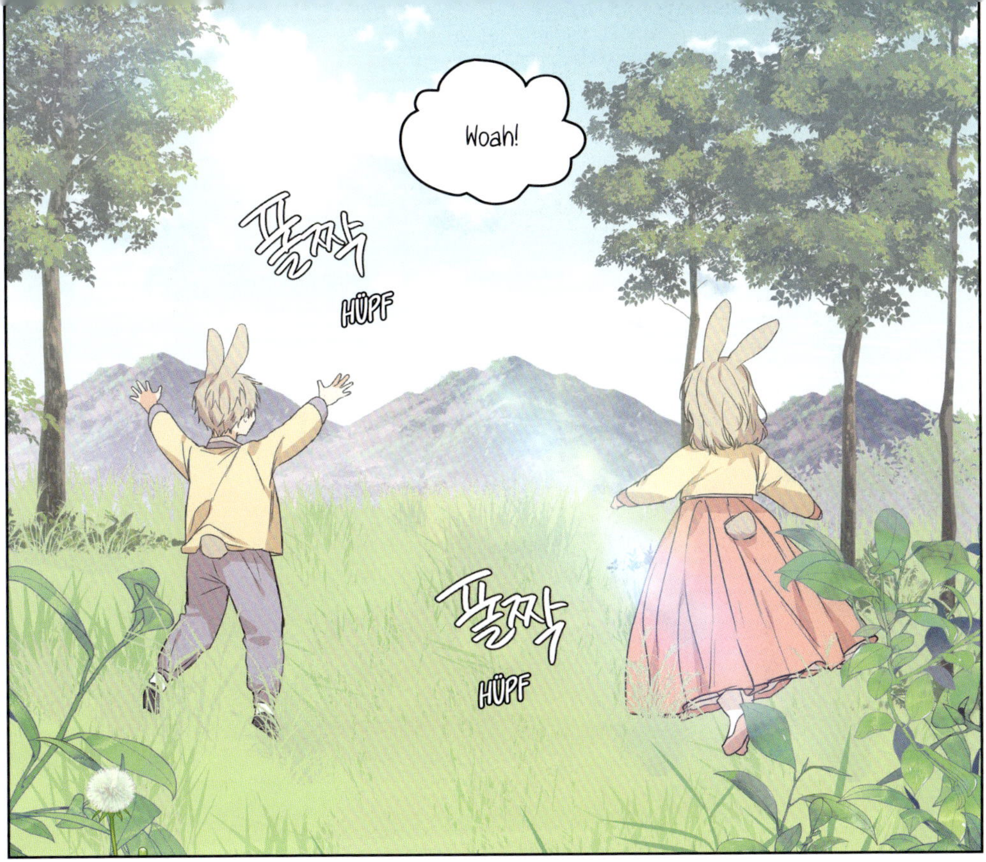
Woah!
폴짝
HÜPF
폴짝
HÜPF

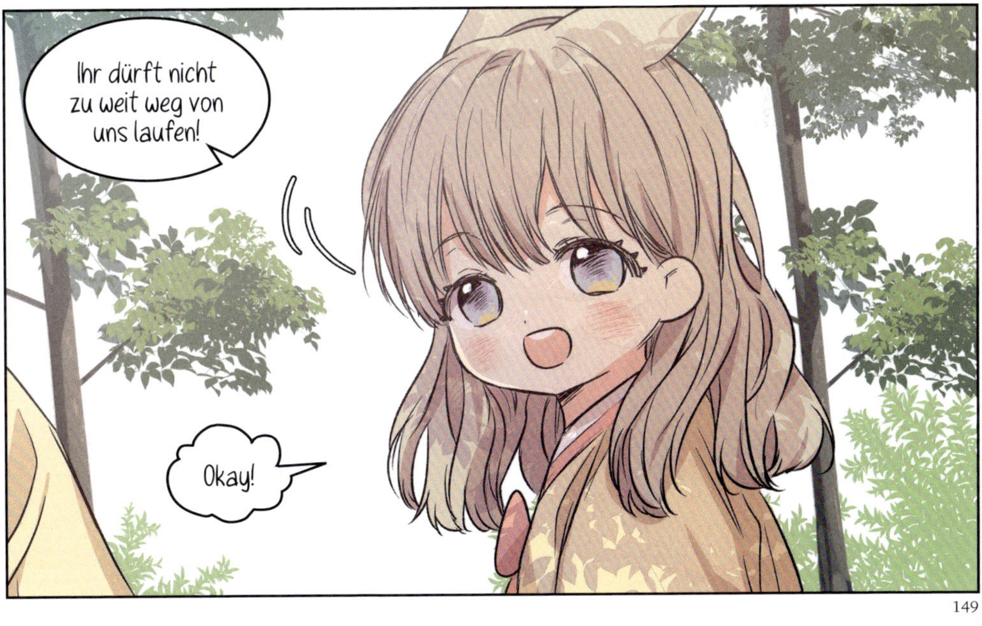
Ihr dürft nicht zu weit weg von uns laufen!
Okay!

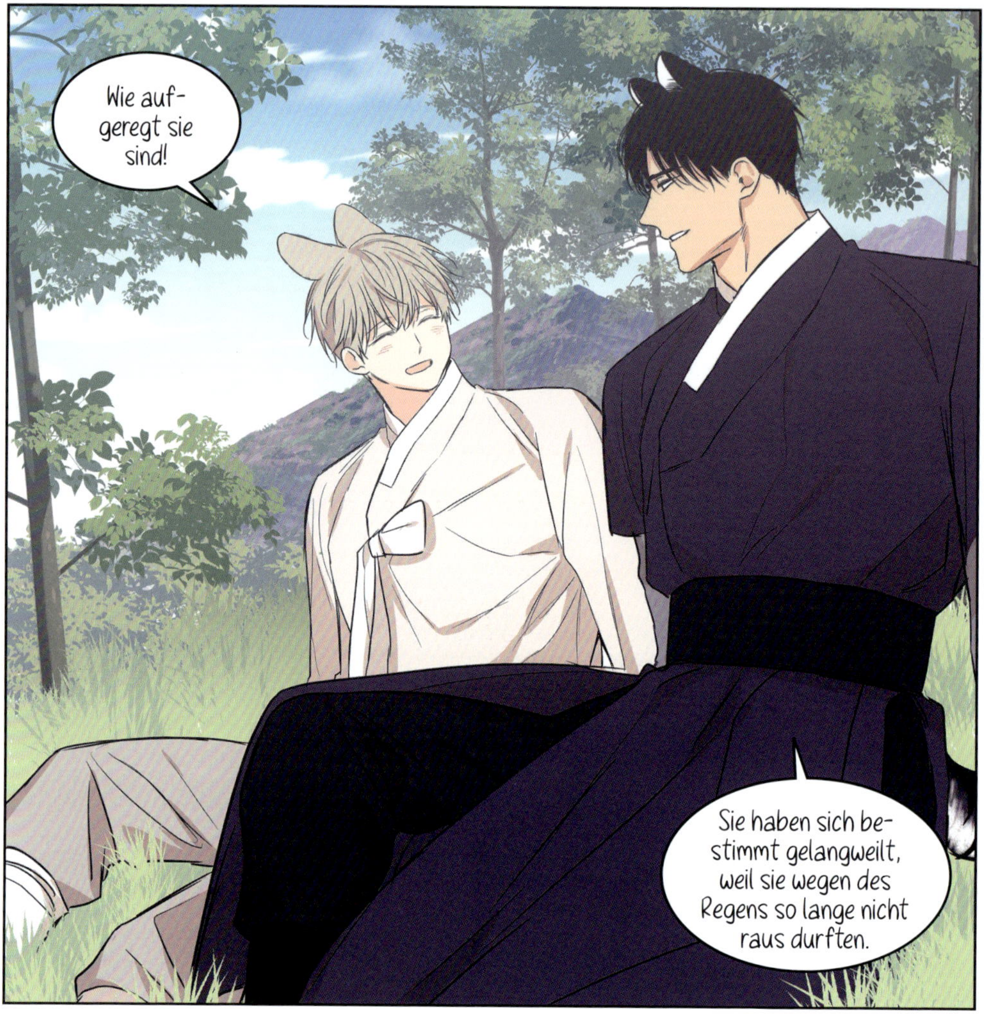
Wie auf-
geregt sie
sind!
Sie haben sich be-
stimmt gelangweilt,
weil sie wegen des
Regens so lange nicht
raus durften.

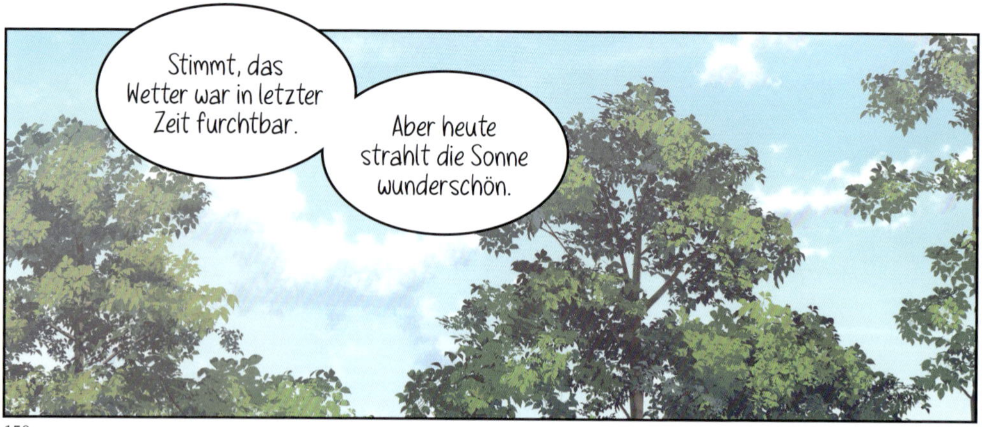
Stimmt, das
Wetter war in letzter
Zeit furchtbar.
Aber heute
strahlt die Sonne
wunderschön.

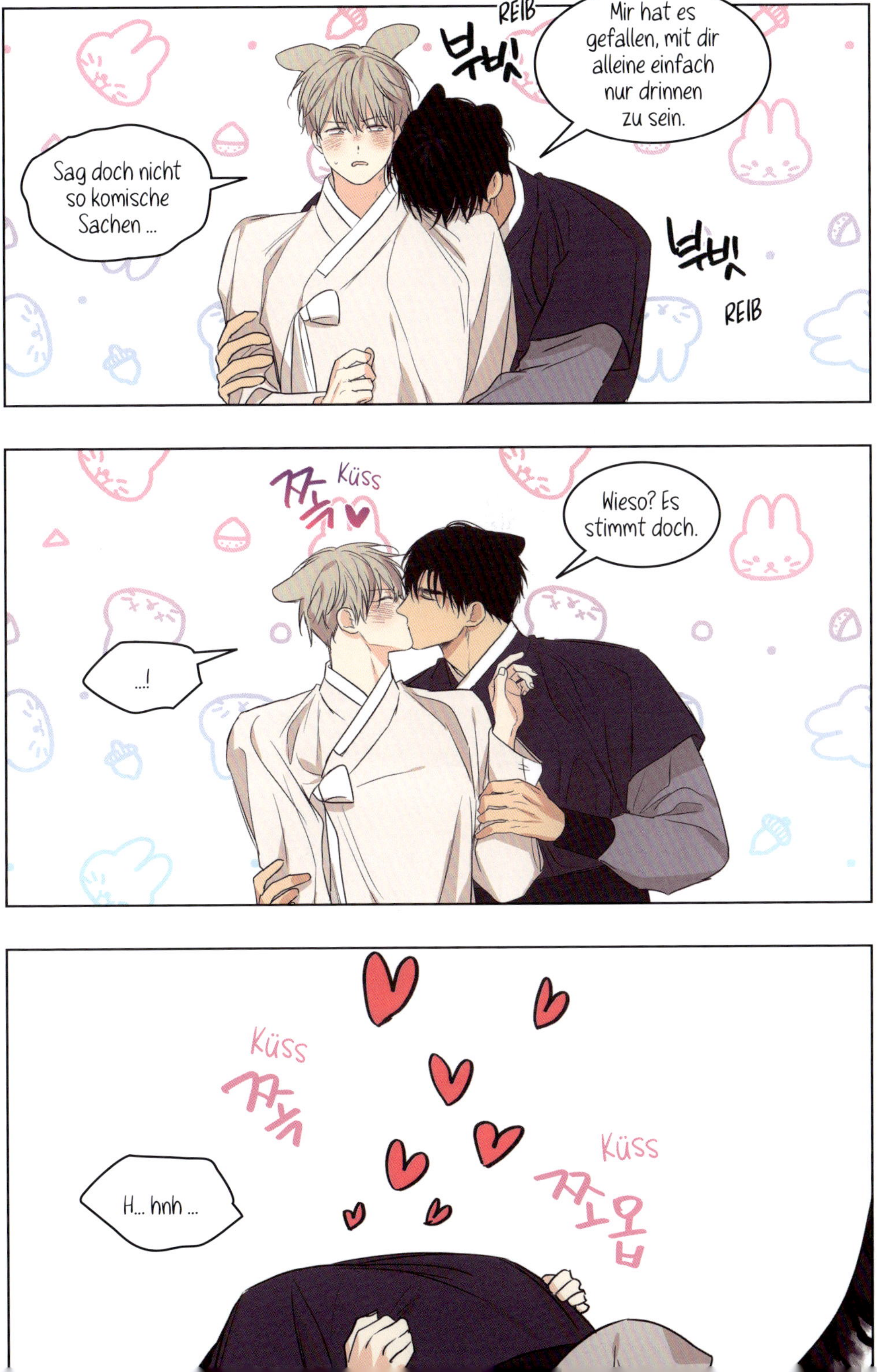
REIB
부빗
Mir hat es gefallen, mit dir alleine einfach nur drinnen zu sein.
Sag doch nicht so komische Sachen ...
부빗
REIB
쪽
Küss
Wieso? Es stimmt doch.
...!
Küss
쪽
Küss
쪼옵
H... hnh ...

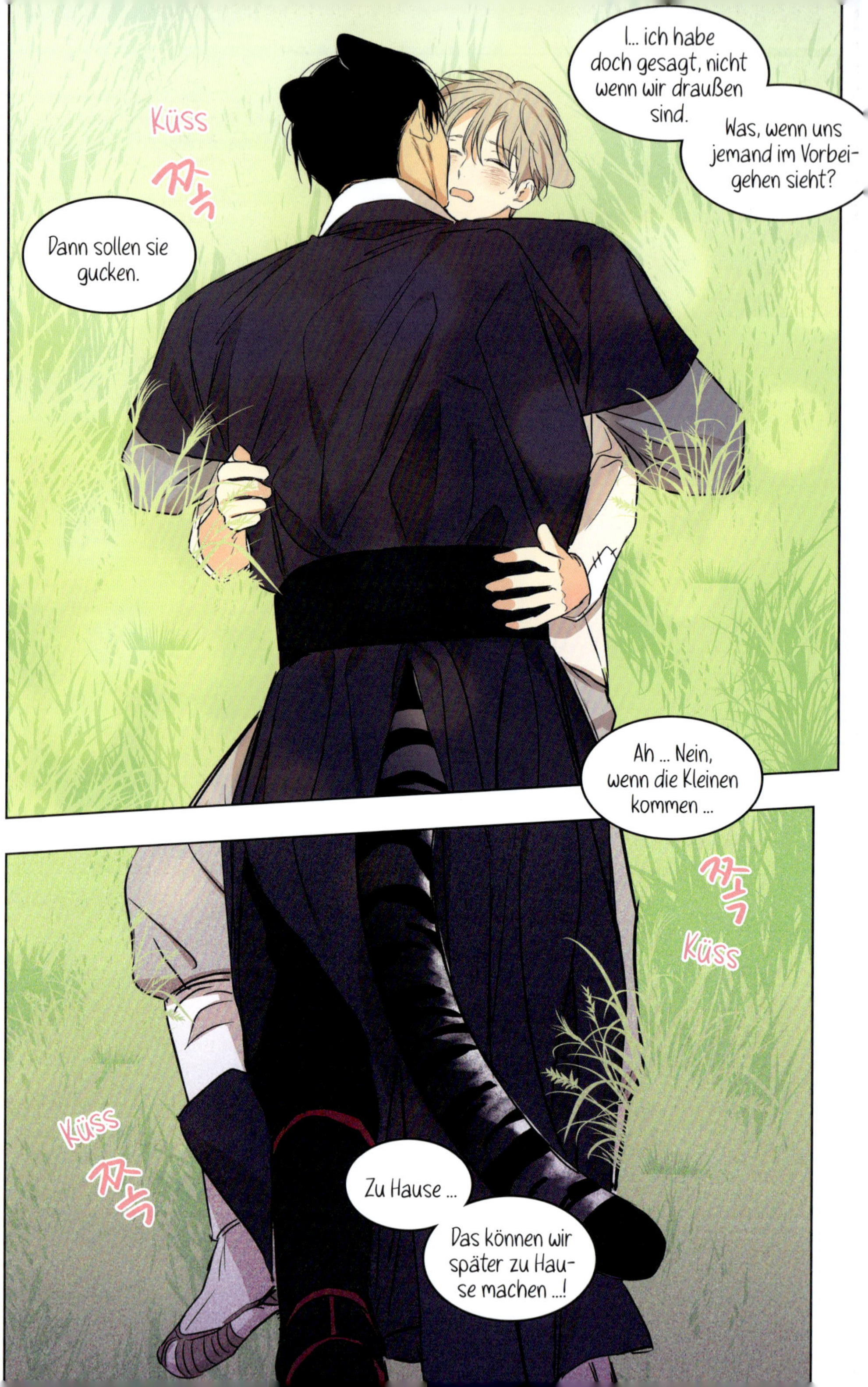
I... ich habe doch gesagt, nicht wenn wir draußen sind.
Was, wenn uns jemand im Vorbeigehen sieht?
Küss
Dann sollen sie gucken.
Ah ... Nein, wenn die Kleinen kommen ...
Küss
Küss
Zu Hause ...
Das können wir später zu Hause machen ...!

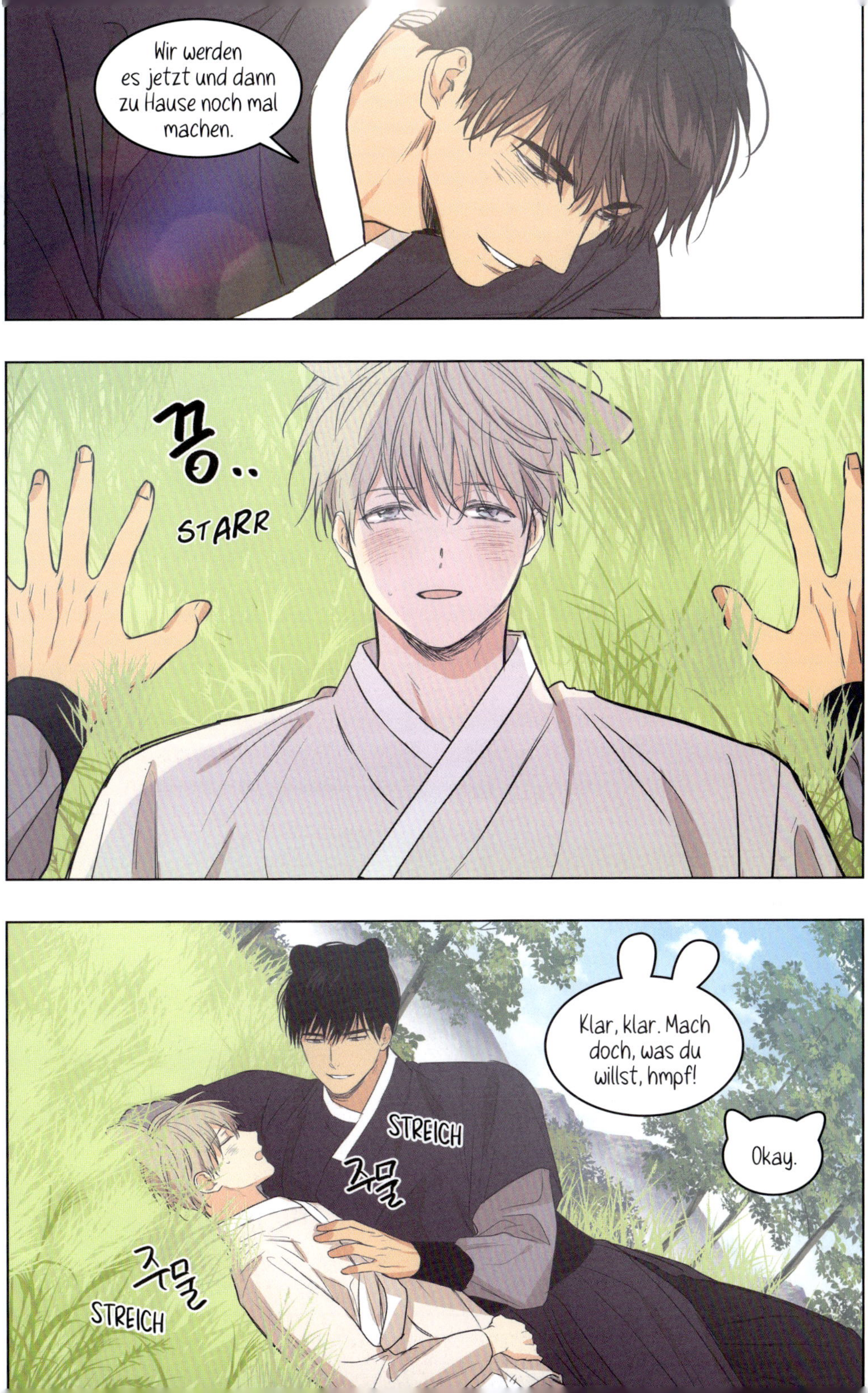
Wir werden es jetzt und dann zu Hause noch mal machen.
끙..
STARR
Klar, klar. Mach doch, was du willst, hmpf!
Okay.
STREICH
주물
주물
STREICH

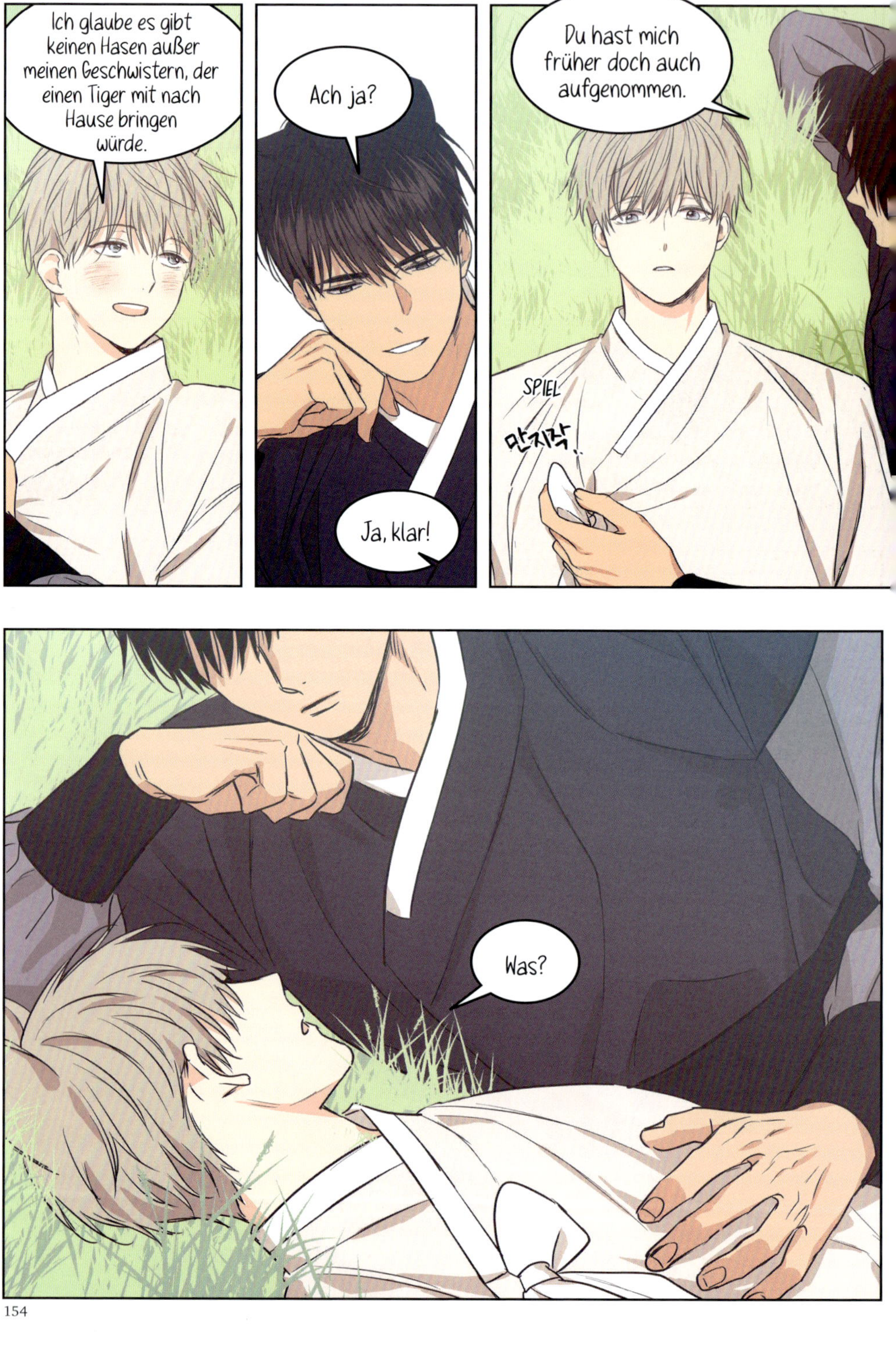
Ich glaube es gibt keinen Hasen außer meinen Geschwistern, der einen Tiger mit nach Hause bringen würde.
Ach ja?
Ja, klar!
Du hast mich früher doch auch aufgenommen.
SPIEL
만지작
Was?

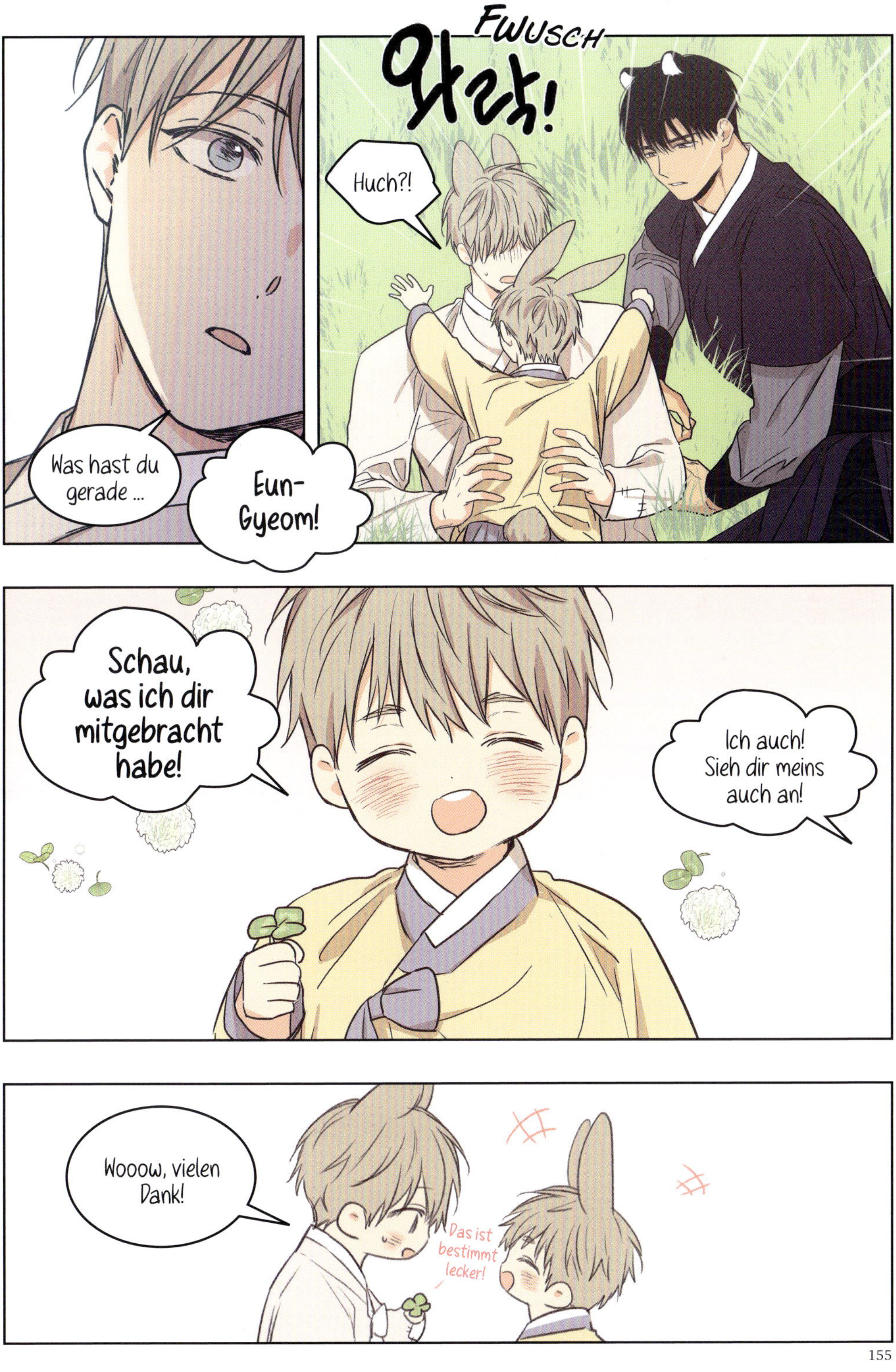

FWUSCH
와락!
Huch?!
Was hast du gerade ...
Eun-Gyeom!
Schau, was ich dir mitgebracht habe!
Ich auch! Sieh dir meins auch an!
Wooow, vielen Dank!
Das ist bestimmt lecker!

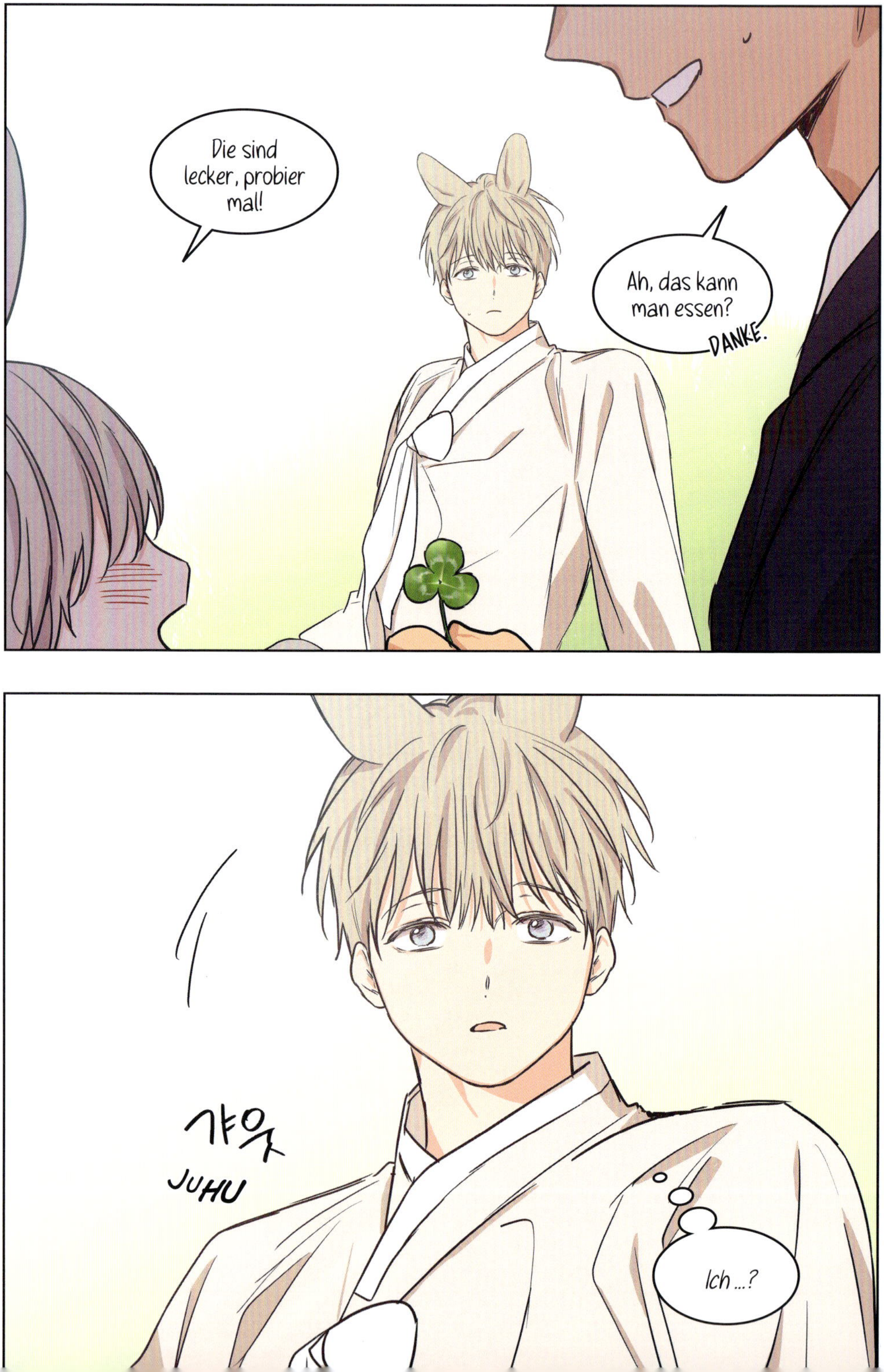
Die sind lecker, probier mal!
Ah, das kann man essen?
DANKE.
갸웃
JUHU
Ich …?

KAPITEL

3

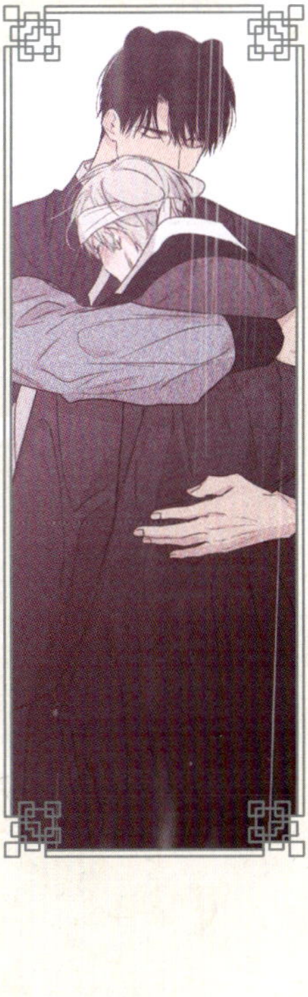

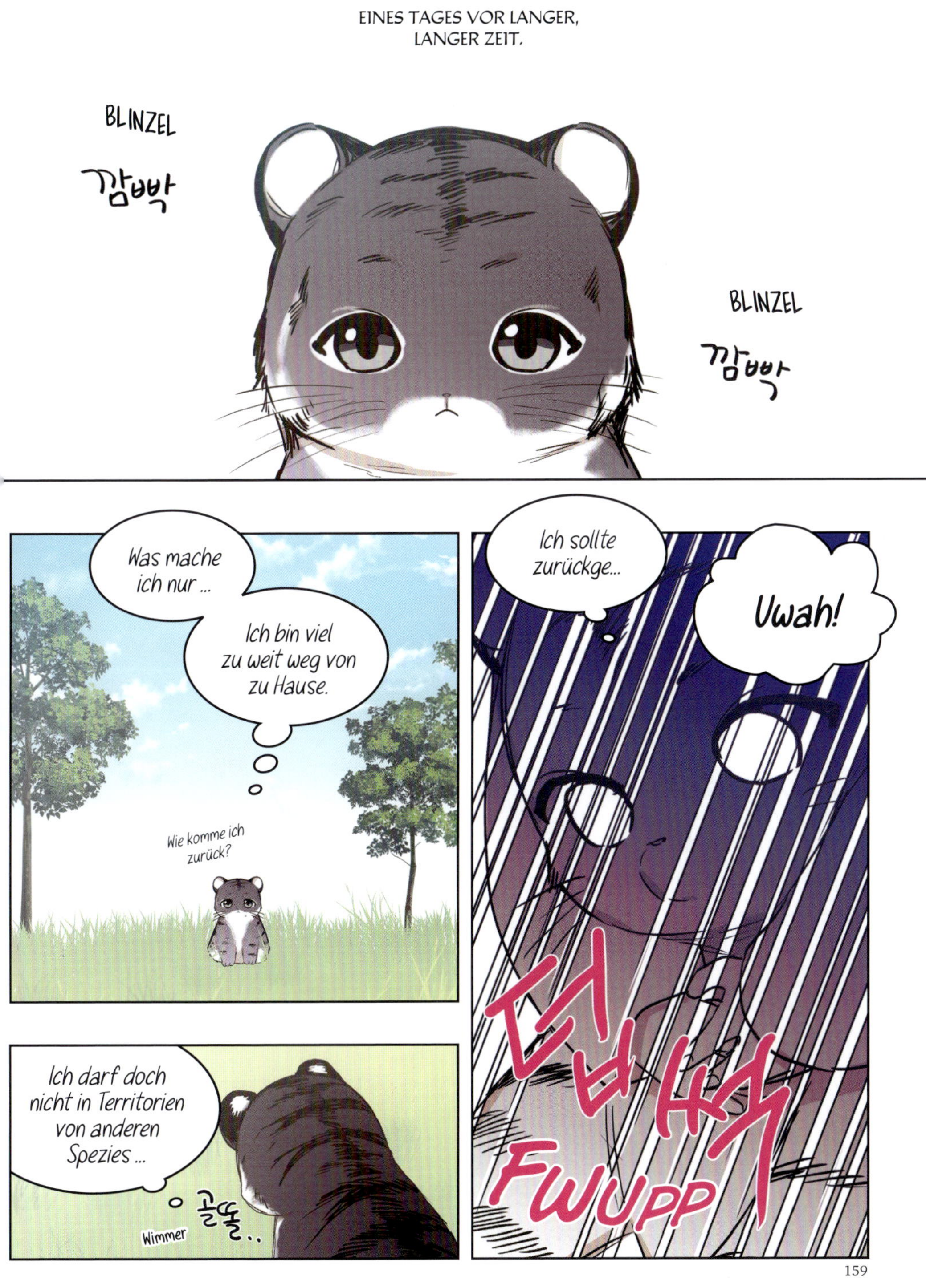
EINES TAGES VOR LANGER, LANGER ZEIT.
BLINZEL
깜빡
BLINZEL
깜빡
Was mache ich nur ...
Ich bin viel zu weit weg von zu Hause.
Wie komme ich zurück?
Ich darf doch nicht in Territorien von anderen Spezies ...
Wimmer
골똘..
Ich sollte zurückge...
Uwah!
덥석
FWUPP

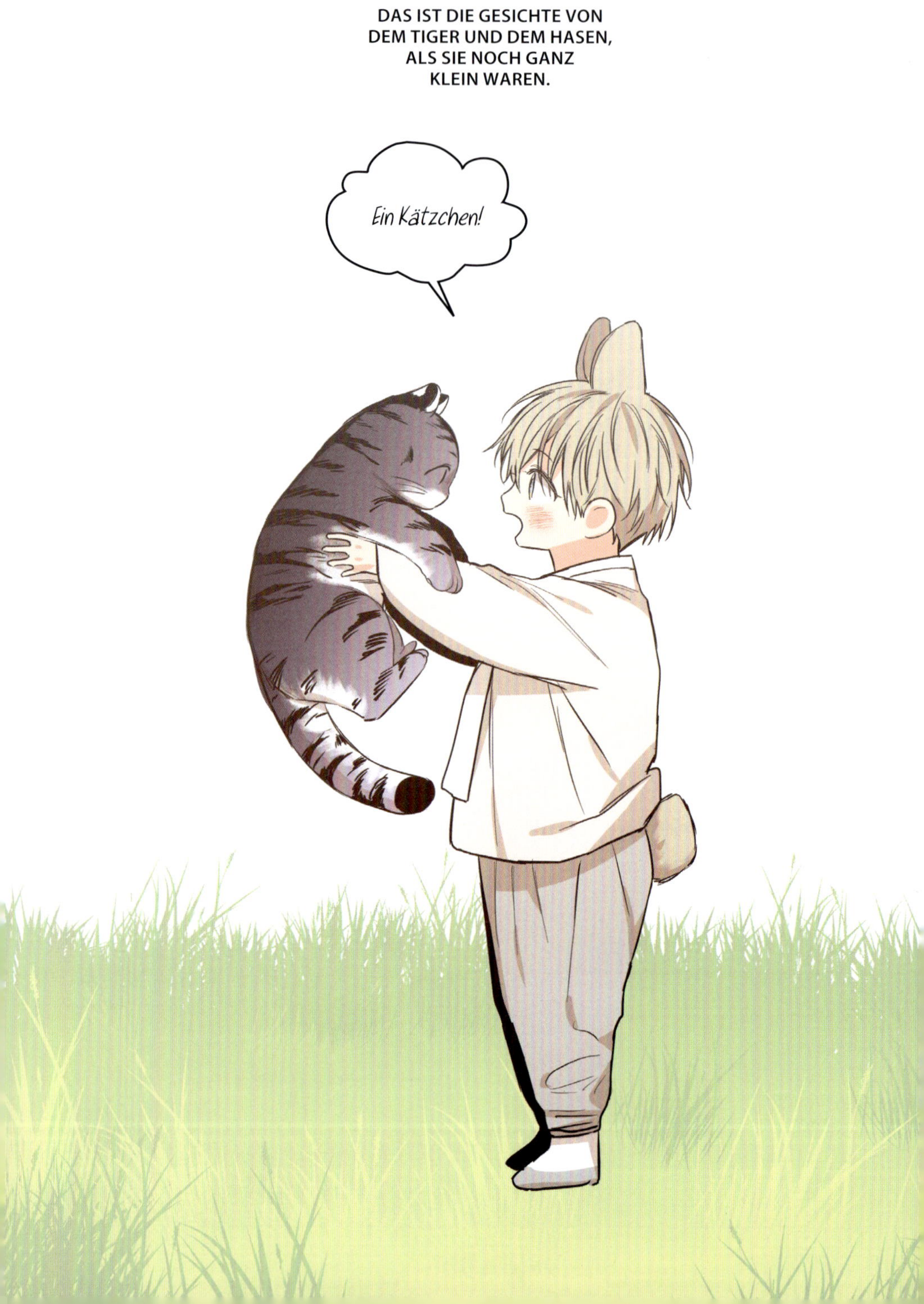
DAS IST DIE GESICHTE VON DEM TIGER UND DEM HASEN, ALS SIE NOCH GANZ KLEIN WAREN.
Ein Kätzchen!

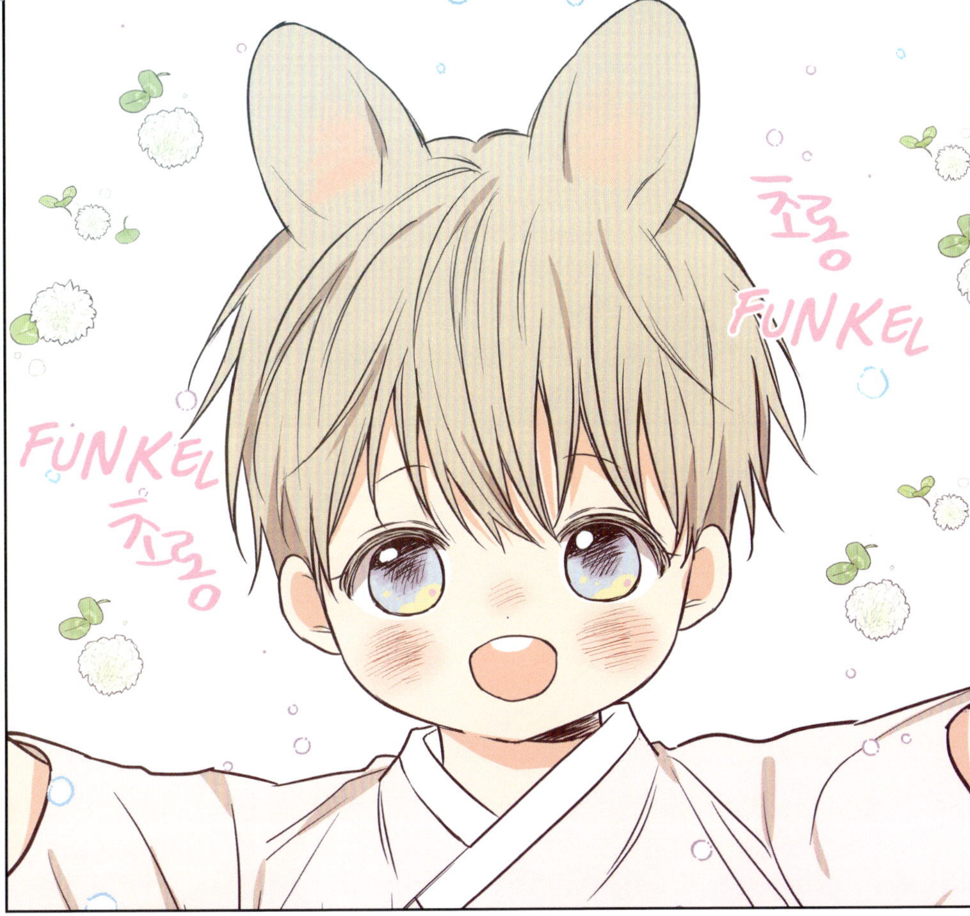
조롱
FUNKEL
FUNKEL
조롱

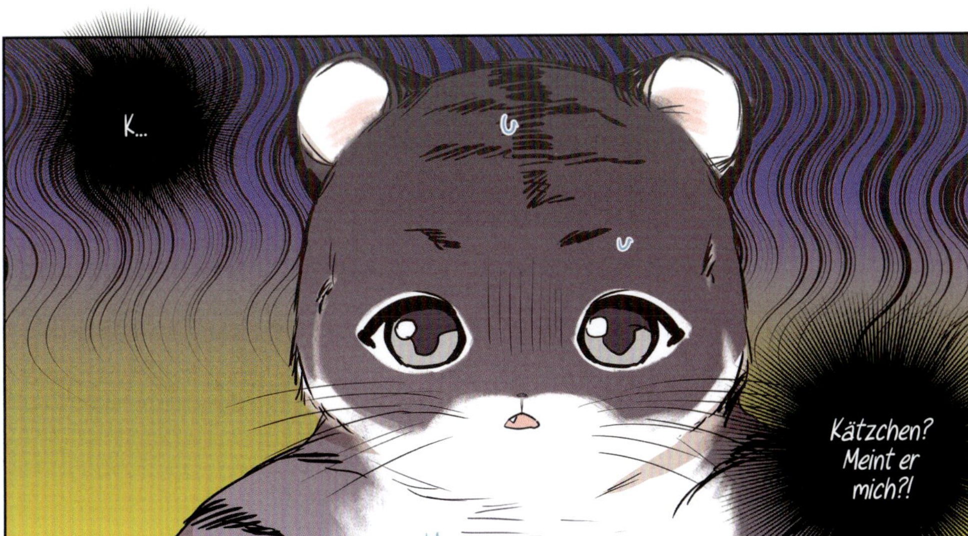
K...
Kätzchen? Meint er mich?!

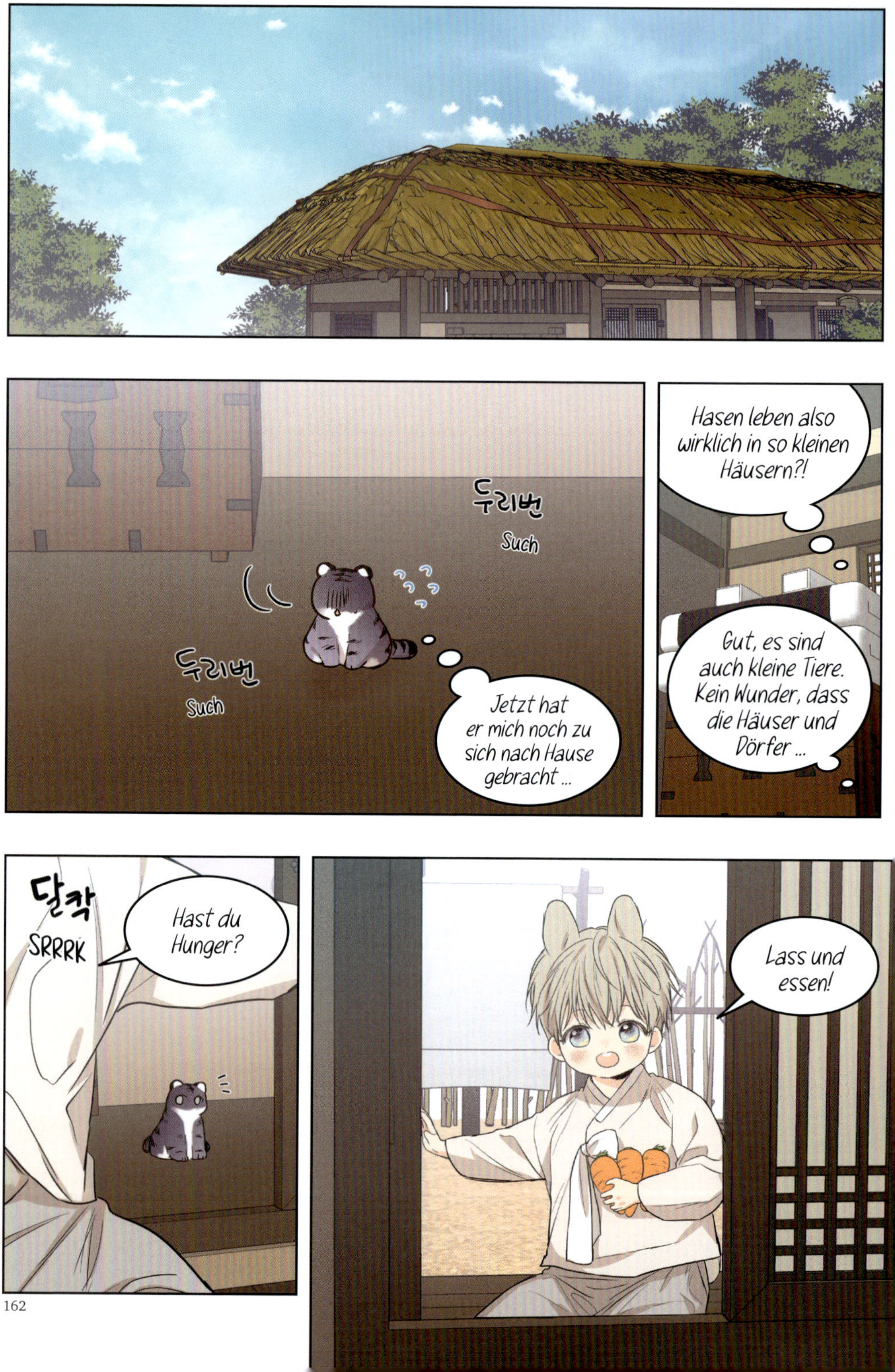
두리번
Such
두리번
Such
Jetzt hat er mich noch zu sich nach Hause gebracht ...
Hasen leben also wirklich in so kleinen Häusern?!
Gut, es sind auch kleine Tiere. Kein Wunder, dass die Häuser und Dörfer ...
달칵
SRRRK
Hast du Hunger?
Lass und essen!

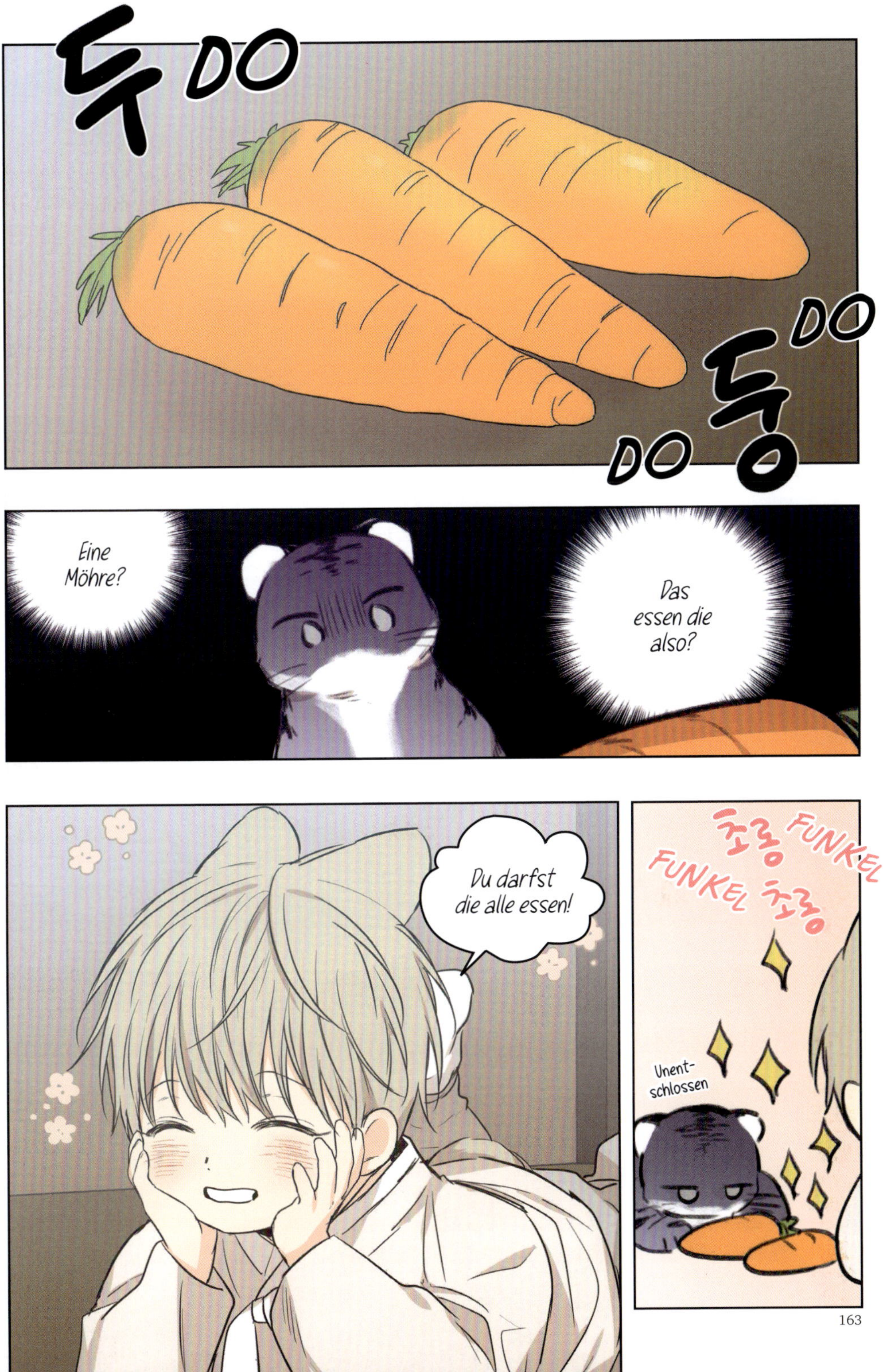

두 DO
DO 둥 DO
Eine Möhre?
Das essen die also?
Du darfst die alle essen!
초롱 FUNKEL
FUNKEL 초롱
Unent-schlossen

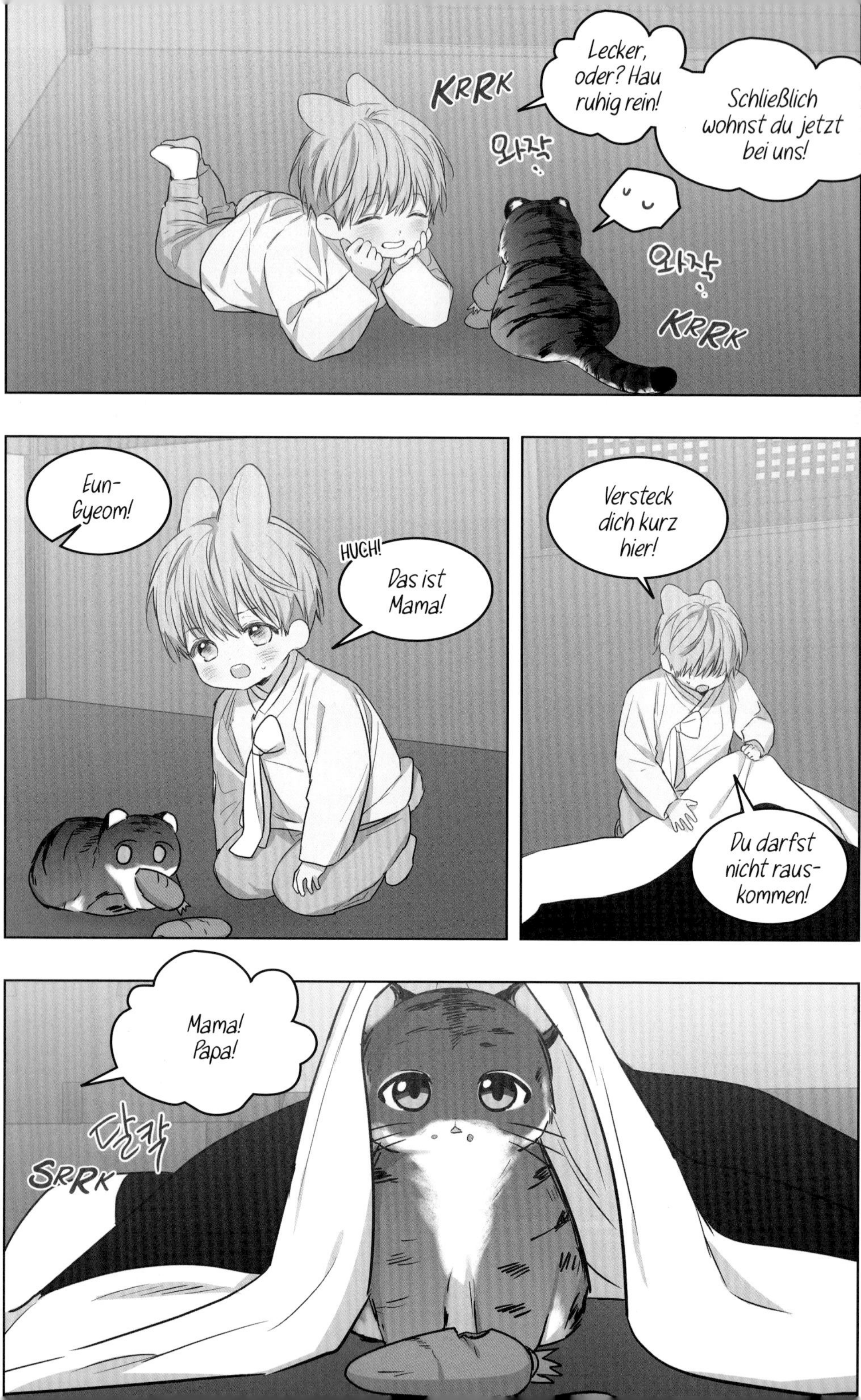
KRRK
Lecker, oder? Hau ruhig rein!
Schließlich wohnst du jetzt bei uns!
와작
KRRK
Eun-Gyeom!
HUCH!
Das ist Mama!
Versteck dich kurz hier!
Du darfst nicht raus-kommen!
Mama! Papa!
달칵
SRRK

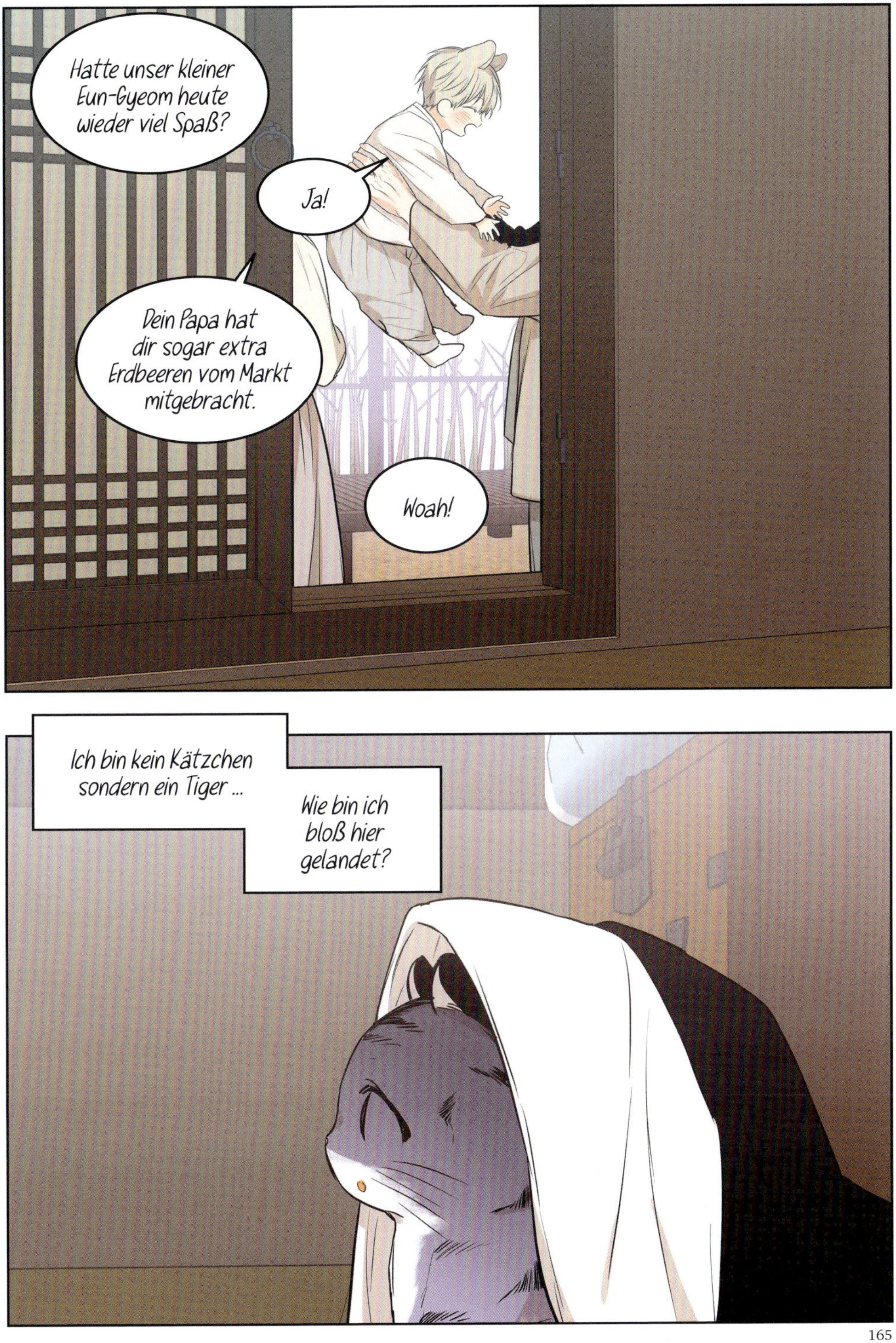
Hatte unser kleiner Eun-Gyeom heute wieder viel Spaß?
Ja!
Dein Papa hat dir sogar extra Erdbeeren vom Markt mitgebracht.
Woah!
Ich bin kein Kätzchen sondern ein Tiger ...
Wie bin ich bloß hier gelandet?

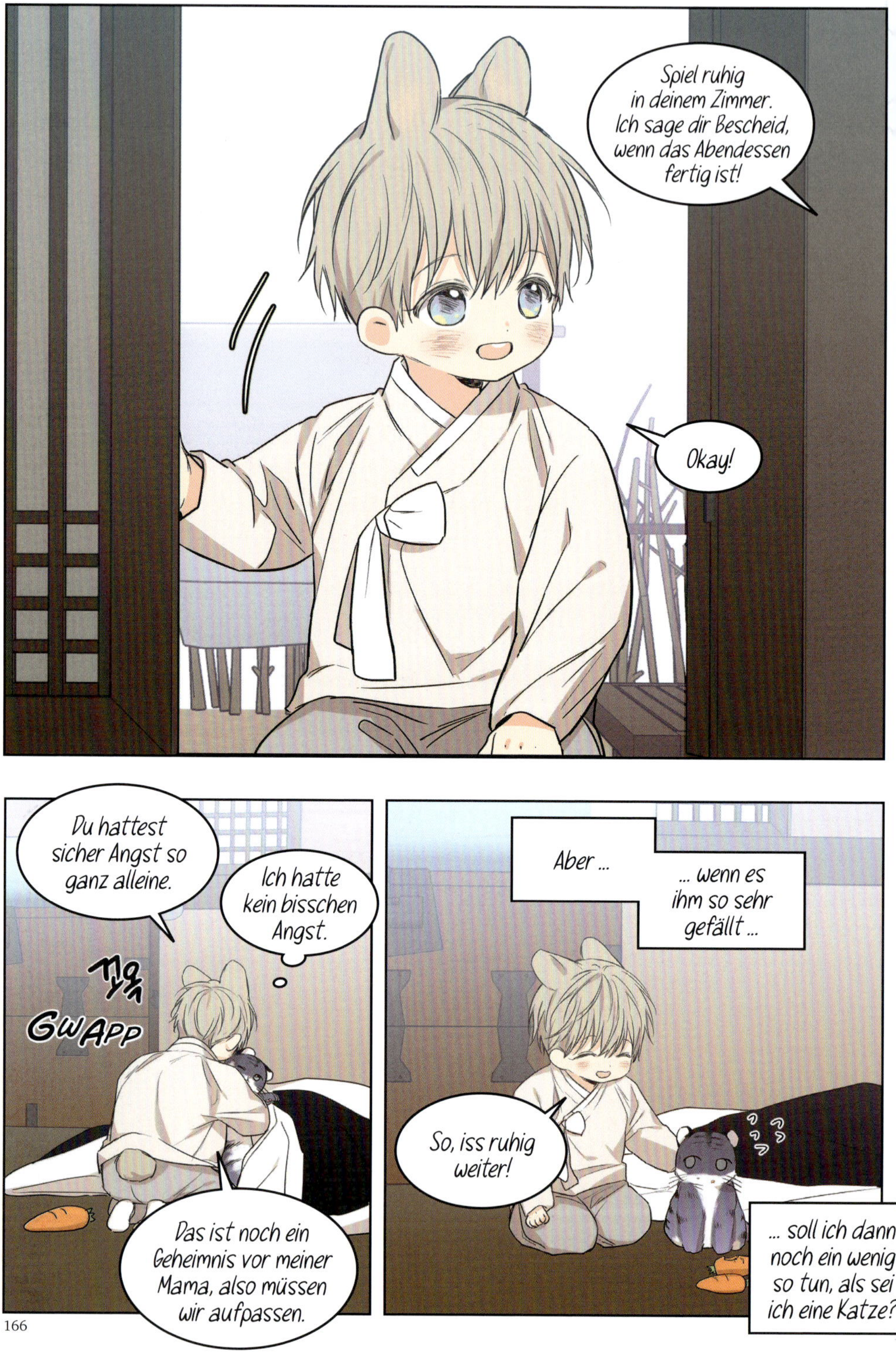
Spiel ruhig in deinem Zimmer. Ich sage dir Bescheid, wenn das Abendessen fertig ist!
Okay!
Du hattest sicher Angst so ganz alleine.
Ich hatte kein bisschen Angst.
GWAPP
Das ist noch ein Geheimnis vor meiner Mama, also müssen wir aufpassen.
Aber ...
... wenn es ihm so sehr gefällt ...
So, iss ruhig weiter!
... soll ich dann noch ein wenig so tun, als sei ich eine Katze?

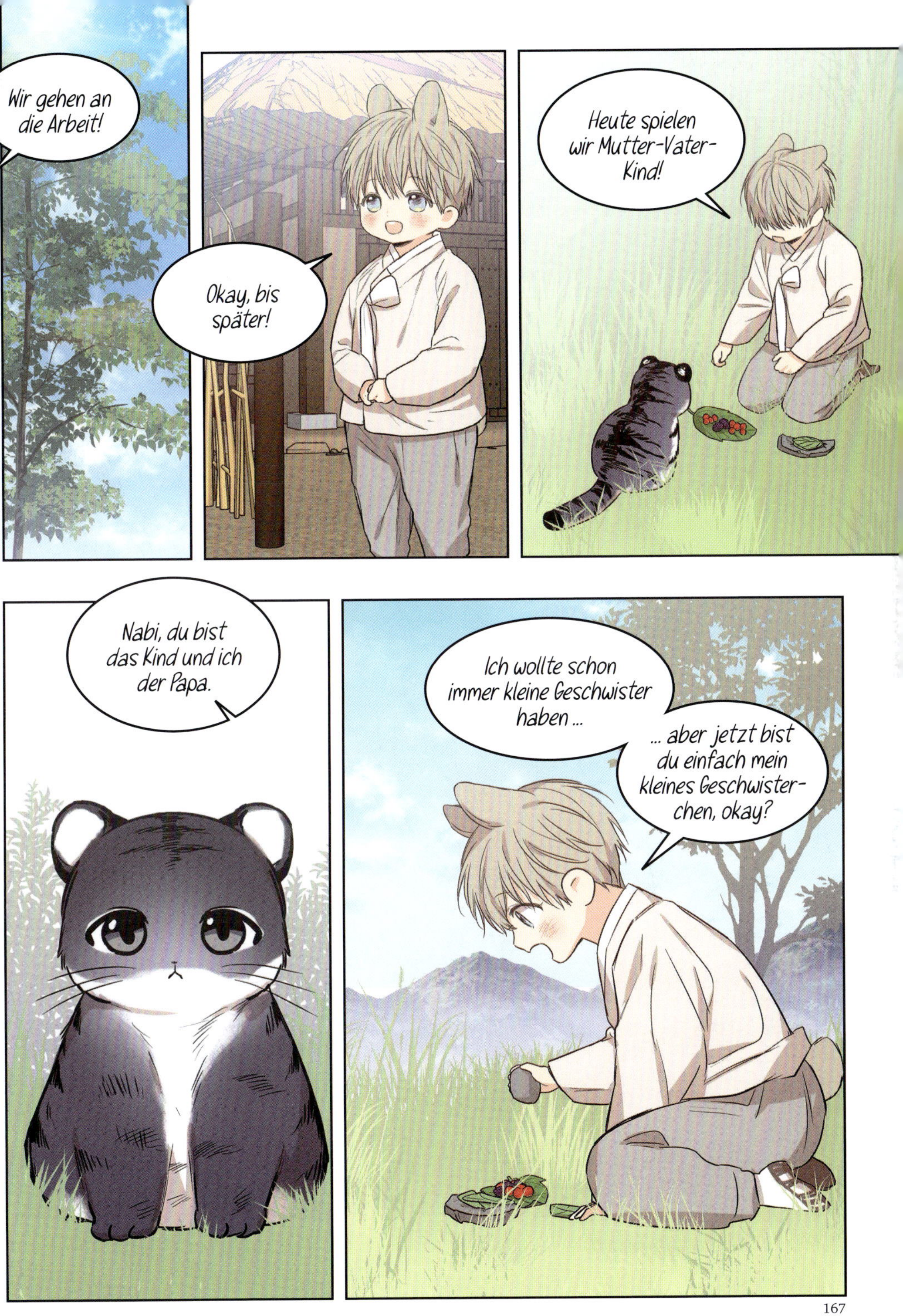
Wir gehen an die Arbeit!
Okay, bis später!
Heute spielen wir Mutter-Vater-Kind!
Nabi, du bist das Kind und ich der Papa.
Ich wollte schon immer kleine Geschwister haben ...
... aber jetzt bist du einfach mein kleines Geschwisterchen, okay?

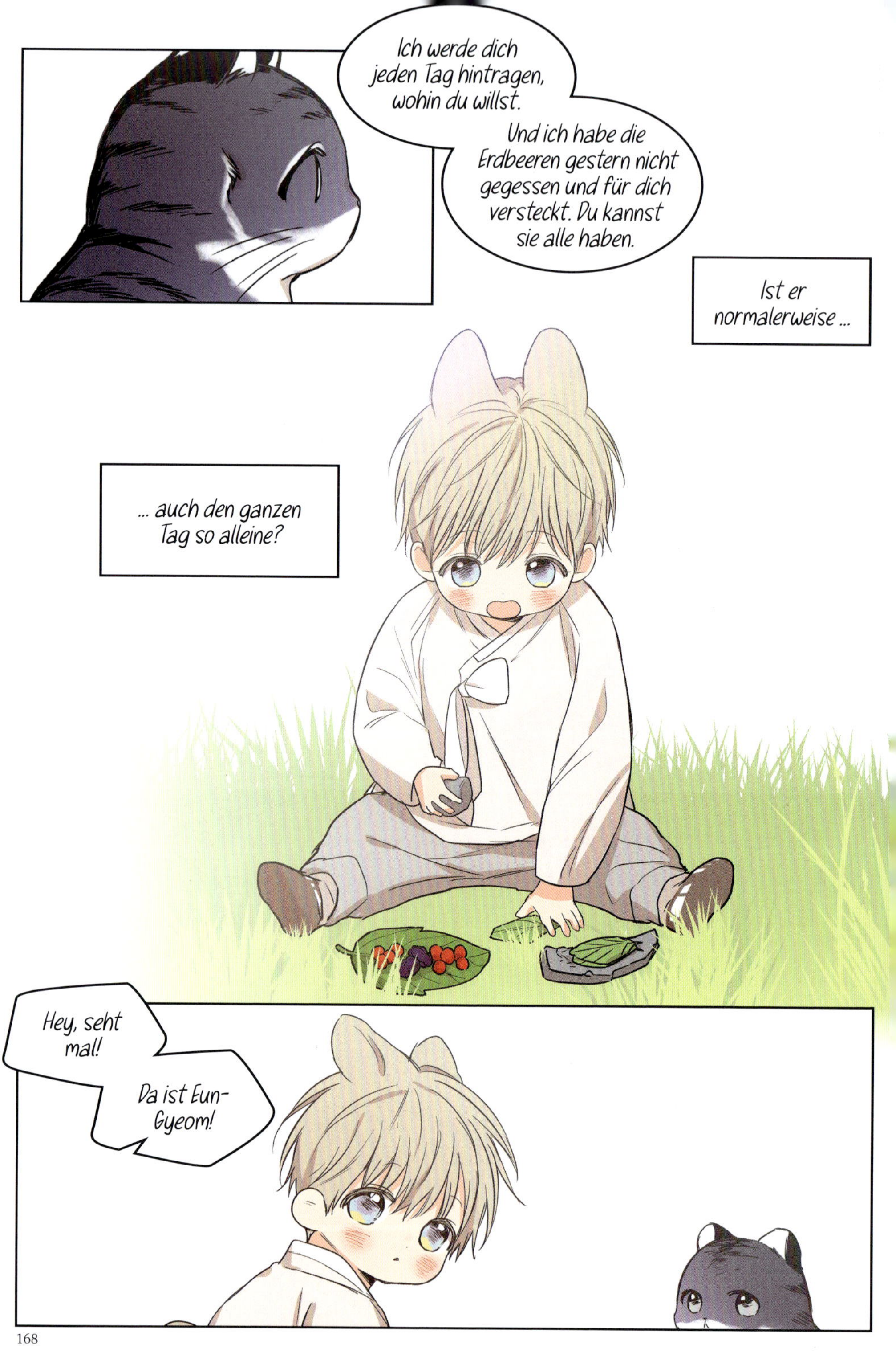
Ich werde dich jeden Tag hintragen, wohin du willst.
Und ich habe die Erdbeeren gestern nicht gegessen und für dich versteckt. Du kannst sie alle haben.
Ist er normalerweise …
… auch den ganzen Tag so alleine?
Hey, seht mal!
Da ist Eun-Gyeom!

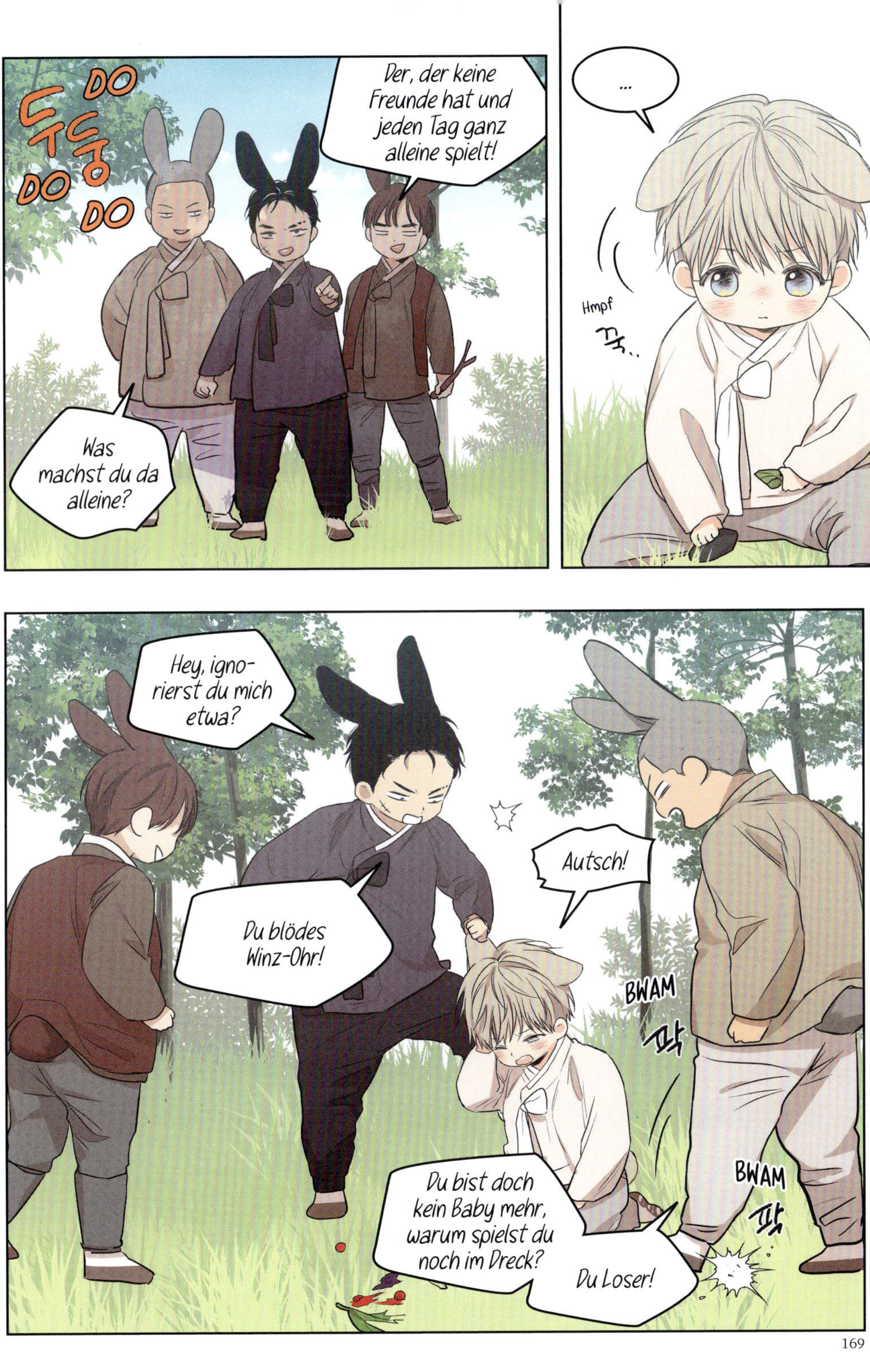
DO
두둥
DO DO
DO
Der, der keine Freunde hat und jeden Tag ganz alleine spielt!
Was machst du da alleine?
...
Hmpf
Hey, ignorierst du mich etwa?
Du blödes Winz-Ohr!
Autsch!
BWAM
팍
Du bist doch kein Baby mehr, warum spielst du noch im Dreck?
Du Loser!
BWAM
팍

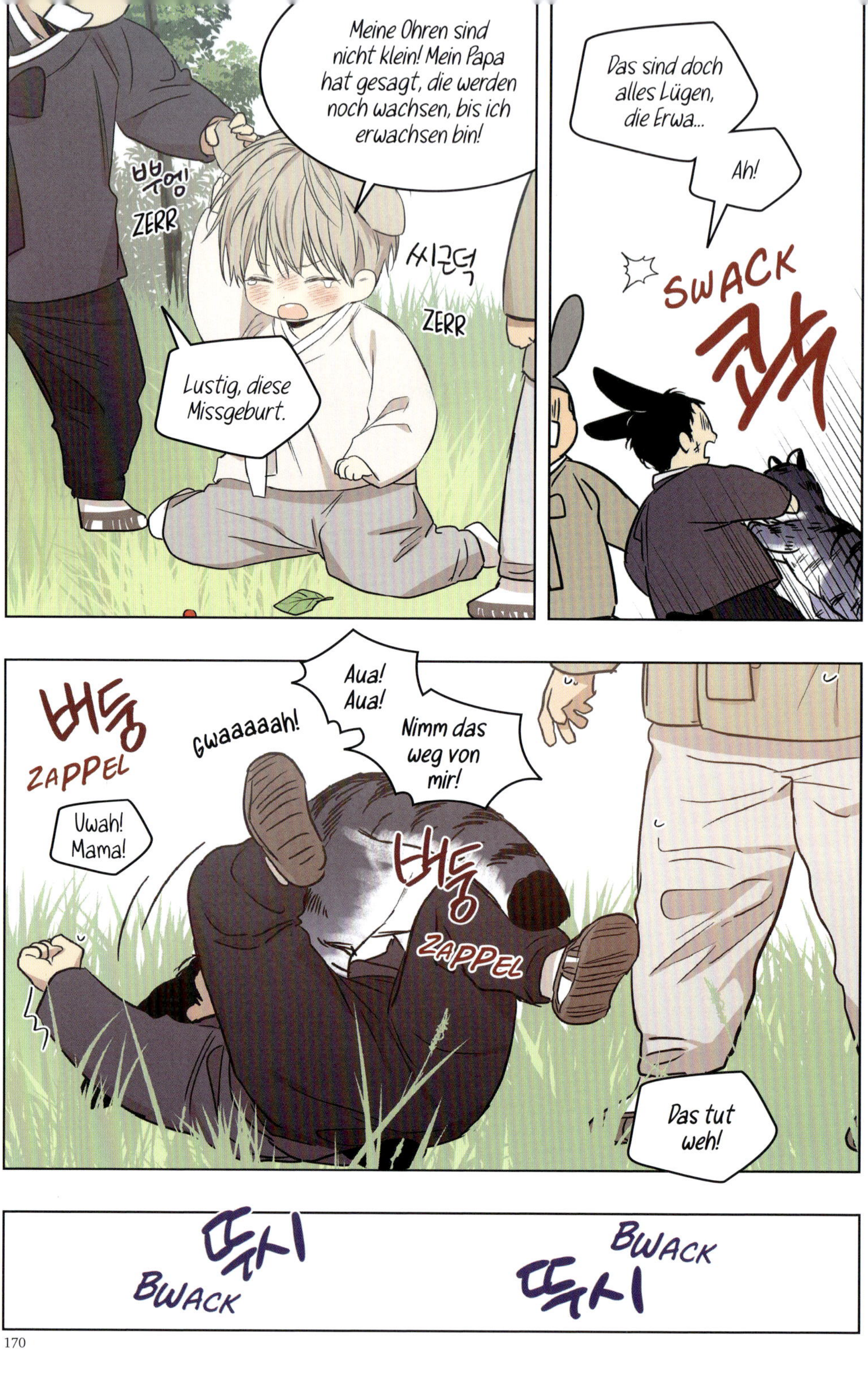
Meine Ohren sind nicht klein! Mein Papa hat gesagt, die werden noch wachsen, bis ich erwachsen bin!
뿌잉
ZERR
씨근덕
ZERR
Lustig, diese Missgeburt.
Das sind doch alles Lügen, die Erwa...
Ah!
SWACK
콱
Aua! Aua!
Nimm das weg von mir!
Gwaaaaah!
버둥
ZAPPEL
Uwah! Mama!
버둥
ZAPPEL
Das tut weh!
딱지
BWACK
BWACK
딱지

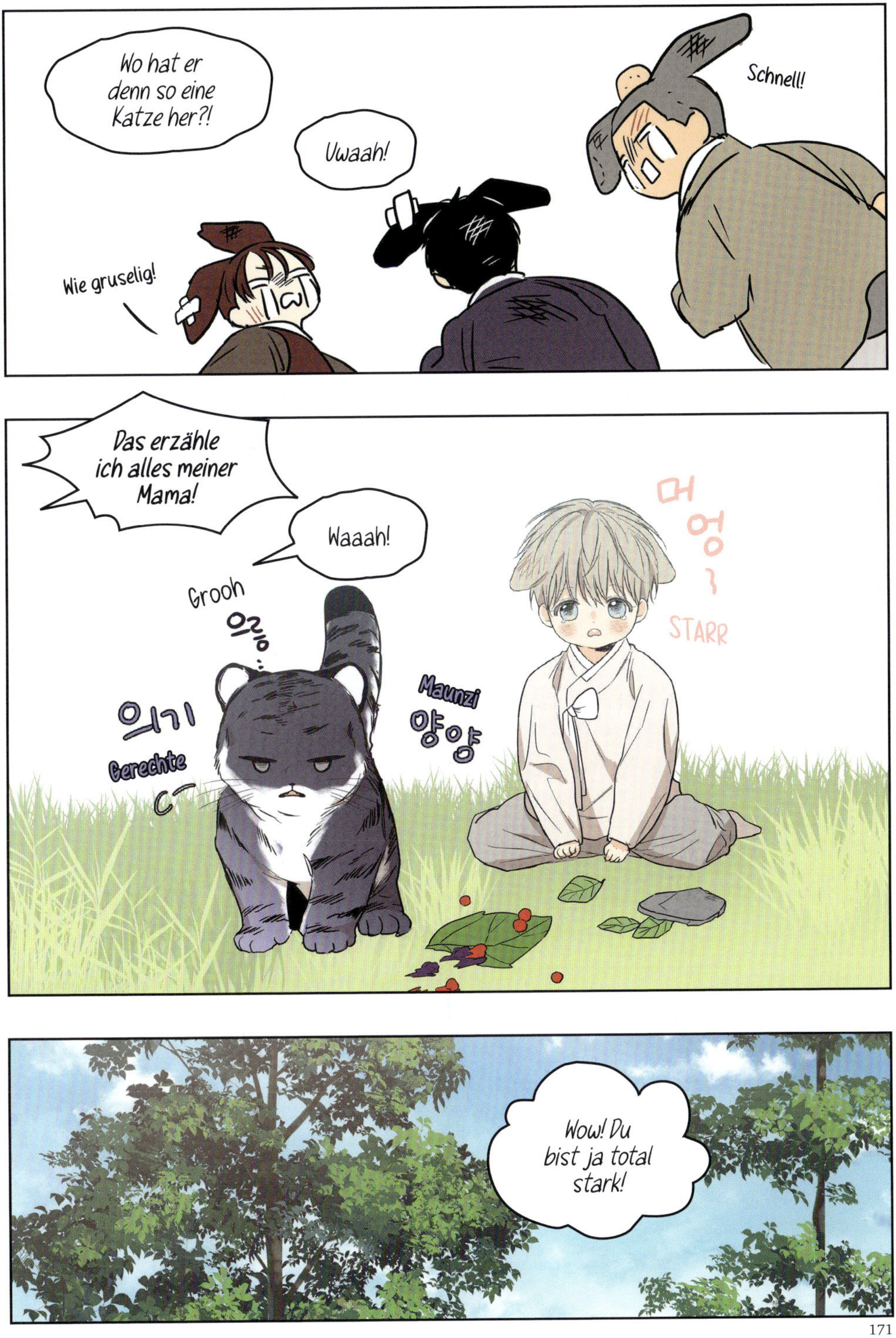
Wo hat er denn so eine Katze her?!
Schnell!
Uwaah!
Wie gruselig!
Das erzähle ich alles meiner Mama!
Waaah!
Grooh
으응...
의기
Gerechte
Maunzi
양양
머엉~
STARR
Wow! Du bist ja total stark!

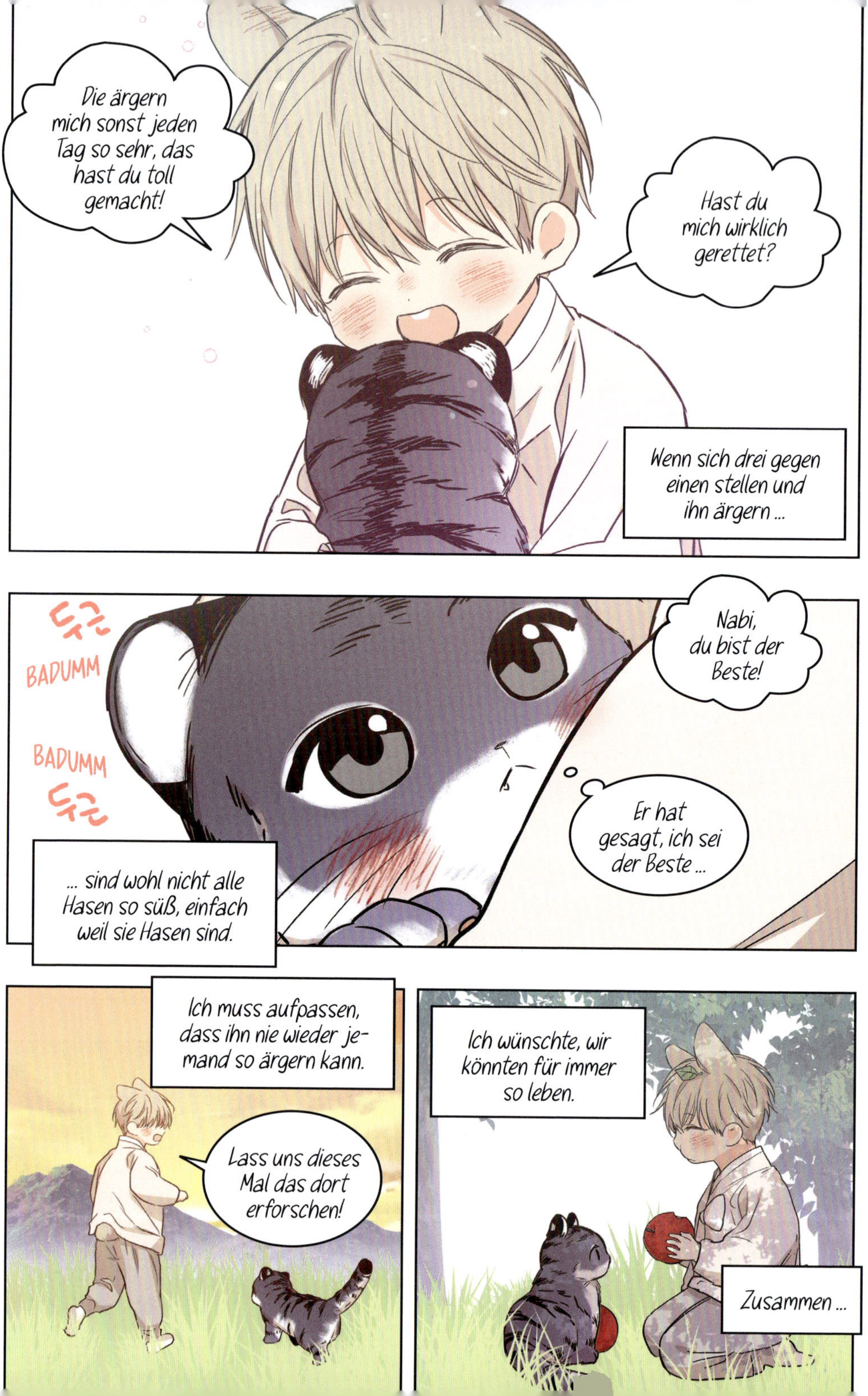
Die ärgern mich sonst jeden Tag so sehr, das hast du toll gemacht!
Hast du mich wirklich gerettet?
Wenn sich drei gegen einen stellen und ihn ärgern ...
BADUMM
BADUMM
Nabi, du bist der Beste!
Er hat gesagt, ich sei der Beste ...
... sind wohl nicht alle Hasen so süß, einfach weil sie Hasen sind.
Ich muss aufpassen, dass ihn nie wieder jemand so ärgern kann.
Lass uns dieses Mal das dort erforschen!
Ich wünschte, wir könnten für immer so leben.
Zusammen ...

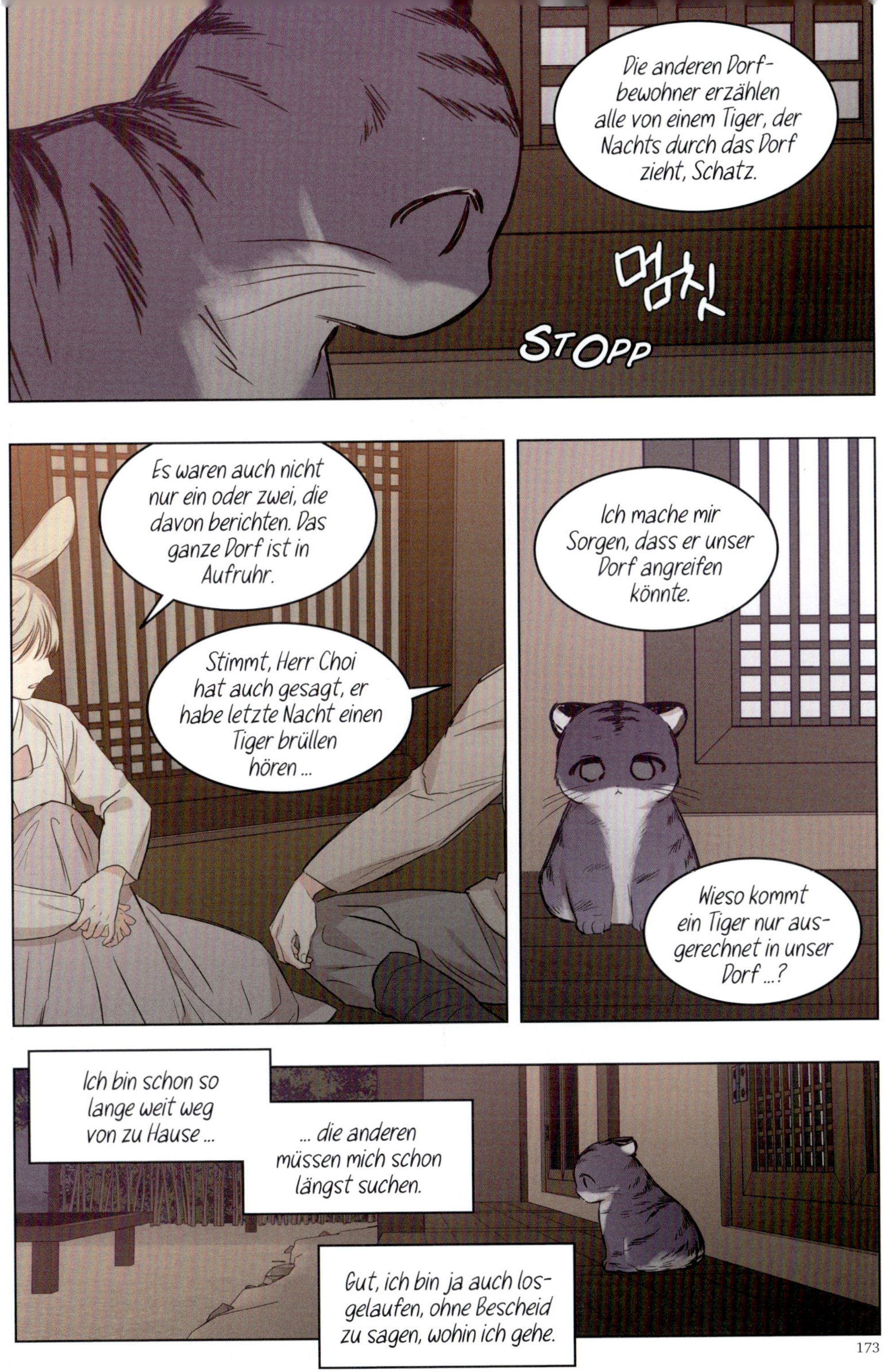
Die anderen Dorfbewohner erzählen alle von einem Tiger, der Nachts durch das Dorf zieht, Schatz.
멈칫
STOPP
Es waren auch nicht nur ein oder zwei, die davon berichten. Das ganze Dorf ist in Aufruhr.
Stimmt, Herr Choi hat auch gesagt, er habe letzte Nacht einen Tiger brüllen hören ...
Ich mache mir Sorgen, dass er unser Dorf angreifen könnte.
Wieso kommt ein Tiger nur ausgerechnet in unser Dorf ...?
Ich bin schon so lange weit weg von zu Hause ...
... die anderen müssen mich schon längst suchen.
Gut, ich bin ja auch losgelaufen, ohne Bescheid zu sagen, wohin ich gehe.

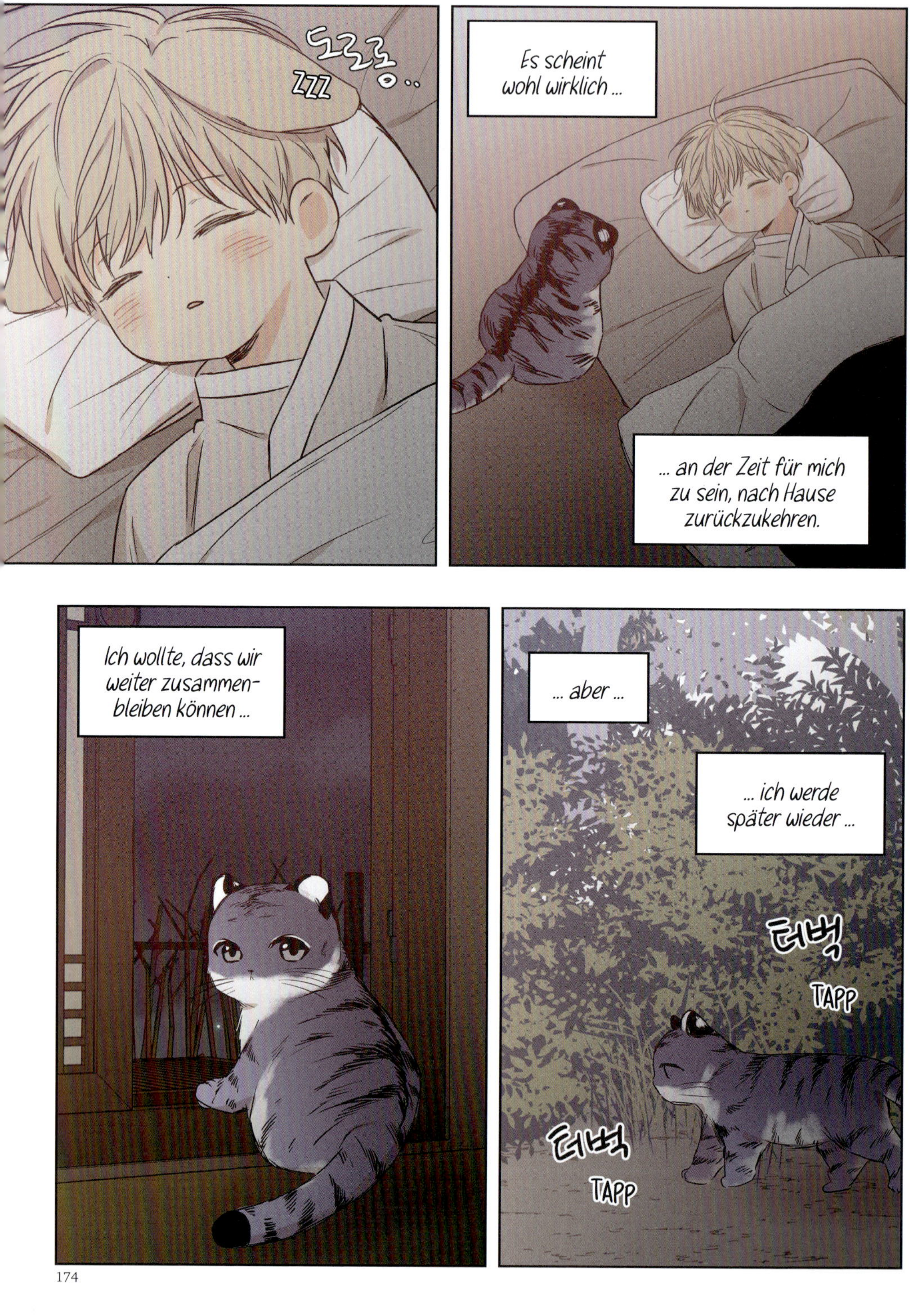
도르릉..
ZZZ
Es scheint wohl wirklich ...
... an der Zeit für mich zu sein, nach Hause zurückzukehren.
Ich wollte, dass wir weiter zusammenbleiben können ...
... aber ...
... ich werde später wieder ...
터벅
TAPP
터벅
TAPP

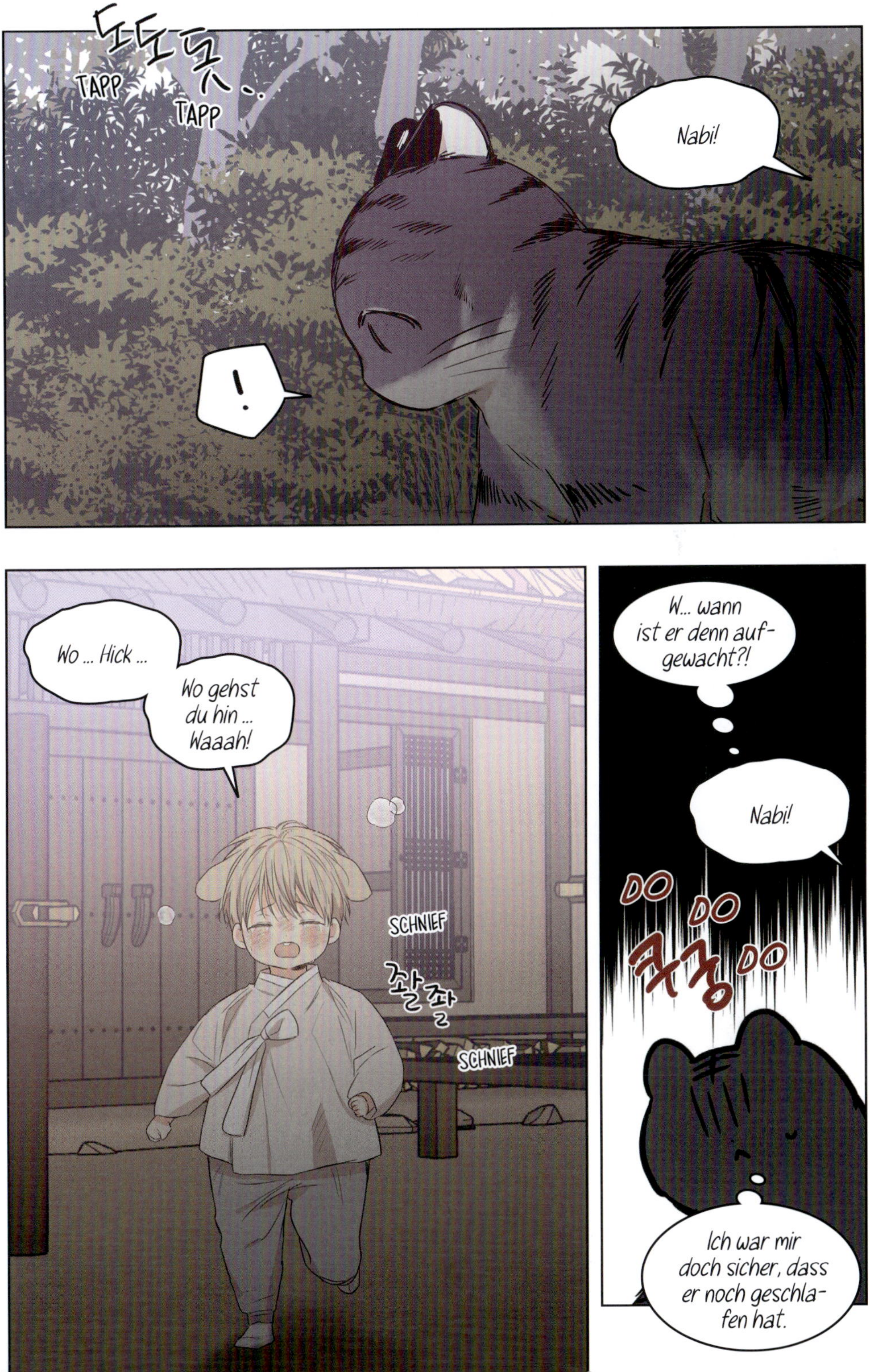

도도돗..
TAPP
TAPP
Nabi!
!
Wo ... Hick ...
Wo gehst du hin ... Waaah!
SCHNIEF
쫄쫄
SCHNIEF
W... wann ist er denn auf-gewacht?!
Nabi!
DO DO DO
쿠궁
Ich war mir doch sicher, dass er noch geschla-fen hat.

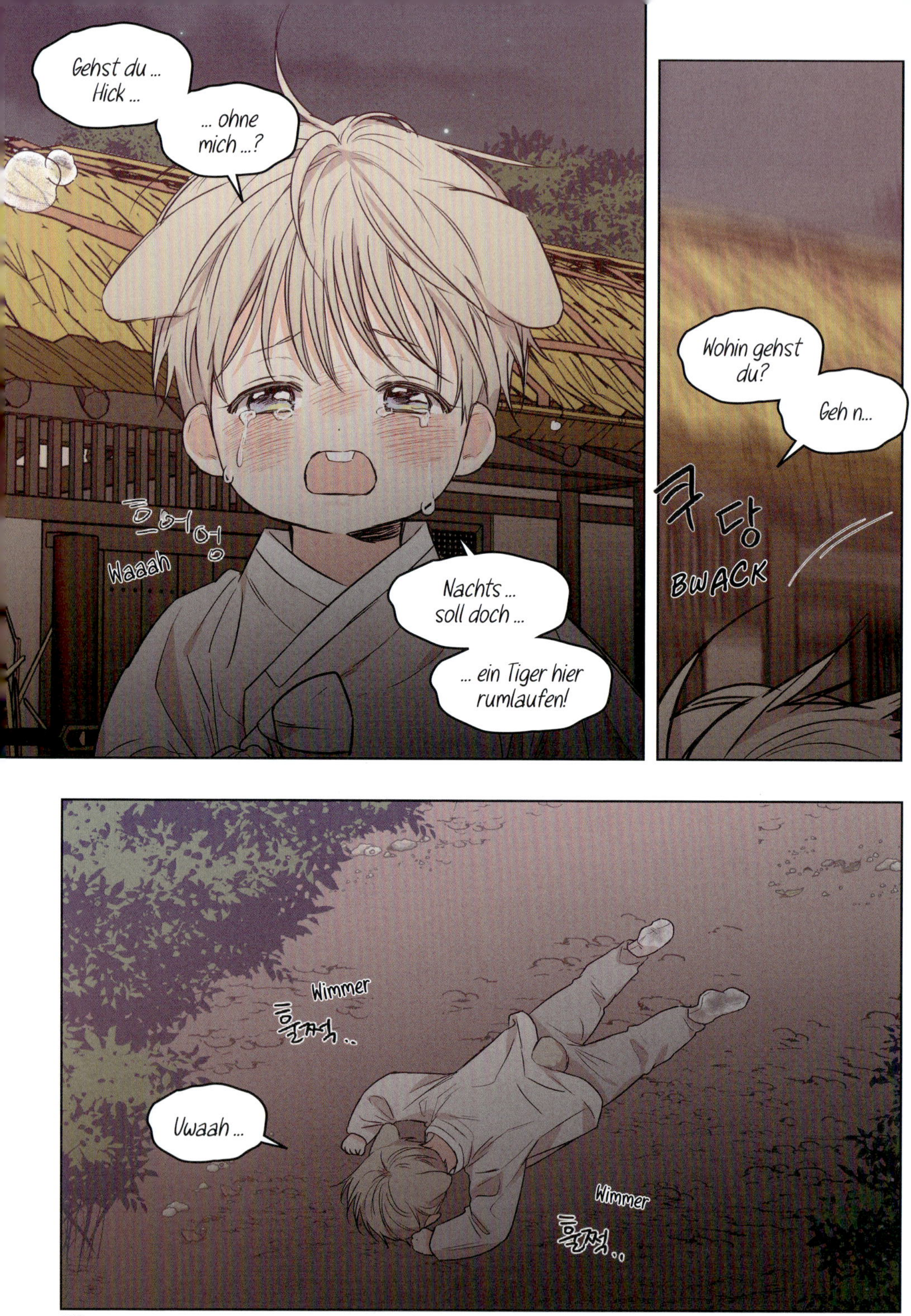
Gehst du ...
Hick ...
... ohne mich ...?
흐어엉
Waaah
Nachts ... soll doch ...
... ein Tiger hier rumlaufen!
Wohin gehst du?
Geh n...
쿠당
BWACK
Wimmer
훌쩍..
Uwaah ...
Wimmer
훌쩍..

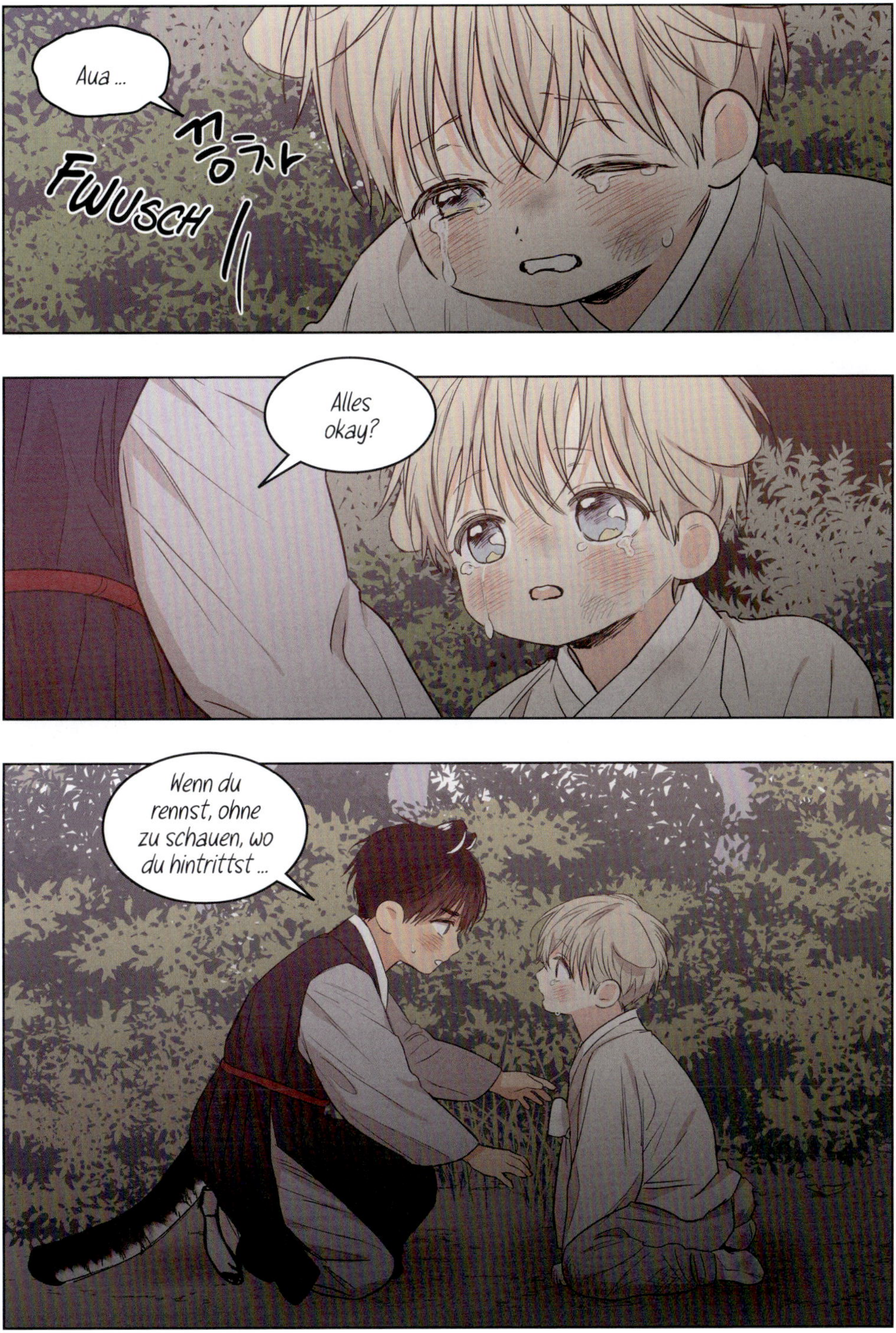
Aua ...
FWUSCH
Alles okay?
Wenn du rennst, ohne zu schauen, wo du hintrittst ...

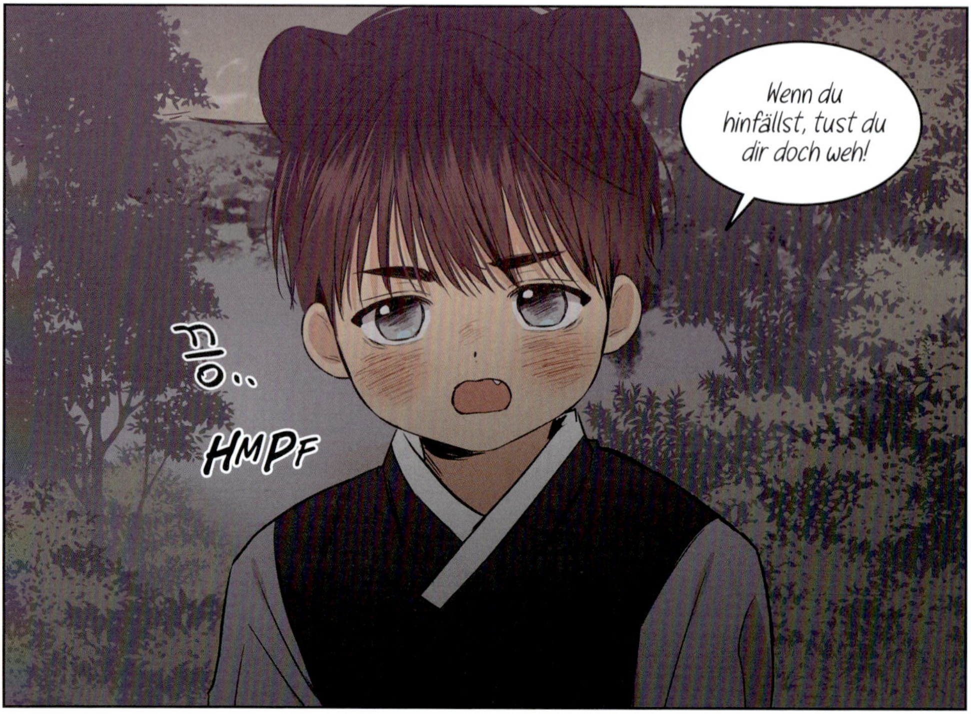
Wenn du hinfällst, tust du dir doch weh!
흥..
HMPF

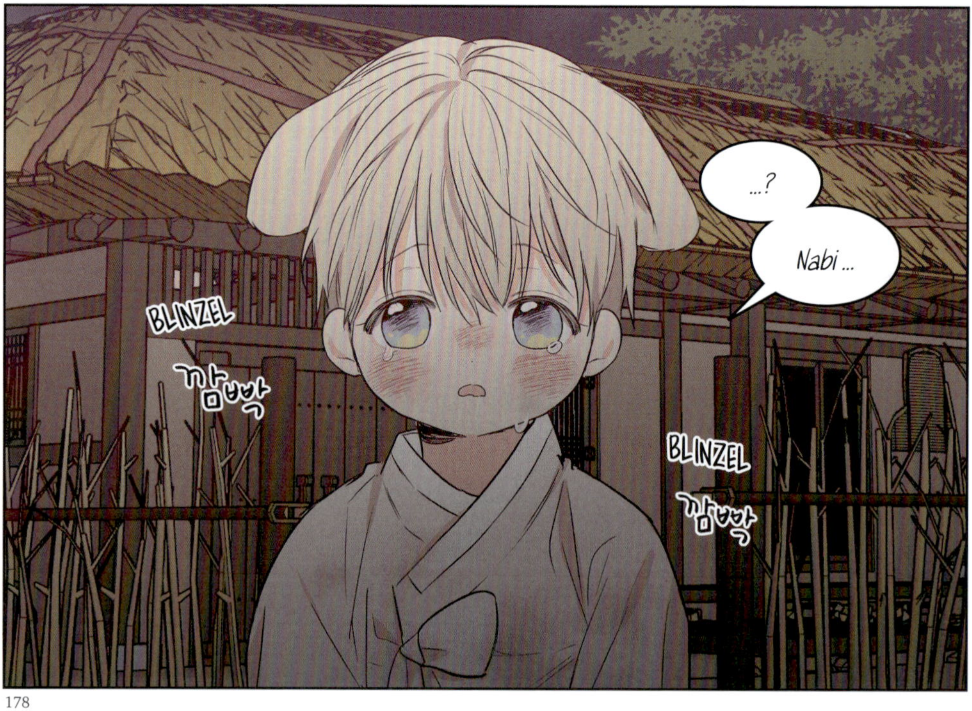
...?
Nabi ...
BLINZEL
깜빡
BLINZEL
깜빡

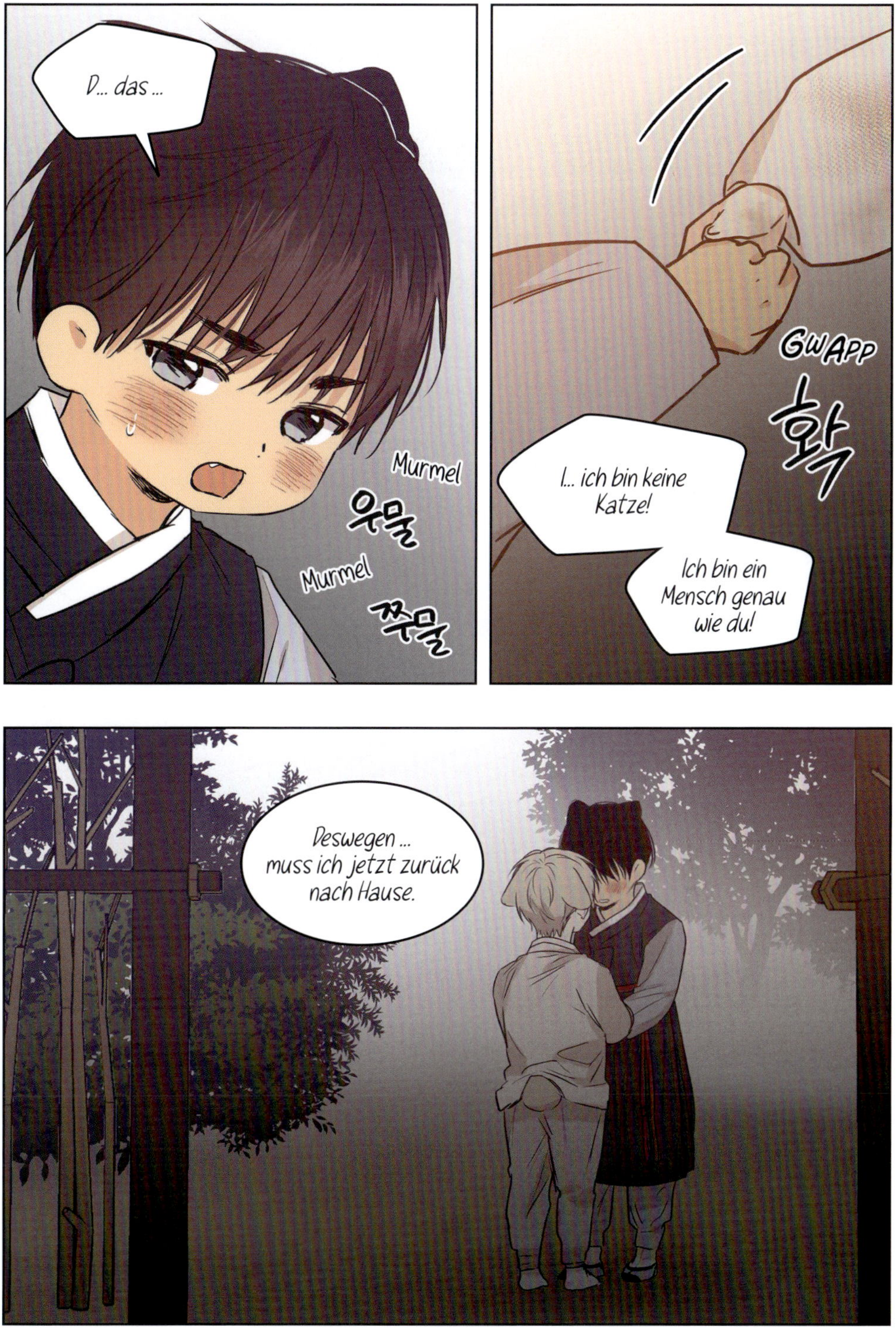
D... das ...
Murmel
우물
Murmel
쭈물
GWAPP
확
I... ich bin keine Katze!
Ich bin ein Mensch genau wie du!
Deswegen ... muss ich jetzt zurück nach Hause.

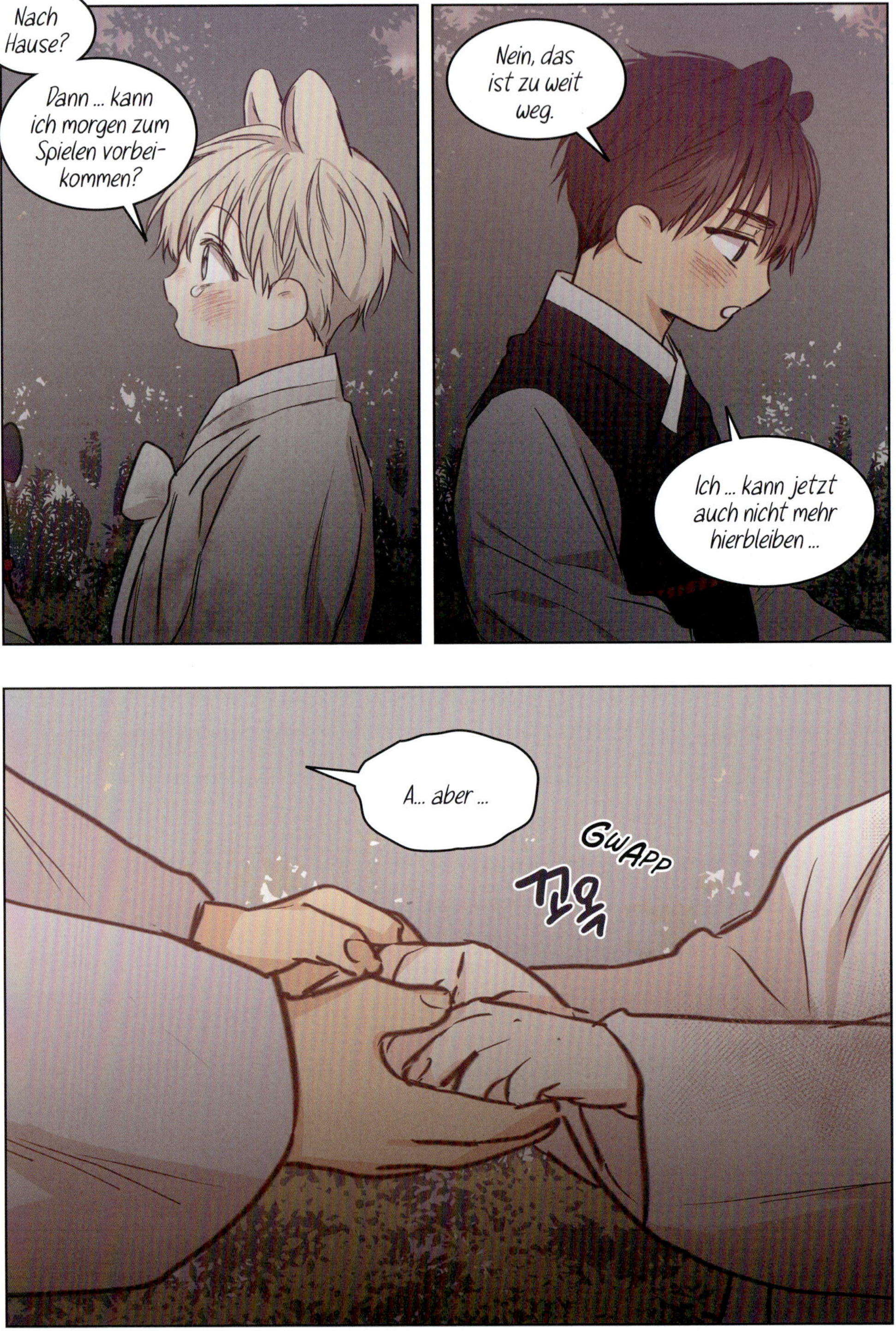
Nach Hause?
Dann ... kann ich morgen zum Spielen vorbeikommen?
Nein, das ist zu weit weg.
Ich ... kann jetzt auch nicht mehr hierbleiben ...
A... aber ...
GWAPP

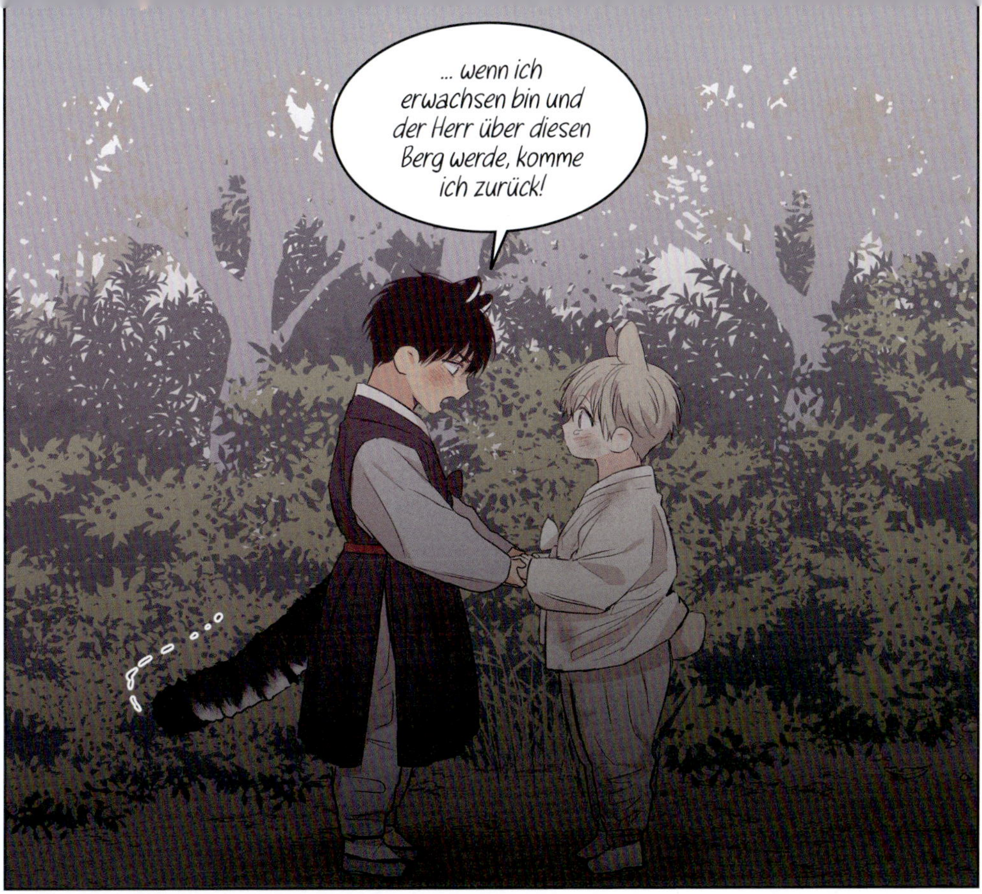
... wenn ich erwachsen bin und der Herr über diesen Berg werde, komme ich zurück!

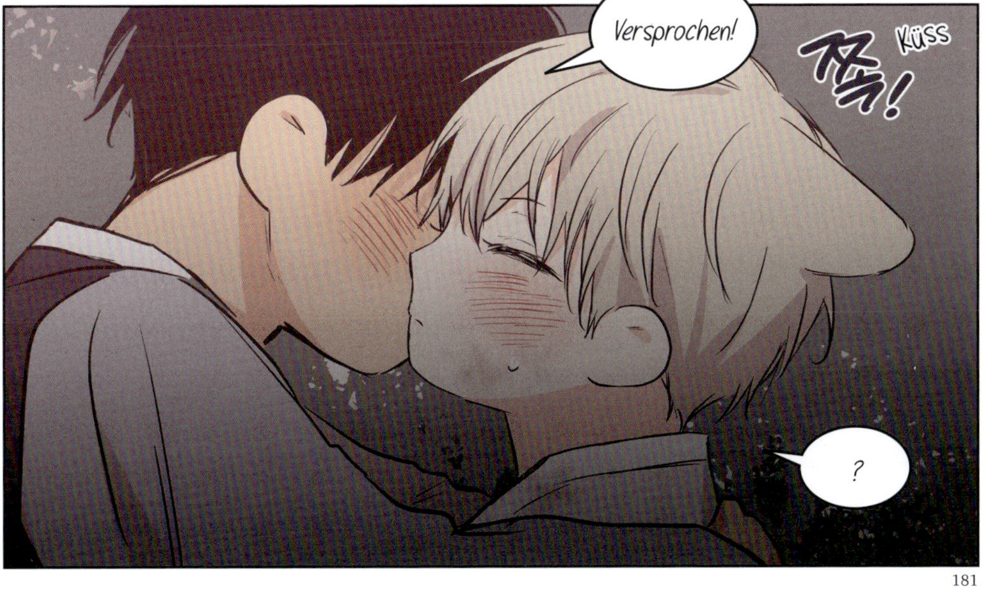
Versprochen!
Küss
?

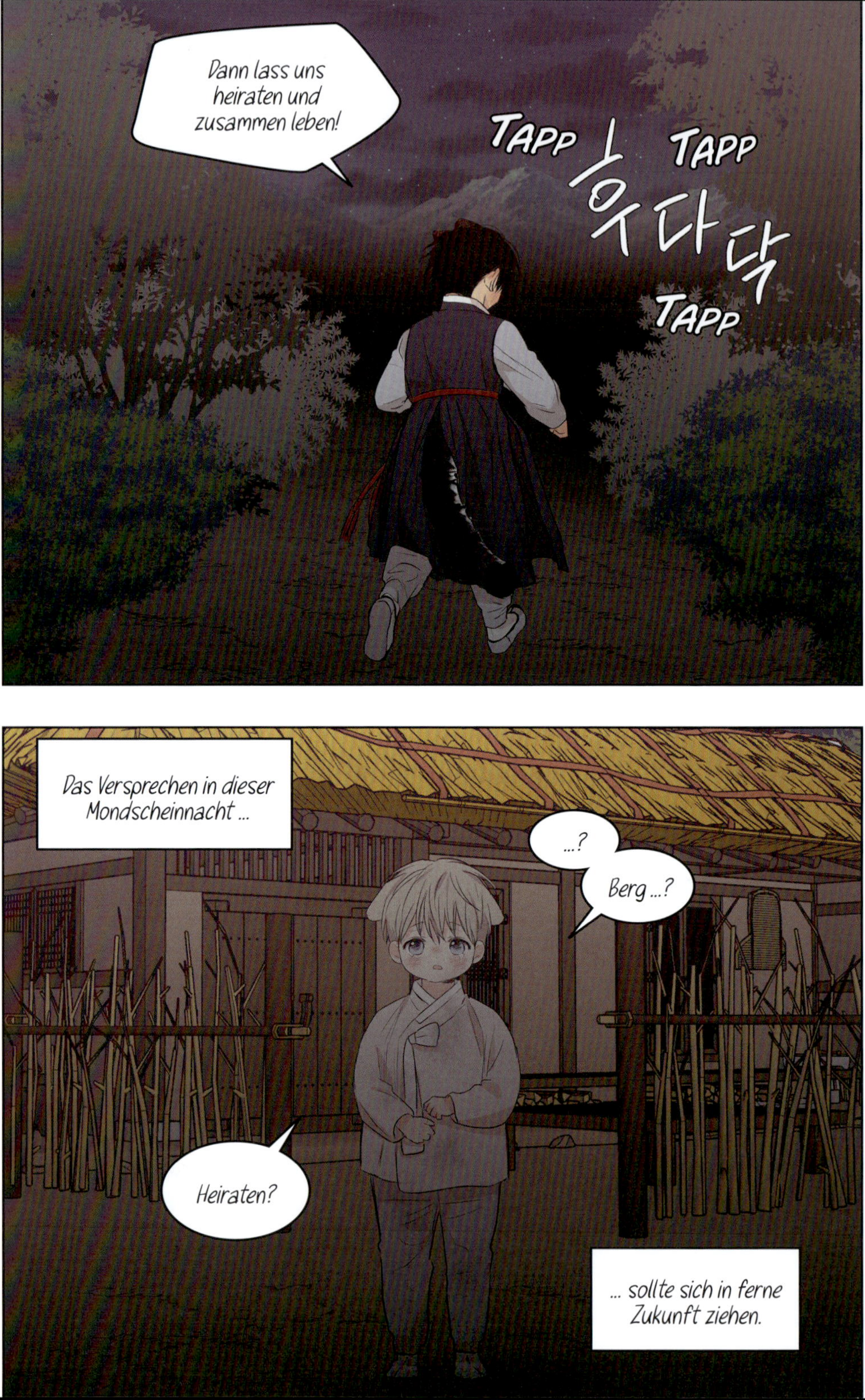
Dann lass uns heiraten und zusammen leben!
TAPP
TAPP
타다닥
TAPP
Das Versprechen in dieser Mondscheinnacht ...
...?
Berg ...?
Heiraten?
... sollte sich in ferne Zukunft ziehen.

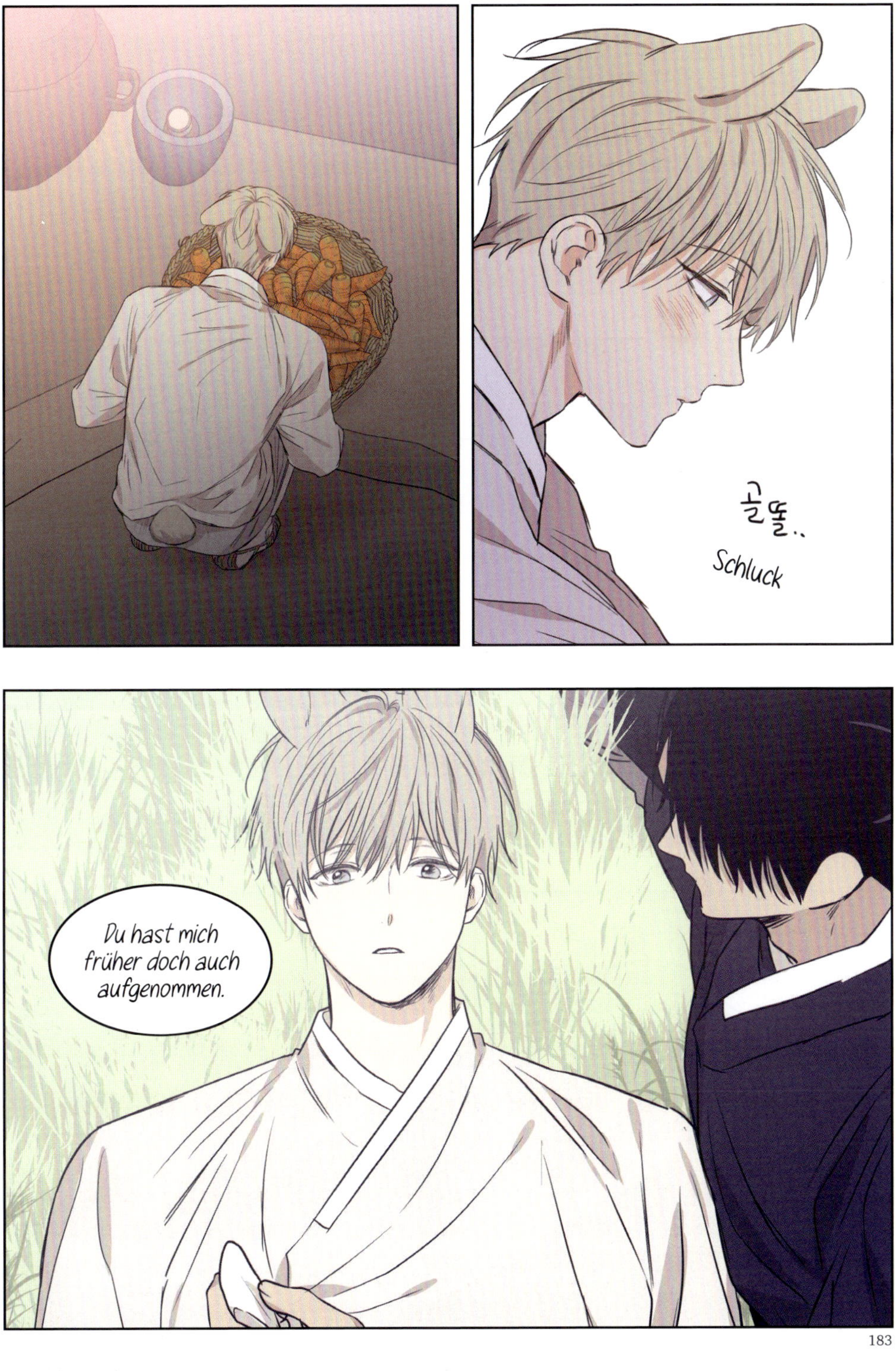
골똘..
Schluck
Du hast mich früher doch auch aufgenommen.

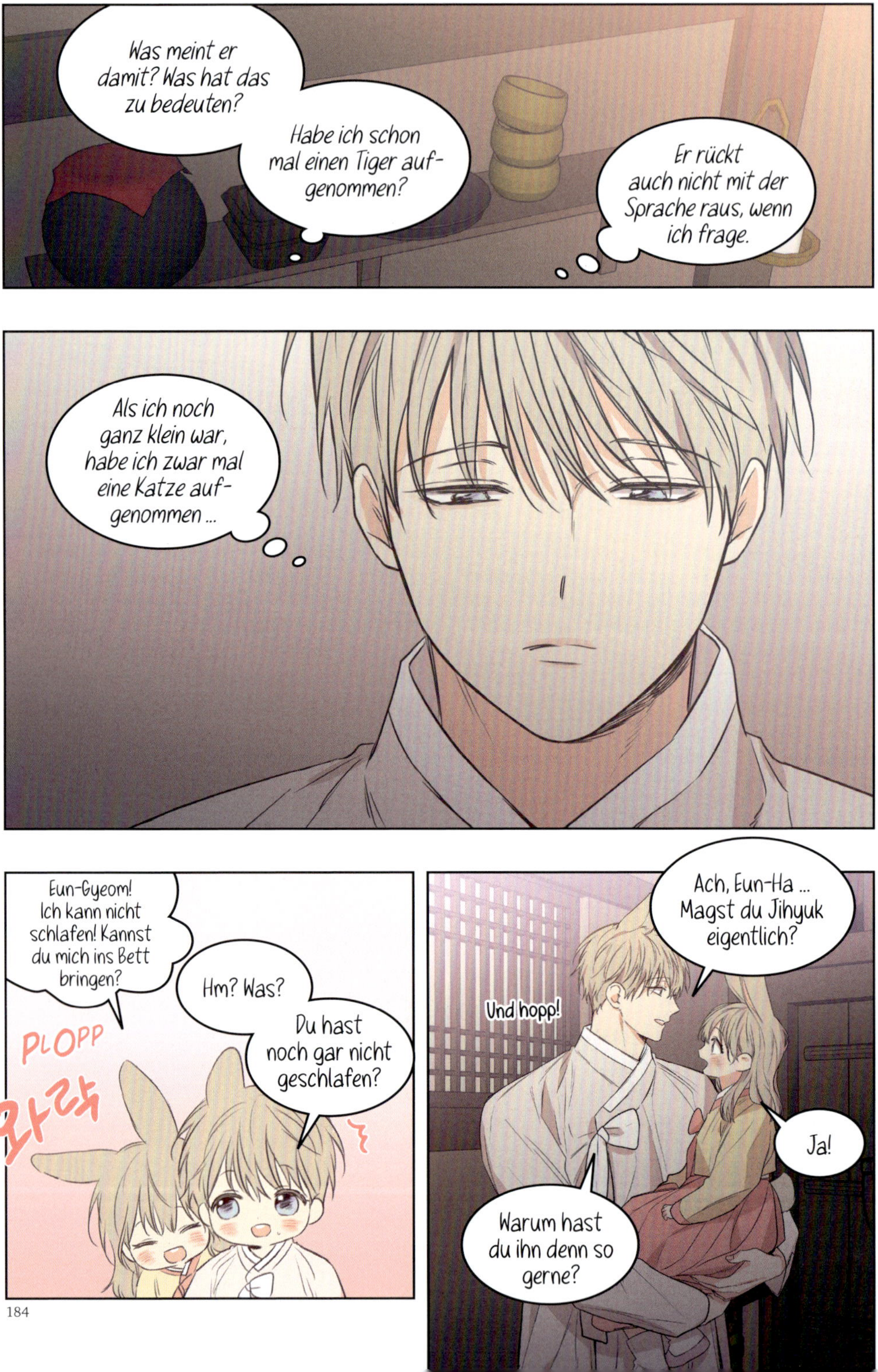
Was meint er damit? Was hat das zu bedeuten?
Habe ich schon mal einen Tiger auf- genommen?
Er rückt auch nicht mit der Sprache raus, wenn ich frage.
Als ich noch ganz klein war, habe ich zwar mal eine Katze auf- genommen ...
Eun-Gyeom! Ich kann nicht schlafen! Kannst du mich ins Bett bringen?
PLOPP
와락
Hm? Was?
Du hast noch gar nicht geschlafen?
Und hopp!
Ach, Eun-Ha ... Magst du Jihyuk eigentlich?
Ja!
Warum hast du ihn denn so gerne?

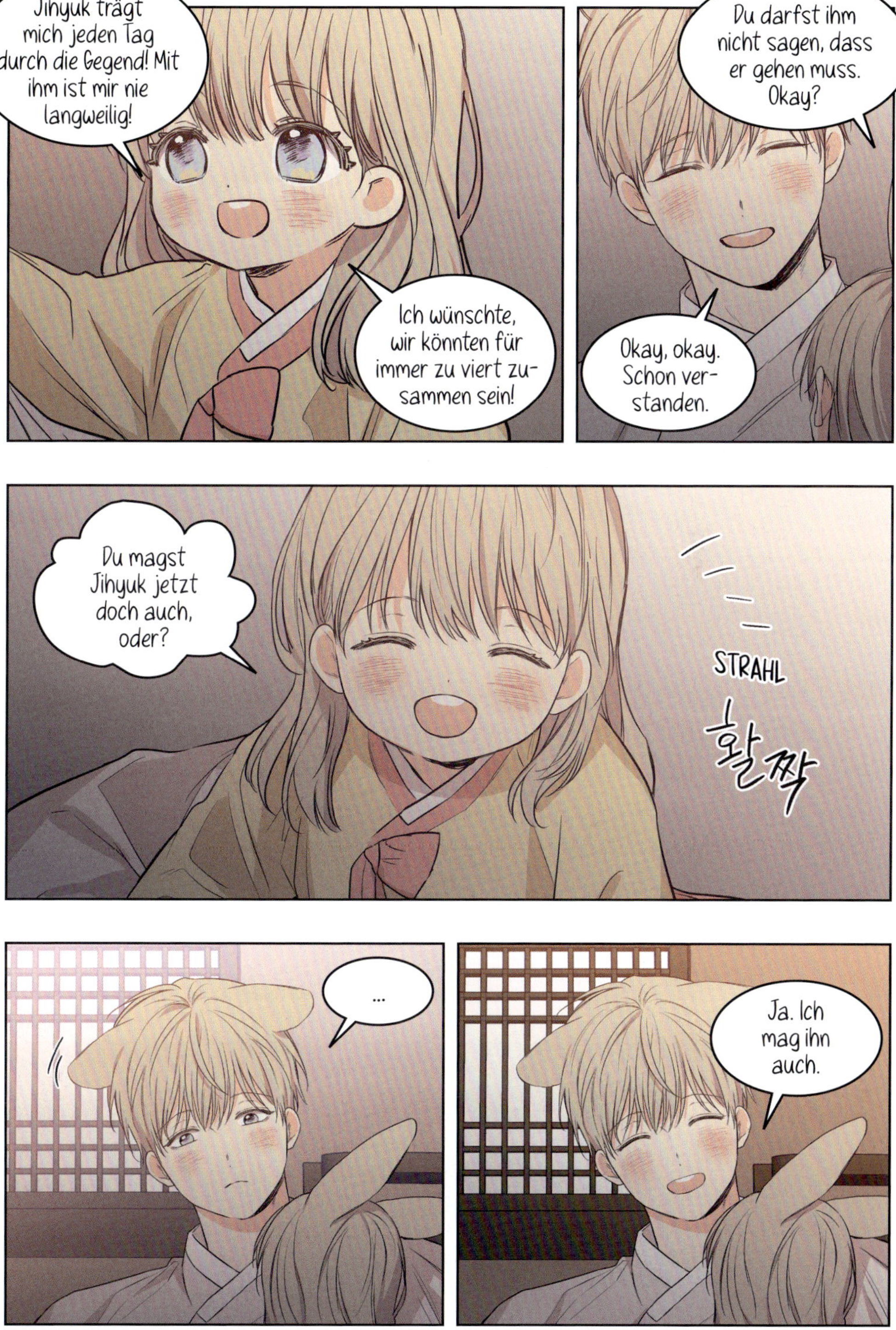
Jihyuk trägt mich jeden Tag durch die Gegend! Mit ihm ist mir nie langweilig!
Ich wünschte, wir könnten für immer zu viert zusammen sein!
Du darfst ihm nicht sagen, dass er gehen muss. Okay?
Okay, okay. Schon verstanden.
Du magst Jihyuk jetzt doch auch, oder?
STRAHL
활짝
...
Ja. Ich mag ihn auch.

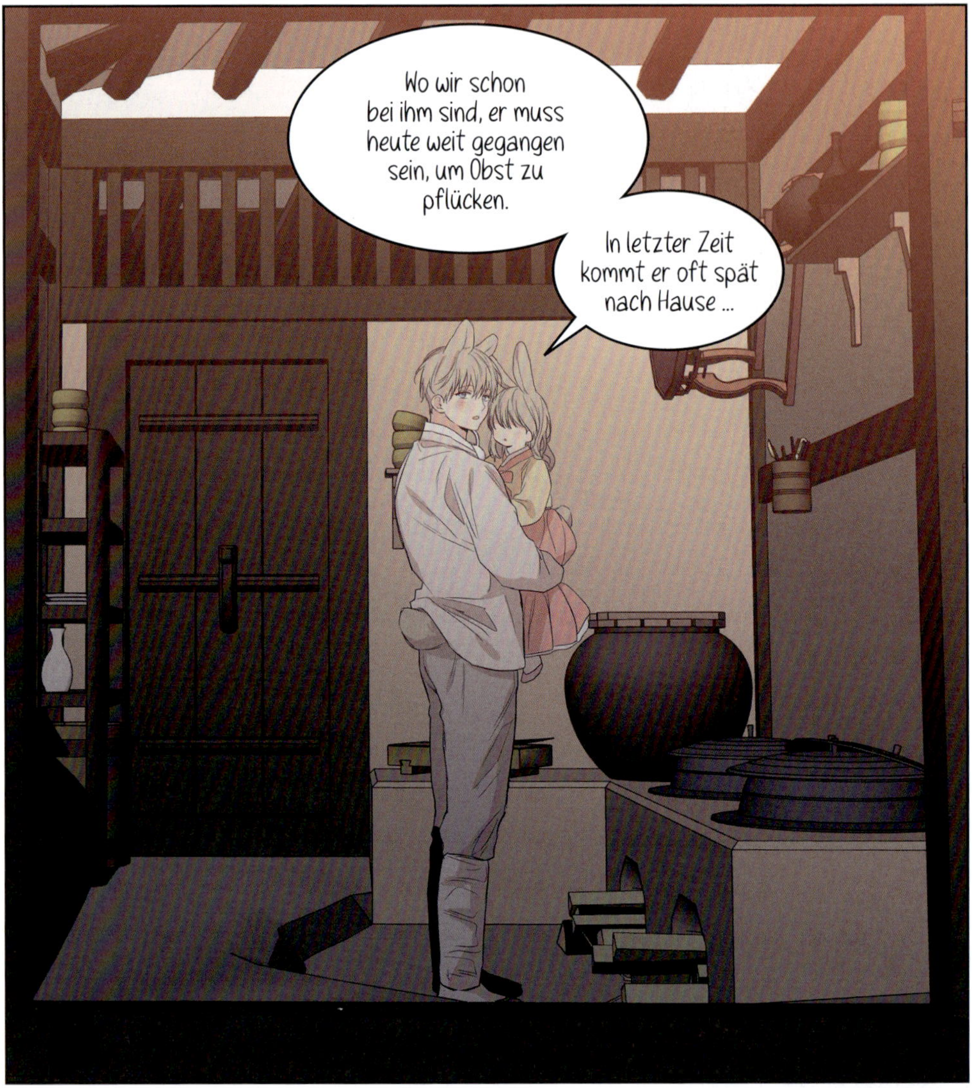
Wo wir schon bei ihm sind, er muss heute weit gegangen sein, um Obst zu pflücken.
In letzter Zeit kommt er oft spät nach Hause …

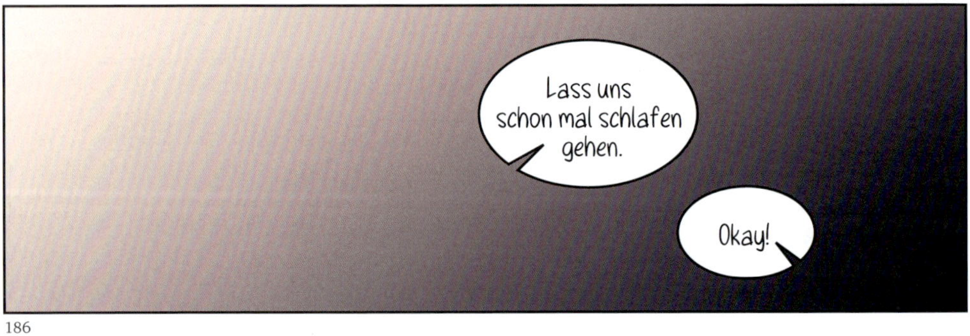
Lass uns schon mal schlafen gehen.
Okay!

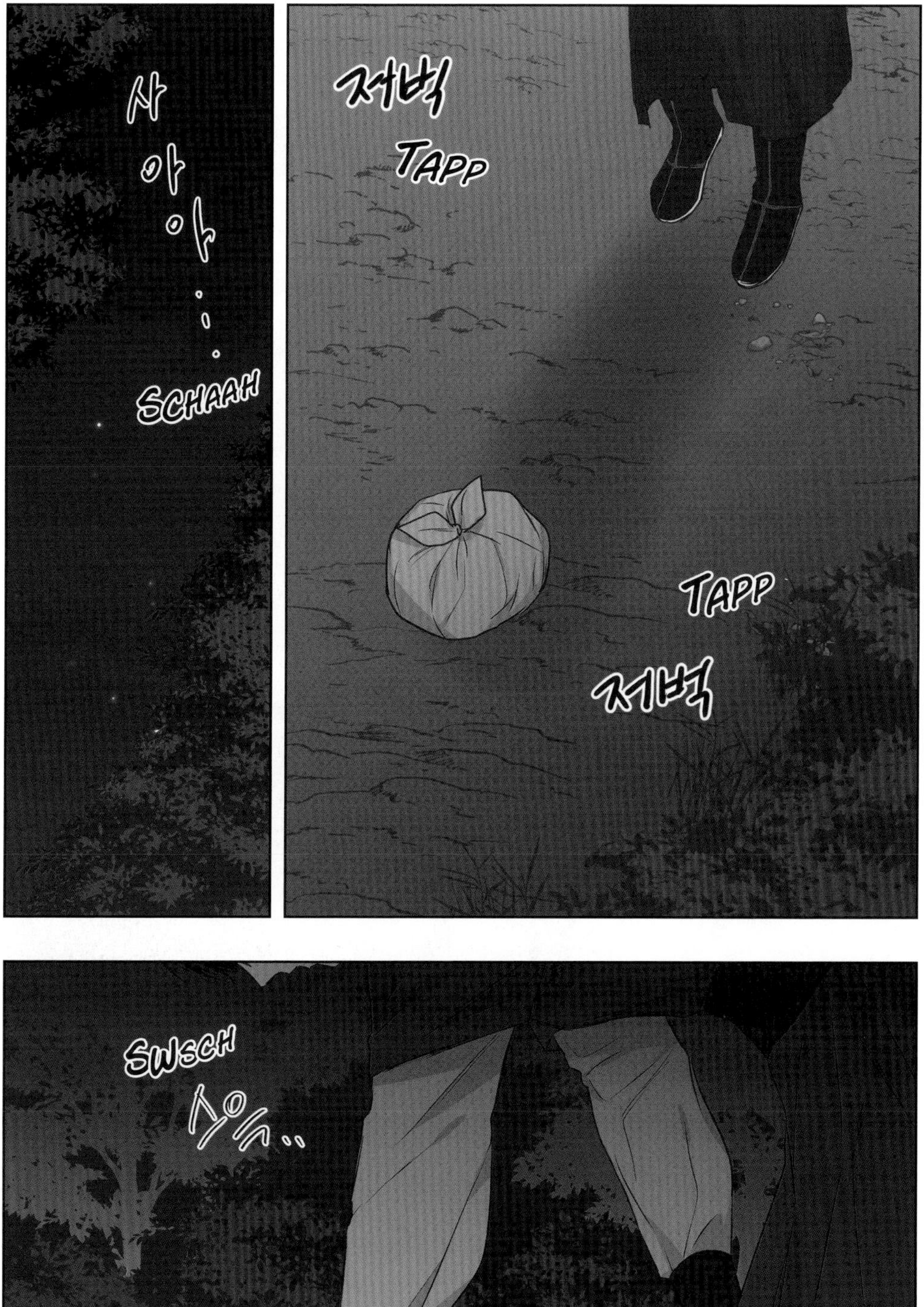
사아아...
SCHAAH
저벅
TAPP
TAPP
저벅
SWSCH
스윽..

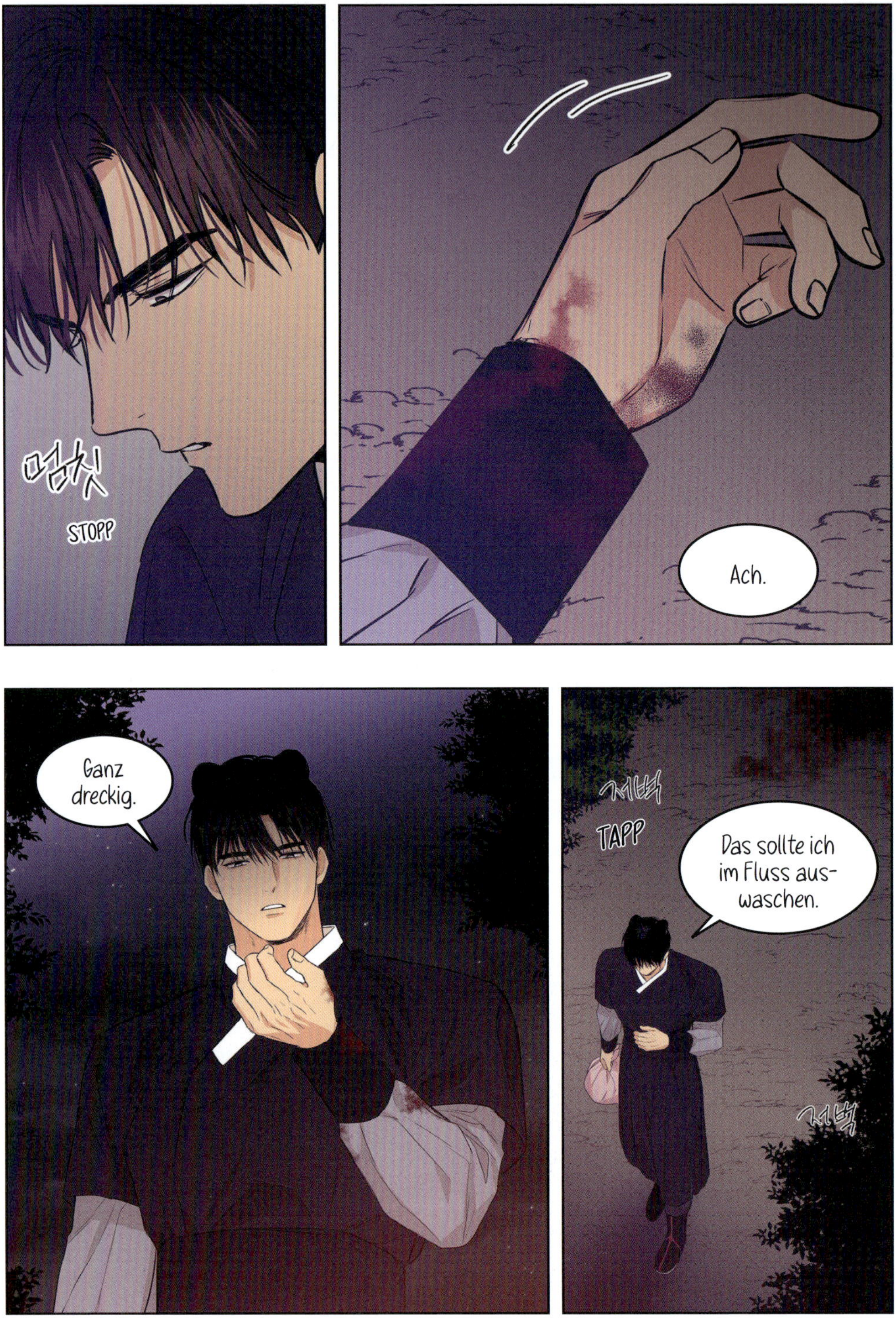
멈칫
STOPP
Ach.
Ganz dreckig.
저벅
TAPP
Das sollte ich im Fluss aus-waschen.
저벅

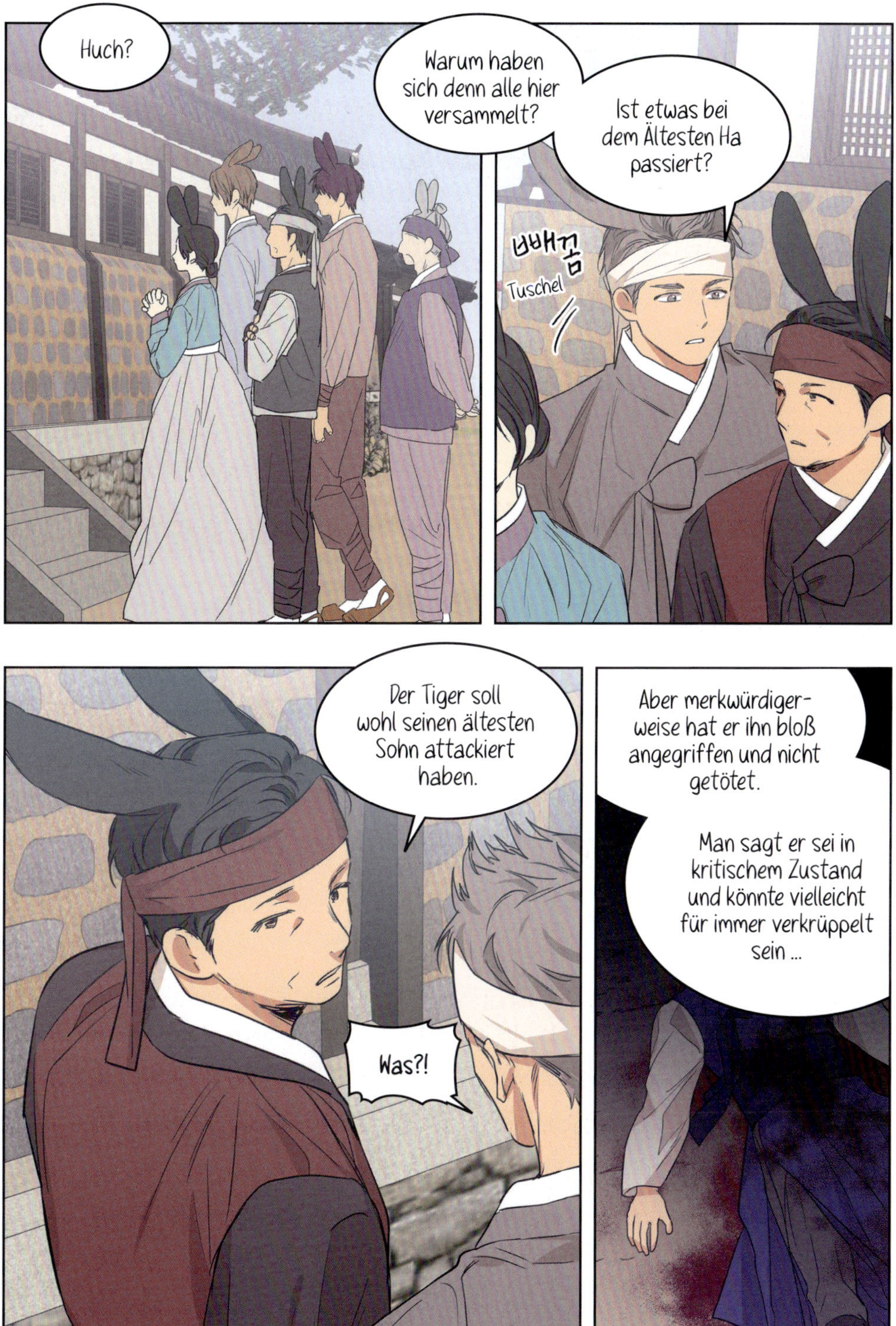
Huch?
Warum haben sich denn alle hier versammelt?
Ist etwas bei dem Ältesten Ha passiert?
쑥덕
Tuschel
Der Tiger soll wohl seinen ältesten Sohn attackiert haben.
Was?!
Aber merkwürdigerweise hat er ihn bloß angegriffen und nicht getötet.
Man sagt er sei in kritischem Zustand und könnte vielleicht für immer verkrüppelt sein ...

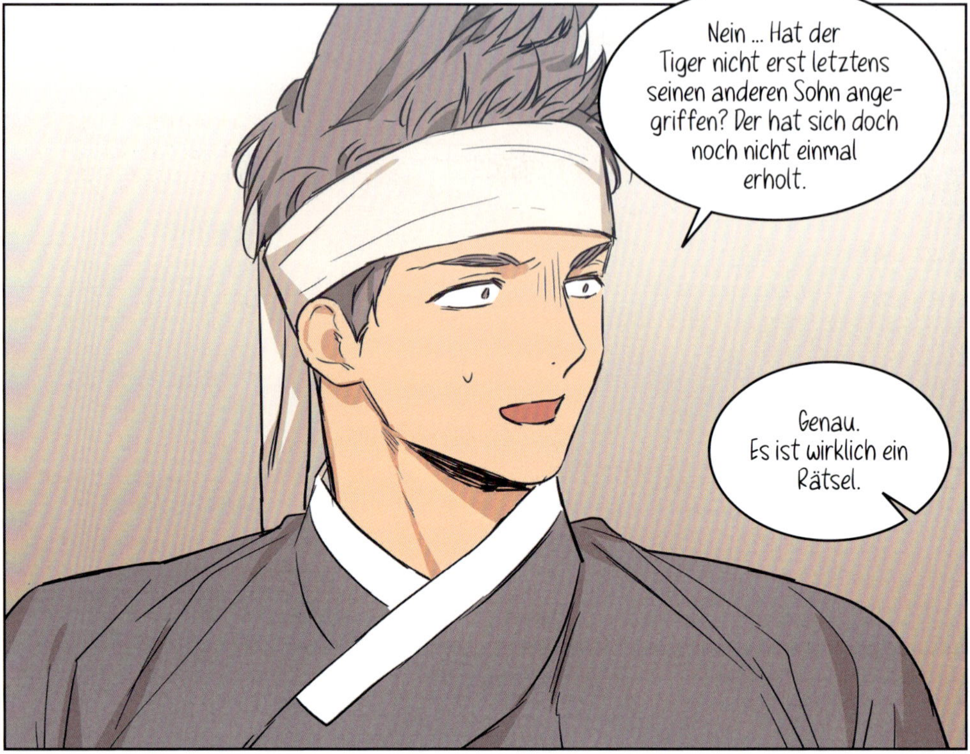
Nein ... Hat der Tiger nicht erst letztens seinen anderen Sohn angegriffen? Der hat sich doch noch nicht einmal erholt.
Genau. Es ist wirklich ein Rätsel.

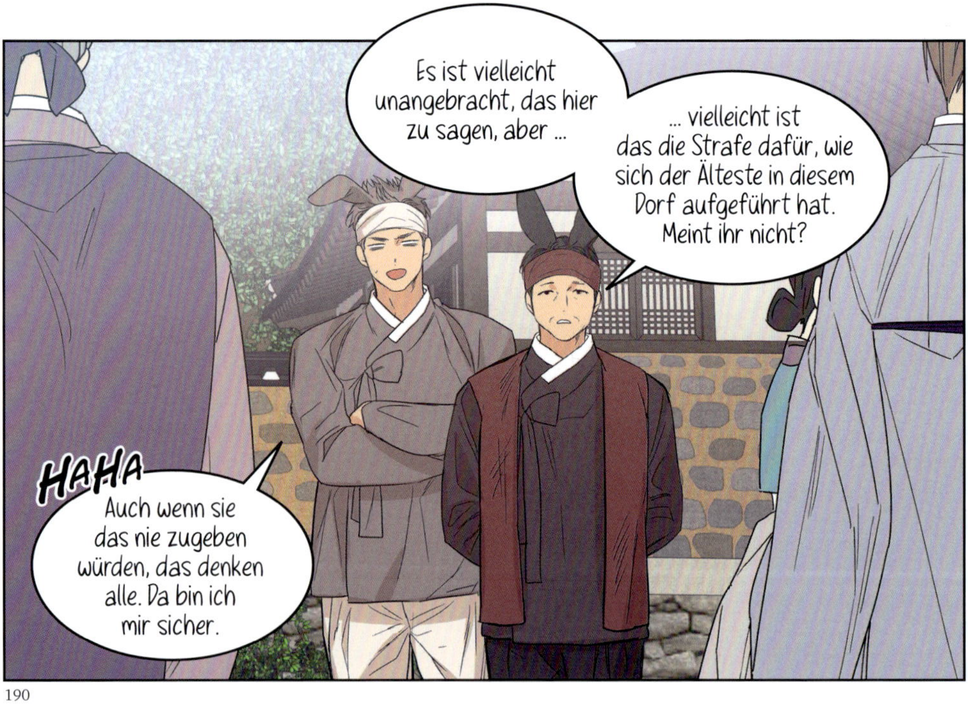
Es ist vielleicht unangebracht, das hier zu sagen, aber ...
... vielleicht ist das die Strafe dafür, wie sich der Älteste in diesem Dorf aufgeführt hat. Meint ihr nicht?
HAHA
Auch wenn sie das nie zugeben würden, das denken alle. Da bin ich mir sicher.

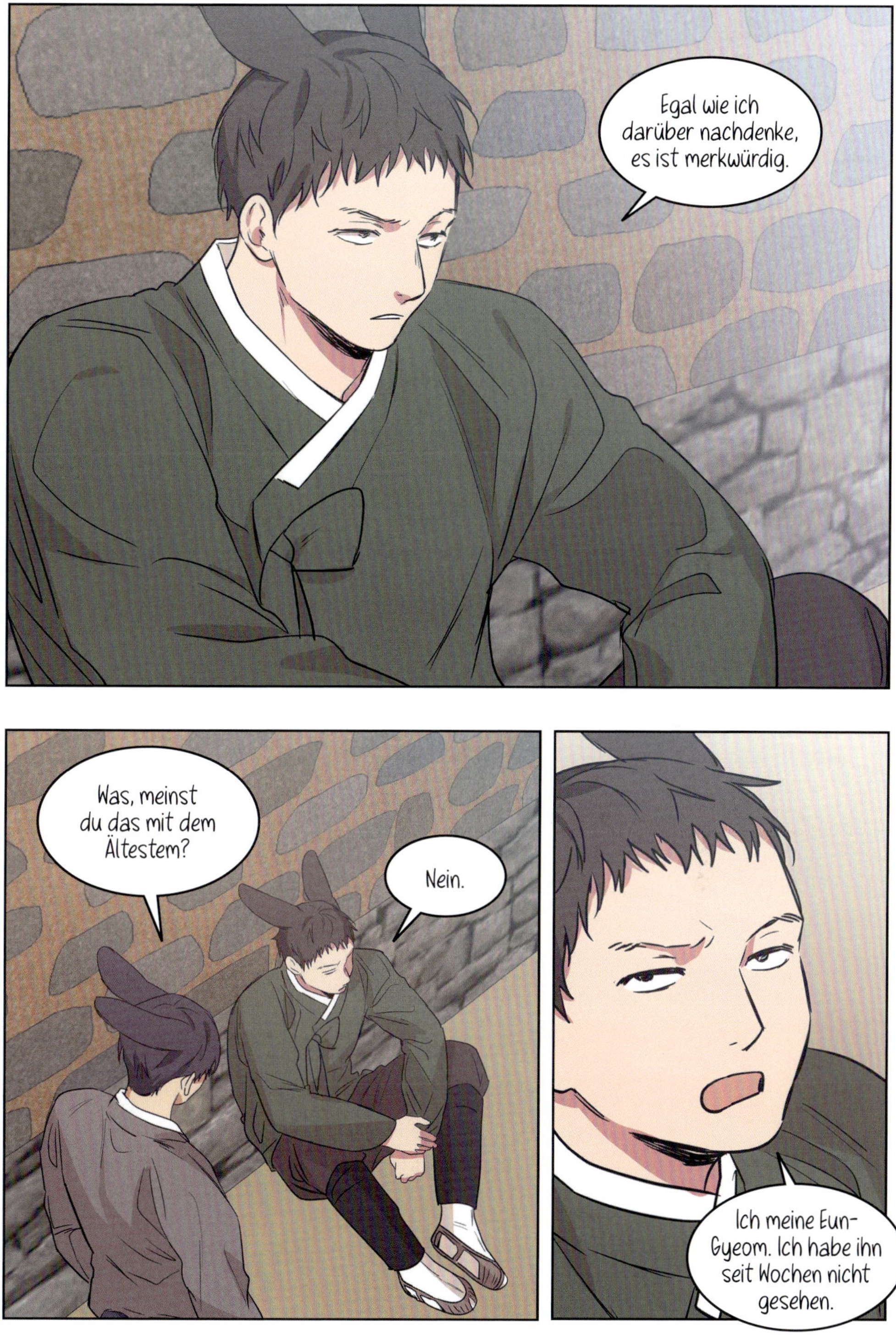
Egal wie ich darüber nachdenke, es ist merkwürdig.
Was, meinst du das mit dem Ältestem?
Nein.
Ich meine Eun-Gyeom. Ich habe ihn seit Wochen nicht gesehen.

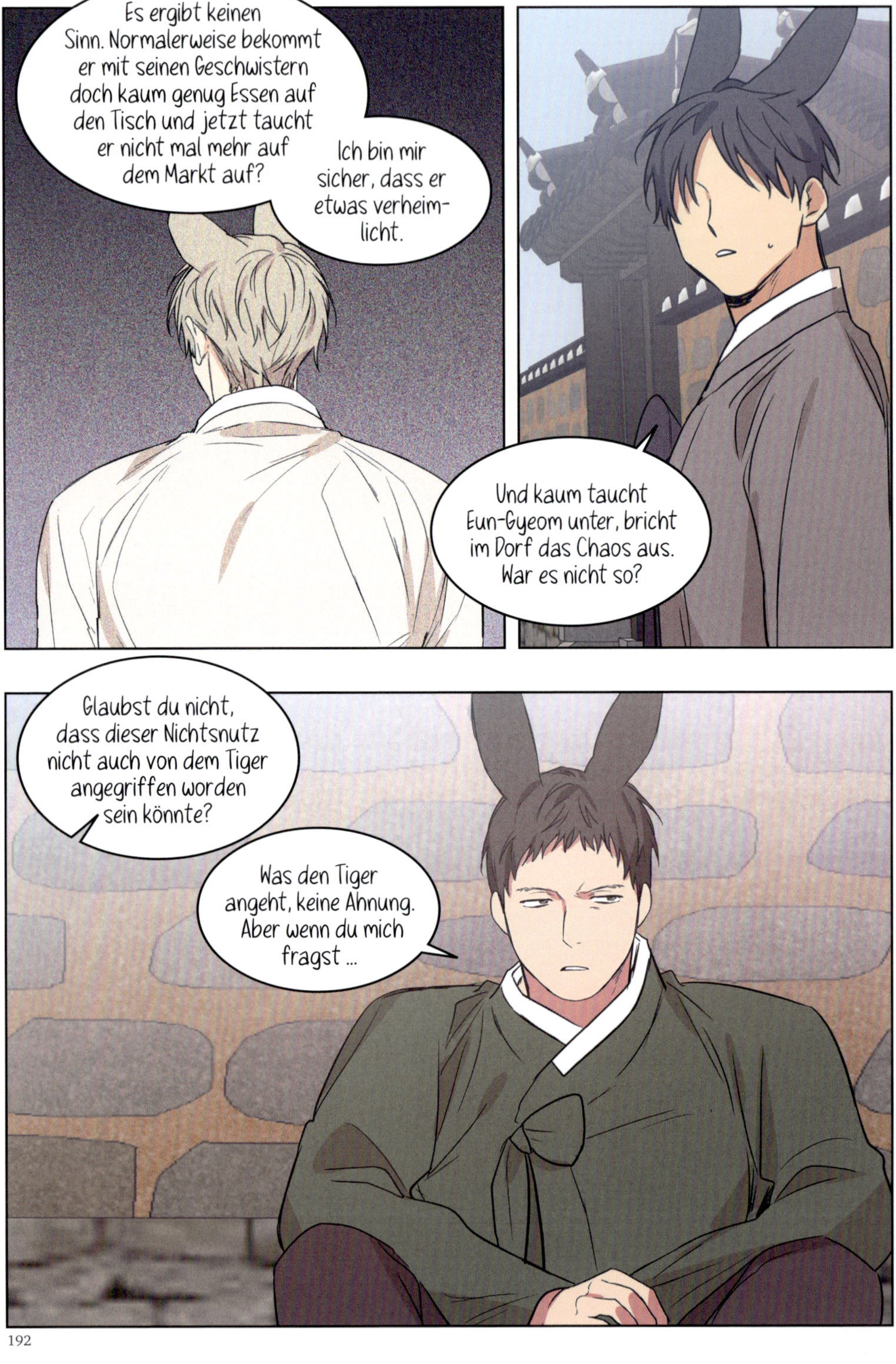
Es ergibt keinen Sinn. Normalerweise bekommt er mit seinen Geschwistern doch kaum genug Essen auf den Tisch und jetzt taucht er nicht mal mehr auf dem Markt auf?
Ich bin mir sicher, dass er etwas verheimlicht.
Und kaum taucht Eun-Gyeom unter, bricht im Dorf das Chaos aus. War es nicht so?
Glaubst du nicht, dass dieser Nichtsnutz nicht auch von dem Tiger angegriffen worden sein könnte?
Was den Tiger angeht, keine Ahnung. Aber wenn du mich fragst ...

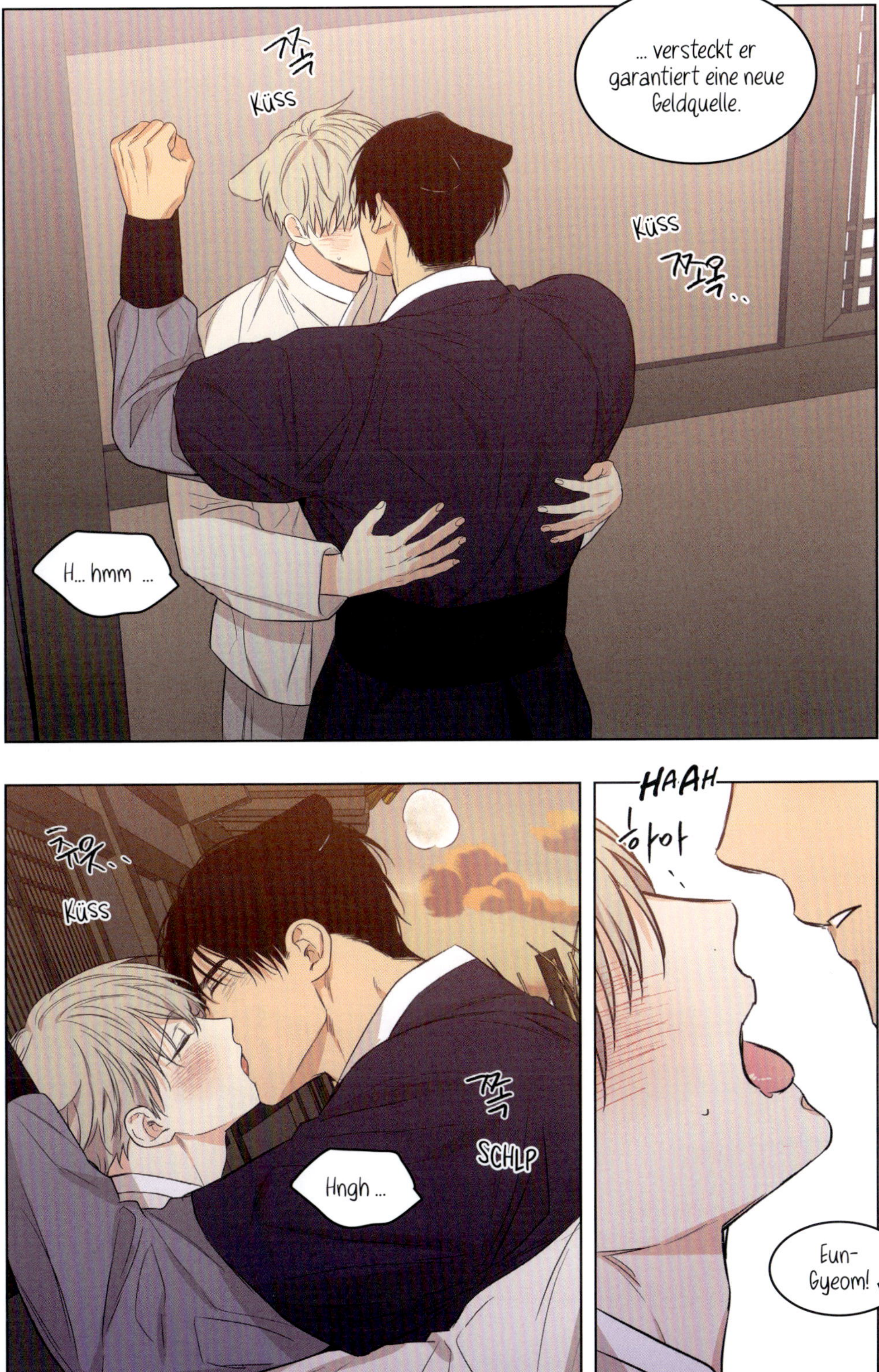

쪽
Küss
... versteckt er garantiert eine neue Geldquelle.
Küss
쪼옥..
H... hmm ...
츄읏..
Küss
쪽
SCHLP
Hngh ...
HAAH
하아
Eun-Gyeom!

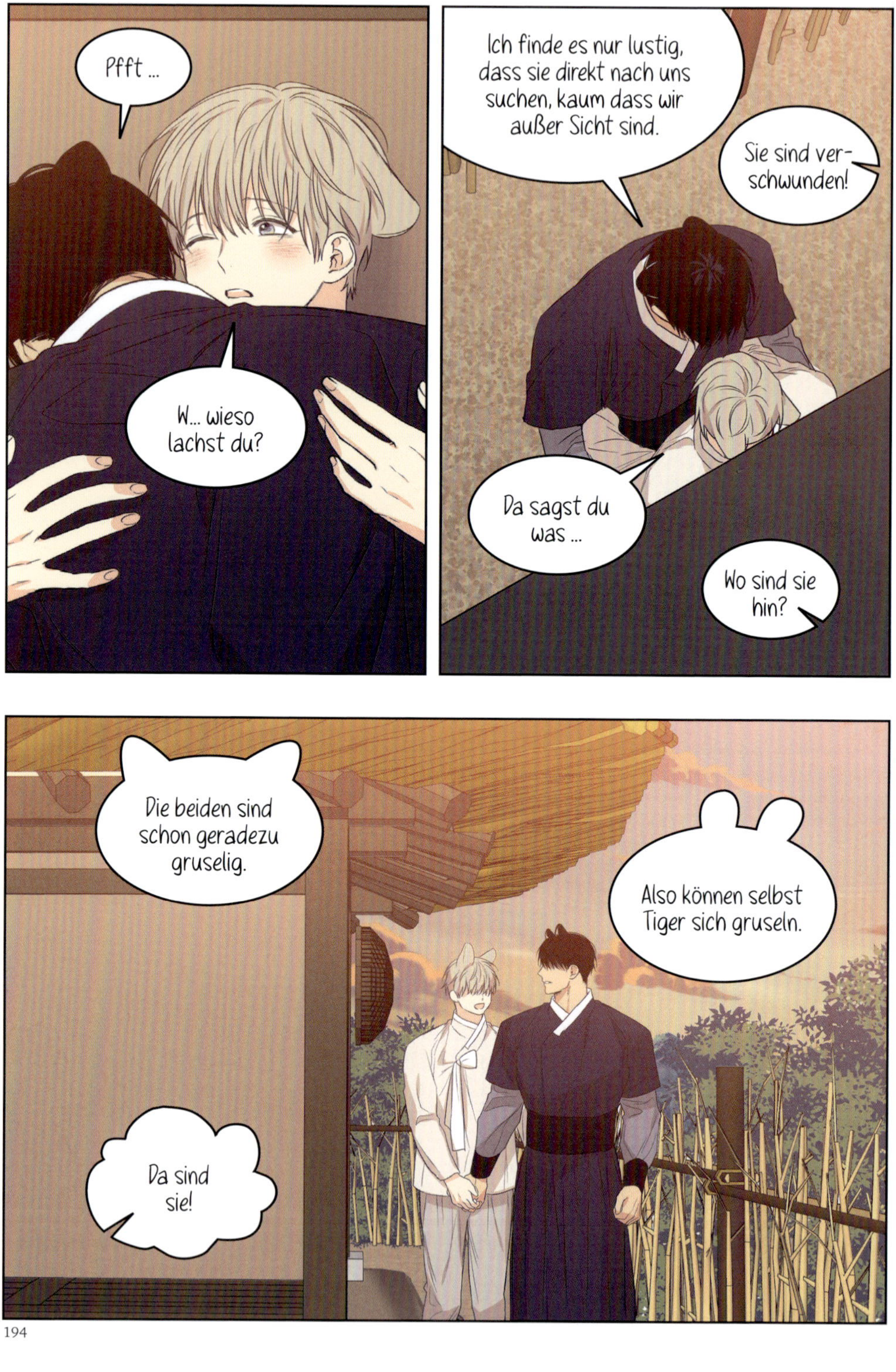
Pfft ...
W... wieso lachst du?
Ich finde es nur lustig, dass sie direkt nach uns suchen, kaum dass wir außer Sicht sind.
Sie sind verschwunden!
Da sagst du was ...
Wo sind sie hin?
Die beiden sind schon geradezu gruselig.
Also können selbst Tiger sich gruseln.
Da sind sie!

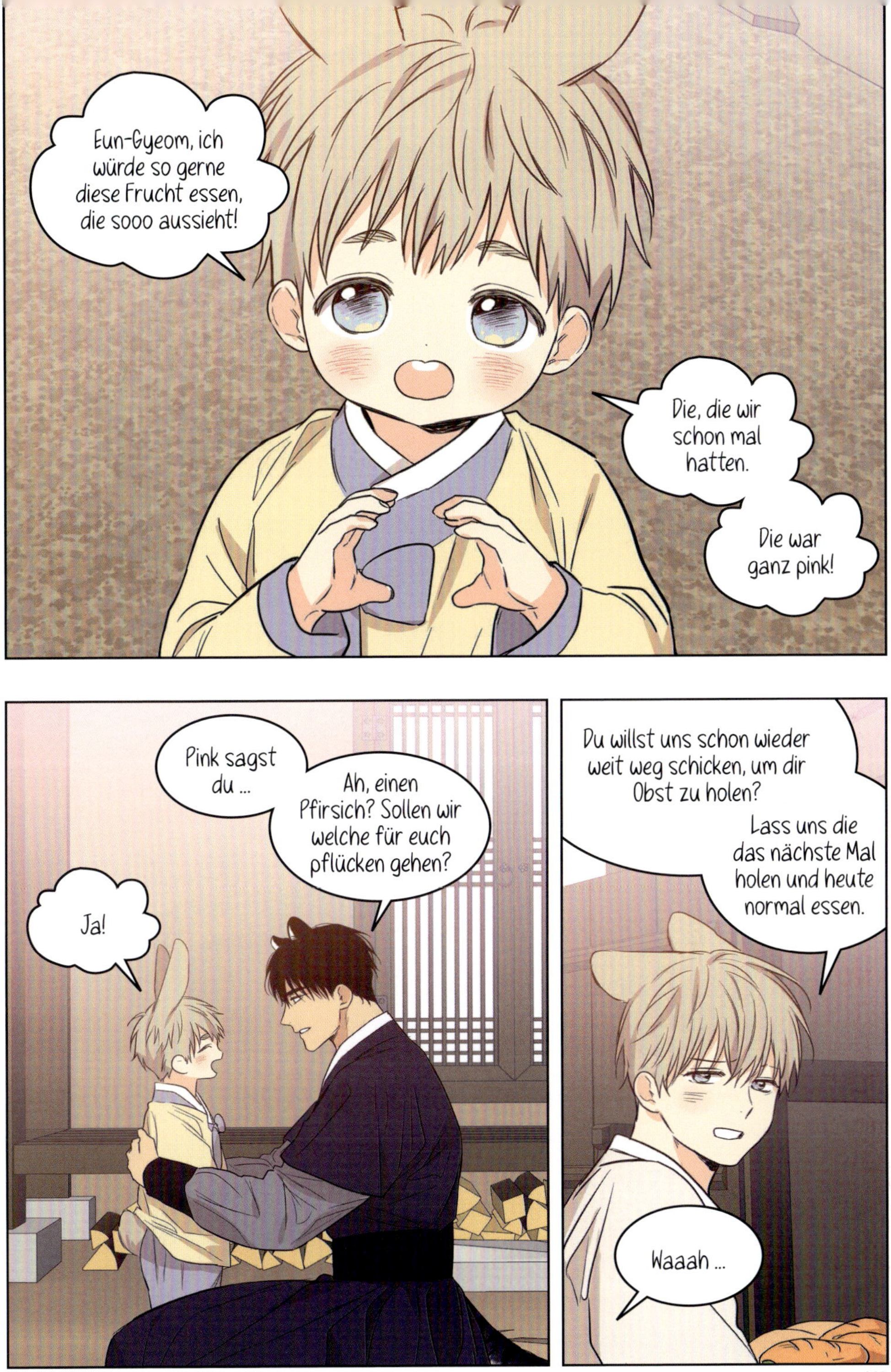
Eun-Gyeom, ich würde so gerne diese Frucht essen, die sooo aussieht!
Die, die wir schon mal hatten.
Die war ganz pink!
Pink sagst du ...
Ah, einen Pfirsich? Sollen wir welche für euch pflücken gehen?
Ja!
Du willst uns schon wieder weit weg schicken, um dir Obst zu holen?
Lass uns die das nächste Mal holen und heute normal essen.
Waaah ...

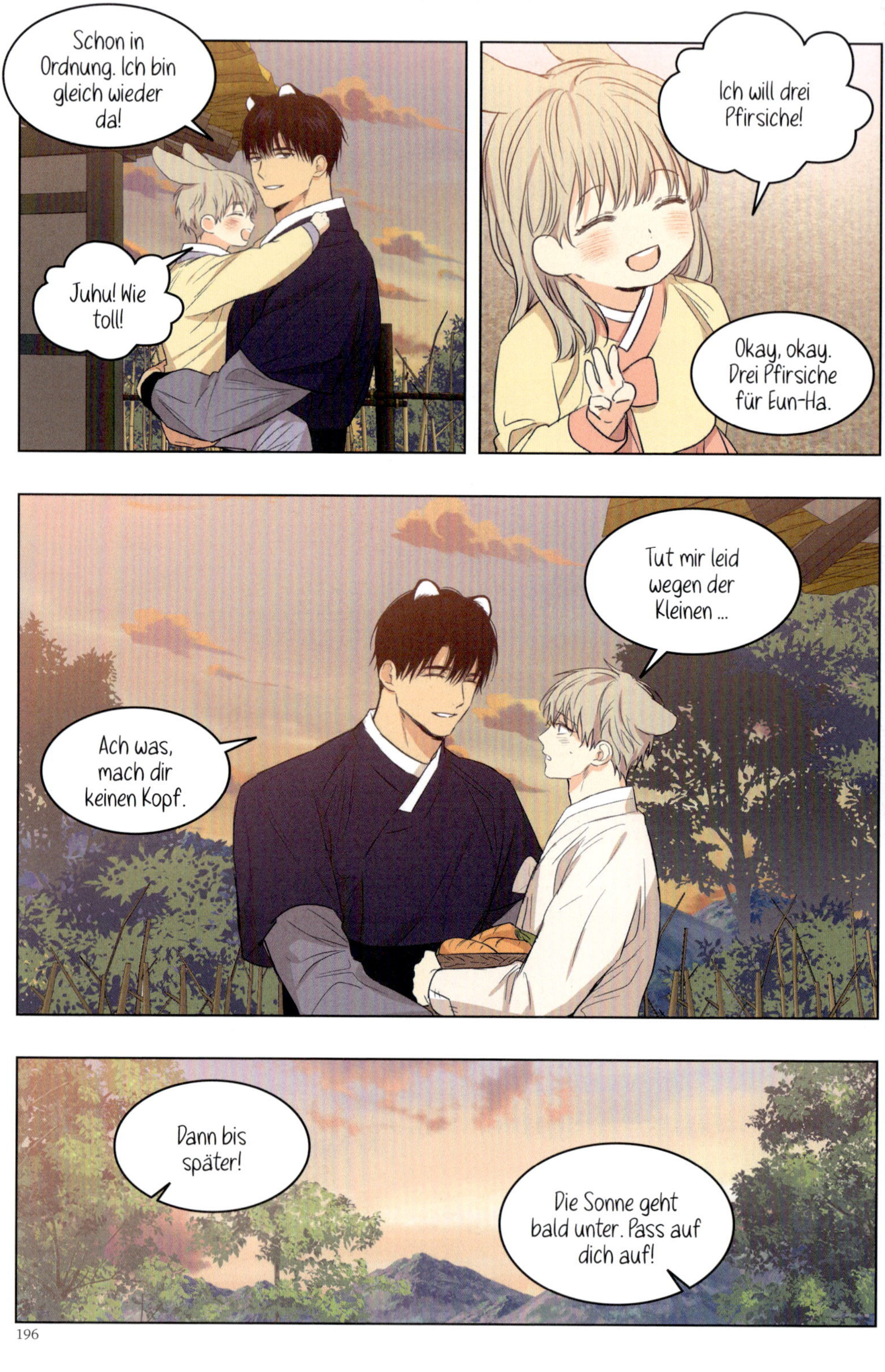
Schon in Ordnung. Ich bin gleich wieder da!
Juhu! Wie toll!
Ich will drei Pfirsiche!
Okay, okay. Drei Pfirsiche für Eun-Ha.
Tut mir leid wegen der Kleinen ...
Ach was, mach dir keinen Kopf.
Dann bis später!
Die Sonne geht bald unter. Pass auf dich auf!

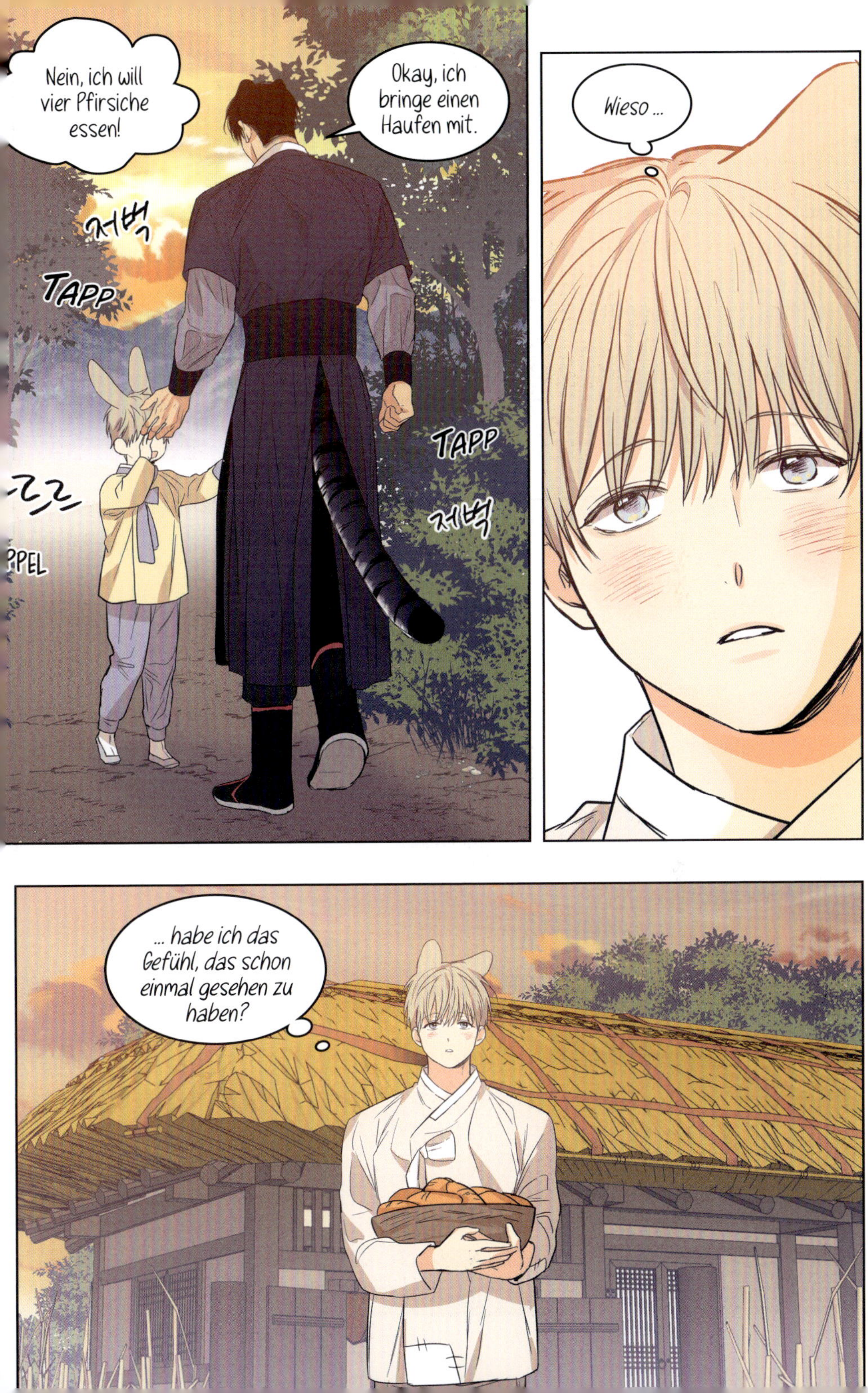
Nein, ich will vier Pfirsiche essen!
Okay, ich bringe einen Haufen mit.
저벅
TAPP
TAPP
저벅
PPEL
Wieso ...
... habe ich das Gefühl, das schon einmal gesehen zu haben?

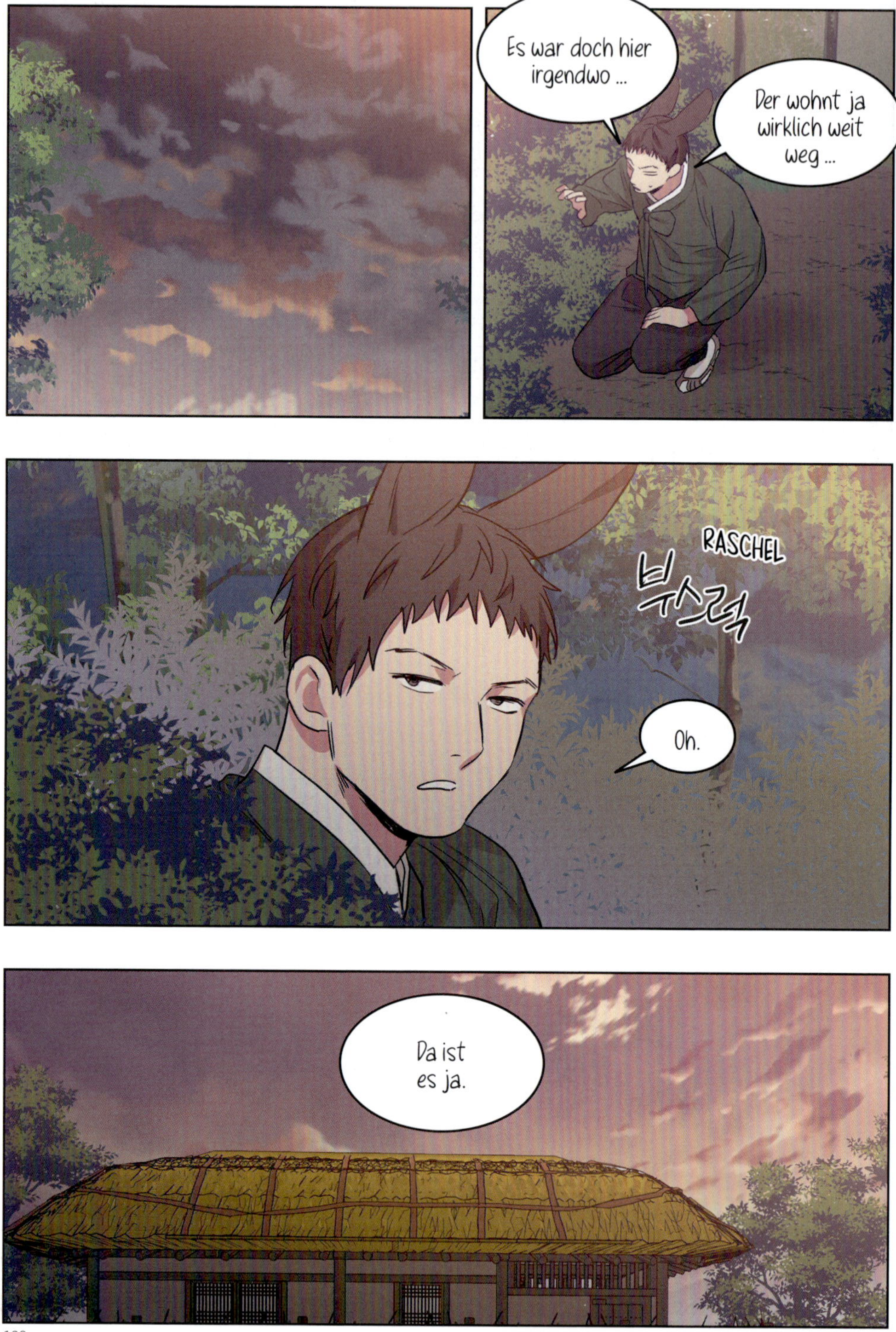
Es war doch hier irgendwo ...
Der wohnt ja wirklich weit weg ...
RASCHEL
부스럭
Oh.
Da ist es ja.

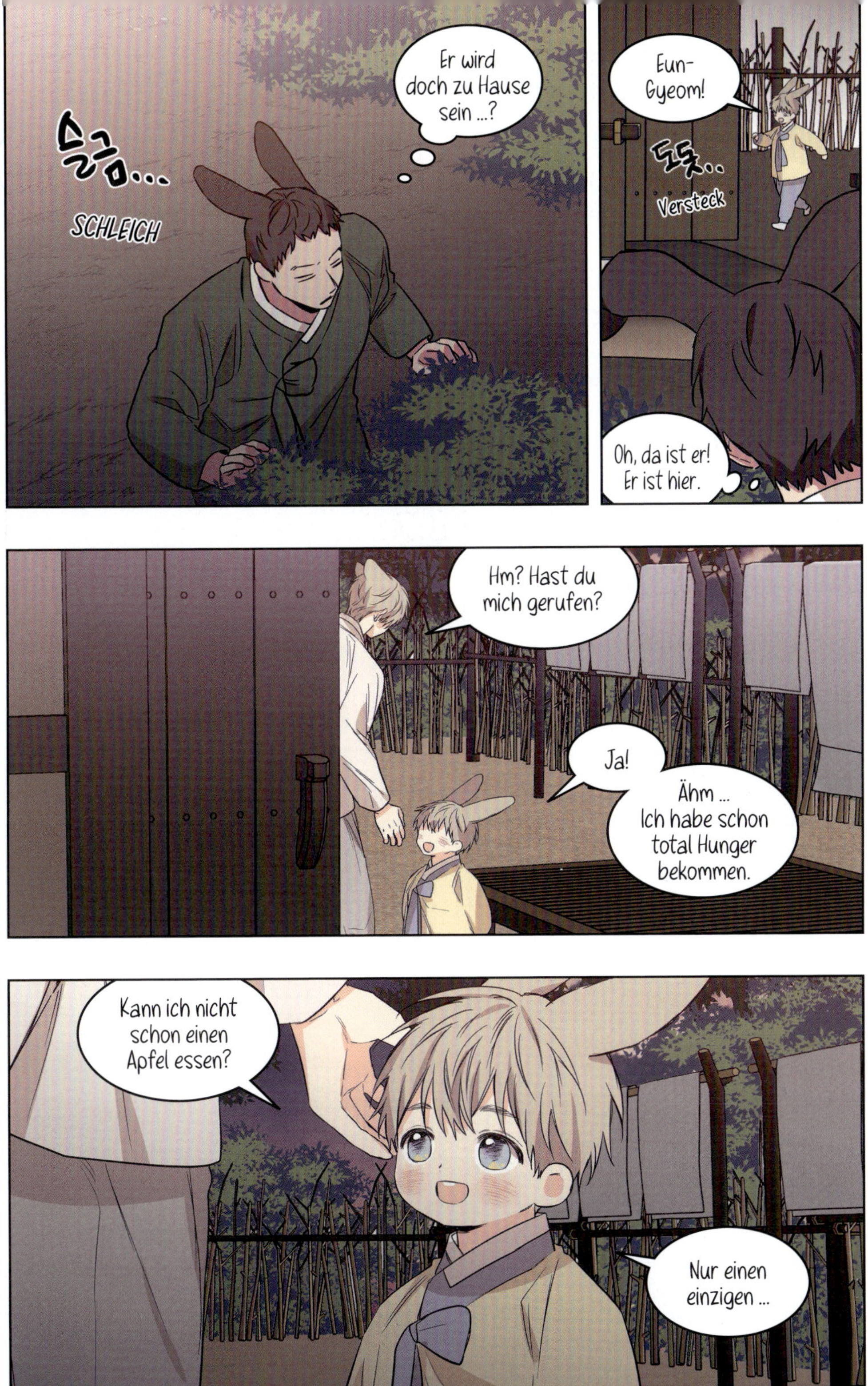
슬금...
SCHLEICH
Er wird doch zu Hause sein ...?
Eun-Gyeom!
도둣..
Versteck
Oh, da ist er! Er ist hier.
Hm? Hast du mich gerufen?
Ja!
Ähm ... Ich habe schon total Hunger bekommen.
Kann ich nicht schon einen Apfel essen?
Nur einen einzigen ...

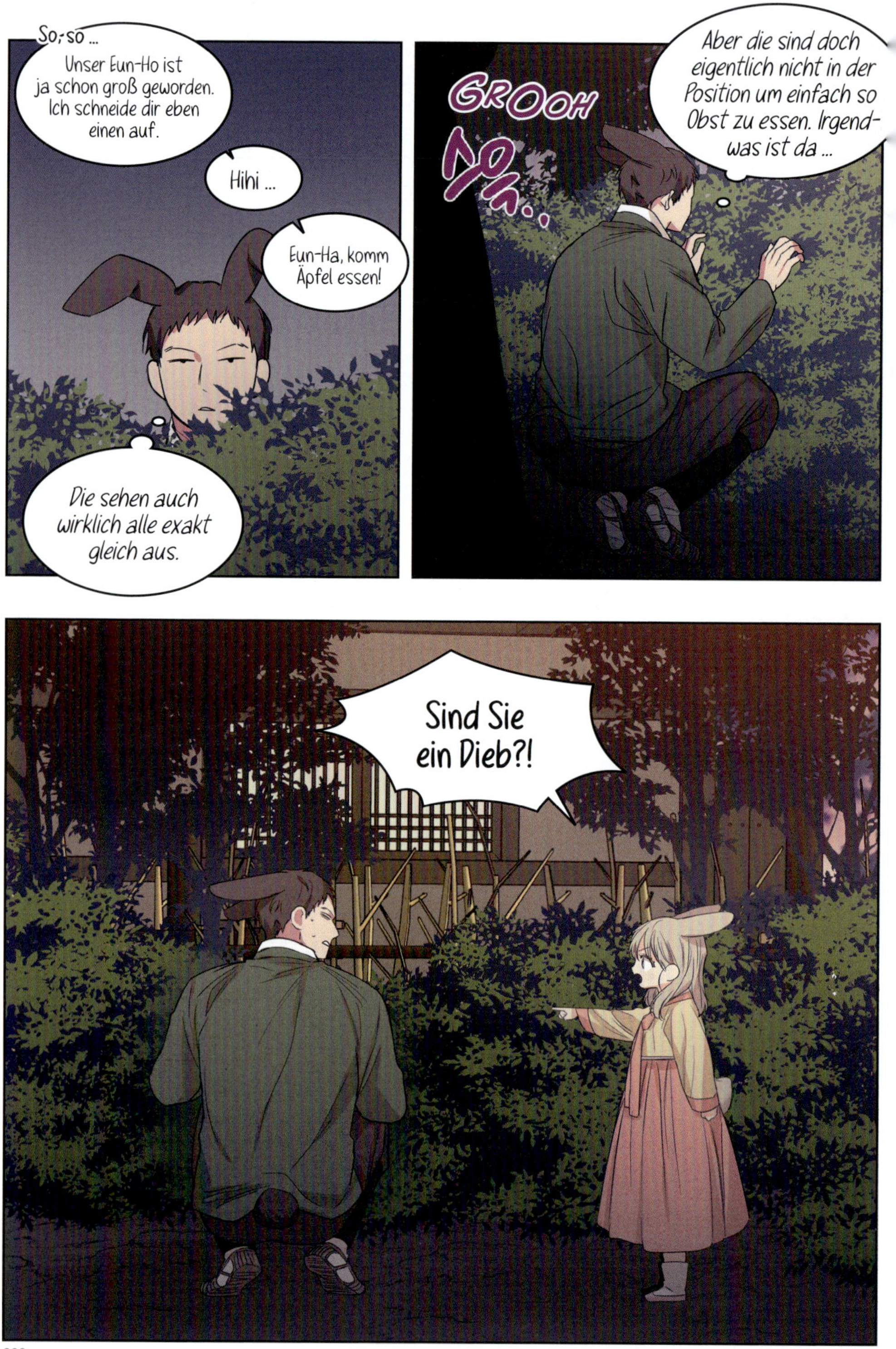
So, so ...
Unser Eun-Ho ist ja schon groß geworden. Ich schneide dir eben einen auf.
Hihi ...
Eun-Ha, komm Äpfel essen!
Die sehen auch wirklich alle exakt gleich aus.
GROOH
Aber die sind doch eigentlich nicht in der Position um einfach so Obst zu essen. Irgend-was ist da ...
Sind Sie ein Dieb?!

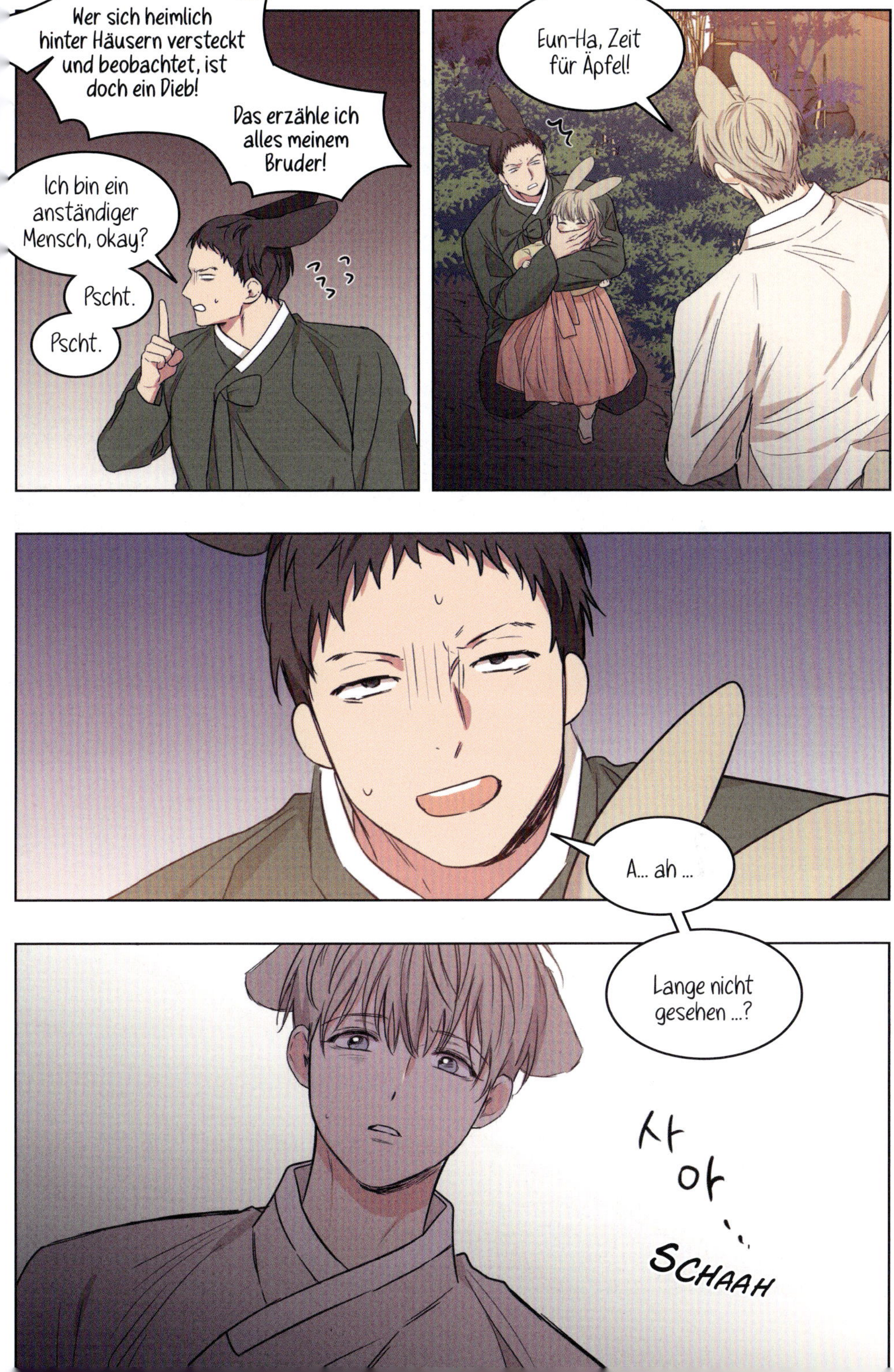

Wer sich heimlich hinter Häusern versteckt und beobachtet, ist doch ein Dieb!
Das erzähle ich alles meinem Bruder!
Ich bin ein anständiger Mensch, okay?
Pscht.
Pscht.
Eun-Ha, Zeit für Äpfel!
A... ah ...
Lange nicht gesehen ...?
사아...
SCHAAH

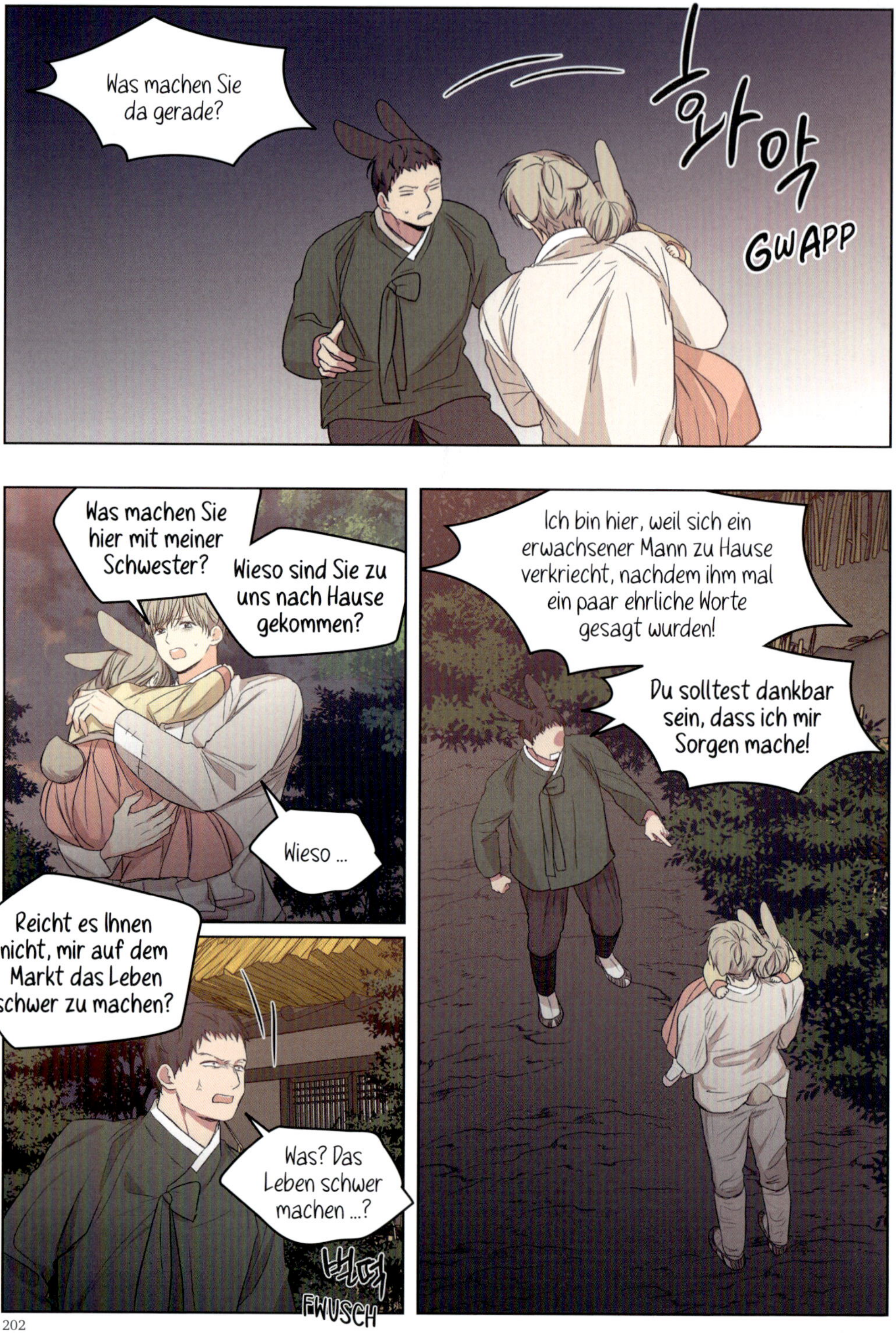
Was machen Sie da gerade?
화악
GWAPP
Was machen Sie hier mit meiner Schwester?
Wieso sind Sie zu uns nach Hause gekommen?
Wieso …
Reicht es Ihnen nicht, mir auf dem Markt das Leben schwer zu machen?
Was? Das Leben schwer machen …?
벌떡
FWUSCH
Ich bin hier, weil sich ein erwachsener Mann zu Hause verkriecht, nachdem ihm mal ein paar ehrliche Worte gesagt wurden!
Du solltest dankbar sein, dass ich mir Sorgen mache!

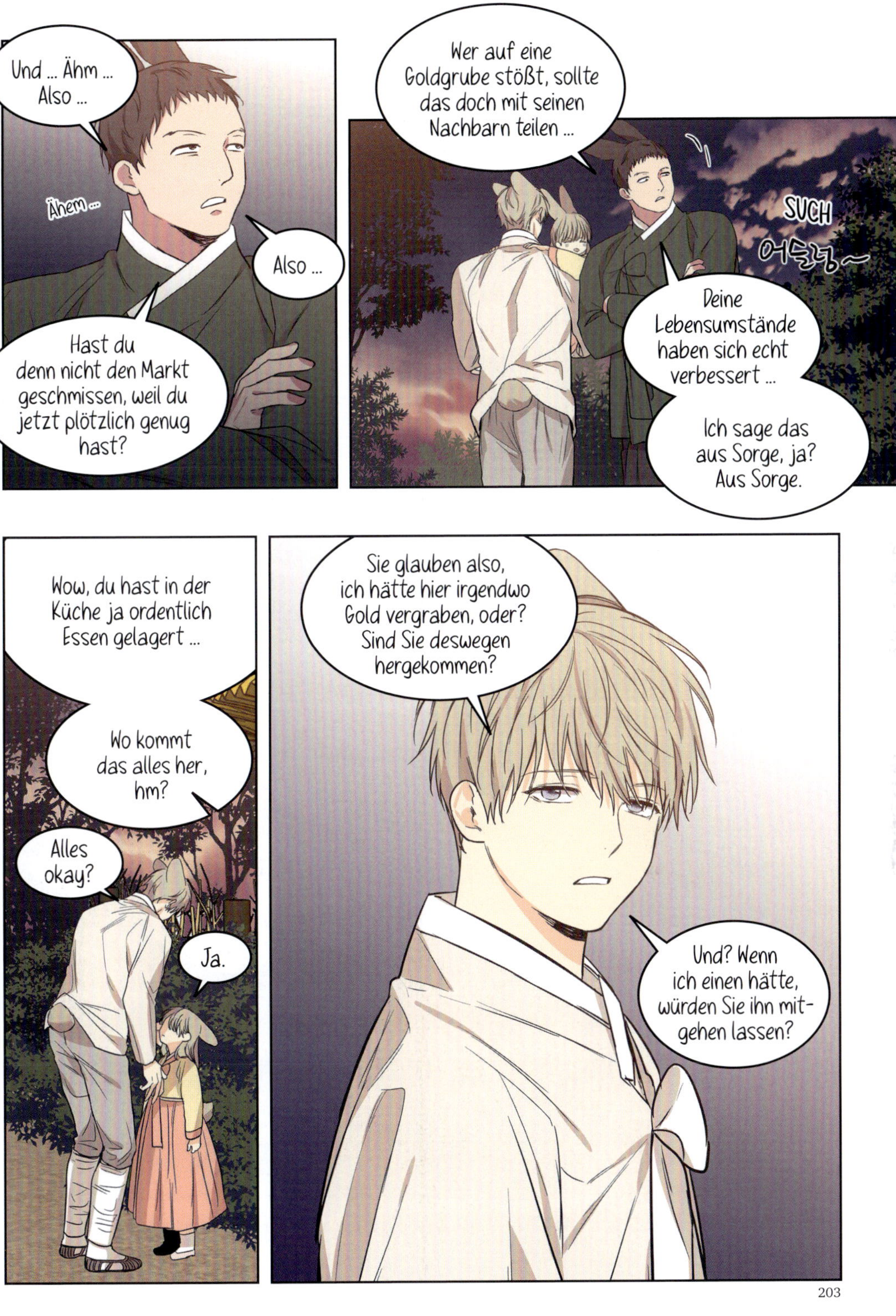
Und ... Ähm ...
Also ...
Ähem ...
Also ...
Hast du denn nicht den Markt geschmissen, weil du jetzt plötzlich genug hast?
Wer auf eine Goldgrube stößt, sollte das doch mit seinen Nachbarn teilen ...
SUCH
어슬렁~
Deine Lebensumstände haben sich echt verbessert ...
Ich sage das aus Sorge, ja? Aus Sorge.
Wow, du hast in der Küche ja ordentlich Essen gelagert ...
Wo kommt das alles her, hm?
Alles okay?
Ja.
Sie glauben also, ich hätte hier irgendwo Gold vergraben, oder? Sind Sie deswegen hergekommen?
Und? Wenn ich einen hätte, würden Sie ihn mitgehen lassen?

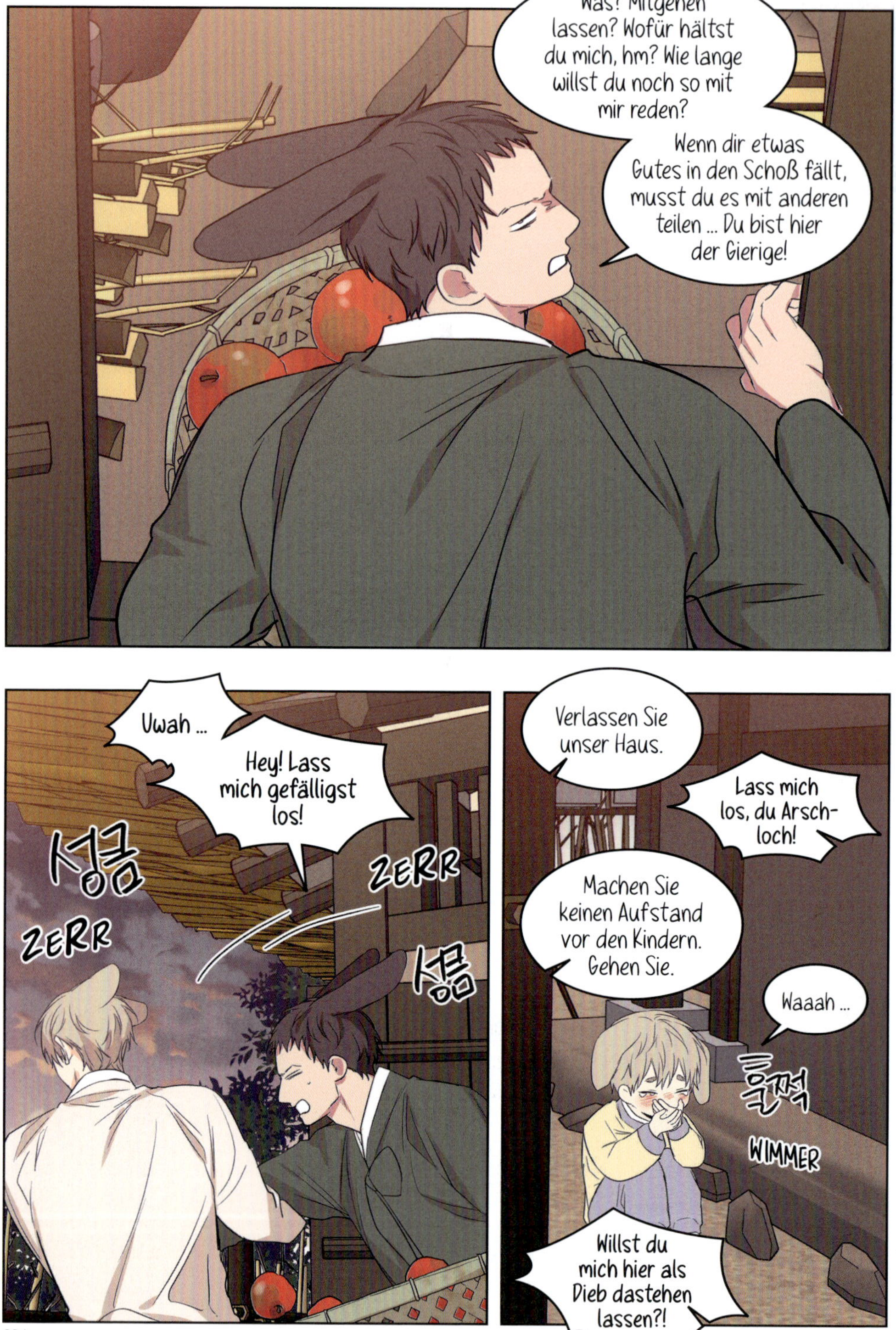
Was? Mitgehen lassen? Wofür hältst du mich, hm? Wie lange willst du noch so mit mir reden?
Wenn dir etwas Gutes in den Schoß fällt, musst du es mit anderen teilen ... Du bist hier der Gierige!
Uwah ...
Hey! Lass mich gefälligst los!
성큼
ZERR
ZERR
성큼
Verlassen Sie unser Haus.
Lass mich los, du Arsch-loch!
Machen Sie keinen Aufstand vor den Kindern. Gehen Sie.
Waaah ...
훌쩍
WIMMER
Willst du mich hier als Dieb dastehen lassen?!

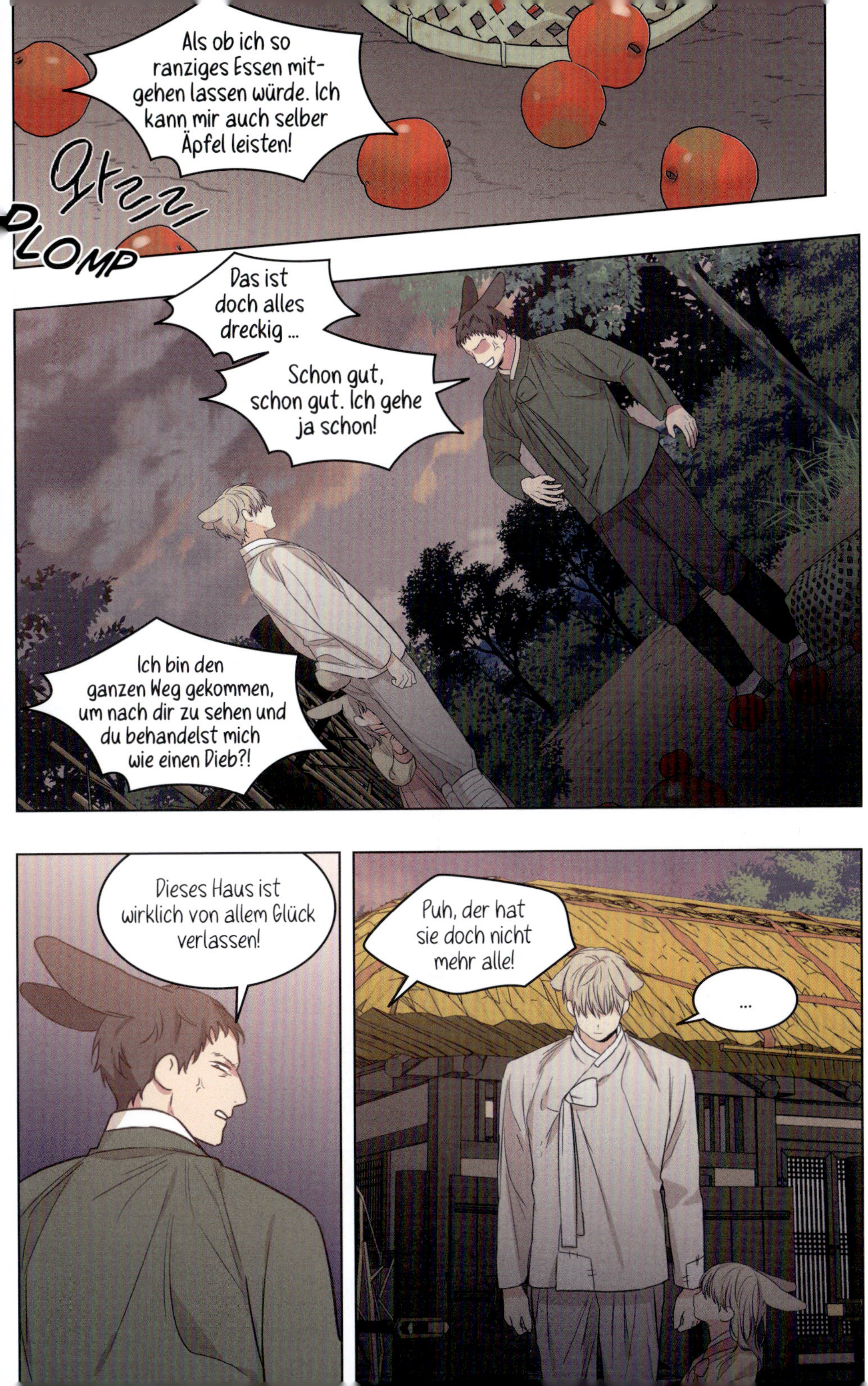

Als ob ich so ranziges Essen mitgehen lassen würde. Ich kann mir auch selber Äpfel leisten!
PLOMP
Das ist doch alles dreckig …
Schon gut, schon gut. Ich gehe ja schon!
Ich bin den ganzen Weg gekommen, um nach dir zu sehen und du behandelst mich wie einen Dieb?!
Dieses Haus ist wirklich von allem Glück verlassen!
Puh, der hat sie doch nicht mehr alle!
…

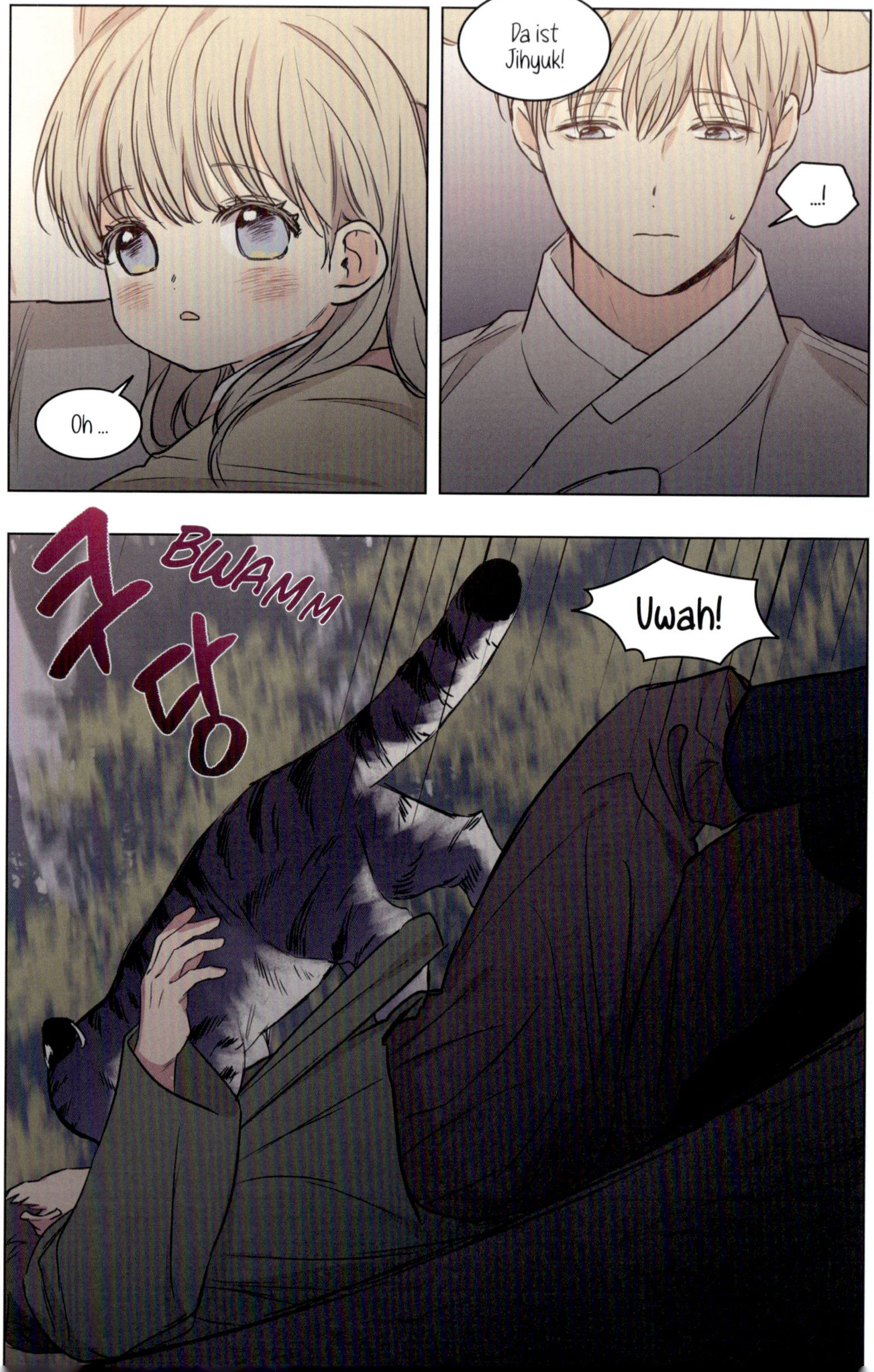

Oh ...
Da ist
Jihyuk!
...!
쿠당
BWAMM
Uwah!

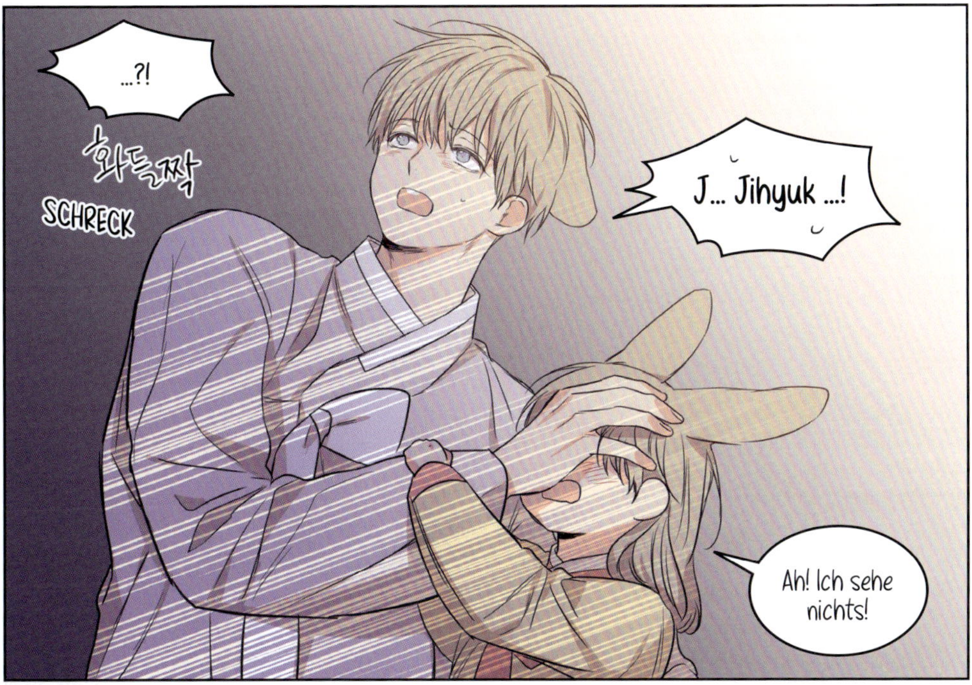

...?!
화들짝
SCHRECK
J... Jihyuk ...!
Ah! Ich sehe nichts!

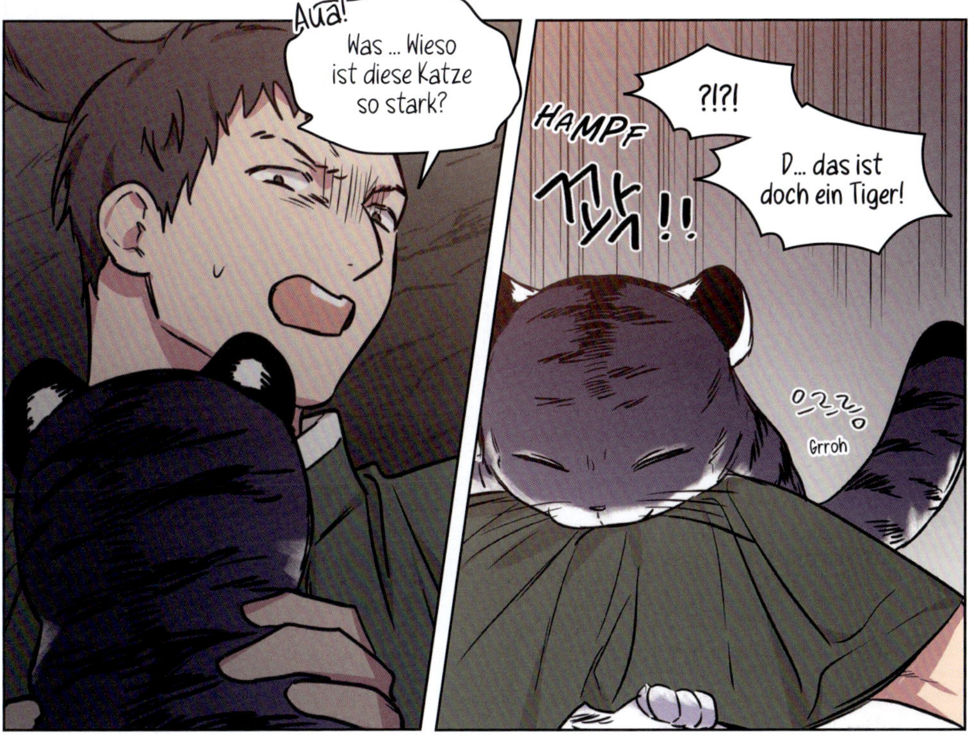

Aua!
Was ... Wieso ist diese Katze so stark?
?!?!
HAMPF
D... das ist doch ein Tiger!
Grroh

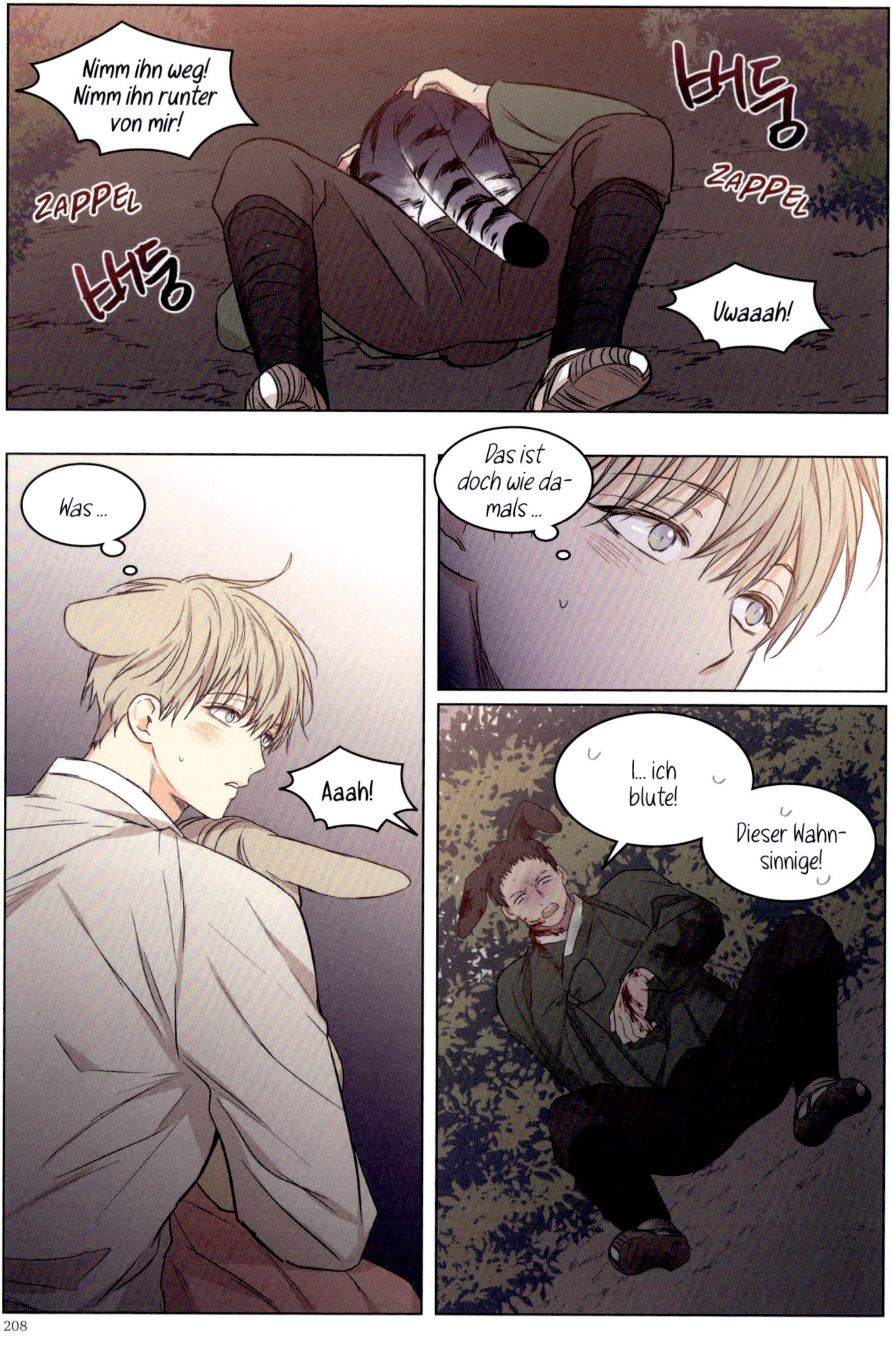
Nimm ihn weg! Nimm ihn runter von mir!
ZAPPEL
버둥
ZAPPEL
버둥
Uwaaah!
Was ...
Aaah!
Das ist doch wie damals ...
I... ich blute!
Dieser Wahnsinnige!

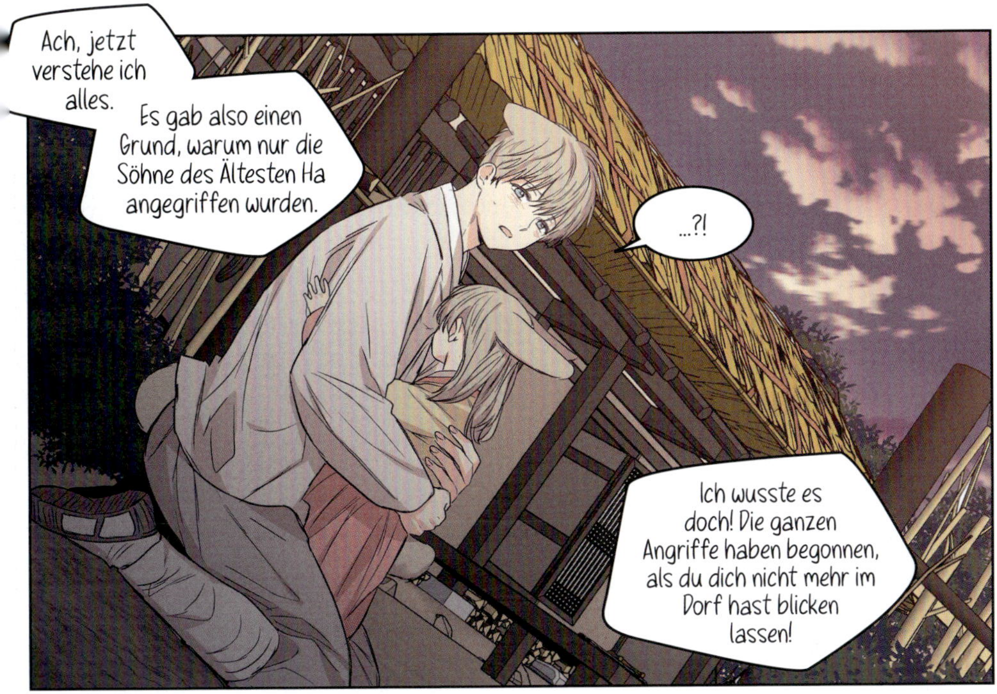
Ach, jetzt verstehe ich alles.
Es gab also einen Grund, warum nur die Söhne des Ältesten Ha angegriffen wurden.
...?!
Ich wusste es doch! Die ganzen Angriffe haben begonnen, als du dich nicht mehr im Dorf hast blicken lassen!

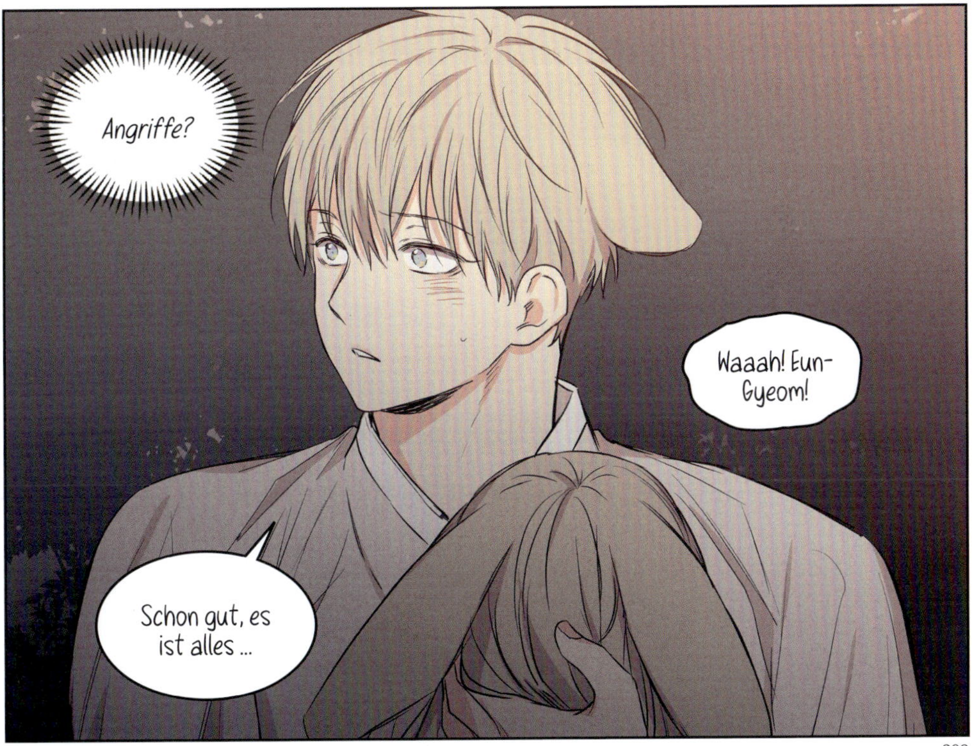
Angriffe?
Waaah! Eun-Gyeom!
Schon gut, es ist alles ...

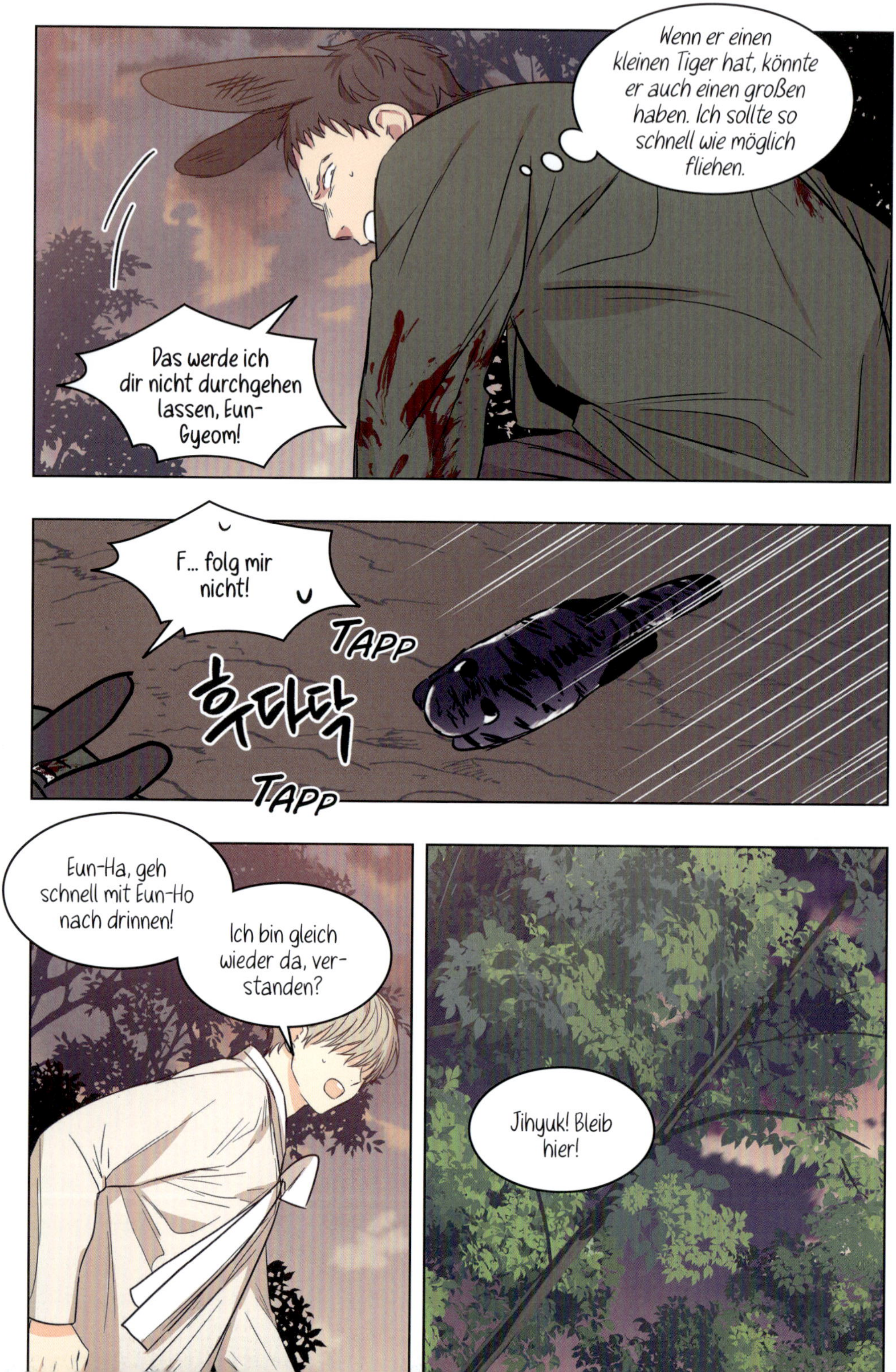
Wenn er einen kleinen Tiger hat, könnte er auch einen großen haben. Ich sollte so schnell wie möglich fliehen.
Das werde ich dir nicht durchgehen lassen, Eun-Gyeom!
F... folg mir nicht!
TAPP
후다닥
TAPP
Eun-Ha, geh schnell mit Eun-Ho nach drinnen!
Ich bin gleich wieder da, verstanden?
Jihyuk! Bleib hier!

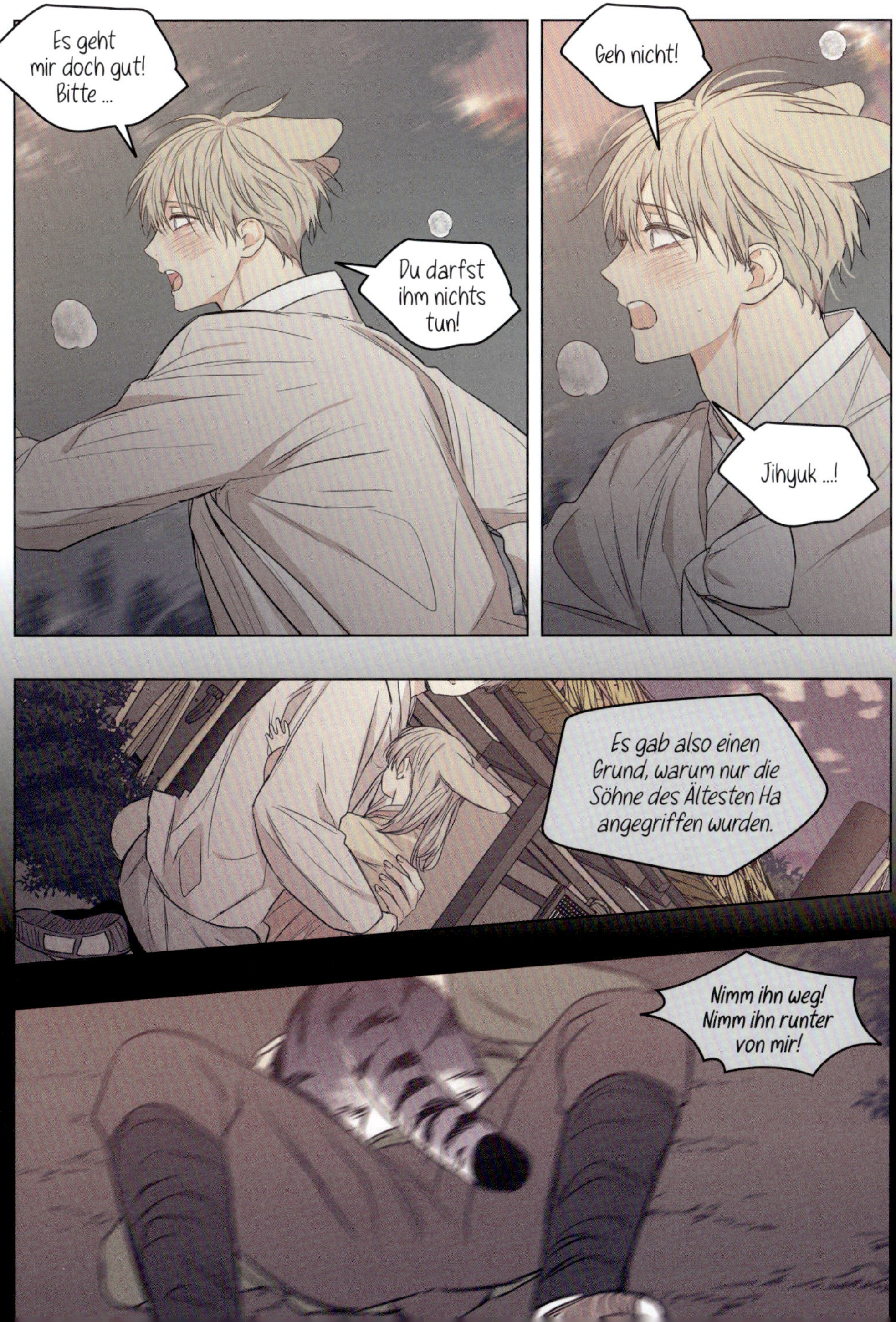
Es geht mir doch gut! Bitte ...
Du darfst ihm nichts tun!
Geh nicht!
Jihyuk ...!
Es gab also einen Grund, warum nur die Söhne des Ältesten Ha angegriffen wurden.
Nimm ihn weg! Nimm ihn runter von mir!

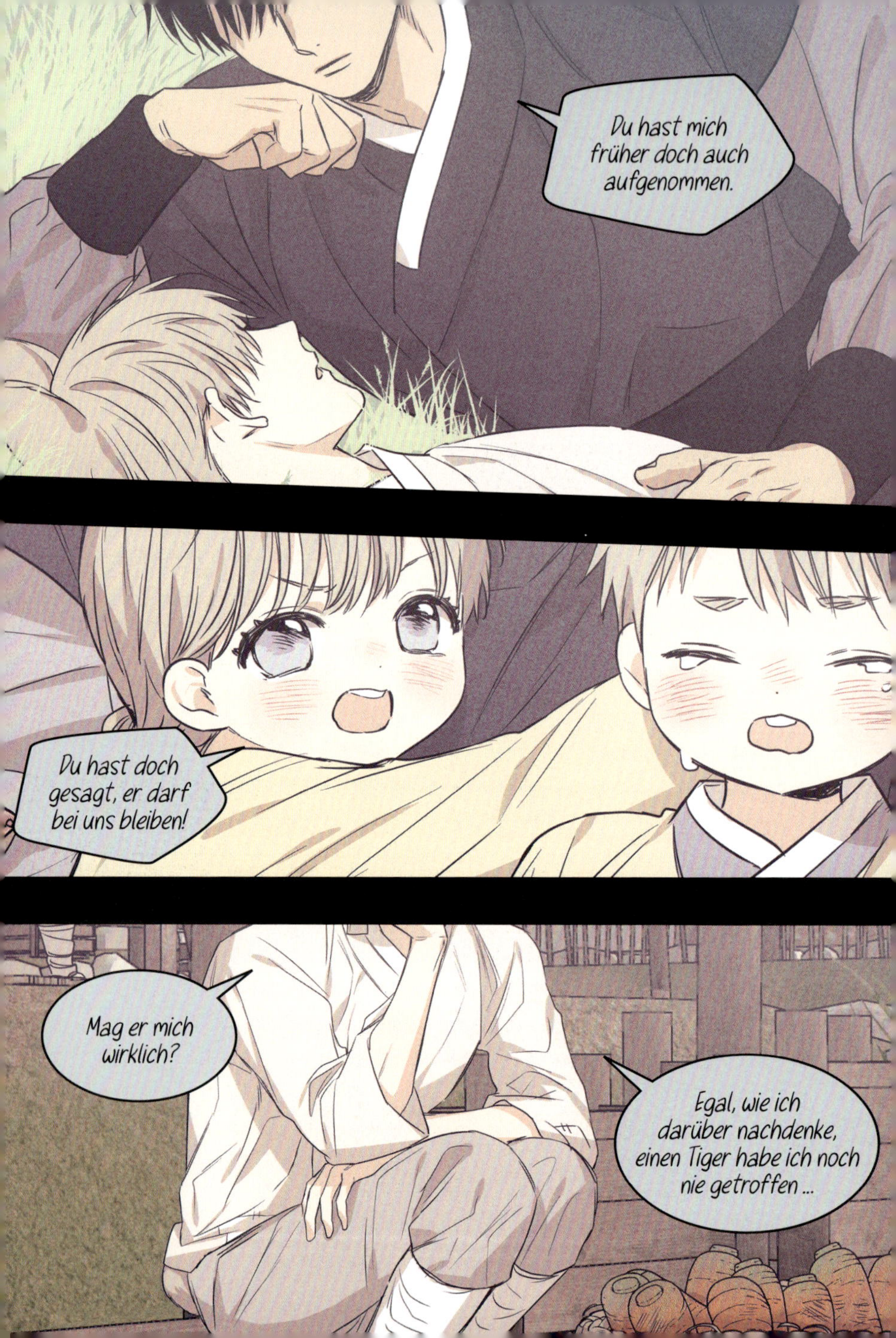
Du hast mich
früher doch auch
aufgenommen.
Du hast doch
gesagt, er darf
bei uns bleiben!
Mag er mich
wirklich?
Egal, wie ich
darüber nachdenke,
einen Tiger habe ich noch
nie getroffen ...

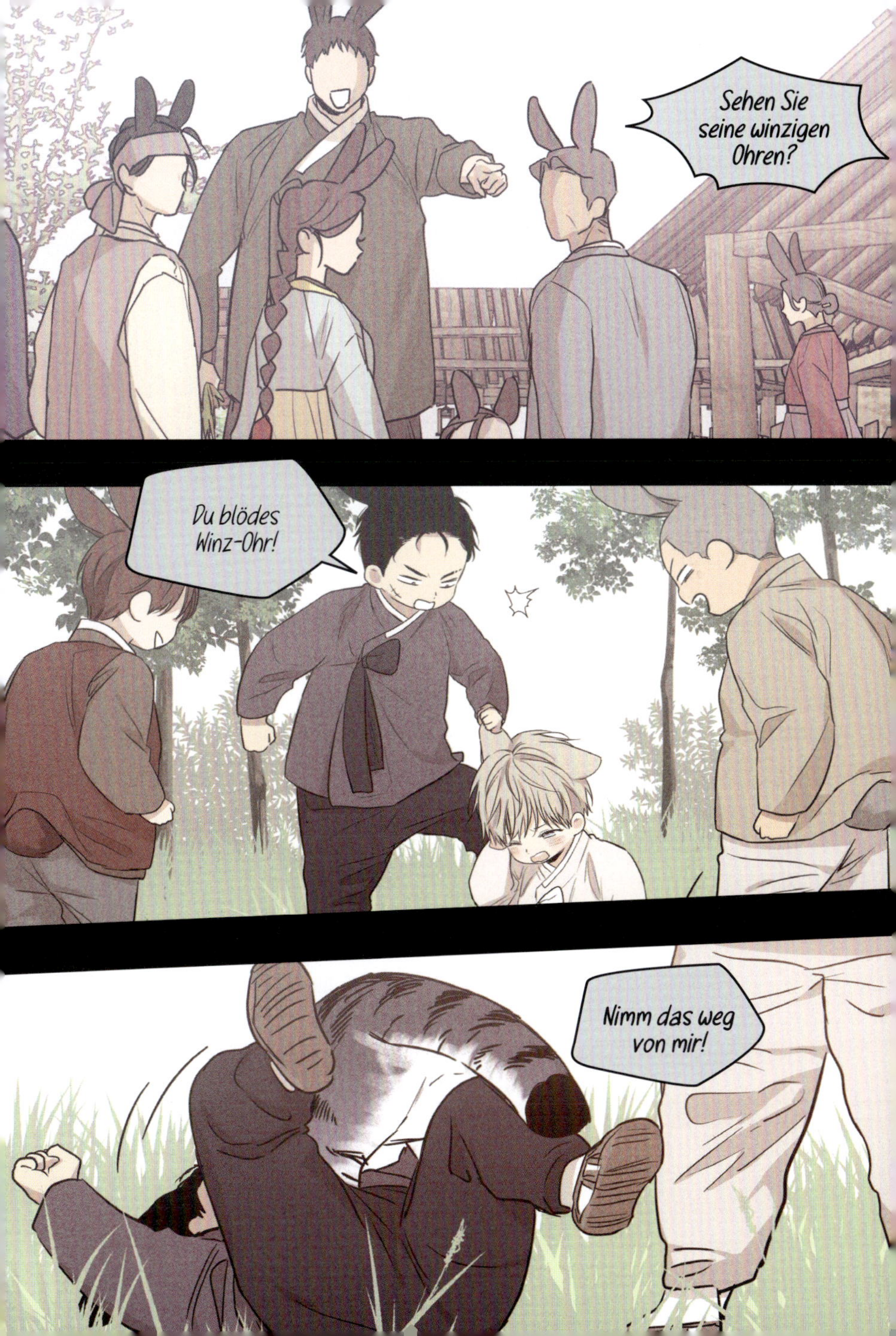
Sehen Sie seine winzigen Ohren?
Du blödes Winz-Ohr!
Nimm das weg von mir!

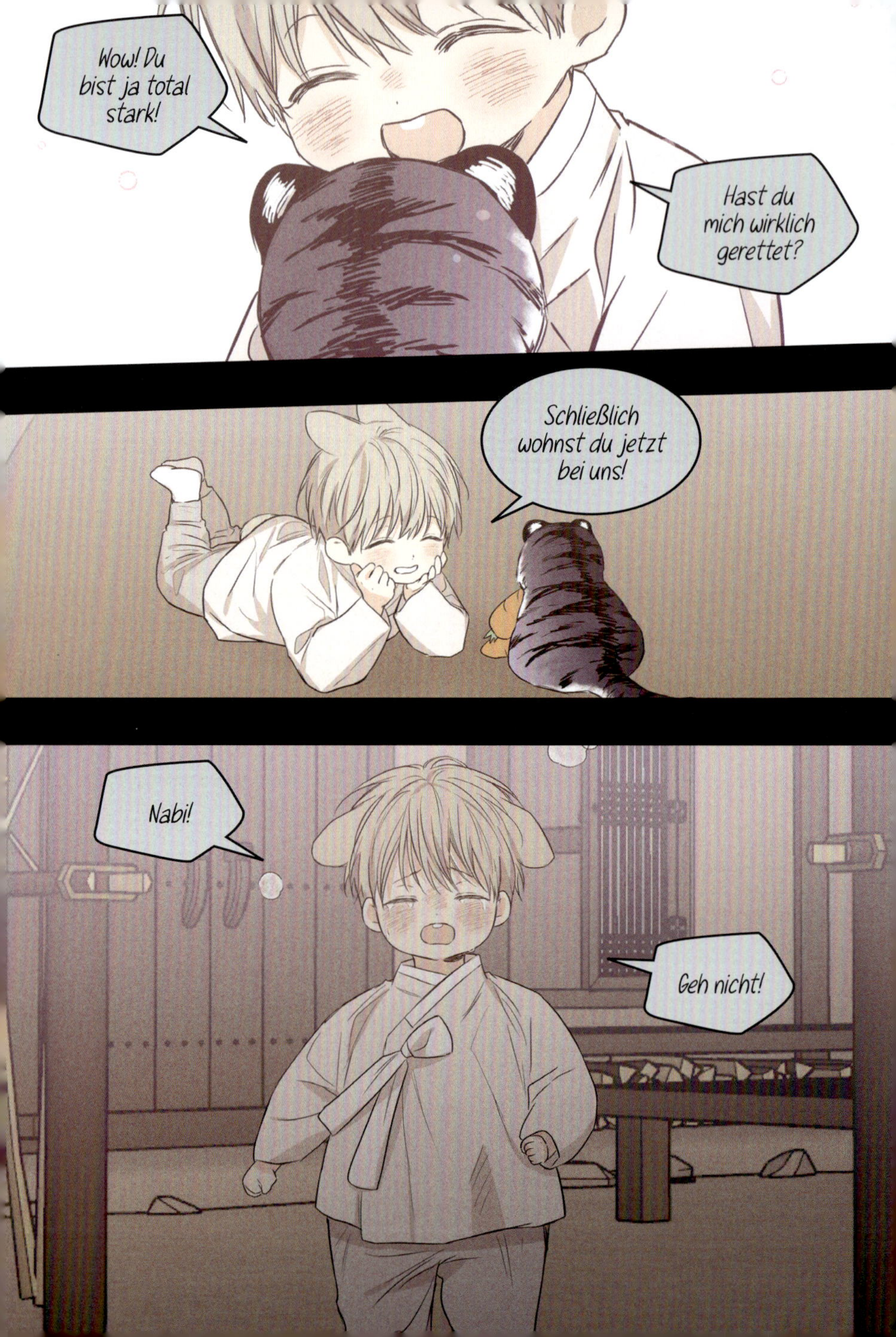
Wow! Du bist ja total stark!
Hast du mich wirklich gerettet?
Schließlich wohnst du jetzt bei uns!
Nabi!
Geh nicht!

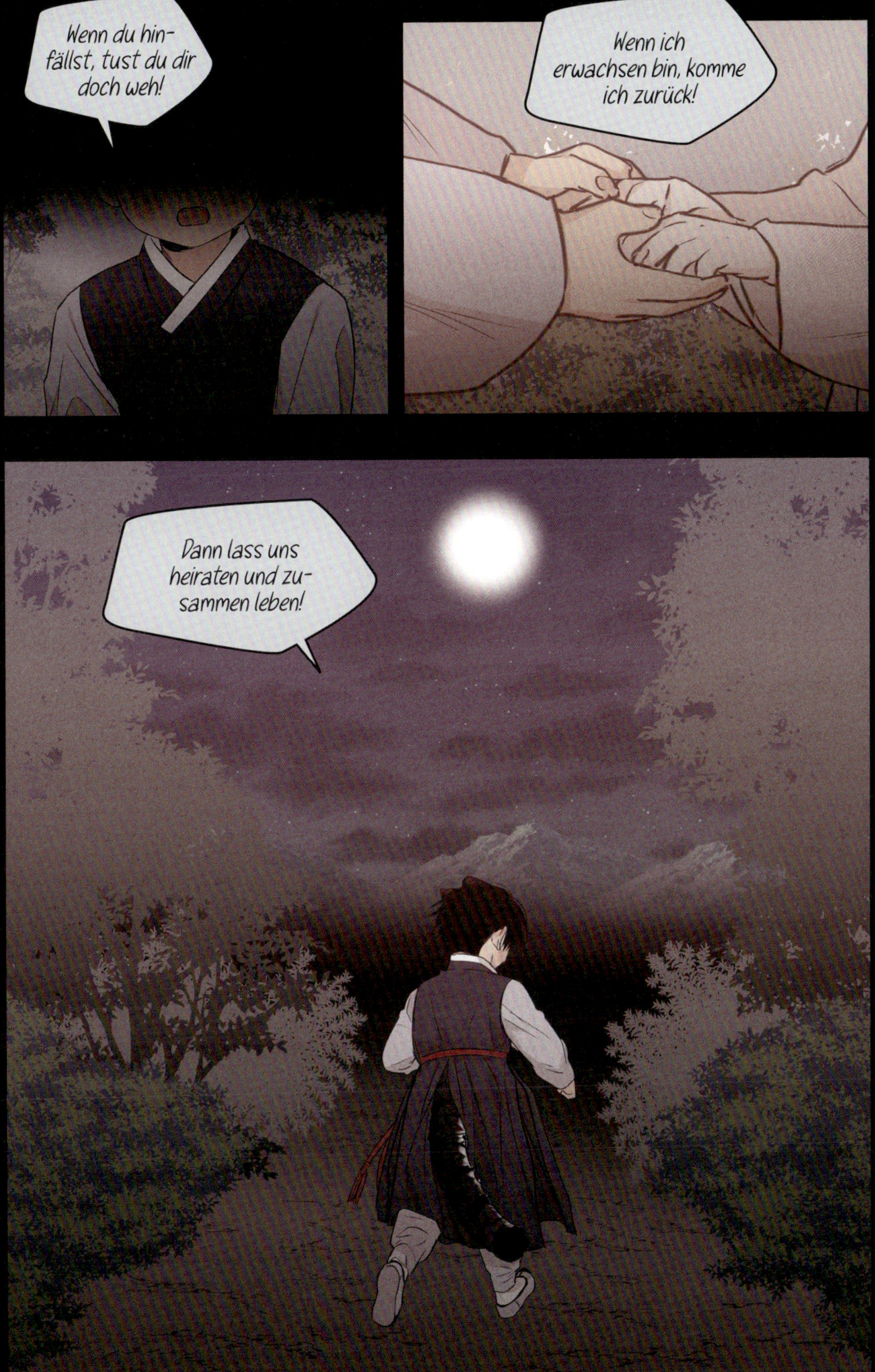
Wenn du hinfällst, tust du dir doch weh!
Wenn ich erwachsen bin, komme ich zurück!
Dann lass uns heiraten und zusammen leben!

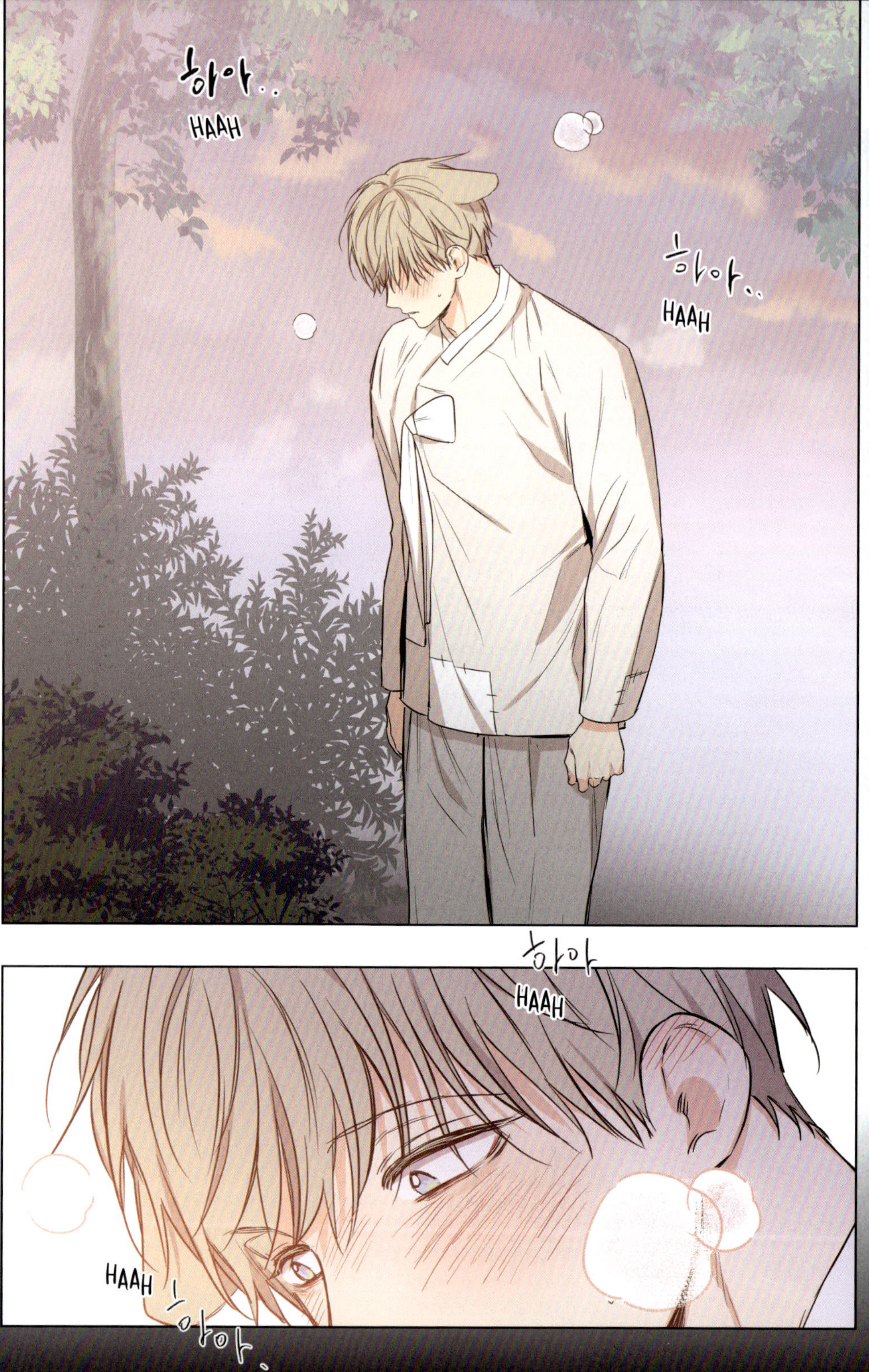

하아..
HAAH
하아..
HAAH
하아
HAAH
HAAH
하아.

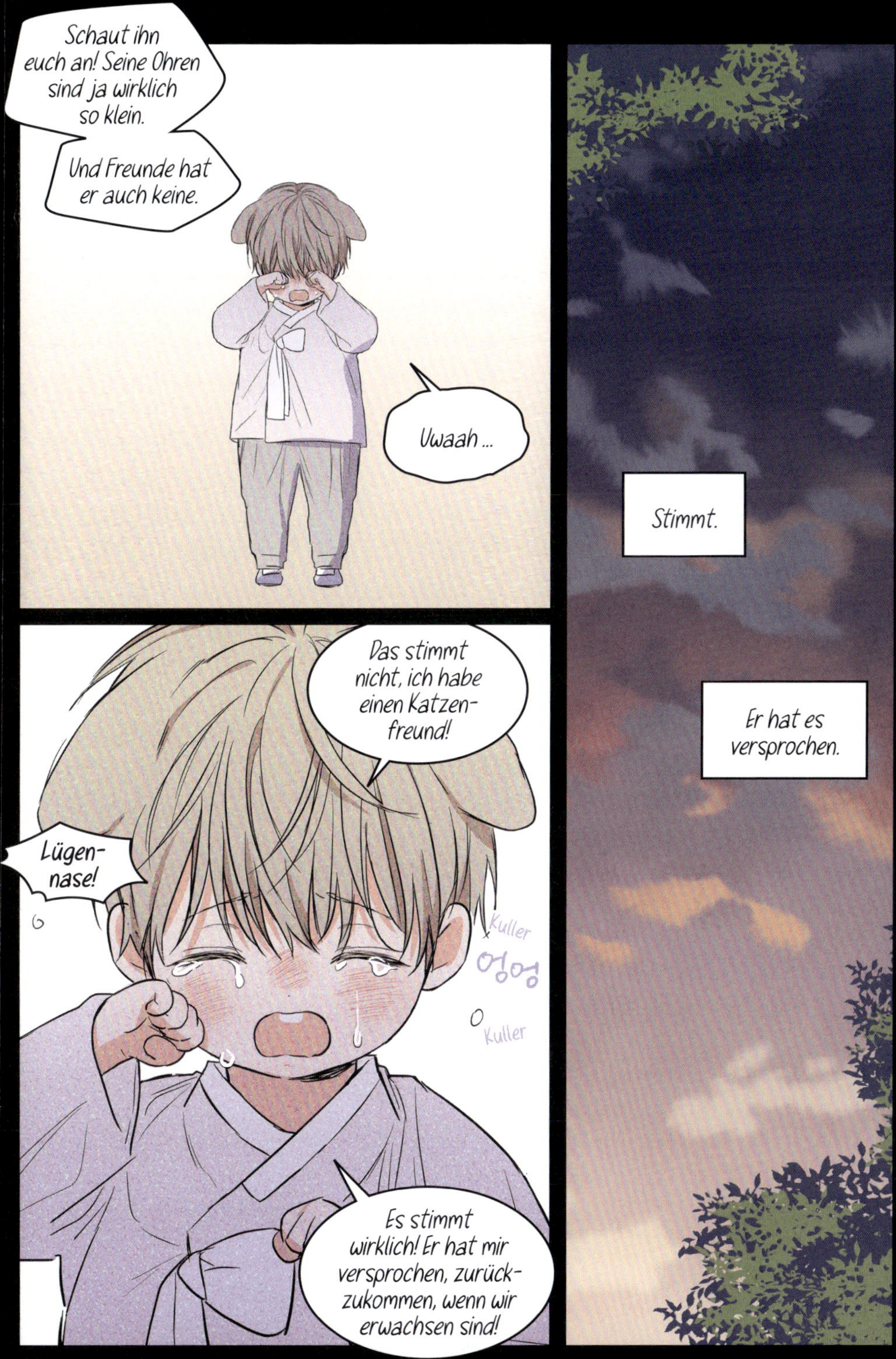
Schaut ihn euch an! Seine Ohren sind ja wirklich so klein.
Und Freunde hat er auch keine.
Uwaah ...
Das stimmt nicht, ich habe einen Katzen-freund!
Lügen-nase!
Kuller
엉엉
Kuller
Es stimmt wirklich! Er hat mir versprochen, zurück-zukommen, wenn wir erwachsen sind!
Stimmt.
Er hat es versprochen.

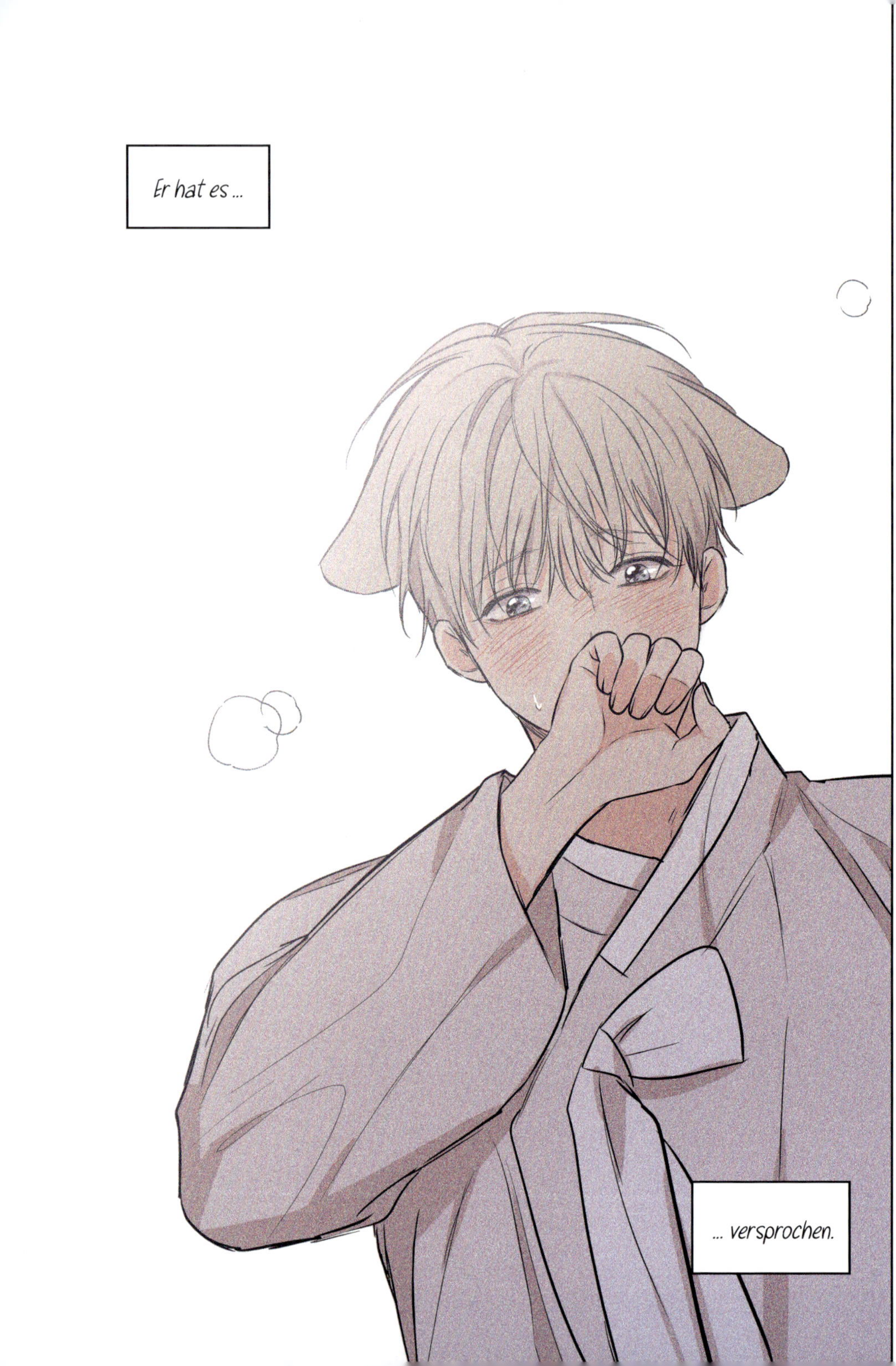
Er hat es ...
... versprochen.

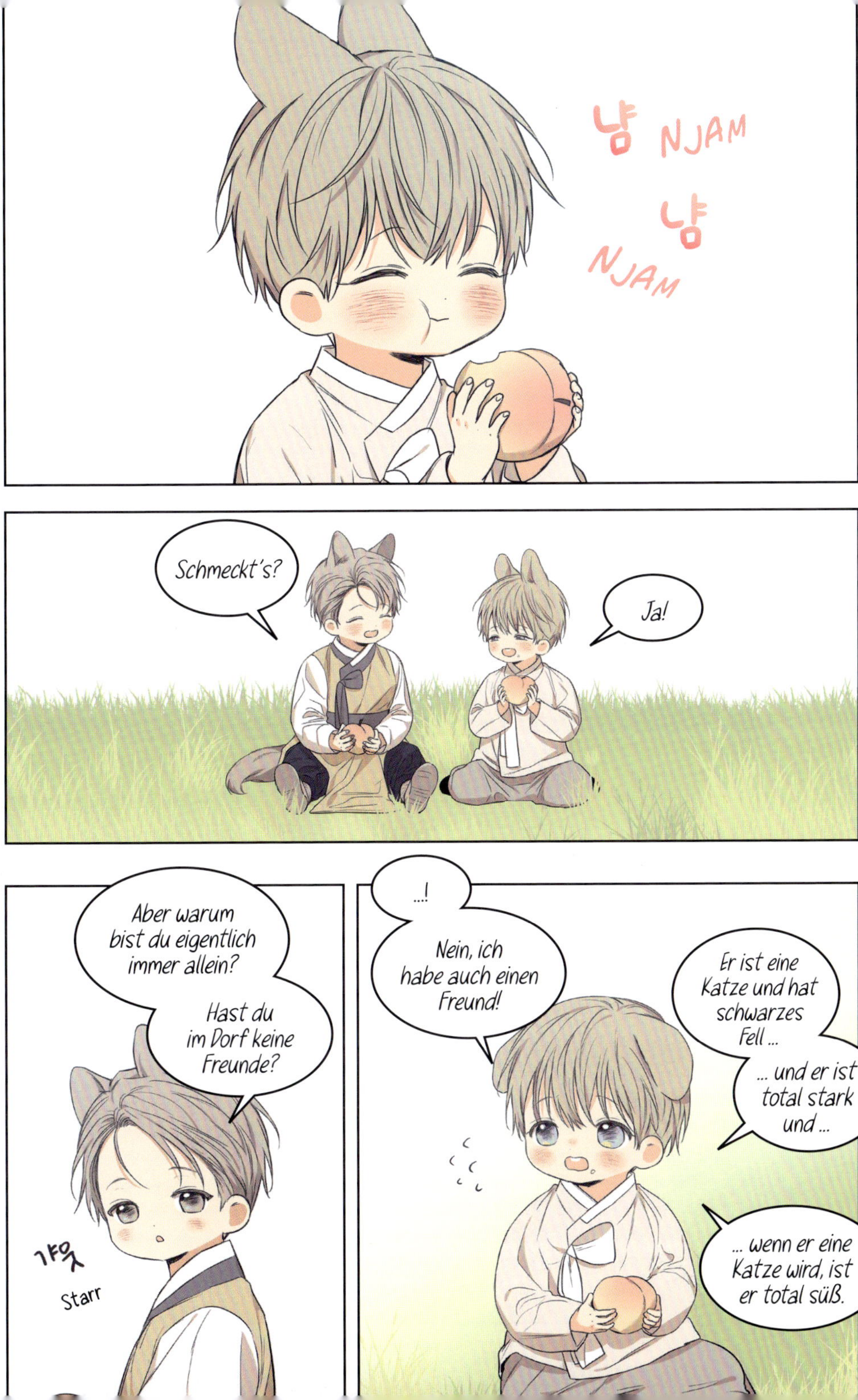
냠 NJAM
냠 NJAM
Schmeckt's?
Ja!
Aber warum bist du eigentlich immer allein?
Hast du im Dorf keine Freunde?
갸웃
Starr
...!
Nein, ich habe auch einen Freund!
Er ist eine Katze und hat schwarzes Fell ...
... und er ist total stark und ...
... wenn er eine Katze wird, ist er total süß.

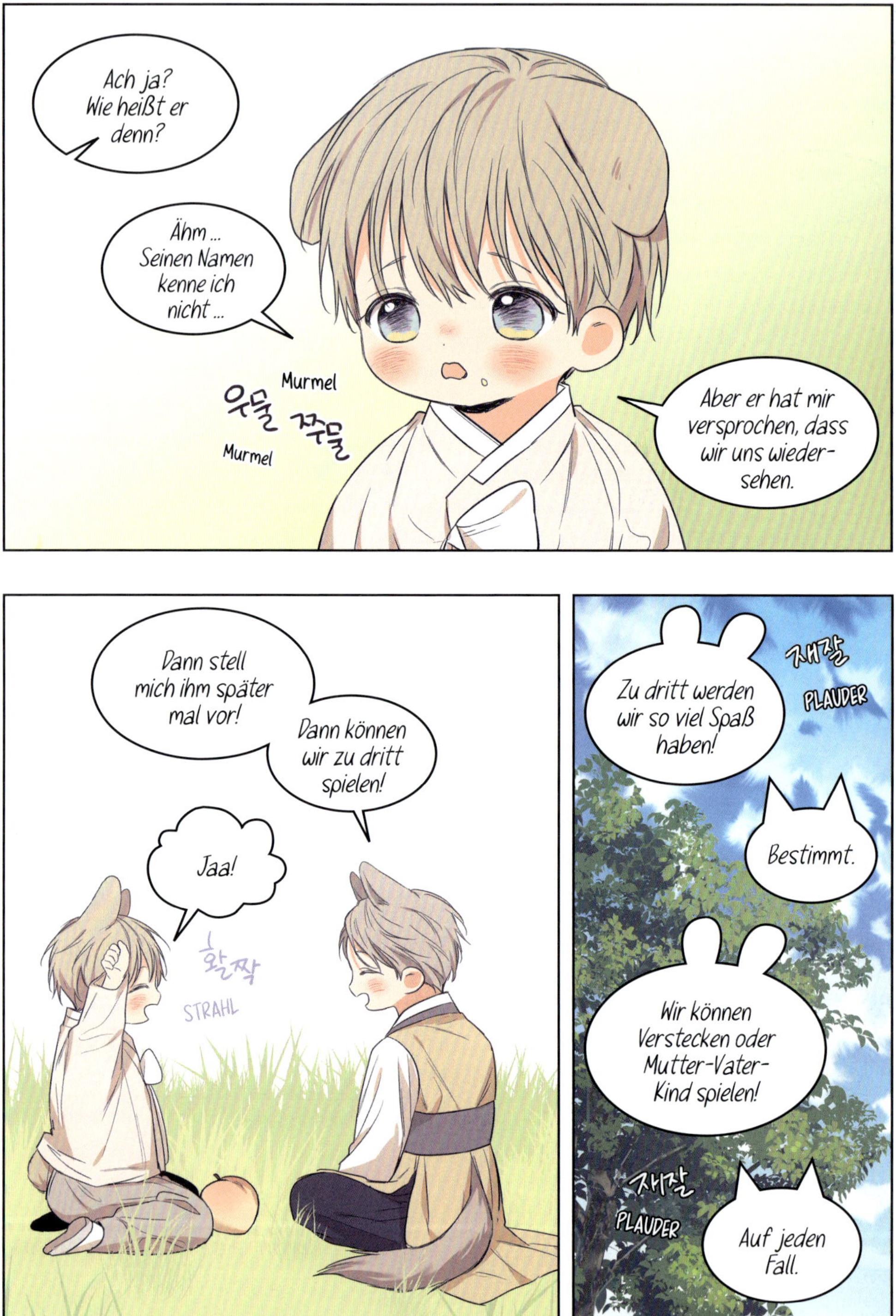
Ach ja? Wie heißt er denn?
Ähm ... Seinen Namen kenne ich nicht ...
우물 쭈물
Murmel
Murmel
Aber er hat mir versprochen, dass wir uns wieder-sehen.
Dann stell mich ihm später mal vor!
Dann können wir zu dritt spielen!
Jaa!
활짝
STRAHL
Zu dritt werden wir so viel Spaß haben!
재잘
PLAUDER
Bestimmt.
Wir können Verstecken oder Mutter-Vater-Kind spielen!
재잘
PLAUDER
Auf jeden Fall.

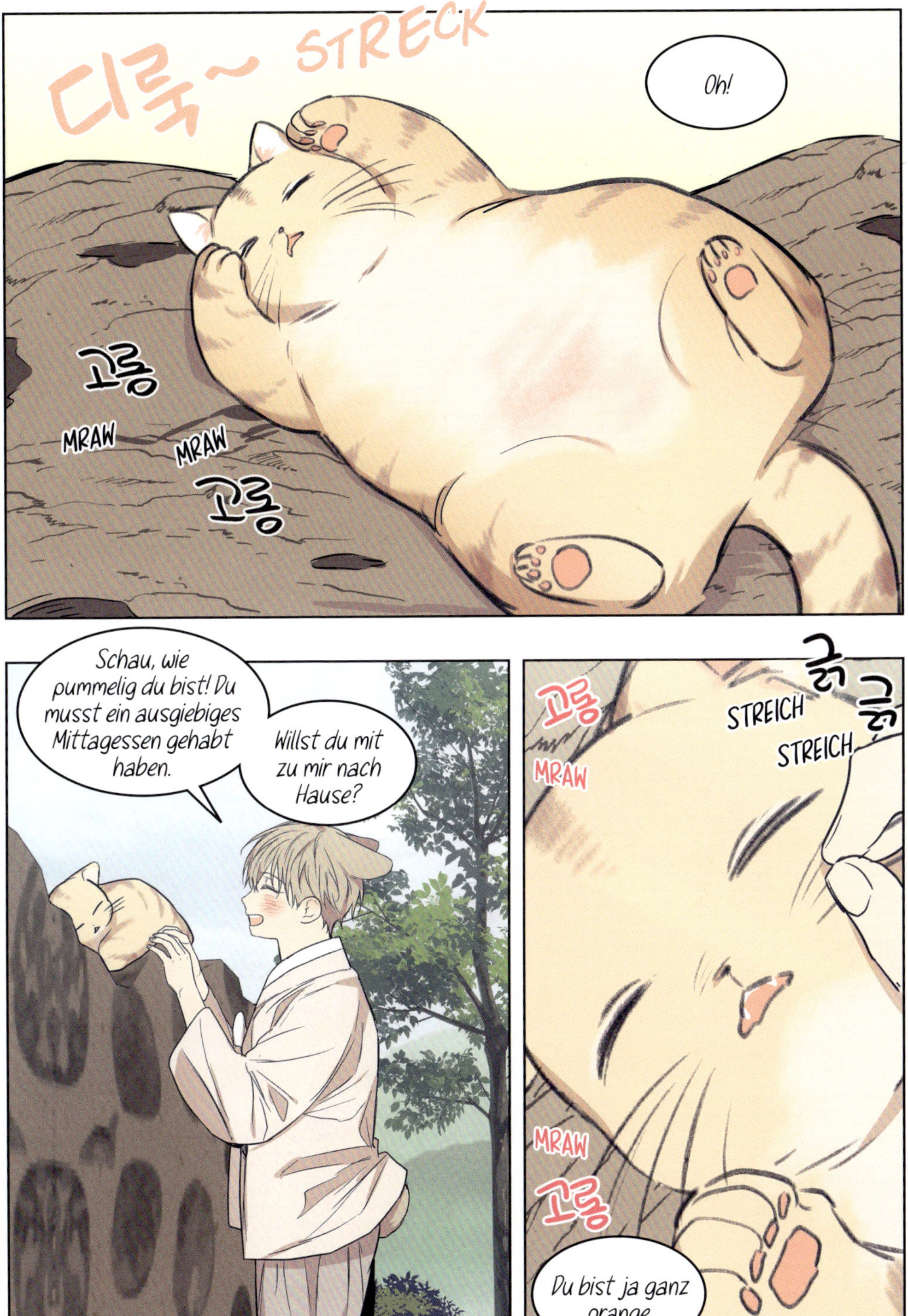
디룩~ STRECK
Oh!
고롱
MRAW
MRAW
고롱
Schau, wie pummelig du bist! Du musst ein ausgiebiges Mittagessen gehabt haben.
Willst du mit zu mir nach Hause?
고롱
MRAW
긁 긁
STREICH
STREICH
MRAW
고롱
Du bist ja ganz orange.

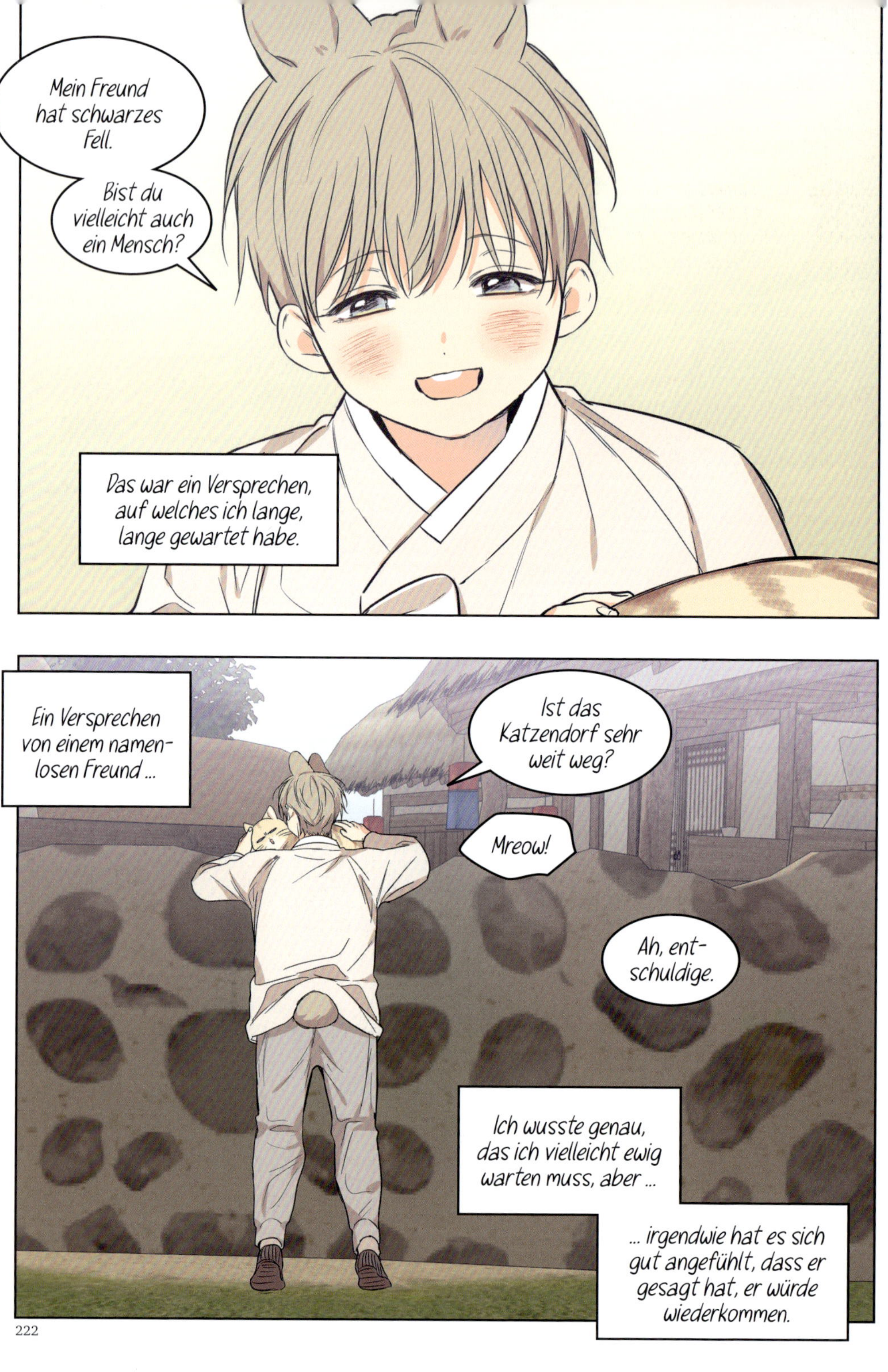
Mein Freund hat schwarzes Fell.
Bist du vielleicht auch ein Mensch?
Das war ein Versprechen, auf welches ich lange, lange gewartet habe.
Ein Versprechen von einem namenlosen Freund ...
Ist das Katzendorf sehr weit weg?
Mreow!
Ah, entschuldige.
Ich wusste genau, das ich vielleicht ewig warten muss, aber ...
... irgendwie hat es sich gut angefühlt, dass er gesagt hat, er würde wiederkommen.

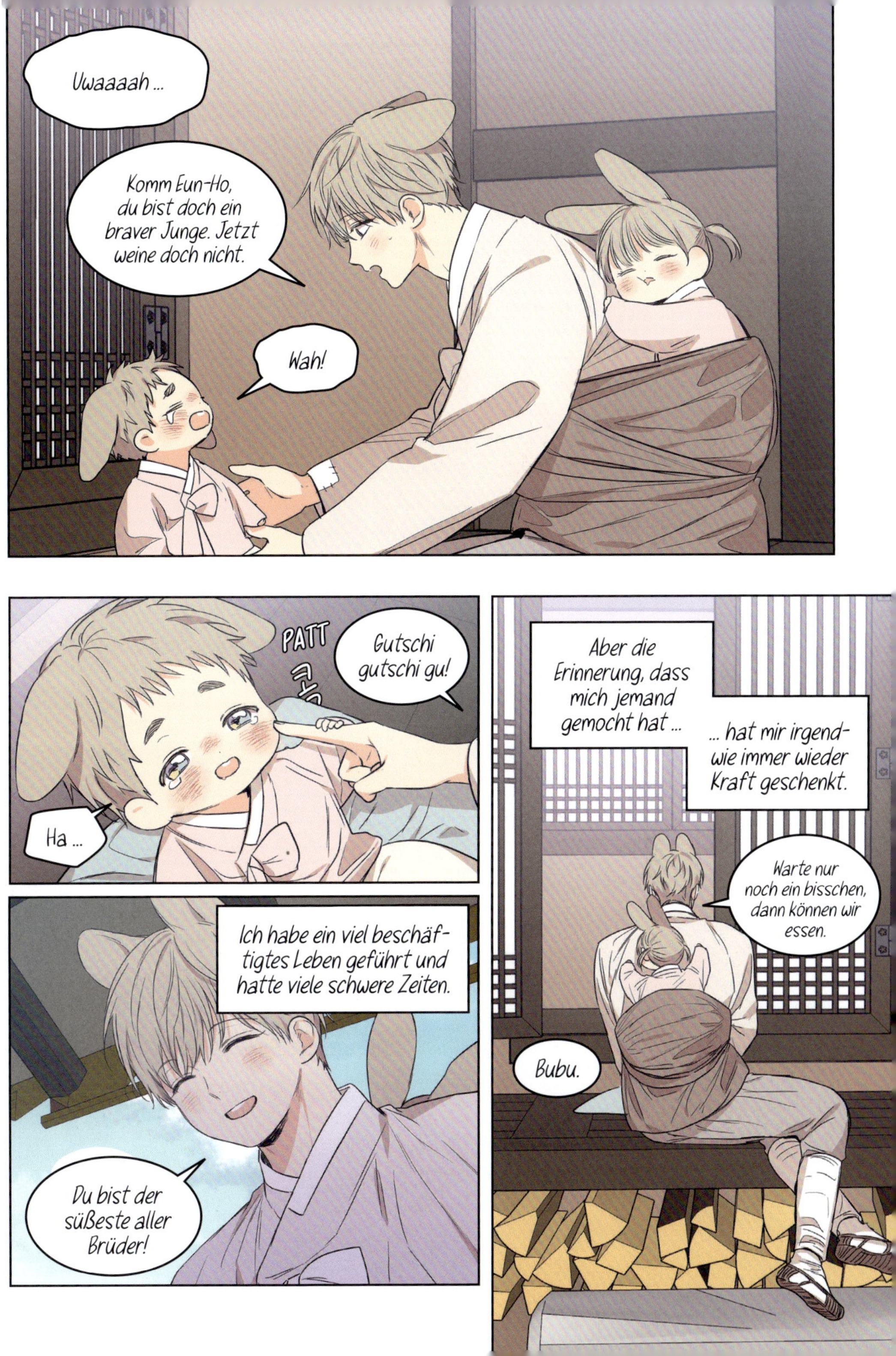
Uwaaaah ...
Komm Eun-Ho, du bist doch ein braver Junge. Jetzt weine doch nicht.
Wah!
PATT
Gutschi gutschi gu!
Ha ...
Ich habe ein viel beschäftigtes Leben geführt und hatte viele schwere Zeiten.
Du bist der süßeste aller Brüder!
Aber die Erinnerung, dass mich jemand gemocht hat ...
... hat mir irgendwie immer wieder Kraft geschenkt.
Warte nur noch ein bisschen, dann können wir essen.
Bubu.

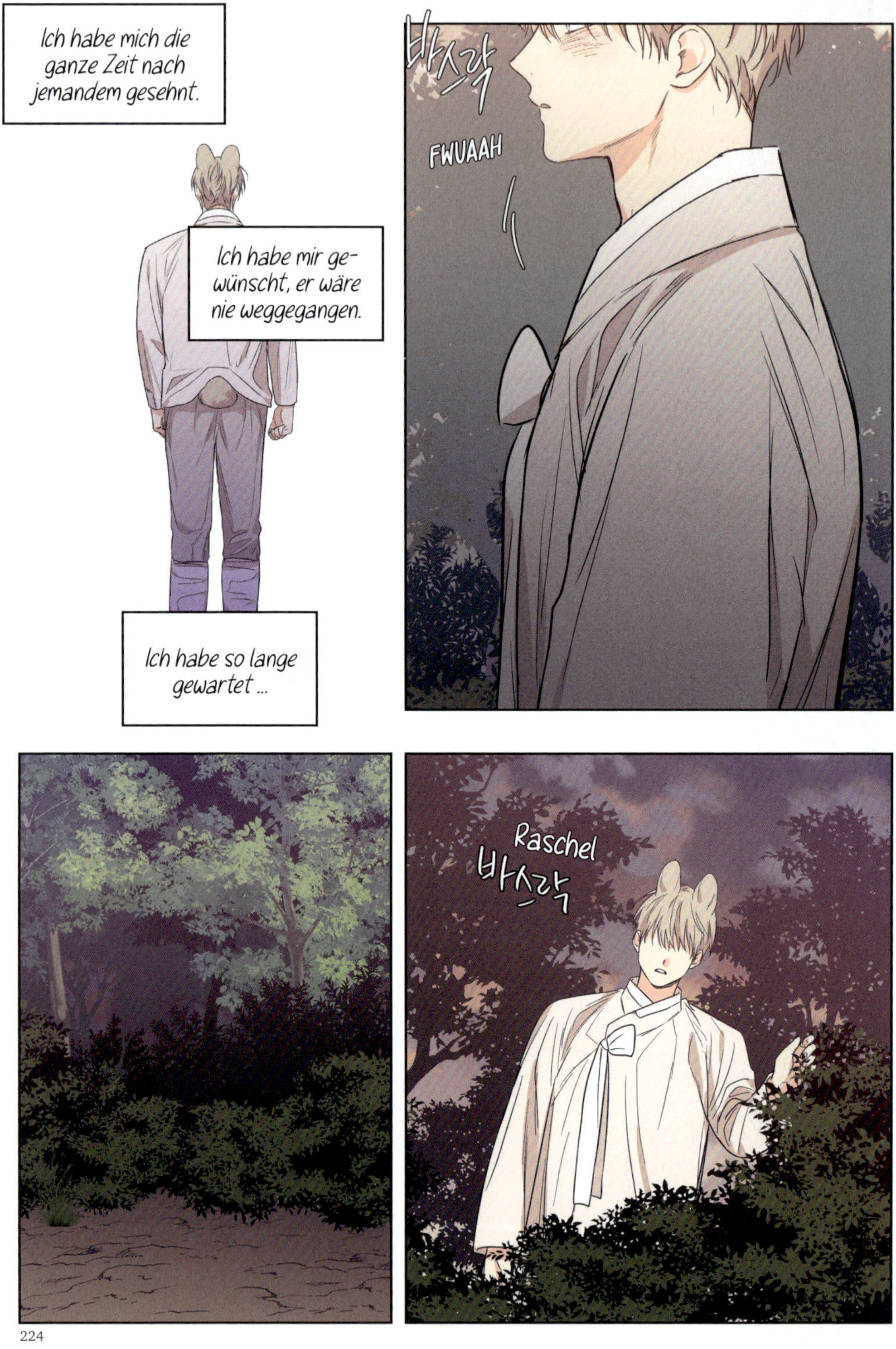
Ich habe mich die ganze Zeit nach jemandem gesehnt.
Ich habe mir gewünscht, er wäre nie weggegangen.
Ich habe so lange gewartet ...
바스락
FWUAAH
Raschel
바스락

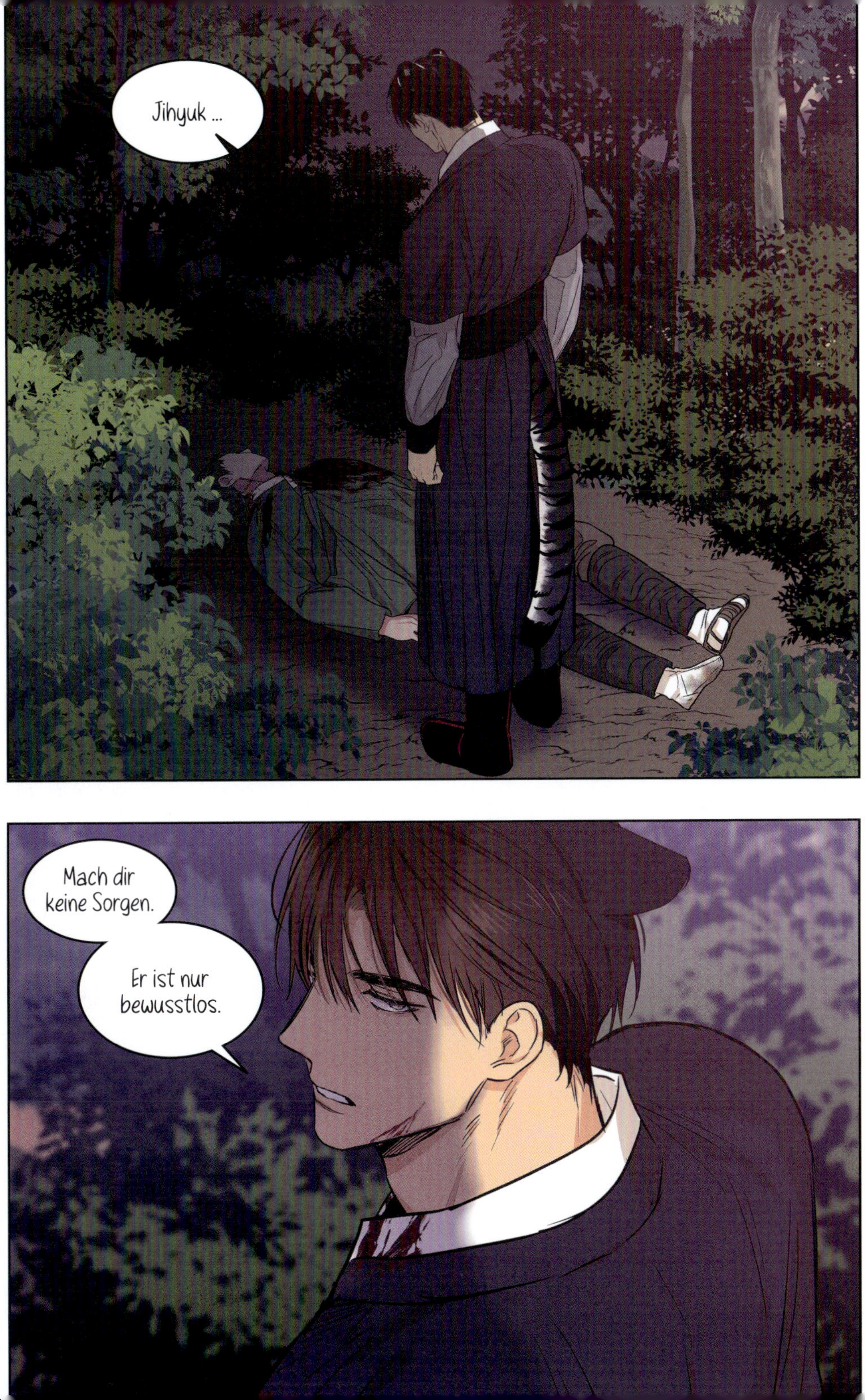
Jihyuk ...
Mach dir keine Sorgen.
Er ist nur bewusstlos.

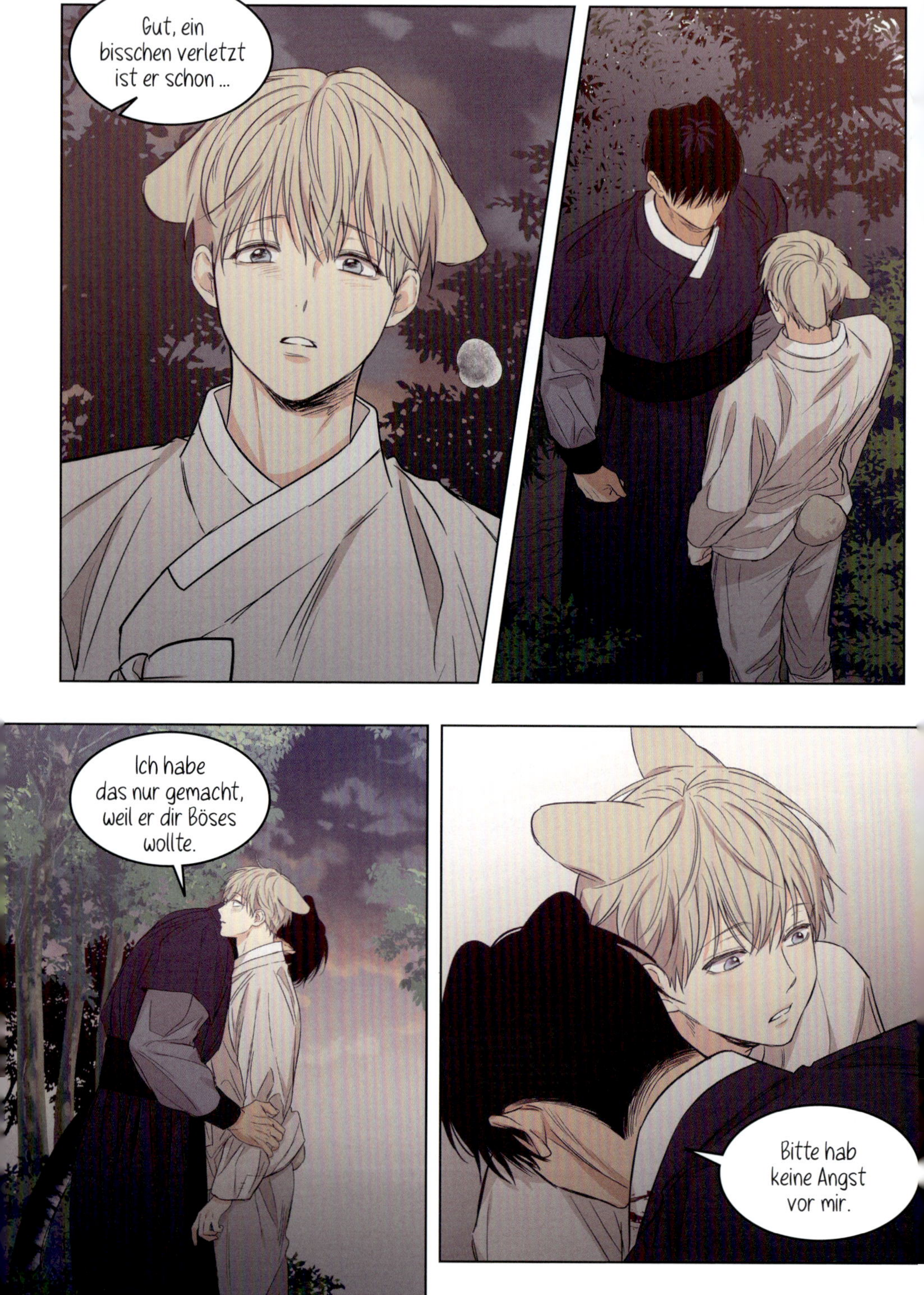
Gut, ein bisschen verletzt ist er schon ...
Ich habe das nur gemacht, weil er dir Böses wollte.
Bitte hab keine Angst vor mir.

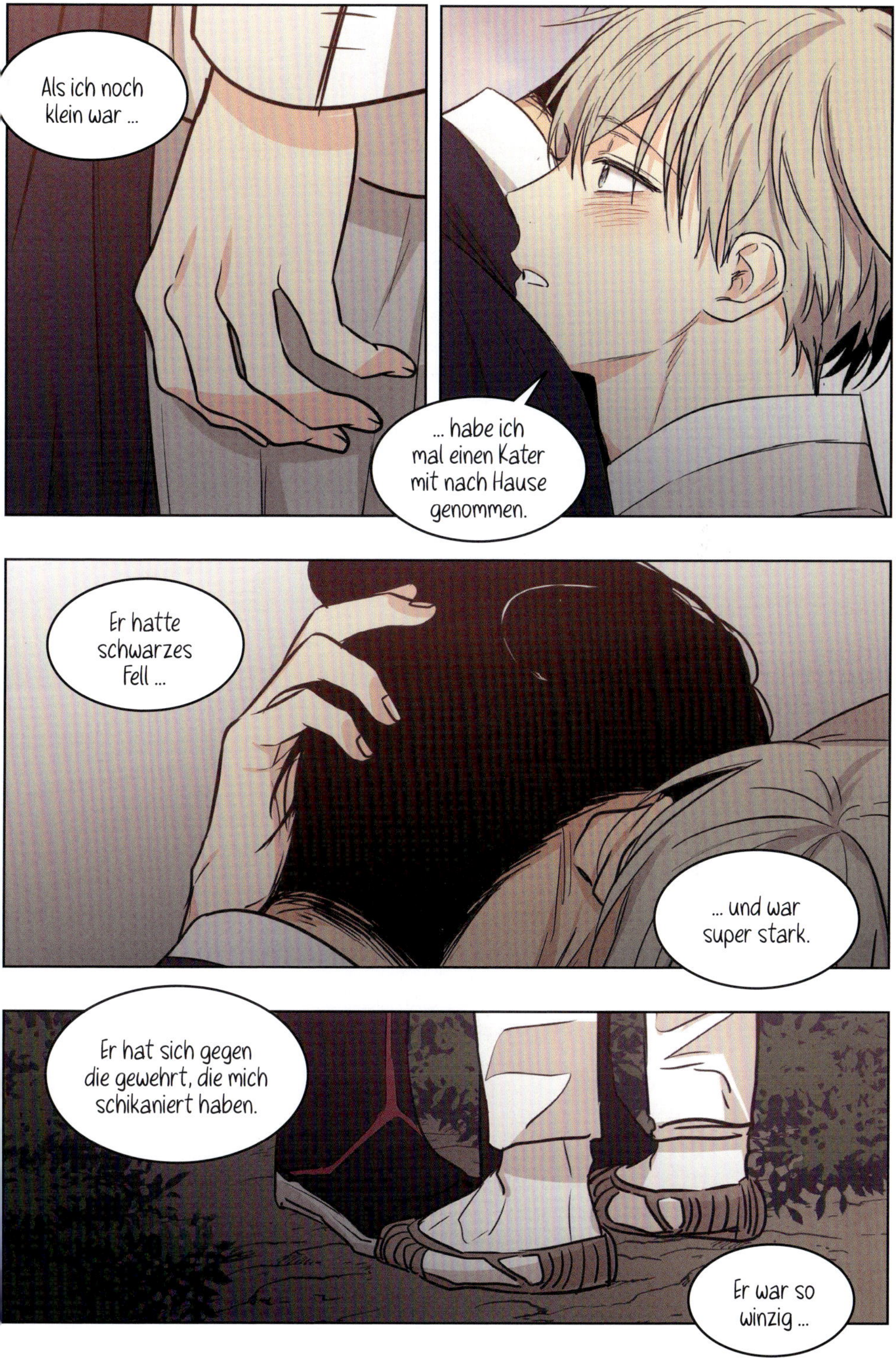
Als ich noch klein war ...
... habe ich mal einen Kater mit nach Hause genommen.
Er hatte schwarzes Fell ...
... und war super stark.
Er hat sich gegen die gewehrt, die mich schikaniert haben.
Er war so winzig ...

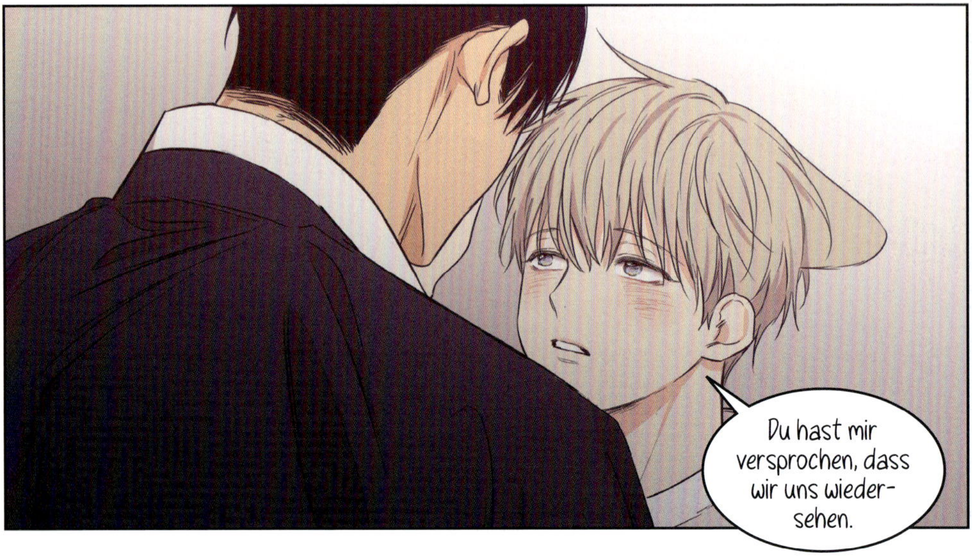
Du hast mir versprochen, dass wir uns wieder-sehen.

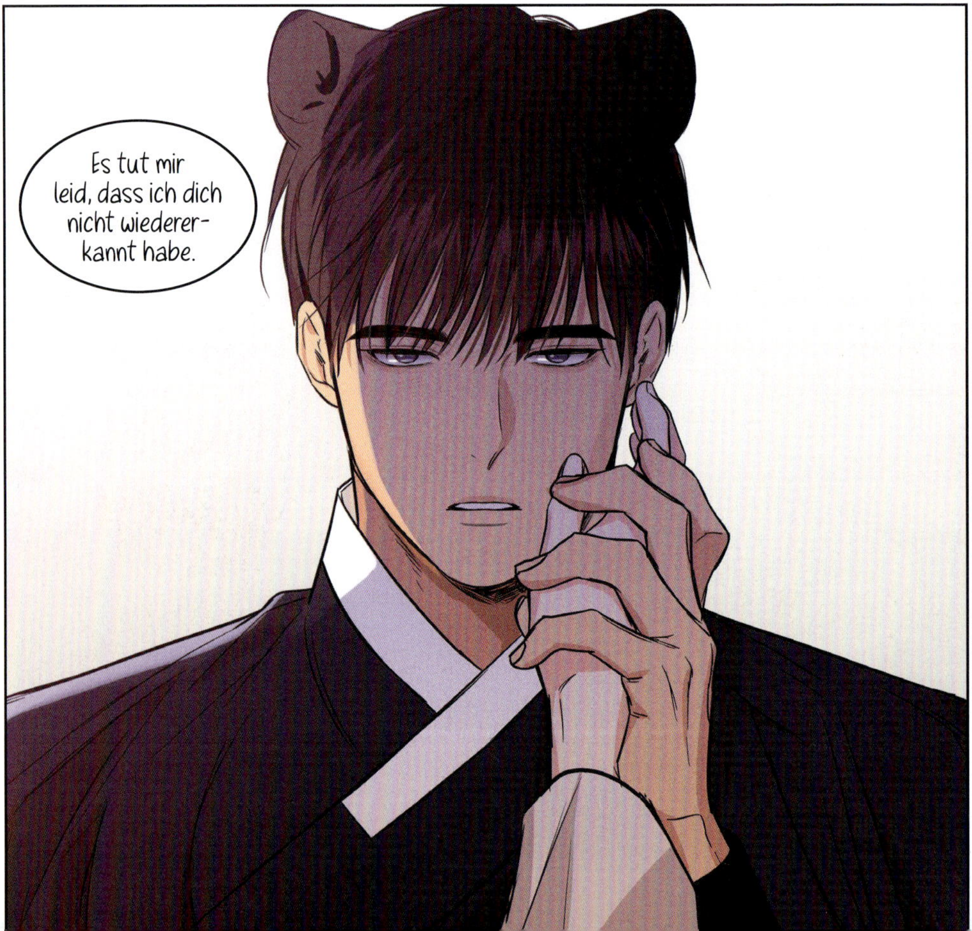
Es tut mir leid, dass ich dich nicht wiederer-kannt habe.

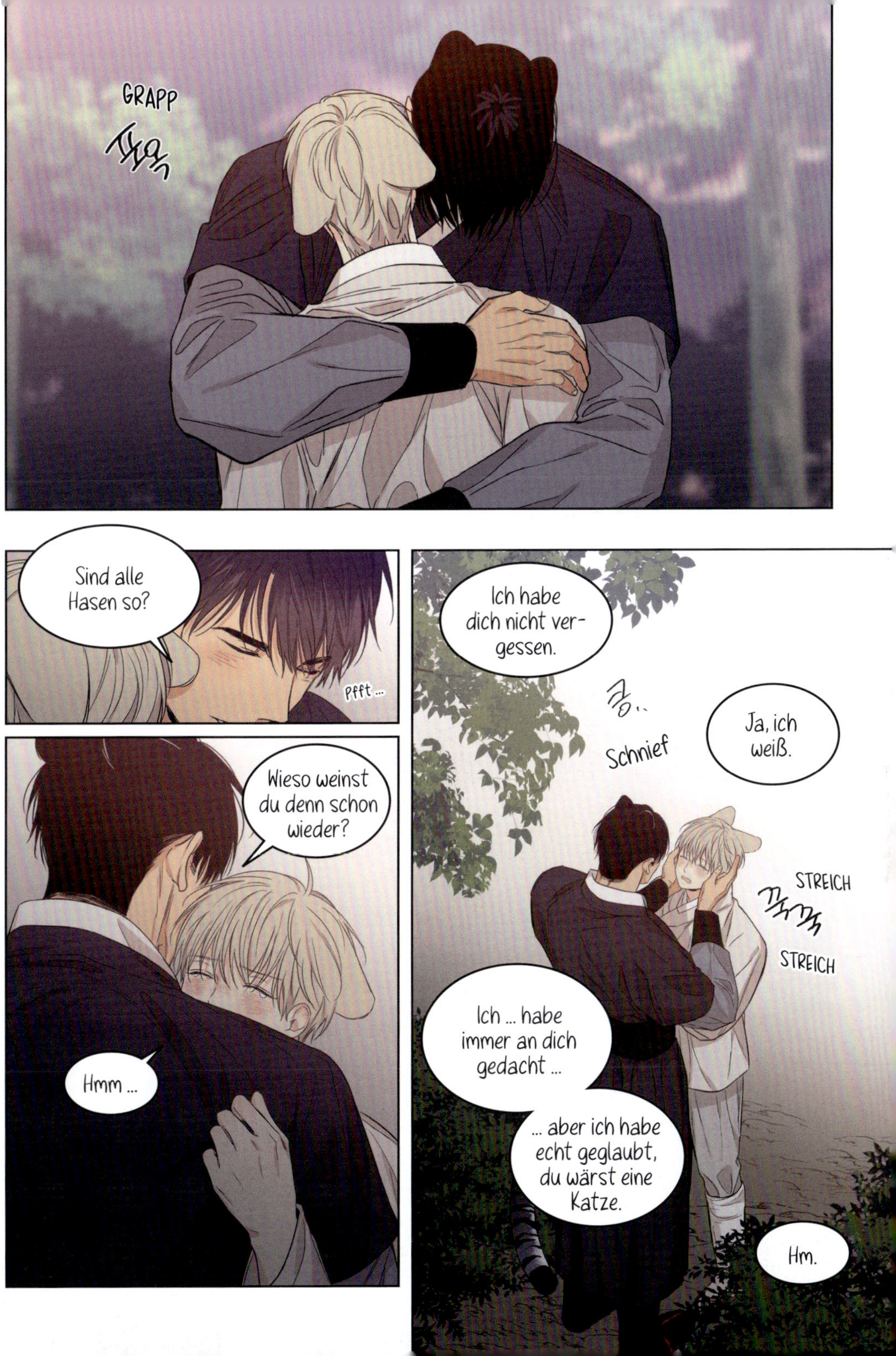
GRAPP
Sind alle Hasen so?
Pffft ...
Wieso weinst du denn schon wieder?
Hmm ...
Ich habe dich nicht ver-gessen.
Schnief
Ja, ich weiß.
STREICH
STREICH
Ich ... habe immer an dich gedacht ...
... aber ich habe echt geglaubt, du wärst eine Katze.
Hm.

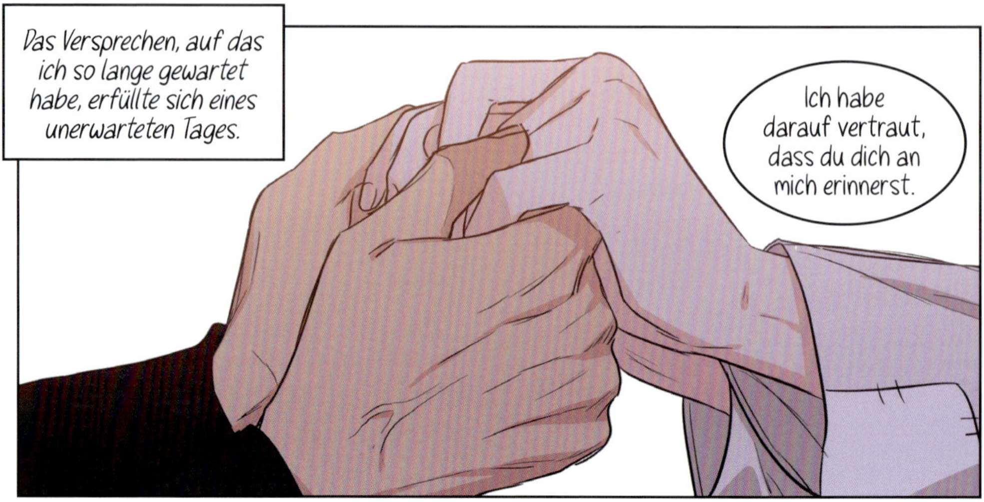
Das Versprechen, auf das ich so lange gewartet habe, erfüllte sich eines unerwarteten Tages.
Ich habe darauf vertraut, dass du dich an mich erinnerst.

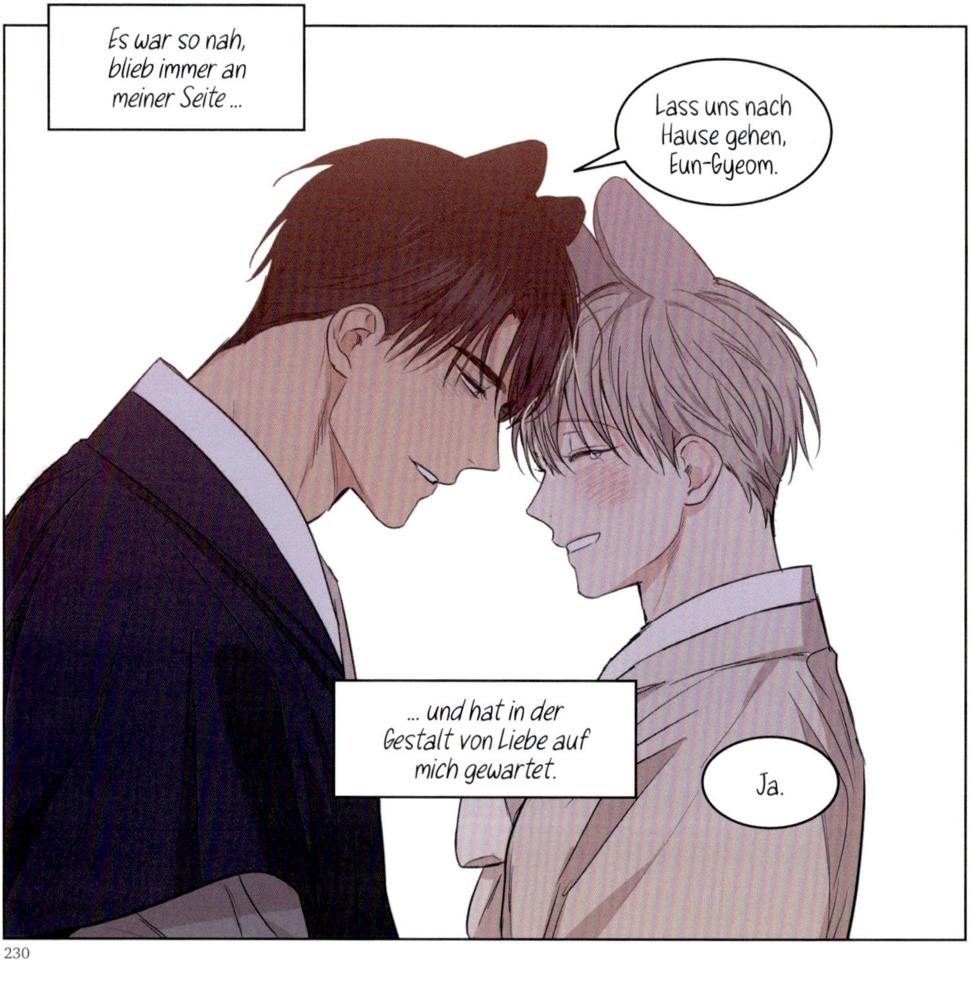
Es war so nah, blieb immer an meiner Seite ...
Lass uns nach Hause gehen, Eun-Gyeom.
... und hat in der Gestalt von Liebe auf mich gewartet.
Ja.

Es hat nur darauf gewartet, dass ich mich erinnere.

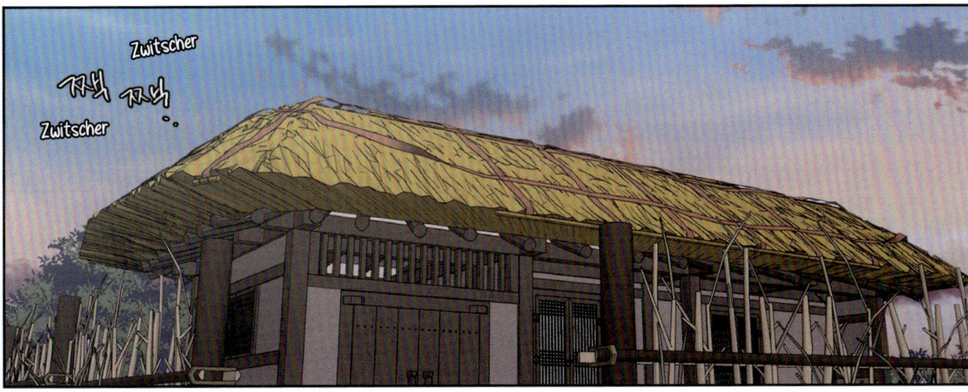

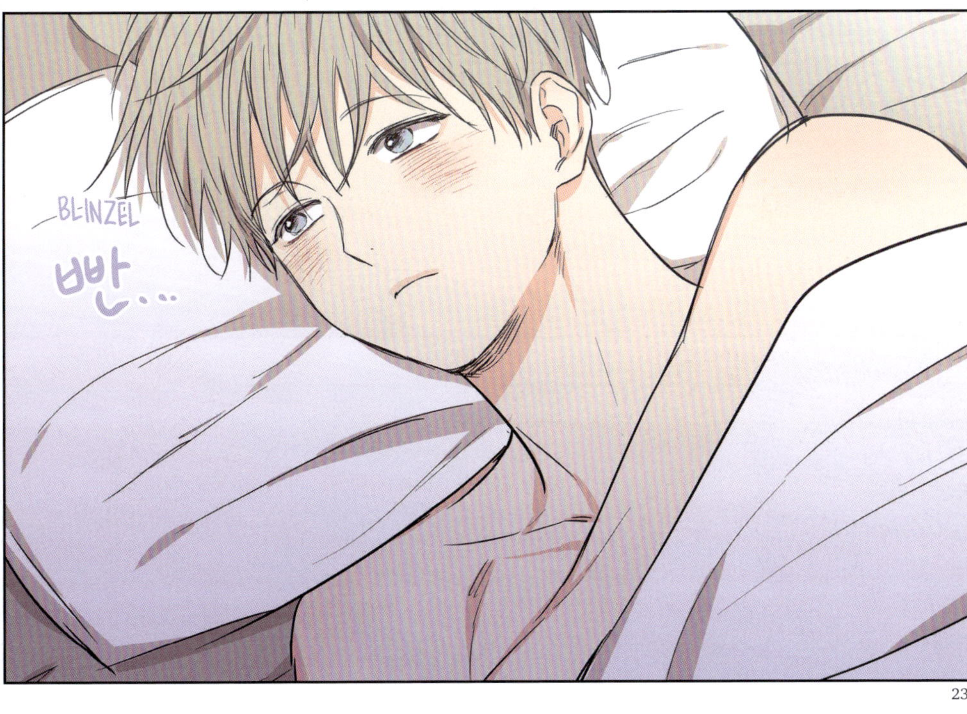

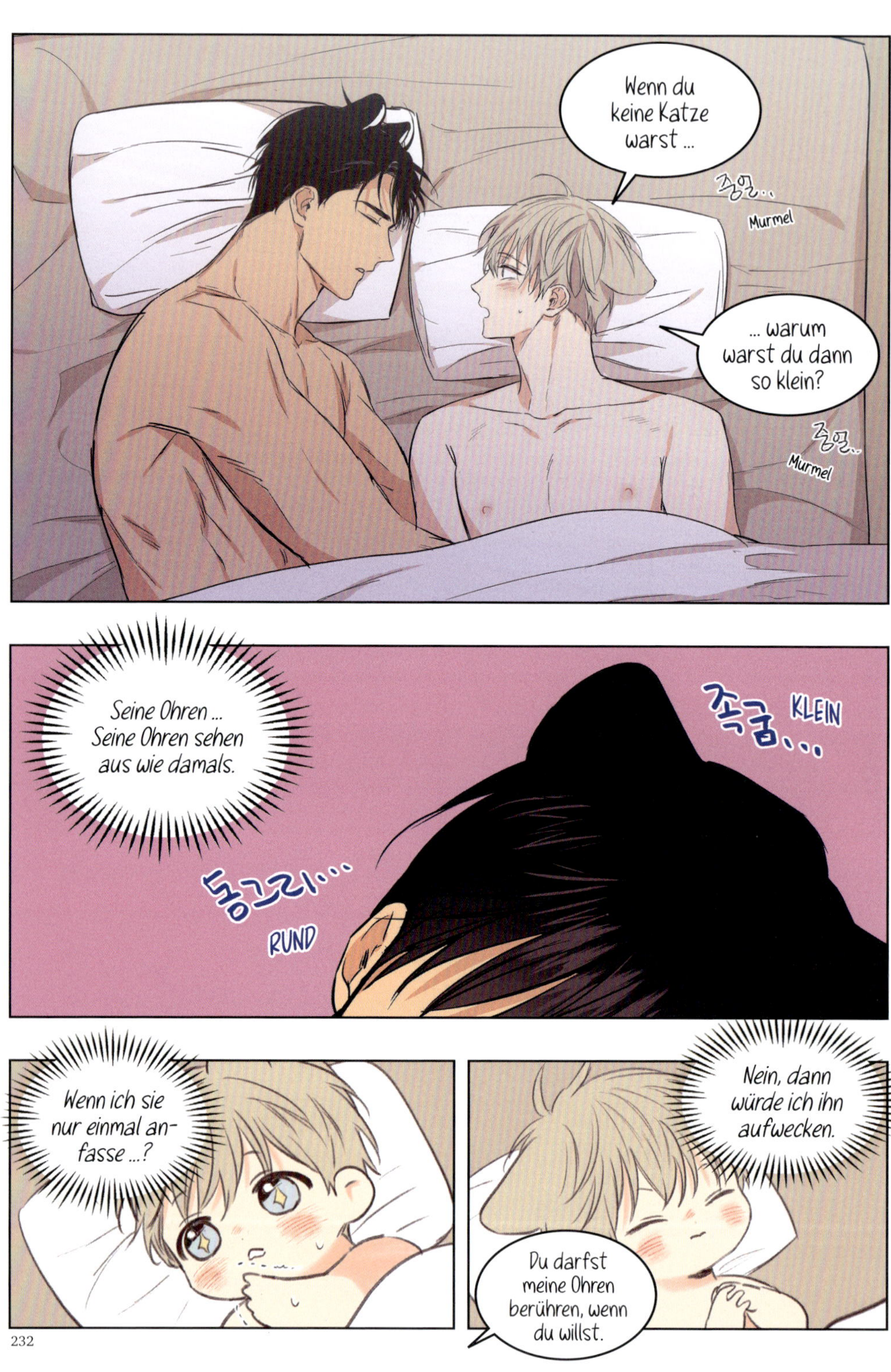
Wenn du keine Katze warst ...
중얼..
Murmel
... warum warst du dann so klein?
중얼..
Murmel
Seine Ohren ... Seine Ohren sehen aus wie damals.
조금...
KLEIN
동그리...
RUND
Wenn ich sie nur einmal anfasse ...?
Nein, dann würde ich ihn aufwecken.
Du darfst meine Ohren berühren, wenn du willst.

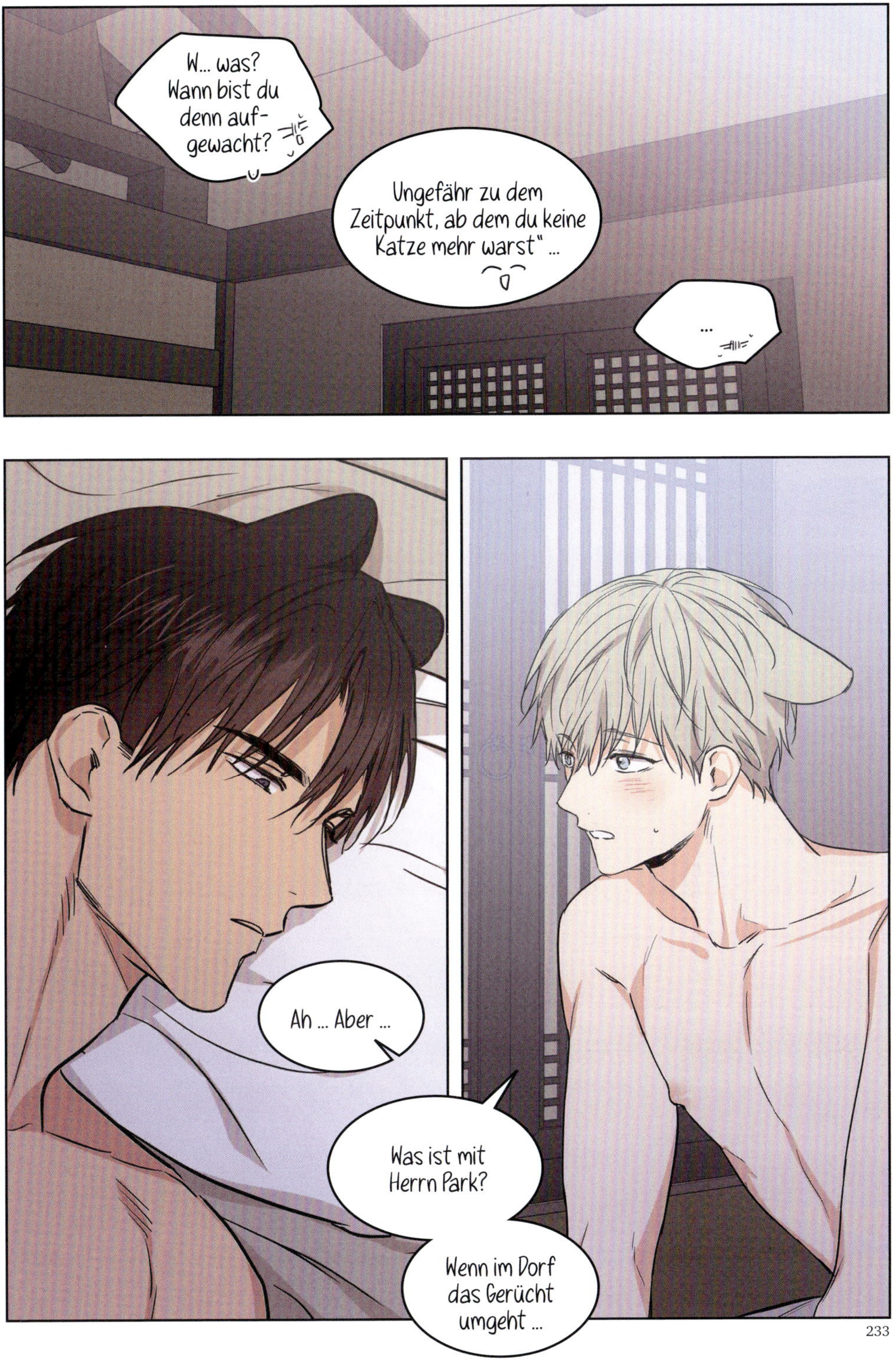
W... was? Wann bist du denn auf- gewacht?
Ungefähr zu dem Zeitpunkt, ab dem du keine Katze mehr warst" ...
...
Ah ... Aber ...
Was ist mit Herrn Park?
Wenn im Dorf das Gerücht umgeht ...

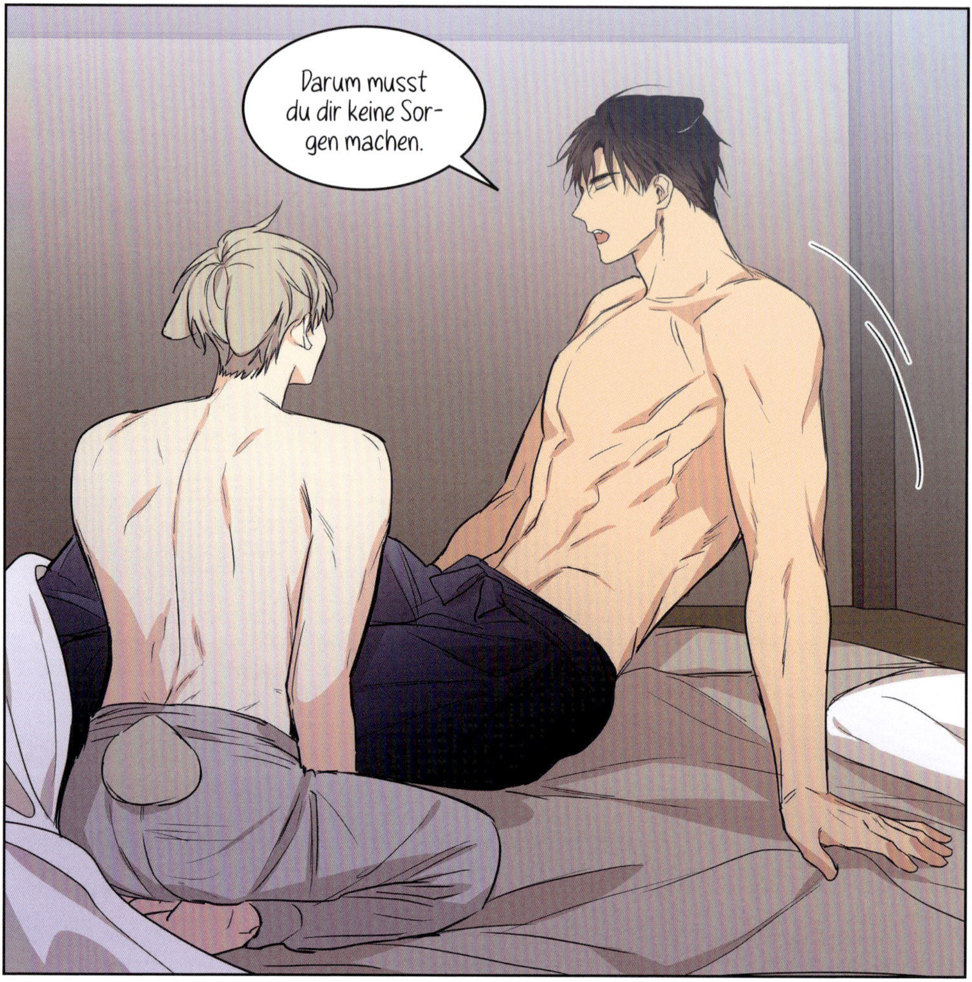
Darum musst du dir keine Sorgen machen.

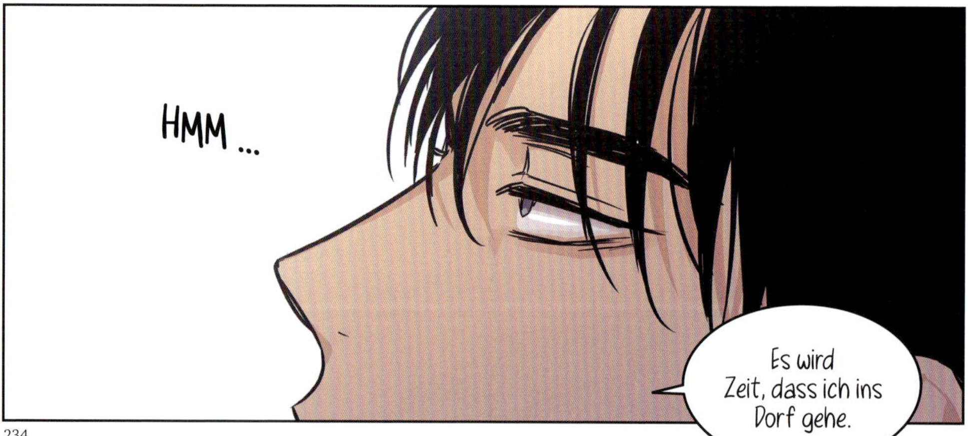
HMM ...
Es wird Zeit, dass ich ins Dorf gehe.

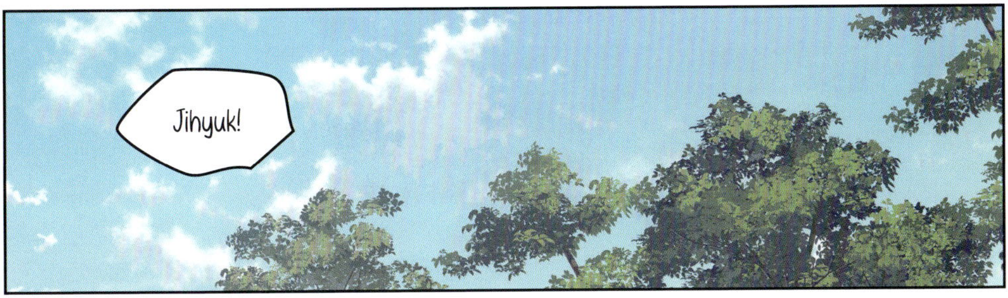

Jihyuk!

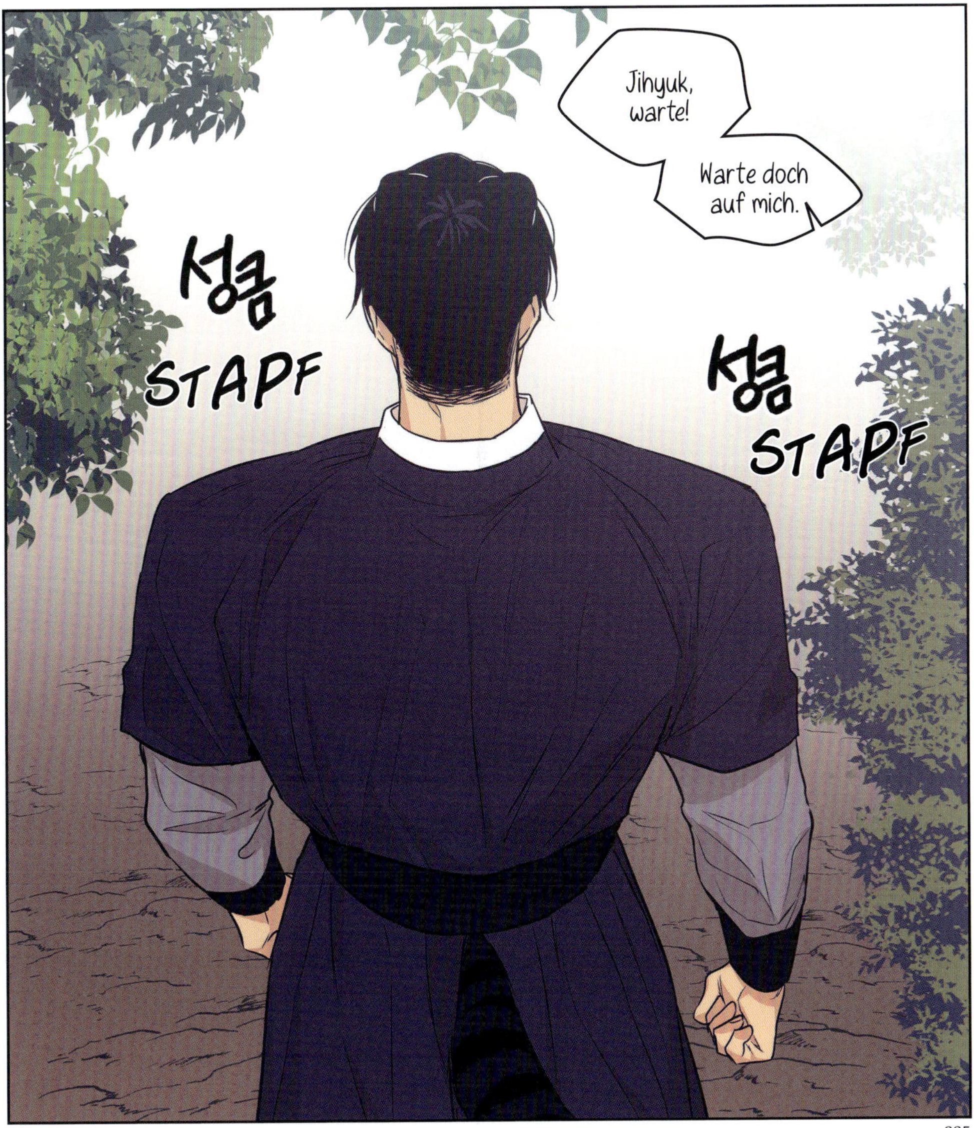

Jihyuk, warte!
Warte doch auf mich.
성큼
STAPF
성큼
STAPF

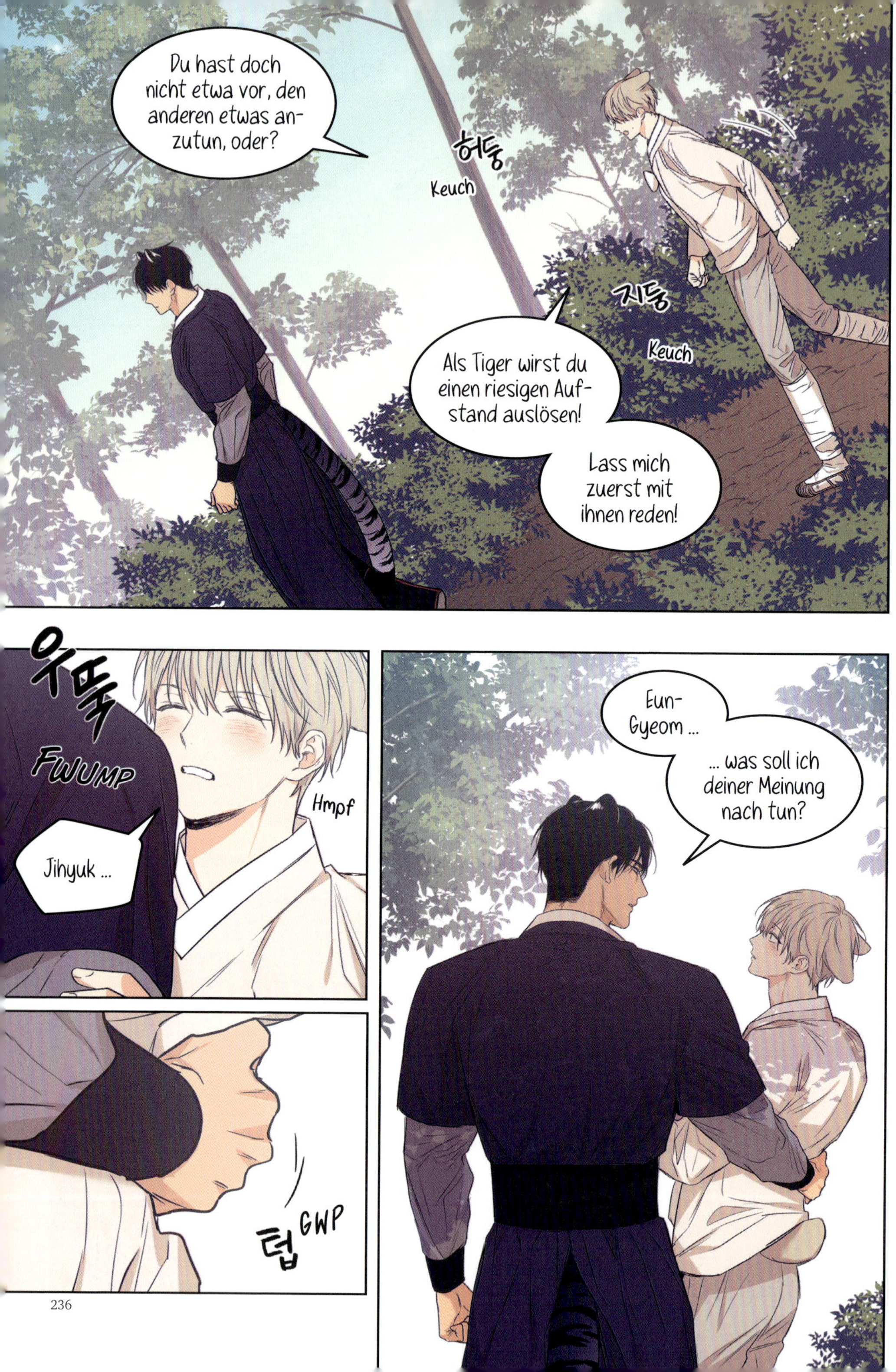

Du hast doch nicht etwa vor, den anderen etwas anzutun, oder?
허둥
Keuch
지둥
Keuch
Als Tiger wirst du einen riesigen Aufstand auslösen!
Lass mich zuerst mit ihnen reden!
우뚝
FWUMP
Hmpf
Jihyuk ...
텁 GWP
Eun-Gyeom ...
... was soll ich deiner Meinung nach tun?

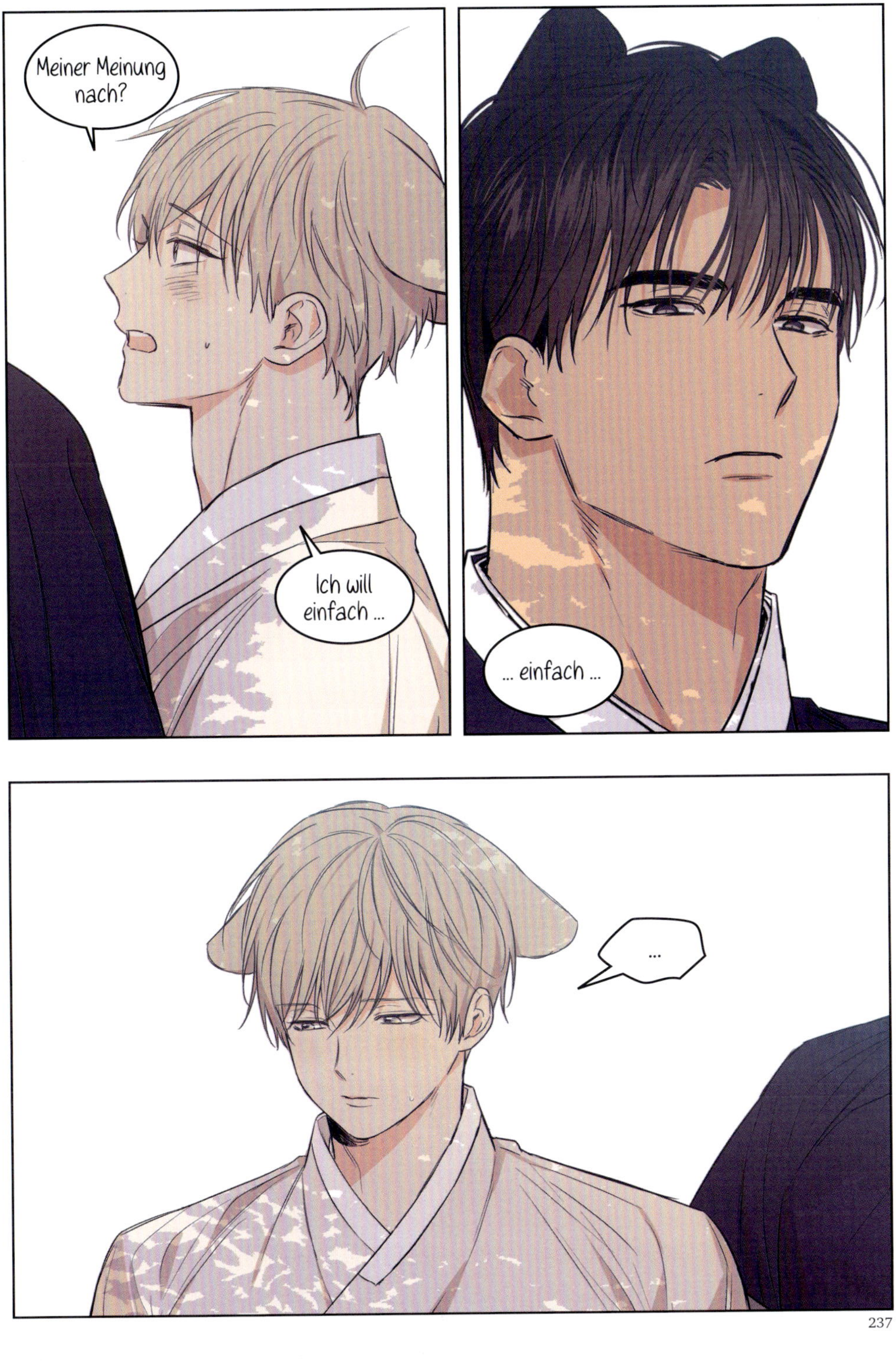
Meiner Meinung nach?
Ich will einfach ...
... einfach ...
...

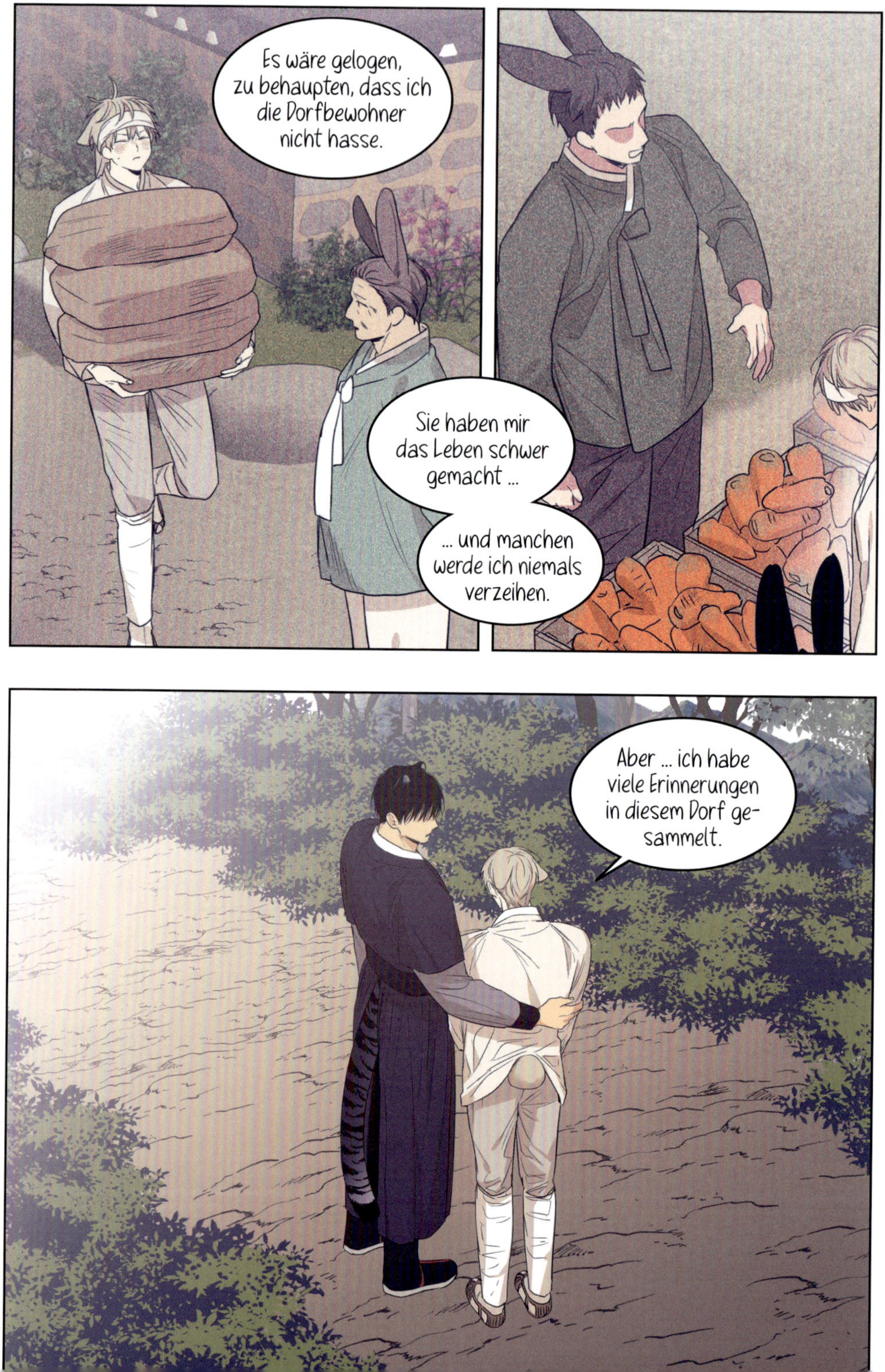
Es wäre gelogen, zu behaupten, dass ich die Dorfbewohner nicht hasse.
Sie haben mir das Leben schwer gemacht ...
... und manchen werde ich niemals verzeihen.
Aber ... ich habe viele Erinnerungen in diesem Dorf gesammelt.

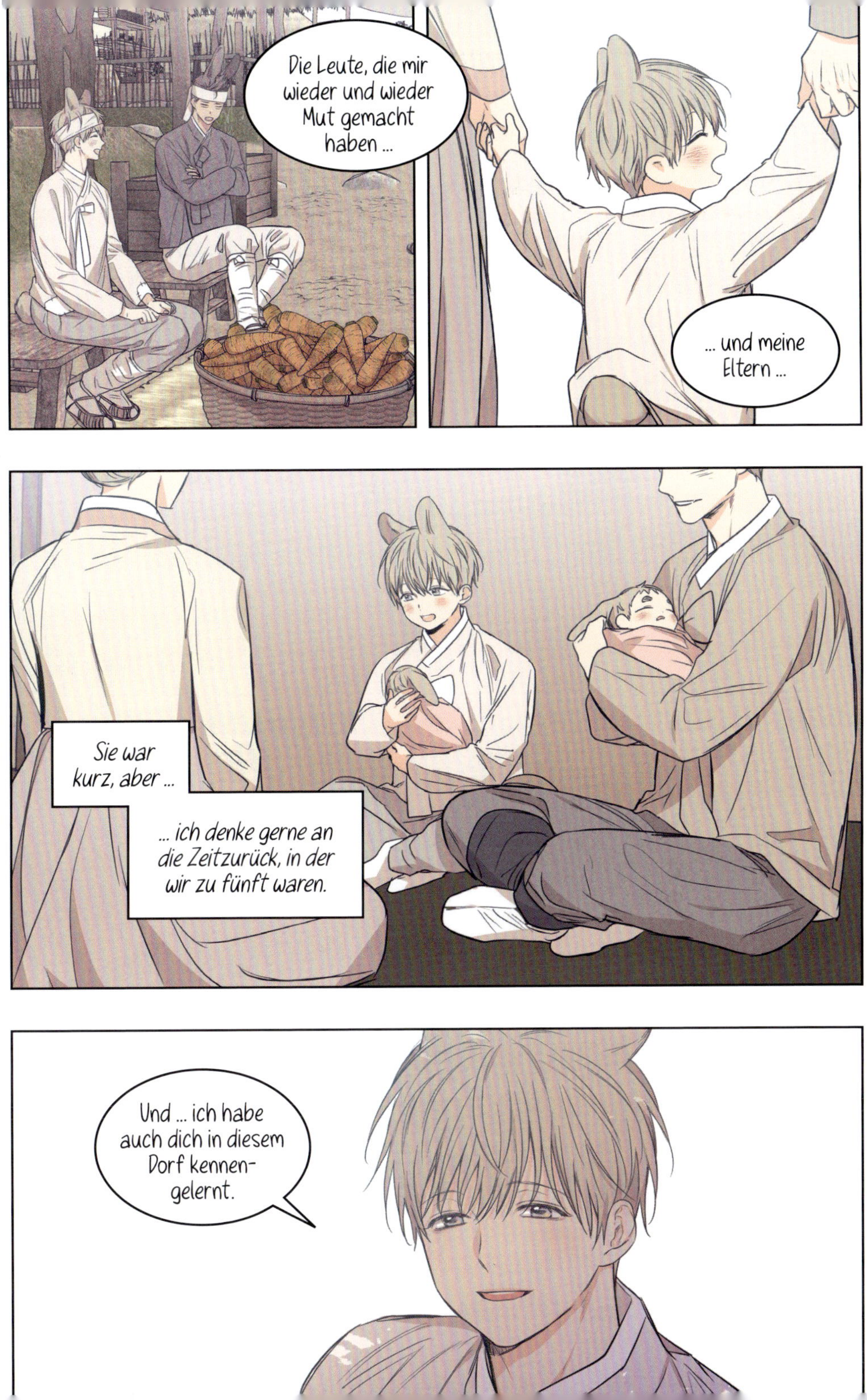
Die Leute, die mir wieder und wieder Mut gemacht haben ...
... und meine Eltern ...
Sie war kurz, aber ...
... ich denke gerne an die Zeitzurück, in der wir zu fünft waren.
Und ... ich habe auch dich in diesem Dorf kennen-gelernt.

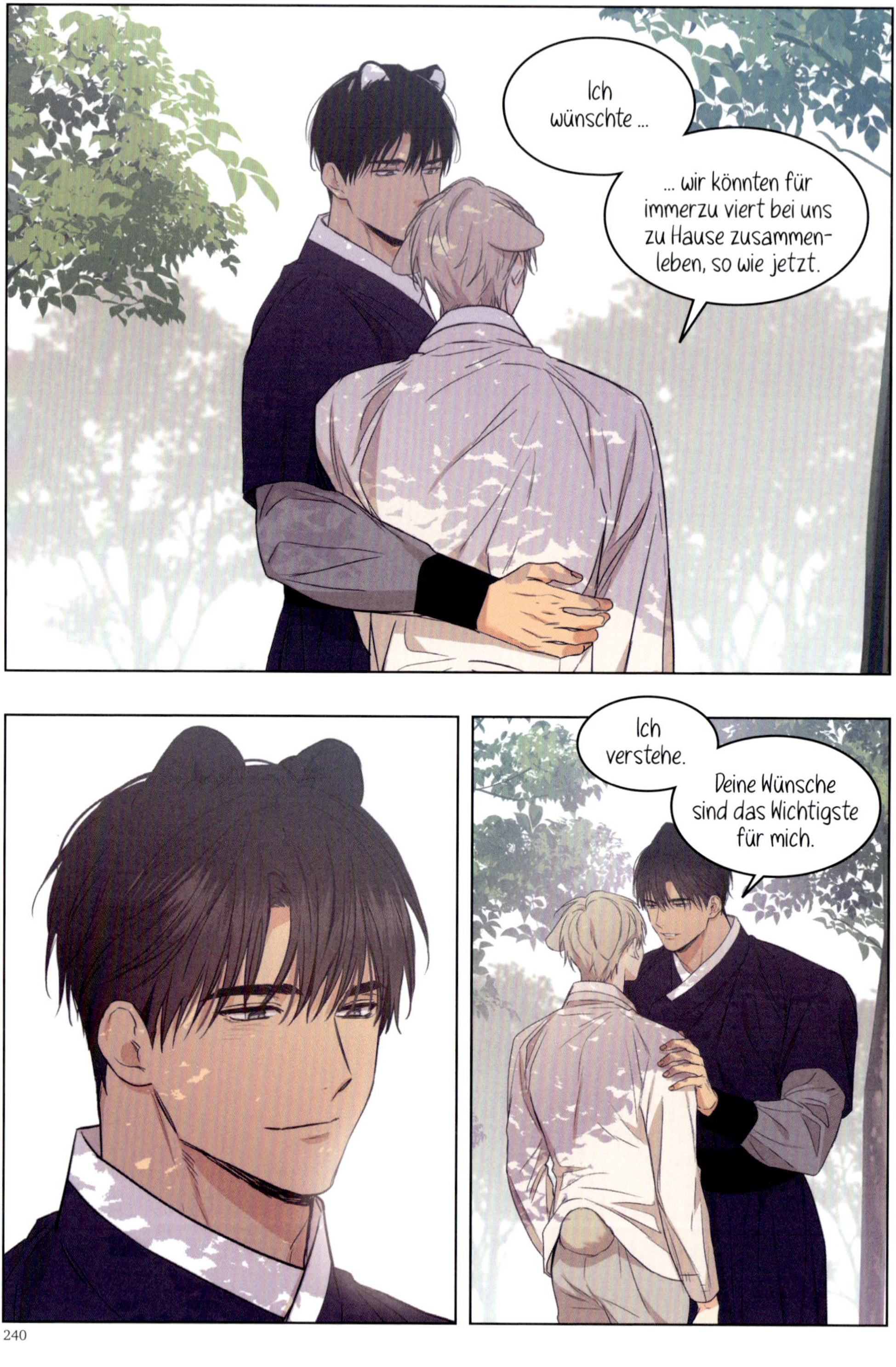
Ich wünschte ...
... wir könnten für immerzu viert bei uns zu Hause zusammen-leben, so wie jetzt.
Ich verstehe.
Deine Wünsche sind das Wichtigste für mich.

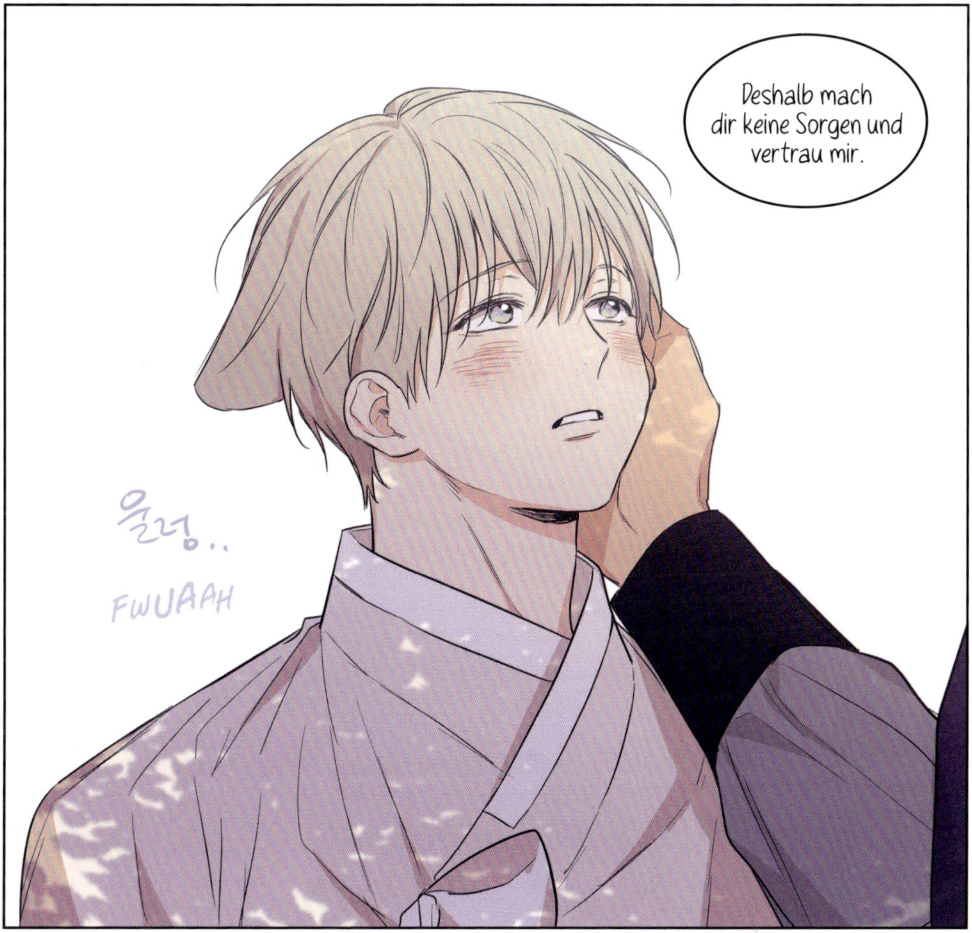
Deshalb mach dir keine Sorgen und vertrau mir.
울렁..
FWUAAH

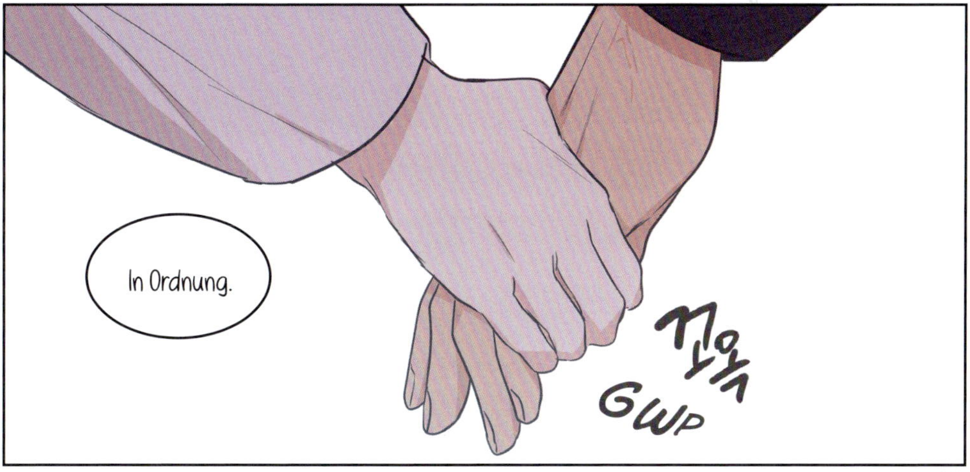
In Ordnung.
꼬옥
GWP

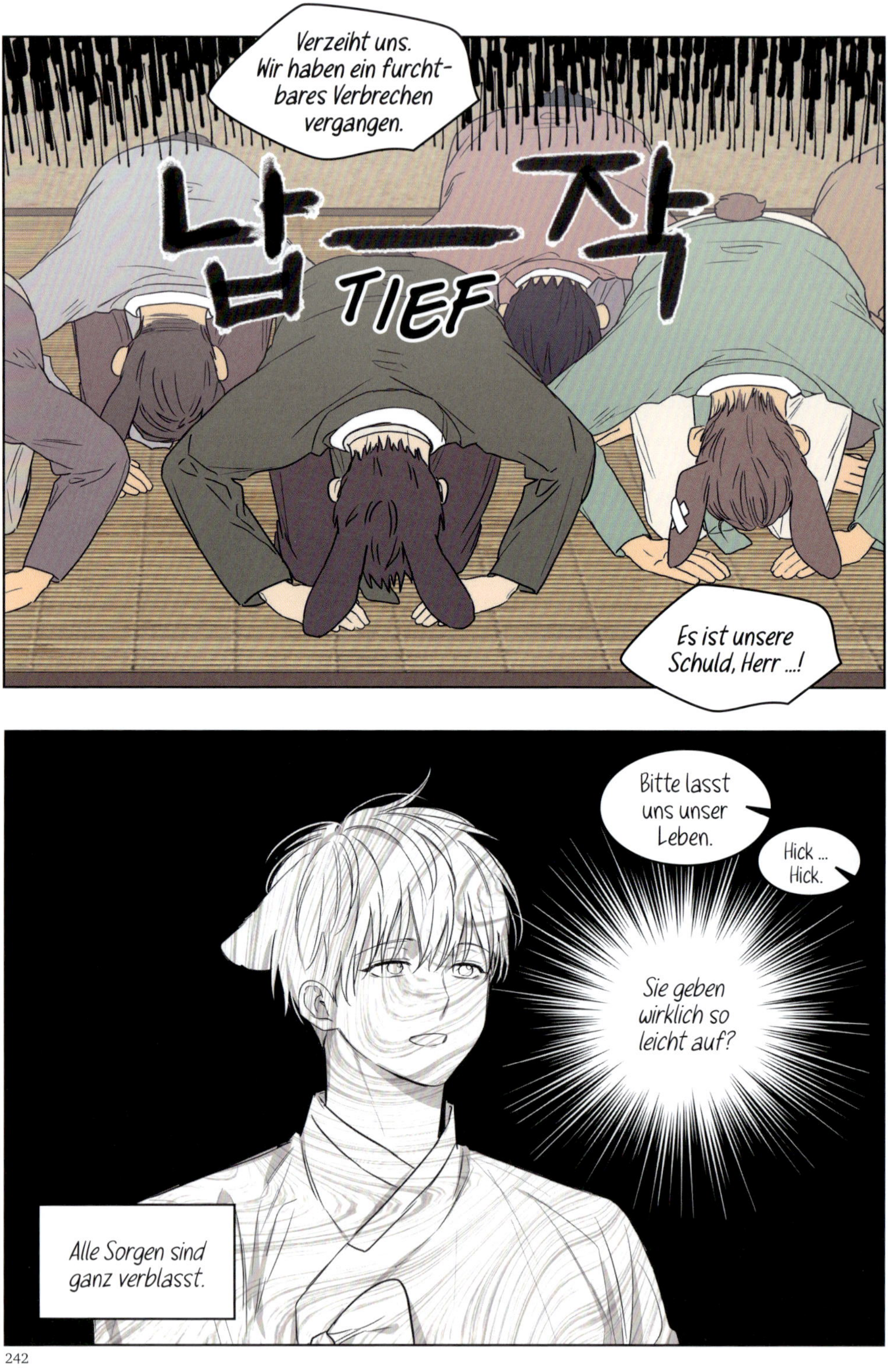
Verzeiht uns. Wir haben ein furchtbares Verbrechen vergangen.
납-작
TIEF
Es ist unsere Schuld, Herr ...!
Bitte lasst uns unser Leben.
Hick ... Hick.
Sie geben wirklich so leicht auf?
Alle Sorgen sind ganz verblasst.

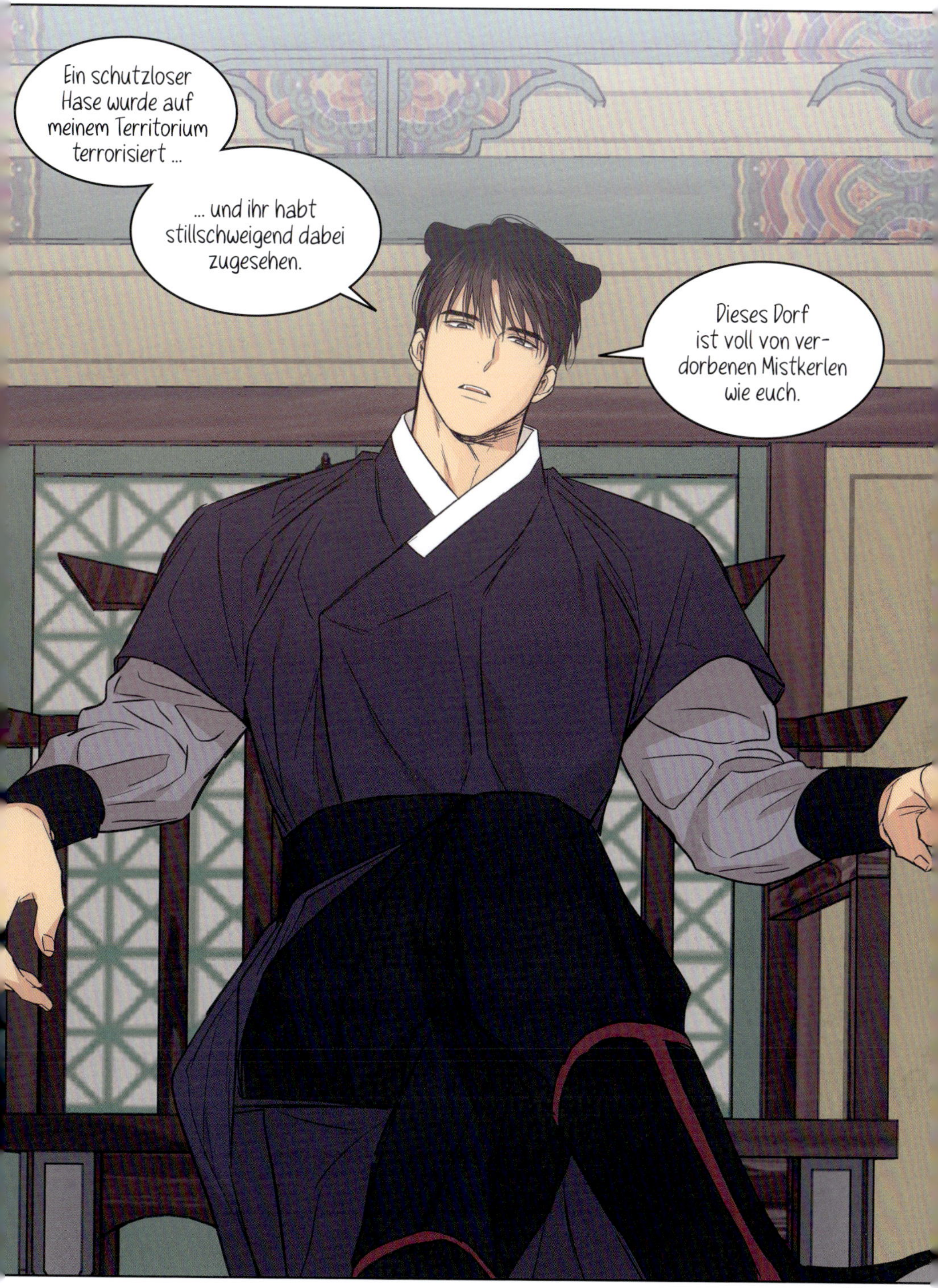
Ein schutzloser Hase wurde auf meinem Territorium terrorisiert ...
... und ihr habt stillschweigend dabei zugesehen.
Dieses Dorf ist voll von verdorbenen Mistkerlen wie euch.

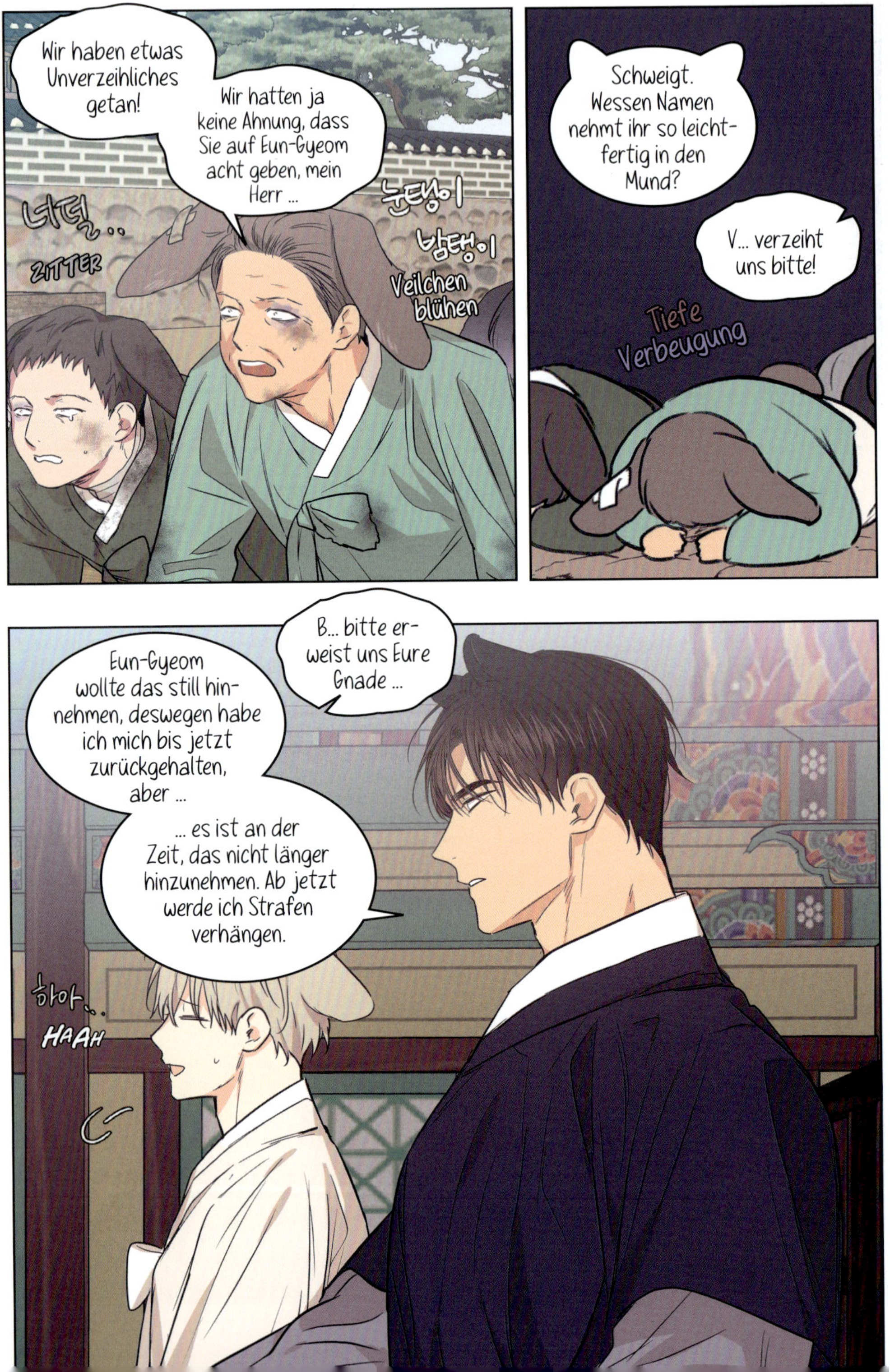
Wir haben etwas Unverzeihliches getan!
Wir hatten ja keine Ahnung, dass Sie auf Eun-Gyeom acht geben, mein Herr ...
너덜..
ZITTER
눈탱이 밤탱이
Veilchen blühen
Schweigt. Wessen Namen nehmt ihr so leichtfertig in den Mund?
V... verzeiht uns bitte!
Tiefe Verbeugung
B... bitte erweist uns Eure Gnade ...
Eun-Gyeom wollte das still hinnehmen, deswegen habe ich mich bis jetzt zurückgehalten, aber ...
... es ist an der Zeit, das nicht länger hinzunehmen. Ab jetzt werde ich Strafen verhängen.
하아...
HAAH

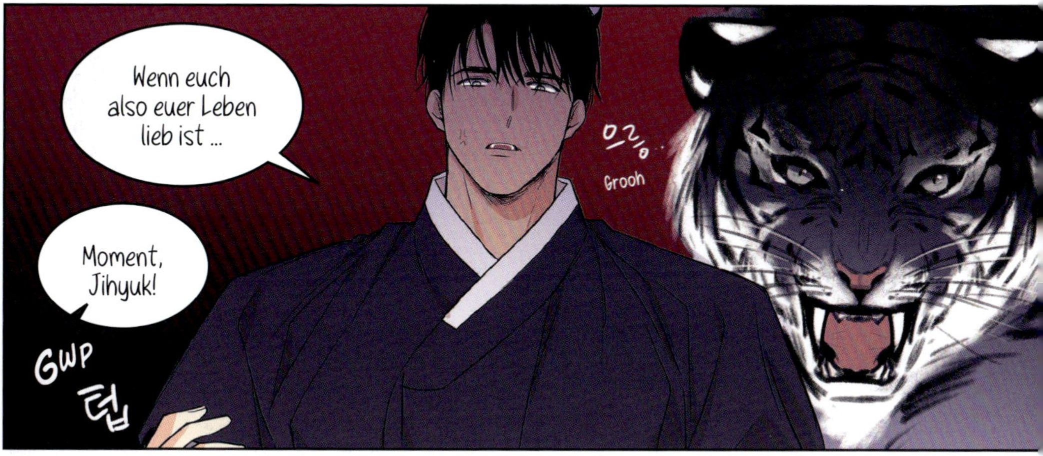
Wenn euch also euer Leben lieb ist ...
Moment, Jihyuk!
GWP
텁
으릉
Grooh

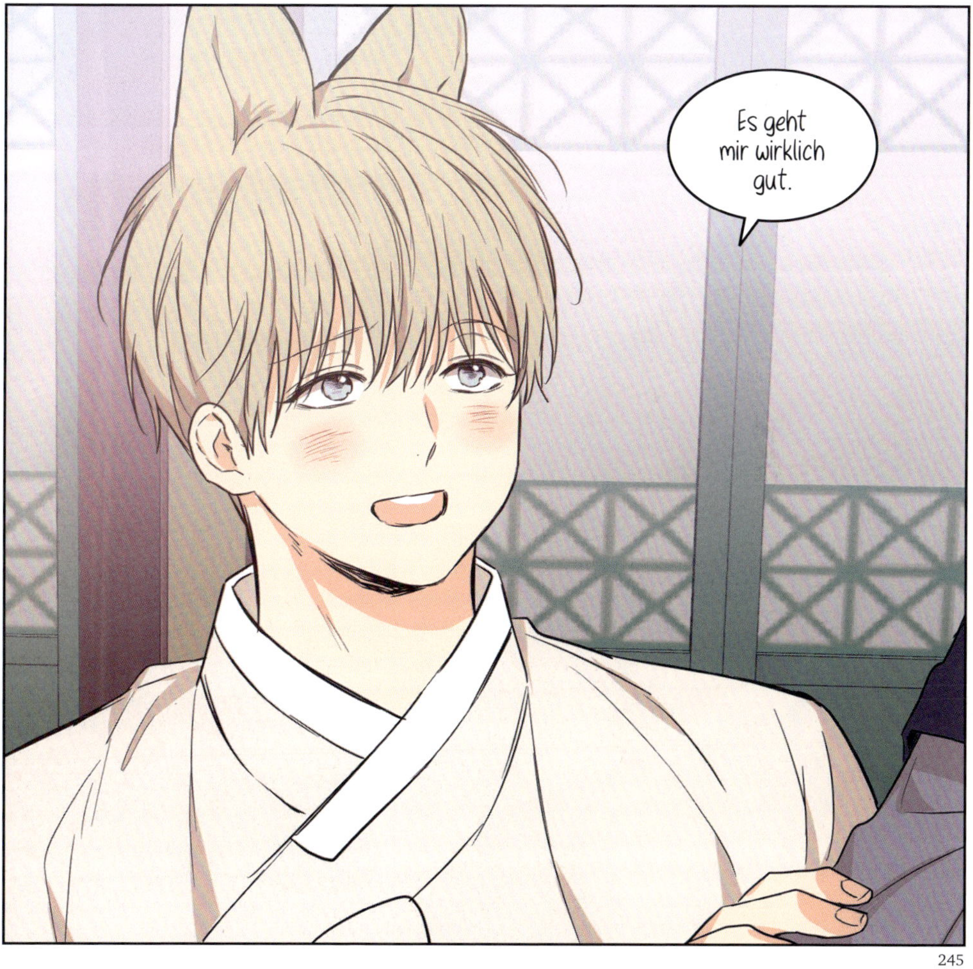
Es geht mir wirklich gut.

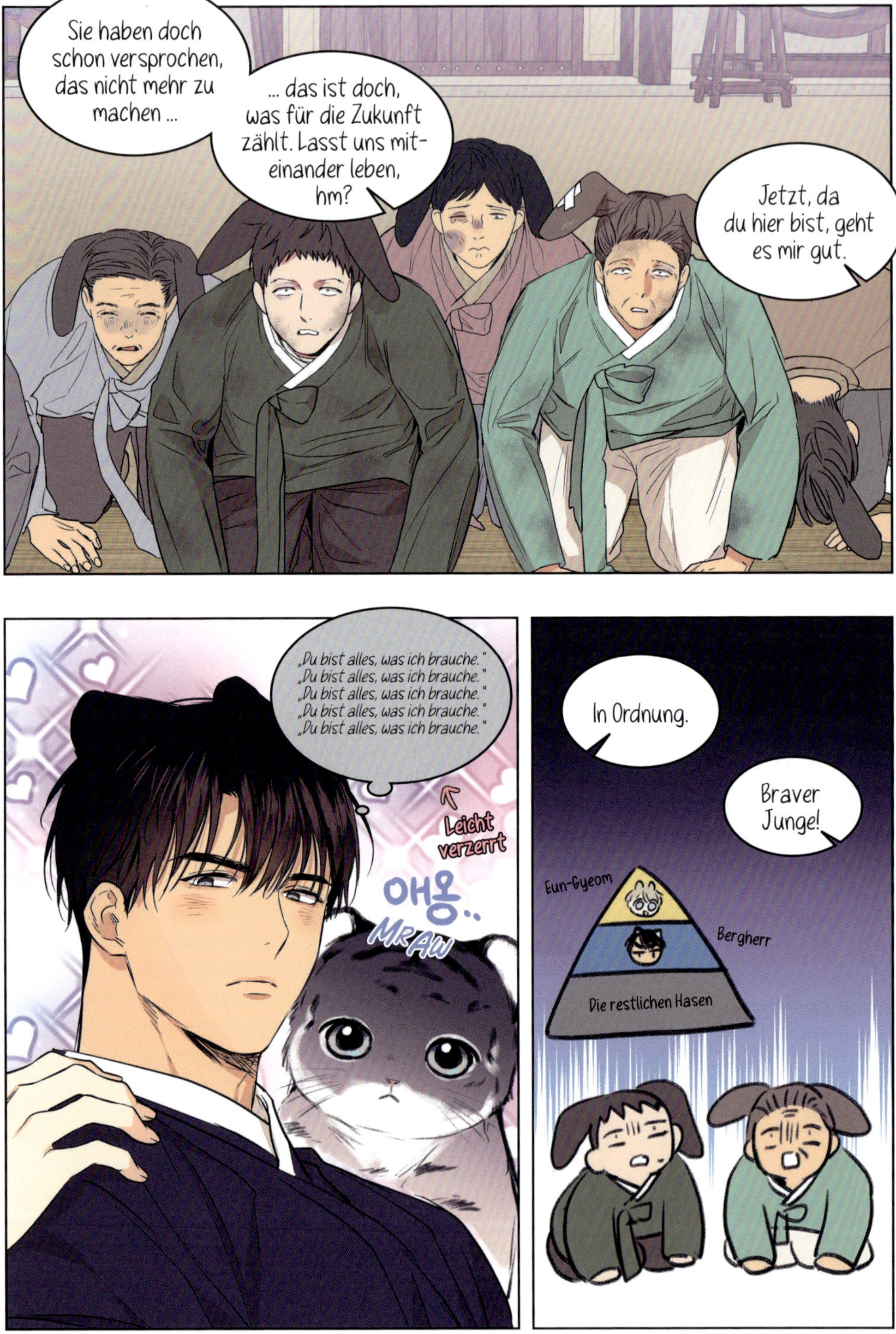
Sie haben doch schon versprochen, das nicht mehr zu machen ...
... das ist doch, was für die Zukunft zählt. Lasst uns miteinander leben, hm?
Jetzt, da du hier bist, geht es mir gut.
„Du bist alles, was ich brauche."
„Du bist alles, was ich brauche."
„Du bist alles, was ich brauche."
„Du bist alles, was ich brauche."
„Du bist alles, was ich brauche."
Leicht verzerrt
아웅..
MRAW
In Ordnung.
Braver Junge!
Eun-Gyeom
Bergherr
Die restlichen Hasen

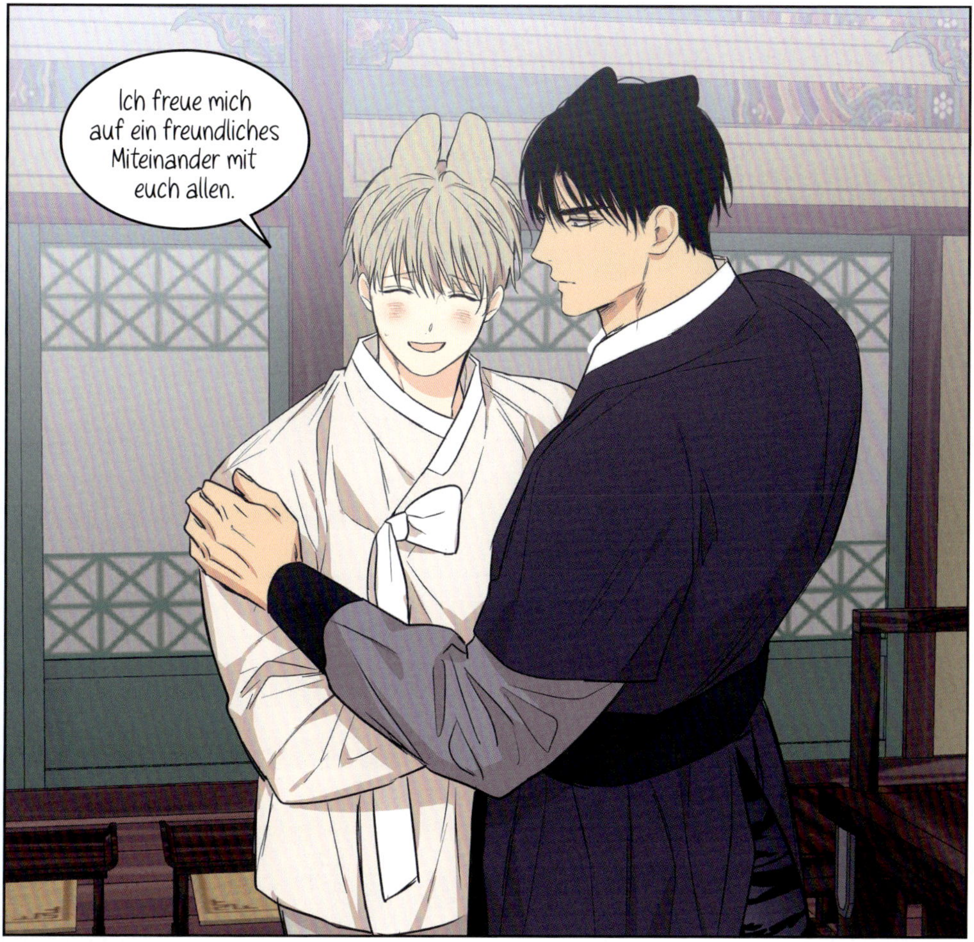
Ich freue mich auf ein freundliches Miteinander mit euch allen.

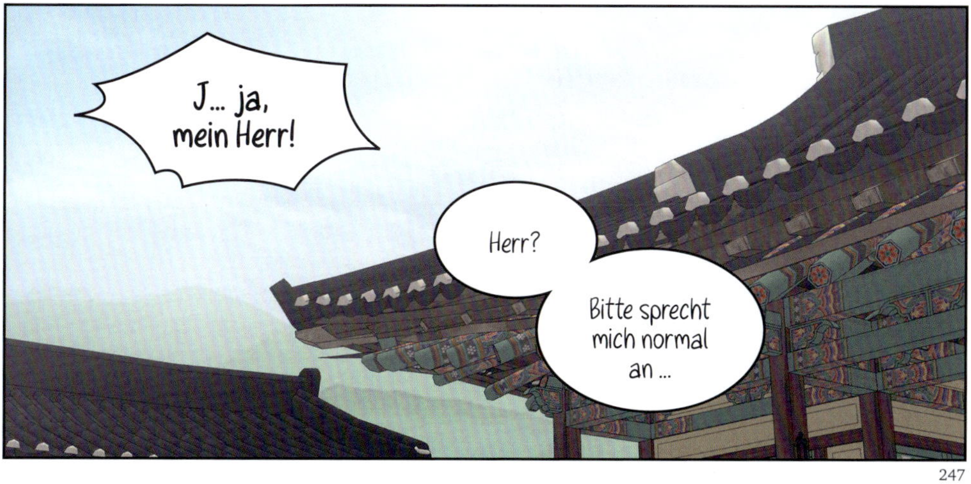
J... ja, mein Herr!
Herr?
Bitte sprecht mich normal an ...

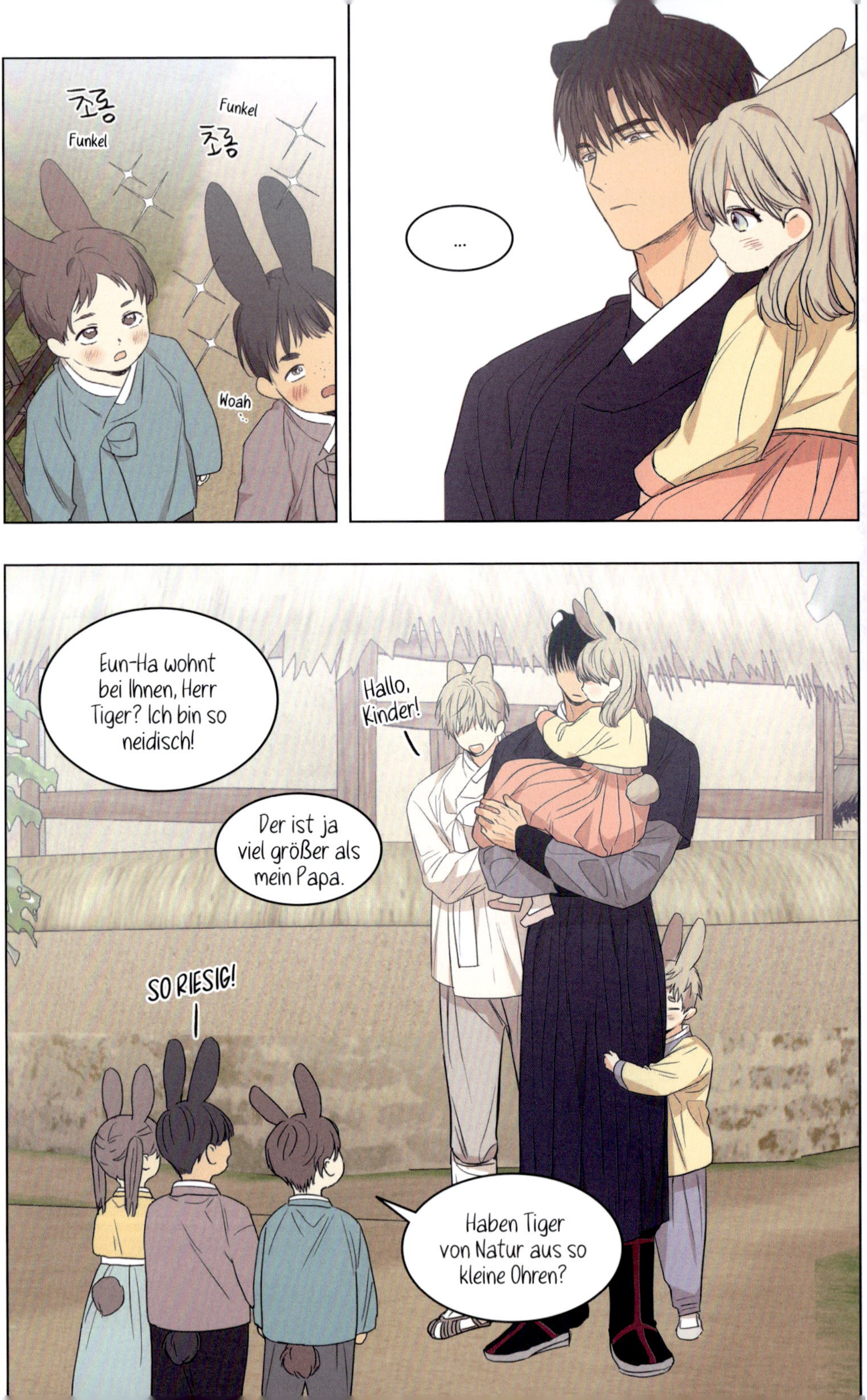
조롱
Funkel
Funkel
조롱
Woah ..
...
Eun-Ha wohnt bei Ihnen, Herr Tiger? Ich bin so neidisch!
Hallo, Kinder!
Der ist ja viel größer als mein Papa.
SO RIESIG!
Haben Tiger von Natur aus so kleine Ohren?

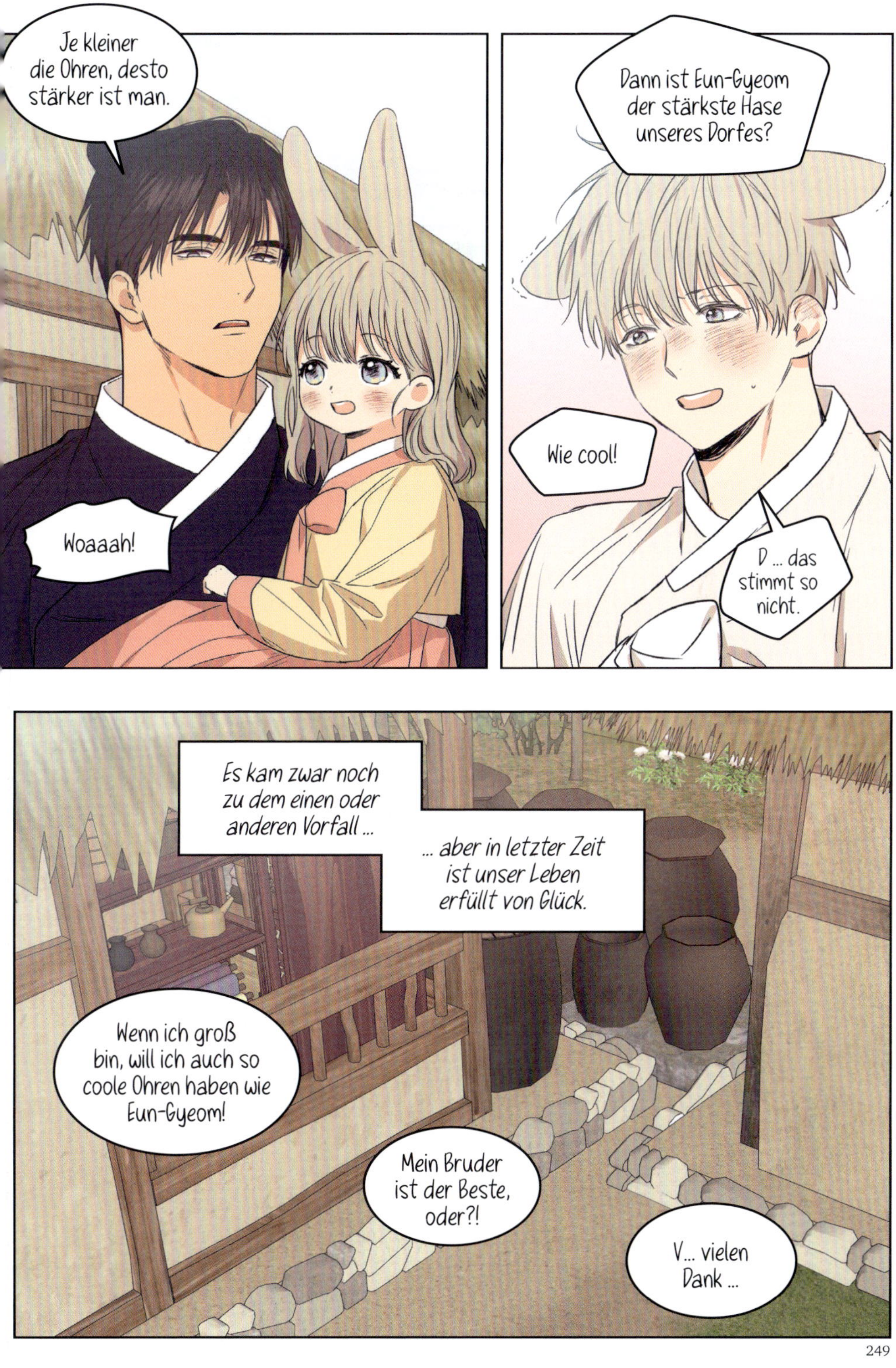
Je kleiner die Ohren, desto stärker ist man.
Woaaah!
Dann ist Eun-Gyeom der stärkste Hase unseres Dorfes?
Wie cool!
D ... das stimmt so nicht.
Es kam zwar noch zu dem einen oder anderen Vorfall ...
... aber in letzter Zeit ist unser Leben erfüllt von Glück.
Wenn ich groß bin, will ich auch so coole Ohren haben wie Eun-Gyeom!
Mein Bruder ist der Beste, oder?!
V... vielen Dank ...

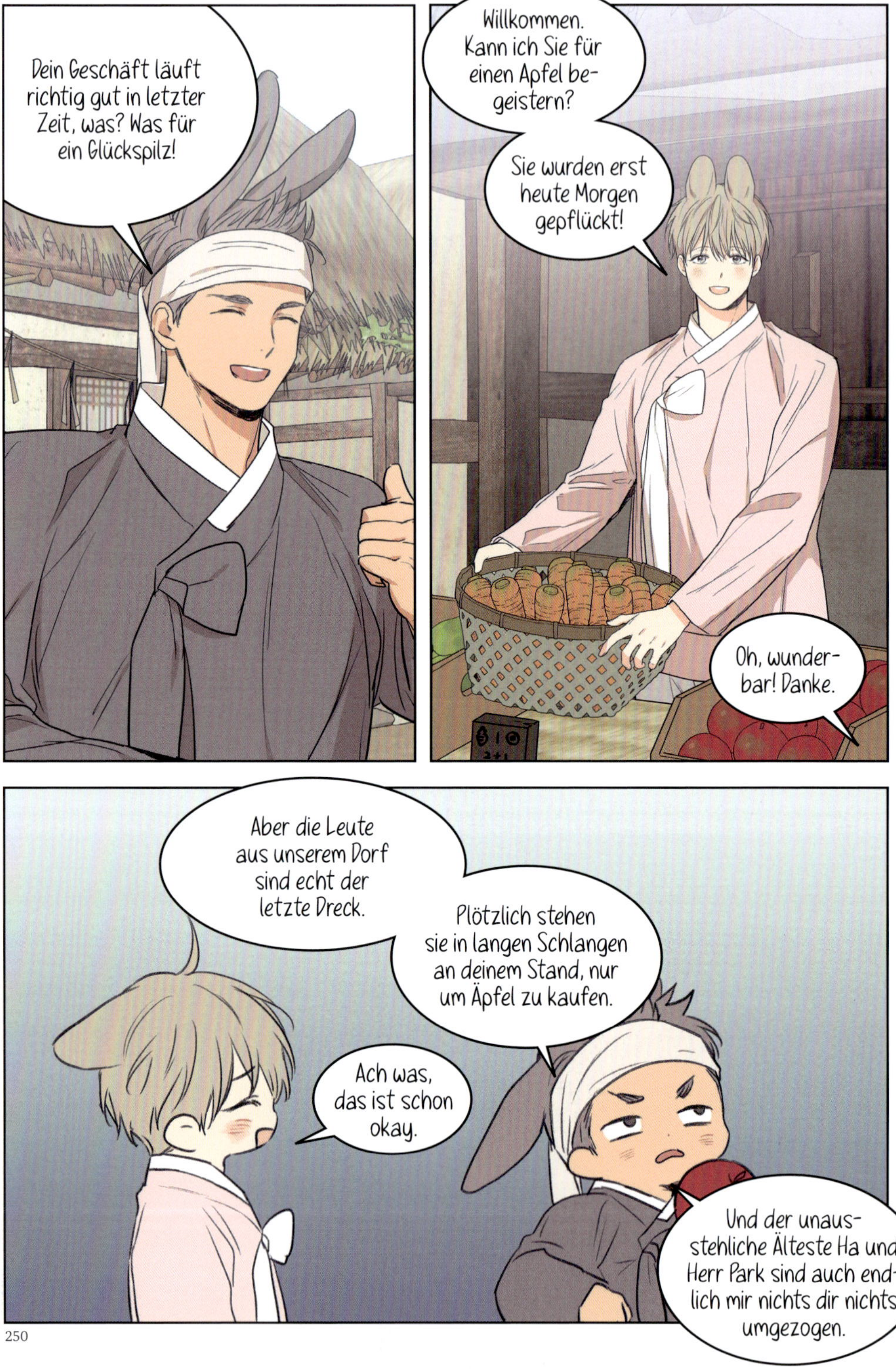
Dein Geschäft läuft richtig gut in letzter Zeit, was? Was für ein Glückspilz!
Willkommen. Kann ich Sie für einen Apfel be- geistern?
Sie wurden erst heute Morgen gepflückt!
Oh, wunder- bar! Danke.
Aber die Leute aus unserem Dorf sind echt der letzte Dreck.
Plötzlich stehen sie in langen Schlangen an deinem Stand, nur um Äpfel zu kaufen.
Ach was, das ist schon okay.
Und der unaus- stehliche Älteste Ha und Herr Park sind auch end- lich mir nichts dir nichts umgezogen.

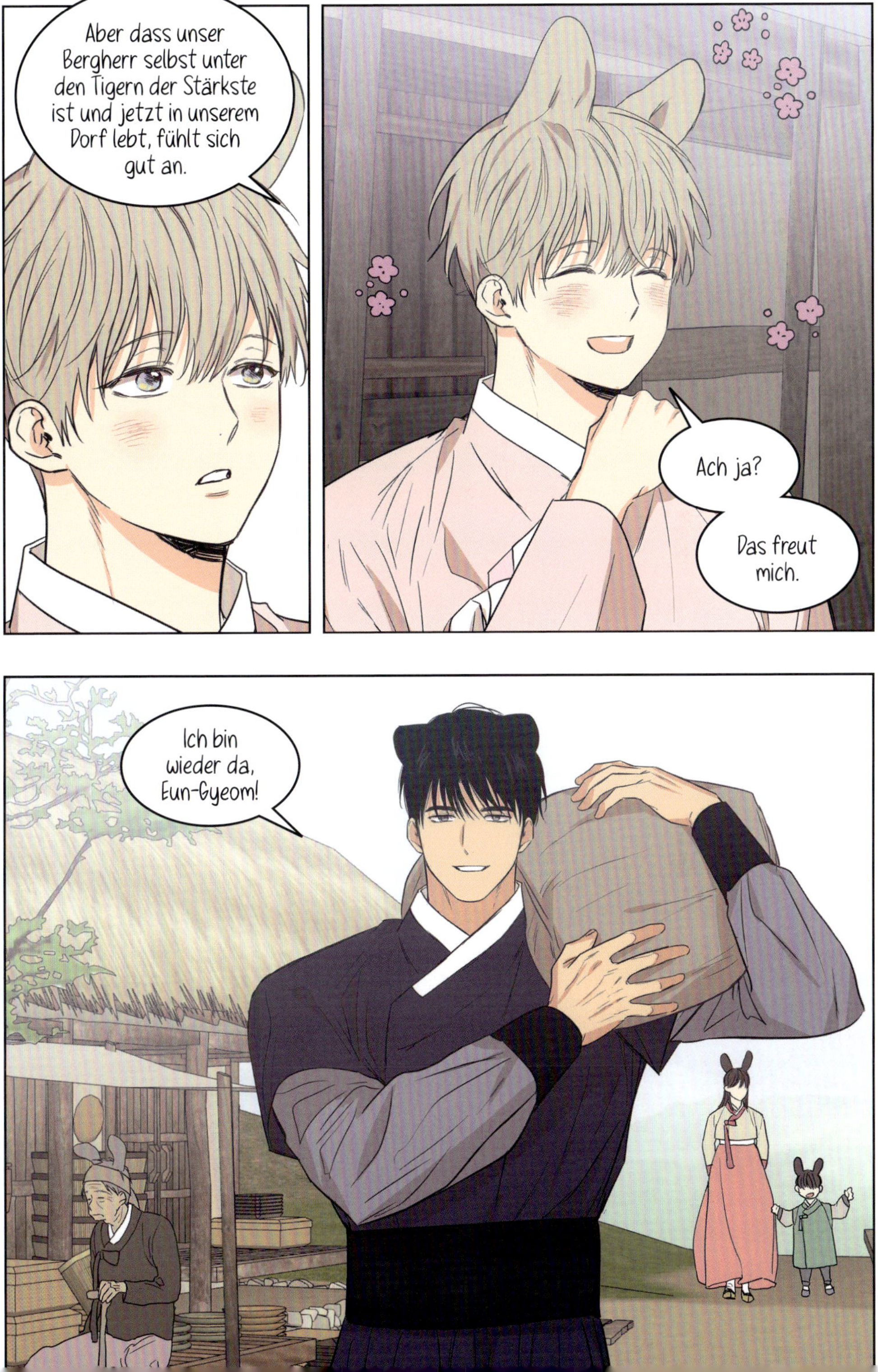
Aber dass unser Bergherr selbst unter den Tigern der Stärkste ist und jetzt in unserem Dorf lebt, fühlt sich gut an.
Ach ja?
Das freut mich.
Ich bin wieder da, Eun-Gyeom!

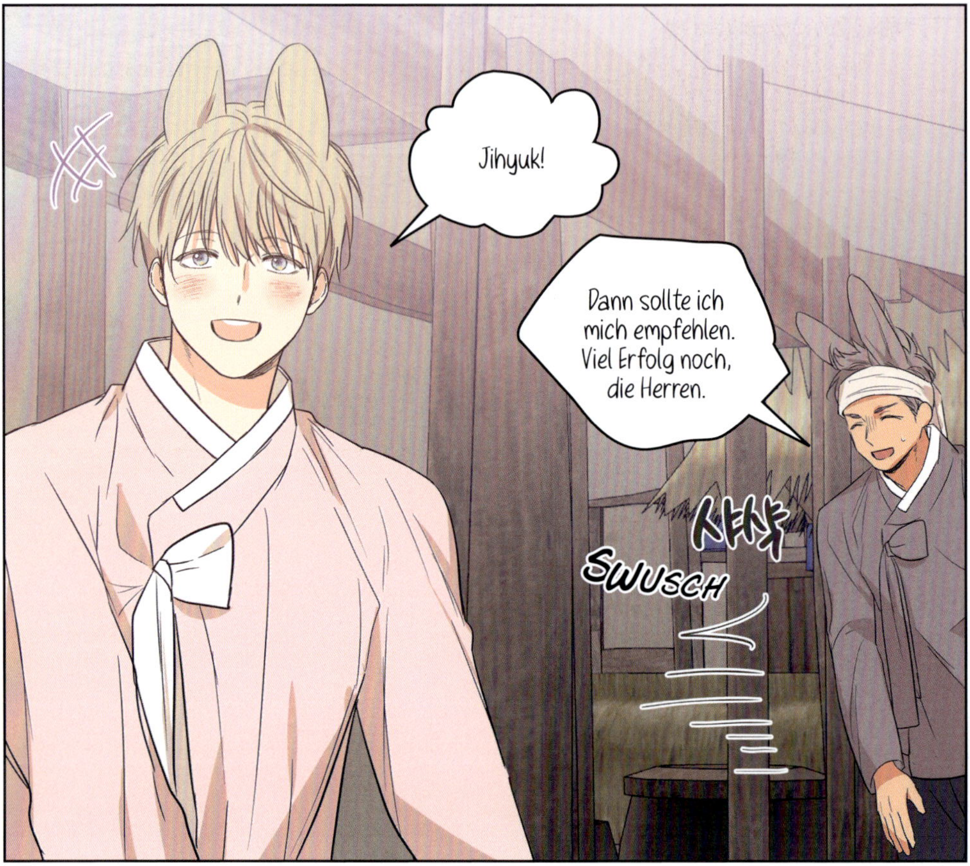
Jihyuk!
Dann sollte ich mich empfehlen. Viel Erfolg noch, die Herren.
샤샥
SWUSCH

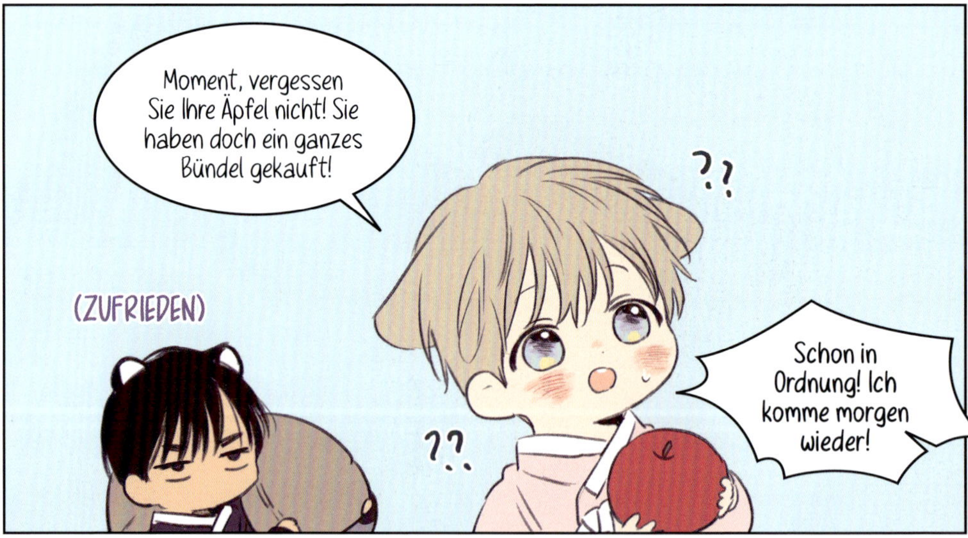
Moment, vergessen Sie Ihre Äpfel nicht! Sie haben doch ein ganzes Bündel gekauft!
??
(ZUFRIEDEN)
??
Schon in Ordnung! Ich komme morgen wieder!

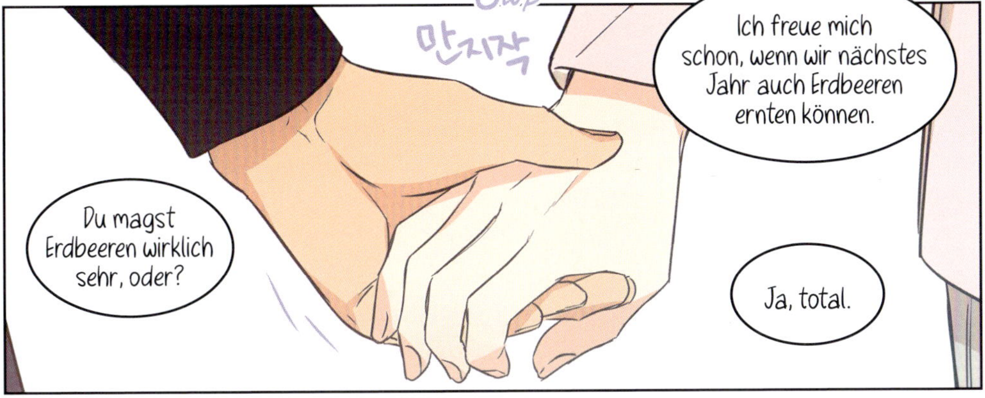
G.W.P
만지작
Ich freue mich schon, wenn wir nächstes Jahr auch Erdbeeren ernten können.
Du magst Erdbeeren wirklich sehr, oder?
Ja, total.

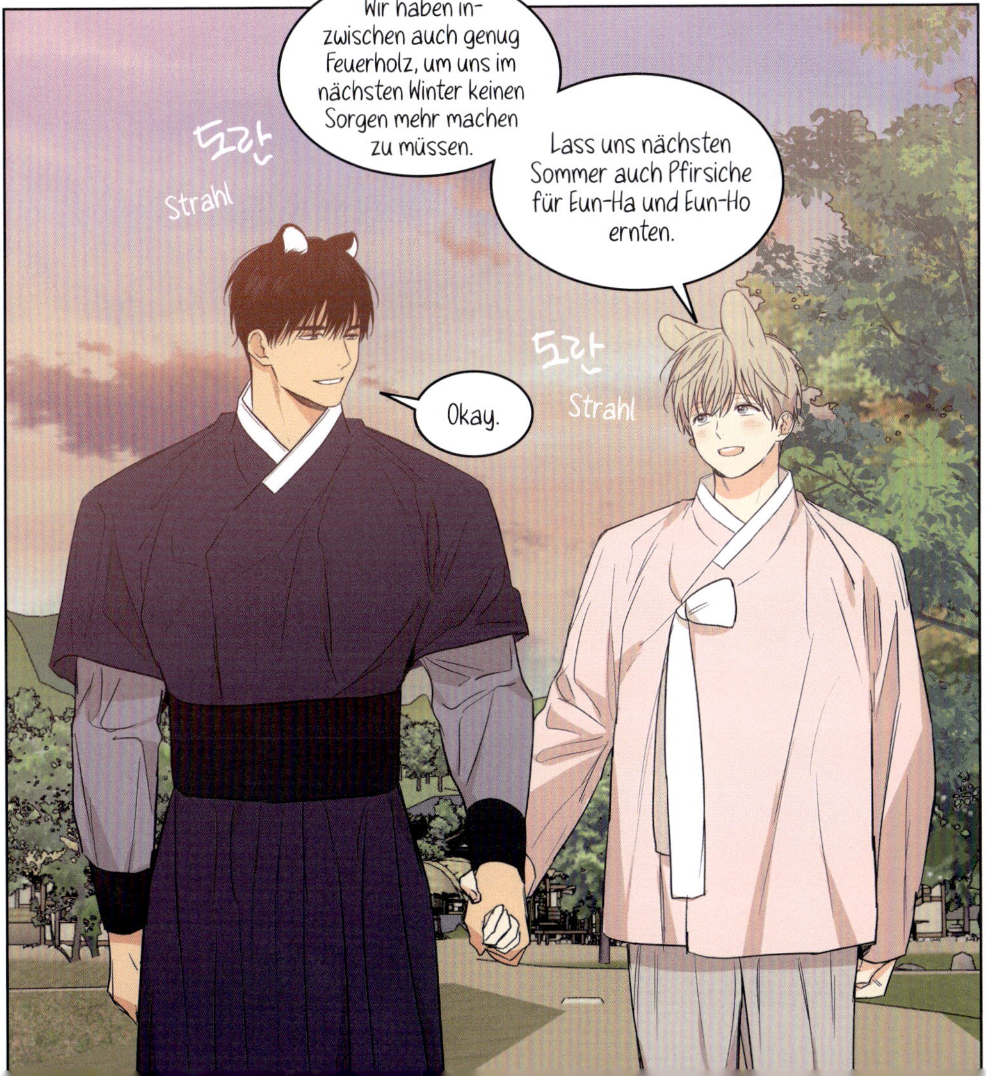
Wir haben in- zwischen auch genug Feuerholz, um uns im nächsten Winter keinen Sorgen mehr machen zu müssen.
Lass uns nächsten Sommer auch Pfirsiche für Eun-Ha und Eun-Ho ernten.
도란
Strahl
Okay.
도란
Strahl

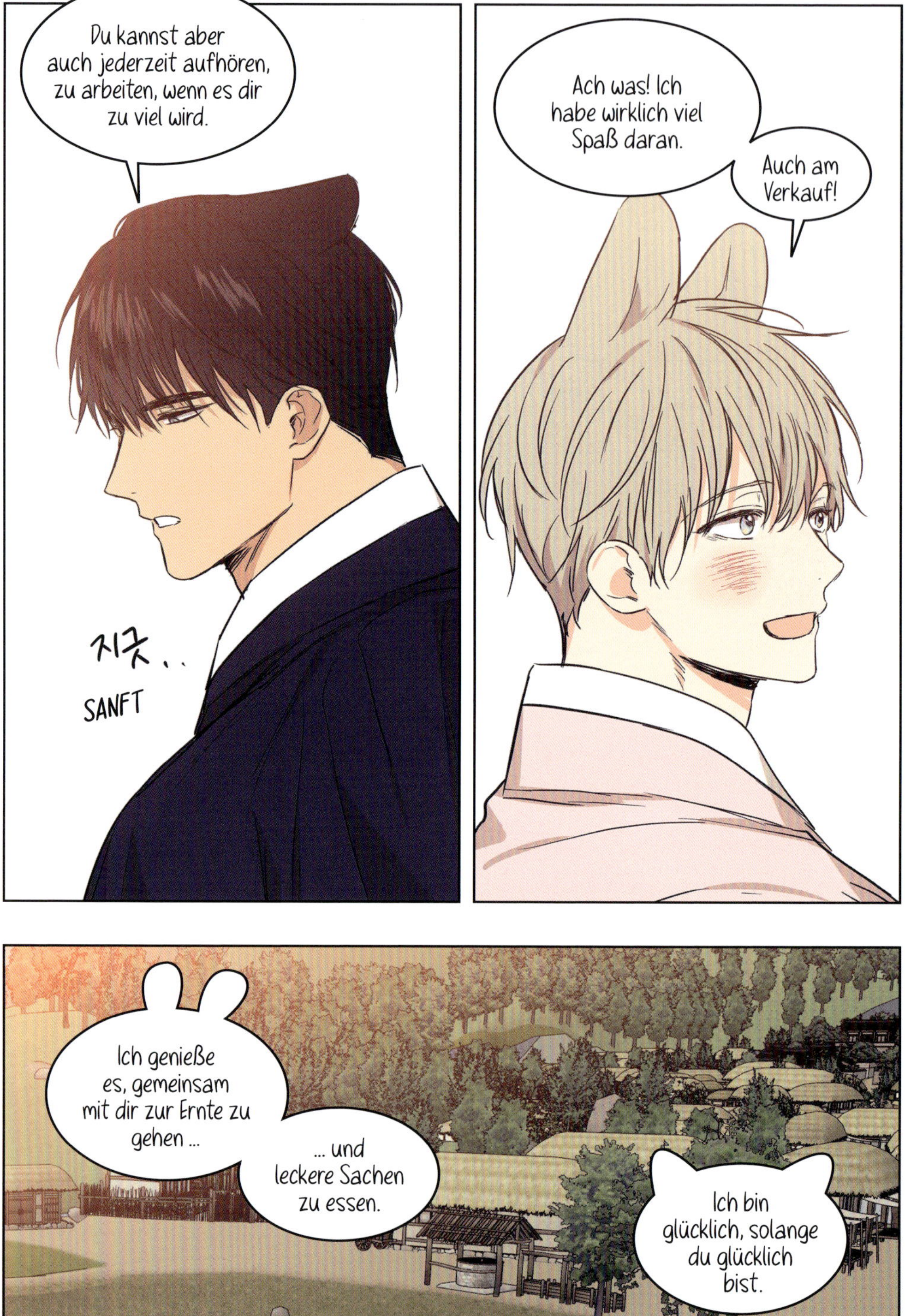
Du kannst aber auch jederzeit aufhören, zu arbeiten, wenn es dir zu viel wird.
지긋..
SANFT
Ach was! Ich habe wirklich viel Spaß daran.
Auch am Verkauf!
Ich genieße es, gemeinsam mit dir zur Ernte zu gehen ...
... und leckere Sachen zu essen.
Ich bin glücklich, solange du glücklich bist.

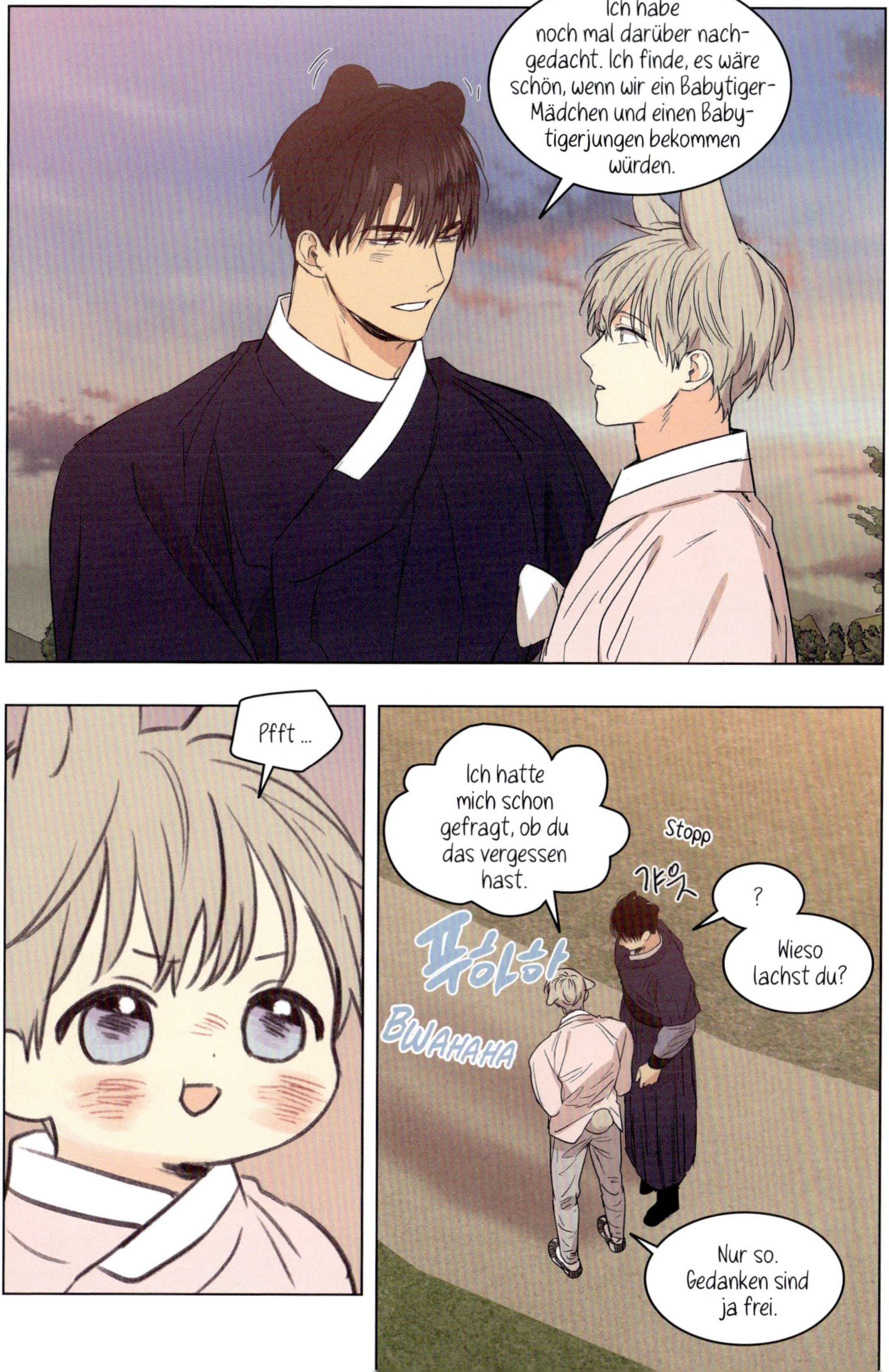
Ich habe noch mal darüber nachgedacht. Ich finde, es wäre schön, wenn wir ein Babytiger-Mädchen und einen Babytigerjungen bekommen würden.
Pfft ...
Ich hatte mich schon gefragt, ob du das vergessen hast.
Stopp
가웃
?
Wieso lachst du?
푸하하
BWAHAHA
Nur so. Gedanken sind ja frei.

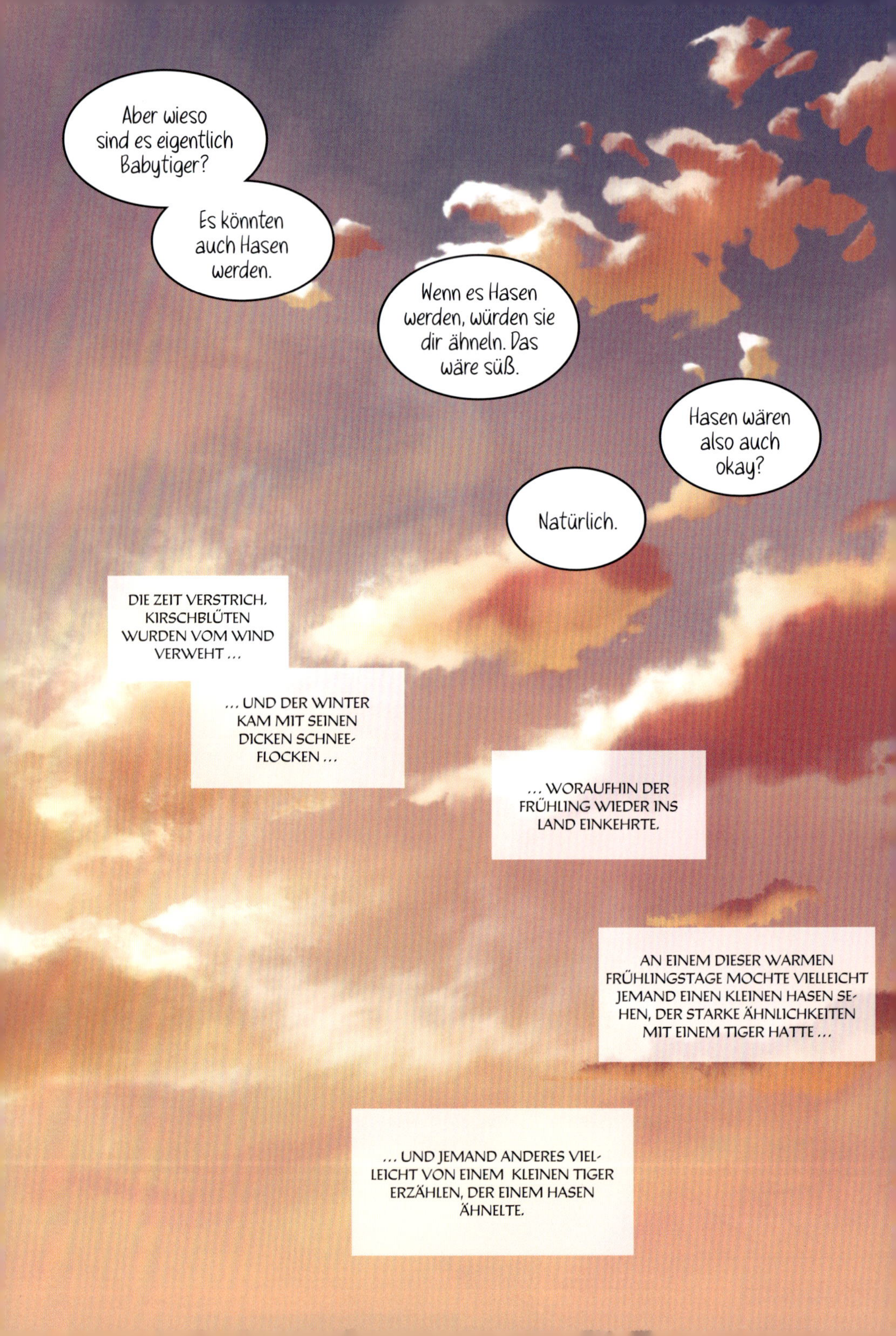

Aber wieso sind es eigentlich Babytiger?
Es könnten auch Hasen werden.
Wenn es Hasen werden, würden sie dir ähneln. Das wäre süß.
Hasen wären also auch okay?
Natürlich.
DIE ZEIT VERSTRICH, KIRSCHBLÜTEN WURDEN VOM WIND VERWEHT …
… UND DER WINTER KAM MIT SEINEN DICKEN SCHNEE-FLOCKEN …
… WORAUFHIN DER FRÜHLING WIEDER INS LAND EINKEHRTE.
AN EINEM DIESER WARMEN FRÜHLINGSTAGE MOCHTE VIELLEICHT JEMAND EINEN KLEINEN HASEN SEHEN, DER STARKE ÄHNLICHKEITEN MIT EINEM TIGER HATTE …
… UND JEMAND ANDERES VIELLEICHT VON EINEM KLEINEN TIGER ERZÄHLEN, DER EINEM HASEN ÄHNELTE.

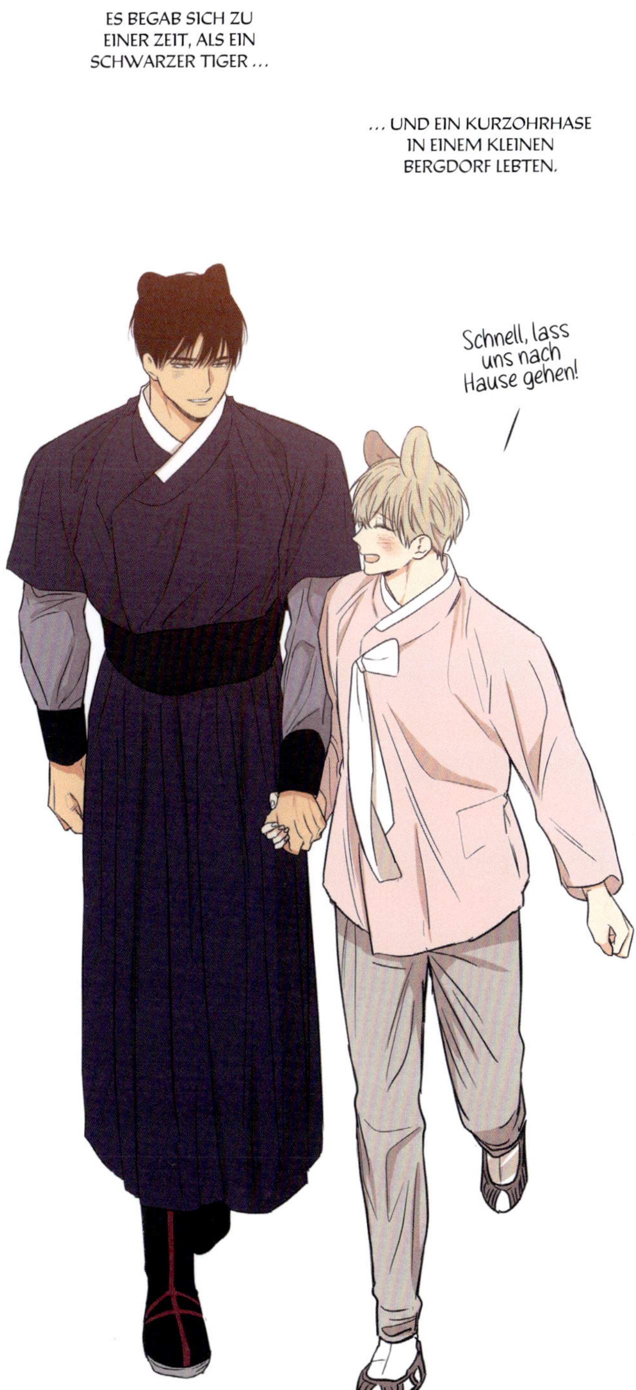
ES BEGAB SICH ZU EINER ZEIT, ALS EIN SCHWARZER TIGER …
… UND EIN KURZOHRHASE IN EINEM KLEINEN BERGDORF LEBTEN.
Schnell, lass uns nach Hause gehen!

DIES IST DAS ENDE IHRER
LIEBESGESCHICHTE.

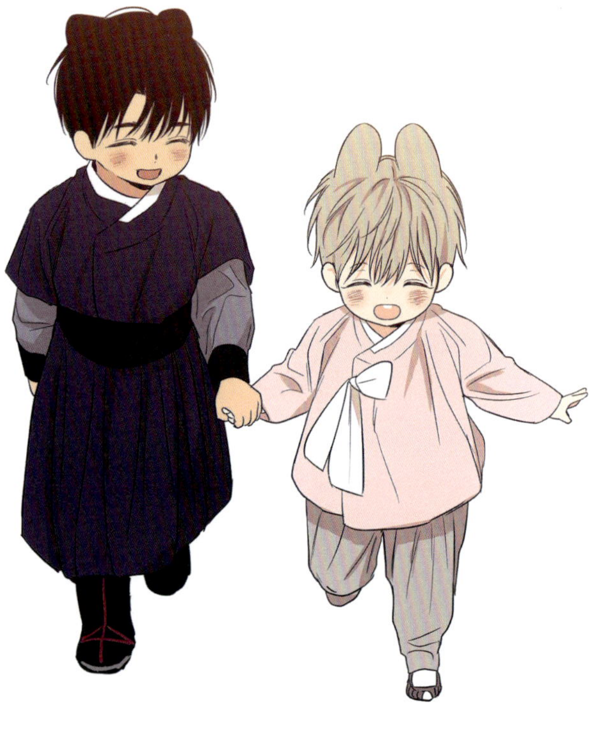

EXTRAS

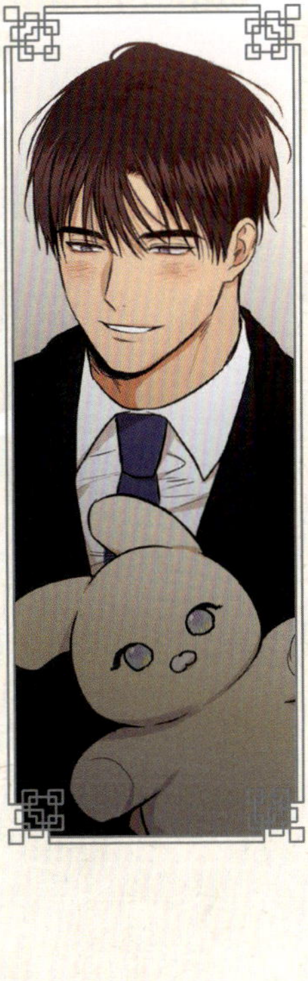

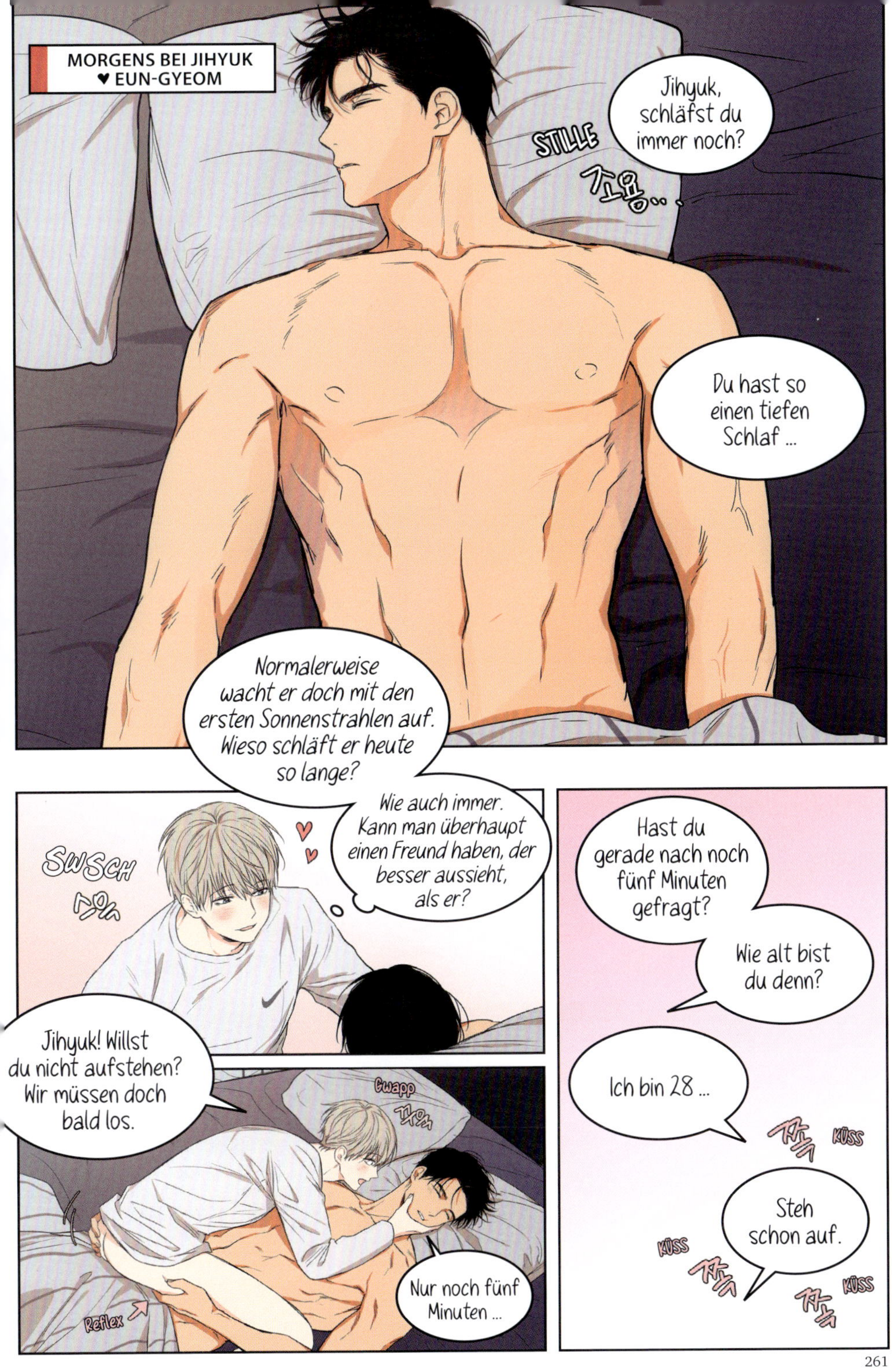
MORGENS BEI JIHYUK ♥ EUN-GYEOM
Jihyuk, schläfst du immer noch?
STILLE
Du hast so einen tiefen Schlaf ...
Normalerweise wacht er doch mit den ersten Sonnenstrahlen auf. Wieso schläft er heute so lange?
Wie auch immer. Kann man überhaupt einen Freund haben, der besser aussieht, als er?
SWSCH
Jihyuk! Willst du nicht aufstehen? Wir müssen doch bald los.
Gwapp
Reflex
Nur noch fünf Minuten ...
Hast du gerade nach noch fünf Minuten gefragt?
Wie alt bist du denn?
Ich bin 28 ...
KÜSS
Steh schon auf.
KÜSS
KÜSS

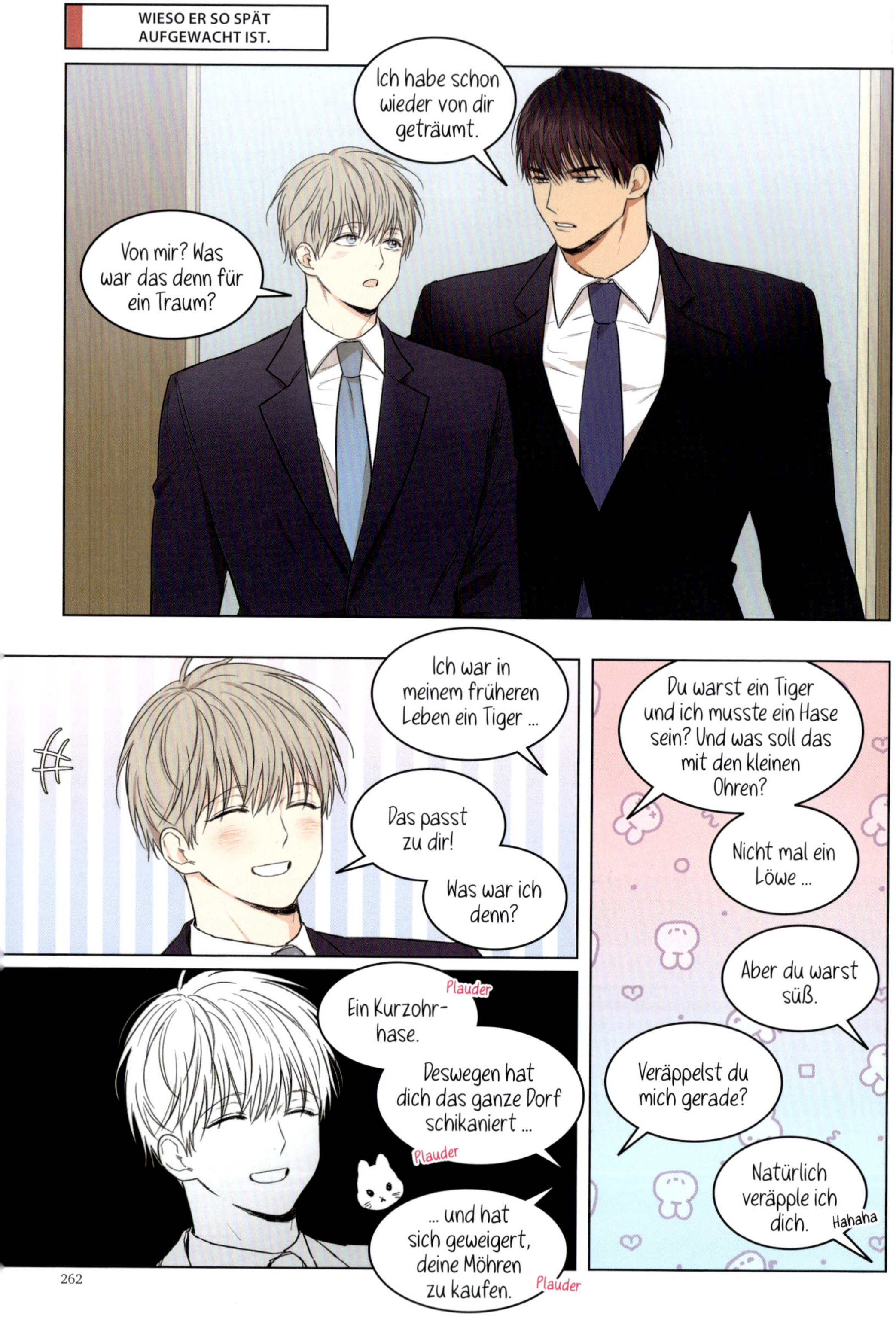
WIESO ER SO SPÄT AUFGEWACHT IST.
Ich habe schon wieder von dir geträumt.
Von mir? Was war das denn für ein Traum?
Ich war in meinem früheren Leben ein Tiger ...
Das passt zu dir!
Was war ich denn?
Ein Kurzohr-hase.
Plauder
Deswegen hat dich das ganze Dorf schikaniert ...
Plauder
... und hat sich geweigert, deine Möhren zu kaufen.
Plauder
Du warst ein Tiger und ich musste ein Hase sein? Und was soll das mit den kleinen Ohren?
Nicht mal ein Löwe ...
Aber du warst süß.
Veräppelst du mich gerade?
Natürlich veräpple ich dich.
Hahaha

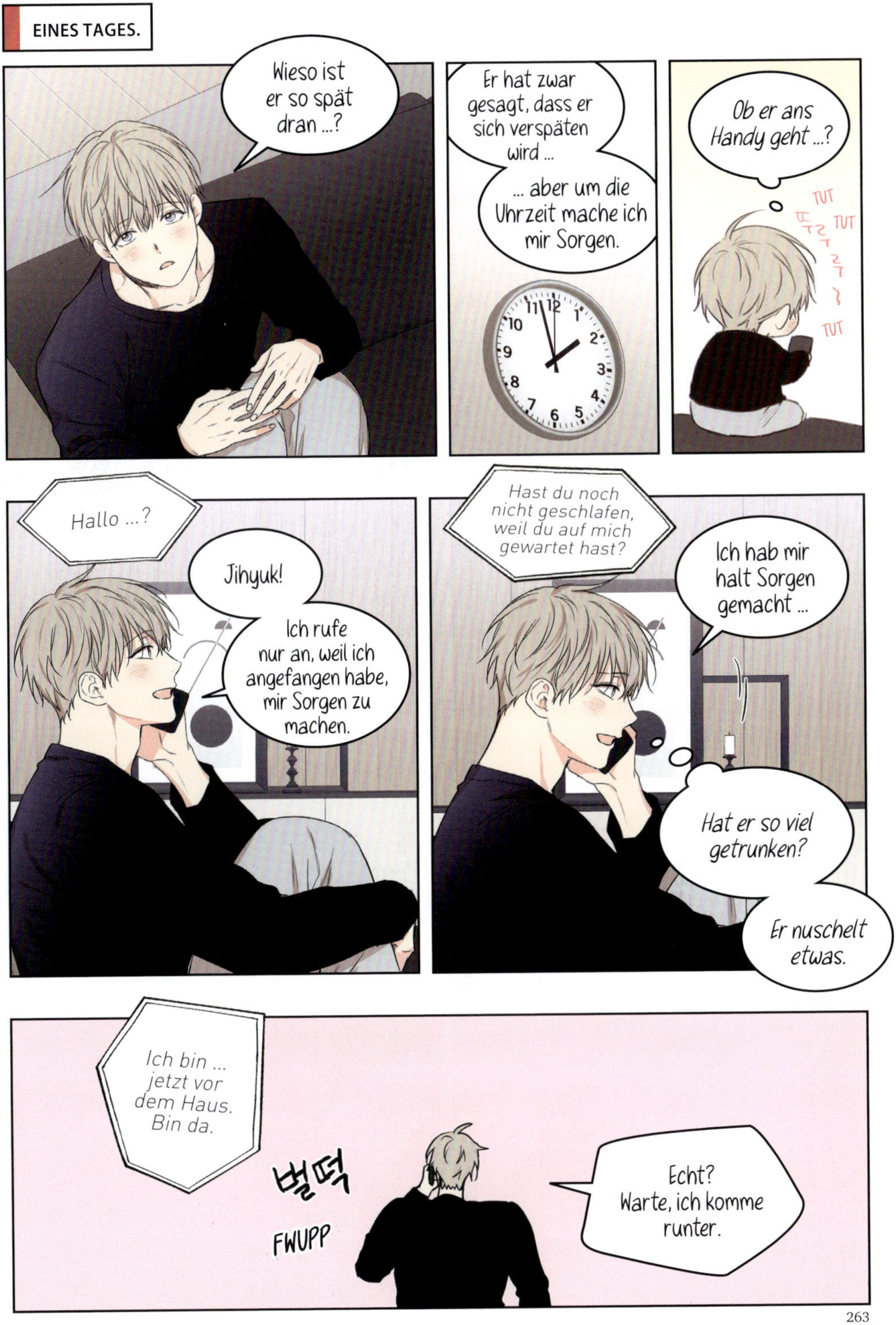
EINES TAGES.
Wieso ist er so spät dran ...?
Er hat zwar gesagt, dass er sich verspäten wird ...
... aber um die Uhrzeit mache ich mir Sorgen.
Ob er ans Handy geht ...?
TUT
TUT
TUT
Hallo ...?
Jihyuk!
Ich rufe nur an, weil ich angefangen habe, mir Sorgen zu machen.
Hast du noch nicht geschlafen, weil du auf mich gewartet hast?
Ich hab mir halt Sorgen gemacht ...
Hat er so viel getrunken?
Er nuschelt etwas.
Ich bin ... jetzt vor dem Haus. Bin da.
벌떡
FWUPP
Echt? Warte, ich komme runter.

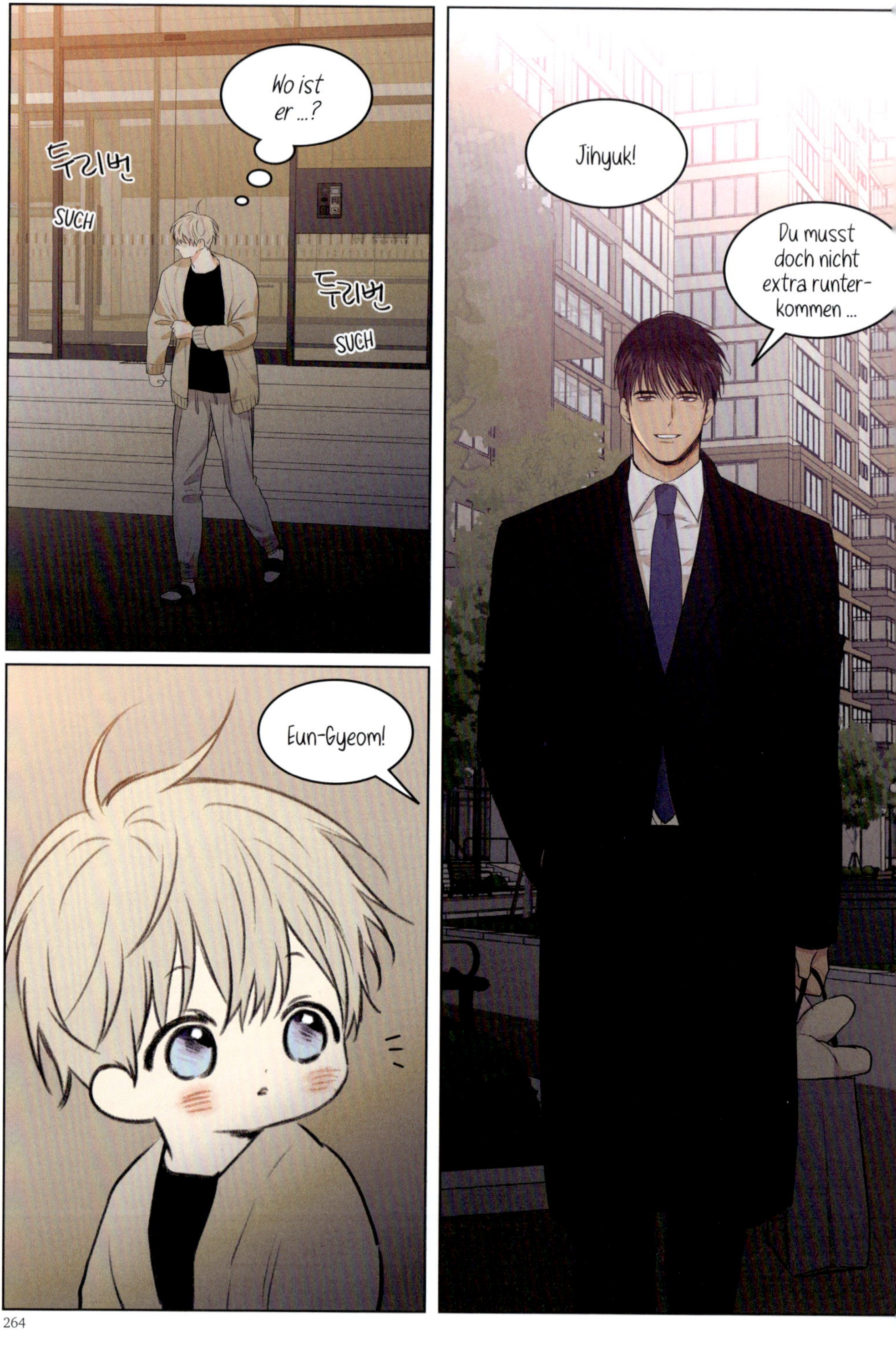
Wo ist er ...?
두리번
SUCH
두리번
SUCH
Eun-Gyeom!
Jihyuk!
Du musst doch nicht extra runter-kommen ...

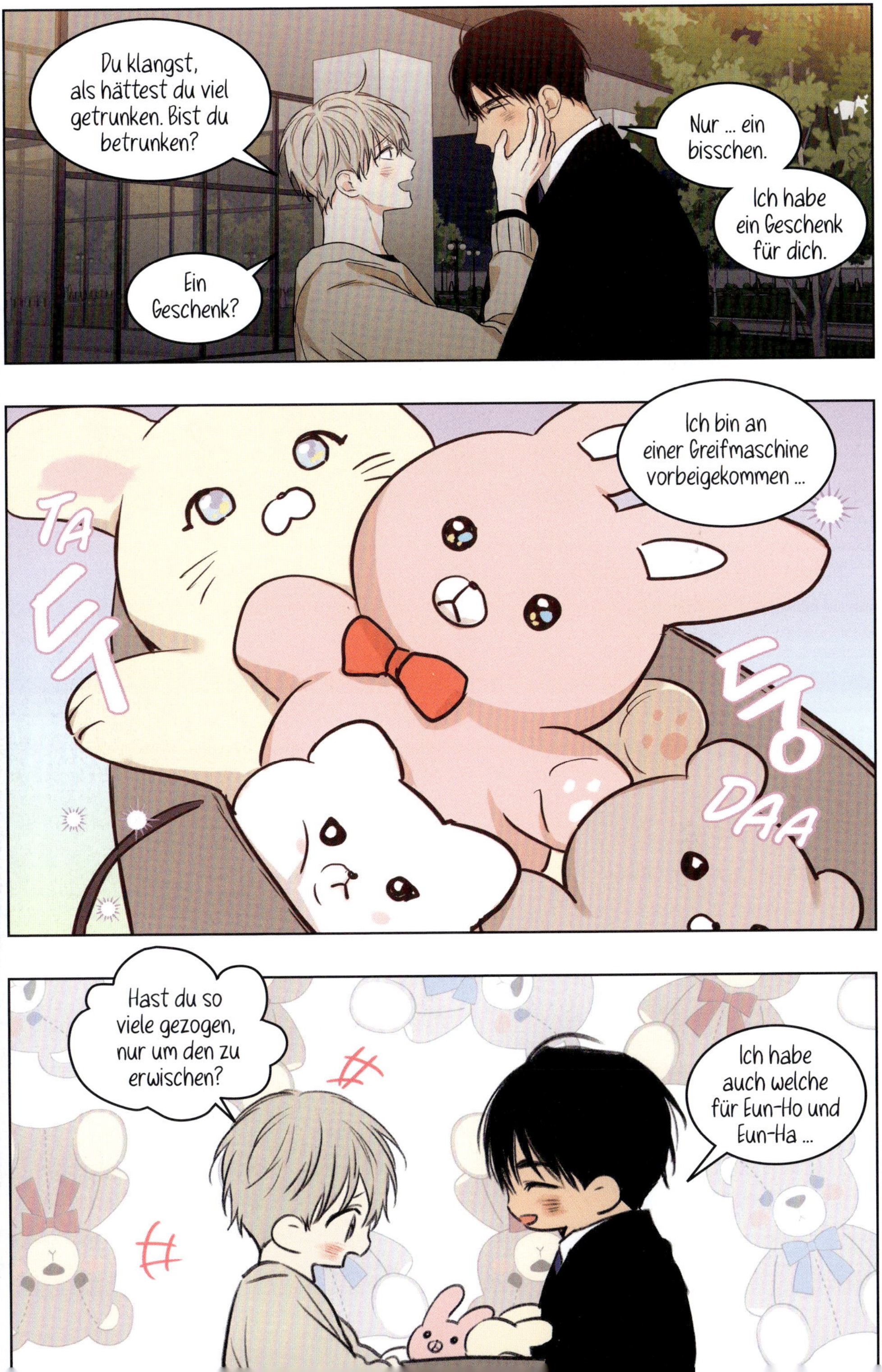
Du klangst, als hättest du viel getrunken. Bist du betrunken?
Nur ... ein bisschen.
Ich habe ein Geschenk für dich.
Ein Geschenk?
Ich bin an einer Greifmaschine vorbeigekommen ...
TA DAA
Hast du so viele gezogen, nur um den zu erwischen?
Ich habe auch welche für Eun-Ho und Eun-Ha ...

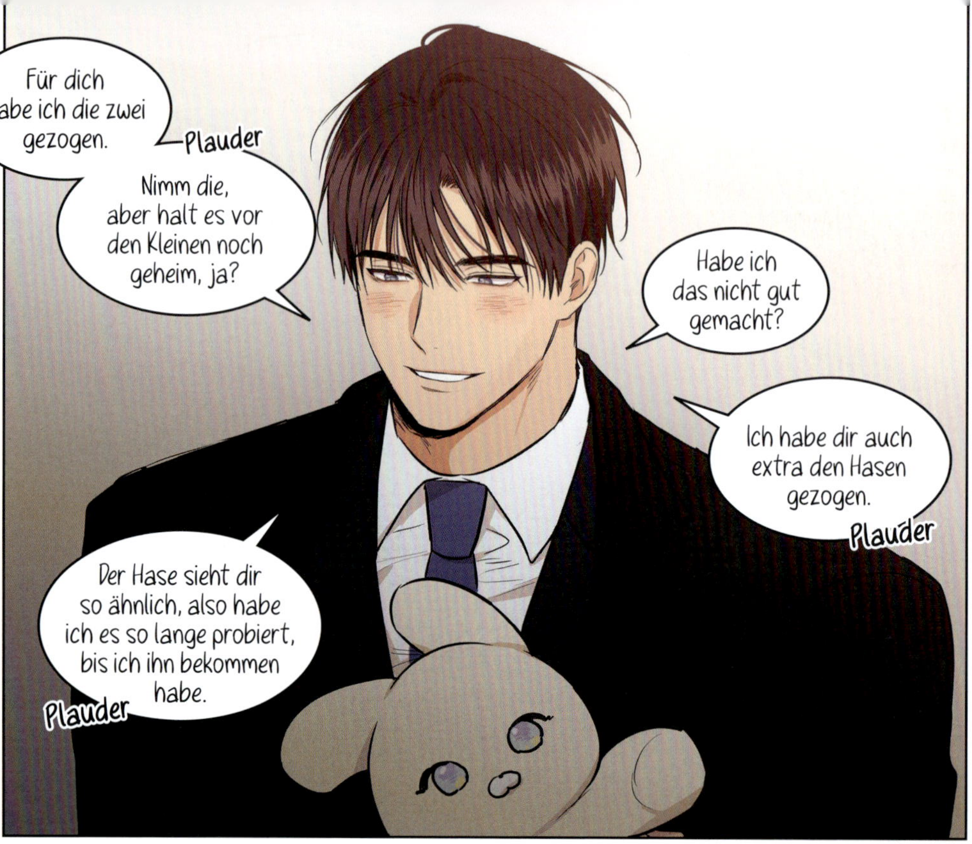
Für dich habe ich die zwei gezogen.
Plauder
Nimm die, aber halt es vor den Kleinen noch geheim, ja?
Habe ich das nicht gut gemacht?
Ich habe dir auch extra den Hasen gezogen.
Plauder
Der Hase sieht dir so ähnlich, also habe ich es so lange probiert, bis ich ihn bekommen habe.
Plauder

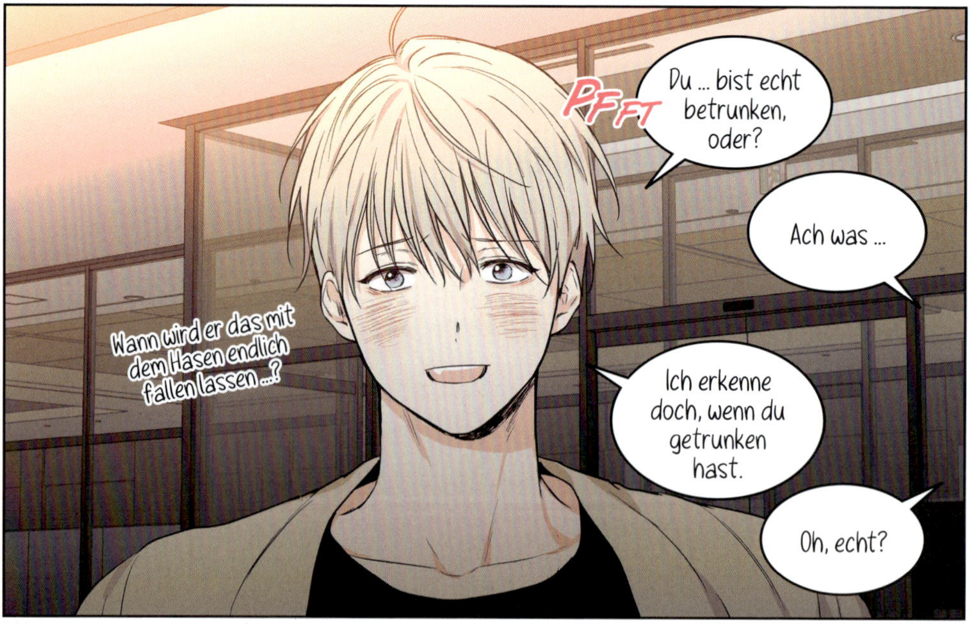
PFFT
Du ... bist echt betrunken, oder?
Ach was ...
Wann wird er das mit dem Hasen endlich fallen lassen ...?
Ich erkenne doch, wenn du getrunken hast.
Oh, echt?

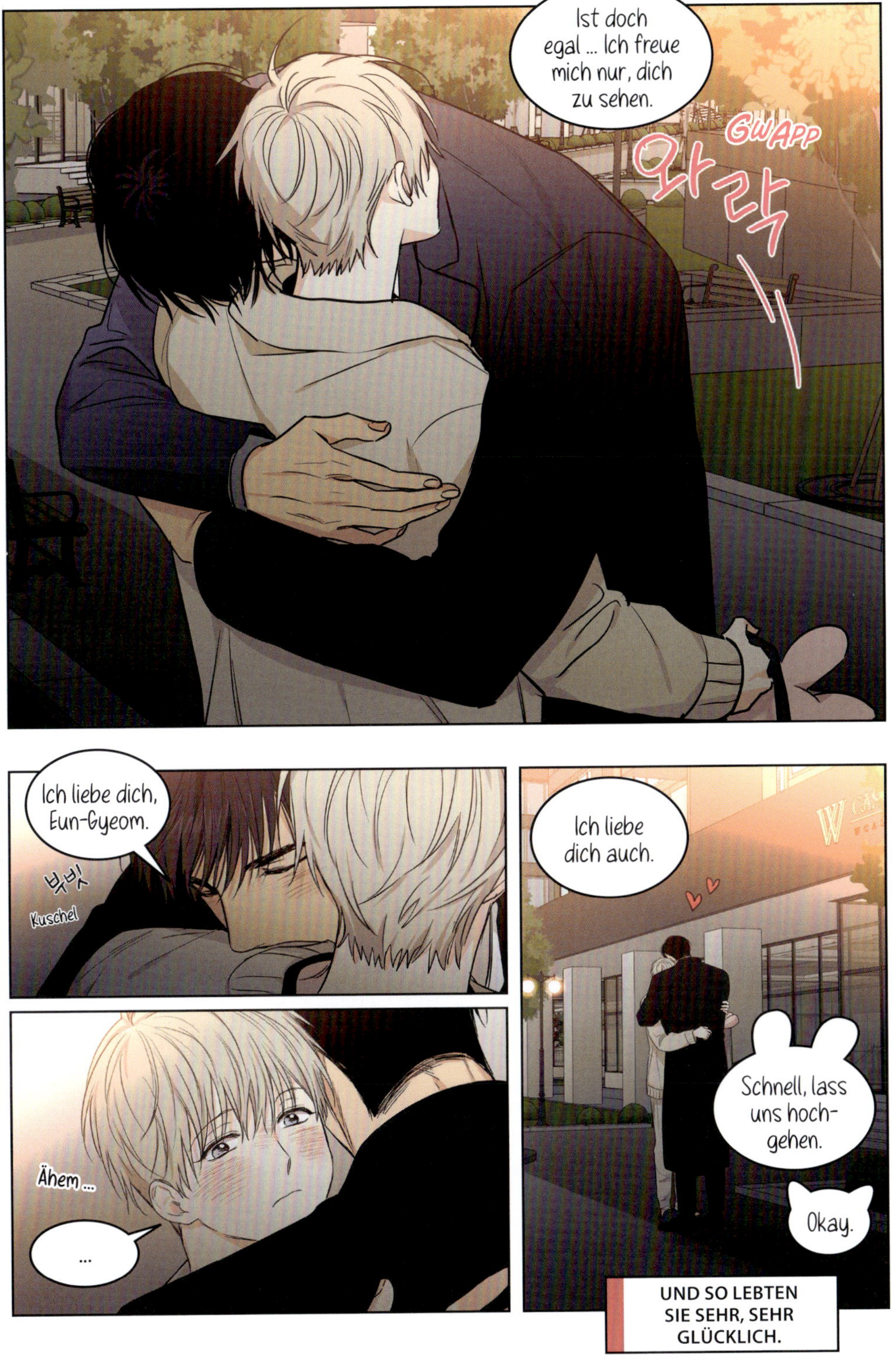
Ist doch egal ... Ich freue mich nur, dich zu sehen.
GWAPP
와락
Ich liebe dich, Eun-Gyeom.
Kuschel
Ähem ...
...
Ich liebe dich auch.
Schnell, lass uns hoch-gehen.
Okay.
UND SO LEBTEN SIE SEHR, SEHR GLÜCKLICH.

SPIN-OFF

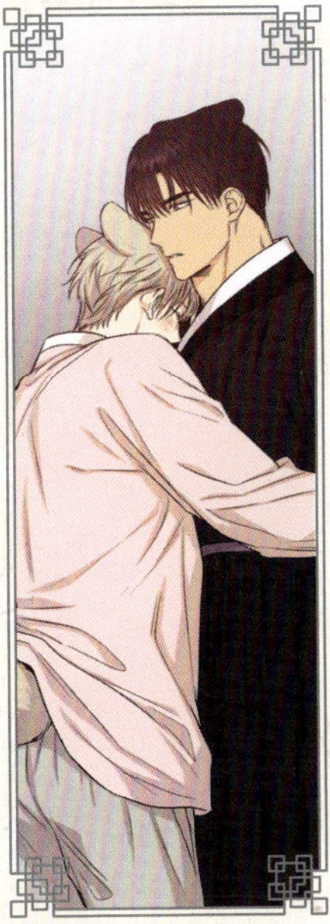

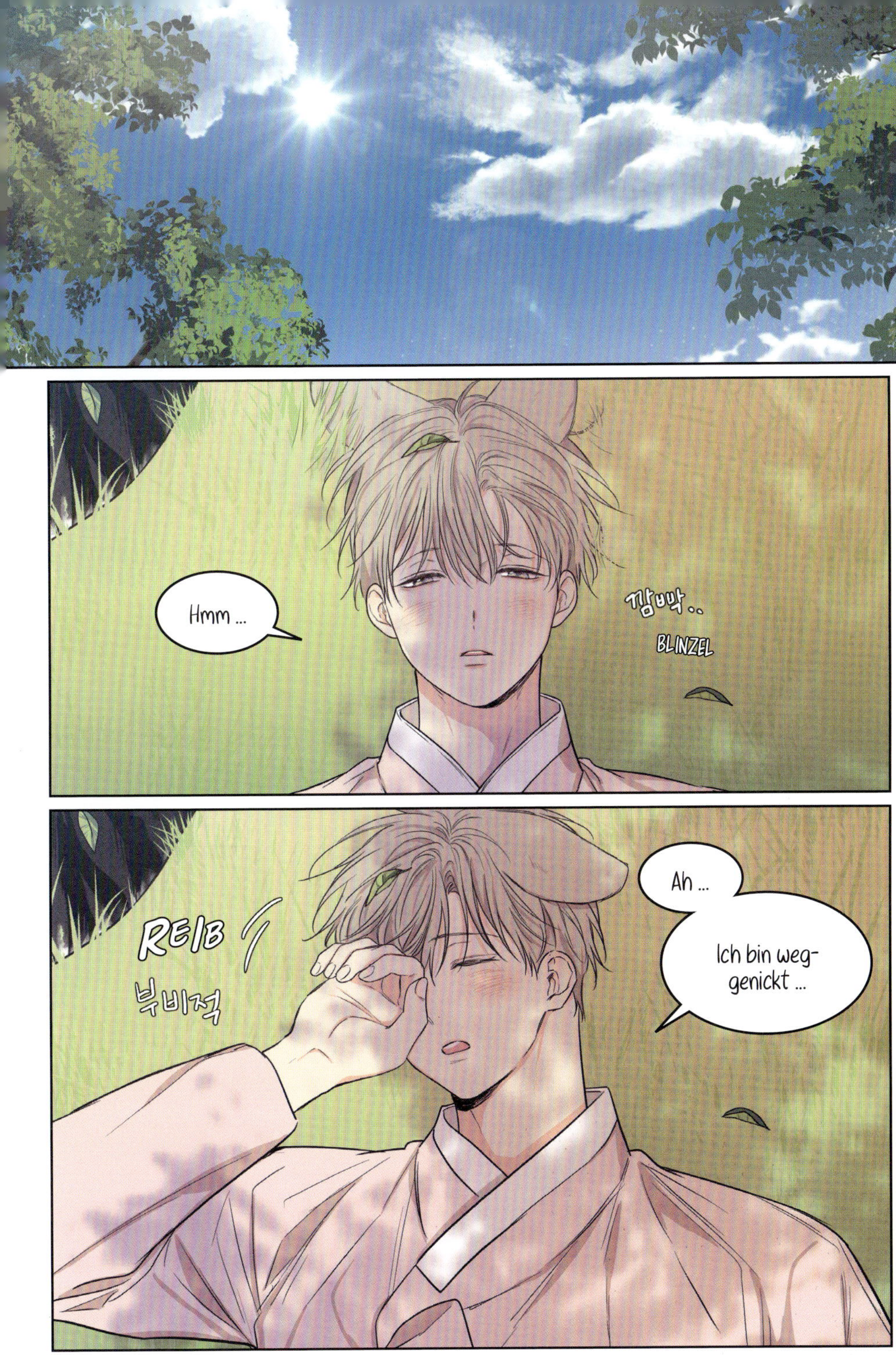

Hmm ...
깜빡 ..
BLINZEL
Ah ...
Ich bin weg-
genickt ...
REIB
부비적

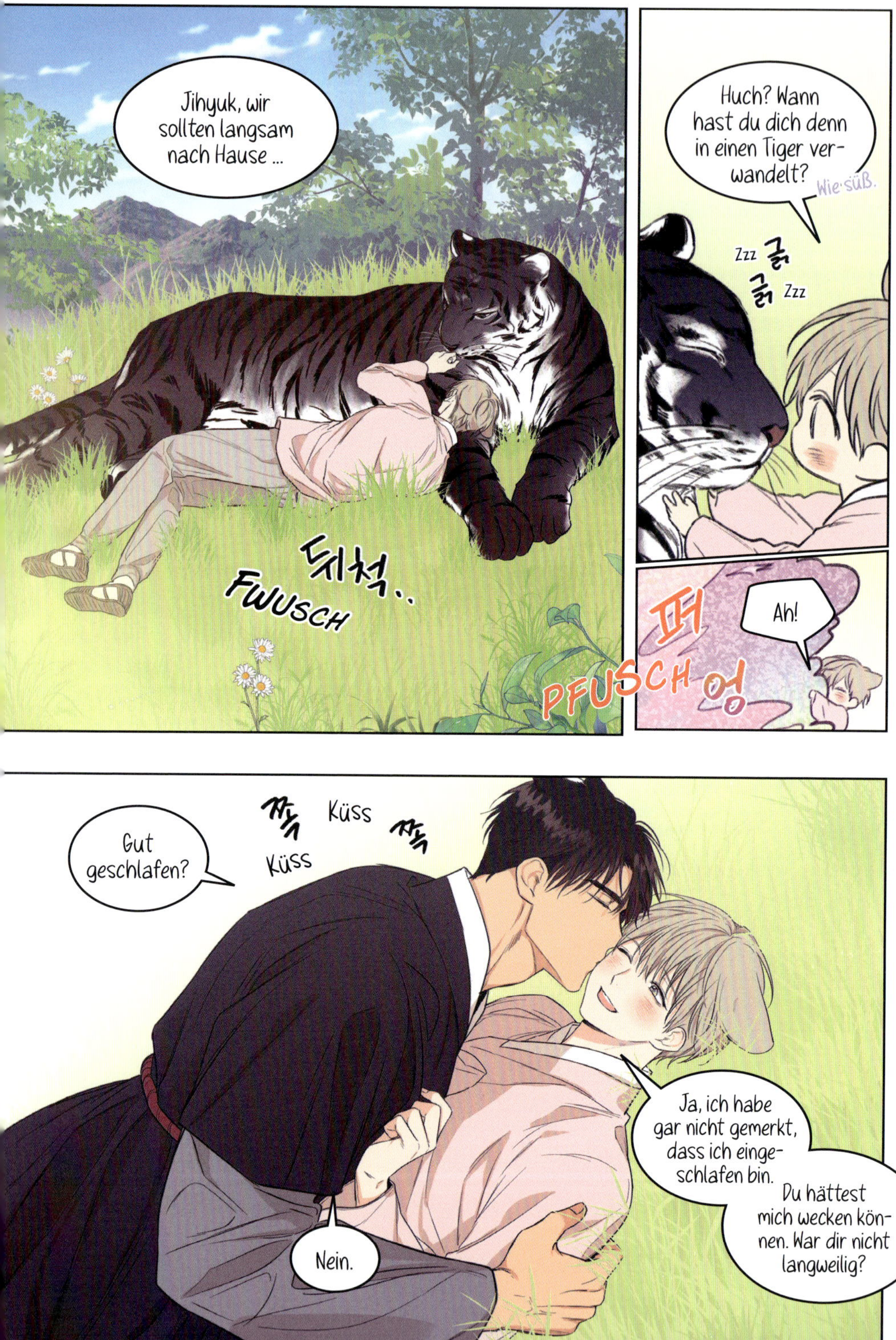
Jihyuk, wir sollten langsam nach Hause ...
뒤척..
FWUSCH
Huch? Wann hast du dich denn in einen Tiger verwandelt?
Wie süß.
Zzz 굴
굴 Zzz
퍼
Ah!
PFUSCH 엉
쪽 Küss
쪽 Küss
Gut geschlafen?
Ja, ich habe gar nicht gemerkt, dass ich eingeschlafen bin.
Du hättest mich wecken können. War dir nicht langweilig?
Nein.

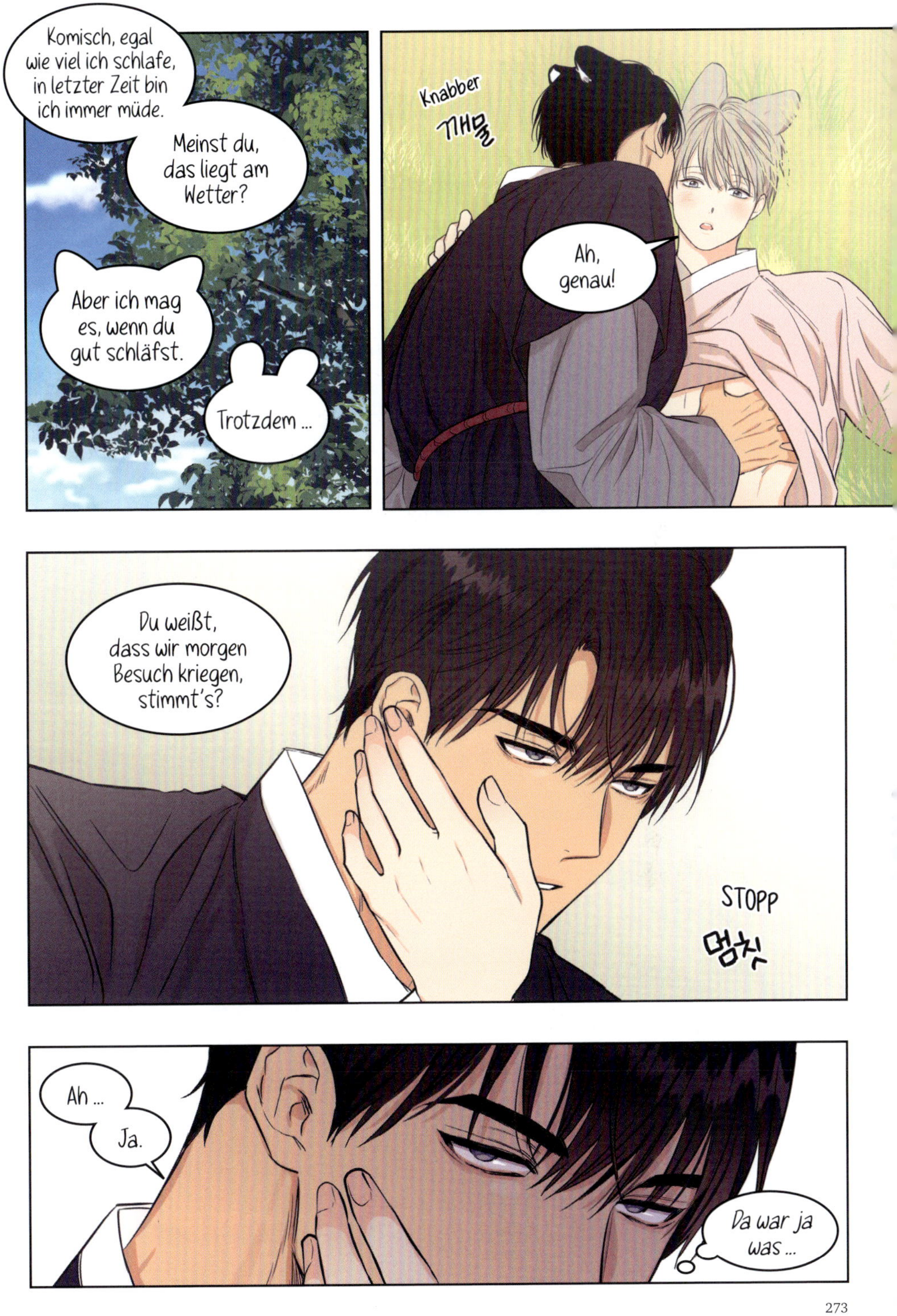
Komisch, egal wie viel ich schlafe, in letzter Zeit bin ich immer müde.
Meinst du, das liegt am Wetter?
Aber ich mag es, wenn du gut schläfst.
Trotzdem ...
Knabber
깨물
Ah, genau!
Du weißt, dass wir morgen Besuch kriegen, stimmt's?
STOPP
멈칫
Ah ...
Ja.
Da war ja was ...

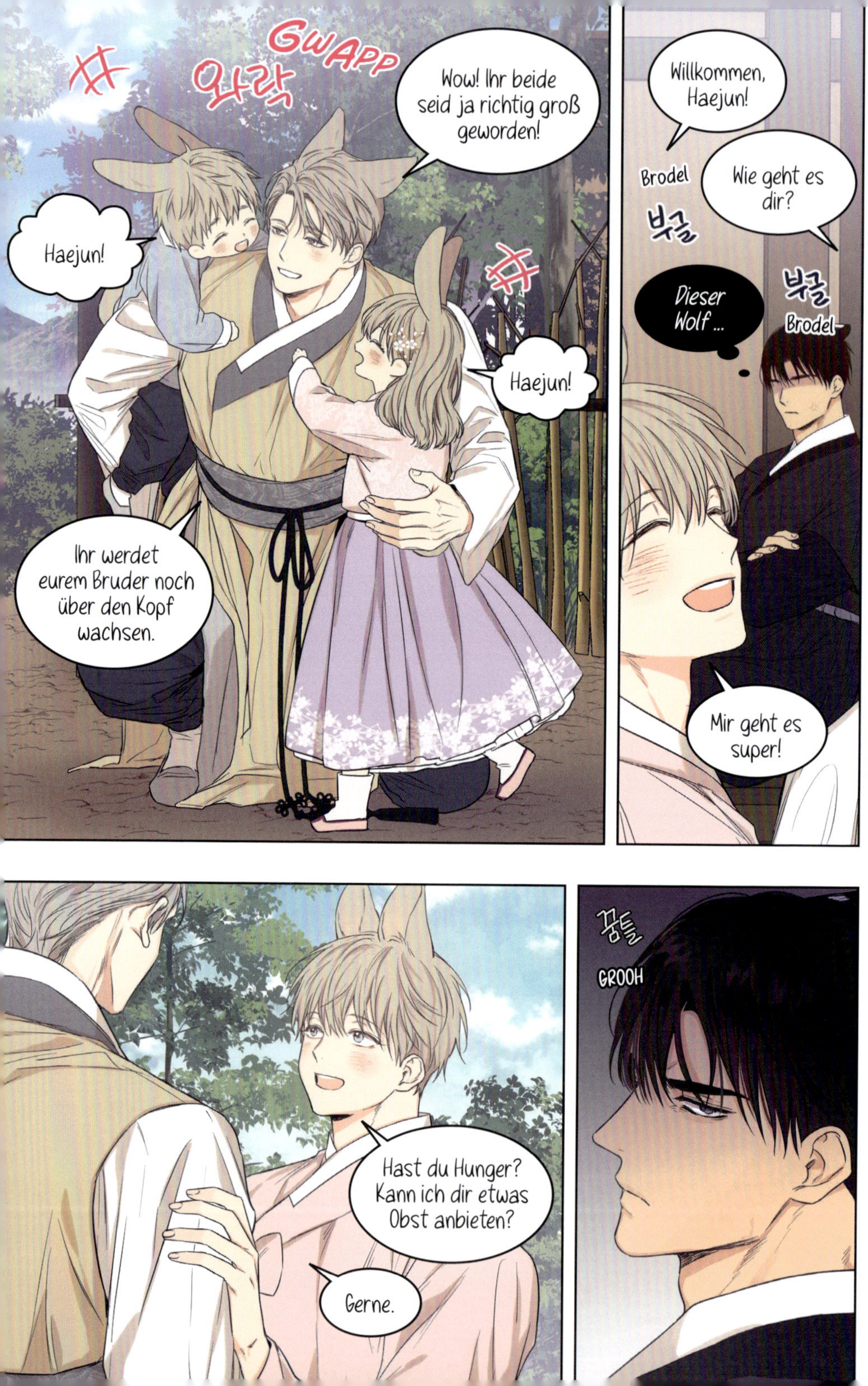

GWAPP
와락
Wow! Ihr beide seid ja richtig groß geworden!
Haejun!
Haejun!
Ihr werdet eurem Bruder noch über den Kopf wachsen.
Willkommen, Haejun!
Brodel
부글
Wie geht es dir?
부글
Brodel
Dieser Wolf ...
Mir geht es super!
Hast du Hunger? Kann ich dir etwas Obst anbieten?
Gerne.
꿈틀
GROOH

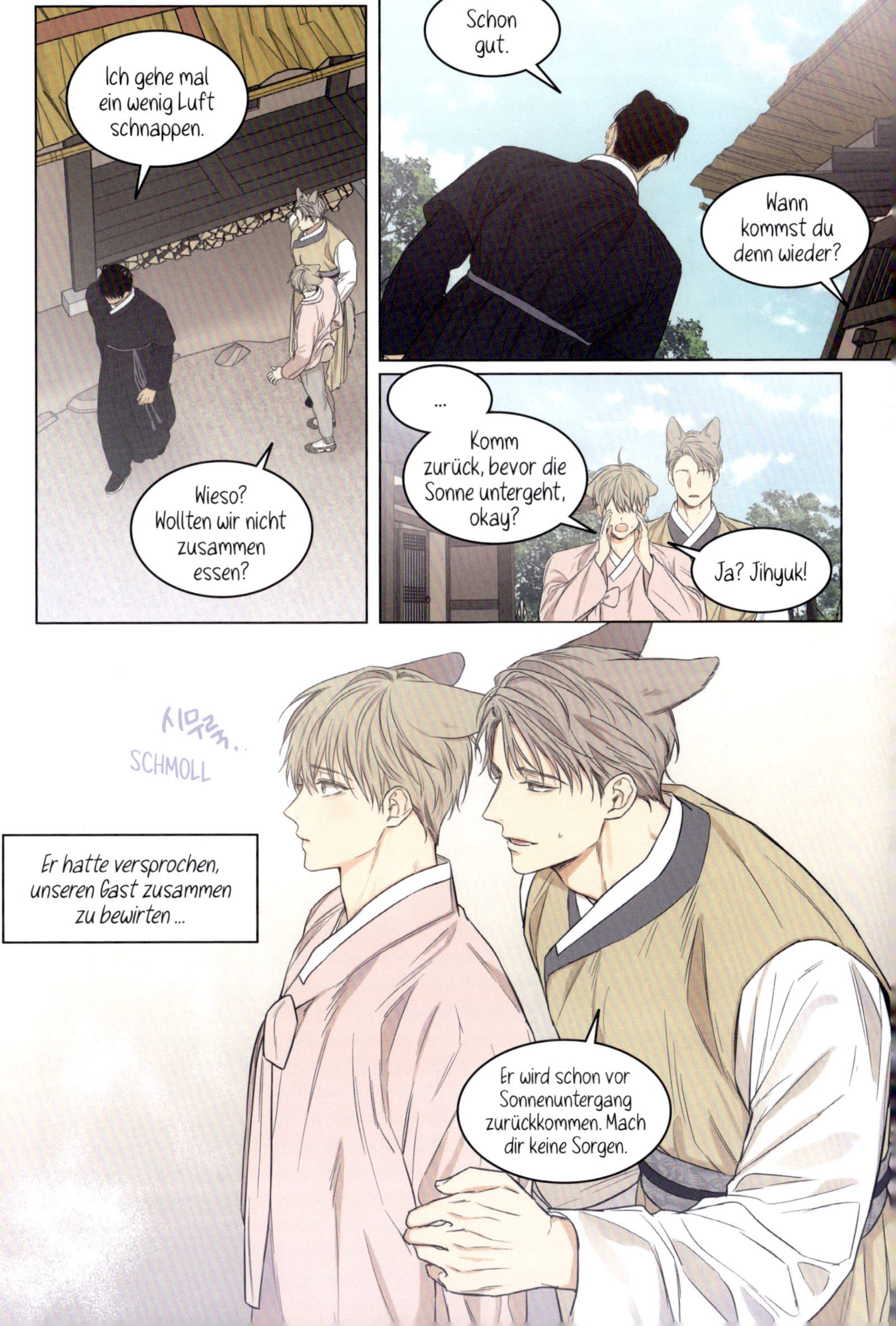
Ich gehe mal ein wenig Luft schnappen.
Wieso? Wollten wir nicht zusammen essen?
Schon gut.
Wann kommst du denn wieder?
...
Komm zurück, bevor die Sonne untergeht, okay?
Ja? Jihyuk!
시무룩..
SCHMOLL
Er hatte versprochen, unseren Gast zusammen zu bewirten ...
Er wird schon vor Sonnenuntergang zurückkommen. Mach dir keine Sorgen.

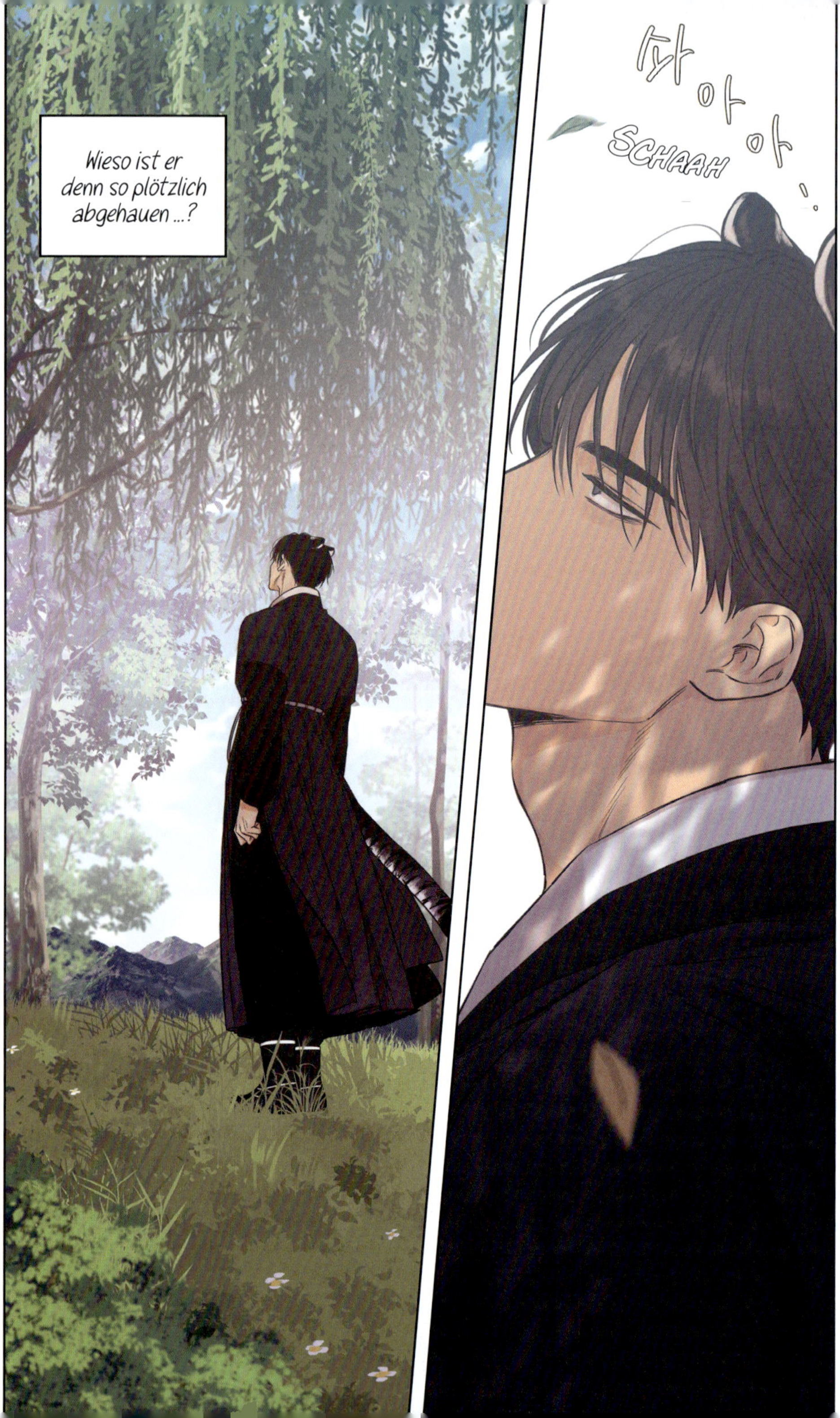
Wieso ist er denn so plötzlich abgehauen …?
솨아아
SCHAAH

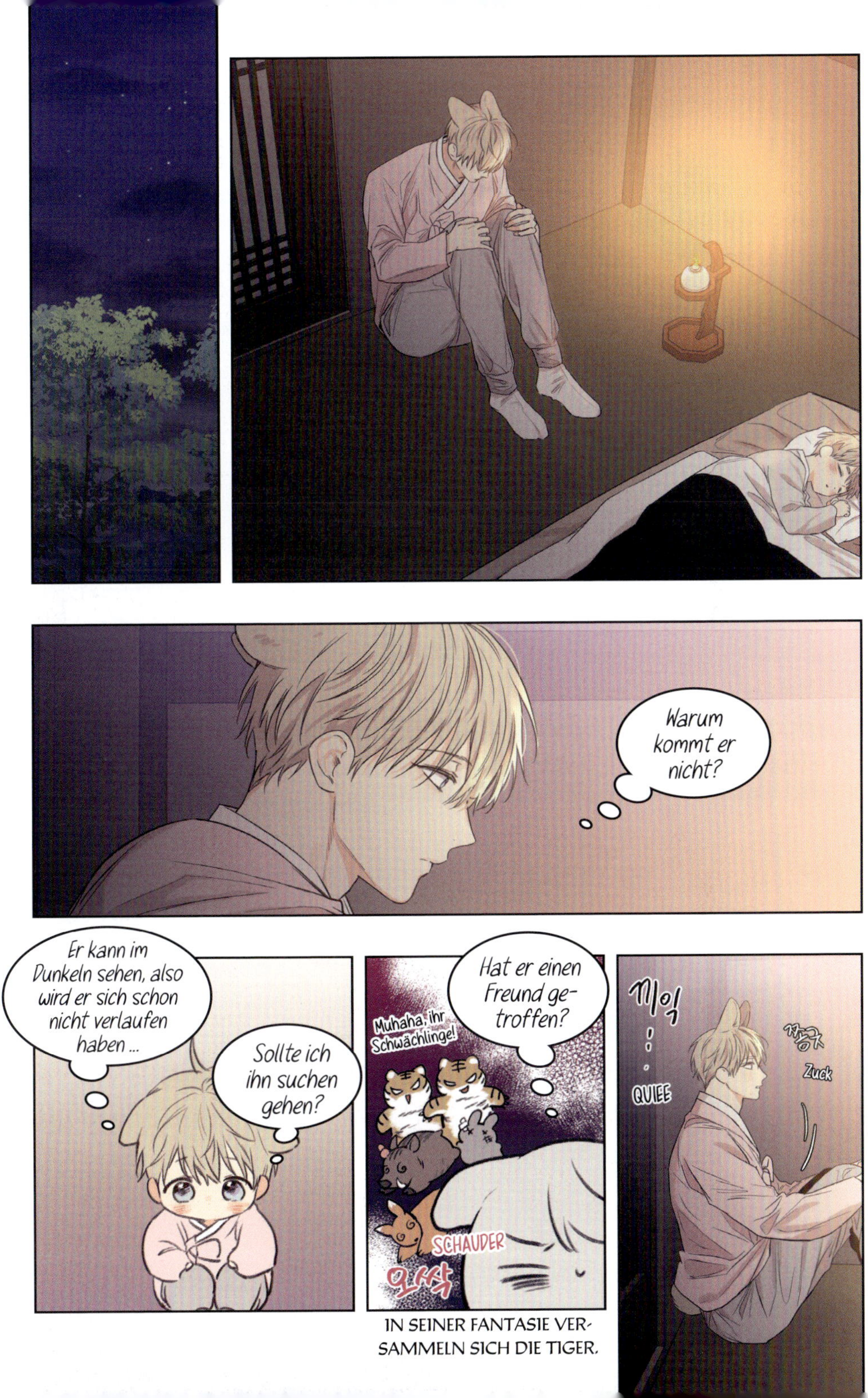
Warum kommt er nicht?
Er kann im Dunkeln sehen, also wird er sich schon nicht verlaufen haben ...
Sollte ich ihn suchen gehen?
Hat er einen Freund getroffen?
Muhaha, ihr Schwächlinge!
SCHAUDER
오싹
IN SEINER FANTASIE VERSAMMELN SICH DIE TIGER.
끼익
QUIEE
Zuck

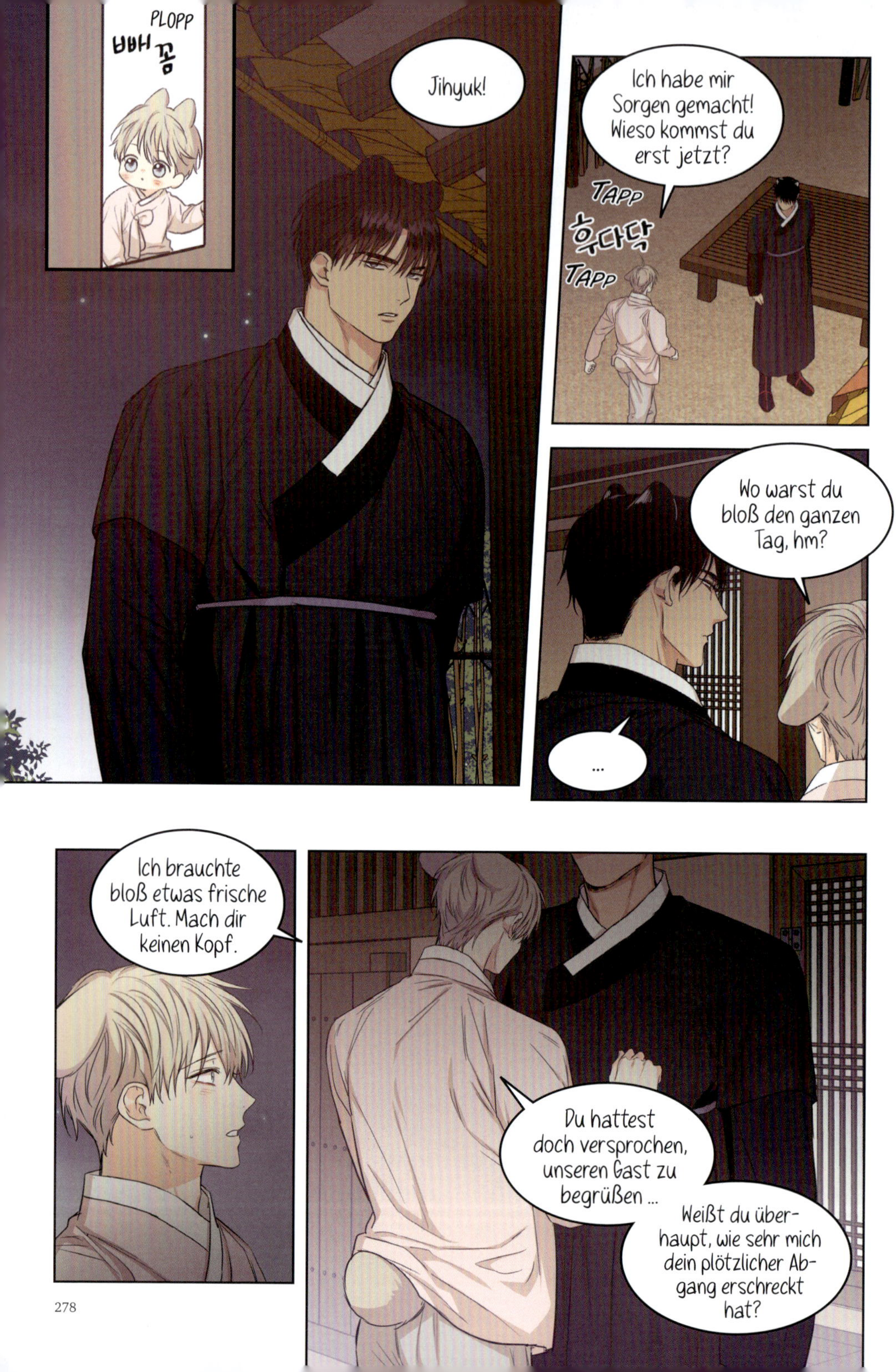
PLOPP
빠꼼
Jihyuk!
Ich habe mir Sorgen gemacht! Wieso kommst du erst jetzt?
TAPP
후다닥
TAPP
Wo warst du bloß den ganzen Tag, hm?
...
Ich brauchte bloß etwas frische Luft. Mach dir keinen Kopf.
Du hattest doch versprochen, unseren Gast zu begrüßen ...
Weißt du überhaupt, wie sehr mich dein plötzlicher Abgang erschreckt hat?

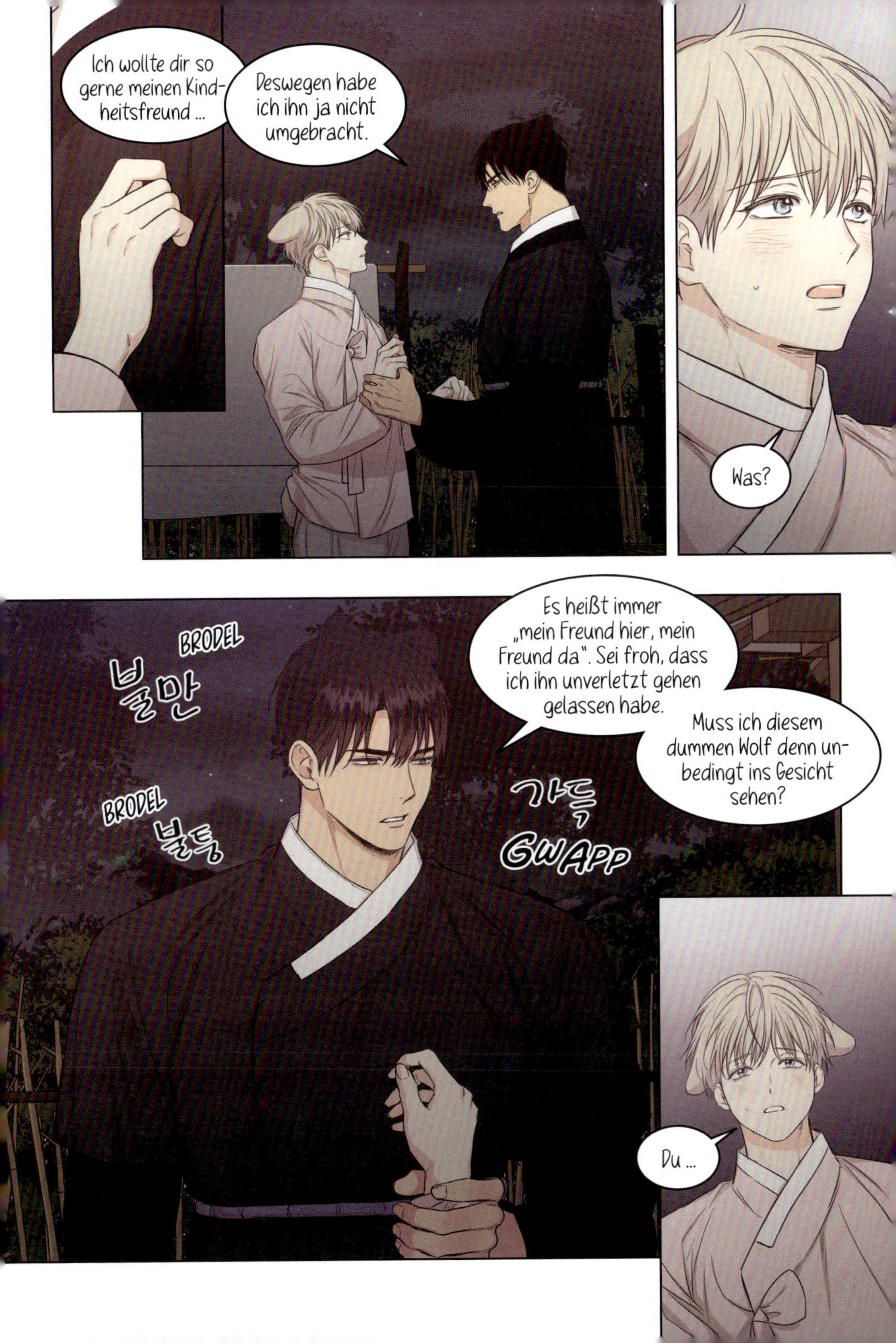
Ich wollte dir so gerne meinen Kindheitsfreund ...
Deswegen habe ich ihn ja nicht umgebracht.
Was?
BRODEL
불만
BRODEL
불퉁
Es heißt immer „mein Freund hier, mein Freund da". Sei froh, dass ich ihn unverletzt gehen gelassen habe.
Muss ich diesem dummen Wolf denn unbedingt ins Gesicht sehen?
가득
GWAPP
Du ...

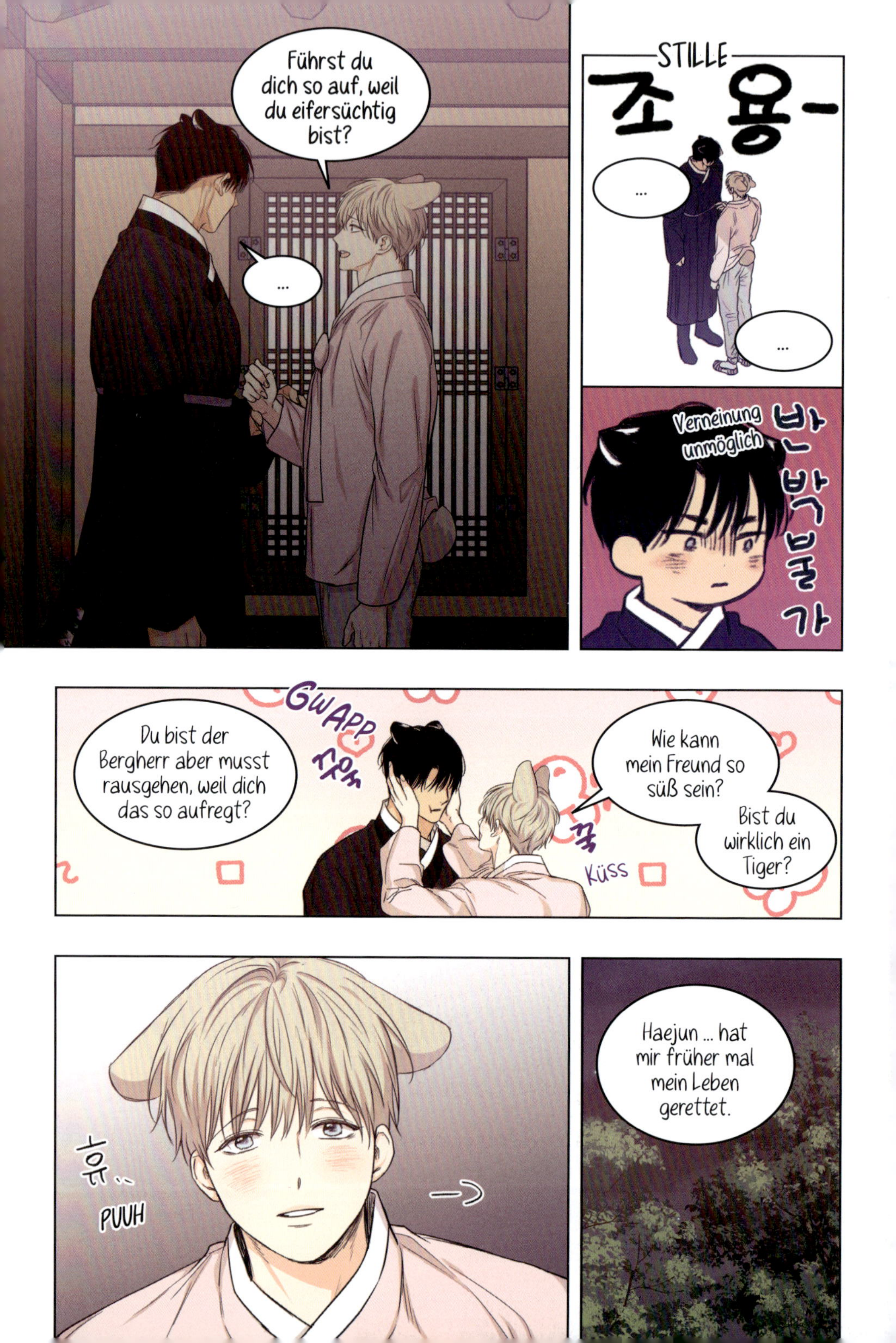

Führst du dich so auf, weil du eifersüchtig bist?
...
STILLE
조 용-
...
...
Verneinung unmöglich
반박불가
GWAPP
Du bist der Bergherr aber musst rausgehen, weil dich das so aufregt?
Wie kann mein Freund so süß sein?
Bist du wirklich ein Tiger?
KÜSS
휴..
PUUH
Haejun ... hat mir früher mal mein Leben gerettet.

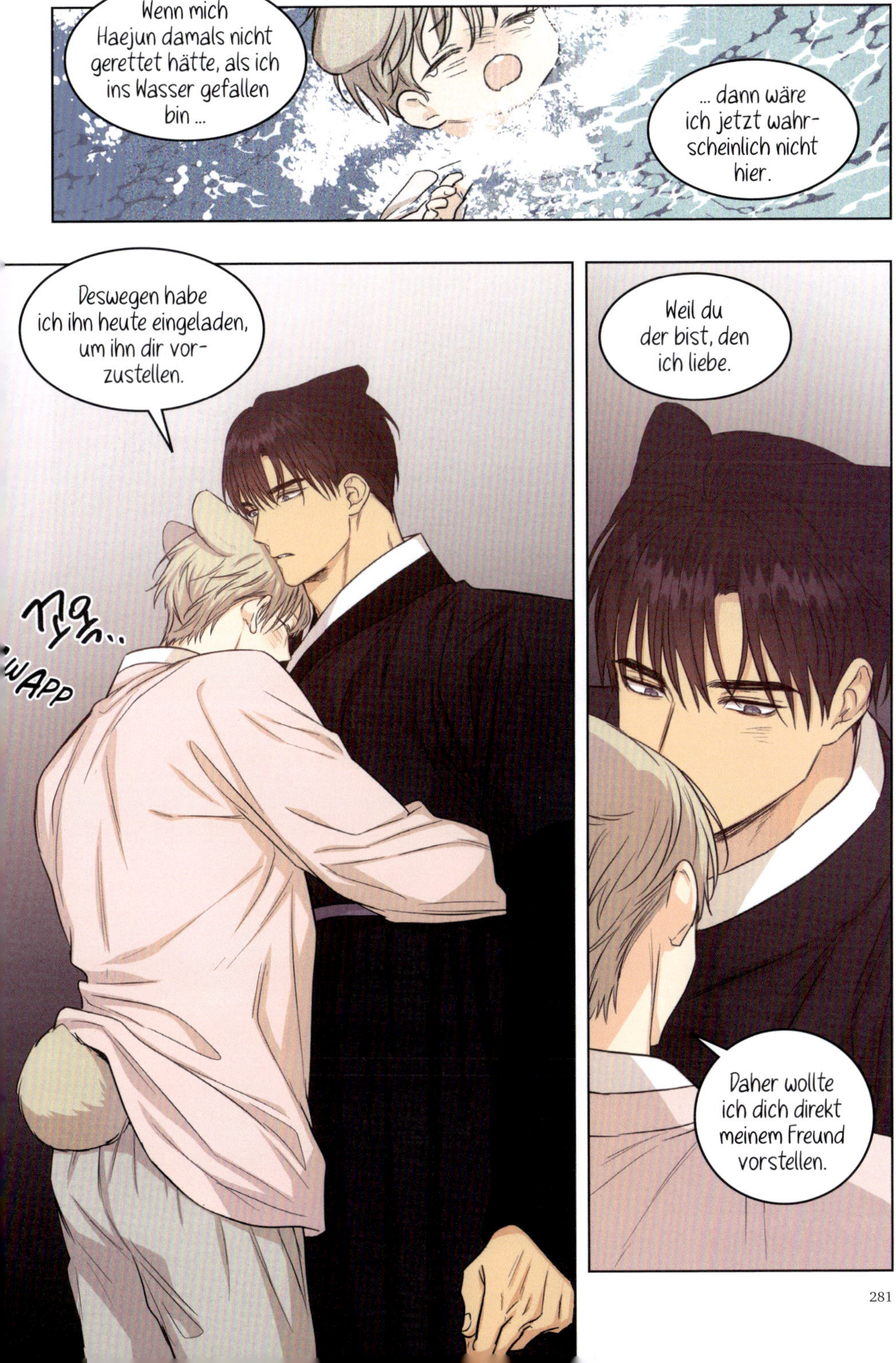
Wenn mich Haejun damals nicht gerettet hätte, als ich ins Wasser gefallen bin ...
... dann wäre ich jetzt wahrscheinlich nicht hier.
Deswegen habe ich ihn heute eingeladen, um ihn dir vorzustellen.
Weil du der bist, den ich liebe.
Daher wollte ich dich direkt meinem Freund vorstellen.

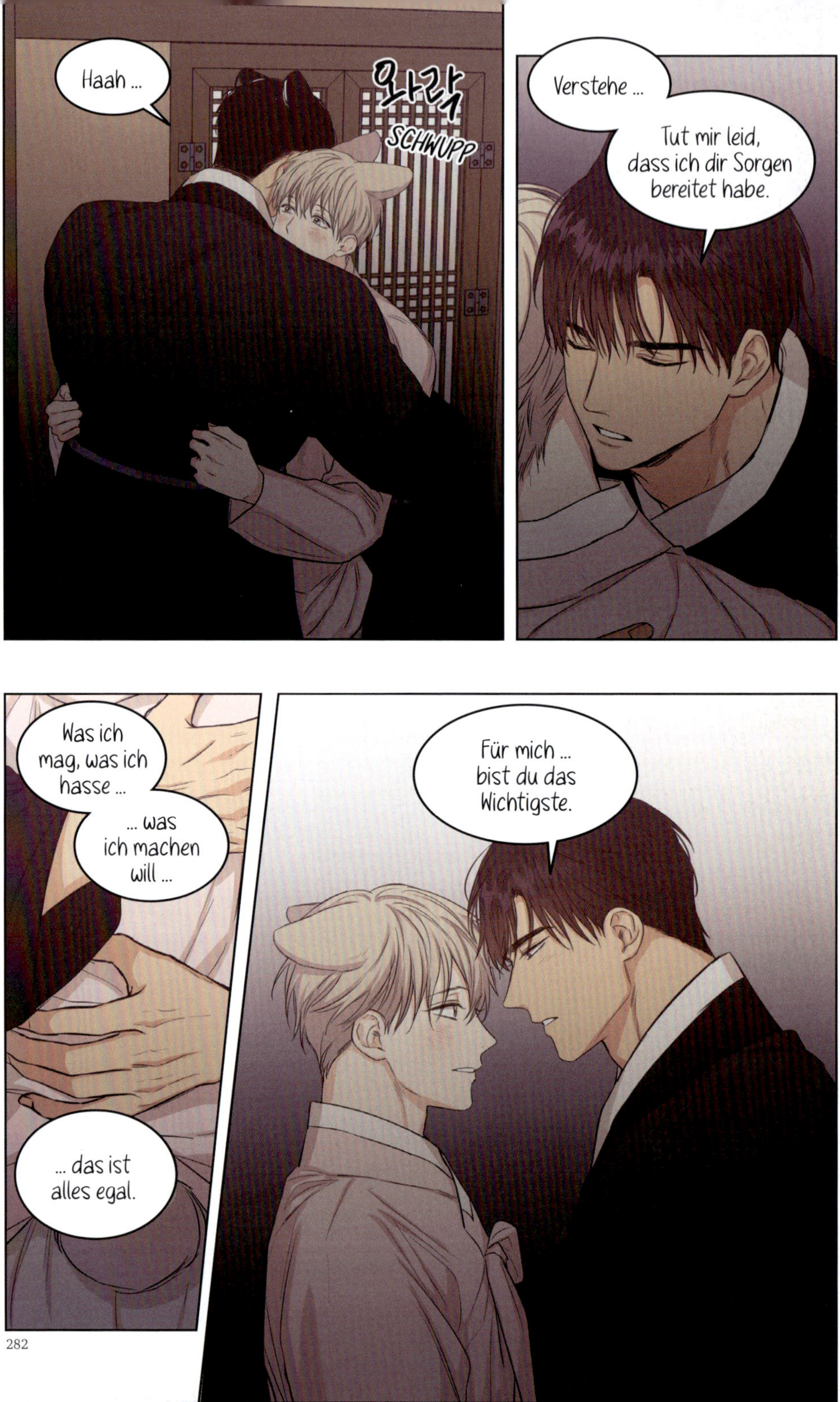
Haah ...
와락
SCHWUPP
Verstehe ...
Tut mir leid, dass ich dir Sorgen bereitet habe.
Was ich mag, was ich hasse ...
... was ich machen will ...
... das ist alles egal.
Für mich ... bist du das Wichtigste.

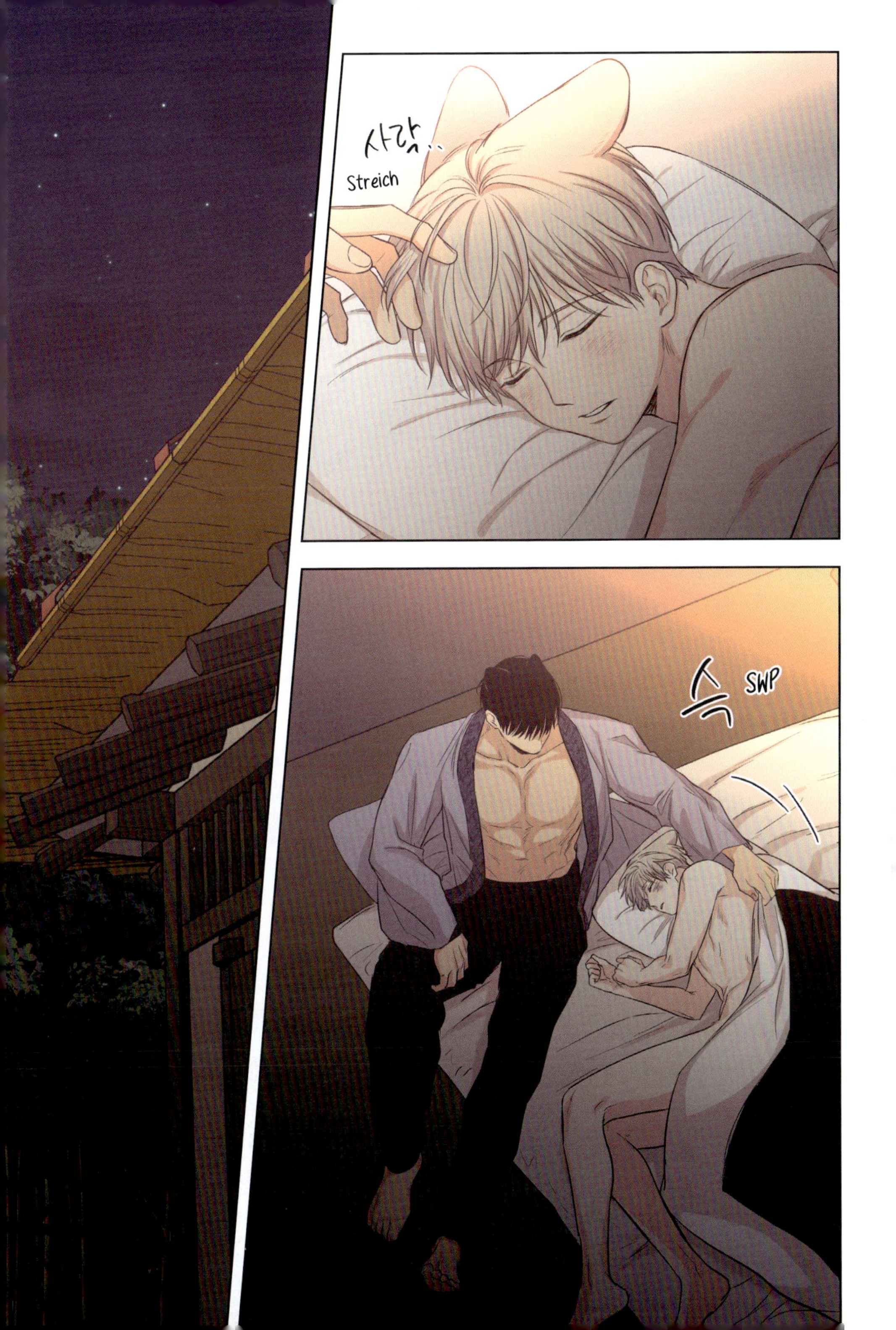
사락..
Streich
스윽
SWP

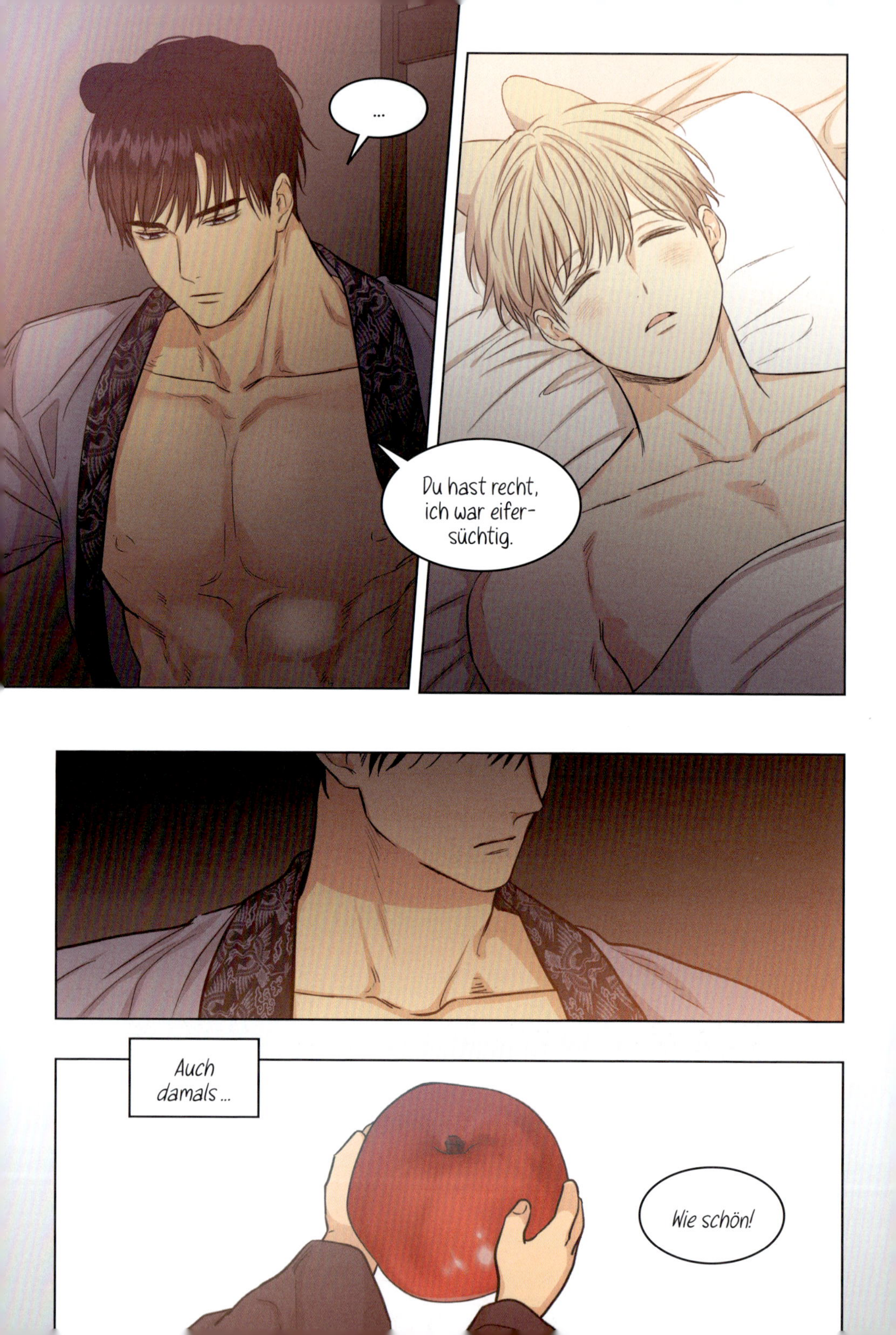
...
Du hast recht, ich war eifer-süchtig.
Auch damals ...
Wie schön!

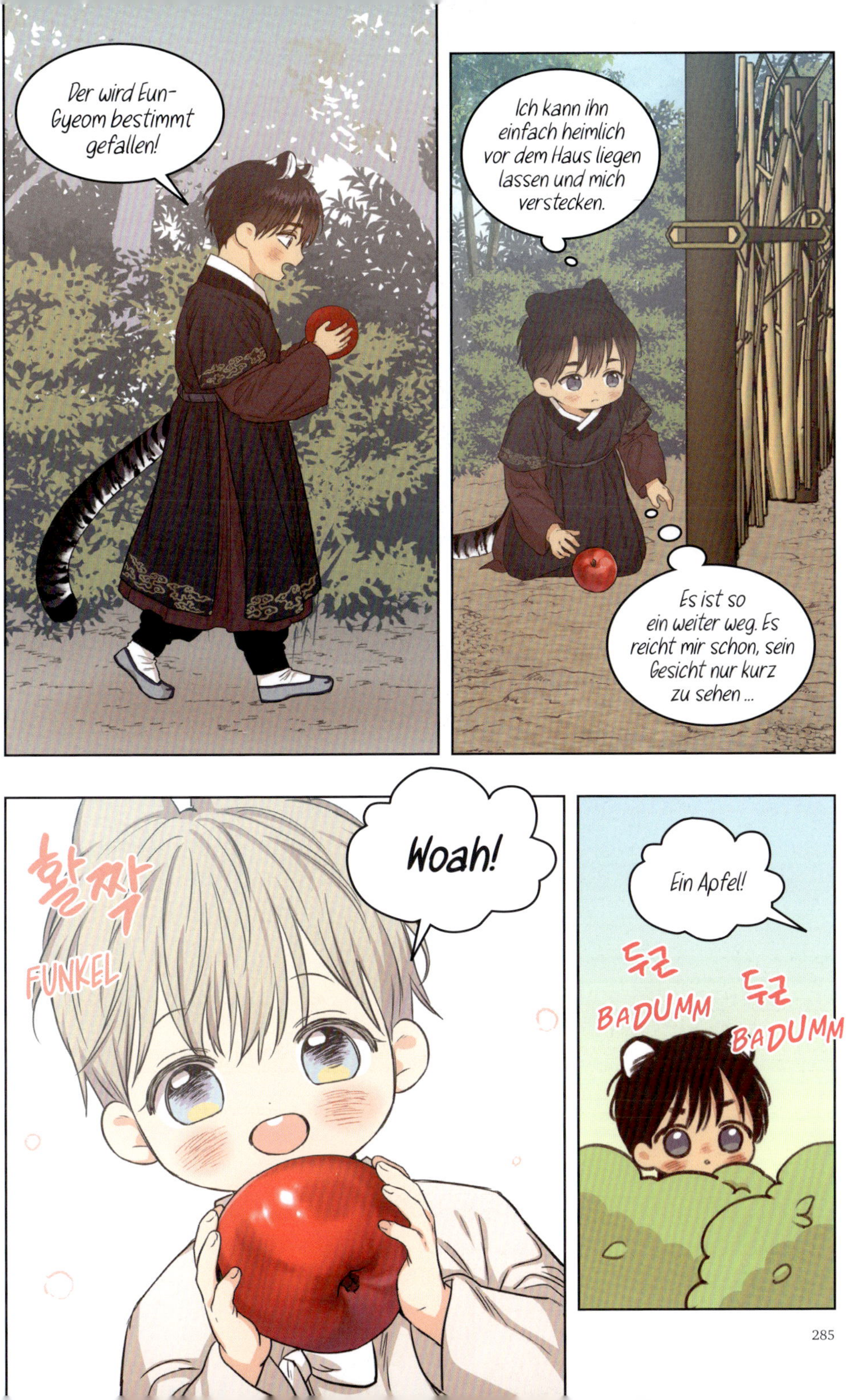
Der wird Eun-Gyeom bestimmt gefallen!
Ich kann ihn einfach heimlich vor dem Haus liegen lassen und mich verstecken.
Es ist so ein weiter weg. Es reicht mir schon, sein Gesicht nur kurz zu sehen …
활짝
FUNKEL
Woah!
Ein Apfel!
두근
BADUMM
두근
BADUMM

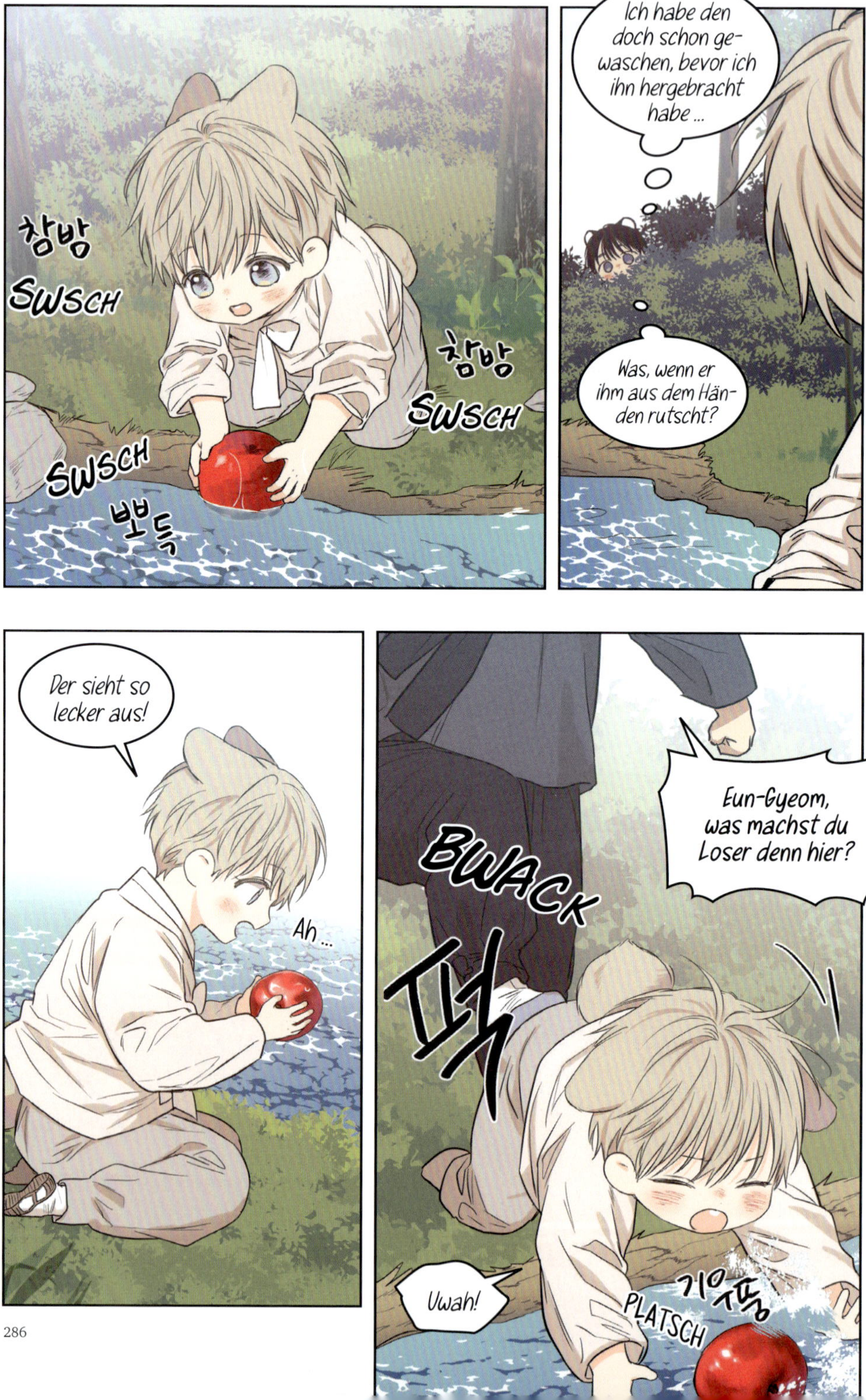
참방
SWSCH
참방
SWSCH
SWSCH
뽀드득
Ich habe den doch schon gewaschen, bevor ich ihn hergebracht habe ...
Was, wenn er ihm aus dem Händen rutscht?
Der sieht so lecker aus!
Ah ...
Eun-Gyeom, was machst du Loser denn hier?
BWACK
퍽
Uwah!
기우뚱
PLATSCH

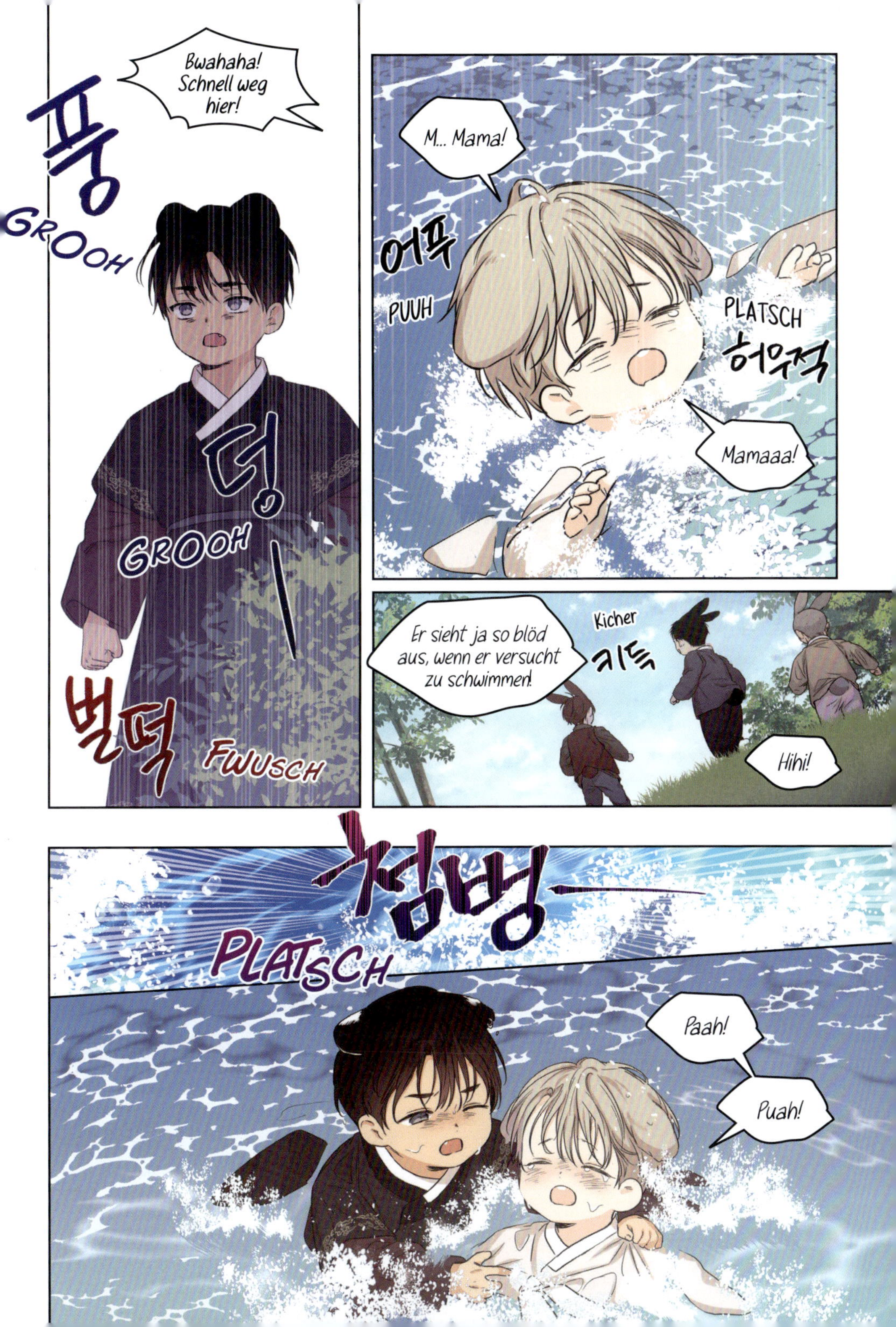
Bwahaha! Schnell weg hier!
퐁
GROOH
덩
GROOH
벌떡
FWUSCH
M... Mama!
어푸
PUUH
PLATSCH
허우적
Mamaaa!
Er sieht ja so blöd aus, wenn er versucht zu schwimmen!
Kicher
키득
Hihi!
첨벙
PLATSCH
Paah!
Puah!

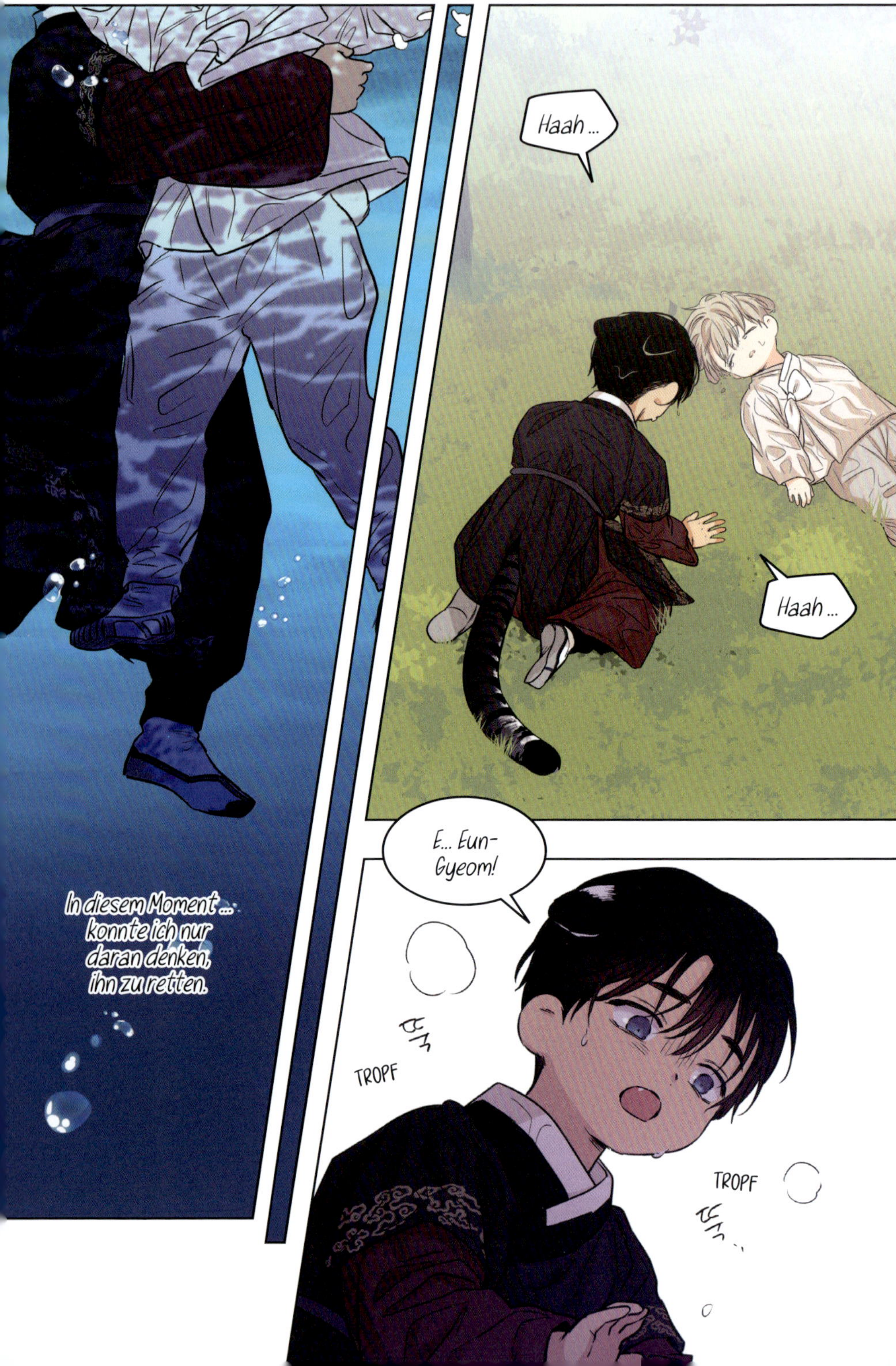
In diesem Moment ... konnte ich nur daran denken, ihn zu retten.
Haah ...
Haah ...
E... Eun-Gyeom!
TROPF
TROPF

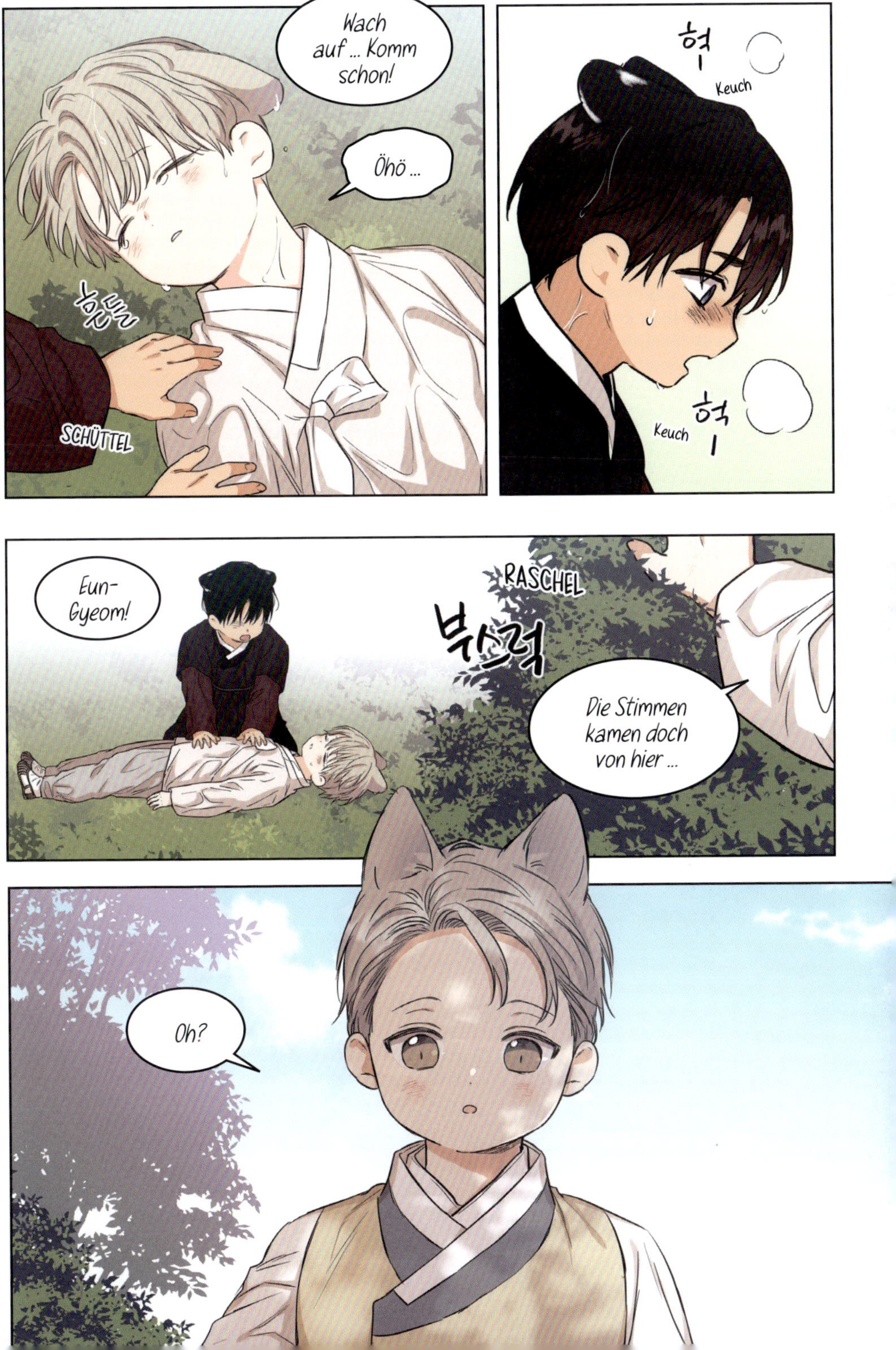

Wach auf ... Komm schon!
Öhö ...
흔들
SCHÜTTEL
헉
Keuch
헉
Keuch
Eun-Gyeom!
RASCHEL
부스럭
Die Stimmen kamen doch von hier ...
Oh?

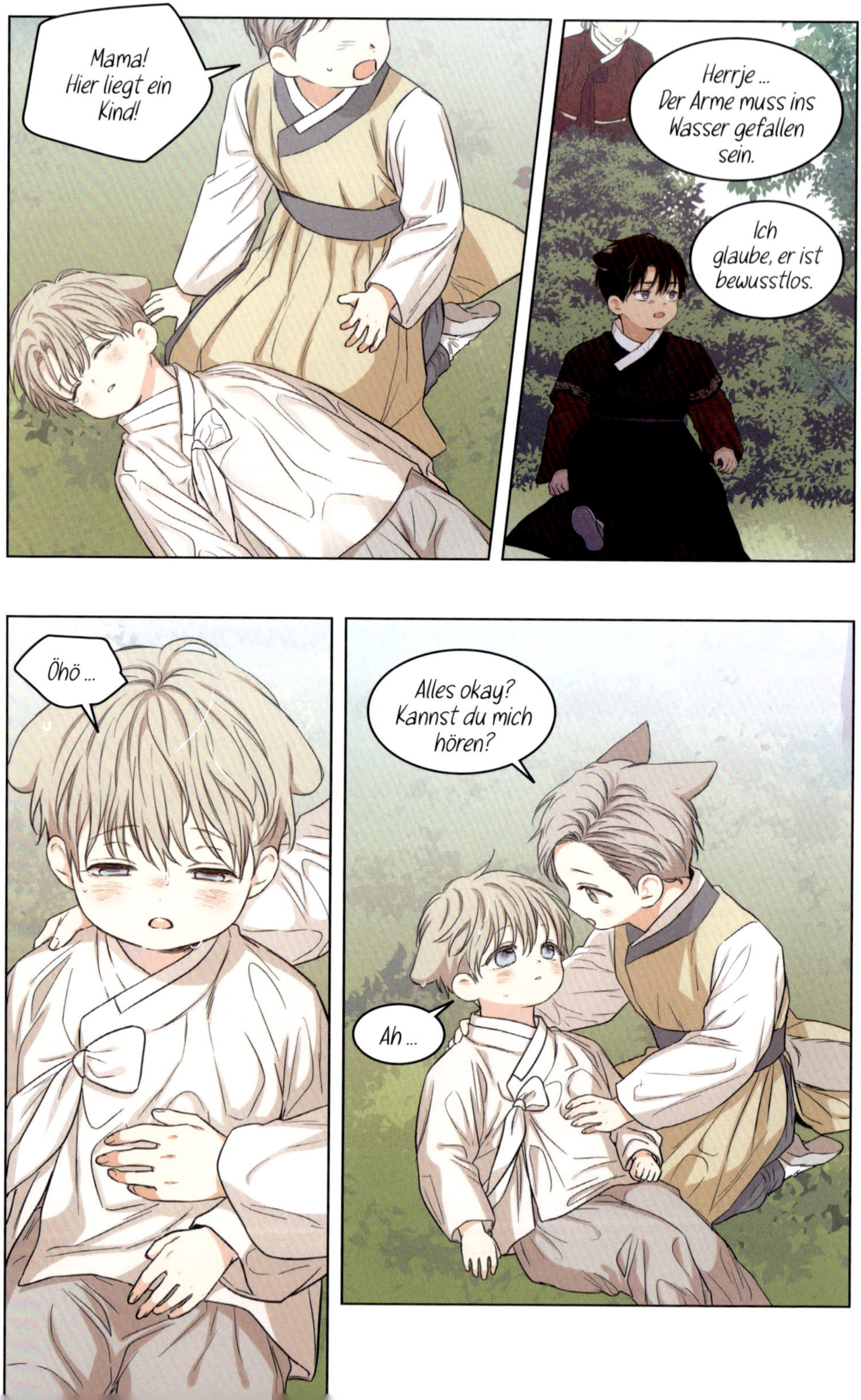
Mama!
Hier liegt ein Kind!
Herrje ...
Der Arme muss ins Wasser gefallen sein.
Ich glaube, er ist bewusstlos.
Öhö ...
Alles okay? Kannst du mich hören?
Ah ...

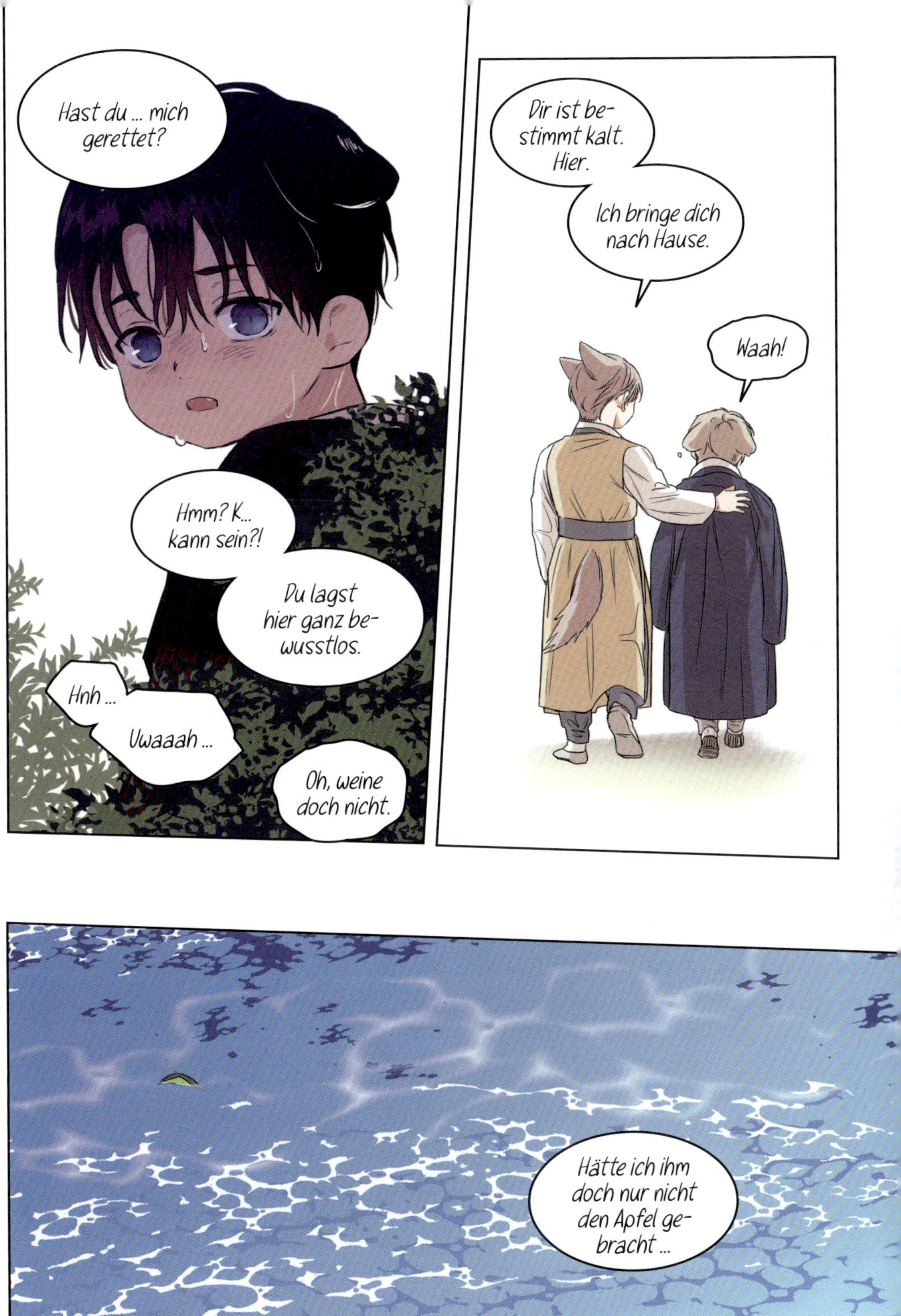
Hast du ... mich gerettet?
Hmm? K... kann sein?!
Du lagst hier ganz bewusstlos.
Hnh ...
Uwaaah ...
Oh, weine doch nicht.
Dir ist bestimmt kalt. Hier.
Ich bringe dich nach Hause.
Waah!
Hätte ich ihm doch nur nicht den Apfel gebracht ...

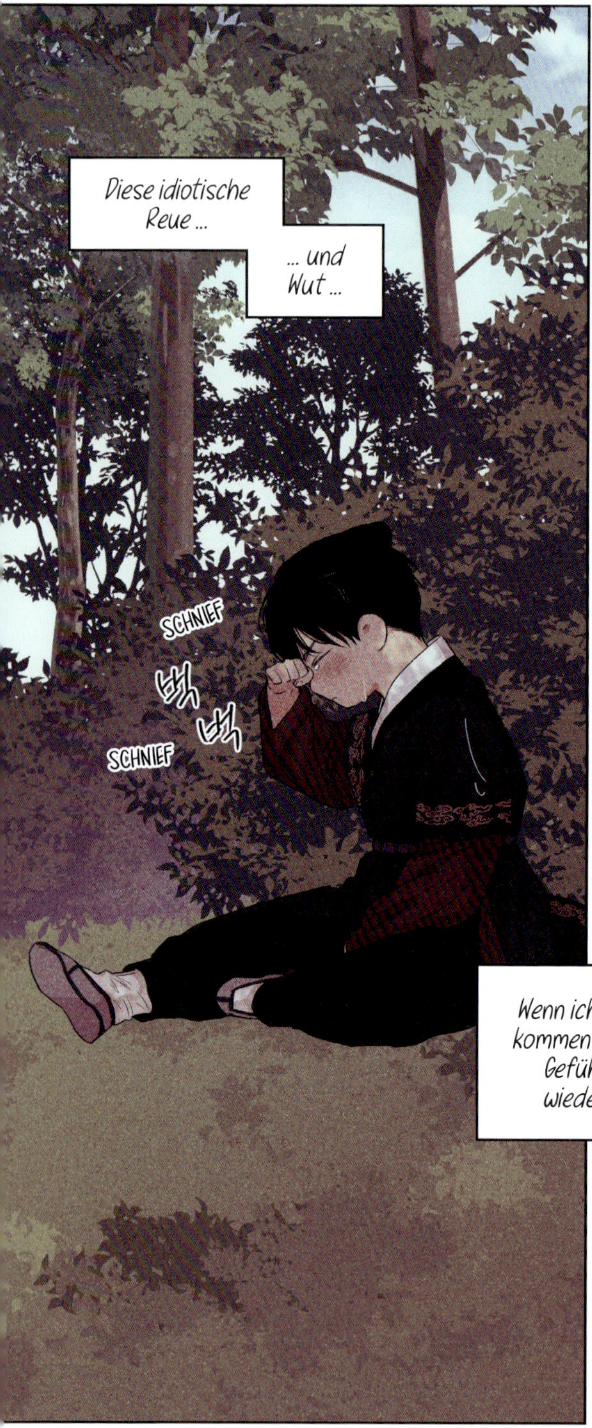
Diese idiotische Reue ...
... und Wut ...
SCHNIEF
SCHNIEF

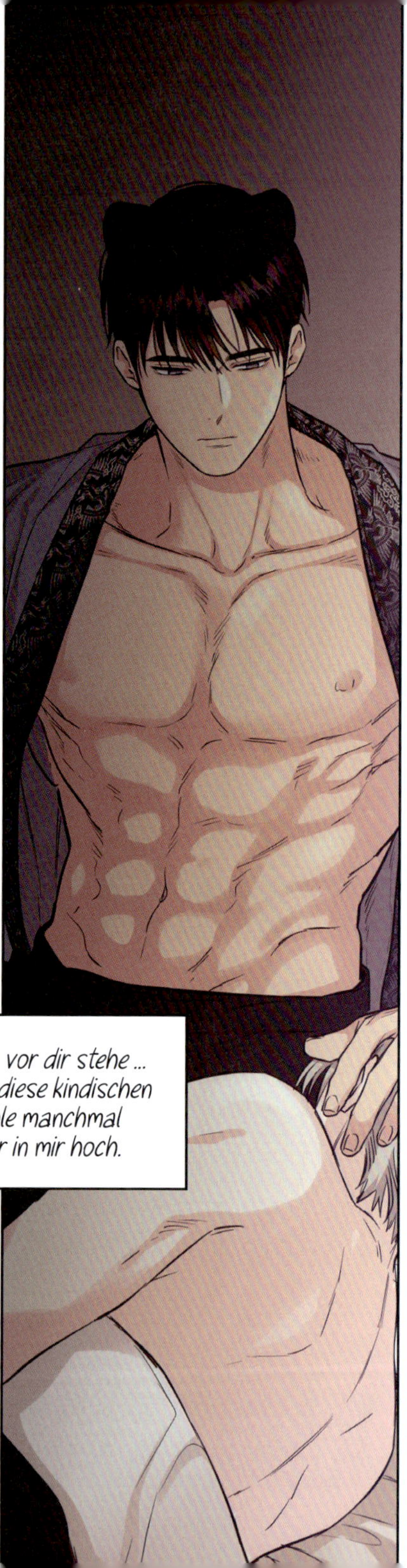
Wenn ich vor dir stehe ... kommen diese kindischen Gefühle manchmal wieder in mir hoch.

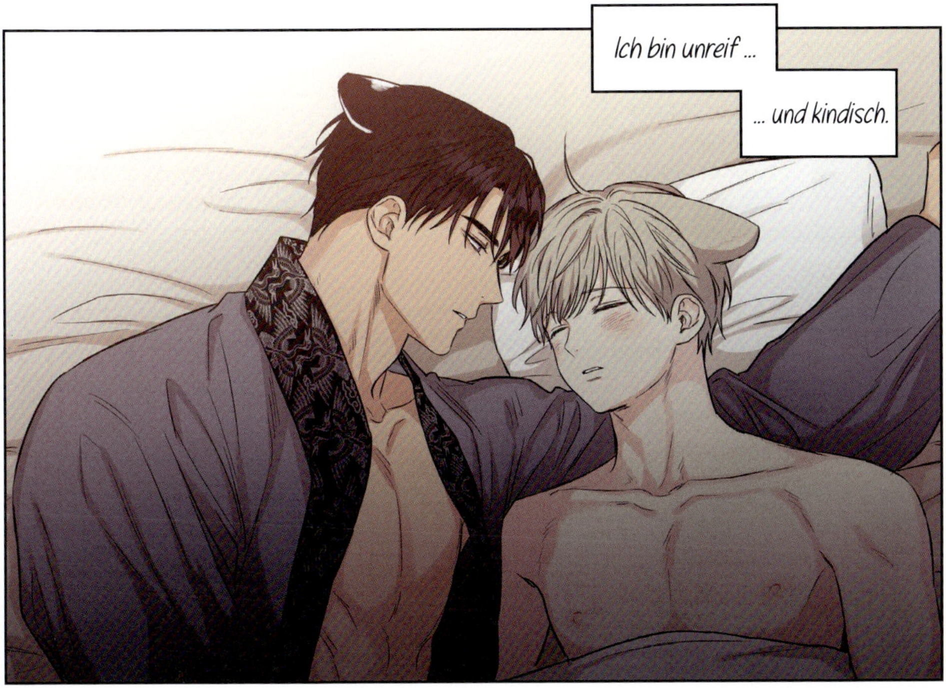
Ich bin unreif ...
... und kindisch.

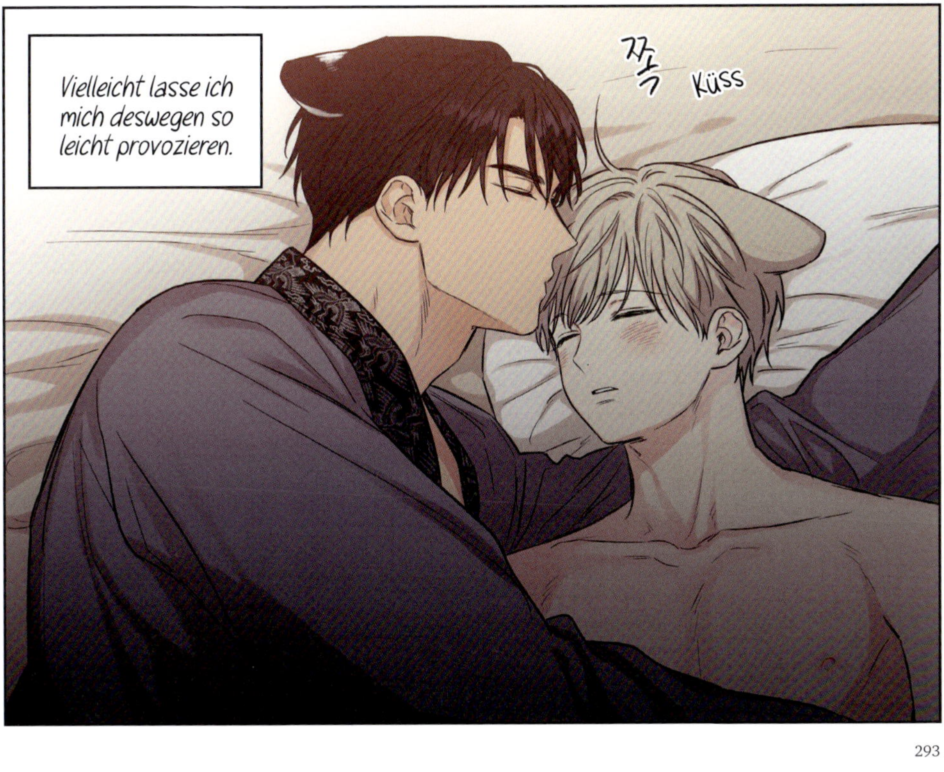
Vielleicht lasse ich mich deswegen so leicht provozieren.
쪼옥
Küss

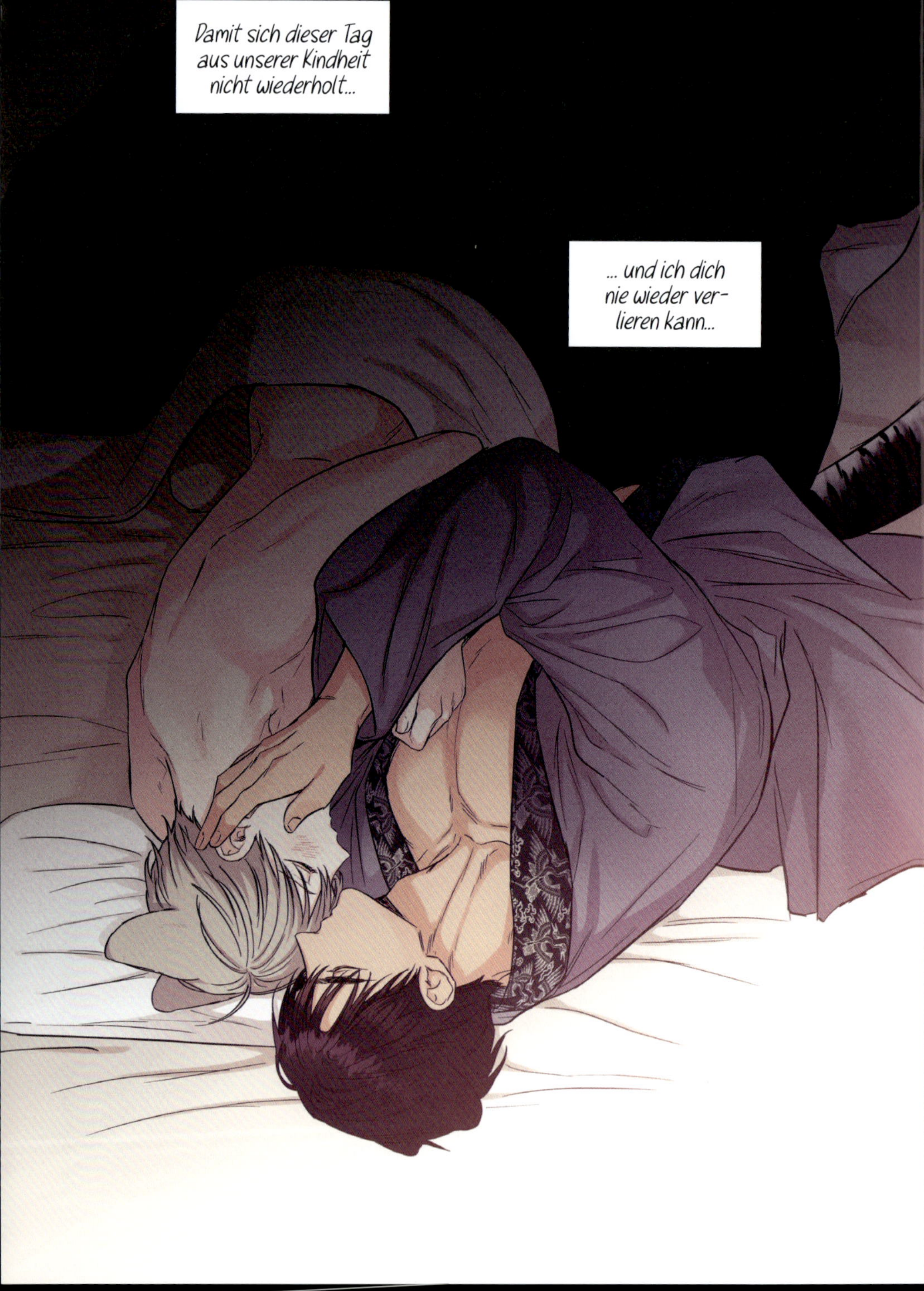
Damit sich dieser Tag aus unserer Kindheit nicht wiederholt...
... und ich dich nie wieder verlieren kann...

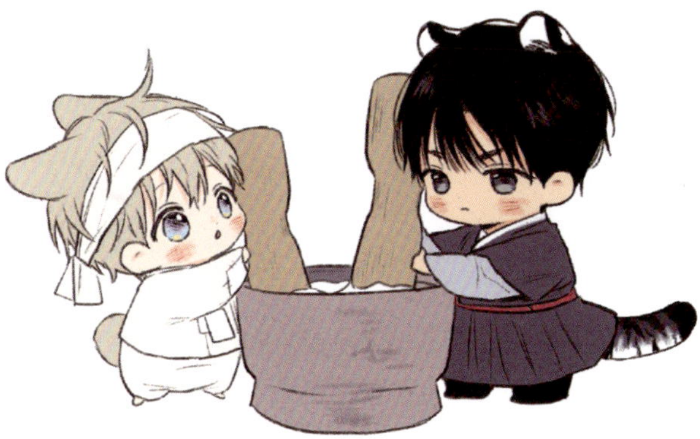

NO LOVE ZONE - DIE LEGENDE VOM HASEN
ENDE.

No Love Zone – Die Legende vom Hasen
von: Danbi

1. Auflage 2024
Deutsche Ausgabe/German Edition

Aus dem Koreanischen von Miriam Holz

Programmleitung: Lea Heidenreich & Michael Schuster
Redaktion: Alice Craciun
Layout & Lettering: orangeD; Brightstar Studio
Druck: Silber Druck

Print-ISBN: 978-3-910530-68-3

www.papertoons.de – Juli 2024